Fourth Edition

International Law

國 際 法

# 서 문

오늘날 국제사회는 급변하는 국제환경적 요인들로 인해 많은 변화를 겪고 있으며, 국제사회의 규범인 국제법도 이러한 시대적 상황에 따라 상당한 도전과 시련에 직면해오고 있습니다.

특히, 국제법 주체로서의 상당한 기능과 역할을 수행해 왔던 유엔의 역할에 대한 많은 회의와 불신 그리고 유엔헌장 자체가 갖는 내재적 한계 등에 대한 문제는 여전히 논란이 되고 있는 가운데 또 다른 국제기구의 출범으로 소위 힘의 분산 내지는 세력균형을 도모하고자 하는 국제사회의 분위기도 무시할 수는 없게 되었습니다. 또한 해양을 총체적으로 지배하는 유엔해양법협약이 발효된 지도 벌써 15년이란 세월이 흘러가고 있지만 여전히 해양에서의 갈등과 분쟁은 끊이지 않고 있으며 더 나아가 동 협약의 개정문제에 대한 언급도 심심치 않게 제기될 처지에 있습니다.

법과 사회 그리고 법과 국가와의 관계는 말할 나위 없이 매우 밀접하게 얽혀 있으며 국제사회에 있어서도 그 최소한 틀을 유지하게 해주는 국제법 역시 이들과 병존하면서 그 존재가치가 점점 더 부각되고 있습니다. 즉 세계화·국제화의 범위 및 그 실행 정도의 구체화는 바로 국제규범의 필요성과 그 구속력의 증대를 의미하는 것으로 볼 수 있습니다.

본서에서는 이러한 시대적 흐름을 감안하여 관심이 되고 있는 국제환경법, 국제경제법 및 인권의 국제적 보호 등에 관한 문제까지 지면을 할애하여 전문적 국제법 학술서로의 면모를 갖추도록 노력하였습니다만, 그럼에도 불구하고 아직 여러 면에서 미진한 부분이 많음을 가감 없이 밝히는 바입니다.

끝으로 여러 가지 어려운 가운데에서도 본서의 출간을 기꺼이 허락하여 주신 연경문화사 이정수 사장님께 진심으로 감사의 마음을 전하는 바입니다.

2010년 2월

저 자

# 제4판 머리말

　본 개정판은 이전 개정판에서 너무 간략하게 언급되었던 난민 문제를 보다 세분화하여 설명하였다. 특히 2018년 제주 예멘 난민 문제는 우리 사회에 논쟁과 과제를 동시에 던져준 화두였다. 그리고 사이버를 이용한 안보위협이 증가하고 있는 현실에서 사이버전에 대한 국제적 규율 방향을 제시하고자 탈린 매뉴얼을 중심으로 사이버전에 대한 국제법적 내용을 추가하였다. 이외에도 저서 곳곳에 흩어져있던 오·탈자를 바로 잡았다.

　여러 가지 어려운 여건 속에서도 본 개정판을 기꺼이 출간해 주신 연경문화사와 편집과 교정에 수고해주신 모든 분들께 감사드린다.

2019년 1월

저　자

# 目次

# 제1장 國際法 一般

## 제1절 國際法의 意義

### 1. 定義

국가와 국가가 서로 접촉하고 내왕하면 국제관계가 발생하고, 이를 기초로 국제사회가 성립된다. 국제법(international law)은 이러한 국제사회에 적용되는 법이다. 근대국가는 자국민이 직접 국제사회의 구성원이 되는 것을 허용하지 않았으며 국가를 규율하는 상위조직이 성립하는 것도 부정하였다. 따라서 이 시대의 국제법은 '국가간의 관계를 규율하는 법'으로 밖에 볼 수 없었으며, 국가만이 국제법의 주체로 인정되었다.

그러나 20세기에 들어와 세계평화를 목적으로 하는 국제조직(국제연맹 및 국제연합)이 탄생하고, 국제법이 그 범위를 다양한 분야로 확대하면서 국가 이외에 국제조직이 국제법 영역에서 일정한 역할을 수행하고, 개인도 국제법상의 권리의무를 어느 정도 직접 향유하기에 이르는 등 국제사회의 구조적 변화가 야기되었다.

따라서 국제법에 관한 전통적인 정의는 수정이 불가피해졌다. 국가만을 국제법의 법률상의 인격주체라고 보는 전통적 입장은 민주주의의 발전과 산업사회의 등장, 그리고 과학의 획기적인 발달에 의하여 국가주권의 제한, 개인의 법적 지위의 승인 및 국제조직의 발전 등과 같은 국제사회의 구조적 변화가 야기됨으로써 수정되기에 이르렀던 것이다.

점차 구체적인 대규모의 국제단체가 조직되어 공동목적을 보유하는 국가간의 공동행위가 많아짐으로써 국제기구의 단체적 성격이 강화되었다는 점과 개인의 지위가 점차로 향상되는 경향에 있다는 점에서 통설의 입장은 수정될 수밖에 없었다.[1] 따라서 오늘날 국제법은 다음과 같이 정의할 수 있다. 국제법은 국제사회의 법으로서 주로 국가상호간의 관계를 규율하고, 한정된 범위

---

[1] 김정균·성재호, 국제법, 박영사, 2006, pp.4-5.

내에서 국제기구와 개인에 관해서도 규율하는 여러 국가간의 합의에 의하여 정립되는 법이다.[2]

## 2. 國際法 名稱

국제법이란 용어가 처음으로 사용된 것은 1789년 영국의 공리주의 철학자인 동시에 법학자였던 벤담(Jeremy Bentham, 1748~1832)에 의해서였다. 벤담은 '도덕과 법원칙 입문'(Introduction to the Principles of Morals and Legislation, 1789)에서 오늘날 국제법을 표현하는 보편적 용어가 된 'International Law'란 개념을 소개하였다. 벤담은 그때까지 보편적으로 사용되어 온 'Law of Nations'(라틴어로는 jue gentium 또는 jus intergentes)란 용어의 모호함을 극복하기 위하여 오직 국가간의 권리의무 관계를 표현하는 용어인 'International Law'란 개념을 도입하였다.[3]

## 3. 區別 槪念

국제법은 국내법(municipal law)과 구별된다. 국제법이 국제적 인격체(international personality)간의 국제관계를 규율하는 법인 반면에 국내법은 일국의 관할내에 있는 자연인 및 법인 또는 다른 법적 실체의 행위를 규율하는 국가 내부의 법에 지나지 않는다. 국제법은 또한 국제사법(private international law)과 구별되지 않으면 안된다. 국제사법이라고 하는 것은 특정의 涉外私法 事件(예, 한국의 甲男과 미국의 乙女가 혼인하는 경우)에 있어서 각국의 법률간에 저촉이 발생하는 경우 법원이 구체적으로 어느 국가의 국내법을 적용할 것인가를 결정하여 주는 법으로, 어디까지나 국내법의 일종이다.

국제법은 국제예양(international comity)이나 국제도덕(international morality)과도 구별된다. 국제예양이란 국제사회에서 국가가 공동생활을 함에 있어서 통용되는 풍습, 예의, 호의 또는 편의상의

---

**2)** J. G. Stark, *Introduction to International Law*(9th ed.), 1984, p.3. 그는 국제법이란 국가들이 준수해야 한다고 확신하는 행위규칙 및 원칙으로 국제조직의 기능이나 국제조직간의 관계 및 국제조직과 국가 및 개인간의 관계에 관한 규칙과 국제사회의 관심이 되고 있는 개인이나 비국가적 실체의 권리와 의무에 관한 일정한 규칙이라고 보았다.

**3)** 이석용, 국제법, 세창출판사, 2003, p.2 주2). 벤담은 1782년 집필한 '법일반론' 속편에서 법 및 법체제의 구조적 특징, 각 법부문의 구별, 법전화의 문제 등을 검토하였다. 그는 입법의 기초이론에 의거하여 형법·민법·소송법·증거법·국제법·헌법 등 각 법부문의 입법원리를 고찰하고, 최종적으로는 어느 정도 수정을 가하면 어느 나라에서나 응용할 수 있는 완벽한 법전의 구축을 목표로 하였다.

여러 규칙을 말하며(타국에 대한 정중한 예절행위. 예컨대, 새 원수가 취임한 경우 외국의 원수가 축사를 보내는 것, 범죄인 인도조약이 없음에도 불구하고 범죄인을 인도해 주는 것 등), 국제도덕이란 그 내용이 반드시 일치하는 것은 아니나 일반적으로 국제사회에서의 국가행위의 이상적 표준(예컨대, 관세나 이민에 있어서 당사국의 조약상 의무 없이도 각국을 동등하게 대우하는 것) 또는 국제법규의 기초가 되는 사상(예컨대, 전쟁법규의 바탕이 되는 인도주의 등)으로 이해된다. 그러나 이들은 모두 국제법이 아니므로 이를 위반하더라도 위법행위가 되는 것은 아니며 국제여론의 악화 또는 정치적 불이익을 초래할 경우가 있을 뿐이다. 이러한 국제예양과 국제도덕은 국제법과의 부단한 상호작용을 통하여 국제법으로 발전되기도 하고 국제사회의 발전을 촉진시키기도 한다.

또한 국제법은 범인의 국적, 범행장소 및 범행성질 등을 표준으로 하여 일국 형법의 적용범위를 결정하는 국제형법(international criminal law)과 일국 행정법규의 섭외적 적용의 한계를 규정하는 국제행정법(international administrative law)과도 구별된다.

## 제2절 國際法의 主體

법에 있어 주체란 다양한 의미를 내포하고 있지만 가장 핵심적인 내용은 자신이 행한 법률행위에 따른 권리의무를 향유할 수 있는 법률상의 지위를 말한다. 국제법의 주체 역시 국제법상의 권리의무를 향유하거나 부담하는 자를 말하며, 국제사회에서 일정한 법률행위를 할 수 있는 능력, 즉 국제법상의 권리능력의 유무가 그 인정기준이 된다.[4] 그렇다면 국제법에서 규정하고 있는 제반 권리의무를 행사하고 이행하는 주체는 누구인가?

국제법 주체는 고정불변의 것이 아니라 시대에 따라 변해왔으며, 학설도 대립해왔다. 오늘날 국제사회는 그 영역을 점차 확장하여 계속적으로 발전하고 있으며, 국제법에서 언급되는 국제사회는 그 구성원 모두를 포함하는 의미로 사용되고 있다.[5] 국제사회에 포함되었거나 포함되고 있

---

4) 박배근(역), 국제법, 국제해양법학회, 1999, p.150.
5) 국제법 주체 문제는 결국 국제법의 정의 문제와 연결될 수밖에 없다. 왜냐하면 국제법의 물적 적용범위가 확대됨에 따라 전통적인 국제법 정의가 변할 수밖에 없었고, 이에 따라 당연히 국제법의 인적 적용범위 즉, 국제법의 주체도 확대, 추가될 수

는 구성원, 즉 국제법 주체에 대해서는 국가만이 주체라는 전통적 입장과 국가 이외에도 국제기구 및 개인, 더 나아가 다국적기업이나 비정부간 국제기구 등도 국제법 주체라고 보는 새로운 입장이 있다.

## 1. 國家만을 主體로 보는 立場

근대 국제법의 성립 이후 오랫동안 국가만이 국제법 주체로 인정되었었다. 국제법을 국가간의 합의로 정립되고 국가간의 관계를 규율하는 주권국가를 기본단위로 하여 구성되는 국제사회의 법으로 이해되는 전통 국제법 시대에 이는 당연한 것이었다.

이러한 의미에서 국제법의 주체는 국가이며, 국제법 규범의 적용대상자도 기본적으로 국가이다. 이는 국제법의 존재와 기능을 국제사회가 국가관계를 축으로 전개되고 있다는 사실을 전제로 한 것이다. 그러므로 과거의 통설은 국제법을 '국가간의 법'(international law) 또는 '제민족의 법'(law of nations)으로 보아 왔다. 즉 국가들간의 상호교제와 평화로운 성질을 보유하는 것이라고만 정의하였다. 따라서 국가 상호간의 권리의무를 정하는 국제법에 있어서는 국가만이 국제법상의 인격주체일 수 있다고 주장해 온 것이다.[6]

## 2. 國家 以外의 實體도 主體로 보는 立場

점차로 좁아져 가는 현대 국제사회에서 국가들은 점점 더 상호의존적이 되고 상호연관성이 증대되고 있으며 국가만이 법적 주체로 인정되던 구조는 변모되어 다양한 이해관계 주체가 중요한 법적 기능을 행사하게 되었다. 이러한 국제사회의 변화는 국제법의 내용에 중대한 영향을 주었다.[7]

오늘날 국제사회에서는 국가 이외의 행위주체 예컨대, 국제기구 및 개인도 개별적으로 또는 국제적 연대를 취하면서 국제법적 법률행위에 참여하고 있다. 국제기구의 국제법 주체성의 인정

---

밖에 없기 때문이다.

6) 김정균·성재호, op. cit., p.4.

7) 김영구, "국제사법재판소의 위상변화에 대한 고찰", 국제법학회논총, 제46권 제2호, 2001, p.75.

사례로는 국제기구에 인정된 조약체결권(UN 헌장 제12조, 43조, 57조 및 63조), 국제기구와 그 시설 및 요원 등에게 인정된 특권과 면제, 국제기구 자신이 입은 피해에 대한 손해배상청구권 인정 및 국제군(국제연합군 및 평화유지군)의 편성과 유지권을 들 수 있다.

한편 개인의 국제법 주체 인정 사례로는 개인에게도 출소능력을 부여한 20세기초의 국제포획심검소안과 중미사법법원, 제1차 세계대전 후의 혼합중재법원 등이 대표적이다. 또 신탁통치지역 주민의 청원권(UN 헌장 제76조 및 제87조), 국제무역기구 당사국 국민의 소원권, 국제인권법원의 설립 경향, 중립국 私人의 전시통상권, 예우적 측면에서 본 외교특권 등이 있다.[8]

그러나 국가 이외의 이러한 주체들의 활동은 반드시 국가기능에 의하여 매개되지 않으면 그 국제적 전개를 완결할 수 없다. 여기에 국가간의 합의를 필요로 하는 계기가 있다. 예컨대, 사람의 월경이동에는 출국과 입국의 승인이라는 국가의사가 개재하고 있다.[9]

이상과 같이 오늘날 국제기구 및 개인이 국제법 주체성을 갖는다는 것은 일반적으로 인정되고는 있지만 국가가 완전히 능동적으로 국제관계를 유지할 수 있는 국제법 주체인데 반하여, 국가 이외의 국제법 주체들의 권리능력은 국가를 매개로 한다는 점에서 국제기구 및 개인은 국가가 인정하는 범위내에서 국제법상의 권리의무를 갖는 불완전 또는 수동적인 국제법 주체라는 점에서 구분된다. 또한 국제기구 및 개인의 국제법 주체성의 범위에 대해서는 아직까지 완전한 합의를 이루지 못하고 있다.[10]

여기에서 한 걸음 더 나가서 국가, 국제기구 및 개인 이외에도 다국적기업 및 비정부간국제기구(Non-government Organization: NGO)에도 국제법 주체성을 부여해야 한다는 주장이 제기되고 있다. 오늘날 다국적기업의 활약은 매우 눈부시며 경제의 국제화에 따라 더욱 활발해질 것으로 예상된다. 그러나 이들은 개발도상국들의 반대로 국제법의 주체로 인정받지 못하고 있는데, 그것은 제국주의 시대 약탈자로서의 이들에 대한 기억이 부정적인 방향으로 작용하고 있기 때문이다. 하지만 현재 세계 각국은 외국자본의 유치를 위해 혈안이 되어 있으며, 국가의 경쟁력은 외국자본 유치능력에 의해 평가되는 시대가 되었다. 군소국가보다 거대한 다국적기업의 영향력이 훨씬 커지고 있는 시대를 맞아 이들에 대한 대우에도 변화가 있을 것으로 기대되고 있다.[11]

---

8) 김정균·성재호, *op. cit.*, p.8 참조.

9) 村瀬信也·娛脇直也·古川照美·田中 忠, 現代國際法の指標, 有斐閣, 1994, p.1.

10) P. Malanczuk, *Akehurst's Modern Introduction to International Law*(6th ed.), 1998, p.91.

11) 이석용, *op. cit.*, p.53

최근 들어 국제적 정책결정에 있어 NGO의 영향력은 더욱 확대되고 있으며, 국제관계에 있어 NGO의 활동은 과거 그 어느 때보다도 활발하게 이루어지고 있다. 예컨대 정치 및 사법분야, 사회경제분야, 인권 및 인도적 지원분야, 교육·여성·환경 및 스포츠 분야 등 다양한 분야에 있어 NGO의 활동은 1990년 이후 현격하게 활발해 졌다.[12]

하지만 NGO는 일부 국제기구에서 옵저버(observer) 자격으로 참가할 수 있는 자격을 인정받기는 했지만, 아직까지 권위있는 의사결정자가 아니며 국제적 행위당사자로 인정되는 국제법상 기준도 제시되어 있지 않는 점에 비추어 볼 때 현 국제법 체계내에서 NGO에 국제법 주체성을 인정하는 것은 무리가 있다. 그렇지만 21세기 국제사회의 현실에서 NGO는 국제적 문제에 직접적으로 관여하고, 국제법의 형성과정에 지대한 영향력을 미치며, 정부간기구내에서 강화되고 있는 당사자적 권한의 실례를 통하여 이미 상당한 활동을 하고 있다.[13]

### ▆▆▆ ICRC의 국제법상의 지위

국제적십자위원회(International Committee of the Red Cross: ICRC)[14]는 제네바에 본부를 두고 스위스 국민 25명 이하로 구성된 스위스 국내법상의 법인으로 스위스 정부와는 독립된 인도, 중립, 공평 등을 기본원칙으로 하는 비정치적, 비종교적 민간단체로서, 국제적십자[15]의 핵심적 기관의 하나이다. 그런데 이 민간단체는 국제법에 의하여 인정되고 부여된 기능을 행사한다. 창설이후 오늘에 이르기까지 무력분쟁에서의 인도적 요구에 부응하여 국제인도법을 연구 및 발전시키고, 세계도처의 분쟁지역에서 희생자 보호와 원조활동을 펼쳐왔으며, 인도적 법규의 이행여부를 감시하고 중립적인 중개자 역할을 맡아 왔다. 또한 각국 정부와 협의하고 협정을

---

12) 최철영, "국제법체계에서 INGOs의 역할과 법적 지위에 관한 실증적 고찰", 대한국제법학회, 국제법 규범의 발전적 변화를 위한 새로운 과제(제3회 한국국제법학자대회 논문집), 2003. 10. 18, p.208.

13) *Ibid.*

14) 1859년 앙리 듀낭(Henry Dunant)은 이탈리아 솔페리노전투의 비참함을 목도하고 군의료기관의 보완을 위한 부상병구제단체의 설립을 각국에 호소하고 이들의 보호를 위한 국제협약의 체결을 호소하였는데, 그 결과 1863년 5인위원회(전시 부상병 응급구호위원회, International and Permanent Committee for the Provision of First Aid to Wounded Soldiers in Time of War)가 제네바에서 설립되었고, 이는 이후 ICRC로 발전되었다.

15) 국제적십자(International Red Cross, 1986년 11월 8일부터 International Red Cross and Red Crescent Movement라는 명칭 사용)는 ICRC외에 각국의 적십자사나 적신월사, 그 연합체인 적십자·적신월사연맹(적십자사연맹에서 1983년 10월 12일 현재 명칭으로 변경)으로 이루어지는 조직이다. 또한 국제적십자중에는 예전부터 이란처럼 적사자 및 태양을 표장으로 하는 단체도 포함되어 있으나 1980년 7월 1일 공식적으로 표장을 적신월로 변경하였다.

체결하기도 한다. 이러한 국제적 성격을 갖는 ICRC 활동으로 인하여 국제법과는 무관할 수도 있는 하나의 민간단체가 국제법, 특히 무력분쟁이라는 특수한 상황에 적용되는 국제인도법과 깊은 관계를 맺게 된 것이다. 무력분쟁에서의 이와 같은 독특한 ICRC의 활동은 ICRC를 특별한 지위를 갖는 기구로 만들었다.[16] 비록 그 자체는 사적인 비정부간 기구임에도 그에 부여된 의무와 책임은 ICRC에게 '국제적 성격'의 활동을 보장했으며, 그 결과 ICRC는 국제적인 법인격을 갖는 것으로 널리 인정되었으며,[17] 1990년 10월 6일에는 국제연합 총회에서 옵저버 지위를 인정받기에 이르렀고,[18] 활동하고 있는 많은 국가들과의 협정체결을 통해 면제와 특권을 인정받고 있어 사실상 ICRC는 정부간 기구와 동일한 법적지위를 인정받고 있다고 볼 수 있다.

### 국제인권보호에 있어서의 NGO의 역할

인권 관련 NGO는 국제적 및 지역적 인권법규의 채택에 주도적 역할을 하고 있을 뿐만 아니라 기존의 인권보호체계 내에서도 비폭력적 인권감시 기능을 수행함으로써 선구적 역할을 담당하고 있다.[19] 인권의 중대한 침해행위에 대응하여 국제연합 등 국제사회에 긴급조치를 위한 필요정보를 제공하기도 하고, 국제연합 내에서 인권문제를 담당하는 주된 기관으로 각국의 인권침해 사례를 다루고, 회원국들이 제출한 인권관련 보고서를 검토하며, 국제연합 인권위원회의 토의에 참여하여 토론과정 및 결의채택에 있어서 결정적인 역할을 수행하기도 한다(표결권 행사 불가).[20] 또한 인권위원회가 창설한 3개의 소위원회중의 하나인 '차별방지 및 소수

---

[16] Marion Harroff-Tavel는 수많은 인도적 기구중에서 ICRC는 특별한 지위를 갖는다고 보 았는데, 그는 그러한 지위의 근거로써 (1)ICRC는 1949년 제네바협약 당사국, 즉 사실상 모든 국가들에 의해 권한을 위임받았는데 그러한 국가들은 제네바협약에 서명했을 때 ICRC의 인도적 성격과 공평성을 인정하였다고 볼 수 있고, (2)그러한 국가들은 ICRC의 규약을 채택함에 있어서 적십자의 기본원칙에 따라 행동할 ICRC의 의무를 항상 존중할 것을 맹세하였으며(1986년 10월 제네바에서 제25차 적십자국제회의에서 채택된 국제적십자 및 적신월사연맹규약 제2조 4항), (3)ICRC는 오랜 역사의 활동을 통해 전통적으로 공평성과 일관성을 유지하였으며 활동지침을 통해 예기치않은 사태로부터 여러 국가들을 보호할 것을 보장해왔다는 사실을 들고 있다. Marion Harroff-Tavel, "Action taken by the International Committee of the Red Cross in situations of internal violence", 294 *International Review of the Red Cross*, 1993, pp.199-200.

[17] ulio A. Barberis, "El Comite International de la Cruz Roja como sujeto del derecho de gentes", Christopher Swinarski(ed.), *Studies and Essays on International humanitarian Law and Red Cross Principles in honor of Jean Pictet*, ICRC/Martinus Nijhoff publisher, 1984, p.635.

[18] UN GA Res.A/45/6.

[19] V. Wiebe, "The Prevention on Civil War through the use of the Human Rights System", 27 *New York University Journal of International Law and Politis*, 1994, p.443.

[20] 김석현, "인권보호의 보편적 제도", 국제법평론, 제6호, 1996, p.31. 국제인권법의 발전 및 적용에 있어서의 비정부간기구

자 보호에 관한 소위원회'에도 비정부기구들의 참여가 보장되어 인권문제에 대한 토론을 활발하게 하고, 소위원회의 결의채택에 앞서 활발한 로비를 벌이며 때로는 결의안을 작성하여 배포함으로서 사실상 결의내용을 주도한다. 아울러 이들은 소위원회에 서면보고서를 제출하거나 발언권을 얻어 인권침해사례를 고발하기도 한다. 이들 중 일부는 인권문제에 관하여 소위원회 위원들보다도 경험과 능력면에서 탁월한 전문성을 갖추고 인권문제 해결을 위한 원칙의 제시 또는 그 기준설정에 있어서 소위원회를 지도하기도 한다.[20] 특히 1993년 비엔나 인권선언도 인권보장을 위한 제도적 방법으로 인권관련협약의 전면적 수락, 인권침해의 방지 및 구제를 위한 국내법제도의 확립, 인권교육의 강화 및 인권보장을 위한 국제적 협력 강화와 함께 비정부기구들의 역할 강화를 강조하였다.[22]

# 제3절   國際社會와 國際法

국제분업의 발달과 교통·통신기술의 진보는 세계의 모든 국가를 상호밀접하게 관련지어 하나의 국제사회를 이루어 내고 있다. 이러한 국제사회는 그 발전단계의 특질로 해서 아직은 국가장벽에 의해 분단된 통일체로서 정체를 달리하는 대소강약의 다수국가로 이루어져 있는데, 그 모든 국가들은 주권을 지닌 독립된 단일체이며 모두가 동격으로 공존해 있다.[23] 주권평등원칙을 근본원리로 하는 독립된 다수의 주권국가가 병존하는 국제사회의 '복수국가체제'적 성격은 역사적으로 변화를 거듭해 왔지만 오늘날의 국제사회를 규정짓는 한 요소임에 틀림없다.[24]

---

의 역할에 대해서는 M. Posner, "Human Rights and Non-Governmental Organizations on the eve of the next century", 66 *Fordam Law Review*, 1997, pp.627-631 참조.

21) A. Eide, "The Sub-Commission on Prevention of Discrimination and Protection of Minorities", Ph. Alston(ed.), *The United Nations and Human Rights*, *Clarendon Press*, 1992, p.259.

22) United Nations World Conference on Human Rights, Vienna Declaration and Programme of Action, 1993, para.38; 32 ILM, No.6, 1993, p.1673.

23) 김정균, "제인도법 질서의 건설", 인도법논총, 제9호, 1989, p.6.

24) 국제사회의 구조적 특질에 대한 대립하는 견해들에 대한 설명은 G. Stern, *The Structure of International Society: An Introduction to the Study of International Relations*, Printer Publishers, 1995, pp.1-31 참조.

국제사회는 국내사회와는 달리 효율적인 정책결정 및 집행기관이 결여되어 있고, 그 사회의 권위구조를 결정짓는 성문적 혹은 불문적인 법전과 같은 세계법이 존재하지 않는다. 또한 세계공동체의 정책에 순종을 강제할 수 있는 경찰력도 존재하지 않는다. 대신 국가와 기타 정치행위자들이 상호간에 영향력을 행사하고 그 영역내의 자들에게 직접 혹은 간접적으로 영향을 미치는 일련의 과정과 제도가 있다. 이러한 과정과 제도는 전쟁과 강압적 외교에서부터 일시적인 교섭이나 국제기구에 이르는 모든 영역을 포함하고 있다.[25]

이처럼 주권국가가 병존하는 복수국가체제를 기초로 하면서도 이들간의 관계를 효율적으로 규제할 수 있는 수단이 결여된 국제사회는 구성원들간의 상호의존성을 불가피하게 하였으며, 이들간의 관계를 규율하기 위한 법규가 필요하게 되었다. 하지만 주권국가들간의 결합체로 구성된 국제사회의 특성상 국가의 행동을 규율하는 법규칙은 법주체들간의 합의에 의해 성립할 수밖에 없다. 이렇게 성립된 국제법은 압도적인 힘을 가지는 하나의 중앙권력에 의해 행사되는 강제규범체계는 아니지만 국제사회에서 타당성과 실효성을 갖는 규범으로 인정되고 있다.

어느 일국이 타국으로부터 공격을 받거나 전쟁상태에 돌입할 위험을 항상 지니고 있는 복수국가체제에서 안전보장의 문제는 국가의 주요한 관심사가 될 수밖에 없다.[26] 국제사회의 구성단위인 주권국가는 국가목표로서 국가이익을 추구하기 마련이며[27] 국가간 경쟁적인 국익추구는 국가간의 갈등을 유발하는 중요한 하나의 원인이 되기 때문이다. 국제사회에서 빚어지는 국가이익의 갈등상황에서 어떤 국가의 평화적 설득력이 그 국가이익의 방어에 부적당할 때 그 국가는 무력적 수단, 궁극적으로는 전쟁에 의존하게 된다.[28]

그런데 국제사회에는 이러한 갈등을 조정하고 통제할 중앙집권적이고 초국가적인 권력이 존

**25)** C. R. Beitz, *Political theory and International Relations*, Princeton University Press, 1979, 정종욱 (역), 현대국제정치이론: 새로운 국제정치에서의 도덕률과 사회정의, 민음사, 1982, pp.177-178.

**26)** Fredrick H. Hartman(ed.), *Crisis in the World*, Macmillan Publishing Co., Inc., 1973, p.229.

**27)** Morgenthau는 "국제정치는 보는 넝먹에서의 정치와 마찬가지로 권력투쟁이며, 국제정치의 궁극적 목적이 무있이튼간에 국제사회에서의 직접적 목표는 권력의 추구에 있다"고 주장한다. H. J. Morgenthau, *Politics among Nations: The Struggle for Power and Peace*, 5th ed., Knopf, 1973, p.27. 그러나 이 견해에 대해 Holsti는 그러한 국제정치의 본성을 무시할 수는 없지만 "국가는 다목적 실체여서 그들의 목적은 권력의 갈망과 같은 단일한 인자로 표시할 수 없으며 주권국가의 행위는 환경적 성격, 국가의 이익과 가치가 서로 충돌하는 다른 국가와의 관계 및 국내의 사회적, 경제적 필요조건에 의하여 제한 받는다"고 주장하였다. K. J. Holsti, *International Politics: A Framework for Analysis*, Prentico-Hall Inc., 1967, p.125.

**28)** Norman D. Palmer and Howard C. Parkins, *International Relations : The World Company in Transition*, Houghton Mifflin Company, 1957, p.14.

재하지 않는다. 분권적 국제사회에서의 이와 같은 미비는 부분적으로 국제법에 의해 제약되고 해결되기도 하지만 국제법은 국제사회의 분권적 구조에서 기능할 수밖에 없고, 당연히 분권적 성격을 내포하기 때문에 그 역할이 제한적일 수밖에 없다. 국제법 부인론자들이 근거로 내세우는 법의 본질적 요소인 강제성 및 법제정·집행판단기관의 완비가 불충분한 오늘날의 국제법 체계로는 분권화된 취약한 권력구조를 가지고 있는 국제사회의 여러 갈등들을 예방·해결하기에는 너무나도 역부족인 것이 사실이다.

## 제4절 國際法의 法源

국제법의 법원(sources of international law)이란 로마법의 fontes juris(법의 원천)에서 유래된 말로서 일반적으로 국제법의 성립 및 존재 형식을 말한다. 법원이란 용어는 아주 다의적이지만, 크게 나누어 실질적 의미의 법원과 형식적 의미의 법원 두 계보가 있다. 전자는 주로 법을 발생시키는 행위(법정립행위·입법자)에 착안한 능동적인 관념이다.

이에 대하여 후자는 그러한 법정립행위의 결과로서 존재하는 법의 형태, 즉 정태적인 관점에서의 '법의 존재형식'이다. 현재 법원이라는 용어는 이 후자의 의미로 사용되는 경우가 많다.[29] 국제법의 존재형식으로의 법원에는 조약과 국제관습법이 있으며[30] 그밖에 법의 일반원칙의 법원성에 관하여는 다툼이 있다.

---

29) 노석태(역), 현대국제법의 지표, 부산대학교 출판부, 2002, p.22. 다만 여기서 주목해야 할 것은 역사적으로 볼 때 국제법의 기본구조에 그리 변화가 없는 상대적 안정기에는 법원론의 주된 관심도 형식적인 분류학이 중심이 되는데 반하여, 국제법이 변혁과정에 있는 시기에는 법원론의 본래 관심사항인 입법적 측면, 즉 국제법이 어떻게 형성되는가 하는 능동적 계기의 규명으로 그 중심이 이동하는 경향이 있다. Ibid.

30) 조약과 국제관습법은 19세기 후반이후 수레의 양쪽 바퀴와 같이 자리매김 되었고, 대체로 그것은 정태적인 궤도에서의 주권적 합의론의 자기전개로서 설명되어 왔다. 그런데 오늘날에는 조약과 국제관습법의 상호작용이 뚜렷하여 쌍방이 상호영향을 주면서 새로운 국제법이 형성되고 있다. 그러한 의미에서 전통적으로는 본래 독립적이고 자기완결적인 양자의 관계는 현대국제법에서는 현저히 상대화하고 있다. 나아가 이 전통적 법원뿐만 아니라 실은 '법'과 '비법'의 관계에서도 상대화의 경향이 나타나고 있다. 이른바 'soft law'(유엔총회결의 등의 비구속적인 국제문서)나 '형평'(equity) 개념의 기능, 나아가 국가의 '일방적 조치'를 둘러싼 문제 등은 법과 사실 사이에 존재하는 현상인데, 국제법의 형성이라는 동태적 시점에서 이것들을 어떻게 관련시킬 것인지가 오늘날 국제법학의 주요한 논점이 되고 있다. 山本草二, "一方的國內措置의國際法形成機能", 上智法學論集, 제33권 2/3합병호, 1991, pp.47~86 참조, 노석태(역), op. cit., pp.22~23에서 재인용.

## 1. 條約

조약이란 국가간의 명시적 합의를 내용으로 한 문서를 말한다. 이러한 조약으로 이루어진 국제법은 명문으로 규정되는 바, 국제관습법과 구별하여 조약국제법(conventional international law)이라 한다.

조약의 성립에 관해 국제법은 특별한 규정을 두고 있지 않다. 대체로 사계약에 적용되는 일반원칙이 적용되는 바, 조약이 유효하게 성립하기 위해서는 당사자에게 조약을 체결할 수 있는 능력이 있을 것, 조약을 체결하는 기관에 조약체결권이 있을 것, 조약체결권자의 의사표시에 하자가 없을 것 및 조약의 목적이 이행가능하고 적법할 것 등의 요건이 구비되어야 한다. 그리고 일반국제법상 조약을 체결하기 위한 확립된 절차는 없으며 당사자가 합의하면 어떠한 절차도 취할 수 있다. 보통 협의·서명·비준·비준서의 교환 및 기탁 등의 절차를 통하여 체결된다.

## 2. 國際慣習法

### 가. 意義

국제법 법원으로서의 국제관습(international custom)은 단순한 국제적인 관례(usage)나 습관(habit) 또는 관행(practice)이 아니라 '法으로서 수락된 일반적 관행'(general practice accepted as law)을 말하며, 이러한 국제관습으로 이루어진 국제법을 국제관습법(customary international law)이라 한다. 조약이 국가간의 '명시적 합의'인데 반하여 국제관습법은 '묵시적 합의'라고도 한다.

일반적으로 수락된다는 것은 단순한 同種行爲의 반복이 아니라 명백하고도 계속적인 관행이 존재하며 그러한 관행을 준수하는 것이 국제법상의 의무라고 확신된 것을 말한다. 동일한 내용의 행위는 그것이 대외적으로 국가의사를 대표하는 기관의 행위만이 아니라 '국제적 연관성'을 갖는 사항에 관하여 각국이 일관된 방침을 취할 경우 어떤 기관의 행위라도 관계가 없으며, 국가의 행위이외에도 국제적 법원이 유사한 사건에 내린 공통된 판결이나 국제기구의 관례적 행태도 국제관습법을 이룬다.

국내사회와는 달리 통일된 입법기관이 없는 국제사회에서는 관습국제법이 일반법규로서 각국을 구속해 왔으며, 국제관습을 점차 조약화함으로써 국제법을 더욱 명확하게 하고 있다.

## 나. 成立要件

### (1) 一般的 慣行의 存在

국제관습법의 성립에는 우선 국제법주체간에 일정한 사항에 대하여 동일한 내용의 행위가 상당기간 반복·계속되고 있다는 객관적 사실이 존재해야 한다.

### (2) 法的 確信의 存在

이러한 국제관행이 국제사회에 의하여 법으로 준수되고 그 준수가 의무적이라고 하는 법적 확신(opinio juris)에 도달했을 때 그 관행은 비로소 국제관습법이 된다. 국제관습법의 심리적 요소인 법적 확신은 관련국의 작위나 부작위에서 추론될 수 있다.

## 다. 立證責任

법적 확신이란 주관적이고 심리적인 것이어서 객관적 판단이 곤란하다. 따라서 보통 동일행위의 반복이라는 객관적 사실이 있으면 법적 확신이라는 주관적 요소의 존재를 추정한다. 그러므로 국제관습의 원용은 다만 관행의 존재만을 입증함으로써 충분하며, 법적 확신의 요건은 국제관습의 확립을 부정하는 측에서 그 부존재를 입증해야 한다. 법적 확신의 입증자료로는 국제법원의 판결, 국내법원의 판결, 국가관행, 선언적 조약, 국제기구 특히 UN총회의 결의 등이 있다. 하지만 법적 확신의 주장국에게 법적 확신의 존재에 대한 적극적인 입증을 요구한 경우도 있다(1969년 북해 대륙붕 사건).

## 라. 效力範圍

관습국제법은 그것을 묵시적으로 법규범으로서 승인한 국가에 한정되어 적용되며 그러한 관습의 형성과정에 명백히 또는 집요하게(persistently) 법으로서의 승인에 반대해 온 국가에 대해서는 적용되지 않는다. 전통적 이론에 의하면 하나의 관습법이 일반규범으로서 확립된 경우에는 국가가 그 형성에 적극적으로 참가했든 안했든 간에 그것을 반대하지 않는 모든 국가를 구속한다.

그러나 신생국은 이념상의 이유 또는 관습국제법의 형성과정에의 불참여 등을 이유로 전통적 관습국제법을 전면적으로 인정하려 하지 않는다. 따라서 이들 국가에게서 관습국제법이 모든 국가를 구속한다는 이론에 지지를 얻는다는 것은 매우 어려운 일이다.

## 3. 法의 一般原則

### 가. 意義

법의 일반원칙은 문명제국의 국내법에서 공통적으로 인정하고 있는 일반원칙(예, 신의성실의 원칙·기판력의 원칙·시효의 원칙 등)을 말한다. 이는 일반적인 법이념에 기초를 두고 있고 또 국가간의 관계에도 통용되고 있으므로 그 적용이 가능하다. 국제사법법원(International Court of Justice: ICJ) 규정 제38조 제1항은 법원이 적용할 재판준칙으로서 조약과 관습 다음의 제3의 재판준칙으로서 '문명국에 의하여 인정된 법의 일반원칙'(general principles of law recognized by civilized nations)을 들고 있는데, 이것이 국제법의 법원이 되는가가 문제된다.

### 나. 法源性

#### (1) 認定說

이 설은 대표적 논거로서 국제법원이 법의 일반원칙을 적용한 판결은 구속력이 있고 이것을 국가간에 구속력이 있는 법, 즉 국제법으로 보는 까닭에 법의 일반원칙을 국제법의 법원으로 본다.

#### (2) 否認說

국제법은 국가간의 명시적·묵시적 합의에 의해 성립되지만 법의 일반원칙은 그러한 합의가 없으며, 법의 일반원칙은 어디까지나 국내법으로만 타당하고, 또한 ICJ는 국제법의 법원이 아닌 '衡平과 善'에 의하여 재판할 수도 있는데(ICJ 규정 제38조 2항), 이와 같이 국제법원의 모든 재판준칙이 반드시 국제법의 법원이 아닌 이유 등으로 법의 일반원칙을 국제법의 법원이 아니라고 본다.

### 다. 國際法上의 機能

#### (1) 裁判不能의 防止

법의 일반원칙은 국제법의 소재가 됨으로써 국제법규범의 창설에 작용하여, 국내사법상의 일반원칙으로부터 국제법규 및 제도의 많은 부분을 보충함으로써 구체적인 사건에 적용할 본래의 국제법규의 흠결로 인하여 재판불능에 빠지는 것을 방지한다.

### (2) 裁判官의 恣意的 判決 防止

법의 일반원칙은 '형평과 선'과는 달리 당사국 간의 합의가 없어도 법원이 당연히 적용할 수 있으므로 객관적 규범이며, 동시에 문명국에 의하여 승인된 것이므로 실증적 규범이라 할 수 있다. 따라서 법의 일반원칙에 의한 재판은 객관성과 실정성이 보장되는 재판이며, 재판관의 독단적·자의적 판결을 방지한다.

# 제5절  國際法의 歷史

## 1. 近代國際法(17세기~제1차 세계대전)

고대에도 국제법의 맹아가 존재한 것이 사실이나 이는 단편적인 존재에 지나지 않고 전체적인 법체계를 형성하지는 못했다.

1648년 Westphalia회의를 시발점으로 하는 근대에는 로마법왕과 신성로마황제의 보편적 권위를 정점으로 하였던 중세의 봉건사회가 붕괴된 후에 형성된 중앙집권적인 근대주권국가의 생성으로 근대적 국제사회가 발전되었다. 이 시대는 세력균형(balance of power) 정책이나 중상주의(mercantilism)가 촉진되어 각국의 국제적 외교통상활동이 활발해져 국제법도 크게 발달하였다.

17세기 후반의 계속된 전쟁으로 해전법규가 발달하였고 그로티우스의 해양자유원칙도 각국들에 의해 수락되기 시작하였다. 18세기에 들어 국제법은 미주대륙에까지 확대되었지만, 유럽에서의 수차례에 걸친 국지전쟁으로 충분히 발달할 수 없었다. 그러나 전쟁중의 중립국의 통상·봉쇄·중립국 선박의 포획 등의 관행은 전쟁법규와 중립법규의 확립에 그 기초가 되었다.

19세기에 이르러 국제법은 국제법사상의 발달과 실정법의 형성이 서로 대응하면서 비약적으로 전개되어 갔다. 근대의 산업발달, 특히 교통·통신 수단 및 국제무역의 증대로 어떤 국가도 고립하여 존립할 수 없는 국제유대관계가 형성되었다. 따라서 많은 통상조약 및 빈발하는 전쟁으로 인하여 전쟁법규 및 중립법규가 채택되었다.

## 2. 現代國際法(제1차 세계대전 이후)

제1차 세계대전이후 국제관계가 더욱 긴밀해진 오늘날 국제사회는 지역분쟁이 세계대전으로 발전될 위험성을 절실히 인식하여 국제평화와 안전의 유지를 목적으로 하는 국제연맹을 설립하였다. 국제연맹의 설립은 국제법의 규율대상을 행정적이고 기술적인 비정치적 사항에서 세계적 규모로 발전시킨 계기가 되었다. 특히, 기존의 안전보장 방식이었던 세력균형이 해소되고 집단안전보장이 제도화되었으며, 이는 제2차 세계대전 후의 국제연합에서 더욱 강화되었다. 특히 국제연맹하의 상설국제사법법원(PCIJ)은 제2차 세계대전 후에는 UN의 기관인 국제사법법원(ICJ)으로 계승되어 국제법의 발달에 크게 기여하였다. 또한 국제법의 발전 경향으로서 주목되는 것은 국제적 인권보호의 강화이다.

한편, 제2차 세계대전 후 아시아·아프리카 국가들의 독립으로 종래의 국제법에 대한 그 타당성 문제가 대두되었던 바, 금후 일반국제법상의 원칙이 형성되는 과정에 있어서는 이와 같은 국제사회의 구조변화가 반영되지 않을 수 없을 것이다. 제3차 UN 해양법회의의 토의과정은 이를 잘 보여준다.

# 제6절  國際法과 國內法의 關係

국제관계의 발전에 따른 국제법 규율대상의 확대는 국제법과 국내법의 충돌 저촉문제를 야기한다. 국제법의 규정과 국내법의 규정이 서로 충돌 저촉하는 경우, 예컨대 외국인 재산의 비몰수를 규정한 조약을 체결한 국가가 국내입법으로 외국인토지의 몰수를 포함한 국유화법을 제정했을 경우 어느 것이 우선적으로 적용 및 집행되는기 또는 국제법은 어떻게 해서 국내적으로 타당하며 어떤 효력을 갖는가가 국제법상 문제된다.

## 1. 學說

국제법과 국내법은 법원·주체·적용형식이 다른 독립된 별개의 법체계이므로 상호 아무런 충돌이 있을 수 없고 또한 국제법이 그대로 국내법화 하는 것이 부정된다는 이원론, 국제법과 국내법은 모두 동일한 국가사상의 발현이지만 국내법은 대내적으로 국민에 대해서, 국제법은 대외적으로 타국과의 관계에서 나타난 국가의사이므로 국제법은 국내법의 일부분으로 대외적 국법에 불과하고 국제법이 국가를 구속하는 이유는 국가가 자기의사에 의해 자기 자신을 제한하는 것이라고 하는 국내법 우위론, 국제법과 국내법은 통일적 법질서에 속한 것으로서 국제법의 타당근거는 근본규범에 있고 국내법의 타당근거는 국제법에 있으며 따라서 국제법이 국내법의 우위에 있다고 하는 국제법 우위론이 있다.

국제법과 국내법의 체계적 관련에 관한 상기의 어느 학설도 현실의 법현상을 정확히 설명하지 못하고 있다. 오늘날 국제법 발달의 경향을 고려할 때 국제법은 어느 정도 국내법에 비해 우위성을 확보하고 있다고 할 수 있으나, 국제법은 국내법에 대하여 직접적인 타당성을 주장할 수 없으며, 동시에 국제법 위반의 국내법을 무효화 할 수 있는 제도가 마련되어 있지 않으므로 국제법의 우위성은 절대적인 것이 아니고 상대적인 것이라고 할 수 있다. 따라서 국제법과 국내법의 관계는 실제문제로서 국제법의 국내적 효력의 문제로 파악하는 것이 필요하다.

## 2. 實際

### 가. 英國

영국에서 국제관습법은 보통법의 일부를 형성하므로 국내법적 효력을 갖는다고 하는 것이 판례법상 확립되어 있다. 조약법은 제정법의 형식으로서 의회의 동의를 얻은 것이라야만 법원이 적용할 수 있다. 의회의 제정법은 국제법에 우선하며 이는 보통법에도 우선한다.

### 나. 美國

국제관습에 관한 미국의 실제는 영국과 거의 같아 국제관습법은 당연히 국내법상의 효력을 갖는다. 조약은 헌법 및 법률과 함께 미국의 최고법이라는 명문의 규정을 헌법에 두고 있다(제6조

제2항). 조약이 연방헌법에 저촉되었을 경우 어느 것이 우선하는가에 관해 판례법상 연방헌법이 조약의 상위에 있으므로 헌법에 위반된 조약은 무효가 된다는 원칙이 확립되어 있다. 주헌법은 조약의 하위이며, 연방 법률과 조약간의 효력관계는 양자가 동위에 있다.

### 다. 大韓民國

대한민국 헌법 제6조 1항은 "헌법에 의하여 체결·공포된 조약과 일반적으로 승인된 국제법규는 국내법과 같은 효력을 가진다"고 규정함으로서 국제법을 국내법의 일부로서 수용한다는 의사를 명백히 표명하고 있다. 따라서 헌법상 적법하게 체결된 조약은 공포만으로 국내적 효력을 가지며, 일반적으로 승인된 국제법규란 대체로 국제관습법을 가리키는 것으로 공시절차 없이 당연히 국내적 효력을 갖는다고 할 수 있다. 그러므로 조약은 헌법에 대하여는 하위, 법률과는 동위에 있다. 법률과 국제법간의 효력순위에 대해서는 신법우선원칙과 특별법우선원칙이 적용된다.

### 라. 國際法院

국제법과 국내법의 관계에 대한 국제법원의 실제는 항상 '국제법 우위 원칙'을 명백히 하여 왔다. 즉 국가는 자기의 국제의무를 면하기 위하여 국내법을 원용할 수 없으며(1932년 PCIJ의 상부 사보이 지역관세구역사건), 국내법의 정립·적용이 국제의무에 합치되지 않으면 국제책임이 발생하며(1962년 PCIJ의 폴란드 上部실레지아의 특정 독일이익에 관한 사건), 국가는 국제조약을 시행할 국내법의 결여를 이유로 국제의무의 이행을 거부할 수 없으며(1928년 PCIJ의 단찌히 재판관할권 사건에 관한 권고적 의견), 국내법원은 국제법원의 판결을 무효로 할 수 없다(1927년 PCIJ의 호르죠 공장사건)라고 하여 국제법의 국내법에 대한 우위를 강조하고 있으나 아직은 국제법이 국내법을 무효로 선언하지 못하고 있으며, 국제법의 국내적 실시는 실제에 있어서 국가의 의사에 달려 있음을 부인할 수 없다. 또한 국제법원은 필요한 경우에는 확립된 국내판례를 존중하고 있다.

## 3. 國際法의 國內法에 대한 特殊性

### 가. 分權的 國際社會의 法

국제사회는 평등한 독립 국가군에 의해 성립되는 비조직적 사회로서 집권적인 국내사회에 대하여 분권적 사회이며, 이러한 국제사회에 타당하는 국제법은 정립, 적용 및 집행에 있어서 국내법과는 차이가 있다.

### 나. 未發達 社會의 法

법이 중앙집권적인 근대적 주권국가내의 법질서를 의미한다면 국제법은 아직 집권력을 확립하지 못한 미발달사회의 법이라 할 수 있다. 그러나 법질서의 진화는 역사적으로 볼 때 자조제도로부터 사법제도로의 질적인 발전을 하고 있음을 주목할 필요가 있다.

### 다. 힘이 支配하는 社會의 法

국제평화와 안전의 유지를 그 기능으로 하는 국제법은 국가들간의 공동이익의 반영이거나 세력균형에 의한 강대국 의사의 표현으로 존재해 있다. 국제사회는 국내사회와는 달리 전체보다 부분의 이익이 더 중요시되며 공동의 가치관념, 책임관념 및 연대성이 결여되어 있다.

# 제2장 國家

## 제1절 國家의 意義 및 構成要素

### 1. 國家의 意義

국가란 통치조직을 갖추고 있는 일정한 영토에 정주하는 다수의 사람으로 형성된 단체를 말한다. 이처럼 국가는 일정한 지역에 거주하는 구성원들에 대해 최고의 통치권을 행사하는 정치단체인 성격이 강하다. 하지만 동시에 국가는 개인적 목표 달성에도 기여하는 최대의 사회조직이다.

이러한 국가는 국제법의 가장 중요한 주체이다. 오늘날에 있어서는 국제조직이나 개인도 한정된 범위 내에서지만 실정국제법상으로 그 국제법 주체성이 인정되고 있는 경우가 있을 뿐만 아니라, 그러한 경향은 날이 갈수록 더 진전되어 간다고 볼 수 있다. 그러므로 국가 또는 국가에 준하는 것에만 국제법 주체성을 인정하려는 전통적인 견해는 지지될 수가 없게 되었다. 그러나 이와 같이 국제조직이나 개인에게도 국제법 주체성이 인정된다고는 하지만, 아직도 국가가 국제법 주체로서는 원칙적이고 기본적인 지위를 가지고 있다는 것을 부정할 수 없을 것이다. 그러한 의미에서 국가를 국제법의 원칙적(기본적) 주체라고도 말할 수가 있는 것이다.[1]

### 2. 國家의 構成要素

국제법의 창설자인 동시에 이를 시행하는 주체인 국가는 국가가 되기 위한 구성요소를 충족하여야만 국제적 법인격을 가질 수 있다. 독립적 지위에서 대외문제 처리 등 국제관계를 수행할 능력을 의미하는 주권 외에도 일반적으로 국가로 인정받기 위해서는 영토, 국민 및 정부가 필요

---

1)  최재훈 외, 국제법신강, 박영사, 2004, p.100.

하다. 주권은 本 章 제4절 '國家의 基本的 權利義務'에서 간략하게 다루기로 하고, 이하에서는 나머지 3가지 요소에 대해서만 살펴보기로 한다.

### 가. 領土

국가는 자신의 배타적 주권이 미치는 공간인 영역을 가지며, 영역은 영토를 중심으로 일정한 너비의 영해와 영토와 영해의 상공인 영공을 포함한다. 국제법에서는 국가가 되기 위한 최소한의 영토 면적에 관한 규칙이 없다. 영토의 크기는 문제되지 않지만, 국가는 '명확한 영토'(defined territory)를 가지고 있어야 한다. 그러나 다른 국가와 국경분쟁을 안고 있는 것은 문제가 되지 않는다. 그것은 국제법이 국경선의 절대적 명확성을 요구하지 않기 때문이다.[2]

### 나. 國民

국민은 공동체를 이루어 살아가는 개인들의 집합체로서, 그 구성원들은 서로 인종이 다를 수도 있고 다른 종교나 문화 등을 가질 수도 있다. 이러한 국민은 영구적으로 정주하고 있어야 하는데, 영구적인지 아닌지의 기준은 주관설을 기준으로 한다. 주관설은 집단구성원의 주관적 합의인 국적을 기준으로 영구성을 결정하는 이론이다. 이에 비하여 객관설은 인종 · 언어 · 문화 · 종교 등의 생래적 · 사회적 · 객관적 요인에 의해 영구성을 인정하려는 입장인데, 이러한 객관설의 문제점은 현존하는 국경의 범위를 넘어 국가통합을 정당화하려는 침략주의의 위험이 있다는 것이다. 예를 들어 나치 독일의 범게르만주의나 스페인어를 쓰는 사람들은 모두 한 국가의 국민이라고 주장하는 경우 등이 이에 해당한다.[3]

### 다. 政府

영토와 국민에 대하여 입법 · 행정 · 사법적 기능의 측면에서 '실효적 통제'를 행사할 수 있고 그리고 다른 어떤 국가로부터도 실제로 독립된 정부를 보유하여야 한다. 어떤 국가가 항구적 인구와 한정된 영토를 가지고 있는가의 문제는 대체로 사실 판단의 문제일 따름이다. 이에 반하여

---

2) 이석용, 국제법, 세창출판사, 2003, p.52 참조.
3) 김영석, 국제법, 박영사, 2010, p.125.

정부요건은 때로 정치적 판단을 동반하는 어려운 문제를 야기시킨다.[4]

## 제2절 國家管轄權 및 主權免除

### 1. 國家管轄權

#### 가. 意義

관할권이란 주권의 한 측면으로서 법적 이해관계에 적용되는 국가의 권능을 말하는 것이다. 즉, 개별국가의 입법 · 사법 · 행정 권력이 타국의 간섭없이 행사될 수 있는 권한을 관할권이라는 용어로 표현하고 있는 것이다. 이와 같이 관할권은 법적 관계와 의무를 생성 · 변경 · 소멸시킬 수 있는 권원의 집행이므로 국가주권의 속성으로 나타나는 것이다.[5]

이러한 관할권은 입법관할권, 집행관할권 및 재판관할권으로 구분된다. 입법관할권은 특정 국가가 어떠한 사람이나 상황에 대하여 적용되는 법규범을 창출할 수 있는 관할권이라면, 집행관할권은 그렇게 형성된 법규범을 집행할 수 있는 관할권이며 그리고 재판관할권은 사법적 판결을 행할수 있는 관할권을 의미한다.[6]

현 국제사회는 국가뿐만이 아니라 개인(자연인, 법인)들의 국경을 초월한 거래가 활발하고 국가

---

4) 김대순, 국제법론, 삼영사, 2006, p.224. 정부는 원칙적으로 그 영토와 영토내의 국민에 대하여 실효적 통제(effective control)를 행사할 수 있어야 한다. 특히, 일국 영토의 일부가 분리 · 독립하여 신국가를 수립하려고 할 때에는 이 실효적 통제의 요건은 대체로 엄격하게 요구된다. 그러나 실효적 통제의 요건이 엄격하게 적용되지 않는 경우들도 있다. 예컨대, 내란으로 인하여 국가가 실효적 통제를 행사하는 정부를 일시적으로 박탈당하더라도(즉, 무정부상태에 빠지더라도), 그 국가는 계속해서 존재한다. 또한 전쟁으로 인하여 정부가 '일시' 국토를 비우더라도(이른바 망명정부 government in exile) 여전히 그 국가는 존재하는 것으로 간주된다. Ibid.

5) 김정균 · 성재호, 국제법, 박영사, 2006, p.155. 국제법상 관할권의 문제는 일국의 헌법적 문제나 섭외사법의 문제와 구별되어야 한다. 연방법체계를 갖고 있는 국가의 경우 특정사건에 관하여 어떠한 주에 관할권이 있는가의 문제는 국제법상의 문제가 아니라 그 국가의 헌법적 사항에 지나지 않는다. 섭외사법의 경우는 개별국가가 해당 사건에 관하여 관할권이 인정되는 상태에서 문제해결을 위한 준거법을 찾는 것에 지나지 않는다. 즉, 섭외사법의 경우 주소나 거소 등을 기준으로 하여 준거법을 찾고, 그 준거법을 적용하는 문제에 지나지 않는 것으로 국제법상의 관할권 문제와는 근본적으로 다른 것이다. Ibid., p.156.

6) 이재민, "해적에 대한 보편주의 관할권 행사와 국내법 규정," 국제법학회논총, 제56권 제2호, 2011, p.145; 김정균 · 성재호, op. cit., p.156.

들의 상호관계도 밀접하고 상호의존적인 반면, 법률은 일반적으로 국가를(국가만을) 기본점으로 하여 관할권을 규율하고 있어 모든 국제거래 과정에서 발생하는 분쟁들도 역시 국가 중심의 관할권 그리고 사법제도간의 조정을 필요로 하게 된다.[7]

### 나. 根據

#### (1) 속지주의

자국 영역을 범행실행지로 하는 경우 이것을 표준으로 관할권을 결정하는 입장을 속지주의라고 하며 가장 기본적인 준칙이다. 속지주의는 이것을 확장하여 자국영역 밖에 있는 자국적의 선박, 항공기 등의 이동체 내부에서 행해진 행위에 대해서도 자국영역 안에서 행해진 것으로 간주한다. 이리하여 국내에서 개시되어 국외에서 완성된 범죄(주관적 속지주의), 역으로 국외에서 개시되어 내국에서 완성된 범죄(객관적 속지주의) 등, 그 구성요건의 하나가 자국영역 내에서 실행된 범죄에 대해서도 자국의 형법상 영역외 행위가 당해 범죄의 구성요건으로서 공통으로 인정되고 있는 것인 한, 국제법상으로도 속지주의에 입각한 관할권의 결정이 허용된 것으로 볼 수 있다.[8]

#### (2) 속인주의

국적은 국가관할권 분야에 있어 기본적 요소임에도 불구하고 국제법은 이에 대한 일률적 혹은 통일된 기준을 마련하고 있지 않으며, 이를 국가들의 '국내문제'로 취급하고 있다. 따라서 모든 국가는 자국 국적인의 작위나 부작위에 대해서 관할권을 행사할 수 있다는 것이 일반원칙이다. 속인주의, 즉 국적에 기인한 관할권 행사원칙의 이론적 근거로는 국적국과 국적인간에는 '보호'와 '충성'의 상호관계가 전제된다는 것이고, 그러므로 이 원칙을 확대하면 자국 국민이 세계 어디에서 범법행위를 했던 간에 국적국이 관할권을 갖는다는 것이다.[9]

#### (3) 보호주의

보호주의는 외국인의 외국에서의 범죄로 인해 국가의 이익을 침해당한 국가가 형사관할권을

7) 김정건 외, 국제법, 박영사, 2010, p.310.
8) 이한기, 국제법강의, 박영사, 2006, p.298.
9) 김정건 외, op. cit., pp.316-317.

행사할 수 있다는 원칙이다. 대체로 보호주의의 대상이 되는 범죄는 국가 자체에 대한 법익의 침해와 관련된 내란, 외환의 죄, 통화위조의 죄 등이 해당된다.[10] '국가'의 이익을 보호하기 위해 고안된 보호주의는 피해국가의 영토 내에서 효과 또는 결과가 발생을 요구하지 않는다는 점에서 속지주의와는 구분되나, 보호주의의 기초가 되는 '국가'의 이익인 국가의 '안보' 또는 '사활적 경제이익'의 구체적 개념이 모호하기 때문에 남용의 여지도 있다.[11]

### (4) 보편주의

외국인의 행위라 할지라도 일정한 유형의 범죄에 대하여는 모든 국가에 관할권을 인정하려는 것이 보편주의원칙이다. 보편주의가 적용되는 논거는 국제법상 이들 범죄는 국제사회 전체에 대한 위협이 되는 것이므로, 어떠한 국가도 위반자에 대하여 관할권을 행사할 수 있다는 입장에서 비롯된다. 따라서 피의자와 관할권을 주장하는 국가 간에 보호주의와 같은 엄격한 관련성을 요구하지 않고, 실질적으로 범인의 신병을 확보하고 있는 국가가 관할권을 행사하게 된다. 이러한 유형에 해당하는 범죄로는 해적행위,[12] 전쟁범죄, 인도에 반한 죄 등이 있다.[13]

## 2. 主權免除

국가는 타국의 재판권으로부터 면제된다는 주권면제(sovereign immunities) 원칙은 국가평등이라는 법사상에 근거하고 있다. 따라서 국가는 상호간의 교통에 있어서 서로 동등하므로 어떤 국가도 타국을 재판할 수 없다는 원칙에 기초한다. 그러나 주권면제의 원칙은 각 국내법 질서에서 상이한 특징을 보이고 있다. 영미의 'common law'에 기초를 둔 법을 갖고 있는 국가에서 주권면제

---

10) 김영석, op. cit., pp.177-178.

11) 김대순, op. cit., pp.332-333.

12) 국제사회가 해적행위에 대해 모든 국가의 보편적 관할권을 인정하는 이유는 연안국가의 관할권이 미치지 않는 바다 가운데서 발생하는 해적행위가 국제항행의 자유와 안전에 심각한 위협을 초래할 뿐만 아니라 불처벌 상태로 둘 경우 국제형사정의 실현에도 방해가 되기 때문이다. 이 점에서 해적행위는 국가의 영토 내에서 발생하고, 그것이 특히 국가수반에 의해 행해지는 범죄행위를 보편적 관할권 대상으로 인정하는 새로운 유형의 범죄들과 구별된다. 또 다른 이유는 비록 해적행위를 국제법상 범죄로 규정하였지만 아직까지 국제사회는 해적을 체포해서 처벌할 수 있는 조직을 갖추고 있지 못하기 때문이다. 그러므로 국제공동체의 이익을 해치는 해적행위에 대한 규제는 전적으로 국가들에 달려 있다고 할 수 있다. 박영길, "유엔해양법협약 상 해적의 개념과 보편적 관할권," 서울국제법연구, 제18권 1호, 2011, p.64.

13) 김정균, op. cit., pp.161-162.

이론은 각 영역주권자의 면제이론에서 발전하였다. 반면에 대륙적 내지 유럽의 전통('civil law')을 가진 나라에서 국가면제는 법원의 권한 또는 관할권의 문제이다.[14]

　오늘날 종래 인정되어 왔던 주권면제에 대한 제한 경향이 뚜렷하다. 주권국가의 외국 국내법원에서의 재판권 면제를 의미하는 주권면제는 종래에는 국가주권에 당연히 결부된 것으로 이해되어 왔다. 그러나 그것이 국가주권의 당연한 논리적 결과는 아니라는 것은 최근의 제한 경향에서도 실증되고 있다. 역사적으로 보면 주권면제의 원칙은 19세기 이후의 각국의 국내재판에서 형성된 관행이 일반화되자 그것에 국가주권 관념을 결부시켜 국제법상의 원칙으로 주장된 것이었다. 그러나 국가 자신이 자국의 국내재판소에서도 피고로 되는 예가 많아져 가고 있는 것으로 보아서도, 주권면제의 원칙을 절대적인 것으로 주장할 근거는 박약하다고 아니할 수 없다.[15]

　이처럼 오늘날에 와서는 국가의 행위라고 해서 모두 절대적 주권면제를 인정하는 것이 아니라 일정한 경우에만 면제를 인정하는 제한적 주권면제가 받아들여지고 있다. 그리고 그 기준의 어려움을 극복하기 위하여 조약 중에 관할권 면제를 인정하는 경우를 명기하는 경향이 있다. 예컨대 1972년 유럽주권면제협약은 면제가 인정되지 않는 13가지의 경우를 열거하며, 여기에 해당하지 않는 경우에만 면제를 인정하고 있다. 1991년 국제법위원회가 채택한 '국가 및 국가재산의 관할권면제에 관한 규정 초안'은 상업적 거래, 고용계약, 불법행위, 재산의 소유점유 사용, 지적재산권, 회사 및 기타 단체에 대한 참여, 국가소유나 운영의 선박, 상업적 거래에 관한 분쟁의 중재 합의 등의 경우 주권면제를 원용할 수 없다고 규정하고 있다.[16]

---

14) 나인균, 국제법, 법문사, 2005, p.264.
15) 최재훈 외, op. cit., p.140.
16) 김정균 · 성재호, op. cit., pp.167-168.

제3절 承認

## 1. 國家承認

### 가. 意義

국가승인(recognition of state)이란 기존국가가 새로 성립한 국가를 국제법 주체로 인정하는 의사표시이다. 승인제도는 승인국의 국가정책과 밀접히 관련된 것으로서 신국가내에 있는 자국의 권익을 보호하기 위하여 주권국가의 자격을 갖춘 신국가의 국제법주체성을 인정할 필요가 있으며, 신국가의 입장에서도 외교관계의 형성 등 주권국가로서 자격을 인정받을 필요가 있는 것이다. 즉, 국가승인은 국가가 국제법 주체임을 객관적으로 인정하는 승인국의 법적 행위이나 동시에 피승인국의 조건들이 승인국의 이익에 배치되지 않는가를 주관적으로 판단하는 정치적 행위라고 볼 수 있다. 따라서 승인이란 국가의 자유재량에 속하는 정책문제이다.

### 나. 要件

신국가가 기존국가의 승인을 얻기에는 첫째, 국내법상 국가로서 성립하여야 하는데 신국가의 성립에는 영역·국민·정부를 갖추어야 한다. 둘째, 신국가는 국제법을 준수할 의사와 능력을 가져야 한다. 이 능력의 객관적 표시는 확립된 정부이나, 그것이 국제법에 대하여 부정적 태도를 취할 때에는 국제법을 준수할 의사가 없는 것으로 간주된다.

상기요건을 갖추지 못한 국가에 대하여 부여하는 승인을 '尙早의 承認'이라고 하는데, 이는 승인의 요건이 결여되어 있어 사실상 승인의 대상이 존재하지 않기 때문에 법이론상 무효이다. 그러나 승인요건의 판단에 대하여 승인국은 외교정책상 자유재량을 갖고 있으므로 승인이 상조인가를 객관적으로 결정하기 곤란한 점에 문제가 있다.

### 다. 方法
#### (1) 明示的 承認과 默示的 承認

명시적 승인은 승인의사를 직접적으로 명백히 표시하는 승인으로서 선언, 통고, 조약규정 등이 있다. 묵시적 승인은 승인의사가 추정되는 행위를 함으로써 간접적으로 표시하는 승인으로서

신국과의 외교사절의 교환, 조약의 체결, 신국의 영사에 대한 인가장의 수여, 신국 국기의 승인 등이 그 방법이다.

### (2) 個別的 承認과 集團的 承認

개별적 승인은 국가가 개별적으로 하는 승인으로 분권적 국제사회에 있어서 국가승인은 보통 이 방법으로 행하여진다. 집단적 승인은 다수의 국가가 조약상의 규정 또는 국제회의의 공동선언을 통하여 집합적으로 행하는 승인을 의미한다.

### (3) 條件附 承認과 無條件 承認

승인은 조건없이 행해지는 게 보통이나 때로는 피승인국에게 승인의 조건으로 특별한 의무를 부담시키는 경우가 있다(예, 1922년 미국의 이집트 승인의 경우 기득권보장의 조건). 그러나 이러한 조건의 불이행은 승인의 효과 자체에는 영향이 없으며, 다만 피승인국의 의무위반의 문제가 생길 뿐이다.

### (4) 事實上의 承認

사실상의 승인은 법률상의 승인에 앞서 행하는 일시적·잠정적인 승인으로서 신국가의 지위가 불안하거나 국제법을 준수할 의사와 능력에 의문이 있는 경우 신국가와의 교섭관계를 맺을 필요가 있을 때 하는 승인이다. 따라서 사실상의 승인은 철회가능성이 항상 유보되어 있으므로 승인국에 의해 정치적으로 이용될 가능성이 많다.

### (5) UN 加入과 國際承認

UN 가입은 UN기관의 결정에 의한 집단적 행위이나 승인은 개별국가가 스스로 결정하는 개별행위이므로 신국의 UN 가입은 UN에 의한 집단적 승인을 의미하지 않는다. 그러나 UN에의 가입은 국가에만 제한되고(NU헌장 제4조 1항), 회원국 상호간에는 일반국제법이 적용되며(동 전문 및 제1조 1항), 주권평등의 원칙(동 제2조 1항)이 인정되므로 신국의 UN 가입은 이론상 회원국 개개에 의한 묵시적 승인으로 볼 수 있다. 그러나 어느 국가의 가입에 반대의 의사를 표명한 국가에 대해서는 묵시적 승인의 효과가 발생하지 않는 것으로 되어 있다(1949년 5월 11일의 UN총회에서 이스라엘공화국

(1948년 5월 14일 독립)의 가입이 승인되었는데 이집트는 이것을 승인하지 않고 그 가입에 대해서도 반대하였다).

### 라. 效果

승인에 의하여 피승인국과 승인국 상호간에는 일반국제법상의 권리의무가 발생하며 피승인국은 승인에 의해서 국제법 주체성이 확립된다. 즉, 승인에 의하여 피승인국은 타국과 외교관계를 개설하고 조약을 체결할 수 있으며 승인국은 피승인국, 그 대표, 재산을 자국의 소송절차로부터 면제한다. 승인의 효과로서 주목되는 것은 첫째, 승인의 효과는 피승인국이 국제법상의 주체로서의 요건을 구비했을 당시까지 소급해서 인정된다(승인의 소급효). 둘째, 승인의 효과는 승인국과 피승인국간에만 발생하며 승인하지 않는 제3국에는 미치지 않는다(승인효과의 상대성). 셋째, 일단 부여된 법률상의 승인은 철회할 수 없는 것이 원칙이며, 외교관계의 단절과 승인의 철회는 별개 문제이다(승인의 철회 불가).

## 2. 政府承認

### 가. 意義

정부승인(recognition of government)이란 일국의 정부가 국내법상 비합법적인 수단(예, 혁명이나 쿠데타)에 의하여 변경되었을 때, 타국이 신정부를 그 국가의 대외적 대표기관으로 인정하는 의사표시를 말한다.

국가승인은 국가 자체에 대한 승인이나 정부승인은 국가의 대외적 대표기관에 대한 승인이며, 비합법적인 수단으로 정부가 변경된 경우라도 국가 자체의 동일성(identity)과 계속성(continuity)은 유지되는 것이므로 국가승인은 필요 없다.

정부승인은 확실히 하나의 국제법 제도이며, 국가승인과 마찬가지로 법적 측면과 정치적 측면의 양면성을 갖고 있으나 국가승인보다 훨씬 더 국가정책과 정치적 고려에 의해서 좌우되는 정치적 또는 재량적 행위라고 볼 수 있다. 따라서 승인이란 의무적인 것이 아니고 임의적인 것으로 보는 것이 타당하다.

### 나. 要件

신정부가 승인을 받으려면 우선 국가의 모든 영역에서 실효적 정치권력을 확립하여 일반적, 사실상의 정부(general de facto government)가 되는 것이 필요하다. 다음으로 신정부는 국가를 대표할 의사와 능력이 있어야 한다(예, 신정부가 구정부가 갖고 있는 국제법상의 권리의무를 승계 및 이행하는 것 등).

상기의 요건이 갖추어지지 않았음에도 불구하고 신정부를 승인하는 것은 '상조의 승인'(premature recognition)이 되며, 이는 승인의 요건이 결여되어 있어 사실상 승인의 대상이 존재하지 않기 때문에 법이론상 무효이며 국제법상 위법한 행위가 된다. 그러나 승인요건의 판단에 대하여 승인국은 외교정책상 자유재량을 갖고 있으므로 승인이 상조인가를 객관적으로 결정하기가 곤란한 점에 문제가 있다.

### 다. 方法

정부승인의 방법은 대체로 국가승인의 경우와 동일하여 명시적 승인과 묵시적 승인, 개별적 승인과 집단적 승인, 조건부 승인과 무조건 승인, 정부의 안정성과 영속성 또는 국제법 준수의 의사능력에 대한 전망이 확실치 않을 때 일시적으로 행하는 사실상의 승인 등이 있다.

### 라. 效果

정부승인의 효과는 국가승인의 효과와 대체로 동일하나, 다만 유의할 점은 정부승인이 행해짐으로써 신정부는 자국을 정당하게 대표할 수 있는 자격을 취득하며, 구정부가 설정한 조약상의 권리의무를 승계한다.

UN 회원국의 정부가 혁명이나 쿠데타에 의하여 비합법적으로 변경된 경우, 신정부가 UN 대표권을 주장하기 위하여는 UN 총회의 승인을 받아야 하는데, 이를 UN에 의한 집단적 정부승인이라 볼 수 있다(예, 1972년 제26차 UN총회는 알바니아안에 따라 중공이 대만정부에 대신하여 중국을 대표하는 정부임을 결의하였는데, 이는 중공의 UN 가입이 아니라, 중국을 대표하는 자격의 승인으로 일종의 정부승인이었다).

## 3. 交戰團體 承認

### 가. 意義

반란단체가 그 국가영역의 일부를 점령하여 하나의 사실상의 정부(de facto government)를 수립하고 중앙정부의 권력이 이곳에 미치지 못하는 경우, 중앙정부 또는 제3국이 반란단체를 교전당사자로 인정하게 되는데 이를 교전단체의 승인(recognition of bellegerent)이라고 한다.[17]

국가의 일부분이 무력에 호소하여 중앙정부를 전복시키거나 본국으로부터 분리, 독립하려는 목적을 가진 반란이 발생할 경우, 그 반란이 조기에 진압되거나 성공하면 승인의 문제는 실제로 일어나지 않는다.[18] 이처럼 중앙정부(de jure government)에 대하여 반란을 일으킨 단체는 공식적으로는 국제적인 권리 및 의무를 갖지 않지만 특정상황 즉, 교전단체로 승인되면 어느 정도의 국제적 인격을 향유하며 따라서 승인되기도 한다.[19]

중앙정부가 승인을 부여하는 이유는 반도가 점거한 지역내에서 행하는 국제법상의 불법행위로 인한 국가책임의 귀책을 면하는 동시에 전투의 잔학화를 피하려는데 있고, 제3국이 이에 승인을 부여하는 이유는 중앙정부의 '상당한 주의'도 미칠 수 없는 실권상실지역, 즉 반도가 점거한 지역내에 있는 그의 이권과 자국민을 보호하거나 또는 손해 발생시에 그 책임을 반도에게 추궁하려는 데에 있는 것이다.

이처럼 교전단체의 승인은 반란자가 행하는 무력투쟁으로 인한 교전관계 또는 교전상태(belligerency)를 국제법상의 전쟁에 준하도록 하여 전쟁법하의 투쟁질서를 기대해 보려는데 있다. 일반적인 관점에서는 그런 교전상태가 국제적 이해관계에 미치는 민감한 영향을 유의하는 동시에, 주권의 현대적 세련도태경향을 주시하려는 두 가지 이유에서 비롯된다. 본국의 입장에서는 내란의 잔학성을 완화하는 동시에, 반란으로 훼손된 외국권익 문제에서의 면책을 꾀하려는 두 가지 의도에서 이루어지는 것이다.[20]

---

17) Ti—Chang Chen, *The International Law of Recognition*, Frederick A. Praeger, Inc., 1951, p.303.

18) R. Jennings and A. Watts (ed.), *Oppenheim's International Law*, vol.1, Longman, 1992, p.162.

19) *Ibid.*

20) 김정균·성재호, 국제법, 박영사, 2006, p.118.

## 나. 要件

(1) 반도의 중앙정부에 대한 무력투쟁 상태가 존재해야 한다.

(2) 반도가 일정지역을 점령하고 사실상의 정부로서의 자격을 갖추어 중앙정부의 통치를 완전히 배제하여야 한다.

(3) 반도가 중앙정부와의 투쟁에서 전쟁법규를 준수할 의사와 능력이 있어야 한다.

(4) 제3국은 반도점령지역내에 자국민의 생명 및 재산 등의 보호법익이 존재해야 한다. 상기요건이 충족되기 전에 승인을 하는 것은 '상조의 승인'으로서, 본국 중앙정부에 대한 불법간섭이 된다(예, 1861년 미국 남북전쟁 당시 남군에 대한 영국과 프랑스의 교전단체 승인).

## 다. 方法

중앙정부가 승인하는 경우 체포된 병사를 포로로 대우하거나 반도를 국제법상 교전국과 동일하게 대우함으로써 묵시적으로 승인하는 예가 있으며, 제3국이 승인하는 경우 반도와 중앙정부와의 투쟁에 대하여 중립선언을 하는 예가 많다.

## 라. 效果

### (1) 제3국에 의한 承認

제3국은 승인된 교전단체에 대하여 전시 중립국상의 권리·의무를 가지며, 교전단체 점령지역내에 있는 제3국의 권리에 대해서는 교전단체가 책임을 진다.

### (2) 本國 中央政府에 의한 承認

중앙정부와 승인된 교전단체간의 무력투쟁은 국제법상의 투쟁으로 취급되어 전쟁법규가 적용되며, 제3국은 양자에 대하여 중립국과 같은 권리·의무를 갖는다.

### (3) 承認效果의 暫定性

반란단체에 대한 교전단체의 승인은 외국인에 대한 신체적, 물질적 피해에 대한 중앙정부의 책임을 면제시키는 동시에 교전단체에게 그 책임을 인수시키는 효과를 가져온다. 하지만 이러한 승인의 효과는 잠정적이어서 내전이 종결되면 소멸된다. 그러므로 만약 교전단체가 성공하여 새로운 정부나 국가가 수립되는 경우에는 정부승인이나 국가승인을 받게 되는 것이다.

### ▅▅ 교전단체 승인과 국가책임

승인의 효과는 승인 주체에 따라 그 법적 효과를 달리하는데 중앙정부가 반란단체를 교전단체로 승인하면 국내적인 반도조직이 전시국제법상의 교전단체로 변하고, 국내법의 적용이 정지되고 국제법이 적용되며, 반도는 국제법상의 포로로 취급되고, 중앙정부는 교전자로서의 의무를 다해야 하는 동시에 교전단체는 독립의 위치에서 국제법상의 책임을 다해야 하며,[21] 제3국은 중앙정부와 반란단체 쌍방에 대하여 중립국으로서의 권리의무를 가진다. 그리고 중앙정부는 제3국과의 관계에 있어서 교전단체의 교전행위로 인하여 발생하는 국제법의 책임을 면하게 되며, 교전단체 자신이 이를 부담하게 된다.[22] 제3국에 의해 반란단체가 교전단체로 승인되면 제3국은 교전단체에 대하여 중립의무가 생기며, 교전단체는 제3국과의 관계에 있어서 자국의 행위에 대한 국제법상의 책임을 직접 지게 된다. 그 결과 중앙정부는 제3국에 대하여 교전단체의 행위에 대한 책임으로부터 면제된다.

## 제4절 國家의 基本的 權利義務

국가는 국제법상 법률행위를 할 수 있는 자격을 가진 국제법주체로서 일반국제법상의 권리의무를 갖는데, 이를 국가인 이상 당연히 갖는 국가의 기본적 권리의무라 한다.

국가의 기본적 권리의무에 대해 과거에는 국가라면 당연히 갖는 고유의 권리의무 또는 자연법적, 천부적인 국가의 고유한 권리의무로 보고 이를 제한하거나 폐지할 수 없다고 보았으나 오늘날에는 국제법에 기인해서 국제법이 부여한, 따라서 국제법에 의하여 제한 또는 폐지될 수 있

---

21) 김정균, "전쟁법, 인도법과 내란", 인도법논총, 제13호, 1973, p.5.

22) Ford V. Surget case (1878, 97 U.S. 594)에서 미연방대법원은 남북전쟁 당시 남군이 미시시피의 어느 개인소유의 면화를 소각한 사건에 대하여 전후 면화소유자가 남군을 상대로 손해배상의 소송을 제기한 데 대하여 북군이 남군을 교전단체로 승인한 이상 전쟁수행을 위한 면화소각은 정당한 전쟁행위로 간주되므로 불법행위가 아니라고 판시하였다. H. W. Briggs, *The Law of Nations: Cases, Documents and Notes*, 1952, p.992.

는 것이라고 보고 있다.

국가는 구체적으로 어떠한 기본적 권리의무를 향유할 수 있는가? 국가의 기본적 권리의무의 구체적 내용은 확정되어 있지 않다. 하지만 학자들간에 국가의 가장 중요한 권리의무로서 공통적으로 인정되고 있는 것들로는 일반적으로 주권, 평등권, 자위권 및 국내문제불간섭의 의무 등을 들 수 있다.

## 1. 主權

국제사회는 독립된 주권국가로 구성되어 있다. 따라서 국제법의 유효성에 관한 모든 논의와 국제질서의 확립에 관한 계속적인 시도의 중심과제는 국가의 주권이었으며, 국제법의 발전을 저해하는 것도 국제사회의 안정을 유지하는 것도 여기에서 비롯된 경우가 허다하였다.

국제법상의 국가주권(national sovereignty)이란 근대법상의 주권개념(국가권력의 최고성, 통치성, 국가의사 최고결정력)에 기초한 것으로 그것이 국제관계에 표현된 것이며, 보통 '최고·독립의 국가권력'을 의미하는 것으로 이해되고 있다.

국가가 주권을 갖는다는 것은 국가가 국내적으로 최고권력을 갖고 인민과 영역에 대하여 배타적인 지배권을 갖는다는 의미와(대내적 최고성), 국가가 타국 또는 어떤 국제적 권력에 대해서도 종속적이 아니고 그들로부터 독립적이며 그 결과 국가는 타국 또는 국제적 권력으로부터 명령되거나 강제되지 않으며 아무런 의무도 지지 않는다는 의미(대외적 독립성)를 말한다.

그러나 국가간 관계의 긴밀화, 공통적인 이해관계사항의 확대 등 국제사회가 발달함에 따라 국가주권은 국제사회의 공동이익을 위하여 어느 정도 제한될 필요가 생겼고 실제로도 제한되고 있다.

## 2. 平等權

국제법상 국가의 평등권(right of equality)이란 모든 국가가 평등하게 국제법상의 권리의무를 향유하고 국제사회의 동등한 구성원이 될 수 있는 권리를 말한다(UN헌장 제2조 1항). 이러한 평등권의 내용은 극히 다의적이나 대체로 법 앞에서의 평등, 법에 있어서의 평등, 법정립에서의 평등의 의미로 이해되고 있으며, 최근 국제조직이 발달함에 따라 그 효과적인 운영과 활발한 활동의 필요에서 강력한 영향력이 있는 대국에게 특권을 부여하게 되었는데(예, 안전보장이사회 상임이사국의 거부권, 가중투표제), 이것은 국가의 기능적 평등 또는 실질적 평등이라는 관념하에 정당화되는 국가평등권의 제한을 의미한다.

## 3. 自衛權

### 가. 槪念 및 發展

국제법상 자위권(right of self-defence)이란 외국으로부터 급박 현존하는 불법한 침해 또는 위해를 받은 국가가 이를 배제하고 국가와 국민을 방위하기 위하여 국가 자신이 스스로(개별적 자위) 또는 이해관련국과 공동으로(집단적 자위) 일정한 실력을 행사할 수 있는 권리를 말한다.

'무력행사의 일반적 금지와 예외적 허용'이라는 대원칙하에서 국제연합 헌장 제51조에 규정된 자위권은 개별 국가들이 선도적으로 행한 일방적 무력행사가 적법화될 수 있는 유일한 실정법적 근거이다.[23]

자위권을 국가의 '고유한 권리'(inherent right)로 규정하고 있는 헌장 제51조의 내용은 다음과 같다. "이 헌장의 어떠한 규정도 국제연합 회원국에 대하여 무력공격이 발생한 경우 안전보장이사회가 국제평화와 안전을 유지하기 위하여 필요한 조치를 취할 때까지 개별적 또는 집단적 자위의 고유한 권리(the inherent fight of individual or collective self-defence)[24]를 침해하지 않는다. 자위권을 행사함에 있어 회원국이 취한 조치는 즉시 안전보장이사회에 보고된다. 또한 이 조치는 안전보장이사회가 국제평화와 안전의 유지 또는 회복을 위하여 필요하다고 인정하는 조치를 언제든지 취한다

---

[23] 정경수, "21세기 자위에 근거한 무력행사의 적법성", 국제법평론, 통권 제30호, 2009, p.47.

[24] 헌장 제51조에서는 국가의 자위권을 '고유의 권리'로서 개별적 자위권과 함께 집단적 자위권을 규정하고 있다. 여기서 집단적 자위권의 규정은 덤바튼 오크스 초안에서는 보이지 않았지만, 샌프란시스코회의 심의과정에서 라틴아메리카국가들의 요구에 의하여 받아 들여졌다. 당시 샌프란시스코회의 2개월전에 멕시코에서 체결한 체플테펙협정(Act of Chapultepec)에서 라틴아메리카국가들은 전후에도 전쟁 중의 협력관계를 지속시키기 위해 만일 미주의 어떤 국가에 대한 공격행위가 발생한 경우에는 이를 당사국 전체에 대한 공격행위로 간주하고 공동방위 조치를 취할 수 있다는 것을 예정하고 있었다. 덤바튼 오크스 초안 규정처럼 모든 무력행사가 안보리의 승인을 필요로 하게 되면 체플테펙협정에 의해서 창설된 지역적 안전보장체제가 무너질 것이라고 생각했던 것이다. 이를 해결하기 위해 결국 자위권을 규정한 헌장 제51조 원안에 '개별적 또는 집단적'이라는 말을 '자위권' 앞에 삽입함으로써 '집단적 자위'라는 새로운 개념이 도입되었다. 박시홍, "침략과 자위권에 관한 소고", 조선대 법학논총, 제9집, 2003, p.142.

는, 이 헌장에 의한 안전보장이사회의 권한과 책임에 어떠한 영향도 미치지 아니한다."

실정법상의 자위권은 역사적으로 형성되어 왔다. 제1차 세계대전 이전에는 국가가 자력구제를 위한 전쟁이나 전쟁에 이르지 않는 무력행사에 호소하는 것이 기본적으로 허용되었다. 그 당시에는 전쟁권(전쟁의 자유)이나 무력행사의 자유 에 자위권이 매몰되어 있었기 때문에 자위권에 대해서는 별 관심이 없었다.[25] 즉, 국가들은 언제든지 자국의 정책실현을 위해 전쟁에 호소할 수 있었기 때문에 구태여 자위권을 원용할 필요가 없었다. 그 당시 자위권은 법적인 개념으로 정착된 것이 아니라 단순히 무력사용을 위한 정치적 구실을 제공했던 것이다.[26]

그러나 국제연맹 규약, 부전조약 및 국제연합 헌장 등에 의해 전쟁이 위법화되어 가는 과정에서 자위권은 무력행사금지가 '유보된 영역'(reserved domain)이라는 적극적인 의미를 가지게 되었다. 왜냐하면 합법적으로 무력행사를 할 수 있는 권원(title)은 자위권 밖에 없어졌기 때문이었다.

### 나. 行使要件 또는 規制(制限)

헌장상의 자위권 규정인 제51조는 자위권을 행사할 수 있는 요건으로 ①무력공격이 발생한 경우(행사사유), ②안보리가 국제평화와 안전을 유지하기 위하여 필요한 조치를 취할 때까지(행사시기), ③회원국이 취한 조치는 즉시 안보리에 보고되어야 하고(안보리의 적부심사), ④안보리는 자위권과는 별도로 국제평화와 안전의 유지 또는 회복을 위하여 필요한 조치를 취할 권한과 책임이 있다(안보리의 독자적 권능)는 것을 들고 있다.

이러한 자위권 행사요건에서 가장 논쟁적인 해석상의 문제는 '무력공격'의 의미이다. 이에 대해서는 1986년 국제사법재판소(ICJ)의 '미국과 니카라과 사건'(Military and paramilitary Activities in and against Nicaragua: Nicaragua Case)[27]에서 확인할 수 있다. 동 사건에서 ICJ는 무력공격은 단순히 국경

---

25) 전순신, "국제법상 선제적 무력행사의 합법성에 관한 검토", 경북대 법학논고, 제30집, 2009. 6, p.464.

26) 유재형, "전통국제법상의 자위권에 관한 연구", 청주대 법학논집, 제1집, 1986, pp.184~185.

27) 동 사건의 개요는 다음과 같다. 1979년 니카라과에 산디니스타 정권(반미정권)이 설립되자 미국은 동 정부를 상대로 다양한 형태의 공격 −항만 파괴, 군사시설 파괴 등− 을 행하고 있는 반정부단체인 콘트라 반군에 장비를 지원하고 지휘하였다. 이 사실이 드러나자 니카라과는 미국을 상대로 ICJ에 제소하였다. 미국은 응소를 거부하면서 자신의 행위는 집단적 자위권의 행사로서 정당행위라고 주장하였다. 왜냐하면 엘살바도르, 온두라스, 코스타리카에 대한 니카라과의 위협과 군사행동으로 인하여 자위권의 발동이 불가피하다는 것이었다. 하지만 이들 중 어느 국가도 니카라과의 공격행위를 이유로 국제재판소에 제소하지 않았으며, 1980년과 1981년에 이들 국가내의 반란군에 대한 약간의 무기공급외 니카라과의 군사개입 증거는 발견되지 않았다. ICJ는 판결에서 ①미국은 자금공여 및 기타 훈련, 무기 등 콘트라에 대한 군사적 · 비군사적 활동을 지원하고 니카라과의 영공비행을 지시 또는 허가함으로써 국제관습법을 위반하였다. 따라서 집단적 자위권 행사라는

을 넘는 정규군의 군사작전뿐만 아니라 대규모의 비정규군 또는 용병의 파견도 포함하나,[28] 타국 반군에 대한 대규모의 무기공급은 포함되지 않는다고 하였다.[29]

한편, 이상의 자위권 행사요건은 자위권의 남용을 방지하기 위한 규제 또는 제한으로도 해석이 가능하다. 즉, 자위권의 행사는 무력공격이 발생한 경우에 한정되며, 안전보장이사회가 국제평화와 안전의 유지에 필요한 조치를 취할 때까지만 인정되고, 회원국이 취한 조치는 안전보장이사회에 보고해야 한다는 것이다. 이러한 자위권 행사사유, 행사시기 및 조치의 적부판단이라는 자위권의 통제는 그동안 자위권이 불법적 무력사용에 대한 변명수단으로 이용되어 온 국제사회의 현실을 고려하면 매우 중요한 법적 장치임에는 틀림없다.

자위권 통제에 있어 안전보장이사회 상임이사국은 거부권을 갖고 있어 상임이사국 또는 그 후견국이 자위권이라는 명목으로 불법적인 무력행사를 하는 경우 사실상 통제가 불가능하고, 자위권의 남용에 대한 제재장치 및 피해자 권리구제 제도가 확립되어 있지 않으며, 자위권 발동을 무력공격이 발생한 경우에 한정하는 것은 핵무기 등 대량파괴무기의 사용이 예상되는 현대전에는 적합하지 않다는 문제점도 내포하고 있다.

자위권 제한에 있어서의 이러한 문제는 지금까지 나타난 국제연합 및 개별 국가의 실행에 의해서도 알 수 있는데, 자위권은 어느 한 국가가 무력을 행사할 경우 예외없이 자신의 행위를 정당화시키기 위해 항상 주장되어 왔고, 이들 주장에 대하여 안보리도 명확한 회답을 주지 못한 것은 사실이다.[30]

### 다. 合法性 判斷要件

타국의 불법적인 무력사용에 대해 취해진 자위권 행사가 합법적이기 위해서는 일정한 요건을

---

미국의 항변은 기각한다. ②미국은 니카라과의 영수에 기뢰를 부설함으로서 무력행사금지원칙과 국내문제불간섭원칙 및 외국의 항만이용권을 침해하여 교통 및 해상통상, 통상자유원칙을 위반하였다면서 미국의 주장을 배척하고 니카라과에 대한 손해배상을 명하였다. 장신, 국제법판례 요약집, 전남대학교 출판부, 2004, pp.83, 86 참조.

28) *Military and paramilitary Activities in and against Nicaragua*, ICJ Reports, 1986, p.103.

29) *Ibid.*, p.119. ICJ는 그와 같은 활동은 무력사용금지원칙 위반 및 일국의 국내문제에 대한 간섭으로 확실히 불법적이기는 하지만 무력공격에 비해서는 비중이 훨씬 덜한 행동의 한 형식(a form of conduct which is certainly wrongful, but is of lesser gravity than an armed attack)을 구성한다고 하였다. *Ibid.*, p.127. 헌장 제51조의 '무력공격'에 대한 자세한 설명은 김찬규, "자위권에 대한 재조명", 국제법평론, 창간호, 1993, pp.11-24 참조.

30) 박시흥, *op. cit.*, p.142.

충족하여야 한다. 필요성(necessity)과 비례성(proportionality) 원칙이 그것이다. 이러한 원칙은 국제관습법에서 유래한 것이며, 헌장 채택이전부터 자위권의 고유한 일부였다.

필요성 원칙이란 일국이 자국에 가해진 무력공격으로부터 자신을 방어하기 위해서는 자위권 행사가 불가피하다는, 즉 자위권 차원의 무력사용 이외의 다른 대체 방법이 없어야 다는 뜻이다. 이처럼 필요성 원칙은 '최후의 수단'이라는 정의의 전쟁 원칙으로부터 기인하는 것으로, 본질적으로 국가들은 평화적 대안이 소진되었을 때에만 무력에 의존해야 한다.[31]

다음으로 비례성 원칙이란 선행된 타방의 무력공격과 이에 대응하여 자위권 행사로서 취해진 무력조치 사이에 비례관계가 유지되어야 한다는, 즉 타국의 불법적 무력사용으로 인한 위협의 정도와 그에 대응하여 자위조치로서 사용된 무력의 정도를 비교할 경우 후자가 합리적이고 적절하며 과도하지 않아야 한다는 것을 의미하다. 또한 비례성은 민간사상자가 균형있게 고려될 것을 요구한다. 만약 민간인 사상자 또는 민간인 재산의 파괴가 그 목적의 중요성에 비례하지 않는다면 그 공격은 중단되어야 한다.[32]

이러한 필요성 원칙과 비례성 원칙은 1837년의 '캐롤라인호 사건'에서 처음으로 공식화되었다. 국제관습법상의 자위권의 존재를 최초로 확인한 동 사건은 자위권의 행사요건을 명확하게 하였으며, 이는 이후 자위권 행사의 합법성 판단에 있어 준거가 되었다. 동 사건의 개요는 다음과 같다. 1837년 캐나다 내란중 버팔로 근처에 반군 지지자들이 집결하여 있었고, 많은 미국인과 캐나다인이 캐나다 국경 근처에 반군을 원조할 의사를 가지고 야영하고 있었다. 미국 선박인 Caroline 호는 반군들이 주로 미국에서의 지원자나 군수물자를 나르거나 정보를 전달하기 위해 사용하였던 선박이었는데, 영국 지휘하의 무장집단이 Schlosser항에 정박중인 이 배를 습격하여 승선중인 사람들을 살해하고(이로 인해 일부는 실종), 선체도 방화하여 나이아가로 폭포에 낙하시켜버렸다. 미국이 이에 항의하자 영국은 캐롤라인호가 해적선이며, 미국법은 국경에서 적용될 수 없고, 동 선박의 파괴는 자위권 행사의 일환이었다고 반박하였다. 1841년 동 선박의 파괴에 참여한 것으로

---

31) 동 원칙은 자위권의 핵심이다. 또한 필요성 개념은 인도주의 개입에 대한 새로운 일방적 국제연합 행동의 근거를 제공한다. 이 모든 경우에 이 규칙에 대한 어쩔 수 없는 예외 요구가 전개되어 왔음에도 불구하고 무력사용 금지라는 보편적 규칙은 확인되었다. D. Kritsiotis, "When states use armed forces", Christian Reus-Smit(ed.), *The Politics of International Law*, Cambridge University Press, 2004, pp.45-79. 조승환(역), 국제법과 국제관계, 매봉, 2010, p.177에서 재인용.

32) J. Gardam, "Proportionality and Force in International Law", *AJIL*, vol.87, 1993, p.391.

알려진 McLeod는 뉴욕에서 체포되어 살인죄로 재판에 회부되었다.[33]

미 국무장관 Webster는 자위권 행사는 무력행사를 정당화할 수 있지만 캐롤라인호 사건에는 자위권이 적용되지 않으며, 동 사건은 미국의 관할권하에서 발생한 중대한 주권침해라고 주장하였다. 반면, 영국의 Ashbuton경은 미국 영토의 침범에 대해서는 사과하면서도 당시 상항으로 보아 급박한 위해에 대한 정당방위, 즉 자위권으로서의 무력행사였다는 충분한 근거가 있다고 주장하였다.

1841년 Webster가 영국 정부에 보낸 서한에서 독립국가 영토의 불가침을 존중하는 것은 문명의 가장 필수적인 기초이며, 자위권 행사는 "즉시의(급박하고), 압도적인 다른 수단의 선택여지도 심사숙고할 시간도 없는"(instant, overwhelming, leaving no choice of means and no moment for deliberation) 필요성(necessity)을 전제로 하고, 이러한 필요성이 인정되는 경우에도 불합리하거나 과잉방위를 하지 않았다는 비례성(proportionality)을 입증해야 한다고 하였다.[34]

결론적으로 자위권 행사의 합법성 판단기준으로 '자위의 필요성이 급박하고, 당면한 공격이 압도적이며, 다른 선택의 여지가 없는 경우여야 한다'라고 밝힌 동 사건에서 Webster는 영국이 자위권 행사의 정당성을 주장하기 위해서는 케롤라인호에 승선한 사람들에 대한 경고(admonition)나 항의(remonstrance)가 불필요하거나 이용 불가능하였고, 동이 트는 것을 기다릴 시간적 여유가 없었으며, 범죄자와 일반인을 구별할 수 있는 상황이 아니었을 뿐만 아니라 선박을 나포하여 억류하는 것으로는 충분하지 못했다는 것을 증명해야 한다고 하였다.[35]

자위권 행사요건 및 합법성 판단요건으로서의 필요성과 비례성은 1986년 니카라과 사건에 대한 ICJ 판결에서 명시적으로 확인되었으며,[36] 이후 1996년 핵무기 사용의 합법성에 관한 ICJ 권고적 의견(제41항), 2003년 미국과 이란간의 석유시설 사건에 관한 판결(제76항) 및 2005년 콩고와 우간다간의 무력충돌 사건에 관한 판결(제146항 및 제147항)에서 그대로 원용되었다.[37]

특히, 1996년 핵무기 사용의 합법성에 관한 세계보건기구(World Health Organization : WHO)의 권

---

**33)** 김정건 외, 국제법 주요 판례집, 연세대학교출판부, 2006, p.126.

**34)** 전순신, op. cit., p.481. 동 사건에서 확립된 필요성 및 비례성 원칙은 자위권 행사의 해석기준으로서 나중에 '웹스터 공식'(Webster Formula)라고 불리워졌다.

**35)** 김정건 외, op. cit., p.127.

**36)** ICJ Report 1986, para.194.

**37)** 김찬규, "천안함 사건의 국제법적 해석", 「국민일보」, 2010년 4월 21일 참조.

고적 의견 요청 사건[38]에서 ICJ는 제51조하에서 자위에 호소할 권리는 필요성과 비례성 요건에 따라야 한다는 것을 "자위는 무력공격에 비례하는 그리고 무력공격에 대응하기 위해 필요한 조치만을 보장한다는 특별한 규칙은 국제관습법상 확립된 규칙이다"라고 표명하였다.

자위권 행사에 있어 필요성 원칙과 비례성 원칙의 효과는 무력공격의 희생국이 공격국에 대항하여 무력에 호소할 권리를 갖지만, 그러한 권리를 자국을 방위하기 위해서 또는 공격을 격퇴하여 영토를 회복하고 장래의 안전에 대한 위협을 배제한다는 방위목표를 달성하기 위해 필요한 범위에 한정시킨다. 또한 공격을 받은 국가가 자국에 대하여 사용된 정도와 종류의 무력만을 사용할 것을 요구하는 것은 아니지만, 자위조치를 취하는 국가에 의해 사용되는 무력이 정당한 자위목적의 달성에 필요한 정도와 균형을 이룰 것을 요구한다.[39]

이러한 원칙들은 자위권 행사의 합법성을 판단하는데 중요한 기준이 되는 바, 행사된 자위권이 합법적이기 위해서는 필요성과 비례성이 부과하는 제한에 따라 행사되어야 한다. 이는 자위권을 행사하여 무력에 호소하는 국가는 무력분쟁법(jus in bello)과 과도한 무력을 행사해서는 안된다는 원칙에 따르지 않으면 안된다는 것을 의미한다. 따라서 자위권을 행사하여 무력에 호소하는 국가에 의해 사용되는 무력의 종류가 무력분쟁법과 양립하는 경우라 하더라도 그 목표를 달성하는데 필요한 것을 넘어서면 그것은 자위권의 범위내에 들지 않기 때문에 그것 역시 불법이며, 반대로 어떤 행위가 필요하고 비례적인 자위조치라 하더라도 그것이 무력분쟁법의 위반을 포함하는 경우 그 행위는 정당화될 수 없다.[40]

---

38) 1990년대에 들어 군축·반핵관련 NGO의 요구를 배경으로 1993년 WHO는 보건 및 환경적 영향과 관련하여 전쟁과 기타 무력분쟁시 특정 국가에 의한 핵무기의 사용의 WHO헌장을 포함한 국제법상의 의무 위반 여부에 대한 권고적 의견(Advisory Opinion)을 ICJ에 요청하였다. WHO가 ICJ에 권고적 의견을 제출한 것은 반핵국제법률가협회(International Association of Lawyers against Nuclear Arms)와 핵전방지국제의사회 및 국제평화국과 같은 핵무기 사용을 위법시하는 반핵비정부간기구(Antinuclear NGO)들의 노력에 의한 것이었다. 이들 NGO들은 ICJ에 권고적 의견을 요청할 법적 권한이 없었지만, '세계법원프로젝트'(World Court Project)라는 명명하에 WHO로 하여금 ICJ에 권고적 의견을 요청토록 설득하였던 것이다. John H. Macneil, "The International Court of Justice Advisory Opinion in the Nuclear Weapons Cases – A first Appraisal", International Review of the Red Cross, No.316, 1997, pp.105–106 참조. 국제연합 총회도 이러한 WHO의 권고적 의견 요청 결의를 환영하면서 1994년에 모든 상황하에서의 핵무기의 사용의 국제법상 허용 여부에 대한 권고적 의견을 ICJ에 요청하였다. U.N., G.A. Res.49/75K(1994. 12. 15).

39) L. Doswald-Beck, San Remo Manual on International Law applicable to Armed Conflicts at Sea, Cambridge University Press, 1995, p.76.

40) Ibid.

### 라. 豫防的 自衛權의 許容 與否

국제연합 헌장 제51조에 따르면, 자위권은 타국의 무력공격에 대항하는 수단으로서만 허용되기 때문에 우선 '무력공격이 발생한 경우'(if an armed attack occurs)에 한하여 행사된다. 헌장 규정을 문언대로 해석할 경우 무력공격이 실제로 존재하지 않으면 국가는 이에 대항하여 자위권을 원용한 무력을 행사할 수 없다. 이처럼 자위권은 사전의 '무력공격의 발생'을 전제로 하고 있다.

그러나 핵무기, 생화학무기 등 가공할만한 무기체계가 발달한 오늘날 상대국으로부터 무력공격을 당하는 경우 엄청난 피해를 입게되어 가해국에 대한 저항능력을 상실할 수 있다. 이 경우 피해국은 사실상 자국 방위를 위한 자위권 행사 자체가 불가능하게 된다. 이러한 대량살상무기에 의한 무력공격에 대하여 자기를 방위하기 위해서는 상대국의 무력공격이 실제로 발생한 경우뿐만 아니라 무력공격의 위협이 있는 경우에도 이를 제거하기 위하여 자위권이 인정되어야 한다는 이른바 예방적 자위권(anticipatory self-defense) 개념이 등장하게 되었다.[41]

오늘날 예방적 자위권의 인정 여부에 대해서는 의견이 대립되고 있다. 부인하는 측에서는 적대관계에 있는 국가가 핵무기를 보유하고 있는 경우에도 그 국가가 핵무기를 단순히 개발, 보유 또는 배치하거나 무기를 현대화했다는 이유만으로 자위권이라는 이름하에 일방적인 무력사용을 허가하는 것은 국제공동체의 평화와 안전을 매우 위태롭게 한다고 본다.[42] 또한 급박한 침략의 위협과 이미 발생한 침략을 동일시하여 양자의 경우에 자위권을 인정하게 되면, 즉 예방적 자위권을 인정하게 되면 자위권의 남용으로 무력사용금지원칙을 위협받을 것이라는 견해도 있다.[43]

반면에 긍정하는 측에서는 핵무기 등 현대과학무기의 대량파괴력과 그 신속성으로 인하여 그러한 무기가 동원되는 무력공격의 경우 그 공격이 개시됨과 동시에 피침략국의 저항능력은 소멸되므로 자위권을 '무력공격이 이미 발생한 경우'로 제한하여 인정한다면 실제에 있어서 아무런 의미가 없다고 주장한다.[44] 또한 무력공격에 의한 피해가 아직 발생하지 않았다 하더라도 무력공격을 행할 것이라는 결정이 내려지고 그 결정에 의거 군사행동이 개시될 경우 비록 구체적 피해

---

**41)** 배정생, "국제법상 자위권(right of self defence) 행사", 전북대학교 법학연구, 제23집, 2002, p.57.

**42)** 최태현, "국제법상 예방적 자위권의 허용가능성에 관한 연구", 법학논총, 제6집, 1993, p.201.

**43)** H. Thierry, *Droit international public*, Montchetien, 1986, p.528.

**44)** 김석현, "예방적 자위에 관한 연구", 국제법학회논총, 제38권 제1호, 1993, p.99; C. H. M. Waldock, "The Regulation of the Use of Forces by Individual States in International Law", 81 *Recueil des Cours*, 1952-Ⅱ, p.498 참조.

는 아직 발생하지 않았지만 자위권 발동조건이 충족되는 것으로 보아야 한다는 주장도 있다.[45]

이와 같이 예방적 자위권의 인정여부에 관해서는 국제판례나 국가관행 및 학자들의 견해가 일치하지 않고 있다. 이는 예방적 자위권의 행사요건에 대한 구체적이고 명확한 통일적 규정도 존재하지 않고, 개별국가들은 자국의 이해관계에 따라 국제연합 헌장 등에 규정된 자위권 관련 조항 등에 대한 해석과 적용을 달리하고 있으며, 이를 통일적으로 판단하고 통제할 국제적 기구가 존재하지 않기 때문이다.[46]

자위권의 행사 요건에 '급박한 위협'을 포함하여 아직 군사행동을 결정하지 않고 실제로도 착수하지 않은 단순한 위험상태에까지 자위권을 확대시키는 것은 무분별한 무력사용을 조장하고 불법적인 무력사용에까지 면죄부를 부여하게 되어 무력사용금지원칙의 예외적 허용이라는 자위권의 존립 의의와 근간을 무너뜨릴 수 있다. 예방적 자위권의 허용 여부 및 허용 범위를 신중하게 검토해야 할 이유가 여기에 있다.

그러나 현실적으로 오늘날 각종 대량살상무기 체계의 발달과 국제사회에서 분쟁 양상의 변화 등으로 인하여 예방적 자위의 필요는 증가하고 있으며, 이를 원용하여 무력을 사용할 가능성도 늘어날 전망이다(실제 예방적 자위권 원용 사례는 점점 증가하고 있음). 따라서 현실적으로 금지할 수 없는 예방적 자위를 더 이상 '법 밖'에 방치할 것이 아니라, 이를 '법의 테두리 안'으로 끌어들여 제도적으로 통제해 나가야 한다는 주장이 제기되고 있다.[47]

물론 이 경우에도 예방적 자위권은 무제한적으로 인정되는 것이 아니라 일정한 조건하에서 제한적으로 인정된다고 보는 것이 현실적으로 타당하다. 즉, 침략의 급박성, 침략과 대응조치간의 비례성이나 여타 수단의 대응을 먼저 고려한 후 행사되어야 한다는 최후성과 같은 한계내에서 인정되어야 할 것이다.

예방적 자위권과 관련한 논쟁적인 문제의 하나는 자위권 행사의 수단으로서 핵무기를 사용할 수 있는가 하는 것이다. 자위권 행사로서의 핵무기 사용은 분명히 핵무기에 의한 선제공격이 있거나 또는 그런 의혹이 짙은 경우 그리고 통상무기에 의한 대량공세가 핵대응을 부득이하게 할 경우 등으로 엄격히 제한될 경우에는 허용되어야 한다는 입장도 있지만 그리고 이론적으로 균형

---

**45)** 田岡良一, 國際法上 自衛權, 頸草書房, 1981, p.203 참조.

**46)** 배정생, *op. cit.*, p.58.

**47)** *Ibid.*

성을 신중히 고려한 것이라면 핵무기 사용의 가능성이 항상 막혀있는 것이 아니라는 견해도 제기되기도 하지만, 실제 자위권 발동 요건의 충족 여부 판단이 당장에는 행사국의 주관하에 이루어지는 것이어서 매우 조심스러운 면이 있다.[48]

오히려 자위권 차원에서의 핵무기 사용은 다음과 같은 논리에서 금지되어야 한다고 보는 것이 보다 타당하고 합리적이라고 판단된다. 전통적인 자위권 행사라고 하더라도 무력사용은 상대방의 불법행위에 대하여 필요성과 비례성을 충족하는 한도내에서 이루어져야 하는 바, 자위권 행사로서의 핵무기 사용은 인간과 환경에 회복불능의 파괴와 손실을 야기할 뿐만 아니라 핵공격을 받은 국가는 피해 회복을 위해 핵공격으로 대응할 수 밖에 없으며, 이럴 경우 자위권 행사의 전제요건인 필요성과 비례성은 침해받을 수밖에 없게 된다. 따라서 핵무기는 자위권 차원의 사용이라 하더라도 금지되어야 마땅하다.

### 천안함 격침과 자위권 행사

천안함에 대한 북한의 어뢰공격은 북한이 고의적으로 무력을 사용한 국제법상의 의무를 위반한 국제불법행위로서, 이로 인해 실제 천안함이 침몰하고 46명(사망 40명, 산화 6명)이 희생되었다. 즉 북한의 어뢰공격과 대한민국의 물적, 인적 피해간에 인과관계가 확정적이기 때문에 북한은 불법적 무력공격에 대한 책임을 부담하여야 한다.[49]

국제법상 국가책임은 작위 또는 부작위에 의한 국가의 국제법상 의무위반 행위의 존재, 의무위반행위에 대한 책임의 국가귀속 가능성 및 의무위반행위로 국가의 손해가 발생할 것 등의 3가지 요건에 의하여 성립되는 바,[50] 북한이 불법적으로 우리 해역을 침범하여 천안함을 어뢰로 공격한 것은 무력사용금지 및 현 정전상태의 유지와 상대에 대한 무력사용과 침략을 금지시키고 있는 국제법상 효력을 갖는 남북간에 체결된 휴전협정 등의 법적 문서를 위반한 행위이며,[51] 이러한 불법행위의 최종 책임기관은 북한 당국으로 북한은 이에 대해 책임을 져야

**48)** 김정균, "핵무기 규제의 법리」, 인도법논총, 제24호, 2004, p.38.

**49)** 책임은 모든 법질서의 기초인 바, 존재하는 모든 법체계는 부과된 의무를 위반한 법주체의 불법행위에는 반드시 책임을 부과하고 있다. D. J. Harris, *Case and Materials on International Law*, Sweet and Maxwell, 1983, p.374.

**50)** N. A. Maryan Green, International Law : Law of Peace, Macdonald and Evans, 1982, pp.205~206; *Sørensen, Manual of Public International Law*, MacMillan, 1968, p.534.

**51)** 북한이 어뢰로 천안함을 공격·침몰시킨 행위는 국제연합 헌장에 규정되어 있는 무력사용금지원칙이라는 국제적 의무를 정면으로 위반하고, '자신의 통제하에 있는 모든 무장병력이 한국에 있어서의 일체의 적대행위를 완전히 정지할 것을 명

한다.

　이처럼 북한은 어뢰 공격으로 천안함을 침몰시키고 46명의 승조원을 사망케하는 등 정확한 계산이 어려울 정도의 인적 · 물적 피해는 물론 정신적 피해를 입혔다. 따라서 북한은 천안함 사태에 관련하여 국제법상 책임을 이행해야 할 법적 의무가 있다. 이러한 책임을 이행하는 방법으로는 손해배상, 진사, 관련자의 처벌[52] 및 장래에 대한 보장 등이 있다.[53]

　이러한 일반적인 국가간에 작동하는 국제법상의 평화적 방법에 의한 책임 이행은 북한이 천안함에 대한 어뢰공격 자체를 인정하지 않는 현 상황에서 이루어질 것이라고 기대할 수 없다.

　그렇다면 강제적 대응방법의 하나인 자위권을 발동하여 북한의 불법행위에 대해 책임을 묻고 우리의 국가주권과 국민안전을 담보할 수는 있는가? 즉, 천안함 격침사태는 자위권 발동 대상이 될 수 있는 요건을 갖추고 있는가? 국회 대정부 질문에 대한 답변과정에서 국방부 장관은 그 가능성을 검토하고 있음을 언급하는 등 정부차원에서 심도있게 검토되기도 했었다.

　천안함 사태와 관련하여 합동조사단 발표 이후 자위권 행사 차원에서 북한에 무력으로 대응할 수 있는가 하는 문제와 관련하여 국제법 학자들을 중심으로 이를 긍정하는 입장과 부정하는 입장이 개진되었었다. 즉 북한의 어뢰 공격이 자위권 행사의 대상이 된다는 점에는 의문이 없지만, 상당한 시간이 지난 후(구체적으로는 북한의 소행임이 명확하게 밝혀진 합동조사단 발표 직후) 자위권을 발동할 수 있는가 하는 점에 대해서는 상이한 입장을 보였던 것이다.

---

령하고 보장한다'는 휴전협정과 '수단과 방법을 불문하고 상대방에 대한 무력사용 및 침략을 금지한다'는 남북기본합의서 및 불가침부속합의서상의 남북한간 합의된 의무를 위반한 불법행위이다. 그리고 '침략의 정의'에 관한 국제연합 총회 결의 3314와 대세적 의무를 위반한 것이다.

52) 2010년 5월 24일 전쟁기념관에서 발표된 천안함 사태에 대한 담화에서 이명박 대통령도 천안함 침몰 사태를 '대한민국을 공격한 북한의 군사도발'로 규정하고 '대한민국과 국제사회 앞에 사과하고, 이 번 사건 관련자들을 즉각 처벌할 것'을 요구하면서 이것이 북한이 우선적으로 취해야 할 기본적 책무임을 강조하였다. 휴전협정도 협정의 어느 규정을 위반한 각자의 지휘하에 있는 인원을 적절히 처벌하여야 한다는 것을 규정하고 있다(제2조 13항 ㅁ호).

53) USS Stark함과 USS Liberty함 피격사건도 일반적인 국가책임 이행방법에 의해 해결되었다. 이란 · 이라크 전쟁중이던 1987년 3월 17일 저녁 10시경, 이라크 공군의 F-1 미라지(Mirage) 전투기가 발사한 엑소세(Exocets) 공대함 미사일 2발이 페르시아만을 초계중이던 미해군 구축함 Stark에 명중되어 승조원 37명이 사망하고 21명이 부상당했다. 이 사건으로 인해 이라크 후세인 대통령은 오인사격을 이유로 사과하였고 손해배상금으로 약 2,700만 달러를 지불하였다. 김동욱, "천안함 사태에 대한 국제법적 대응", 해양전략, 제146호, 2010. 6, pp.35-36. 1967년 6월 8일 지중해 시나이 반도 47㎞ 부근 공해상에서 이스라엘 해 · 공군의 공격으로 Liberty함이 대파되고 34명이 사망하고 171명이 부상하였다. 이스라엘이 어뢰정과 항공기로 국적을 선명하게 표시한 미국 정보선의 정체를 오인하여 발생한 사건이었다. 양국의 공동조사 결과 실수로 결론이 났지만, 사고조사에 참가한 일부 미국 관료는 의도적인 공격이었다고 주장했다. 1968년 이스라엘 정부는 손해 배상금으로 미화 3,566,457 달러를 유가족에게 지급하였으며, 1980년 미국 정부가 요구한 물질적 피해배상비 7,644,146 달러 가운데 600만 달러의 지급을 확인하였고, 1987년 12월 17일 외교각서의 교환으로 사건을 종결하였다. 박정규, "현대적 수상함정의 피격 양상과 대응사례 소고", 해양전략, 제146호, 2010. 6, p.13.

먼저 부정론을 주장하는 입장은 천안함 사태와 관련하여 공격을 받은 현장에서가 아닌 합동조사단 발표 이후 자위권을 행사하는 것은 국제법상 자위권 행사요건을 갖추지 못한 대응조치라고 본다.

자위권은 정당방위 차원에서 즉시 고려되는 조치인 바, 북한의 천안함 공격행위가 무력공격이나 침략에 해당되는 것은 분명하기 때문에 천안함 사건 발생 직후에는 자위권을 행사할 수 있지만 북한의 공격이 이미 종료된 상황에서의 자위권 행사는 즉각성 원칙을 벗어난 것이라고 본다. 또한 천안함 사태는 침략행위 직후가 아니더라도 무력에 의한 영토 점령이 계속되거나 무력공격이 연속적으로 반복될 때는 자위권 행사가 가능하다는 즉각성 원칙의 예외상황에도 해당되지 않는다고 보는 것이다.[54]

이와 관련한 제성호 교수의 입장은 더욱 명확하다. 제 교수는 천안함 사태는 예외적으로 예방적 자위권이 논의되는 경우인 핵공격이 예상되는 상황이 아니며, 또한 한 차례 무력공격이 지나간 후여서 추가적인 무력공격의 급박한 위험도 존재하지 않기 때문에 자위권을 행사할 수 없다고 보고 있다.[55] 즉, 자위권의 행사는 긴급성을 요하는데, 천안함 사건은 이러한 긴급성을 갖추지 못했다는 것이다. 긴급성과 관련한 그의 주장은 다음과 같다.

ICJ가 1986년의 Nicaragua case에서 필요성과 비례성만을 언급했다고 해서 긴급성은 자위권 행사의 요건에서 배제된 것이라는 주장은 단견이라고 할 것이다. Caroline호 사건에서의 Webster Formula(이는 국제관습법상 인정되는 자위권의 행사요건을 정식화한 것이다)에서 알 수 있듯이 자위권의 본질은 상대방의 무력공격이 진행중일 때 이를 실력으로 배제함으로써 국가와 국민을 방위할 긴급한 필요가 있을 때 예외적으로 허용되는 무력행사이기 때문이다. 이와 관련해서 1981년 이스라엘의 이라크 원자로 폭격시 유엔 안보리에서 영국이 "이스라엘은 이라크와의 관계에서 어떠한 급박하고도 불가피한 자위의 필요가 없었다. 그것은 자기보호를 위한 강제조치로 정당화될 수 없다"고 지적하면서, "이스라엘의 간섭은 국제법과 유엔 헌장에서 근거를 찾을 수 없는 무력사용으로 결국 이라크의 주권침해라고 보아야 한다"고 강조한 것은 시사하는 바가 크다고 하겠다. 이렇게 본다면 긴급성도 자위권 행사의 정당화 요건으로 보

54) 이러한 입장에 대해서는 이용중, "천안함 보복과 국제법", 「한국일보」, 2010년 4월 23일; 김석현, "천안함 사건의 국제법적 조명", 서울국제법연구원 세미나 자료집(2010년 5월 31일) 참조.
55) 제성호, "유엔 헌장의 자위권 규정 제검토", 서울국제법연구, 제17권 1호, 2010.

거나 혹은 필요성 원칙에 내재하는 파생적 요건으로 파악하는 것이 타당하다고 할 것이다.[56]

이처럼 천안함 사태에서의 자위권 행사 불인정 견해는 '자위권은 무력공격이 발생한 즉시 행사되어야 한다'는 입장, 즉 타국의 불법적인 무력공격에 대한 대응조치로서의 자위권은 즉각적(on the spot)이어야 한다는 논리에 기초를 두고 있다. 따라서 타국의 불법적 무력공격과 자위권 행사간에 시간적 간격이 많은 경우 이는 정당한 자위권의 행사가 아니라는 비난을 받을 수 있다는 것이다.[57]

이에 해당되는 사례로는 아프간 전쟁을 들 수 있다. 2001년 9.11 테러 사건이후 알카에다를 비호하고 있다는 이유로 테러 발생 3주만에 미국은 아프간을 공격했다. 당시 駐유엔 미국대사인 존 네그로폰테(John Negroponte)는 헌장 제51조에 따라 개별적 · 집단적 자위권 행사를 개시했음을 안보리에 통보하였다. 이는 미국에 대한 추후의 공격을 방지하고 억지하기 위한 조치였음을 또한 밝혔다. 그러나 이와 같은 미국의 자위권 행사에 대해 비판이 제기되었는데, 미국의 군사공격은 자위권의 행사기준에 부합되지 않는다는 것이었다. 미국의 뒤늦은 군사개입이 자위권의 구성요소인 즉각성을 충족시키지 못한다는 지적이었다.[58]

한편 긍정론은 군함에 대한 어뢰공격은 명백한 무력공격으로, 이는 자위권의 행사요건을 충족시키기 때문에 우리 군은 이에 상응하는 조치 즉, 무력사용에 의한 자위권 행사를 취할 수 있는 국제법적 근거가 있다는 것이다.[59]

자위권을 긍정하는 측은 자위권 행사는 무력공격의 발생과 필요성 및 비례성을 충족하면 가능하고 긴급성이라는 요건은 반드시 충족되지 않아도 된다고 보는 견해도 있으며, '정당한 지연'(justified delay) 이론을 원용하여 타국의 불법적인 무력사용과 자위권 행사간에 시간적 간격이 있는 경우 그러한 시간적 간격이 정당화될 수 있는 경우에는 반드시 무력공격 직후에 자위권이 행사되어야 하는 것은 아니라고 본다.

'정당한 지연' 이론은 전장이 자위수단을 동원할 수 있는 지역에서 멀리 떨어져 있거나 공격을 받은 후 반격을 개시하기 까지는 일정한 시간이 소요된다는 것을 전제로 한 개념이다. 또

---

56)  *Ibid.*, pp.82–83.

57)  Y. Dinstein, *War, Aggression and Self-Defence*, Cambridge University Press, 2005, p.219.

58)  김동욱, *op. cit.*, pp.37–38.

59)  이창위, "'천안함' 대응조치 국제법적 문제들", 「조선일보」, 2010년 4월 9일.

한 무력공격 이 발생한 경우 즉각 군사적으로 대응하는 대신에 공격국과 우호적인 교섭을 하는 경우도 정당한 지연에 해당된다고 본다. 천안함 사태의 경우 그 침몰원인이 밝혀지지 않은 시점에서는 자위권 행사대상을 알 수 없기 때문에 이를 특정하는데 시간이 걸릴 수밖에 없으며, 이러한 경우 나중에 자위권을 행사해도 이는 '정당한 지연'에 해당된다는 것이다. 천안함을 공격한 주체를 식별하기 위해 소요되는 시간도 정당화될 수 있는 지연사유라는 것이다.[60]

이러한 '정당한 지연' 이론에 대해서는 다음과 같은 비판이 제기되고 있다. 정당화될 수 있는 지연의 구체적 대상 및 판정 주체가 확정되지 않은 현 상황에서 '원인규명에 필요한 시간'이라는 불확정 내지 불특정 개념을 사용함으로서 전체적으로 애매성, 자의적 적용 가능성과 주관적 판단의 여지를 열어 놓기 때문에 동 이론을 인정할 경우 현행 국제법에서 금지하는 사후의 군사적 보복이나 무력복구를 합리화시켜 주는 구실만이 될 위험이 크며, 이는 결국 다자적 틀 내에서 무력사용의 통제를 추구하는 유엔체제를 무력화시키는 결과를 낳게 될 것이라는 것이다.[61]

천안함 사태에 대한 자위권 행사 가능성에 대한 위와 같은 상반된 주장의 배경에는 자위권 행사시기와 관련하여 자위권을 행사하기 위해서는 '즉각성' 요건이 충족되어야 하는가에 대한 입장차이가 깔려 있다.

자위권 행사 불가를 주장하는 측은 정당한 자위권 행사가 되기 위해서는 필요성과 비례성 외에도 즉각성이라는 요건이 충족되어야 한다고 보는 반면, 자위권 행사 가능을 주장하는 측은 불법적 무력공격을 개시한 당사자를 모르는 상황에서 공격을 당한 현장에서 즉시 자위권을 행사하라는 것은 합당하지 않다고 본다.

개인적 견해로는 천안함이 외부로부터의 공격을 받고 침몰될 당시 또는 그 직후 불법적인 무력을 사용한 주체(천안함 공격 주체)를 구체적으로 특정하지 못하는 상황에서 자위권을 행사하지 않았다 하여 자위권 행사 자체를 부인(즉각적인 자위권만 인정)하는 것은 무력공격을 당한 피해국이 자신을 방위하기 위해 특별히 허용된 자위권조차도 행사하지 못할 수도 있다. 따라서 '즉각성' 원칙을 엄격하게 적용하는 것은 무리가 있다고 본다.

물론 '정당한 지연' 이론을 인정할 경우 자위권을 확대 해석하려는 개별국가들의 시도가 더

60) 김찬규, "천안함 사건의 국제법적 해석", 「국민일보」, 2010년 4월 21일; Y. Dinstein, *op. cit.*, p.243 참조.
61) 제성호, *op. cit.*, p.84.

욱 집요해질 수 있고, 이에 따라 무력사용금지원칙의 근간이 위협받을 수 있다는 부정론자들의 입장은 충분히 고려되어야 한다. 따라서 '정당한 지연'은 매우 제한적으로 허용되어야 하며, 그 판단권한도 개별국가 아닌 공적인 국제기구에 위임되어야 할 것이다.

그리고 북한에 대해 자위권을 행사할 수 있다 하더라도 우리 정부 단독으로 가능하느냐 하는 문제가 있다. 지난 1994년 12월 미국으로부터 평시작전통제권을 환수하면서 연합위기관리(전쟁억제와 방어), 전시작전계획수립, 연합합동교리발전, 연합합동훈련/연습 계획 및 실시, 연합정보관리(조기경보) 및 C4I 상호운용성 등의 6개 핵심사항에 대해서는 한미연합사령관에게 연합권한위임사항(Combined Delegated Authority : CODA)으로 위임함으로서 이들 문제에 대한 작전행사는 한미연합사령관에게 있다. 북한에 군사적(자위권) 조치를 취하는 것은 전쟁억제와 방어를 위한 연합위기관리에 해당되기 때문에 우리의 독자적 판단에 따른 자위권 행사는 불가능하며 한미의 전략적 공감대가 형성되어야 한다는 것이다.

어쨌든 천안함을 공격한 주체가 북한이라는 것이 최종 확인된 직후 자위권 행사가 가능하다고 인정하더라도(정당한 지연 이론 인정) 천안함을 공격한 주체가 북한이라는 것이 확인(5월 20일)된 지 상당한 시일이 흐른 시점에서는 자위권을 행사할 수 없다고 본다. 공격주체를 확인하고도 즉각 자위권을 행사하지 않고 상당한 시일이 지나 행사한다면 '즉각성' 요건은 물론 필요성 요건조차도 갖추지 못한 것일 뿐만 아니라 확대된 '정당한 지연' 이론으로도 합리화될 수 없기 때문이다.


## 4. 國內問題 不干涉義務

국제법에 따른다는 조건하에 영역을 보전하고 다른 국가 또는 그 밖의 권위로부터 지배를 받지 않는 자유로운 처지에서 대내외적 사항을 처리할 수 있는 주권을 가진 국가는 자신의 영역 내에서 배타적 관할권(exclusive competence)을 가지며[62] 타국은 이에 간섭할 수 없다.

모든 국가가 주권을 갖는다는 것은 상호 충돌하지 않는 국가관할권의 타당범위, 즉 국내문제가 존재한다는 것을 의미하며, 이것은 현실적으로 국가는 타국의 대내적 문제에 관하여 간섭해서

---

62) J. B. Scott(ed.), *The Hague Court Reports*, vol.1, Oxford University Press, 1916, p.275.

는 안 된다는 국내문제 불간섭원칙으로 나타나게 된다.

동 원칙은 국내문제가 무엇인가 하는 측면과 간섭이 무엇인가 하는 측면에 있어 문제가 된다. 국내문제라고 하는 것은 국가의 국내적 관할권에 속하는 문제로서 국가가 단독적으로 처리할 수 있는 문제로서 국가의 대내적 문제는 물론이고 대외적 문제까지 포함하는 것으로 이해된다.[63]

국제법에서 국내문제의 타당범위에 대한 확립된 원칙이나 국가관행을 확인할 수 없지만[64] 최근에는 지금까지 각국의 내부문제로서 국제법의 대상이 되지 않았던 문제들(경제·문화·위생·노동·교육·교통·통신 등)이 조약에 의한 국제협력의 대상이 되고, 개인의 자유나 인권에 까지 미치게 됨에 이르러 국내문제의 범위는 더욱 양적으로 좁아지고 있다.[65]

간섭은 어떤 국가 또는 국제기관이 국제법에 입각하지 않는 방법으로 다른 국가의 대내외적 사항의 처리에 개입하는 행위로서 그 국가의 독립권을 침해하는 불법행위이며,[66] 현 상태를 변경시킬 목적으로 타국에 그 의사에 반하는 특정행위를 강요하는 명령적 개입(dictatorial interference) 또는 명령적 요구(peremptory demad)이다.[67]

간섭이란 일국의 의사를 타국에 강제하는 것을 말한다. 구체적으로 어느 정도의 개입행위가 간섭을 구성하는가는 매우 곤란한 문제이나, 보통 무력에 의한 위협 또는 무력행사를 수반할 경우는 명백한 간섭행위가 되지만 단순한 권고나 주선 또는 중개의 경우는 간섭이 되지 않는다.

이러한 국내문제 불간섭원칙을 최초로 명시한 보편적인 국제문서는 다음과 같은 국제연맹 규

---

63) Oppenheim-Lauterpacht, *International Law*(8th ed.), Vol. 1, Longman, 1970, p.305.

64) 국제법과 국내문제의 상호관계에 대해서는 크게 세가지 견해가 대립하고 있다. 이에 대한 자세한 설명은 H. Kelsen, *Principles of International Law*, Rinehart and Company, 1952, pp.191-192; W. Friedmann, *Legal Theory*(3rd. ed.), Stevens and Sons, 1953, pp.112-125; A. Verdross, *Volkrecht*(5 Aufl), Springer Verlag, 1964, pp.513-514 참조. 또한 국내문제의 범위에 관한 불확정성은 국제판례에서도 나타나고 있다. PCIJ는 '튀니지와 모로코의 국적법 사건'(Tunis-Morocco Nationality Decrees Case)에 대한 권고적 의견에서 "어느 문제가 전적으로 일국의 관할에 속하느냐 속하지 않느냐의 문제는 본질상 상대적인 문제이다", '노테봄사건'(Nottebohm Case)에서 "국적취득에 관한 규칙을 자국의 법률에 의하여 해결하여 귀화에 의한 국적을 부여하는 것은 주권국에 속하나 국가가 외교적 보호권을 행사하여 재판소에 제소할 권한을 갖느냐의 여부를 결정하는 것은 국제법이다"라고 말함으로서 문제의 가변성을 지적하고 있다.

65) 이한기, 국제법, 박영사, 2006, p.281. 이한기 교수는 금일에 있어서의 국내문제는 국가의 보편적 의무와의 관련에서 파악되며, 구체적으로는 국가의 인격성, 그 정치적 경제적 문화적 실질, 영토보전, 국내제도, 국가적 일체성 등 실정국제법상 적극적으로 보호되는 국가이익에 특정된다고 보고 있다. *Ibid.*

66) 장기붕, "불간섭의 의무", 국제법학회논총, 제11권 제1호, 1966, p.447.

67) Oppenheim-Lauterpacht, *op. cit.*, p.305; J. L. Briery, *The Law of Nations : An Introduction to the International Law of Peace*(6th ed.), 1963, p.402; H. Lauterpacht, "The International Protection of Human Righrs", 52 *Recueil des Cours de l'Academie de droit Internationale de la Haye*, 1947-I, p.19.

약이다.[68]

분쟁당사국의 일방이 분쟁을 국제법상 오로지 그 당사국의 국내관할권내에 있는 사항에서 일어난 것이라고 주장하고 그리고 연맹이사회가 그렇게 인정한 경우에는 연맹이사회는 그 취지를 보고하고 그 분쟁의 해결에 관해 여하한 권고도 하지 않아야 한다.[69]

이후 동 원칙은 1933년의 "국가의 권리와 의무에 관한 협약"(Convention on Rights and Duties of States) 제8조,[70] 1936년의 "불간섭에 관한 부속의정서"(Additional Protocol Relating to Non-Intervention) 제1조,[71] 국제연합 헌장 제2조 제7항, 1949년 국제연합 국제법위원회에 의해 확정된 "국가의 권리의무에 관한 선언"(Draft Declaration on Rights and Duties of States) 제3조,[72] 1965년 국제연합 총회에서 채택된 "국가의 국내문제에 대한 간섭금지 및 그 독립과 주권의 보호에 관한 선언"(Declaration on the Inadmissibility of Intervention in the Domestic Affairs of States and the Protection of their Independence and Sovereignty),[73] 1970년 국제연합에서 채택된 총회결의 "국제연합 헌장에 따른 제국가간의 우호관계 및 협력에 관한 국제법원칙선언"(Declaration on Principles of International Law concerning friendly Relations and Co-operation among States in accordance with the Charter of the United Nations)[74] 에서 반복하여 확인되었다. 특히 동 선언은 타국의 국가체제에 대한 무력전복을 추구하는 테러나 무력활동을 조직하거

---

68) 국제연맹 규약 원초안에는 국내문제불간섭에 관한 규정이 없었다. 동규정은 미국이 자국의 국내문제에 대한 타국의 간섭, 특히 유럽국가들의 간섭에 대한 우려를 제기하자 19인위원회(Commission of Nineteen)가 이를 해소하기 위하여 삽입하여 조문화되었다. J. L. Brierly, "Matters of Domestic Jurisdiction", 6 *BYIL*, 1925, p.9.

69) 국제연맹규약 제15조 8항 참조.

70) 제8조. 그 어떠한 국가도 타국의 대내적 또는 대외적 문제에 간섭할 권리를 갖고 있지 않다.

71) 제1조. 모든 당사국의 대내적 또는 대외적 문제에 대하여는 직접적이건 간접적이건 또 어떠한 이유를 막론하고 그 어떠한 간섭도 허용되지 않음을 선언하고, 만일 이의 위반이 있으면 평화적인 조정의 방법을 심의하기 위하여 상호 협의할 것.

72) 제3조. 모든 국가는 타국의 국내적 또는 국외적 사항에 간섭하지 않을 의무를 진다.

73) GA Res. 2131(XX). 동 선언에 규정된 불간섭원칙에 관한 내용은 다음과 같다. "여하한 국가도 직접적이든 간접적이든, 어떤 이유에 의한 것이든 어떤 타국의 대내적 또는 대외적 문제에 간섭할 권리를 갖지 못한다. 그 결과 무력간섭 및 다른 모든 형태의 개입 또는 국가의 인격이나 그 정치적, 경제적, 문화적 요소에 대한 위협의 시도는 규탄된다".

74) GA. Res. 2625(XXV). 동 선언은 '헌장에 따른 여하한 국가의 국내관할권내의 사항에도 간섭하지 않을 의무에 관한 규칙'이라는 항목하에서 다음과 같이 천명하고 있다. "여하한 국가 또는 국가집단도 직접적이든 간접적이든, 어떤 이유에 의한 것이든 다른 어떤 국가의 대내적 또는 대외적 문제에 간섭할 권리를 갖지 못한다. 그 결과 무력간섭 및 다른 모든 형태의 개입 또는 국가의 인격이나 그 정치적, 경제적, 문화적 요소에 대한 위협의 시도는 국제법 위반이다. 각 국가는 타국에 의한 여하한 형태의 개입도 없이 그 정치적, 경제적, 사회적, 문화적 제도를 선택할 불가양의 권리를 가진다".

나 재정을 지원하거나 선동할 수 없다고 강조하고 있다.

또한 1975년 Helsinki 유럽안보회의 최종의정서 (Final Act of the Conference on Security and Cooperation)도 국제사회의 협력원칙의 하나로 국내문제 불간섭을 규정하면서 참여국들은 타국의 국내문제에 개입하지 않고 특히 무력간섭이나 그 위협을 하지 않을 것을 다짐하였다.[75] 1976년 국제연합 총회결의 31/91은 그 이전에 채택된 국내문제 불간섭 의무에 관한 결의들을 상기시키면서 모든 국가들은 타국이나 타국제기구와의 관계를 스스로 결정할 권리가 있음을 다시 확인하고 모든 형태의 간섭, 특히 용병파견 등 타국 정부를 불안하게 만드는 모든 수단들을 규탄하였다.[76]

그러나 국내문제라고 하여 국제연합이 절대로 간섭하지 못하는 것은 아니다. 국제연합 헌장 제2조 7항[77]이 규정한 바와 같이 헌장 제7장에 의한 강제조치를 취할 수 있다. 즉 국내문제라 하여도 그것이 평화적인 방법으로 해결되지 않고 국제평화를 위협 또는 파괴하게 되면 평화를 유지, 회복하기 위하여 강제조치를 취할 수 있다.

한편 국내문제에 대한 적법한 간섭으로 주장되고 있는 주요한 예외로는 ① UN헌장에 의거한 집단적 간섭(제7장의 강제조치) ② 해외자국민의 권익과 안전을 위한 간섭 ③ 자위권에 의한 간섭 ④ 인도적 간섭 등이 있다.

### ▬ 인도적 간섭

인도적 간섭(humanitarian intervention)이란 어떤 국가가 자국민의 '기본적 인권을 부인하고 인류의 양심에 충격을 주는 방법으로'(in such a way as to deny their fundamental human rights and to shock the conscience of mankind) 잔악행위를 하거나 박해를 가할 때, 당해국가가 이러한 사태를 스스로 수습할 능력이 없거나 혹은 수습을 원하지 않을 경우, 타국 혹은 국제조직이 필요시에는 강제력을 동원하여 그 사태의 종식을 위해 개입하는 것을 말한다. 인도적 간섭의 허용여부는 타국내에서 발생한 인권유린에 대해 개입함으로서 얻는 인권침해방지와 그 목적이 인도적인 것이기는 하지만 강제적 성격을 갖는 인도적 간섭으로 초래되는 국제평화와 안전의 위

---

**75)** I.L.M., Vol.14, 1975, pp.1292–1297.

**76)** UN GA Res. 31/91; UN Document A/31/414.

**77)** 국제연합 헌장은 제2조 제7항에서 '이 헌장의 어떤 규정도 본질상 어느 국가의 국내관할권에 속한 사항에 간섭할 권한을 UN에 부여하는 것이 아니며, 그러한 사항을 헌장이 규정한 해결방법에 부탁하도록 회원국에게 요구하는 것도 아니다'라고 규정하여 국내관할권과 불간섭의무를 확인하고 있다.

협을 어떻게 조화시킬 것인가 하는 문제에 연계되어 있다. 이러한 연유로 인도적 간섭은 정의를 취하느냐 평화를 취하느냐의 문제라고 일컬어지기도 한다.[78] 인권의 보장이 그 어느 때보다 절실히 요청되고 있는 현 국제사회에서 인권의 보호라는 목적을 위해 무력이라는 수단을 사용하여 타국의 주권을 어느 정도까지 침해할 수 있느냐 하는 인도적 간섭의 합법성 문제는 이와 같은 관점에서 특별한 관심을 끌고 있다. 이의 합법성을 부정하는 이론의 근거는 대체로 다음과 같이 요약될 수 있다. 첫째, 인도적 간섭은 강대국들의 정치경제적 이해와 밀접한 관계가 있기 때문에 비록 어떤 사태가 아무리 비인도적이라 하더라도 자국에 이익이 없으면 이에 관심을 갖지 않고 외면하는 경향이 있다.[79] 둘째, 인도적 간섭이 정당화될 수 있는 비인도적 행위와 이에 대해 허용되는 간섭의 정도에 대한 기준이 결여되어 있다. 셋째, 기본적인 인권의 존중을 위해 국내문제불간섭원칙과 무력사용금지원칙을 침해하는 것은 확립된 국제법 원칙을 부정하는 행위이다.[80] 넷째, 이는 가장 현실적인 이유인데, 인도적 간섭은 그 성질상 강대국에 의해서만 가능한 것이어서 강대국에 의한 약소국의 국내문제에 개입하기 위한 구실로 이용되기 쉬울 뿐만 아니라, 제3국의 대항간섭을 유발하여 국내분쟁을 국제분쟁으로 확대시킬 가능성이 높다.[81] 그러나 일반적으로 수락된 인간의 존엄에 대한 참을 수 없는 그리고 인류의 양심에 충격을 주는 비인도적 행위가 제국들의 항의에도 불구하고 계속 자행될 때 이를 중지시키기 위한 간섭은 인정되어야 할 것이다. 국가간의 상호의존관계가 더욱 긴밀해지고 있고, 국가의 권리보다는 개인의 권리와 국가의 의무를 강조하는 현 국제사회의 구조적 특질을 감안해 볼 때, 주권절대주의를 너무 고집하여 국제법이 보호해야 할 또다른 가치, 즉 인권보호라는 가치를 국제법이 스스로 포기하는 오류는 지양되어야 한다.[82] 결국 중대하고 심각한 인권침해를 중단시키기 위한 강제적 행동은 국제법상 적절한 행동으로 인정된다 할 것이며, 특히 관련되는 조약 내용과 국가관행에 대한 최선의 해석은 인도적 간섭이 현국제법질서에 부합하는 것으로 보는 것이다.[83] 인도적 간섭과 관련하여 주목할 것은 최근의 경향은 국제

78) 이승헌, "국제기구와 평화유지기능", 국제법학회논총, 제5권 제1호, 1960, p.57.

79) I. Brownlie, *International Law and the Use of Force by States*, Clarendon Press/Oxford University Press, 1963, pp.338-339.

80) Gerhard von Glahn, *Law Among Nations: An Introduction to Public International Law*(5th ed.), Macmillan Company, 1986, p.173.

81) Derek W. Bowett, "The Interrelation of Theories of Intervention and Self-Defence", John N. Moore(ed.), *Law and Civil War in the Modern World*, The Johns Hopkins University Press, 1974, p.45.

82) 제성호, "국제법상 인도적 간섭의 합법성에 관한 일고찰", 국제법학회논총, 제32권 제2호, 1986, p.114.

83) M. J. Bazyler, "Reexamining the Doctrine of Humanitarian Intervention in the Right of the Atrocitice in Kampuchea and

연합에 의한 집단적 간섭의 사례가 증가하고 있다는 것이다. 1991년 국제연합 안전보장이사회는 이라크의 쿠르드족 박해로 인한 대규모 난민이 발생한 것과 관련하여 결의688에서 합법적 개입의 길을 확실히 하였다.[84] 동 결의는 헌장 제2조 제7항에 명확하게 언급되어 있는 국제평화와 안전의 유지에 대한 국제연합의 책무를 강조하고, 헌장 제7장을 직접 명시하지는 않았지만 쿠르드족에 대한 이라크의 박해를 국제평화 및 안전에 대한 위협이라고 했다. 인도적 위기에 처한 자에 대한 '인도적 원조 및 인권존중'과 '국제평화와 안전유지'간의 관계를 확립한 동 결의는 안전보장이사회가 사상 처음으로 인도적 관심을 국제평화 및 안전과 결부하여 불간섭보다 인도에 중점을 두고 있음을 보여주었으며,[85] 국내문제불간섭의 대원칙이 인도라는 또 하나의 대원칙 앞에서 후퇴해가는 현실을 확인할 수 있었다는 점에서 획기적인 것이었다.[86] 그 후 국제연합은 소말리아, 구유고, 르완다 및 아이티분쟁 등에서 인도적 동기에 의한 간섭으로 평화유지군을 파견, 필요한 모든 수단(무력사용 허가)을 허용하는 등 이러한 경향을 더욱 확고히 하였다.[87]

---

Ethiopia", 22 *Stanford Journal of International Law*, 1986, p.570; Richard A. Falk, "The Haiti Interdiction: A dangerous World Order Precedent for the United Nations", 36 *Harvard International Law Journal*, 1995, p.341; Stephen J. O'hanlon, "Humanitarian Intervention: When is Force justified?", 20 *The Washington Quarterly*, No.4, 1997, pp.13-14.

84) 이라크의 쿠르드족에 대한 인도적 원조를 결정한 동 결의의 배경, 이행과정 및 제반 문제점에 대해서는 M. Stopford, "Humanitarian Assistance in the Wake of the Persian Gulf War", 33 *Virginia Journal of International Law*, 1993, pp.491-502.

85) Thomas G. Weise, "New Challenge for UN Military Operations: Complementing on Agenda for Peace", 16 *The Washington Quarterly*, 1993, p.57.

86) 小野里サンドラ光江, "現代國際法における不干涉原則", 法學政治學論究, 제25호, 慶應義塾大學大學院 法學政治學論究刊行會, 1995, p.303. 하지만 그는 국제관계에서 인권과 자결권의 관계에서 강대국은 전자를 우월한 위치에 두는 반면에 약소국은 후자를 강하게 주장하고 있고, 국제연합 회원국들의 실행에서도 자결권이 여타 권리에 우선하고 있다면서 인권, 민주주의, 자유선거 등은 국제정치상 이전보다 한층 중요해졌으나 국가간 관계에서 그 역할은 '중심적인 것'이 아니라 '주변적 존재'라는 것을 상기시키면서 불간섭원칙이 인권분야보다 상위에 존재해야 한다고 주장한다. *Ibid.*, p.309.

87) 김석현, "인권보호를 위한 안보리의 개입", 국제법학회논총, 제40권 제1호, 1995, pp.50-51; 신성수, "인도적 목적을 위한 유엔안보리의 제재조치에 관한 연구", 국제법학회논총, 제42권 제2호, 1997, pp.99-105. 걸프전이 지역안보의 회복과 침략행위에 대한 제재라는 전통적인 집단안보에 의해 정당화된 반면 이들 분쟁들에서의 국제연합의 개입은 '인도적 간섭'을 국제연합의 합법적 역할의 하나로 해석함으로서 합법화되었다. A. Orford, "Locating the Int'l: Military and Monetary Interventions after the Cold War", 38 *Harvard International Law Journal*, 1997, pp.445-446.

# 제5절 國家責任

## 1. 意義

책임은 모든 법질서의 기초인 바, 존재하는 모든 법체계는 부과된 의무를 위반한 법주체의 불법행위에는 반드시 책임을 부과하고 있다.[88] 이는 국가간의 관계를 규율하는 국제법에 있어서도 마찬가지다.

국가는 국내법상 법적 책임으로부터의 자유와 국내법원의 관할권으로부터의 면제를 향유하기도 하지만, 국제법상 국가는 국제의무의 위반행위에 대해 책임을 저야한다.[89] 종래 국가는 그 주권의 최고성을 이유로 책임과 양립할 수 없다하여 국가의 국제책임을 부정하는 견해도 있었지만,[90] 국가도 그 행위가 국제법상의 의무를 위반하게 되면 이에 대해 책임을 진다는 것은 오늘날 국제법상 확립된 일반원칙이다.[91]

국가책임(state responsibility)이란 국가가 일반 또는 특별국제법을 위반함으로써 그 행위로 인한 손해를 받은 국가에 대하여 부담하는 국제법상의 책임을 말한다. 국가책임은 원칙적으로 불법행위에서 발생하나 적법행위(예, 외국인재산의 국유화)로부터 발생하는 경우도 있으며, 작위(act)로부터 뿐만 아니라 부작위(omission)로부터도 발생한다(1941년 미국·캐나다 간의 트레일 용광로사건에서 캐나다의 trail에 있는 사기업체인 용광로는 다량의 연과 아연을 용해하는데, 이때 발생한 아황산가스가 미국의 Washington주에 들어가 주의 농작물, 삼림 기타에 많은 피해를 주었다. 국제중재위원회는 캐나다정부에 책임이 있다고 판정하여 배상 지불을 명령하였다).

## 2. 基本原則

### 가. 民事責任의 原則

분권적 국제사회에 있어 국제법위반에 대한 책임은 국내법상의 그것과는 달리 형사책임과 민

---

88) D. J. Harris, *Case and Materials on International Law*, Sweet and Maxwell, 1983, p.374.

89) R. Jennings and A. Watts(eds.), *op. cit.*, pp.500–501.

90) C. Eagleton, *The Responsibility of States in International Law*, New York University Press, 1928, p.21.

91) N. A. Maryan Green, *International Law : Law of Peace*, Macdonald and Evans, 1982, p.203.

사책임이 분화되어 있지 않기 때문에 일반적으로 국내법상의 불법행위책임에 유사한 것으로 취급되어 그 법적 효과도 주로 피해국에 대한 손해배상을 원칙으로 한다. 그러나 최근 국제사회의 발달과 조직화에 따라 민사책임과 형사책임이 분화되어 가는 경향이 있음은 주목을 요한다.

### 나. 個別責任의 原則

국가는 국제법을 위반함으로써 직접 피해를 입은 국가에 대해서만 책임을 지며, 그 밖의 국가에 대해서는 책임지지 않는다. 조약의 위반에 대한 책임은 조약당사국에게만 그 책임문제가 귀착되는 것이 원칙이다.

### 다. 責任能力의 原則

국제불법행위의 주체는 원칙적으로 국가이며, 국가책임은 책임능력을 전제로 한다. 따라서 행위능력이 제한된 반주권국가는 책임능력도 제한되게 되므로 支邦의 불법행위에 대해서는 연방 자체가, 종속국·피보호국 불법행위에 대해서는 종주국·보호국이 각각 책임을 진다.

## 3. 成立要件

국가책임은 ⑴ 작위 또는 부작위에 의한 국가의 국제법상 의무위반 행위의 존재 ⑵ 의무위반 행위에 대한 책임의 국가귀속 가능성 ⑶ 의무위반행위로 국가의 손해가 발생할 것 등의 3가지 요건에 의하여 성립된다.[92]

### 가. 國家에의 責任歸屬行爲

#### (1) 國家機關의 行爲

국가책임은 국가행위에 의하여 발생하는데 국가는 관념적 존재로서 스스로 행위를 할 수 없으므로 현실적으로 국가기관을 통해 행위 한다. 이때의 국가기관은 통치주체로서의 국가기관의 의미이고 기업주체로서의 의미는 아니다. 다만 국가기관의 지위에 있는 개인이 그 권한내에서 행

---

92) *Ibid*., pp.205-206; Sørensen, *Manual of Public International Law*, MacMillan, 1968, p.534.

한 행위라 할지라도 조약상(예, 집단살해죄의 방지 및 처벌에 관한 협정) 개인 자신의 책임이 추구되는 경우에는 국가책임이 발생하지 않는다.

그러나 국가기관의 행위는 입법·행정·사법기관을 불문하고, 직위의 고하에 의해서도 상이할 바 없으며, 국내헌법상 특정기관에 독립적 지위를 부여한 사실 등 내부사정을 이유로 외부적인 국가책임을 면할 수는 없다.

### (2) 權限外의 行爲

국가기관의 지위에 있는 자가 원래 그 '권한내에서' 국제불법행위를 하였을 때 국가에게 직접 책임이 발생하는 것이 원칙이다. 그러나 국가기관이 '권한외의 행위'에 의해서도 국가책임이 성립하느냐가 문제된다.

국가기관의 권한한계는 외부에서 식별하기가 사실상 곤란하므로 국가기관의 권한외의 행위라도 외견상 마치 권한내의 행위로 인식되는 국제위법행위에 대하여 국가가 책임을 져야 한다고 본다. 왜냐하면 자국내부의 행정조직으로부터 발생한 위험부담을 외국인에게 전가하는 것은 부당하기 때문이다.

### (3) 私人의 行爲

국가는 관념적인 존재로서 현실적으로 국가의 행위는 항상 국가기관에 속한 개인을 통해 나타나며 국가기관의 지위에 있는 개인의 행위는 당연히 국가에 책임이 귀속된다. 따라서 국가기관에 속하지 않는 私人이 외국이나 외국인의 권리 및 이익을 침해한 경우 원칙적으로 국가의 국제책임은 발생하지 않는다. 그러므로 국가는 만약 위반행위를 한 사인이 발생한 피해를 배상이 능력이 없다 해도 국가 자신이 이를 배상할 책임은 없다. 이는 학설,[93] 관행[94] 및 조약[95]을 통해 확립되었다.

93) Garcia-Amador, *Recent Codification of the Law of State Responsibility for Injuries to Aliens*, Oceana Publication, 1979, p.28 ; R. Jennings and A. Watts (eds.), *op. cit.*, p.166.

94) British Property in Spanish Morocco(1925), UN Reports of International Arbitral Awards(RIAA), 2, pp.636, 709-710; Jane's Case(1925), *Ibid.*, 4, p.86; Kenndy Case(1927), *Ibid.*, p.194; Venable Case(1927), *Ibid.*, pp.219, 227-230.

95) Draft Articles on State Responsibility, Article. 11. "국가를 대리하지 않는 私人 또는 私人들의 집단행위는 국제법하에서 국가의 행위로 간주되지 않는다."

그러나 이에는 예외가 있다. 국제법은 모든 국가에게 자국민과 자국에 거주하고 있는 외국인들이 타국에 유해한 행위를 하지 못하도록 '상당한 주의'(due diligence)를 해야 할 의무를 부과하고 있다. 따라서 국가는 사인에 의한 위법행위를 방지하고, 위반자를 처벌하며, 위반행위에 의한 피해를 배상할 것을 강제함에 있어 '상당한 주의'를 기울여야 한다. 만약 어느 국가가 이의 이행을 게을리 하였다면 그 국가는 사인의 행위에 의한 외국인 및 외국에 대한 피해라 할지라도 이를 배상하여야 한다.[96]

또한 국가는 사인이 비록 공식적으로 국가의 기관이 아닐지라도 특정의 경우에 이를 국가기관의 행위로 간주한다. 예를 들면, 국가를 대신하여 행위하도록 국가기관에 의해 촉진되거나 고무된 경우 그 국가는 사인의 행위에 대해 책임을 진다.[97]

사인의 행위에 대해 국가가 부담하는 책임의 성질에 대해서는 학설상 대립이 존재하고 있는데 국가가 私人이 외국에 대해 범하는 모든 손해행위를 방지한다는 것은 사실상 불가능하며, 국가가 방지할 수 없는 사인의 손해행위에 대하여 국가가 대위하여 책임을 진다고 보는 대위책임 또는 간접책임(vicarious or indirect responsibility)설[98]과 국가가 책임을 지는 것은 사인의 위법행위에 대해서가 아니고 국가가 그 행위를 방지하지 못했다는 것에 대해 국가가 직접책임을 진다고 보는 직접책임(direct responsibility)설[99]이 그것이다.

국가는 폭동, 외교기관에 대한 공격 및 외국인 살해 등의 사인의 행위에 대하여 자국의 영역 내에 거주하는 외국 및 외국인의 이익보호를 위해 사전에 '상당한 주의'로 침해를 방지하고 그럼에도 불구하고 법익이 침해된 경우에는 사후에 적절한 구제를 해야 할 국제법적 의무를 지고 있다.[100] 이처럼 사인의 행위에 대한 국가책임은 관습법 및 조약에서 부담하는 원칙 또는 기준에서 유래하는 의무의 위반을 구성하는 사인의 행위에 대해 부주의했다는 근거에 기초하고 있는 바,[101] 어디까지나 사인의 행위는 국가책임 발생의 한 誘引에 지나지 않으며, 국가는 이 경우 사전방지

---

96) R. Jennings and A. Watts(eds.), *op. cit.*, p.549.
97) *Ibid.*, pp.549-550.
98) L. Oppenheim, *op. cit.*, p.365 ; Garcia-Amodor, op. cit., p.28.
99) *ILC Report*, 1975, pp.23-24.
100) I. Brownlie, *State Responsibility*, Clarendon Press, 1983, p.159 ; 임덕규, "私人의 행위에 의한 국가책임", 육사논문집, 제26집, 1984. 6, p.122.
101) *Ibid.*, p.159.

또는 사후구제를 위해 '상당한 주의'를 하지 않았다는 국가자신의 부작위에 대하여 직접책임을
진다고 봄이 타당하다.[102]

　사인의 행위로 인한 국가책임이 '상당한 주의'를 하지 않아 부담하는 직접책임이라면 사인행
위의 국가책임 여부를 결정짓는 '상당한 주의'의 표준은 무엇을 의미하는가? 사인의 행위에 대해
서도 국가책임을 인정하는 관행은 19세기에 나타나기 시작했으며 실제적 관행의 축적을 통해 동
원칙이 확고하게 된 것은 20세기 들어서부터이다. 1930년의 Hague 법전화 회의에서 그리고 그 준
비작업에서 일정한 조건하에서 국가는 사인에 의해 야기된 피해에 대해 책임진다는 일반적 동의
가 있었다. 하지만 동회의에서 합의는 실패했는데 이는 국가의 영역내에 있는 외국인의 보호를
규율하는 특별한 기준의 형성 때문이었다.

　'상당한 주의'의 표준에는 국제표준주의(international standard, 문명국 표준주의 또는 객관주의)와
국내표준주의(national standard, 주관주의)가 대립되고 있다.[103] 국제표준주의는 문명국 즉, 서구 근대
국가의 국내경비체제를 기준으로 여기에서 기대할 수 있는 주의 정도를 요구하는 것이며,[104] 국내
표준주의는 당해 국가의 국내에서 보통 자국민에게 부여되고 있는 주의의 정도를 요구하는 것이
다.[105] 이 문제에 관하여 일방은 내외국인 평등의 원칙에서 볼 때 국내표준주의가 적당하다는 설
도 있고, 타방으로는 영사재판제도가 소멸된 오늘날의 국제사회에서 일체의 국가가 국제적 표준
주의 문명에 도달하고 있는 것으로 인정되므로 국제표준주의를 채용하여 국제교류의 안전 및 외
국인 보호를 확보하는 것이 필요하다는 설도 있다.[106]

　일반적으로 국제표준주의의 원칙이 선진자본주의 국가의 실천을 기초로 형성되고 따라서 유

---

102) D. P. O'Conell, *International Law*(2nd ed.), Vol.2, Stevens and Sons, 1970, pp.942-943.

103) I. Brownlie, *Principles of Public International Law*(3rd ed.), Clarendon Press, 1979, pp.434-435.

104) 국제표준주의를 주장하는 학자로는 Oppenheim, Eagleton 등이 있는데 Oppenheim은 재산상의 침해에 대해 국제표준주의
　를 적용하는 것은 약간의 문제가 있긴 하지만 외국인의 생명 및 신체상의 침해에 대해서는 국제표준주의가 타당하다고
　하였으며, Eagleton은 자국민의 보호를 위해 요구되는 주의를 외국인에게도 적용하는 것은 충분하지 않기 때문에 국가의
　의무이행은 국제표준주의에 의해서 측정되어야 한다고 주장하였다.

105) 국내표준주의를 주장하는 학자로는 P. Nervo, S. N. Guha-Roy 등이 있다. P. Nervo는 19세기에 확립된 국제법의 많은 제
　도에 신생국들은 참여하지도 않았으며, 국가책임에 관한 국제법은 신생국가에 적대적임을 강조하였으며, S. N. Guha-
　Roy는 첫째, 타국에서 부나 이익을 얻으려고 하는 자는 위험을 부담해야 한다. 둘째, 국제표준주의는 자국민과 외국인간
　의 차별을 확대한다. 셋째, 기준의 내용이 불명확하다. 넷째, 국내법의 표준과 상이한 기준의 도입은 국가에 대한 모독이
　다. 다섯째, 일국내에서 이중기준을 가진다고 하는 것은 불합리를 야기한다는 점을 들어 국내표준주의를 옹호하였다.

106) 이한기, *op. cit.*, p.584; Garcia-Amador, *op. cit.*, p.26.

럽문화의 에토스(ethos)와 그리스도교적 종교윤리와 인권정신에 기원을 갖고 있는데 반하여, 후진
국을 중심으로 하여 주장된 국내표준주의는 소위 Calvo 조항에 단적으로 나타난 바와 같이 유럽
중심의 국제법 원칙에의 저항개념으로서 영역주의 개념의 우월성에 의거, 국내법 기준에 따라 사
안을 주관적, 전권적으로 해결하려고 하는 태도이다. 따라서 양자는 기본적으로 대립적일 수밖에
없다.[107]

오늘날 국제표준주의를 요구하는 구속적 법규가 존재한다고 보기는 어렵다. 그러므로 현존
하는 제조건하에서 정부에 기대할 수 있는 가능성을 실제적 표준으로 삼는 국내표준주의가 타당
한 것으로 생각된다.[108] 그렇지만 국내표준주의는 외국인에 대한 자국민과의 동등한 대우만으로
국제사회 구성원으로서의 의무를 충실하게 다했다고 할 수는 없을 것이다. 따라서 각국의 특수사
정을 고려하고, 인권과 관련하여 일반적으로 외국인에게 부여되는 국제적인 표준을 최소한의 기
준으로 준수하는 것이 필요하다. 그렇지 않으면 분쟁의 해결과정에서 새로운 분쟁이 초래될 수도
있을 것이다.

### (4) 暴徒에 의한 行爲

사인의 집단인 폭도(mob)가 폭동 또는 내전을 일으켜 외국인에게 손해를 입힌 경우 국가책임
이 문제되는데, 이 경우도 단일 사인의 행위에 의한 국가책임이론이 그대로 적용되고, 다만 책임
의 정도가 더 무거울 뿐이다.

### ▰▰▰ 내전과 국가책임

1. **학설** : 내전 및 반란에서 외국인에게 발생된 피해에 대한 국가책임은 19세기 이래 접근방
법의 첨예한 대립으로 논쟁의 대상이 되어왔으며, 국제법협회(Institute of International Law)의 장
기간 토의 끝에 동 협회가 1900년, 1907년에 채택한 결의들도 이를 지적하고 있다.[109] 이러한
논쟁은 한편으로는 '폭동'(mob violence), '반도들의 행위'(acts of insurgent), 다른 한편으로는 '반
란'(insurrection), '반란자들의 행위'(acts of insurgent) 및 '혁명주의자'(revolutionaire)간의 구분의

---

**107)** 廣瀨善男, 國家責任論の再構成, 有信堂, 1978, p.97. 임덕규, op. cit., p.122에서 재인용.

**108)** 이한기, op. cit., p.584.

**109)** I. Brownlie, State Responsibility, op. cit., p.167; C. Eagleton, op. cit., pp.138-139.

불명확성에 의해 더욱 복잡해 졌다.

내전에 있어 외국인에게 발생한 피해에 대한 국가책임의 인정여부에 대해서는 모든 피해에 대해 국가책임을 인정하는 입장(국가책임인정론), 국가책임을 인정하지 않는 입장(국가책임부인론) 및 원칙적으로는 국가책임이 부인되지만 특수한 경우 예외를 인정하는 입장이 대립되고 있다.

국가는 질서를 유지해야할 위험을 감수해야 한다는 이론에 의해 지지된 국가책임인정론은 Brusa, Von Bar 및 Fauchille 등이 주장하였는데, 이들은 불가항력인 경우에도 국가는 외국인의 피해에 대해 배상하여야 한다고 본 반면에,[110] 국가책임부인론을 형성한 Calvo, Fiore, Hall 등은 국가는 내전과 그러한 내전을 진압하는 조치에 의해 외국인에게 야기된 피해에 대해 책임이 없다고 주장하였다. 국가는 외국인의 신체나 재산의 보증인이 될 수 없다는 것이다.[111]

한편 원칙적으로는 국가책임이 인정되지 않지만 예외적으로 특정한 경우 국가책임을 인정하는 입장이 있다.[112] 이는 각국들에 의해 일반적으로 수락된 입장으로서 국가는 '상당한 주의'를 행하는데 실패한 경우를 제외하고는 반란단체에 의해 그리고 반란단체를 진압하는 정부군에 의해 야기된 피해에 대해 책임이 없다는 것이다.[113]

이와 같은 입장은 오늘날에도 지속되고 있다. 현 국제법하에서 내전과 반란에 의해 야기된 피해에 대한 국가의 절대적 책임을 주장하는 견해는 없으나, 다만 내전의 강도와 '상당한 주의' 등 다양한 상황을 반영하여 국가책임을 결정하고 있다.[114]

또한 절차면에 있어 '상당한 주의'의 입증책임이 누구에게 있는가 하는 것이 문제가 되고 있다. '상당한 주의'의 입증의무에 대해 일부학자들은 폭동의 경우 부존재를 입증하는 책임이 중앙정부에게 있고, 내전의 경우에는 중앙정부가 내전의 진압을 게을리 할 리가 없기 때문에 피해를 입은 개인이 이를 입증해야 한다고 주장한다.[115]

입증의무는 확실히 각 경우의 상황에 따라 변해야 하며, 따라서 그 구분이 불확실한 면

---

110) C. Eagleton, op. cit., pp.139–141; Garcia-Amador, op. cit., p.30.

111) N. A. Maryan Green, op. cit., p.217.

112) C. Eagleton, op. cit., pp.141–142.

113) I. Brownlie, State Responsibility, op. cit., pp.168–170 ; Yearbook of ILC, 1975, Vol. VII, p.97; H. W. Briggs, Law of Nations: Case, Documents and Note(2nd. ed.), 1952, pp.378–381; Sørensen, op. cit., 1968, pp.562–563.

114) C. Eagleton, op. cit., pp.125–126, 138.

115) H. Briggs, op. cit., p.720.

도 있다. 게다가 그런 접근은 '폭동', '반란' 및 '내전'간의 구분을 확실히 할 필요성을 제기한다.[116] 왜냐하면 국내 비상사태의 성격에 따라 '상당한 주의'의 존재여부에 대한 입증책임이 달라질 수도 있기 때문이다.

입증의무가 혼란을 야기하는 주요한 원인은 많은 경우 '상당한 주의'의 존재 여부에 대한 입증실패로 책임이 발생하지 않을 것이라는 단순한 사실에서 비롯되며, 또 다른 원인은 국가들의 관행에서 볼 수 있듯이 보호의 기준이 일반적으로 매우 낮다는 것인데, 이러한 낮은 기준은 책임부인의 근거로 인용되기도 한다.[117]

**2. 국가관행** : 반란을 진압하는 국가는 자국의 국경내에서 외국인에게 야기된 피해에 대해 책임이 없다는 것을 강하게 주장해 왔는데, 이러한 입장은 타국에 입국하는 외국인들은 그들의 영토를 떠남으로써 수반되는 이익과 위험을 동시에 고려하여야 하고, 내전의 발발을 예상하고 이에 따른 피해를 감수해야만 하고, 내전에 의해 외국인에게 피해가 발생하는 것은 불가항력(force majeure)이라는 것이다. 내전에 있어서의 국가책임을 부인하는 또 다른 근거로는 내전이 중앙정부의 통제밖에 있다는 것이다.

하지만 일반적으로 수락된 학설은 원칙적으로는 국가책임이 부인되지만 '상당한 주의' 의무가 결여되었을 때에는 이를 인정해야 한다는 입장이다. 이와 같은 일반적으로 수락된 학설은 국가관행과도 일치한다. 제국은 원칙적으로는 국가책임을 수락하지 않지만 예외적으로 내전의 발생 및 진압과정에서 '상당한 주의'를 결여한 경우에만 국가책임을 수락하고 있다. 이는 미국,[118] 캐나다[119] 및 이탈리아[120] 등의 국가관행에서도 확인되고 있다.

Lord Mcnair는 폭동과 내전의 결과에 대한 국가책임에 대한 영국정부의 관행을 다음의 5가지 원칙으로 요약하고 있다.[121]

  (1) 그 영역내에서 반란이 야기된 국가는 당해 국가의 정부가 반란의 예방 또는 진압을 위해 배치가능한 군대를 이용함에 있어서 또는 이용하지 않음으로써 태만하였다는 것이 입증

**116)** I. Brownlie, *State Responsibility, op. cit.*, p.172.
**117)** *Ibid.*
**118)** M. M. Whiteman, *Digest of International Law*, Department of State Publication, Vol. VIII, pp.819~824.
**119)** Canadian Yearbook, Vol.2, 1968, pp.264~265; *Ibid*, Vol.8, 1970, pp.356~357.
**120)** Italian Yearbook, Vol.2, 1972, pp.431~433.
**121)** Yearbook of I.L.C., *op. cit.*, pp.245~246; I. Brownlie, *Principles of Public International Law, op. cit.*, pp.452~454.

될 수 없는 한, 외국인이 입은 손해에 대하여 책임을 지지 않는다.

(2) 반란의 상황에 따라 가변적인 기준이 채택되어야 한다.

(3) 그와 같은 국가 (즉, 그 영역내에서 반란이 야기된 국가)는 국제적인 전쟁에 있어서의 교전 국의 지위와 실질적으로 동일한 것으로 보이는 중앙정부의 지휘하에 있는 군사행동으로 부터 야기된 손해가 무절제 또는 불필요한 것이 아니었던 경우에는 이에 대하여 책임을 지지 않는다.

(4) 그와 같은 국가는 외국인의 소속국이 반도들의 교전상태(belligerency)를 승인한 후에는 반 도들이 당해 외국인에게 가한 손해에 대하여 책임을 지지 않는다.

(5) 그와 같은 국가는 자국에 거주하는 외국인이 보호 또는 보상에 있어서 자국민과 동등한 대 우를 받았다는 것을 입증함으로써 그들이 입은 손해에 관한 청구를 보통 기각할 수 있다.

이러한 국가관행은 1975년 국제법위원회가 국제연합 총회에 제출한 보고서에 잘 나타나 있 다.[122] 동 보고서에 의하면 ;

국제중재기관들은 그들의 견해에서 상당히 유사성을 보이고 있는데 이는 국가관행에서도 마찬가지다. 강대국들은 중앙정부에 대항하는 반란자들의 반란행위에 대해 책임을 지지 않는 다는 원칙을 오래전부터 지지해 왔다. 그리고 국가기관이 적절한 예방조치 및 처벌조치를 취 할 의무가 있지만, 그렇게 하지 않았을 경우를 제외하고는 국가책임을 부인해 왔다.

반란단체의 기관에 의해 외국인에게 야기된 피해는 미국의 1882년 독립전쟁, 1871년 프랑스 의 파리꼼뮨, 1874년의 스페인 내전, 1882년 이집트 Arabi Pasha의 폭동, 쿠바의 1868-1878 독 립전쟁 및 1895-1898의 내전, 기타 라틴아메리카 국가들의 반란에서 발생되었다. 반란단체의 기관에 의한 피해의 경우 국가는 오로지 자신의 기관의 부작위에 대해 책임을 진다는 원칙은 역시 20세기초 일련의 견해들에서 강조되었다.

이러한 원칙은 국가들간에 실제적 합의가 있었던 1930년의 법전화 회의 준비위원회의 요청 에 따라 제출된 제정부의 응답에서 분명해 졌다 : (a) 반란단체의 통치를 반대하는 국가의 영역 내에서 활동하는 반란단체의 행위는 그 국가에 귀속시킬 수 없으며, 따라서 국가책임을 수반

---

122) Yearbook of I.L.C., op. cit., pp.95-96.

하지 않는다; (b) 단, 반도들의 유해한 행위를 진압하는 과정에서 국가기관에 의한 행위가 만약 국제의무의 위반을 구성한다면 이는 그 국가에 귀속되고, 따라서 국가책임을 수반한다.

## 나. 故意 또는 過失

국제위반행위로 국가책임이 성립하기 위해서 국가기관의 고의·과실을 요하느냐에 관하여 학설과 관행은 일정하지 않다.

첫째, 과실책임설은 그로티우스 이래의 통설로서 국가책임을 지려면 고의·과실이 있어야 한다고 한다. 둘째, 무과실책임설은 국가의 단순한 의무위반에 의하여 바로 국가책임이 성립한다고 한다. 셋째, 절충설은 국가기관의 작위에는 무과실책임을, 그리고 부작위에는 과실책임을 인정하는 견해이다.

그러나 상기 어느 이론도 일반국제법상 수락된 것은 없으나, 국제책임이 성립하기 위하여는 원칙적으로 고의 또는 과실이 필요하다는 과실책임설이 옳다고 본다. 각국의 관행도 일반적으로 과실책임의 원칙을 인정하며 실제상으로는 불법행위시의 고의·과실의 정도를 손해배상의 산정에 참고하는데 그친다.

최근 국내법에 있어서는 공업화와 더불어 점차 무과실책임이 인정되고 있는 것과 같은 필요성에서 오늘날 우주개발과 원자력 이용면에서 무과실책임을 인정하려는 경향이 나타나고 있다.

## 다. 國家行爲의 違法性

국가책임은 국가의 국제법상 의무의 위반에 대해서만 성립한다. 따라서 국제예양에 대한 위반으로는 국가책임이 발생하지 않는다. 그런데 국가가 국제위법행위를 한 경우에도 위법성이 조각되어 국가책임을 지지 않는 경우(예, 자위권행사 및 복구행위)가 있다.

## 라. 現實的 損害의 發生

국가책임이 성립하려면 국가행위에 의해 손해가 발생하여야 하며, 그 손해는 현실적으로 발생한 것이어야 한다. 피해국에 대한 직접적인 손해로부터 국가책임이 발생하는 것은 물론 피해국의 국적을 가진 개인 또는 법인에 대한 손해로부터 간접적으로도 국가책임이 발생한다. 그리고 국제불법행위와 손해발생과의 사이에는 상당인과관계가 있어야 한다.

## 4. 國家責任의 解除

### 가. 解除請求의 要件

#### (1) 解除請求의 主體

해제청구의 주체는 원칙적으로 국가이다. 직접의 피해자가 자국민인 경우에도 그 '外交的 保護權'을 위한 청구주체는 항상 국가이고 국민의 대리라는 의미를 갖지 않는다.

#### (2) 國內的 救濟完了 原則

외국인에게 손해가 발생한 경우 이로써 곧 국가책임이 성립하는 것이 아니고, 국가가 피해외국인에게 허용하는 행정·사법상의 구제절차, 즉'국내적 구제'를 완료한 경우에 이르러 비로소 국가의 책임해제에 대한 청구를 제출할 수 있다.

왜냐하면 현지 절차의 이용이 가능하고 유효하다면 피해발생지역에서 사실을 확인하고 구제하는 것이 합리적이고 현실적이며, 현지국의 노력에 대한 정치적 고려와 국제적 청구를 줄이기 위한 실제적 필요에서도 바람직하기 때문이다.

#### (3) 國籍繼續의 原則

국가는 국민이 외국에서 받은 손해의 배상을 얻기 위하여 외교적 보호권에 입각한 국제청구를 제출할 경우, 그 국민은 손해를 받았을 때부터 국가가 국제청구를 제출할 때까지 당해국가의 국적을 계속적으로 갖는 것이 필요하다.

이와 같은 원칙이 인정되는 이유는 피해자가 원래의 국적을 변경하여 이로써 강대국에 의한 권력적 개입을 기도하는 폐단을 막으려는 실제적 필요에서 나온 것이다.

### 나. 責任解除의 方法

#### (1) 原狀回復

위법행위 이전의 상태로 회복시키는 것으로서 가장 이상적인 방법이다. 원상회복(restitution)의 가능성이 존재하는 한 책임해제의 방법은 원상회복에 의한다.

### (2) 損害賠償

주로 물질적 손해에 대한 책임해제의 방법으로 원상회복이 불가능하거나 불충분한 경우 또는 당사국간에 특별한 합의가 있는 경우 금전배상(pecuniary reparation)에 의한다.

### (3) 陳謝

陳謝란 주로 정신적 손해(예, 명예·주권의 침해)에 대한 책임해제 방법으로 공식적으로 사과의 뜻을 표명하는 방법을 말하는데, 어떠한 위법행위에도 최소한 필요한 방법이다.

### (4) 關聯者의 處罰

국가책임의 원인이 된 행위를 한 국가기관이나 사인을 처벌하는 방법으로 국가기관에 대해서는 주로 면직을, 사인에 대해서는 사법상 처벌을 행하는 것이 보통이다.

### (5) 違法行爲의 否認

국가의 하급기관의 행위를 상급기관이 정식으로 취소하는 무효선언을 하여 하급기관의 행위를 국가행위가 아니라고 부인하는 방법이다.

### (6) 將來에 대한 保障

동일한 위법행위를 장래에 다시 행하지 않을 것으로 약속하고 이에 필요한 조치를 취하는 방법이다.

# 제6절  國家의 消滅 및 承繼

## 1. 國家消滅

### 가. 意義

국가소멸(state extinction)이란 국가가 국제법 주체로서의 자격을 상실하는 것을 말한다. 국가가 소멸하게 되면 소멸하는 국가가 기존에 가지고 있던 국제법상의 권리의무를 승계국 또는 타국에 이전하게 된다. 이는 국제관계의 급격한 변동을 피하고 국제분쟁의 발생을 미연에 방지하는데 그 의의가 있다.

### 나. 原因

#### (1) 倂合과 合倂

병합이란 일국이 타국을 자국의 일부로 흡수하여 보다 커지는 것을 말하며, 합병이란 두 개 이상의 국가가 결합하여 보다 큰 하나의 새로운 국가를 이루는 것을 말한다.

#### (2) 分割과 割讓

분할이란 일국의 영역이 두 개 이상의 국가에 의해 탈취되어 소멸하는 것을 말하며, 할양이란 국가간의 합의에 의해 지역적 영토권이 타국에 이전되는 것을 말한다.

#### (3) 分裂과 分離

분열이란 일국이 두 개 이상의 국가로 완전히 분리독립하고 기존국은 국가로서의 존립을 상실하는 경우를 말하며, 분리란 일국의 일부가 탈퇴하여 새로운 국가를 이루되 기존국이 국가로서의 존립을 유지하는 경우를 말한다.

## 2. 國家承繼

### 가. 意義

국가승계(state succession)란 일정지역을 통치하는 국가가 변경되었을 경우 그 지역을 새로이 통치하게 된 국가가 그 이전의 국가, 즉 승계국(successor state)이 선행국(predecessor state)의 법적 지위를 승계하는 것을 말한다.

나. 對象

### (1) 條約

동맹조약 및 중재조약 등 정치적 조약은 승계되지 않는 것이 원칙이나 국경조약, 중립협정 등과 같이 객관적 상황을 설정하는 권리이전적 조약은 승계되는 것이 원칙이다. 신생국의 조약승계에 대해서는 국제관습법에 관한 사항을 제외하고 합의가 있을 경우에 승계된다는 입장(니에레네 방식)과 기존조약을 심사한 후 소멸통고가 있으면 소멸하고, 그렇지 않은 경우에는 승계된다는 입장(잠비아 방식)이 대립하고 있다.

### (2) 財産

승계되는 영역내의 공공건물, 국유철도, 은행의 정부예금 등은 자동적으로 승계된다.

### (3) 國家文書

선행국이 발행 및 접수한 모든 국가문서는 별도의 합의가 없는 한 승계국에게 이전된다.

### (4) 양허계약에 의한 부담

양허계약에 의한 부담은 외국인의 기득권 존중 차원에서 승계국이 승계하는 것을 원칙으로 하나 신생국은 이러한 입장에 반대한다.

### (5) 國籍

선행국 주민은 원칙적으로 승계국의 국적을 취득한다. 그러나 선행국이 존속하는 경우는 견해가 대립하며, 당해 주민의 선택에 맡기는 경우도 있었으나 국제법상 확립된 것은 아니다.

# 제3장  國際機構

## 제1절  國際社會와 國際機構

### 1. 國際機構의 意義

국제기구(international organization)는 국제사회의 소산으로서 다수의 국가가 공동의 목적을 달성하기 위하여 보통 조약에 의하여 성립되며 그 기능을 수행하기 위한 기관을 두고, 이 기관을 통하여 개개 구성국의 의사와는 별개의 전체의사를 표명하여 기구의 이름으로 행동하는 기능적 조직이다.

19세기까지는 국제사회의 미발달, 비조직화로 국제기구가 거의 없었으나, 20세기에 이르러 점차로 그 필요성이 절실히 대두되어 세계적인 국제기구가 출현하기 시작했으며, 제1차 세계대전 이후 국제사회가 점차 조직화됨에 따라 국제기구도 이를 구성하는 국가와는 별도로 그 자체 일정의 범위 내에서 국제법 주체성을 인정받게 되었다.

오늘날 국제기구는 국제사회에서 매우 중요한 위치를 점하고 있으며 동시에 그에 관한 법도 국제법의 중요한 부분을 이루고 있다.

국제법은 국제사회의 법으로서 그 중에 국제기구에 관한 법을 포함하고 있다.

### 2. 國際機構와 國際平和와 安全의 維持

인류는 끊임없는 전쟁속에서 자신을 보존하고 발전시켜 왔다. 근대국가가 성립된 이후에도 제국은 독립과 주권을 주장[1]하고 자국의 발전을 도모하기 위하여 경쟁국과의 전쟁과 약소국에

---

1) E. Reves는 무제한의 주권행사가 전쟁의 원인이 된다고 역설했다. 즉 사회단위를 구성하는 단체—종족, 왕조, 교회, 도시, 민족—가 무제한의 주권을 행사하면 이들 단체간에는 항상 전쟁이 있게 된다는 것이다. 따라서 인류사회에서 전쟁을 영원히 없애려면 각 민족국가가 결사적으로 유지하려고 하는 주권을 보다 큰 그리고 보다 높은 단위로 이행되어야 한다고 주장하

대한 침략을 자행해 왔다. 인류의 역사를 전쟁사라 일컫는 이유도 여기에 있다.[2]

하지만 인류는 수많은 전쟁에서 문명의 파괴와 인명의 희생을 목격하게 되었고 그러한 비극을 방지하기 위한 노력을 꾸준히 진행시켜 왔다. 그러한 노력들 중의 하나가 국제기구를 통한 국제사회의 평화와 안전의 유지이다.

국제기구를 통한 국제사회의 평화와 안전의 유지문제는 멀리 13세기에 그 기원을 두고 있다.[3] 인류의 세계국가를 제창한 단테(Dante Alighieri, 1265-1321)와 동맹을 결성하여 동맹의 원칙에 위반되는 전쟁이 발생했을 때에는 동맹국들이 전쟁을 진압하기 위하여 군대를 동원하고 경제적 봉쇄도 가해야 한다고 한 뒤보아(Pierre Dubois, 1255-1322)의 초보적 집단안전보장 구상들이 그것들이다.

이러한 국제기구의 맹아적 구상들은 18세기 쌍 삐에르(Abbe de Saint Pierre)의 '영구평화의 고안', 장 자크 루소(Jean Jacques Rousseau)의 '쌍 삐에르의 영구평화의 고안의 발췌', 칸트(Immanuel Kant)의 '영구평화를 위하여' 및 리브스(E. Reves)의 '평화의 해부' 등을 통하여 체계화 되었는데, 세계의 영구평화를 위해 그들이 제안한 내용은 국제사회의 조직화를 통해 세계국가를 건설하여 통일적인 세계정부를 실현시킨다는 것이다.

하지만 국제사회의 현실은 이들의 구상을 실현시키기에는 너무나도 미숙하였다. 이들의 이념은 숭고하였으나 일부를 제외한 많은 사람들로부터 한갓 이념내지는 공상으로 냉대받았다.[4]

세계평화의 구상들은 현실 국제정치속에서 국제연맹과 국제연합이라는 보편적 집단안전보장 체제로 구체화되었다. 유럽인들이 믿고 있었던 유럽적 질서와 문명의 영원성에 대한 신뢰를 송두리째 흔들어 버린 제1차대전의 결과 긴밀해진 국제관계를 배경으로 국제평화의 유지와 국제협력이라는 두 가지 기능을 목적으로 하는 국제연맹이 인류최초의 일반적 국제기구로서 전세계적 규모로 설립되었지만 연맹이 평화유지를 위하여 개별국가의 전쟁권에 간섭할 수 있다는 새로

---

였다. 김종수(역), 평화의 해부, 법문사, 1975, p.165.

2) B.C 1946년부터 A.D 1861년에 이르는 3357년 동안 평화기간은 227년이고, 전쟁기간은 3130년이었다 한다. 즉 전쟁기간이 평화기간보다 13배나 많았다. 동, 서양을 통틀어 인류는 유사이래 26,000번에 달하는 전쟁을 경험하였다고 한다. 신정현, "현대세계와 평화연구", 평화연구, 제1권 제1호, 1981, 경희대 국제평화연구소, p.38.

3) 박동윤, "국제기구와 세계평화의 보장", 사회과학논총, 제6집, 명지대학교 사회과학연구소, 1991, pp.55-57참조.

4) Ibid., p.61.

운 법원칙은 가맹국의 의식속에 충분히 뿌리박지 못하였다.[5]

약간의 국가는 연맹에 가입하지도 않았으며, 약간의 국가는 탈퇴하고 말았다.[6] 가맹국들도 국가주권과 연맹의 권위와의 조화를 시도하였으나, 불행히도 제2차대전의 발발은 연맹의 결함을 실제로 노정하였으며 마침내 연맹의 붕괴를 초래하였다.[7]

세계질서의 철저한 붕괴와 대전의 비극을 뼈저리게 경험한 강대국들은 전쟁을 예방하여 평화를 유지하고, 분쟁은 평화적 수단에 의해 해결토록 하며, 국제평화와 안전을 위협하는 행위가 존재할 경우에는 집단안전보장체제로써 공동으로 대처하여 세계평화를 유지하고자 이상적인 국제기구의 창설을 염원하였다. 그 결과 국제연합이 탄생하게 되었다.[8]

국제연합은 국가간의 협력제도를 설정했을 뿐 단체적 인격자(corporate body)로서의 행동이 불가능했던 국제연맹의 본질적인 약점을 지양하고, 유기적 기초(organic basis)위에 강력한 국제조직으로 형성되었다.[9]

'국제사회의 평화와 안전의 유지'는 국제법의 목표인 동시에 국제연합의 제1의 목적이다. 국가간의 평화와 안전의 유지없이는 전쟁의 공포와 경제적 결핍으로부터 해방될 수 없으며, 진정한 인간의 자유도 기대할 수 없기 때문이다.

국제연합은 국제평화와 안전의 유지를 위해 사전에 분쟁을 예방하고 분쟁이 발생했을 때 이를 관리하고 제재할 수 있는 수단과 방법을 갖고 있다. 분쟁의 평화적 해결, 경제적 및 군사적 강제조치를 통한 집단안전보장 그리고 정치외교적 해결(평화유지활동)이 그것으로 이러한 국제연합

---

5) Brierly는 국제연맹 체제가 실패한 것이 아니라 불리한 상황을 감안해 볼 때 연맹체제는 실로 상당한 성공을 거두었다고 보고 있다. 즉, 이 기간중의 불확실성, 고립주의 및 경제적 보호무역주의의 와중에서 국제협력을 촉진시키기 위해 창설된 제도가 그토록 호된 시련을 받았다는 사실은 그리 놀랄만한 것이 아니며 국제연맹은 세계적인 규모의 보다 구심적이고 체계적인 형태로 1914년 이전의 국제기구들의 요소와 전시 협력을 결합시킨 결정적인 고리로써 보다 영속적인 국제연합을 향한 디딤돌을 제공했다는 것이다. J. Brierly, "The Covenant and The Charter", 23 *BYIL.*, 1946, pp.84~92.

6) 국제연맹의 산파역이었던 미국은 의회(상원)의 반대로 가입을 거부했으며 1933년에는 독일과 일본, 1935년에는 파라과이와 니카라과, 1936년에는 과테말라와 온두라스, 1937년에는 엘살바도르와 이탈리아, 1938년에는 베네수엘라, 1939년에는 헝가리와 스페인 등이 탈퇴를 통고했다. 게다가 1939년 폴란드를 침공한 소련이 연맹규약 위반으로 제명됨에 따라 국제연맹의 기능은 사실상 정지되었다. 김순규, 신국제기구론, 박영사, 1992, pp.84~87.

7) 이한기, 국제법강의, 박영사, 2006, p.468.

8) 국제연합은 국제연맹의 후신이 아니다.2차 대전의 전승국들은 국제연맹의 부활, 존속을 고려치 않고 대체기구의 창설을 추진하였는 바, 이는 주요국가들의 비협조로 그 활동이 제한적일 수밖에 없었던 국제연맹이 2차 대전의 발발로 평화유지기구로서의 본질적인 취약점이 노정되었기 때문이다.

9) 김정균·성재호, 국제법, 박영사, 2006, p.254.

의 평화전략 체계는 모두 국제적인 분쟁의 발생을 예방하거나 관리하기 위한 방법들이다.

# 제2절 國際聯合

## 1. 目的과 原則

국제연합(United Nations; UN)의 목적으로 헌장은 다음의 네 가지를 규정하고 있다. 첫째, 국제평화와 안전의 유지이다. 이 목적을 위하여 국제분쟁을 평화적으로 해결하며, 평화에 대한 위협의 방지 및 제거와 침략행위 기타의 평화파괴의 진압을 위하여 유효한 집단조치를 취한다. 둘째, 인민의 평등권 및 자결원칙의 존중을 기초로한 제국가간의 우호관계의 촉진과 세계평화를 강화하기 위하여 기타 적당한 조치를 취한다. 셋째, 경제적·사회적·문화적·인도적 성질을 가진 국제문제를 해결하기 위하여, 그리고 인종·성·언어·종교의 차별없이 인권과 기본적 자유의 존중을 촉진·장려하기 위하여 국제협력을 한다. 넷째, 이상의 공동목적을 달성하기 위하여 제국의 행동을 조정하는 중심이 된다(UN헌장 제1조).

헌장은 또 위의 목적을 달성하기 위하여 ① 주권평등, ② 헌장의무의 성실한 이행, ③ 국제분쟁의 평화적 해결, ④ 정치적 독립의 존중 및 무력불사용, ⑤ UN의 행동에 대한 전면적 협력 및 집단적 안전보장의 대상국에 대한 원조의 회피, ⑥ 비회원국의 협력확보, ⑦ 국내문제불간섭 등의 행동원칙을 규정하고 있다(동 제2조).

## 2. 加入

원회원국(1942년 1월 1일 연합국선언에 서명한 국가로서 51개국임) 이외의 국가는 일정한 조건을 충족하고 있다는 것이 UN에 의하여 인정될 때 비로소 회원국이 될 수 있다. 이 가입조건은 ① 헌장의 의무를 수락할 것, ② 헌장의 의무를 준수할 의사와 능력을 가질 것, ③ 평화애호국일 것 등이다(동 제4조 1항).

가입조건을 인정하는 절차는 안전보장이사회의 권고에 따라 총회의 결정에 의한다(동 제4조 2

항). 즉, 가입의 제1차적 인정절차는 안전보장이사회이고 총회의 인정권은 제2차적이다. 신회원국에 대한 안전보장이사회의 권고는 상임이사국의 동의투표를 포함한 9개 이사국의 찬성투표를 필요로 한다(동 제27조 3항). 총회의 결정은 출석하여 투표한 회원국의 3분의 2로써 행한다(동 제18조 2항). 상기의 절차에 의해 가입된 신회원국은 원회원국과 동등한 권리의무를 갖는다.

## 3. 機關

UN의 주요기관으로서 총회, 안전보장이사회, 경제사회이사회, 신탁통치이사회, 국제사법법원 및 사무국이 있으며, 필요에 따라 보조기관을 설치할 수 있다(동 제7조).

### 가. 總會

총회는 모든 회원국으로 구성되며, 헌장 제10조에 규정된 일반적 권한이외에 평화와 안전의 유지, 국제협력, 신탁통치 및 재정에 관한 특별한 임무와 권한을 갖는다.

각 회원국은 1개의 투표권을 가지며, 헌장 제18조 2항에 열거된 중요문제에 관한 결의는 출석하여 표결하는 국가의 3분의 2의 다수결로써 행한다.

총회의 결의의 효력에 관해서는 특별한 규정은 없으나, 총회의 실질적 기능에 관한 결의 및 회원국에 대한 결의는 원칙적으로 권고적 효력을 가지는데 그치며, 총회의 결의가 UN 기관내부의 조직·운영·절차에 관한 사항인 경우에는 직접 구속력을 갖는 결의로서 성립하게 된다.

### 나. 安全保障理事會

안전보장이사회는 5개 상임이사국(미국, 영국, 러시아, 프랑스, 중국)과 10개의 비상임이사국으로 구성된다. 비상임이사국은 총회에서 매년 5개국씩 3분의 2의 다수결로 선출되며, 임기는 2년으로 계속하여 재선될 수 없다.

이사회는 국제평화와 안전의 유지에 관하여 1차적 책임을 지며, 회원국을 대신하여 행동할 뿐만 아니라, UN의 목적과 원칙에 따라 행동한다(동 제24조 2항). 특히 분쟁의 평화적 해결(동 제6장), 평화에 대한 위협, 평화의 파괴 및 침략행위에 대한 강제조치(동 제7장) 및 지역적 협정(동 제8장)에 관련된 사항에 관한 권한을 갖는다.

이사국은 각 1표의 투표권을 가지며, 절차상의 문제에 관한 결의는 9개 이사국의 찬성으로 성립하나, 중요한 문제인 평화유지에 관한 사항(강제조치에 관한 사항, 국제사법법원의 판결을 이행하지 않는 국가에 대한 권고 및 강제집행, 지역적 협정에 의한 강제조치 발동에 대한 동의)과 총회와 공동 권한인 내부조직상의 문제(가입·제명, 특권정지 및 사무총장의 선임) 등에 관한 사항에는 상임이사국중 일국만의 반대로도 이사회 의결의 성립을 거부할 수 있는 강력한 특권인 거부권이 상임이사국에 있다.

이사회에서 의결한 의결의 효력은, 첫째 절차사항에 관한 것(내부적인 조직운영에 관한 사항 등)은 구속력을 갖는다(동 제28조, 제32조 및 제43조). 둘째, 헌장 6장의 분쟁의 평화적 해결에 관한 결의는 원칙적으로 권고이며 구속력은 없다. 셋째, 강제조치에 관한 결정(동 제7장)은 모든 회원국을 구속한다(동 제24조 1항 및 제25조).

### 다. 國際司法法院

국제사법법원(International Court of Justice : ICJ)의 구성, 권한, 절차 등에 관해서는 헌장의 규정 이외에 ICJ 규정에 상세히 규정되어 있다.

ICJ는 UN기관의 하나이지만 실질적으로는 사법기관이라는 특수한 성질 때문에 독립적인 지위를 갖고 있다. 회원국은 당연히 규정의 당사자가 되며, 비회원국이라도 안전보장이사회의 권고에 의하여 총회에서 결정하는 조건에 따라 규정 당사자가 될 수 있다(동 제93조). 재판관은 UN총회와 안전보장이사회에서 선출된다(ICJ규정 제8조).

ICJ의 판결은 사건의 당사자를 구속한다. 일방당사자가 판결에 의한 의무를 이행하지 않는 경우에는 타당사자가 이를 안전보장이사회에 제소할 수 있으며, 안전보장이사회는 필요하다고 인정할 경우 판결을 집행하기 위하여 권고를 하거나 취하여야 할 조치를 결정한다(UN헌장 제94조).

### 라. 事務局

사무국(Secretariat)은 행정적 사무를 남낭하는 기관으로 1명의 사무총장과 기타 필요한 직원으로 구성된다(동 제97조). 사무국은 UN의 기능 수행을 위한 행정지원사무를 담당하며, 각종 회의를 준비·진행·지원하고, 회의록의 유지, 각종 통지 발송과 서류 접수 등을 담당한다. 그리고 회원국이 체결한 조약의 등록과 공고를 담당한다(동 제102조).

# 제3절 地域的 및 其他 國際機構

## 1. 유럽聯合

유럽연합(European Union : EU)은 1995년 유럽의 정치·경제의 통합을 위해 유럽공동체(European Community : EC) 회원국들이 오스트리아의 마스트리히트(Mastricht)에서 1992년 유럽연합조약을 채택 1993년부터 발효되고 있다. 동 조약의 주요내용은 다음과 같다. ① 유럽단일통화(ECU) 창설, ② 유럽경제 전반의 점진적 통합, ③ 공동방위체제 확립, ④ 외교, 국방분야에서 역내정부간협력을 강화하되 각국은 외교사항에 대하여 거부권 보유, ⑤ 유럽 시민권 제도를 도입하고 유럽시민은 EC의 외교적 보호를 받음, ⑥ 역내빈국들을 지원할 단결기금을 창설 등이다.[10]

## 2. 北大西洋條約機構

북대서양조약기구(North Atlantic Treaty Organization : NATO)는 1949년 4월 북대서양조약에 의하여 1950년 12월 발족되었으며 그 목적은 회원국에 대한 공격을 전회원국에 대한 공격으로 간주하고, 개별적 또는 집단적 자위권을 행사하여 공격받는 회원국을 지원하며, 회원국 상호간의 경제협력을 촉진하는데 있다.[11]

## 3. 아시아 - 太平洋 經濟協力機構

아태지역의 지역협력을 위한 협의체인 아시아-태평양 경제협력기구(Asia Pacific Economic Cooperation : APEC)가 1989년 탄생되어 민간 차원의 협의기구로 그 기능을 발휘하고 있다.

APEC의 주요 사업으로는 ① 자유무역원칙의 지지, ② 역내 무역·투자 및 기술이전 촉진, ③ 역내의 교통·통신·사회간접자본의 확충을 검토할 위원회 구성, ④ 무역 투자 및 사업기구에 관한 데이터 시스템 구축 등이며 아태지역의 국제협력을 주도하는 중심기구로서의 역할을 할 것으로

---

10) 2007.11월 현재 25개국 가입.

11) 2008.1.15일 현재 26개국 가입.

기대된다.[12]

## 4. 石油輸出國機構

석유수출국기구(Organization of Petroleum Exporting Countries : OPEC)는 이란, 이라크, 사우디아라비아, 쿠웨이트, 베네수엘라 등 5대 산유국에 의해 국제석유자본에 대항하여 1960년 9월에 바그다드에서 설립되었다. 즉, 석유수출국들이 천연자원에 대한 인민자결권을 기초로 선진국이나 그들의 석유회사에 대항하여 그들의 이익을 옹호하기 위하여 공급독점 내지 과점을 형성한 국제기구이다.[13]

## 5. 北美自由貿易地域

미국은 1980년대 들어 계속되고 있는 국제수지 적자폭을 조정하고 유럽공동체의 확대와 통합강화로 인한 유럽의 요새화에 대응하기 위해 1980년대 후반부터 새로운 지역주의에 입각하여 북미지역에서의 시장확대 정책을 추진하기에 이르렀다. 그리하여 1988년 1월에는 미국—캐나다 양국이 북미자유무역지역(North American Free Trade Area : NAFTA)을 설립하여 1989년부터 10년간에 걸쳐 역내무역의 완전자유화를 추구하였으며, 1992년에는 멕시코가 참가를 결정함으로써 완전한 의미의 북미자유무역지역이 결성되게 되었다.

## 6. 世界貿易機構

세계무역기구(World Trade Organization : WTO)는 1994년 4월 15일 Marrakesh에서 개최된 GATT 각료회의에서 재택된 Marrakesh 협정에 의해 실립되있다. 세계무역기구는 법인격을 가지며 회원국들의 무역행위를 규율한다. 여기서 무역행위란 상품무역, 서비스무역, 무역관련 투자, 무역관련 지적재산권 문제, 무역관련 회원국정부의 정책 및 각종 행정행위, 무역관련 절차 등을 포함한

---

12)  2008.1.25일 현재 21개국 가입(한국 1989.11.6 가입).

13)  2008.1.25일 현재 14개국 가입.

다.[14]

## 7. 經濟協力開發機構

세계경제를 이끄는 경제협력개발기구(Organization for Economic Cooperation & Development : OECD)
는 1971년 9월 발족하여 재정금융상의 안전유지 및 고도의 경제성장, 고용증대, 생활향상, 회원국
과 비회원국간의 건전한 경제발전 지원, 세계통상의 다각적·무차별적 확대 등을 그 목적으로 하
고 있다.[15]

## 8. 아세안地域安保포럼

아세안지역안보포럼(ASEAN Regional Forum : ARF)은 아세안 10개 회원국과 10대 대화상대국 외
무장관들이 참여하는 역내 정치·안보 협의체로, 지난 94년 이래 매년 한차례씩 회의를 갖고 있다.
ARF는 특히 회원국간 신뢰구축, 예방외교 확대, 역내분쟁에 대한 효과적 접근 등 3단계 접근
방법을 통해 역내 평화와 안정을 모색해 왔다.[16]

---

14) 2008.1.25일 현재 151개국 가입(한국 1995.1.1 가입).
15) 2008.1.25일 현재 30개국 가입.
16) 2008.1.25일 현재 26개국 가입(한국, 북한, 미국, EU 등).

# 제4장 個人

## 제1절 個人의 國際法 主體性

### 1. 意義

국제법의 주체는 국제법상 권리의무를 갖는 자를 말한다. 따라서 개인이 국제법의 주체가 될 수 있느냐 하는 문제는 개인이 국제법상 권리·의무를 가질 수 있느냐 하는 것이다. 이 점에 관하여 학자들간의 견해는 일치하지 않으나, 그 가운데는 국제법규가 개인의 권리에 관해서 규정하고 있는 것만으로 개인의 국제법 주체성을 인정하려는 자도 있다.

그러나 이 설은 현단계의 국제관행에 적합하지 않다고 본다. 왜냐하면 조약에 의해 개인에게 권리가 규정되어 있다 할지라도 개인이 그것을 주장할 수 있는 것은 단순히 국내적으로만 가능하고, 국제적으로는 개인의 소속국이 '외교적 보호권'을 행사함으로써 실현되며, 이 경우 주체는 어디까지나 국가이지 개인이 아니기 때문이다.

따라서 국제법이 다만 개인의 권리의무를 규정한 것만으로는 불충분하고 직접 개인이 권리를 국제적으로는 주장할 수 있거나 국제적 절차에 의해 의무위반에 대해 제기할 수 있는 경우에만 개인의 국제법 주체성이 인정된다는 견해가 옳다.

### 2. 個人의 國際法 主體性의 實例

#### 가. 國際法院에의 出訴權

실정국제법상 개인에게 국제법원에의 출소권을 인정한 최초의 예는 1907년 '중미사법법원 설치조약'(체약국은 Costa Rica, Guatemala, Honduras, Nicaragua 및 El Salvador임) 제2조인데, 그것은 중미 5개국의 어느 체결국 국민도 타체결국을 상대로 조약위반, 기타 국제법적 성질의 사건에 관하여 이 법원에 직접 출소하는 권리를 부여하였다.

또, 제1차 세계대전 후의 베르사이유평화조약 제297조에 의하여 동맹연합국 국민은 혼합중재법원에의 출소권이 인정되었다. 제2차 세계대전 후에는 유럽 3공동체(1952년의 석탄철강공동체, 1958년의 경제공동체 및 원자력공동체)의 사법법원에의 개인의 출소권이 인정되었다.

### 나. 國際組織에의 請願權 또는 申告權

신탁통치지역의 주민은 UN헌장 제86(b)조에 의하여 신탁통치이사회에 직접 청원할 수 있는 권리가 인정되며, 또한 ILO헌장 제24조는 사용자 또는 노동자의 단체가 조약의 불이행에 대하여 사무국에 신고할 수 있는 권리를 인정하고 있다.

### 다. 國際組織에서의 代表權

ILO에서는 회원국의 정부대표 2명 외에 사용자대표와 노동자대표 각 1명이 총회의 토의와 의결에 참가하는 것이 인정되고 있다(제3조 1항). 또 이사회의 구성원 48명중에는 사용자 및 노동자대표가 각각 12명씩 참가하도록 되어 있다(제7조 1항).

### 라. 集團殺害罪의 處罰 對象

제2차 세계대전후 1948년에 UN 총회에서 채택된 「집단살해죄의 방지 및 처벌에 관한 조약」은 집단살해(genocide)를 범한 자를 국제법상의 범죄로서 국제형사법원에서 처벌할 것을 예정하고 있다(제6조).

## 3. 個人의 國際法 主體性의 制限性

개인의 국제법주체성은 국가간의 개별적인 조약에 의해 그 규정의 범위내에서 인정되는 것에 지나지 않는다. 따라서 포괄적·일반적 권리의무를 갖는 국가에 비하여 그 주체성은 제한적이며, 개인은 국제법주체가 된 경우에도 결코 국제법의 정립에 참가할 능력을 갖는 능동적 주체가 아니라 수동적 주체에 지나지 않는다.

## 제2절 國民

### 1. 國籍

#### 가. 意義

국적이란 개인과 국가를 연결하는 법률적 유대를 말한다. 개인은 국적에 의하여 특정국가에 속하게 되며 그 국가의 국민이 된다. 국적은 국제적인 차원에서 국민과 그의 본국과를 연결시키는 기능을 담당하므로, 개인이 어느 국가의 외교적 보호하에 있는가를 결정하는 기준이 된다.

어느 국가의 국적을 가진 자가 외국에 있을 때에는 국가주권이론에 의하여 외국의 통치권에 복종하는 것이 원칙이다. 따라서 외국에서 불법적 대우를 받았을 경우에는 우선 그 외국의 구제절차를 다하여야 한다(국내적 구제의 원칙). 그래도 구제가 부여되지 않은 경우에는 본국에 외교적 보호권을 청구하게 된다. 무국적자는 자신의 피해에 대하여 외교적 보호를 부여받지 못한다.

국가는 자국의 국적을 가진 자에 대하여 외국에 있어서도 국내법령을 준수할 것을 요구할 수 있다. 그러나 국가는 외국에 거주하는 자국민에 대하여 직접 국권을 행사할 수는 없다.

#### 나. 國籍의 取得 및 喪失

어떠한 개인에게 자국의 국적을 부여하는가는 원칙적으로 각국의 자유에 맡겨져 있다. 즉, 국적의 결정은 각 국가의 국내문제이다. 그러나 국제법상 국가가 국적을 부여할 수 있는 권한에는 한계가 있으며, 각국의 국적법은 국제조약, 국제관습 및 법의 일반원칙에 일치된 한도내에서만 유효한 것이다(국적법의 저촉에 관한 헤이그조약 제1조). 따라서 국가가 영역내에 거주하는 모든 개인에게 강제적으로 자국적을 부여함으로써, 그 개인에 대한 외국의 외교적 보호권을 박탈하려는 경우(예, Tunis-Morocco 국적사건)나 국가와 관련개인 사이에 진정한 관련(genuine connection)이 없음에도 불구하고 단순히 교전국 국민의 지위를 이탈하여 중립국 국민의 지위를 얻고자 귀화를 원하는 개인에게 국적을 부여하는 경우(예, Nottebohm 사건)는 불법이다.

#### 다. 無國籍과 二重國籍

국적은 출생과 귀화·復籍에 의하여 취득되고, 이탈·박탈에 의하여 상실된다. 그런데 위에서 말한 바와 같이 국적결정의 문제가 국가의 관할권에 속하는 이상, 이에 관한 각 국가의 국내법은 통일성이 결여될 수밖에 없다. 그 결과 이중국적 또는 무국적이라는 어려운 문제가 발생한다.

예컨대 혈통에 의하여 국적을 부여하는 혈통주의를 취하는 국가의 국민이 출생지에 따라 국가의 국적을 부여하는 출생지주의 국가에서 출생한 경우, 그는 혈통주의의 결과로서 부모의 국적과 출생지주의의 결과로서 출생지의 국적을 동시에 취득한다. 반면에 출생지주의의 국가의 국민의 자가 혈통주의 국가에서 출생한 경우에는 어느 국가의 국적도 취득할 수 없게 된다. 전자의 경우는 이중국적이며, 후자의 경우는 무국적이다.

국적이 저촉하는 경우에는 여러가지 어려운 문제가 일어난다. 이중국적자는 어느 국가에 충성을 맹세할 것인가(특히, 병역문제), 또 어느 국가의 외교적 보호를 받을 것인가의 문제에 관하여 때때로 국제분쟁이 발생할 수 있으며, 또한 무국적인은 외교적 보호를 받을 수 없다. 이와 같은 곤란을 제거하기 위해서는 개인이 단일의 국적을 가지도록 국제적 합의가 요망되고 있다. 이를 위한 국제적 노력이 행해지고 있으나 현단계로서는 미흡하다.

이중국적자의 지위에 관해서 1930년의 '국적법의 저촉의 어떤 종류의 문제에 관한 협약'에 의하면, 2국 이상의 국적을 가지는 개인은 그 국적소속국가의 국민으로 인정할 수 있다(제3조). 국가는 자국민이 동일하게 국민으로서 소속되고 있는 타국에 대항하여, 그 자국민을 위하여 외교적 보호를 행할 수 없다(제4조). 제3국에서는 2국 이상의 국적을 가진 개인을 1개의 국적만을 가지는 것으로 대우한다. 이 경우 제3국은 이 개인이 갖는 국적 중 주로 상주하는 거소가 있는 국가의 국적 또는 사정에 비추어 이 개인이 사실상 가장 관계가 깊다고 인정되는 국적만을 인정할 수 있다(제5조).

무국적의 가능성을 감소 또는 제거하기 위한 1961년의 '무국적의 감소에 관한 조약'에 의하면 체약국의 영역에서 출생한 무국적자는 그 국가의 국적을 취득한다(제1조). 그리고 이것은 출생시 부모중 일방이 체약국의 국적을 갖고 있는 경우, 그와 같은 국적상실은 다른 국적의 보유 또는 취득을 조건으로 하지 않으면 안 된다(제5조). 또한 배우자 일방의 국적상실 또는 박탈의 결과로서 타방의 국적상실을 규정하고 있는 경우에는 후자의 국적상실은 다른 국적의 보유 또는 취득을 조건으로 하지 않으면 안 된다(제6조). 인종, 종교 또는 정치적 이유로 국적을 박탈하는 것은 금지된다(제8조, 제9조).

## 2. 外交的 保護權

### 가. 意義

국제법상 외교적 보호권(right of diplomatic protection)이라 함은 국가가 외국에 재류하고 있는 자국민이 在留國으로부터 부당한 대우를 받거나 불법하게 권리침해를 받은 경우에 자국민에게 적절한 구제를 행하도록 외교절차를 통하여 재류국에게 요구할 수 있는 권리를 말한다.

### 나. 當事者

외교적 보호권의 주체는 국가이며, 개인이나 사법 단체는 보호권의 주체가 될 수 없다. 외교적 보호권은 국가자신의 권리이다. 외교적 보호권은 자국민에 대해서만 행사할 수 있으며 외국인에 대해서는 행사할 수 없음은 물론이다.

### 다. 行使要件

국가가 외교적 보호권을 행사하기 위해서는 첫째, 자국민이 외국에서 부당한 대우를 받거나 불법하게 손해를 입어야 하며, 그것은 외국의 행정기관에 의한 것이든 사법기관에 의한 것이든 불문한다. 둘째, 자국민이 재류국에서 이용할 수 있는 모든 국내적 구제절차를 거친 후(exhaustion of local remedies)가 아니면 본국은 외교적 보호권을 행사하지 못한다. 셋째, 피해자국민은 권리가 침해된 때부터 외교적 보호권의 행사시까지 계속해서 본국국적을 보유하고 있어야 한다. 이를 국적계속의 원칙이라고 하는데 만일 그동안 국적이 변경·상실되는 경우에는 외교적 보호권을 행사할 수 없다.

### 라. 保護手段

외교적 보호를 위해서 취하는 수단은 일반적으로 외교교섭에 의한 분쟁해결이 있고, 그래도 해결되지 않을 경우에는 사법절차에 의하는 등 평화적인 분쟁해결수단이 있다. 경우에 따라서는 무력행사에 의하는 수단도 있었으나 오늘날 개별국가에 의한 무력행사는 자위권을 제외하고는 일반적으로 금지되어 있다.

### 마. Calvo條項

국가는 외국인과 체결한 계약에서 ① 외국인은 계약에 관한 모든 사항에서 재류국의 국민으로 간주되며, ② 여하한 경우에도 본국정부의 외교적 보호를 요구하지 않는다고 하는 조항을 삽입하는 경우가 있다. 이것을 칼보조항(Calvo clause)이라고 부른다. 이 조항은 아르헨티나의 국제법학자 칼보(Calvo)가 주창한 것으로, 라틴아메리카 국가들이 체결하는 계약에 삽입되는 것이 보통이나 지금은 개발도상국가가 체결하는 컨세션(concession)에도 삽입되는 예가 늘어가고 있다.

칼보조항의 국제법상 효력에 관하여 국제판례는 일치하지 않는다. 이론상으로는 칼보조항이 국내적 구제를 이용하려는 약속인 한에서는 유효하다. 그러나 본국의 외교적 보호권을 배제하려는 의도라면 무효라고 보아야 한다. 왜냐하면 외교적 보호권이란 국가의 권리이지 개인의 권리는 아니므로 개인이 국가의 권리를 스스로 포기할 수 없기 때문이다.

## 제3절  外國人

### 1. 外國人의 出入國

### 가. 入國

국가는 외국인의 입국을 허가해야 할 일반국제법상의 의무가 없다. 보통은 통상항해조약에 의해서 상호 입국을 허가하는 경우가 많다. 이와 같은 조약상의 의무가 없어도 사실상의 관행으로서 국가는 입국을 허가하고 있다. 그러나 입국의 허가, 거절 및 입국의 조건 등에 관한 규율은 국가가 자유로 할 수 있는 국내문제이다. 따라서 빈곤자, 병자 및 범죄자의 입국을 거절할 수 있음은 물론, 국가가 특정국가의 국민을 차별대우하는 경우도 있으나 이것은 일반국제법상 위법은 아니다. 다만 비우호적인 행위로 비난될 수 있으며, 경우에 따라서는 권리의 남용이 된다. 보통 타국에 입국하기를 바라는 외국인은 그의 소속당사국이 발급한 여권(passport)을 통하여 입국자의 신분을 확인하며 또한 여권은 외교적 보호권이 누구인가를 결정하는 수단이 될 수 있다. 외국인은 또한 미리 재류국의 입국허가를 얻어야 한다. 이러한 허가는 보통 입국사증(visa)의 형태로 부여되는데, 우호국간에는 이러한 절차가 조약에 의해 상호 면제되는 경우가 있다.

나. 出國

외국인의 출국에는 자발적 출국과 강제적 출국의 두 가지 경우가 있는데, 후자는 다시 추방과 범죄인인도로 구별된다.

외국인의 자발적 출국은 금지할 수 없다. 그러나 외국인이 재류중의 의무(예, 납세·채무)를 이행하지 않은 경우 또는 기타 외국인에게 귀책사유가 있는 경우(형의 집행·심문·구금 등)에는 출국을 허가하지 않을 수도 있다.

추방(expulsion)은 외국인이 재류국의 공공질서를 문란케 하거나, 국가안전을 위협하는 것 등의 이유에 의하여 강제적으로 영역으로부터 퇴거케 하는 행정행위이다. 어떠한 경우에 추방할 수 있는가에 관해서는 일반국제법상의 원칙은 없다. 그러나 이유도 없이 또한 비인도적으로 추방하는 것은 비우호적 행위로 간주되며 권리의 남용이 된다.

추방의 경우 보통은 외국인의 본국으로 추방하는 일이 많으나, 정치적 피난민인 경우에는 제3국으로 추방하는 것이 요망된다.

## 2. 外國人의 權利義務

가. 權利

외국인의 권리에 관해서 일반국제법상의 원칙은 없으며 국가가 임의로 국내법에서 정할 수 있으나 2국간의 통상항해조약 또는 국제협력에 관한 일반조약에 의하여 경제적·사회적 권리를 상호인정하는 경우가 많아지고 있다. 특히 일상생활에 필요한 私權은 내외국인 모두 평등하게 인정된다. 공법상의 권리(예, 참정권, 공무담임권)는 인정되지 않으며, 국가의 안전, 국민의 중요한 이익에 관련되는 선박·항공기·부동산 등의 소유에 대하여는 제한을 가하는 것이 보통이지만, 상호주의의 조건하에 허가될 수도 있다.

선박선조 및 전언사원의 개발 등의 공익사업에 대해서는 국가의 깅력한 통제가 요구된다. 그러나 충분한 자본과 선진과학기술을 갖추지 못한 개발도상국들은 외국기업과의 양허계약(concessionary agreement)에 의하여 공익사업 참여를 허용하고 있다.

오늘날 외국인의 권리를 자세히 규정하고 있는 통상항해조약은, 특히 내국민대우조항(national treatment clause)을 통하여 외국인과 내국인의 권리가 상호 동화되는 경향(공법상의 권리 제외)을 보이며, 일국내에서의 외국인의 지위를 평준화시키는 작용을 하고 있다.

외국인의 신체와 명예·재산 등에 관한 권리는 내국민의 그것과 마찬가지로 보호되어야 한다. 재류국 당국은 이러한 외국인의 권리에 대하여 상당한 주의를 하여야 하며, 그 보호를 위한 사전·사후의 구제조치를 다하지 않으면 국가책임이 발생할 수도 있다.

### 나. 義務

외국인은 재류국의 영역권에 복종하며, 원칙적으로 그 국가의 국민과 거의 같은 의무를 진다. 즉 경찰, 납세, 재판관할권에 복종하여야 한다.

그러나 국가와의 특수한 유대를 전제로 한 신분상·공법상의 의무(예, 병역·교육의무)는 제외된다. 반면에 외국인등록과 같이 국민에게는 없는 특별한 의무가 부과되는 일도 있다(출입국관리법 제39조).

## 3. 外國人 財産의 國有化

외국인의 보호, 특히 그 사유재산의 보호에 관해서 현실적으로 중요한 문제는 국유화에 있어서의 보호이다. 제2차 세계대전전에 있어서도 사유재산이 국유화된 적도 있었으나(예, 소련의 국유화) 제2차 세계대전 후는 혁명이나 식민지의 독립에 즈음하여 경제적 및 사회적 개혁을 목적으로 하는 국유화가 빈번히 행해지게 되었다. 외국인재산도 국유화할 수 있는가, 있다면 어떠한 조건으로 행할 수 있는가가 문제된다.

외국인의 재산을 국유화의 대상으로 하는 것 자체는 국제법상 금지되어 있지 않다는 것이 일반적으로 인정되고 있다. 그러나 그 조건으로서 국가의 사회적·경제적 필요에서 외국인재산을 국유화하는 경우에는 보상하여야 한다. 문제는 어느 정도의 보상을 하여야 하는가이다.

많은 해외투자를 하고 있는 구미선진국은 보상이 충분하고 효과적이며 신속한 것이 아니면 안된다고 주장한다. 이에 대하여 국유화를 행하는 국가, 즉 식민지 독립국가와 사회주의국가에서는 대규모의 일반적 성격의 국유화의 경우에는 이와 같은 보상은 국가의 부담능력을 초월하는 것이며, 경제적 자립을 위해 행하는 국유화가 불가능하게 된다는 것, 또한 충분한 이익취득의 기회를 노린 해외투자는 어느 정도의 위험을 당연히 예상하는 것임을 이유로, 특정국가에 속하는 외국인재산에 대한 보상과 기타의 국가의 외국인재산에 대한 보상을 차별하지 않는 한 보상은 국유화를 행하는 국가가 자유로이 결정할 수 있다고 주장한다.

이와 같이 보상의 정도에 관해서는 의논이 나누어져 있으나, 적어도 無報償으로 외국인재산을 국유화 할 수 없다는 것이 국제법의 원칙이라고 할 수 있다. 1962년 12월 UN 총회의 '천연의 부와 자원에 대한 영구적 주권에 관한 선언'(Declaration on Permanent Sovereignty over Natural Resources)에 따르면, 국유화에 있어서는 국내법과 국제법에 따라 정당한(just) 보상을 지불해야 하며, 보상문제에 관한 분쟁의 해결은 당사국간의 합의에 의해서 중재재판 또는 국제재판을 통하여 이루어져야 한다고 규정되어 있다.

# 제4절 犯罪人引渡

## 1. 意義

범죄인인도란 외국에서 죄를 범하고 도망해 들어온 자를 소추 또는 처벌을 위하여 외교적 절차에 의해 그 외국에 인도하는 것을 말하는 강제출국의 특수한 경우이다.

국제법상 일반적으로 국가는 범죄인을 인도할 의무는 없다. 그러나 많은 국가들은 2국간 또는 다국간조약(예, 1960년의 유럽 범죄인도조약)에서 특정의 범죄인을 상호간 인도할 것을 약정하고 있다. 조약상 인도의무가 없는 경우에도 범죄인 인도에 관한 국내법을 제정하거나 또는 국제예양상 범죄인을 인도하는 경우도 있다. 범죄의 구성요건은 각국의 형법상 유사하고 또한 이러한 범죄는 어느 국가에 있어서도 처벌되어야 하므로, 상호 인도하여 처벌하는 것이 당사국 간 공동이익이라고 생각하기 때문이다.

## 2. 引渡의 主體·對象·節次·處罰

범죄인의 인도를 청구하는 외국은 주로 범죄지국이지만, 때로는 가해자의 소속국 또는 피해자의 소속국인 경우도 있다. 동일범죄인의 경우 2개국 이상으로부터 인도청구가 있는 경우 첫째,

동일범죄인 경우에는 범죄지국, 둘째, 상이한 범죄의 경우에는 중죄에 관해서 청구하는 국가, 세째, 조건이 같은 경우에는 인도청구의 일자순서에 따라 결정하는 것이 보통이다.

인도범죄는 각각의 인도조약에서 규정하는데, 인도범죄를 열거하거나(예, 1971년의 미국·스페인 조약 제2조), 또는 인도범죄를 형의 경중에 의해 한정하든가 하고 있다(예, 유럽범죄인도조약 제2조). 인도가 행해지는 범죄는 보통 청구권과 피청구권의 쌍방의 형사법규에 의하여 범죄가 되는 경우에 한정된다. 이것을 雙方可罰(double criminality)의 원칙이라고 한다.

인도는 외교기관을 통하여 행해지며, 그 방식은 인도조약에 따른다. 인도요구는 통상 판결문이나 영장의 사본을 첨부하여 행하고 요청을 받은 국가는 범죄인이 타범죄를 이유로 고발되었거나 복역중인 경우가 아닌 한 인도해야 한다.

또한 인도된 범죄인은 인도청구의 이유가 된 범죄에 한해서 처벌되고, 그 외의 인도전의 범죄에 관해서는 처벌되지 않는다. 이것을 인도특정의 원칙(principle of speciality)이라고 한다.

## 3. 政治犯 不引渡의 原則

정치범죄인의 개념은 프랑스혁명을 계기로 생겨났다. 정치범죄인이란 특정국가의 정치질서를 침해한 범죄인이라고 정의할 수 있다. 즉, 특정국가의 정치형태의 변경 또는 일부지역의 분리독립을 목적으로 하는 범죄가 해당된다. 정치범죄는 특정국가의 정치적 질서의 침해를 목적으로 하는 범죄이므로 모든 국가의 정치형태를 부정하는 무정부주의 등의 반사회적인 범죄는 이에 들지 않는다.

정치범죄를 목적으로 하면서, 동시에 보통범죄를 범한 이른바 상대적 정치범죄에 관해서 불인도의 원칙이 적용되는가. 이에 관해서 일치된 관행은 없으나 많은 국가들은 국가원수나 그의 가족에 대한 범죄를 정치범죄로 보지 않는다는 조항(Belgium Clause)을 조약이나 국내법에 규정하고 있다. 또 집단살해죄는 범죄인 인도에 관해서 정치범죄로 인정하지 않는다(Genocide조약 제7조).

위와 같이 정치범불인도 원칙은 정치범을 대상으로 하는 만큼, 정치적 성질을 다분히 포함하고 있으나 국가의 정치정세에 좌우되는 경향이 있다.

## 4. 自國民 不引渡의 原則

인도되는 범죄인은 원칙적으로 외국인에 한하며, 범죄인이 자국민인 경우에는 인도되지 않는다. 이것을 자국민 불인도의 원칙이라고 한다. 형사관할권에 있어서 원칙적으로 속인주의를 택하고 있는 대륙법계의 많은 국가들이 이 원칙을 취하고 있으나, 속지주의를 택하고 있는 영국과 미국에서는 자국민도 인도한다.

범죄인 인도조약의 근본취지가 국제사회의 사법적 협력을 통하여 형사재판의 적정한 집행을 확보한다고 하는 관점에서 본다면 자국민 불인도의 원칙은 그 이론적 기반을 상실하고 있다. 1957년의 유럽조약에 의하면 각체약국은 자국민의 인도여부에 관한 결정권을 가지지만, 자국민을 인도하지 않는 경우에도 청구의 원인이 된 범죄가 일정한 조건을 충족시키게 되면 그를 소추할 의무를 지도록 되어 있다.

# 제5절 難民의 保護

## 1. 난민의 정의

난민(망명자 또는 피난민, refugee)의 개념은 국제법상 충분히 성숙된 것이 아니어서 일률적으로 명료하게 정의하기란 쉽지 않다. 1951년 난민의 지위에 관한 협약(1951 Convention relating to the Status of Refugees, 난민협약)에 의하면 인종, 종교, 국적, 특정사회집단의 구성원 신분 또는 정치적 의견 등을 사유로 박해를 받을 우려가 있는 충분한 근거가 있는 공포를 인하여, 자신의 국적국 밖에 있거나 박해의 공해로 인하여 출신국의 보호를 받을 수 없거나 받기를 원하지 않거나 또는 국적국으로 돌아갈 수 없거나 돌아가기를 원하지 않는 자를 의미한다. 이는 대체로 정치적 난민을 지칭하는 것으로 해석되지만, 넓게는 재해나 경제적 이유로 출신국으로 돌아가지 못하는 자들도 포함하

기도 한다.[1]

난민협약은 제2차 세계대전 발발 후에 초안되었기 때문에 이 협약에서 정의하고 있는 난민은 1951년 1월 1일 이전에 유럽이나 기타 지역에서 발생한 사건으로 자국을 떠나 난민이 된 자를 의미했다(난민협약 제1조). 그러나 1950년대 말과 1960년대 초기 새로운 형태의 난민이 발생하자 난민협약은 시간적, 지리적 범위를 확대할 필요성이 제기되었고, 1967년에는 이전의 난민협약을 보완하는 난민의 지위에 관한 의정서(1967 Protocol relating to the Status of Refugees, 난민의정서)가 채택되었다.[2] 난민의정서는 전문[3]에서 이 점을 명확히 하고 있다.

난민협약과 난민의정서와 같이 국제적 기준을 정하고 있는 규범 외에도 지역기준을 정하고 있는 지역적 규범은 난민을 정의함에 있어 보다 구체적이고 객관적인 고려를 할 것을 규정하고 있다. 1969년 아프리카 난민문제의 특정 양상을 규율하는 아프리카통일기구(OAU) 협약(1969 Organization of African Unity Convention Governing the Specific Aspects of Refugee Problem in Africa, OAU난민협약)[4]은 1951년 난민협약상의 난민정의를 따르고 있으나 "외부침략, 점령, 외국인 지배나 국적국의 일부 또는 전부의 공공질서를 심각하게 해치는 사건으로 인해" 강제로 자신의 나라를 떠나야만 했던 자들을 포함하고 있다. 다시 말해서 만연한 폭력과 사회불안 또는 전쟁의 공포로부터 탈출한 자는 박해에 대한 두려움 여부와 상관없이 OAU난민협약국에서 난민지위를 신청할 권한을 갖는다.[5]

---

1) UNHCR 2017년 연례보고서(UNHCR Global Report 2017)에 따르면, 전 세계 강제실향민 수는 6,850만명이며 이중 난민은 2,540만 명, 비호신청자는 310만 명이다.

2) UNHCR and IPU, A Guide to International Refugee Law, 2001, P. 8. 1967년 난민의정서의 전반적인 기조는 1951년 난민협약과 연관되어 있으나, 그 자체로서 독립적인 조약이다. 난민의정서가 기존의 난민협약과 다른 점은 난민의 정의에서 시간적 지리적 제한을 없앴다는 점이다. 난민의정서에 가입한 체약국은 난민의정서가 정의하는 모든 사람들에게 난민협약의 모든 조항을 동의하는 것으로 간주되지만, 많은 국가들이 난민협약과 난민의정서 양쪽 모두에 가입하기를 선호하고 있다. 이로서 두 조약이 국제난민보호제도의 핵심임을 재확인시켜주고 있다. Ibid. P.10.

3) 난민의정서는 전문에서 다음과 같이 밝히고 있다: "난민협약이 1951년 1월 1일 이전에 발생한 사건의 결과로서 난민이 되었던 자에게만 적용된다는 점을 고려하고, 협약이 채택된 이후의 새로운 사태에 의하여 난민이 발생하였고 따라서 이러한 난민협약의 적용범위에 속하지 아니할 수 있다는 점을 고려하고, 1951년 1월 1일의 기준시점에 관계없이 협약의 정의에 해당하는 모든 난민이 동등한 지위를 향유한다는 것이 바람직하다는 것을 고려한다."

4) 아프리카에서는 식민지 시대가 끝난 후 발생한 여러 차례의 내전과 전쟁으로 인하여 대규모의 난민 사태가 발생하였는데, 이와 같은 사태로 발생한 여러 가지 문제해결 과정에서 기존의 난민협약이 포용하지 못하는 사항을 보완하기 위하여 1967년 난민의정서와 1969년 OAU난민협약이 만들어졌다. 1951년 난민협약이 '난민지위와 관련한 기본적이고 보편적인 문서'라면, OAU난민협약은 지역난민조약으로는 유일하게 현재까지 법적 구속력을 지닌 협약이라고 할 수 있다.

5) Ibid., p.13.

또한 1984년 카타헤나 선언(1984 The Cartagena Declaration)은 남미지역에 적용되는 난민정의는 1951년 난민협약상 정의와 "일반화된 폭력, 외부침략, 국내소요, 대량의 인권침해 또는 공공질서를 심각하게 해치는 기타 상황으로 인하여 자신의 생명, 안전이나 자유가 위협받아" 자국을 탈출한 자를 포함할 것을 권고하고 있다.[6]

## 2. 난민의 법적 지위

모든 난민은 자신이 체재하는 국가의 법규를 준수할 의무 및 공공질서를 유지하기 위한 조치에 따를 의무와 세금 및 공과금을 납부할 의무를 부담하지만, 일반적으로 다음과 같은 대우를 받는다.

### 가. 개인적 지위

난민의 개인적 지위는 그의 주소지 국가의 법에 의하여 또는 주소가 없는 경우에는 거소지 국가의 법에 의하여 규율된다. 난민이 이전에 취득한 권리로서 개인적 지위에 수반되는 권리, 특히 혼인에 수반되는 권리는 당해 권리가 그 체약국의 법에 정하여진 절차를 필요로 하는 경우 이에 따를 것을 조건으로 하여, 그 체약국에 의하여 존중된다. 다만 당해 권리는 난민의 자격을 얻지 못한 경우라도 그 체약국의 법에 의하여 인정된 것이어야 한다(난민협약 제12조).

### 나. 동산 및 부동산

체약국은 난민에게, 동산과 부동산의 소유권과 이에 관한 기타 권리의 취득 및 동산과 부동산에 관한 임대차 및 기타 계약에 관하여, 가능한 한 유리한 대우를, 그리고 어떠한 경우에 있어서도 동일한 사정 하에서 일반적으로 외국인에게 부여하는 것보다 불리하지 아니한 대우를 부여한다(동 제13조).

---

6) 1984년 각국 정부대표와 남미의 저명한 법률가들로 구성된 전문가 협의회가 이 지역에서의 국제적 난민보호 문제를 논의하기 위하여 콜롬비아 카타헤나에서 소집되어 동 선언을 채택하였다. 동 선언이 모든 국가에 대하여 법적구속력을 가지는 것은 아니나 대부분 남미 지역 구가들은 이 정의를 적용하고 있으며, 이들 중 몇몇 국가들은 선언이 정한 난민에 대한 정의를 자국의 국내법에 적용하고 있다. 이 선언은 미주기구(Organization of American States), 유엔 총회 및 UNHCR의 자문기구인 집행위원회에 의하여 승인되었다. *Ibid.*, pp.13-15 참조.

### 다. 저작권 및 산업재산권

난민은 발명, 의장 또는 모형, 상표, 상호와 같은 산업재산권과 문학적, 예술적 및 학술적 저작물에 대한 권리의 보호에 관하여, 그가 상주거소를 가지는 국가에서 그 국가의 국민에게 부여되는 것과 동일한 보호를 부여받는다. 기타 체약국의 영역에서도, 그가 상주거소를 가지는 국가의 국민에게 그 체약국의 영역에서 부여되는 것과 동일한 보호를 부여받는다(동 제14조).

### 라. 결사의 권리

체약국은 합법적으로 그 국가의 영역 내에 체재하는 난민에게 비정치적이고 비영리적인 단체와 노동조합에 관한 사항에 관하여, 동일한 사정 하에서 외국국민에게 부여한 것 중 가장 유리한 대우를 부여한다(동 제15조).

### 마. 재판을 받을 권리

난민은 모든 체약국의 영역 내에서 자유로이 재판을 받을 권리를 가진다(1항). 또한 난민은 상주거소를 가지는 체약국에서 법률구조 및 소송비용의 담보면제를 포함한 재판을 받을 권리에 관한 사항에 있어서 그 체약국의 국민에게 부여되는 것과 동일한 대우를 부여받는다(2항). 난민은 상주거소를 가지고 있는 체약국외의 다른 체약국에서 제2항에 규정된 사항에 관하여 상주거소를 가지는 체약국의 국민에게 인정되는 것과 동일한 대우를 부여받는다(3항)(동 제16조).

### 바. 기타의 권리

체약국은 난민에게 인종, 종교 또는 출신국에 의한 차별없이 난민협약의 규정을 적용하여야 하며(동 제3조), 체약국은 그 영역 내의 난민에게 그의 종교를 신봉하는 자유 및 자녀의 종교교육에 관한 자유에 대하여 적어도 자국민에게 부여되는 것과 동등한 호의적 대우를 부여한다(동 제4조). 난민은 난민협약이 보다 유리한 규정을 두고 있는 경우를 제외하고 일반적으로 외국인게 부여되는 것과 동일한 대우를 보장받는다(동 제7조). 또한 난민은 임금이 지급되는 직업에 종사할 권리(동 제17조 1항) 및 배급 · 공공교육 · 공적구호 및 노동법상의 권리와 사회보장에 있어서 내국인과 동등한 대우를 받는다.

이외에도 난민은 이동의 자유(동 제26조), 신분증명서(동 제27조), 여행증명서(동 제28조) 및 재정착을 목적으로 입국이 허가된 국가로의 자산의 이전(동 제30조)에 관한 권리를 보장받는다.

## 3. 난민의 입국 및 비호

### 가. 난민의 입국

난민협약이나 난민의정서는 일국에 난민의 입국을 허용할 의무를 부과하고 있지는 않다. 하지만 체약국은 그들의 생명과 자유가 위협받는 영역에서 직접 탈출해 온 난민에게, 그들이 불법적으로 자국 영역 내에 입국하고 또는 체류하고 있다는 이유로 형벌을 과하여서는 아니된다. 다만 그 난민이 지체없이 국가기관에 출두하고 그들의 불법적인 입국 또는 체재에 대한 상당한 이유를 제시할 것을 조건으로 한다(동 제31조 1항).

체약국은 상기한 난민의 이주에 대하여 필요 이상의 제한을 가하지 아니하며, 또한 그러한 제한은 그 난민이 그 국가에서의 지위가 합법적으로 정하여지고 또는 그 난민이 다른 국가에의 입국허가를 얻을 때까지만 적용된다. 체약국은 그러한 난민에게 다른 국가에의 입국허가를 얻기 위하여 타당하다고 인정되는 기간과 이를 위하여 필요한 모든 편의를 부여한다(동조 2항).

### 나. 난민의 비호
#### (1) 난민의 영토적 비호

난민에 대한 영토적 비호는 난민이 국적국의 박해를 피해 국적국의 관할권이 미치지 않는 타국 영토에 거주하고 있는 경우 그 수용국이 국적국의 인도 요구를 거부하고 보호하는 것을 말한다. 비호는 적어도 비호국 외에서 정치적 해결을 찾을 때까지 수용국에 머무르면서 임시적으로 받는 기본적인 보호, 즉 난민의 생명이나 자유가 위협받을 우려가 있는 영역으로는 강제송환을 금지하는 것을 말한다.

이러한 난민의 영토적 비호는 국제관습법으로 확립되어 있다. 1967년 UNHCR(유엔난민기구)는 영토적 비호에 관한 선언(Declaration on Territorial Asylum)을 채택하였는바, 이 선언은 비호를 부여하는 것은 타국에 대하여 비우호적인 행위로 간주될 수 없는 평화적이고 인도적인 행위임을 강조하면서 난민의 비호신청을 평가하는 것은 비호국의 책임임을 분명히 하고 있다. 이러한 난민의 영

토적 비호는 OAU난민협약 및 카타헤나선언에서도 인정되고 있다.[7]

### (2) 난민의 추방 및 강제송환 금지

#### (가) 추방

체약국은 국가안보 또는 공공질서를 이유로 하는 경우를 제외하고 합법적으로 자국영역 내에 체재하고 있는 난민을 추방하여서는 아니된다.[8] 이러한 난민의 추방은 적법절차에 따라 내려진 결정에 의하여서만 이루어져야 한다. 달리 국가안보를 위하여 불가피한 이유가 있는 경우를 제외하고, 그 난민은 자신이 추방될 이유가 없다는 결백함을 밝히는 증거를 제시하고, 또한 관할기관 또는 관할기관이 특별히 지명한 자에게 이의를 신청하고 이 목적을 위하여 대리인을 내세우는 것이 인정된다. 또한 체약국은 이러한 난민에게 다른 국가에의 합법적인 입국허가를 얻을 수 있는 상당한 기간을 부여한다. 체약국은 그 기간 동안 필요하다고 보는 국내조치를 취할 권한을 유보한다(동 제32조).

#### (나) 강제송환 금지

체약국은 난민을 어떠한 방법으로도 인종, 종교, 국적, 특정사회집단의 구성원 신분 또는 정치적 의견을 이유로 그 생명 또는 자유가 위협받을 우려가 있는 영역의 국경으로 추방하거나 송환하여서는 아니된다. 그러나 이 규정에 의한 이익은 그가 있는 국가의 안보에 위험하다고 인정되는 상당한 이유가 있고, 또는 특히 중대한 범죄를 저지른 것에 대한 최종적인 유죄판결이 내려지고 그 국가공동체에 대하여 위험한 존재가 되는 난민에 의하여는 요구될 수 없다(동 제33조).[9]

---

7) *Ibid.*, p.15.

8) 난민협약은 제9조에서 체약국의 잠정조치를 다음과 같이 인정하고 있다; 이 협약의 어떠한 규정도, 전시 또는 기타 중대하고 예외적인 상황에서, 특정 개인에 관하여 국가안보를 위하여 불가결하다고 보는 조치를 잠정적으로 취하는 것을 방해하지 아니한다. 다만, 그 잠정조치는, 특정 개인이 사실상 난민인가의 여부 또한 그에 관하여 그러한 조치를 계속 적용하는 것이 국가안보의 이익을 위하여 필요한 것인지의 여부를 체약국이 결정할 때까지에 한한다.

9) 강제송환(refoulement)은 고문 및 기타 잔인한, 비인도적인 또는 굴욕적인 처우나 형벌 금지에 관한 협약(고문방지협약)(제3조), 1929년 제네바제협약(제45조 4항), 시민적 및 정치적 권리에 관한 규약(제7조), 강제실종으로부터 모든 사람의 보호에 관한 선언(제8조) 및 초법적·자의적·약식 처형의 효과적 예방과 조사에 관한 원칙(제5원칙)에 의한 해석을 통해서도 금지된다. 또한 강제송환은 인권과 기본적 자유의 보호에 관한 유럽협약(제3조), 미주인권협약(제22조), OAU난민협약(제2조) 그리고 아랍지역에서의 난민과 강제이주자 보호에 관한 카이로선언(제2조)을 포함하는 많은 지역인권문서의 해석을 통해서도 명백히 금지된다. *Ibid.*, p.14.

강제송환금지는 국제관습법의 일부로 널리 받아들여지고 있다. 이는 난민협약의 체약국이 아닌 국가도 강제송환금지원칙을 준수하여야 함을 의미한다.

## 4. 난민의 귀환 및 정착

난민의 존엄성을 확보하고 평화롭게 삶을 재건할 수 있도록 하기 위해서는 자발적인 본국 귀환, 현지 통합 및 제3국에의 재정착 등의 방법이 있다. 가장 바람직한 것은 본국으로의 귀환이겠지만 본국의 상황이 전혀 개선되고 있지 않거나 귀환 시 박해를 받을 우려때문에 본국으로 돌아갈 수 없는 경우가 많다.

이 경우 거주하고 있는 국가에서의 현지통합이 하나의 대안이 된다. 난민협약 제34조는 난민의 귀화와 관련하여 "체약국은 난민의 자국에의 동화 및 귀화를 가능한 한 장려한다. 체약국은 특히 귀화절차를 신속히 행하기 위하여 또한 이러한 절차에 따른 수수료와 비용을 가능한 한 경감시키기 위하여 모든 노력을 다하여 한다."고 규정하고 있다. 그러나 현지통합은 복잡하고 점진적인 과정으로 많은 경우 법적, 경제적, 사회적 및 문화적 난제들을 안고 있으며, 난민이나 이를 수용하는 국가의 개인이나 사회 모두에 상당한 부담을 주기 때문에 쉽지 않은 문제이다.

마지막으로 난민들이 본국으로 귀환할 수 없거나 현지통합도 불가능 한 경우 제3국에 재정착하는 방법이 있다. 하지만 기존에 난민의 재정착을 지지하고 수용하던 많은 국가들이 정치 및 경제 등의 국내상황의 변화와 국민들의 반대 여론 등으로 소극적이거나 거부하는 경우가 점차 증가하고 있다.[10]

### ▬ 한국과 난민

1. 한국과 난민법 : 한국은 1992년 12월 난민협약 및 동 협약의정서에 가입한 이래 「출입국관리법」에서 난민에 관한 인정절차를 규율하고 있으나, 다른 선진국에 비해 난민을 충분히 받아들이고 있지 아니하여 국제사회에서 그 책임을 다하고 있지 못하고, 난민인정 절차의 신속성, 투명성, 공정성에 대하여 국내외적으로 지속적인 문제제기가 있어 왔으며, 난민신청자가 최

---

10) *Ibid.*, pp.76-78.

소한의 생계를 유지할 수 있는 수단이 봉쇄되어 있고, 난민인정을 받은 자의 경우에도 난민의 지위에 관한 협약이 보장하는 권리조차도 누리지 못하는 등 난민 등의 처우에 있어서도 많은 문제점이 노정되고 있었던 바, 난민인정절차 및 난민 등의 처우에 관하여 구체적으로 규정함으로써 난민협약 등 국제법과 국내법의 조화를 꾀하고, 인권선진국으로 나아가는 초석을 다지고자 난민법을 제정하였다(법률 제11298호, 2012.2.10. 제정, 2013.7.1. 시행).

난민법의 주요 내용은 다음과 같다.

가. '난민, '인도적체류자'', '난민신청자' 등의 개념 정의를 명확히 함으로써 국제법에 입각한 난민제도 운영이 가능토록 함(제2조).

나. 난민인정자, 인도적체류자 및 난민신청자는 국제법에 따라 본인의 의사에 반하여 강제로 송환되지 아니함(제3조).

다. 난민인정을 받으려는 사람은 법무부장관에게 난민인정 신청을 하여야 하고, 난민신청자는 난민인정 여부에 관한 결정이 확정될 때까지 대한민국에 체류할 수 있도록 함(제5조).

라. 외국인이 입국심사를 받을 때 난민신청을 하려면 출입국항을 관할하는 출입국관리사무소장 등에게 난민인정신청서를 제출하도록 하고, 신청자를 7일의 범위에서 출입국항에 머무르게 할 수 있으며, 7일 이내에 난민인정 심사 회부 여부를 결정하지 못하면 그 신청자의 입국을 허가하도록 함(제6조).

마. 난민인정 심사절차 및 난민인정 심사에 필요한 자료수집, 사실조사, 관계 행정기관 등의 협조, 변호사의 조력을 받을 권리, 신뢰관계에 있는 사람의 동석, 통역, 난민면접조서의 확인, 자료 등의 열람·복사, 인적사항 등 공개 금지 등에 관한 사항을 정함(제8조부터 제17조까지).

바. 난민인정 등의 결정은 난민인정 신청서를 접수한 날부터 6개월 안에 하여야 하고, 난민불인정결정을 받은 사람 등은 그 통지를 받은 날부터 30일 이내에 이의신청을 할 수 있도록 하며, 이의신청을 심의하기 위하여 법무부에 난민위원회를 두도록 함(제18조, 제21조 및 제25조).

사. 법무부장관은 난민신청자가 유엔의 다른 기구 등으로부터 보호 또는 원조를 받고 있는 경우 등에는 난민불인정결정을 할 수 있고, 난민인정결정이 거짓 서류의 제출 등으로 인한 경우에는 난민인정을 취소할 수 있으며, 난민인정자가 자발적으로 국적국의 보호

를 다시 받고 있는 경우 등에는 난민인정결정을 철회할 수 있도록 함(제19조 및 제22조).

아. 외국인정책심의위원회의 심의를 거쳐 재정착희망난민의 국내 정착을 허가할 수 있도록 함으로써 해외 난민의 대한민국 정착의 가능성을 부여함(제24조).

자. 난민인정자는 난민협약에 따른 처우를 받으며, 대한민국 국민과 같은 수준의 사회보장을 받고, 「국민기초생활 보장법」에 따른 보호를 받을 수 있으며, 난민인정자나 그 자녀가 미성년자인 경우에는 국민과 동일하게 초·중등교육을 받고, 외국에서 이수한 학력 및 외국에서 취득한 자격을 인정받을 수 있음(제30조부터 제36조까지).

차. 난민인정자의 배우자 또는 미성년자인 자녀가 입국을 신청하는 경우 입국을 허가하도록 함(안 제37조).

카. 인도적체류자에 대해서는 취업활동을 허가할 수 있도록 함(제39조).

타. 법무부장관은 난민신청자에 대하여 생계비, 주거시설, 의료 지원을 할 수 있고, 난민신청자 및 그 가족 중 미성년자인 외국인은 국민과 같은 수준의 초·중등교육을 받을 수 있음(제40조부터 제43조까지).〈난민법 제정시 법제처에서 제공한 내용임〉

**2 한국의 난민 인정 현황 :** 한국은 난민협약에 가입(1992년 2월)한 후 아시아 국가 중 최초로 2013년 7월부터 난민법을 시행하고 있지만 난민으로 인정받는 경우는 매우 드물다. 최초의 난민신청이 있었던 1994년 4월 이후 2018년 5월까지 누적 난민신청자는 40,470명으로, 이 중 20,361명에 대한 심사를 끝냈는데 839명만이 난민으로 인정받았다(난민 인정률 4.1%, 국제사회의 난민 인정률은 약 37%임). 난민인정자의 국적을 보면 미얀마가 268명으로 가장 많고, 그 다음으로 에디오피아 123명, 방글라데시 105명, 파키스탄 59명, 이란 43명 등이다. 인도적 체류 허가를 받은 자도 심사대상자의 7.6%인 1,540명에 지나지 않는다.

특히 2018년은 제주도의 예멘 난민 문제가 논쟁적인 이슈였다. 정부군과 후티 반군 간 내전으로 2016년부터 예멘인들이 제주도에 들어오기 시작했는데, 2018년 예멘인 484명이 난민신청을 하고 법무부가 출도(다른 지역으로의 이동)를 제한하면서 문제가 심각해지기 시작했다. 예멘인들의 발이 묶이면서 섬이라는 제주도의 지리적 특성, 이슬람 문화권에 대한 낯설음, 유럽의 대규모 난민 사태 및 정치적 갈등 및 인터넷을 통해 확산된 잠재적 범죄자로의 오해 등 국내경제의 어려움, 문화적 이해 부족 및 가짜 뉴스의 기승으로 난민 혐오로 변질되기에 이르렀던 것이다.

2018년 12월 14일 법무부는 제주 출인국외국인청의 3차례 심사 결과 난민 신청자 484명중 난민 인정 2명, 인도적 체류 허가 412명, 단순 불인정 56명, 직권종료 14명으로 결정되었고 밝혔다. 단순불인정자는 범죄연루 및 제3국 거주 가능 등의 사유로 결정되었으며, 인도적 체류 허가자는 이들을 본국으로 추방할 경우 내전 상황으로 생명이나 신체의 자유가 위태롭거나 현저히 침해당할 수 있는 점은 인정되지만 난민법상의 5대 박해사유인 인종, 종교, 정치적 견해 등에 해당하지 않는다고 보았고(체류기간 1년, 매년 체류허가 갱신),[11] 직권종료자는 난민 신청을 철회하였거나 출국 후 재입국 기간 내에 입국하지 않은 자였다. 난민 지위를 인정받은 2명은 기자 출신으로 예멘에서 정부와 대립하고 있는 후티 반군에 대해 비판적인 기사를 써서 납치와 살해 협박 등 신변의 위협을 당한 자들로써 본국으로 돌아가면 박해를 받을 가능성이 높다고 보았다.

법무부의 예멘인 난민 신청 심사결과 발표 후 국가인권위원회는 성명서를 통해 "법무부가 난민 인정 요건을 지나치게 엄격하게 적용한 것은 난민 문제 해결에 도움이 되기보다는 난민에 대한 불안감을 강화할 뿐이다"라고 비판했다. 또한 인권위는 유엔 인종차별철폐위원회에 제출한 정부보고서(동 보고서는 인종차별철폐협약 가입국으로서의 협약 이행을 위한 입법, 사법, 행정 등의 조처들과 개선사항을 담고 있음)에서 "제주 예멘 난민신청자 급증에 대해 정부가 근본적인 해결책을 제시하지 못하고 국제기준에 부합하는 명확한 메시지를 전달하지 못하는 사이 난민들을 향한 혐오의 말들이 그 자리를 지배했다"면서, 이번 사태를 두고 한국 사회가 '인종주의적 혐오'와 '인종차별적 인식'을 표출하고 있다고 지적하면서 "우리 사회에 외국인 혐오와 인종주의는 결코 관용될 수 없는 범죄행위라는 인식의 전환을 유도하기 위해 유엔 인종차별철폐위원회가 권고한 '인종차별의 범죄화와 적절한 처벌 규정'을 적극 이행할 필요가 있다"고 제안했다.〈각종 언론 내용 및 정부보고서를 참고하였음〉

---

11) 2018년 12월 16일 서울행정법원은 시리아 국적의 난민 신청인 A씨에 대해 출입국외국인청이 결정한 인도적 체류 불허에 대한 행정소송에서 "인도적 체류 허가 여부는 외국인의 법률관계에 영향을 주는 만큼 행정소송의 대상이 될 수 있다"면서 "징집을 피해 나온 A씨를 난민으로 인정하지 않은 당국의 판단은 정당하지만, A씨가 본국으로 돌아갔을 때 생명의 위협을 당할 수 있는 만큼 인도적 체류는 허가해줘야 한다"고 판결했다. A씨는 2016년 2월 단기방문 체류 자격으로 입국한 후 내전중인 시리아로 돌아가면 언제 죽을지 모르는 두려움 속에 살아야 한다는 이유로 당국에 난민신청을 했었는데, 이에 대해 서울 출입국외국인청은 2017년 5월 "박해를 받게 될 것이라는 충분히 근거있는 공포를 인정할 수 없다"며 난민신청을 기각했었다.

# 제6절　人權의 國際的 保護

## 1. 인권의 의의

　　인권이란 "모든 사람들이 인간다운 삶을 위하여 인간인 이상 누구나 갖는다고 추정되는 권리"이다. 이는 인권의 의미를 매우 간결하게 표현한 것이지만, 이 의미 속에는 많은 내용이 함축되어 있다. 첫째, 인권은 인류사회 구성원 모두('모든 사람들')에게 타당하며, 인류사회 구성원 모두가 인권의 주체가 된다. 둘째, 인간이기 때문에('인간인 이상') 갖는 권리인 만큼 인권은 그 발생의 권원을 인간 자체(인간성)에 두고 있다. 셋째, '인간다운 삶'을 위한 것인만큼 인간의 '삶' 모든 영역이 인권의 대상이다. 넷째, 인간의 '삶'이 특정 사회 및 사회관계속에서 이루어지는 만큼 인권은 그 발생과 실현을 위해서 특정 사회와 사회관계가 전제되어야 한다.[12]

　　이러한 개념적 의의를 갖는 인권은 오늘날 절대불가침의 법적 지위를 확고히 하고 있지만, 사실 제2차 세계대전 이전의 국제사회에서는 거의 관심 대상이 아니었다. 국제사회는 인권을 국내문제로 간주하였으며, 국가의 주권은 국제적으로 보호되어야 하는 것으로 인식하고 있었다. 인권이 국제정치의 화두로 부각된 계기는 제2차 세계대전 동안 독일에 의해 수백만 명의 무고한 자가 학살된 홀로코스트(Holocaust)였다. 그리고 국제사회의 구체적 대응으로 표현된 것이 뉘렌베르그 전범재판이었다. 이 재판에서 나치전범들은 '인도에 대한 죄'라는 새로운 죄목으로 처벌되었다. 비로소 인권이 국제관계의 당당한 주제로 등장하게 된 것이었다.[13]

　　그 이후 국제사회는 인권을 주요 국제관심사로 다루기 시작하였으며, 인권 관련 보편적·지역적 국제규범들을 채택하고 유엔을 비롯한 국제인권기구를 통해 인권보호에 노력하여 왔다. 하지만 아직도 국제사회에서는 주권을 이유로 인권탄압은 여전히 계속되고 있고, 국제사회의 법적 그리고 제도적 대응도 국제정치의 현실적 한계를 극복하지 못하고 있는 것이 작금의 현실이다.

---

12)　이봉철, 현대인권사상, 아카넷, 2001, pp.39-40 참조.

13)　박정원(역), 인권과 국제정치: 국제인권의 현실과 가능성 및 한계, 오름, 2002, pp.25-28 참조.

## 2. 유엔과 인권 보호

### 가. 유엔 헌장과 인권 보호

유엔 헌장은 그 전문에서 연합국 국민들은 "기본적 인권, 인간의 존엄과 가치, 남녀 및 대소 각국의 평등권에 대한 신념을 재확인하며, (중략) 더 많은 자유속에서 사회적 진보와 생활수준의 향상을 촉진할 것을 결의하였다"라고 하여 기본적 인권과 가치에 대한 신념을 재확인하고 있다.

그리고 "경제적·사회적·문화적 또는 인도적 성격의 국제문제를 해결하고 또한 인종·성별· 언어 또는 종교에 따른 차별없이 모든 사람의 인권 및 기본적 자유에 대한 존중을 촉진하고 장려 하기 위하여 국제적으로 협력한다"(헌장 제1조 3항)는 것을 유엔의 복적의 하나로 제시하고 있다.

이외에도 국제연합 헌장은 인종·성별·언어 또는 종교에 따른 차별없이 모든 사람의 인권 및 기본적 자유의 실현 원조가 유엔 총회의 목적이라고 한 제13조와 그러한 인권 및 기본적 자유의 보편적 존중과 준수를 위한 국제협력을 규정한 제55조, 제55조의 목적달성을 위하여 모든 회원국 이 타기구와 협력하여 공동 및 개별조치를 취할 것을 약속한 제56조, 경제사회이사회는 모든 사 람을 위한 인권 및 기본적 자유의 존중과 준수를 촉진하기 위하여 권고할 수 있다고 규정한 제62 조 2항과 경제사회이사회가 인권신장을 위한 위원회를 설치할 수 있다는 제68조, 인종·성별·언 어 또는 종교에 따른 차별없이 모든 사람의 인권 및 기본적 자유의 존중 장려를 신탁통치이사회 의 임무라고 규정한 제76조 3항에서 인권과 기본적 자유의 존중과 실현을 국제연합의 핵심적 임 무 및 활동원칙의 하나로 명시적으로 밝히고 있다.

헌장 상의 이들 규정들은 유엔의 일반적·추상적 활동목표를 설정한 성격이 강하고, 보장해야 할 인권의 구체적 내용을 명확히 정한 것은 아니다. 따라서 국제연합이 발족할 당시에 헌장의 제 규정은 직접 국제연합 회원국에 대하여 인권을 존중할 법적 의무를 과한 것이 아니라고 보는 견 해가 유력하였다. 그러나 회원국이 현저한 인권침해를 행하는 것은 적어도 국제연합 헌장의 취지 와 목적에 반하는 것이라고 보아야 한다.[14]

---

14) 이영준, "국제연합에 의한 보호인권과 그 이행확보조치", 인도법논총, 제13호, 1993, pp.106-107.

### 나. 유엔전문기관과 인권 보호

인권 보호를 주요 임무로 하는 유엔전문기관으로는 경제사회이사회 산하의 인권위원회와 동 위원회에 의해 설립된 인권소위원회, 유엔인권고등판무관 및 유엔이 채택한 개별적 국제인권협약에 의해 설치된 각종 위원회 등이 있다.

유엔 헌장상의 기관중 인권문제를 직접적으로 다루는 경제사회이사회의 인권 관련 활동은 그 산하의 인권위원회와 인권소위원회가 주로 담당하고 있다. 1946년 경제사회이사회 결의로 설립된 인권위원회(임기 3년의 53개 위원국으로 구성)는 제반 인권문제에 대한 토의 결과를 이사회에 보고한다. 인권소위원회는 1947년 인권위원회의 결정에 따라 설립되었으며, 매 2년마다 인권위원회에서 선출되는 임기 4년의 26명으로 구성된다. 이들 위원들은 지역안배원칙에 따라 각국 회원국 정부의 지명에 의해서 선출되지만, 활동은 개인 자격으로 하고 있기 때문에 인권위원회 보다 적극적이고 정치적으로 자유롭게 활동해 왔다. 인권소위원회의 주요임무로는 각종 인권 관련 선언 및 협약초안 마련 및 인권위원회에 권고 등 인권 전반에 대한 주요활동을 담당하고 있으며, 경제사회이사회와 인권위원회에서 위임하는 인권문제를 토의하기도 한다.[15]

또한 인권관련 유엔기관으로는 유엔인권고등판무관(UN High Commissioner for Human Rights)이 있다. 인권고등판무관은 1993년 6월 세계인권회의에서 채택한 빈선언 및 실천계획에서 동 기관의 창설을 권고함에 따라 유엔 총회 제3위원회가 동년 11월 12일 설치한 실무그룹에 의해 채택, 제출된 '모든 인권의 보호·증진을 위한 공등판무관'이라는 제목의 결의안 초안이 동년 12월 20일 유엔 총회 결의로 채택됨으로써 창설되었다. 유엔인권고등판무관은 유엔 헌장, 세계인권선언 및 국제인권법의 범위 내에서 인권의 보호 및 증진을 위해 활동하는 유엔 사무차장급 공무원이다.[16]

이밖에도 유엔은 세계인권선언 이후 이 선언의 내용을 보다 구체적으로 이행하기 위해 2개의 주요한 협약을 채택하였다. 즉 1966년에 채택되고 1976에 발효된 '경제적·사회적·문화적 권리에 관한 국제규약'과 '시민적·정치적 권리에 관한 국제규약'이 그것이다. 또한 4개의 주요 인권협약, 즉 인종차별철폐협약(1969년 발효), 여성차별철폐협약(1981년 발효), 고문방지협약(1987년 발효) 및 아동권리협약(1990년 발효)을 추가로 채택하였다. 이들 인권관련 협약에 의거해 인권이사회(Human Rights Committee), 경제·사회·문화적 권리위원회(Committee on Economic, Social and Cultural Rights), 아

---

15) 백진현, "UN의 인권보호 체계", 국제인권법, 제2호, 1998, pp.6-7.

16) 이병조·이중범, 국제법신강, 일조각, 2008, p.608 참조.

동권리위원회(Committee on the Rights of the Child), 여성차별철폐위원회(Committee on the Elimination of Discrimination against Women), 인종차별철폐위원회(Committee on the Elimination of Racial Dicrimination) 및 고문방지위원회(Committee against Torture) 등 6개의 주요협약기구들이 설립되었다. 이들 인권협약 산하조직들은 각각 근거로 하고 있는 협약에 따라 독립적으로 활동하고 있으며, 각 협약의 구가별 이행을 감시·감독하며, 보다 효과적인 이행을 위한 기술적인 지원을 담당하고 있다.[17]

## 3. 주요 인권규범

### 가. 세계인권선언 및 국제인권규약

#### (1) 채택

인권에 관한 국제연합 헌장의 규정은 인권의 범위와 내용에 관한 결정을 위해 명백한 지침을 제공할 수 있는 구체성을 결하고 있으며, 회원국으로 하여금 인권을 보호하도록 강제하는 규정을 갖고 있지도 못하다. 그렇다면 인권의 보장을 위해서는 헌장을 개정하거나 일정한 조약의 성립이 필요하다. 헌장의 기초자들은 경제사회이사회로 하여금 인권과 기본적 자유를 존중, 촉진, 준수할 수 있는 최선의 방법을 논의 보고할 특별위원회를 구성하도록 주장하였다. 이에 따라 발족한 인권위원회(Commission on Human Rights)의 활동으로 1948년 12월 10일 세계인권선언(Universal Declaration of Human Rights)이 국제연합 총회에서 채택되었다.[18]

세계인권선언의 채택으로 유엔에서는 인권문제가 계속해서 논의되었다. 그러나 종전 직후의 추진력은 지속되지 못하였다. 미소 두 열강 사이의 냉전(Cold War)으로 말미암아 이념적·지정학적 갈등이 야기되었고, 이로 인해 인권은 막 첫걸음을 뗄 즈음 멈추어야 했다.[19]

이러한 냉전의 영향은 국제인권기준을 정교화하는 작업을 왜곡시킨 데서도 나타난다. 세계인권선언은 유엔 총회의 결의안에 불과하여 그 자체로는 구속력을 갖지 못하였다. 이에 동 선언 기초자들은 인권에 국제법적 구속력을 보장할 규약 체결의 의도하였다. 그러나 1953년에 완성된 인

---

17) 백진현, op. cit., p.7.

18) 김정균·성재호, 국제법, 박영사, 2006, pp.328–329. 세계인권선언의 채택에 있어 이에 반대한 국가는 없었지만 일부 국가들은 기권하였다. 사우디아라비아는 남녀평등 조항을 이유로, 남아공화국은 인종차별철폐 조항을 이유로 그리고 구소련 및 그 동맹국들은 경제적·사회적 권리의 불충분을 이유로 각각 기권했었다.

19) 박정원(역), op. cit., p.31.

권규약 초안은 경제적·사회적 권리에 대한 두 진영의 이념적 대립으로 인해 10여 년 이상 보류되었다.[20]

인권규약 채택 작업은 1960년대에 들어 활기를 띠기 시작하였다. 1950년대 후반부터 60년대까지의 아시아와 아프리카에서의 식민지 해방운동의 결과 많은 국가들이 독립하게 되었고, 이들 국가들은 식민지배의 결과 인권 증진에 공통적 관심을 갖고 있었다. 또한 이들은 일정 부분 유럽과 남미 국가들의 지지를 얻어낼 수 있었다. 이처럼 인권에 대한 인식을 같이하는 국가의 수가 늘어남에 따라 유엔에서 인권이 강조되기 시작하였다. 마침내 1966년 12월 '국제인권규약'(International Human Rights Covenant)이 채택되었다. 동 규약은 애초 단일 조약으로 상정되었으나 냉전의 영향으로 '경제적·사회적·문화적 권리에 관한 국제규약'(International Covenant on Economic, Social and Cultural Rights, A규약)과 '시민적·정치적 권리에 관한 국제규약'(International Covenant on Civil and Political Rights, B규약)으로 분리되었다.[21]

### (2) 의의 및 내용

세계인권선언은 파시즘에 대항한 전쟁(제2차 세계대전)에서 승리한 이후, 이상주의 정신 아래에서 전세계의 모든 사람들이 맺은 원대한 약속이다. 오늘날 인권법은 동 선언에서 시작된다. 1948년에 채택된 이후 동 선언은 인권 관련 각종 협약과 선언 등의 형태로 확산되면서 국제적 지평을 심대하게 변화시켰다.[22]

세계인권선은 국제연합 총회에서 결의를 통하여 성립된 것으로, 회원국을 법적으로 구속하는 효과를 가진 것이 아니라 모든 사람과 국가가 공히 달성해야 할 도의적 지침을 나타낸 것에 지나지 않는다. 그렇지만 국제사회의 공동생활에서 기본적인 중요성을 갖는 도의상의 기준이 명확히 설정되었다는 것은 국제법상 중요한 의미를 갖는다.[23]

---

20) *Ibid.*, pp.31-33 참조.

21) *Ibid.*, p.33 참조.

22) 김철효(역), 인권: 이론과 실천, 아르케, 2006, p.18 참조.

23) 김정균·성재호, op. cit., p.328. 그러나 세계인권선언은 인권관련 각국의 국내법과 보편적 및 개별적 인권조약의 기초가 되었을 뿐만 아니라 국제연합 및 국제기구의 인권활동에 있어 지침적 역할을 수행해 왔다. 인권의 국제적 보호에 있어 동 선언이 갖는 의의와 역할을 고려, 현재는 국제관습법 지위를 갖게 되었다는 주장도 있다. Jennings and Watts, *International Law*, Vol. I, Longmans, 1992, p.104 참조.

**[표 4-1] 세계인권선언 및 국제인권규약의 주요 내용**

| 구분 | 내용 | 세계인권선언 | A규약 | B규약 |
|---|---|---|---|---|
| 권리 | 차별없는 평등한 권리 | 제1, 2조 | 제2, 3조 | 제2, 3조 |
| | 생명권 | 제3조 | | 제6조 |
| | 자유와 안전의 권리 | 제3조 | | 제9조 |
| | 노예제로부터 보호받을 권리 | 제4조 | | 제8조 |
| | 고문이나 잔인하고 비인간적인 처벌로부터 보호받을 권리 | 제5조 | | 제7조 |
| | 법앞에서 한 인간으로 인정받을 권리 | 제6조 | | 제16조 |
| | 평등하게 법의 보호를 받을 권리 | 제7조 | | 제14, 26조 |
| | 권리침해에 대하여 법적으로 보상 받을 권리 | 제8조 | | 제2조 |
| | 임의적인 체포와 구금으로부터 보호받을 권리 | 제9조 | | 제9조 |
| | 독립적이고 공정한 사법부의 재판을 받을 권리 | 제10조 | | 제14조 |
| | 확정판결전까지 무죄추정을 받을 권리 | 제11조 | | 제14조 |
| | 법의 소급적용으로부터 보호받을 권리 | 제11조 | | 제15조 |
| | 사생활, 가족, 가정의 보호 | 제12조 | | 제17조 |
| | 거주와 이전의 자유 | 제13조 | | 제12조 |
| | 정치적 박해로부터 망명할 권리 | 제14조 | | |
| | 국민이 될 권리 | 제15조 | | |
| | 결혼과 가정을 이룰 권리 | 제16조 | 제10조 | 제23조 |
| | 재산권 | 제17조 | | |
| | 사상, 종교, 양심의 자유 | 제18조 | | 제18조 |
| | 언론과 표현의 자유 | 제19조 | | 제19조 |
| | 집회와 결사의 자유 | 제20조 | | 제21, 22조 |
| | 참정권 | 제21조 | | 제25조 |
| | 사회보장 | 제22조 | 제9조 | |
| | 좋은 근로조건 아래서 일할 권리 | 제23조 | 제6, 7조 | |
| | 자유로운 노동조합 활동 | 제23조 | 제8조 | 제22조 |
| | 휴식과 여가를 즐길 권리 | 제24조 | 제7조 | |
| | 의식주에 대한 권리 | 제25조 | 제11조 | |
| | 건강권과 의료서비스를 받을 권리 | 제25조 | 제12조 | |
| | 아동의 특별한 보호 | 제25조 | 제10조 | 제24조 |
| | 교육받을 권리 | 제26조 | 제13, 14조 | |
| | 문화생활에 참여할 권리 | 제27조 | 제15조 | |
| | 권리 실현에 필요한 사회적, 국제적 질서 | 제28조 | | |
| | 자결권 | | 제1조 | 제1조 |
| | 구속이나 투옥시 인간다운 대우를 받을 권리 | | | 제10조 |
| | 채무때문에 투옥되지 않도록 보호받을 권리 | | | 제11조 |
| | 자의적 추방으로부터 보호받을 외국인의 권리 | | | 제13조 |
| | 인종적, 종교적 증오로부터 보호받을 권리 | | | 제20조 |
| | 소수문화의 보호받을 권리 | | | 제27조 |

한편 양 규약은 세계인권선언과 함께 국제인권규범의 권위있는 문서이며, 모든 국가들이 옹호해야 하는 행동기준이다. 위 3문서를 통틀어 '국제인권장전'(International Bill of Human Rights)이라고 하며, 이것은 국제공동체가 이 시대에 존엄한 인간적 삶을 위해 필요한 최소한의 사회적, 정치적 보장으로 인정하는 내용을 축약적으로 진술하고 있다. 그러나 규약이 포괄적이라는 사실은 앞으로 인권증진을 위한 국제행동의 진전이 이러한 인권기준을 얼마나 잘 실행할 수 있는가에 달려 있다는 것을 의미한다. 이 분야에서 유엔은 아직도 그다지 성공적이지 못하다.[24]

세계인권선언 및 국제인권규약의 주요 내용은 [표 4-1]과 같다.[25]

### 나. 개별적 인권조약

인권 관련 국제법규는 일반적이고 보편적인 세계인권선언과 국제인권규약 외에도 각각의 분야에서 인간의 권리를 확인하고 보장하기 위한 다양한 개별적 인권문제에 대한 국제조약을 지속적으로 채택하였으며, 이러한 국제사회의 노력은 지금도 계속되고 있다. 향후 주권 보호를 이유로 한 인권 보장에 대한 무시나 무관심이 허용될 여지가 점점 줄어들고 있는 현 국제법 발달경향에 비추어 볼 때 다양한 인권문제에 대한 개별적 국제조약 채택은 증가할 것으로 예상된다. 다음은 주요한 개별적 인권 관련 국제조약들이다.

---

24) 박정원(역), *op. cit.*, pp.33-34.
25) 이 표는 *Ibid.* pp.29-30에 있는 내용을 보다 이해하기 쉽게 조약명과 해당 조문을 표기한 것이다.

[표4-2] 개별적 주요 인권 조약

| 조약명 | 채택일 | 발효일 | 한국 가입 여부 (발효일) |
|---|---|---|---|
| 노예폐지에 관한 협약 | '26. 9.25 | '27. 3. 9 | 미가입 |
| 집단살해의 방지 및 처벌에 관한 협약 | '48.12.9 | '51. 1.12 | 가입('51.12.12) |
| 인신매매 및 매춘방지협약 | '50. 3.21 | '51. 7.25 | 가입('62.5.14) |
| 난민의 지위에 관한 협약 | '51. 7.28 | '54. 4.22 | 가입('93.3.3) |
| 여성의 정치적 권리협약 | '53. 3.31 | '54. 7. 7 | 가입('59.9.21) |
| 무국적자의 지위에 관한 협약 | '54. 9.28 | '60. 6. 6 | 가입('62.11.20) |
| 모든 형태의 인종차별철폐에 관한 국제협약 | '65.12.21 | '69. 1. 4 | 가입('79.1.4) |
| 전쟁범죄 및 인도에 반하는 죄에 대한 공소시효 부적용에 관한 협약 | '68.11.26 | '70.11.11 | 미가입 |
| 아파르트헤이트 범죄의 진압 및 처벌에 관한 협약 | '73.11.30 | '76. 7.18 | 미가입 |
| 여성에 대한 모든 형태의 차별 철폐협약 | '79.12.18 | '81. 9. 3 | 가입('85.1.25) |
| 고문과 기타 잔혹하거나 비인간적인 대우 및 처벌에 관한 협약 | '84.12.10 | '87. 6.26 | 가입('95.2.8) |
| 아동권리협약 | '89.11.20 | '90. 9. 2 | 가입('91.11.20) |

### 다. 지역적 인권조약

유엔을 중심으로 한 인권의 국제적 보장 노력은 세계의 각 지역에도 영향을 미쳐 유럽, 미주 및 아프리카 등 지역적 차원의 개별적인 인권보장제도가 성립하게 되었다. 1953년 유럽인권협약, 1969년 미주인권협약 및 1986년 아프리카인권헌장이 각각 성립되었다.[26]

1950년 11월 4일 로마에서 채택되고 1953년 발효된 유럽인권협약(European Human Rights Convention, 정식명칭은 '인권과 기본권 보호를 위한 유럽협약'「European Convention for the Protection of Human Rights and Fundamental Freedoms」)은 회원국내 모든 사람들에게 구체적인 권리를 부여하는 동시에 위원회(Commission)와 재판소(Court)를 설립하는 등 그러한 권리들을 보장하기 위한 국제 법적 장치를 마련하였다. 회원국과 사적 주체들은 협약상 권리가 침해된 경우 '유럽인권위원회' (European Commission of Human Rights)에 청원할 수 있다. 부적합 판정을 받지 않은 청원은 사실확인 과 조사 후에 당사자간 우호적 해결(friendly settlements)을 시도, 분쟁이 해결되면 위원회는 당사국 들과 유럽평의회에 보고서를 송부하여 공고케 하고, 해결되지 않으면 위원회 의견을 첨부한 보고 서를 '유럽평의회 장관위원회'에 보내고 동 위원회는 협약 위반여부를 판단한다. 장관위원회는

---

26) 유럽과 미주인권제도가 주로 제1세대 인권에 중점을 두고 그 실시조치로서 사법제도 중심으로 운영되고 있는 반면, 아프리카인권제도는 제3세대 인권에 중점을 두고 있으며, 준사법제도에 의지하고 있다. 채형복, 국제법, 법영사, 2009, p.458.

2/3 이상의 찬성으로 어떤 결정을 할 수 있는데, 협약위반이 있었다고 판단하거나 의견이 근소하게 갈리면 '유럽인권재판소'(European Court of Human Rights)에 넘겨진다. 동 재판소에는 당사국과 유럽인권위원회만이 제소할 수 있다.[27]

유럽인권협약의 성립 이후 미주지역에서도 지역적 인권협약 채택 움직임이 강하게 일어났다. 1960년 미주인권위원회(Inter-American Commission on Human Rights)가 미주기구의 부속기관으로 설립되었으며, 1969년 11월 22일에는 '미주인권협약'(Inter-American Convention on Human Rights)이 채택되었다(1978년 7월 18일 발효). 이 협약은 인권위원회에 협약상의 기초를 부여했으며, 미주인권재판소라는 사법적 실시기관을 창설하였다. 그러나 동 협약은 사회권적 인권까지도 포괄하려 했으나 실패하였고, 자유권적 인권보장을 내용으로 하며 사회권에 관해서는 점진적으로 달성한다는 것만 규정하였다.[28]

그리고 아프리카지역에서도 1981년 '아프리카인권헌장'(African Charter on Human and People's Rights)을 채택되었다. 2부 68개조 구성된 동 헌장은 제1부에서 헌장에 의해 보호되는 권리를 열거하고, 제2부는 아프리카인권위원회(African Commission on Human and People's Rights)의 구조와 기능에 대하여 밝히고 있다. 아프리카인권헌장은 몇 가지 점에서 특색을 갖고 있는데, 첫째, 시민적·치적 권리와 함께 경제적·사회적·문화적 권리를 함께 규정하고 있으며, 둘째, 집단(group)의 권리를 인정함으로써 인민의 자결에 대한 권리 규정을 포함하고 있고, 셋째, 소위 제3세대 인권에 해당하는 경제·사회·문화적 개발에 대한 권리와 국가적·국제적 평화와 안전에 대한 권리를 규정하고 있으며, 넷째, 개인의 권리 외에 가족·사회·국가·아프리카공동체에 대한 개인의 의무에 관하여 자세한 이행장치를 두고 있다.[29]

27) 이석용, 국제법: 이론과 실제, 세창출판사, 2003, p.158.
28) 이한기, 국제법강의, 박영사, 2006, pp.443-444.
29) 김정균·성재호, op. cit., p.341.

# 제5장 國家領域

## 제1절 領土

### 1. 領土의 性質

#### 가. 領土의 意義

영토(land territory)는 육지와 도서로써 이루어진 국가영역이다. 영토는 국가영역의 중심으로 영토에 접속한 수역이 영해이며 영토와 영해의 상공이 영공이다. 그러므로 영토가 없이 영해나 영공이 인정될 수 없고 영토를 중심으로 영해와 영공이 있으며 이들도 국가영역에 포함된다.

영토에 대한 국가의 권리를 일반적으로 주권(영역권)이라고 한다. 즉, 영역권이라 함은 국제법의 제한내에서 영토를 일반적으로 지배할 수 있는 권리로서 이를 영유, 통치, 처분할 수 있는 권능을 포함한다.

영토를 영유한다는 것은 그 영토가 법률상 그 국가에 귀속한다는 것을 의미하며, 영토를 통치한다는 것은 영토에 관해서 입법·사법·행정권을 행사하는 것을 말하고, 영토를 처분한다는 것은 영토를 다른 국가에 할양하든가, 조차하든가 또는 독립시키는 등 그 귀속을 변경시키는 것이다.

#### 나. 國境

영토의 범위를 이루는 경계를 국경(land boundaries)이라고 한다. 국경은 국가간의 합의가 있으면 이에 따르고, 특별한 합의가 없으면 다음과 같은 일반원칙에 의하여 결정한다. 하천이 국경으로 되어 있는 경우에 항행이 불가능한 하천이면 그 중앙선이 국경선으로 되며, 可航河川이면 하류로 향하는 항로의 가장 강한 수로의 중앙선이 국경선이 된다(Thalweg 원칙).

그리고 항로가 둘 이상 있을 때에는 중요한 항로의 중앙선이 국경선으로 된다. 하천의 수로가 자연적으로 조금씩 변하면 그것에 따라 국경선도 변경되지만, 홍수나 지진 등으로 수로가 갑자기 변할 때에는 전의 국경선이 유지된다.

하천에 교량이 있으면 조약에 의하여 특별한 합의가 없는 한 그 교량의 중앙선이 국경선으로 된다. 湖沼가 경계에 있을 경우에는 조약이나 관행으로 호소에 있어서의 경계가 정해지는 것이 보통이나, 그렇지 않으면 호소의 중심점과 연안국의 접안점을 연결하는 선이 국경선으로 된다.

### 다. 島嶼

도서(island)는 만조시 수면상에 돌출하며, 수면에 둘러싸인 자연적으로 형성된 육지를 말한다 (해양법협약 제121조 1항). 따라서 만조시 수중에 잠몰하는 사주와 간조시에만 출현하는 암석은 도서가 아니다. 도서는 독자적으로 영해를 가지며, 그것에 관해서는 영해에 관한 일반원칙이 적용된다(동 2항). 따라서 저조선이 통상기선이 되고, 일정한 조건으로 직선기선이 인정되며, 영해의 외측한계도 일반 영해에 있어서와 동일하다.

공해상 설치된 비행장, 어장시설, 대륙붕 개발시설 등과 같은 인공도가 도서로 인정되느냐 하는 것이 문제가 된다. 종래에는 인공도도 도서로 보았고, 국제법전편찬회의에서도 토지로 된 인공도도 인공적인 것이지만 도서라고 하였다. 그러나 해양법회의에서는 단순한 부상인공시설이나 간조시에만 수면에 출현하는 암초나 사주는 도서가 아니라고 하였다(대륙붕협약 5조 4항). 그리고 해양법협약에서도 인공도나 시설·구조물은 도서가 아니며, 독자적인 영해, 배타적 경제수역내에 건설된 인공도나 시설·구조물에 대하여 배타적 관할권을 가지며 그 주위에 반경 500m를 한도로 하는 합리적 범위 내에서 안전수역(safety zone)의 설치가 인정된다(해양법협약 제60조 4·5항).

간조시에만 수면에 출현하고 만조시에는 수중에 잠몰하는 수면에 둘러싸인 자연적 육지인 간출지(low-tide elevation)는 그 전부 또는 일부가 육지 또는 도서로부터 영해의 폭을 측정하기 위한 기선으로 사용될 수 있다(동 제13조 1항). 그러나 간출지의 전부가 육지 또는 도서로부터 영해의 폭을 벗어나 있는 경우에는 그 간출지는 영해를 갖지 아니한다(동 2항).

## 2. 領土의 取得

### 가. 意義

국가의 영토는 반드시 고정적인 것이 아니며, 여러 원인에 의하여 취득 또는 상실되는데, 영해나 영공은 영토의 변경에 따라 자동적으로 변경되기 때문에 영토의 취득(acquisition of territory)은 결국 국가영역의 취득을 의미하며 당해 영역에 대한 주권의 취득을 가져다준다.

## 나. 領土取得의 權原

국가가 영토를 취득하기 위한 법적 근거를 권원(title)이라고 하는데, 국제법은 종래 5가지 권원을 인정하여 왔다. 즉, 선점·시효·첨부·할양·정복 등이 인정되어 왔다.

### (1) 선점

국제법상 선점(occupation)이란 국가가 영토취득의 의사를 가지고 무주의 영역을 타국보다 먼저 실효적 점유에 의하여 자기의 영토로 취득하는 것을 말한다.

유효한 선점이 되기 위해서는 첫째, 선점의 주체는 국가이어야 하며 사인이나 사적단체가 선점한 경우에는 사전에 국가의 위임을 받았거나 사후에 국가의 추인을 받아야 한다. 둘째, 국가가 그 지역을 자국의 영토로 하려는 의사라는 주관적 요소를 필요로 한다. 셋째, 선점의 객체가 되는 지역은 무주의 지역임을 요한다. 여기서 무주의 지역이란 어느 국가에도 속하지 않은 지역으로 주민의 유무와는 관계가 없다. 넷째, 현실적 점유, 즉 실효적인 계속적 지배라는 객관적 요소를 필요로 한다.

선점의 상기요건이 구비되면 선점하는 국가는 그 지역을 영토로서 취득하며 선점의 효과는 실효적 점유가 미치는 곳까지이다.

무주의 토지를 획득하기 위해서는 그것을 실효적으로 지배하는 것이 필요하다는 이른바 '선점 실효성의 원칙'으로 인하여 단순한 무주지의 발견만으로는 영토취득의 효과가 발생하지 않는다. 그러나 실효적 선점이란 발견 후에 점진적으로 진행되는 것이 보통이므로 단순한 발견도 '불완전 권원'(inchoate title), 즉 영토우선권을 부여하는 것이 된다.

미국과 네덜란드간의 팔마스島 사건(The Palmas Island Case, 1928)은 그 섬이 스페인의 계승자로서 미국이 영유하게 된 필리핀군도와 네덜란드령 동인도제도와의 중간에 위치한 것인데, 양국이 각각 이 섬에 대한 주권을 주장하였기 때문에 일어난 분쟁사건이다. 미국은 무엇보다도 먼저 스페인이 팔마스도를 16세기에 발견하였다는 사실을 근거로 하여 영유를 주장하였다. 이에 대하여 중재자인 막스 후버(Max Huber)는 '스페인에 의한 발견의 효과는 16세기의 국제법규에 의하여 결정되어야 한다. 그러나 19세기의 국제법은 선점의 실효성을 요구하는 원칙을 수립하였다. 발견만 있고 그 후의 행위가 없을 때에는 오늘날에 있어 팔마스도에 대한 주권을 증명하기에 충분하지 않다'고 하였다. 발견의 효과가 계속적 및 평화적 표시에 우선할 수 없었으며 네덜란드측이 제출한 이러한 표시에 관한 증거는 중재자를 만족케 하였다.

남극과 그 주변해양은 1961년 발효된 남극조약에 의해 협의당사국(한국은 1989년 남극조약 협의당사국이 됨)으로 불리는 국가들에 의해 배타적으로 운영, 관리되고 있으므로 비록 무주의 지역이지만 선점의 대상으로부터 제외된다.

한편 선점에 의한 영토취득의 하나로서 독도의 영유권 문제가 한·일간에 제기되어 왔다. 독도는 동도와 서도의 2개의 主島와 그 주위에 32개의 돌섬과 암초로 구성되어 있으며 대한민국의 행정구역인 경상북도 울릉군에 속해 있다.

대한민국이 1952년 1월 18일 '인접해양의 주권에 관한 대통령 선언'을 발표하자, 이에 대해 일본 외무성은 동월 28일 "…대한민국의 선언은 죽도로 알려진 도서에 관한 영유권을 갖는 것처럼 보이나, 일본정부는 대한민국에 의한 그러한 주장을 인정하지 않는다."라고 항의해 온데서부터 한·일간에 독도문제는 발단되게 되었다. 그 후 양국간에 독도의 영유권을 둘러싼 외교전이 교환각서의 형식을 통해 전개되어 왔다.

특히 일본정부측은 1905년 2월 22일의 '島根縣 告示 제40호'로 일본이 독도를 선점했다고 주장하나 이는 선점의 요건이 '통고'(notification)가 없었으므로 국제법상 선점의 요건을 충족되지 못한 것이고 따라서 일본정부측의 독도 선점설은 성립의 여지가 없다.

### (2) 할양

할양(cession)이란 국가간의 합의에 의한 영토 일부의 이전을 말한다. 영토의 할양은 전쟁의 종료에 따른 평화조약에서 행하여지는 경우가 많으나 평시에 있어서도 매매·교환에 의한 경우가 있다.

할양지 주민의 국적은 각각의 할양소약에 의하여 결정되나, 대개는 양수국의 국적을 취득한다. 할양후에도 양도국은 여전히 국가로서 존속하므로, 양도국의 국제법상 권리의무는 승계되지 않는 것이 원칙이다.

### (3) 정복

정복(Subjugation)은 교전국의 일방이 상대국의 전영역을 완전히 점령하여 그에 의하여 상대국의 저항력을 좌절 소멸시키는 동시에 이를 병합하는 것을 말한다. 이는 상대국의 영역을 실효적·확정적으로 점거하고, 그의 국제법 주체로서의 지위를 상실케하는 것이다.

이러한 정복이 유효하기 위해서는 정복국에 의한 피정복국의 완전한 복종, 즉 피정복국의 영토 전부에 대한 실효적·확정적 지배(conquest)가 있어야 하고, 정복국에 의한 병합의사의 표시가 있어야 한다.

실효적·확정적 지배란 상대국의 전영토를 점령했다고 해서 확립되는 것이 아니다. 실효적·확정적 지배없는 정복은 없지만 실효적 확정적 지배 자체가 정복은 아니다. 왜냐하면 국내에 잔존하는 세력들이 다시 이전의 영토를 탈환할 수도 있고, 국외로 탈출한 망명세력이 동맹국과 연합하여 반격에 나설 수도 있기 때문이다. 이 경우 정복국과 피정복국간에는 무력투쟁이 계속 진행중인 것으로 본다.[1] 따라서 실효적·확정적 지배라함은 잔존세력이 완전히 소탕되어 저항능력이 완전히 말살된 경우를 의미하는 것이다.[2]

또한 실효적·확정적 지배가 있었다고 해서 정복이 완성되는 것은 아니며 반드시 정복국의 피정복국 영토에 대한 병합의사의 표시가 있어야 한다. 2차대전 때 독일이 연합국에게 무조건 항복한 후 미·영·불·소 4개국은 독일의 전영토를 점령했다. 이것은 실효적 확정적 지배라고 볼 수 있다.그러나 1954년 6월 5일 '독일의 최고권력 장악에 관한 미·영·불·소 4개국 선언'에서 이들 4개국은 독일을 병합할 뜻이 없음을 분명히 했다.[3] 따라서 독일은 연합국에게 실효적·확정적 지배를 받긴 했지만 정복된 것은 아니었다. 이는 잠정적인 성격의 국가의 동일성에 아무런 영향을 미치지 않는 전시점령으로서 영토권의 변경을 수반하지 않았던 것이다.

오늘날 정복에 의한 영토취득의 합법성은 부인된다. 이는 국제연합의 출현과 때를 같이하는 바, 전쟁을 위법화하고 있는 현 국제법하에서 정복의 불법성은 국제연합 헌장뿐만 아니라 「제국가간의 우호관계와 협력에 관한 국제법 원칙에 대한 선언」[4]도 무력에 의한 영토취득의 승인을 거

---

1) L. Oppenheim, *International Law*, Vol.II(8th ed.), Longman, p.600.
2) 김찬규, "이라크의 쿠웨이트 합병은 법적으로 가능한가", 치안문제, 1990. p.38.
3) 이에 대한 자세한 설명은 L. Oppenheim, *op. cit.*, pp.602-605 참조.
4) UN G.A. Res.2625(1970)

부하면서 이는 헌장에 대한 위반여하를 불문하고 무효라고 선언하고 있다.

　안전보장이사회도 이라크가 쿠웨이트를 불법적으로 침략한 후 1990년 8월 9일 만장일치로 이라크 정부의 쿠웨이트 병합이 어떠한 형태와 어떠한 이유에서든 법적으로 무효이며 장래에 대하여 효력이 없음을 결의하였다.[5]

## ≡ 걸프전과 이라크의 쿠웨이트 병합조치의 불법성

　걸프전은 1990년 8월 2일 약 350대의 탱크를 앞세운 이라크군이 쿠웨이트를 기습 침공하여 「잠정자유정부」를 수립한 후 8월 8일 쿠웨이트를 병합하고 8월 28일에는 이라크의 19번째 주로 편입시킴으로써 발단되었으며, 1991년 1월 17일 다국적군의 이라크 공습으로 시작되었다. 이것은 국제연합 설립이후 일국이 자국의 소유라고 주장하는 영토를 회복하기 위하여 처음으로 무력을 사용한 예는 아니지만 회원국의 전영토가 타국의 무력에 의하여 강제적으로 점령된 최초의 일이었다.[6]

　풍부한 석유자원과 아랍어를 모국어로 찬란한 이슬람 문화를 공유한 문화공동체로서의 아랍세계가 강대국의 영향과 내부 분열에 의해 반복되던 통합, 갈등, 분쟁의 역사를 끝내 극복하지 못한 채 또다시 세계의 화약고로 전락하였던 것이다.[7]

　걸프전은 1991년 2월 28일 마침내 미국을 중심으로 한 다국적군측의 일방적 승리로 끝났다. 5개월여에 걸친 협상의 시간이 있었음에도 불구하고 걸프사태는 평화적으로 해결되지 못한 채 다국적군의 이라크 공격으로 이어졌고, 전쟁개시 43일 만에 이라크가 참담하게 패배함으로써 걸프만을 진동시켰던 포성은 일단 멎게 되었다.

　걸프전에서 국제연합은 계속되는 안전보장이사회의 결의를 통하여 제재의 강도를 높여나가 결국에는 군사력을 동원, 강제적으로 이를 해결하였다. 이러한 국제연합의 집단조치를 한편으로는 국제법과 집단안보 원칙의 옹호로, 다른 한편으로는 국제관계에 있어서 힘과 국익의 우세로 보는 시각이 있다.[8]

　그렇다면 걸프전에서의 이라크의 쿠웨이트 병합조치는 어떻게 평가할 수 있을 것인가? 이

5)　UN S.C. Res.662(1990).
6)　O. Schachter, "United Nations Law in the Gulf Conflict", 85 *American Journal of International Law*, 1991, pp.452–453.
7)　이승원, "국제분쟁과 UN의 해결기능–이라크의 쿠웨이트 침공을 하나의 case로", 외교, 제16호, 1990. 12, p.56.
8)　O. Schachter, *op. cit.*, p.452.

라크가 쿠웨이트령의 편입을 선언함으로써 정복에 필요한 한 요건은 충족되었지만 실효적 확정적 지배가 있어야 한다는 또 다른 요건은 충족되지 못했다고 할 수 있을 것이다. 왜냐하면 쿠웨이트왕 Jabir al-Ahmad al-Sabah가 사우디아라비아에 망명중에 있었고 해외공관들이 그에게 충성을 맹세하고 있었으며, 미국을 비롯한 많은 서방국가와 일부 아랍국가들이 다국적군을 편성하여 이라크에 대항하고 있었기 때문이다.[9]

이라크에 대항한 모든 국가들이 주장했던 바는 원상회복이다. 즉 쿠웨이트로부터 이라크군의 즉각적이고도 무조건적인 철수를 주장하는 것이 이들 국가의 입장이었다. 뿐만 아니라 그것은 국제연합의 입장이기도 하였다. 이와같은 여러 가지 사실을 감안할 때 이라크군의 쿠웨이트 점령은 실효적 확정적 지배라고 하기는 어려울 것이다. 바로 그러한 점에서 이라크측의 합병선언이 있었다고 해서 쿠웨이트에 대한 정복이 완성되었다고 하기는 어려울 것으로 보인다.[10]

### (4) 시효

영토의 시효(prescription) 취득이란 장기간에 걸쳐 평온하게 타국 영토를 점유·지배함으로써 그 영토를 취득하게 되는 제도를 말한다. 시효의 요건을 갖추어 시효가 완성되면 그 영토는 현실적으로 지배하고 있는 국가의 영유로 된다.

### (5) 첨부

첨부(accretion)는 영토취득의 권원중 가장 오래된 형태로서 자연현상(즉, 하구의 델타 형성, 해안의 융기물 생성, 분화에 의한 새로운 도서의 출현, 해저의 융기)이나 인공(예, 해안매립, 인공도)에 의한 연안국 영토의 증대를 말한다.

## 3. 國家領域의 制限

### 가. 國家領域과 領域權의 制限

국가영역(territory of state)이라 함은 국제법상의 제한이 없는 한 원칙적으로 배타적 지배를 할 수 있는 장소적 한계를 말하며, 이러한 영역에 대한 국가의 권능을 영역권이라 한다.

---

9) 김찬규, *op. cit.*, p.38.
10) *Ibid.*, p.39.

영역권의 내용은 절대적인 것이 아니고 국제관계의 현실적 요청에 따라 어느 정도 국제법상 제한을 받게 되는 경우가 있다. 국가의 영역권에 대한 제한에는 일반국제법(예, 무해통항권)과 특별한 합의(조약)에 의하는 경우가 있으며, 후자로는 국제지역·조차지·국제하천·국제운하가 있는데, 보통 국가영역의 제한이라 하면 이를 의미하며 특수영역의 문제로 다루어진다.

### 나. 國際地役

국제지역(international servitude)이란 국가간의 특별한 합의에 의하여 일정한 국가영역의 부분에 부과되는 영역권의 제한 또는 부담(예, 외국군대의 주류 또는 영해내의 타국어업권)을 말한다. 국제지역이 설정된 지역을 承役地, 그 지역이 소속하는 국가를 承役國, 국제지역에 의해 이익을 받는 국가를 要役國이라 한다.

### 다. 租借地

조차지(leased territories)란 국가가 타국과의 조약에 의하여 타국영역의 일부를 차용한 영토를 말하며, 租貸國에 대하여는 국가영역의 제한을 구성한다. 이러한 조차지에는 영구적인 것도 있으나 (예, 미국이 조차한 파나마운하지대), 보통은 조차기간이 붙고(예, 영국의 홍콩 및 구룡반도에 대한 조차는 1898년부터 99년간) 동시에 조대국의 영유권이 유보되어 있다.

### 라. 國際河川

국제하천(interantional river)이란 조약에 의하여 외국선박의 통항에 개방된 하천을 말하는 바, 수개의 국가를 관류하거나 국경을 형성하는 국제하천이라도 각국의 영역에 속한 부분이 외국선박에 개방되지 않은 것은 국제하천이 아니며, 반대로 일국의 영역만을 흐르는 하천이라도 조약에 의해 외국선박에 개방된 것은 국제하천에 포함된다. 중요한 국제하천으로는 다뉴브강·라인강·콩고깅·엘베깅 등이 있다.

### 마. 國際運河

국제운하(international canal)란 조약에 의하여 외국선박의 통항에 개방된 인공 수로를 말하는바, 영역권의 행사에 대하여 제한이 과해진 것이다. 일반국제법상의 제도는 아니고 각각의 특별

조약에 의하여 설정된다. 중요한 국제운하로는 1956년 이집트에 의해 국유화된 수에즈운하(Suez Canal), 2000년부터 운하의 운영권이 파나마에 이양되는 파나마운하(Panama Canal, 2000년 이전까지는 미국에 운하의 운영권이 있음), 1895년 북해와 발트해를 연결하기 위해 개통된 키일운하(Kiel Canal) 등이 있다.

# 제2절 領空 및 宇宙

## 1. 領空

### 가. 領空의 性質

#### (1) 意義

영공이란 일국의 영토와 영해의 상부공간을 말한다. 즉, 영공은 영토와 영해를 기준으로 하여 그 범위가 결정된다. 제1차 세계대전 이후 항공기의 급속한 발달로 국가의 안전에 대한 위해가 급증하게 되자 영공은 국가영역으로서 그 중요성이 인정되어 논란의 대상이 되었다.

#### (2) 法的 地位

1944년의 시카코국제민간항공협약(Convention on International Civil Aviation)은 제1조에서 "체약국은 각국이 그 영역상의 공간에 있어서 완전하고도 배타적인 주권을 보유한다"라고 규정하고 있어, 무해통항을 인정하는 영해와는 달리 영공에서 국가가 당연히 외국항공기의 무해통항을 인정할 의무가 없음을 알 수 있다. 따라서 외국항공기가 자국의 영공을 비행하거나 영역에 착륙할 경우 그 허가에 관한 제반 조건에 관해서는 당해 국가가 완전한 자유의사로 정하는 것이다.

그러나 최근 일반협정으로 특정범위 내에서 예외적으로 외국항공기의 무해통항 또는 착륙이 인정되고 있는 바, 시카고 협약 제5조는 당사국의 부정기민간항공기는 타당사국의 상공을 무해통항 할 수 있는 자유가 있고, 사전허가를 받지 않아도 수송이외의 목적으로 착륙할 권리가 있다고 규정하고 있다.

## 나. 領空의 國際的 規制

### (1) 파리航空協約

1919년 체결된 파리항공협약(Convention Relating to the Regulation of Aerial Navigation)은 항공법 영역에 있어서 효력을 발휘한 최초의 성문법으로, 민간항공을 위한 통일법을 만들어 국제항공을 규제하려는데 그 목적이 있었다.

파리항공협약은 통일성을 부여하기 위하여 대중을 위한 감공성(airworthiness)과 운항자격증에 관한 표준들을 다룬 몇 가지 기술적인 요소를 부가하였다. 또 협약 제34조에서는 국제항공위원회를 두었는데, 주로 기술적인 측면에 대하여 이를 규제하는 광범위한 권능이 부여되었다. 제34조에 열거된 다른 기능들은 비행에 관한 정보를 모으고, 이를 출판하여 회원국이 복종해야 할 문제에 관한 지침서를 작성하였다.[11]

그러나 동 협약은 미주제국의 불참으로 사실상 유럽에만 적용되어 실효성을 거두지 못하였으며, 1944년의 시카고국제민간항공협약으로 대치되었다.

### (2) 시카고國際民間航空協約

1944년 시카고에서 국제민간항공회의가 개최되어 국제민간항공협약(Convention on International Civil Aviation)이 채택되었다.

#### (가) 不定期航空

협약체약국의 부정기민간항공기는 사전허가 없이 다른 체약국의 영공을 비행하거나 또는 운수의 목적으로 착륙할 권리가 있으나(시카고국제민간항공협약 제5조 1항), 체약국은 군사상 또는 공안상의 필요에서 비행금지구역을 설정할 수 있는 제한(동 제9조)과 상공을 비행하는 항공기는 하토국의 착륙명령이 있는 경우에는 이에 복종해야 하는 조건(동 제5조 1항)이 부과되고 있다. 그리고 이 협약은 민간항공기에만 적용되며 군·세관·경찰의 업무에 사용되는 항공기에는 적용되지 않으며(동 제3조), 정기국제항공업무에 종사하는 민간항공기는 체약국의 특별허가를 얻지 않으면 비행할 수 없다(동 제6조).

---

11) 박헌목(역), 항공법입문, 경성대학교 출판부, 1998, p.6.

### (나) 定期航空

정기항공에 관하여는 협약과는 별도로 국제항공업무통과협약(International Air Service Transit Agreement)과 국제항공운송협정(International Air Transport Agreement)이 작성되어 각국이 양자 중 자유 선택하여 가입하도록 하고 있다. 업무통과협정은 ① 체약국의 영공을 무착륙 횡단하는 자유, ② 운수 이외의 목적으로 착륙하는 자유를 규정하고 있다.

운송협정은 상기 2개의 자유 이외에 ③ 자국에서 적재한 승객, 우편물 및 화물을 타국에서 하류할 자유, ④ 타국에서 적재한 것을 자국에서 하류할 자유, ⑤ 제3국간의 여객·화물의 운수를 청할 자유를 규정하고 있다. 그러나 이상의 조약 중에서 전자만이 발효되고 있어 오늘날 정기항공의 자유는 일반적으로 인정되지 않고 개별적인 양자조약에 맡겨지고 있다.

### 다. 領空의 範圍

제2차 세계대전 이후 로케트 및 인공위성의 급속한 발달로 우주공간까지 인간이 지배함에 따라 영공의 수직적 한계에 관한 새로운 법적 문제가 제기되었다. 왜냐하면 국가는 그의 상공에 대하여 아무런 한계 없이 배타적 주권을 갖는다고 하면 로케트나 인공위성이 타국의 상공을 통과하는 것은 국가의 영역을 침범하는 것이 되기 때문이다.

### (1) 學說

#### (가) 領空無限說

국가는 그 상공에 대하여 고도에 관계없이 어떠한 제한이나 통제도 받지 않고 수직방향으로 무한하게 자국의 권한을 주장할 수 있다는 설이나, 이 견해는 외기권에 대한 실효적 지배가 곤란한 실정으로 보아 비현실적이며 또한 우주가 존재할 수 없게 되어 이론적으로 곤란하다.

#### (나) 3分說

국가의 상공을 하토국의 영역권이 인정되는 영공, 그 상방 300마일까지는 비군사적 비행만을 인정하는 접속공역 및 그 상방은 자유공간으로 보는 설이다. 이는 해양법의 접속수역 개념에서 응용한 설로서 자유공간에서의 비행이 하토국의 안전에 과연 문제가 없는지의 여부와 비군사적 비행의 개념을 명확히 하기가 어려운 점이 있다.

### (다) 引力說

지구의 인력이 소멸하는 곳까지 영공의 한계를 설정하자는 설이다. 그러나 지구인력이 미치는 한계를 정확히 찾을 수 없으며 지구상의 바다와 육지에서의 인력이 변하고, 달을 비롯한 다른 천체와의 인력도 고려해야 하므로 부정확하다.

### (라) 揚力說

항공물체의 공기역학적인 특징에 따라 영공의 한계를 설정하려는 설로서, 물체가 초속 2만 5천 피트로 비행시 27만 5천 피트 상공에서 공기역학적 부양력(aerodynamic lift)을 상실하게 되는데, 지상에서 이 고도까지의 공역을 비행권이라고 하며 이를 영공의 범위라고 한다. 그러나 물리학자들간에 아직 어느 지점에서 공기의 힘으로 비행할 수 있는 가에 관한 일치된 범위가 없다.

### (마) 實效的 支配說

상공에 하토국의 실효적 지배가 미치는 한도까지의 공역을 영공이라고 하는 설이나 우주과학기술의 발달에 따라서는 영공무한설과 동일한 결론에 도달하게 된다.

### (바) 大氣圈說

영공의 한계를 공기가 존재하는 공역(80~100km), 즉 대기권까지로 보는 설로서 시카고국제민간항공협약 제1조의 air space란 항공기가 비행할 수 있는 대기권을 지칭한다는 것이다. 그러나 대기권은 고도가 33,600km나 되는데 비하여 정찰위성은 약 200km 고도에서 비행하고 있으며 대다수의 인공위성의 근지점이 고도 400km~1,000km 내에 위치하고 있는 현실을 볼 때, 일면 타당성이 부족하다 할 것이나 이 설이 다수설로 주장되고 있다.

### (2) 慣行

인공위성이 발사되어 지구상의 거의 모든 국가의 상공을 통과하고 있음에도 불구하고 이를 발사한 국가들은 사전에 이를 통고한 바 없으며 또 다른 국가들도 자국의 영공을 침해했다고 항의한 사실도 없다. UN 총회나 우주평화이용위원회에서 각국 대표들은 상공을 대기권(air space)과 외기권(outer space)으로 구별하여 우주권에 대하여는 하토국의 영역권이 미치지 않는 것으로 보고 있다.

### 라. 防空識別區域

#### (1) 現況

방공식별구역(Air Defence Identification Zone : ADIZ)은 1950년 12월 미국이 최초로 설정한 이래 현재 우리나라를 비롯하여 캐나다, 일본, 아이슬란드, 미얀마, 인도, 필리핀, 스웨덴, 자유중국, 오만 그리고 영국 등이 설정 운영하고 있으며 프랑스는 알제리 분쟁 당시 알제리 연안에 설정하였다.[12]

ADIZ의 법적 근거에 관해 국제법적으로 확정된 정설은 아직 없다. 그리하여 공해상공에 ADIZ 를 설정하여 일방적인 관할권을 행사하는 것은 공해상공에서의 비행의 자유라는 국제항공법의 기본원칙과 대립되기 때문에 국제법적으로 논쟁의 대상이 되고 있다.

국제관습법에 따르면 공해상공의 空域은 연안국가와 내륙국가 모두에게 개방되어 있으며, 특별한 상황에서 공해상공의 외국항공기에 대한 예외적이고 제한된 관할권과 권리를 인정하고 있다. 그러나 ADIZ도 그 예외적인 경우에 해당됨에도 불구하고 국제적인 묵인 또는 관행에 의해 국제관습법으로서의 지위를 형성중에 있는데, 여기에서 ADIZ의 국제법적 의의를 찾아볼 수가 있다. 즉, 공해상공으로의 관할권 확대가 국제법적 근거가 불명확함에도 ADIZ의 설정이 자기보호권의 개념에 의한 국제관습법으로 자리잡아가고 있는 추세이므로 이 구역에 대한 법적 지위를 명확하게 하는 것은 대단히 중요하며, 특히 안보적 특수상황에 있는 한국으로서는 이런 사실을 주시해야 할 것이다.

#### (가) 美國

미국정부는 1950년 12월 행정명령으로 국가의 안전을 위하여 미국의 영해상공에 관할권을 행사할 것을 선언하고 ADIZ라 불리는 공역에 관하여 미국 정부의 행정명령(제10호 및 제197호)에서

---

12) 장효상, 현대국제법, 박영사, 1987, p.163. 공해상공에 대하여 일방적으로 연안국의 관할권을 확대하고 있는 방공식별구역의 유래는 영국과 미국이 밀수단속을 위해 역해 밖, 다시 말하면 영해에 인접한 공해상까지 감시하는 관행에서 유래되었다. 영국은 금제품의 밀수방지를 위한 감시조약을 제정하였고, 내외국인을 막론하고 세관 감시조치를 취할 수 있는 수역을 1719년에는 6해리, 1794년에는 12해리로 하였다. 미국은 1876년 밀수선에 대한 감시제도로서 영국의 감시조례와 비슷한 내용의 법령을 제정하고 연안으로부터 12해리 해역에서 미국 항구로 향하는 선박에 대한 관리를 행하였으며, 1922년 관세법에서는 미국 연안으로부터 12해리 이내에 들어온 모든 선박에 대한 임검수사권을 주장하였다. *Ibid*.

그 정의와 목적을 다음과 같이 밝혔다. "ADIZ는 민간항공국장이 지정하는 일정한 범위의 공역으로서 이 구역 안에서 항공기의 즉각적인 식별, 위치선정 및 관제가 국가의 안전을 위하여 요구된다."[13] 이러한 규정에 따라 미국의 국내 항공기는 물론 모든 외국항공기도 미국의 ADIZ내에 들어오기 전에 관계 항공부서에 위치보고와 비행계획을 제출하여야 한다.

ADIZ의 범위는 규칙으로 정하여 있고, 외국의 항공기가 ADIZ에 들어올 경우 또한 외국 항공기가 미국의 연안으로부터 직선코스로 항적거리 1시간 이상 2시간 이내에 있는 경우에는 반드시 보고하도록 되어 있다. 그러므로 현재의 일반적인 항공기의 속도로 볼 때 미국의 범위는 연안국으로부터 약 600해리 정도가 된다. 또한 고도에 있어서는 제한을 두고 있지 않다. 이러한 ADIZ의 규정을 위반하였을 때에는 1년 이하의 징역과 10,000달러까지의 벌금이 부과된다.

### (나) 캐나다

캐나다 정부는 미국의 ADIZ 규칙제정 5개월 후인 1951년 5월 미국의 ADIZ 내용과 유사한 CADIZ를 제정했는데 그 설정 이유를 보면 항공기가 어떠한 규칙에 따르도록 하는 구역을 설정하는 일이 국가의 안전을 위하여 필요하기 때문이라고 하여 제정 목적을 설명하고 있으며, 이 규칙은 CADIZ안에서 즉시 식별되고 위치가 선정되며 또한 관제되도록 제정되어 있다고 한다.

캐나다의 규칙에는 형사적인 제재는 규정하고 있지 않지만 이를 위반하는 항공기는 군용기에 의하여 비행을 저지당하며, 이러한 저지는 위반항공기의 파괴까지를 의미하지는 않지만 규칙위반이 계속될 때에는 군용기가 군사적 조치를 취하는 일이 있을 수 있다라고 되어 있다.

동 CADIZ는 캐나다 연안으로부터 300해리 이상을 초과하지 않으며 또한 고도의 제한에 있어서 미국은 제한을 두고 있지 않은데 비하여 캐나다는 1951년 규칙에서 "직하의 지상으로부터 4000 feet 또는 그 이상의 상공에서 CADIZ에 들어가려고 하는 비행과 CADIZ내에서의 비행에만 적용된다"고 되어 있다. 또한 미국의 ADIZ의 규칙이 미국내로 들어오는 항공기만을 대상으로 하고 있는데 비하여 캐나다의 규칙은 그 목적지에 관계없이 CADIZ를 통과하는 모든 항공기에 위치보고를 요구하고 있다.

---

13) Regulation of the Administrator, part 620, Security Control of Air Traffic in J.A. Martial, "State Control of the Air Space over the Territorial Sea and Contiguous Zone", 30 *Canadian Bar Review*, 1952, p.257.

### (다) 프랑스

프랑스는 알제리 분쟁중 반란군에 대한 외국항공기의 공중원조행위를 방지하기 위하여 알제리 연안에 ADIZ를 설정하였다. 이 규칙은 미국과 캐나다의 ADIZ 규칙보다 엄격하였는데, 동 내용에 의하면 비행계획서의 제출, 승객의 식별, 지정된 루트에서의 비행 및 지상식별소와의 연락 등을 요구한다.

### (라) 日本

일본의 방공식별구역(JADIZ)은 1955년 법률 제165호인 자위대법 제84조에 명시되었으며, 1969년 이래 일본열도를 2중으로 둘러싸고, 내측은 일본열도의 연안 약 100km 이내, 외측은 400km 내지 600km 내의 방공식별권으로 설정하였으며(1969년 8월 29일), 1972년 5월부터는 오끼나와 방면이 추가되었다.

공역관리는 동경 비행정보구역(Flying Information Region : FIR)과 오끼나와 FIR로 구분되어 운영하고 있으며, 공역관리의 최고책임자는 운수성대신(장관)에게 있으며, 공역관리에 대한 제반사항은 운수성 항공국에서 전담하고 있다. 또한 방위청이 사용하는 일부공역 및 전용비행장에 관해서는 운수성장관의 위임을 얻은 후 공역을 관리할 수 있다.

그리고 모든 항로비행은 군용 및 민간항공기 모두를 항공국에서 관제하며, 민·군이 공동으로 사용하는 비행장은 협정에 의거 항공자위대 또는 항공국에서 관리한다. 항공관제업무를 위한 민·군간의 상설된 협의기구는 없으며, 주무부서가 운수성이기 때문에 운수성과 협조가 필요할 때에는 방위청(항공자위대) 항공막료방위부 운영과장(군축협의 담당관)이 운수성 항공국 감리부 총무과장(민간측 협의 담당관)과 협의한다.

JADIZ내에서 비행하고자 하는 모든 외국항공기는 정상적인 승인을 받아야 하며, 이 구역에서 비행할 대는 반드시 식별장비를 작동하여야 한다. 또한 진입하기 15~30분전에 비행고도와 진입지점 및 예상도착 시간을 보고해야 하며, 이 구역을 통과하는 항공기는 매 30분마다 인접관제소에 위치를 보고해야 한다.

### (마) 韓國

한국방공식별구역(KADIZ)은 극동방위와 태평양 방공체제의 일환으로 미국의 태평양 공군이

1951년 3월 21일 일방적으로 설정하였다. 한국전쟁 중 중공군의 개입으로 적의 공습 위험이 증대되고 특히 중공 공군이 MIG–15와 IL–28 제트폭격기를 보유함에 따라 미 제5공군은 한국의 방공망 강화를 위하여 KADIZ를 설정하게 되었고[14], 이 후 한국 공군이 이를 계속 운영해 오고 있다. 서해쪽은 1963년 미 공군과 합의하에 일부 확장하였으나, 남쪽 해역은 확장하지 못하여 오늘날 공역관리에 있어 여러 가지 어려운 문제를 야기시키고 있다.

이렇게 설정된 KADIZ는 현재 대한민국의 국가안보를 위하여 항공기의 식별과 위치파악 및 비행관제를 실시하는 구역으로, 동 구역에서 항적이 포착될 때에는 반드시 식별해야 하는 방공책임구역을 말하며, 그 범위는 8개의 지리적 좌표를 직선으로 연결한 구역의 지표면으로부터 무한대까지의 공역으로 구성된다.

KADIZ내에서 비행하는 모든 항공기는 다음 절차를 따라야 한다.

첫째, KADIZ에서 비행하고자 할 경우에는 최소한 이륙 1시간 전에 비행계획서를 제출하여 비행인가를 얻어야 한다.

둘째, 관제공역내에서 인가된 비행계획에 따라 비행을 하는 경우 항로지도상에 필수보고지점에서는 위치보고를 해야 하며, 관제부서에서 위치보고를 요구하지 않는 한 KADIZ내에서 비행하고 있거나 KADIZ내로 진입시에는 보고할 필요가 없다.

셋째, 비관제공역에서 비행하여 들어오는 경우 KADIZ에 들어오기 전에 KADIZ 통과예정시간을 보고하여야 한다.

넷째, 만약에 관제공역 밖에서 비행하다가 KADIZ를 통과하게 될 경우에는 KADIZ 통과예정시간과 통과지점 및 비행고도를 15~30분전에 반드시 통보하여야 한다.

다섯째, 육지로부터 100마일 이상 떨어진 곳으로부터 들어올 때는 육지로부터 100마일 지점 및 KADIZ 선상에서 위치보고를 해야 하며, KADIZ 내에서는 매 30분 마다 위치보고를 해야 한다.

여섯째, 적아식별 장비를 가진 항공기만 항로 밖에서 방어시계비행을 할 수 있다.

일곱째, 중앙항로관제소에 사전통고 없이 비행계획서와 다르게 비행해서는 안 된다.

---

14) PACAFR 55–83(ADIZ 설정), AFKR 55–3(KADIZ 구역내 식별절차).

## 마. 航空犯罪

### (1) 民間航空機의 法的 地位

민간항공기는 사인의 관리하에 있는 항공기를 말하며, 등록국의 국적을 갖는다. 민간항공기는 본국의 영역, 공해 또는 無主地에 있을 경우에는 본국의 배타적 관할에 종속되며, 외국의 영역에 있을 경우에는 외국의 관할권이 미친다.

민간항공기에 대해서는 선박과 달리 외국영공에 대한 무해항공권이 인정되지 않는다. 민간항공기의 외국 영공통과는 일반관습법상의 권리가 아니라, 항공협정 또는 국제민간항공협약에 따른 조약상의 권리이다. 그러므로 외국영공을 비행하는 항공기는 통과하는 국가(영역국)의 관할에 따라야 하며, 그 국가의 출입국 또는 비행운항에 관한 국내법령을 준수해야 할 의무가 있다.

### (2) 航空犯罪의 特性

항공범죄에 대한 재판관할권은 항공기의 특성에 따라 다양한 관할권의 경합이 발생한다. 항공기는 국제법상 절대주권이 인정되는 외국의 영공을 고속으로 통과하기 때문에 범죄의 착수시기부터 결과의 완성까지 수 개국의 관할권이 관계된다. 그리하여 항공기에서 발생한 범죄에 대해서는 재판관할권에 관한 국제법원칙이 그대로 적용되지 않는다. 특히 등록국의 국내법과 영역국의 국내법간의 관계에 대한 국가관행에 일관성이 없기 때문에 형사재판관할권에 관한 일반적 관행은 제한적 효용만이 인정된다.

학설상으로는 등록국주의, 영역국주의, 착륙국주의, 이륙국주의 등이 대립되고 있지만 국제법상 확립된 일반원칙은 존재하지 않는다.

### (3) 關係條約의 成立

외국영공을 비행하는 항공기에서 발생한 범죄에 대한 재판관할권에 관하여 1944년 시카고 국제민간항공협약에는 아무런 규정이 존재하지 않는다. 이로 인한 등록국, 영역국, 착륙국 및 이륙국간의 재판관할권 경합을 해결하기 위하여 국제민간항공기구(International Civil Aviation Organization: ICAO)는 1963년 '항공기내에서 행하여진 범죄 및 기타 행위에 관한 협약'(Convention on Offences and Certain Other Acts Committed on Board Aircraft, 동경협약)을 채택하였으며, 1960년대에 들어와 급격히 증가한 항공기불법납치(hijacking)를 효과적으로 진압하기 위하여 1970년 '항공기의 불법납치 억제를 위한 협약'(Convention for the Suppression of Unlawful Seizure of Aircraft, 헤이그협약)을 채택하였다. 그리고 1971년에는 항공기폭파와 같은 불법납치행위 이외의 항공기에 대한 불법행위를 방지할 목적으로 '민간항공의 안전에 대한 불법행위억제를 위한 협약'(Convention for the Suppression of Unlawful Acts against Civil Aviation, 몬트리올 협약)이 채택되었다.

### (가) 東京協約

동경협약은 항공기내에서 발생한 범죄에 대하여 항공기등록국의 재판관할권을 의무적으로 하고(동경협약 제3조 1항), 영역국의 재판관할권 및 관계국의 국내법에 따른 재판관할권과의 경합을 인정하였다. 따라서 재판관할권에 관하여는 등록국을 포함한 영역국, 국적국, 착륙국 및 이륙국의 경합관할권방식을 인정하면서, 등록국에게 우선적 관할권을 부여함으로써 시카고협약에 따른 항공기운항의 자유확보와 관할권의 통일화를 지향하고 있다.

그리고 등록국 이외의 국가는 ① 자국에 효과가 미치는 범죄, ② 자국민에 의한 범죄, ③ 자국의 안보에 대한 범죄, ④ 자국의 항공기운항 법규를 위반한 범죄, ⑤ 자국의 다자협약상 의무이행을 위하여 관할권 행사가 필요한 범죄에 대해서만 관할권을 행사할 수 있다(동 제4조). 그러나 이러한 광범위한 예외의 인정은 시카고협약에 의한 항공의 자유를 침해할 가능성이 있다는 점에서 문제점으로 지적되고 있다.

기장은 안전방해행위의 피의자에 대한 억제조치를 착륙국 당국에 통보하여야 하며, 피의자를 착륙국에 내리게 할 수 있다(동 제8조). 특히 중죄피의자인 경우 체약국인 착륙국의 당국에 관계증거와 함께 피의자를 인도할 수 있다(동 제9조).

체약국은 항공기의 불법납치 피의자를 포함한 안전방해행위 피의자를 자국국내법령에 따라 억류하고 예비조사를 행한 후, 억류의 사실 및 예비조사결과를 관계국에 통보한다. 억류된 피의자는 착륙국에서 형사재판 또는 국적국, 이륙국 및 등록국에 대한 범죄인 인도절차에 회부되지만, 어떠한 경우에도 내국민대우가 부여된다.

범죄인 인도절차의 목적상 체약국에서 행하여진 범죄는 등록국에서 행하여진 범죄로 추정되지만, 체약국에게 범죄인인도의 의무가 부과되지는 않는다.

### (나) 헤이그協約

헤이그협약은 항공기 불법납치를 비행 중 폭력, 협박 기타 위협적 수단을 사용하여 항공기를 불법으로 탈취 또는 관리하는 행위로 정의하고 범죄로 규정하였다(헤이그협약 제1조). 동 협약은 체약국에게 항공기 불법납치행위에 중한 형벌을 부과하도록 하고 있으며(동 제2조), 재판관할권과 관련 동경협약과 달리 항공기 등록국의 국내법에 따른 관할외에도 승무원·항공기의 임차의 경우 운항국 및 범죄인 소재국의 관할권을 광범위하게 인정하고 있다(동 제4조). 범죄인 소재국이 범죄인인도를 행하지 않는 경우 예외없는 소추를 목적으로 자국의 권한 있는 당국에 사건을 부탁할 의무를 부담한다(동 제7조).

헤이그협약은 현행의 범죄인인도제도를 전제로 가능한 범위 내에서 범죄인인도를 강화하고 있다. 체약국내의 현행 범죄인 인도조약에 항공기 불법납치를 인도가능한 범죄(extraditable offense)로 규정하고, 범죄인 인도조약을 필요로 하는 체약국은 헤이그협약을 범죄인인도의 법적 기초로 볼 수 있도록 하고 있다(동 제8조).

### (다) 몬트리올協約

항공기 폭파와 같은 항공기 불법납치 이외의 불법방해행위(sabotage)도 민간항공에 심각한 위협을 주는 상황이 전개됨에 따라 국제민간항공기구의 주도하에 1971년 '민간항공의 안전에 대한 불법행위 억제를 위한 협약'(몬트리올협약)이 채택되었다. 동 협약은 동경협약 및 헤이그협약을 기초로 불법납치 이외의 불법방해행위에 적합하도록 수정을 가한 것으로 대체로 헤이그협약과 동일하다.

불법방해행위의 종류로서는 ① 비행중인 항공기내의 사람에 대한 폭력행위, ② 업무중인 항공기의 파괴 등 행위, ③ 업무중인 항공기내에 시한폭탄·감압폭탄 등을 설치하는 행위, ④ 항공시설의 파괴 등 행위, ⑤ 허위통보를 들고 있으며, 이러한 행위는 동 협약상 범죄로서 중한 형벌이 부과된다. 동 협약상의 업무중 또는 비행중이라 함은 비행전의 준비개시로부터 착륙후 24시간까지의 기간을 포함하는 개념으로 규정되고 있다.

## 2. 宇宙

### 가. 意義

우주공간이란 영공이원의 공간으로 국가의 영역권이 미치지 않는 지역을 말한다. 영공의 구체적 단계에 관하여는 아직 학설 및 국가관행에 의해 확립된 관습법규범이 없기 때문에 우주공간과 영공과의 경계선은 불분명하지만 영공이원에 우주공간이 존재하는 것 만큼은 이미 관습규범화되어 있다.

우주공간에 관한 국제법의 발달은 최근에 이루어졌으나, 우주공간과 유사한 지위를 갖는 공해 및 남극에 관한 법원칙의 유추를 통하여 쉽게 관습규범으로 정착할 수 있었다. 특히 우주공간을 실질적으로 탐사·이용할 수 있는 미국·러시아 등 강대국의 의견일치와 이 문제에 대한 UN의 적극적인 활동은 짧은 시간 내에 우주공간에 관한 법규의 발달을 가져온 원동력이 되었다.

우주공간은 어느 국가의 주권에 속하지 않은 공공의 지위를 갖지만, 우주공간의 특수한 성질, 평화적 이용과 관련된 문제 및 인공위성발사에 따른 지상국가에 대한 손해배상 발생시 국가책임 문제 등 다양한 국제법적 문제점을 제기하고 있다.

### 나. 宇宙空間에 관한 法規의 發達

우주활동의 법적 규제가 현실문제로 등장하기 시작한 것은 1957년 소련의 인공위성 스푸트니크 1호가 발사되어 우주개발시대가 도래하면서부터이다. 우주공간의 이용은 성질상 국제사회 전체의 관심사로서 UN에 의해 다루어졌다.

1958년 '우주공간의 평화적 이용에 관한 특별위원회'가 설립되어 우주공간에 관한 법률문제를 다루었으나, 우주활동에 관한 일반적 원칙의 확립을 주장하는 입장과 구체적 우주문제를 개별적으로 해결할 것을 주장하는 입장의 대립으로 구체적 성과를 얻지 못했다. 그리하여 1959년 '우주공간의 평화적 이용에 관한 위원회'가 새로이 구성되어 동 위원회의 법률가위원회의 주도하에 기본적 원칙의 선언에 관한 작업을 하여, 1962년 UN 총회에서 '우주공간의 탐사 및 이용에 있어서의 국가활동을 규율하는 법원칙에 관한 선언'이 채택되었다. 그러나 동 원칙선언은 법적 구속력이 없기 때문에 우주활동의 본격화에 따라 법적 구속력이 있는 기본조약의 체결의 필요성이 강하게 인식되어 '우주공간의 평화적 이용에 관한 위원회'에 의해 1965년 '달과 천체를 포함한 우주공간의 탐색과 이용에 있어서의 국가 활동을 규율하는 원칙에 관한 조약'(Treaty on Principles Governing the Activities of States in the Exploration and Use of Outer Space, Including the Moon and Other Celestial Bodies, 우주조약)이 작성되었다.

### 다. 宇宙空間의 法的 地位

#### (1) 範圍

우주조약은 우주공간의 범위에 관하여 침묵하고 있다. 따라서 영공한계에서의 특정행위의 적법성에 관한 국제적 합의에 도달할 때까지 각국은 영공과 우주공간의 경계에 관한 입장을 유보할 것이다.

영공의 한계에 관한 다수설이 대기권으로 되어 있는 만큼 이를 표준으로 해야 하겠지만 기술적으로 바람직한 궤도의 최저고도가 100마일이라는 점에서 명확성을 위해 자의적이지만 이를 기준으로 해야 한다는 주장도 있다.

#### (2) 法的 地位

우주공간은 영유권주장이 불가능하며, 사용의 자유가 인정된다는 점에서 공해와 유사한 법적 성격을 가진다. 국제법의 적용범위를 공간적으로 제한할 이유가 없으며, UN 헌장을 포함한 국제법을 우주공간 및 천체에 적용하는 UN 총회의 결의에 비추어 공해에 관한 법제도의 유추가 가능하다 할 것이다.

공해의 법적 성격에 관하여는 심해저제도의 발전에 따라 공공물에서 국제공역으로 점차 변모하고 있지만, 우주공간의 경우 인류공동이익을 위한 국제적 기구에 의한 구체적 규범이 없다는 점에서 公共物(res communis)로서의 법적 성격이 그대로 유지된다 할 것이다.

### 라. 宇宙空間의 自由

#### (1) 使用의 自由

우주공간 및 천체의 탐사·이용은 무차별·평등의 국제법에 따라 자유롭게 행하여진다(우주조약 제1조). 그러나 우주공간에서의 활동에 대해서는 UN 헌장을 포함한 국제법원칙이 적용된다(동제3조). 그리고 우주공간사용의 자유란 무제한의 자유가 아니므로 행사에 있어 타국의 이익을 합리적으로 고려해야 하며(동 제9조), 합리적 범위를 이탈한 우주공간사용은 권리남용의 법리에 따라 규율되어야 한다. 따라서 우주공간의 오염 또는 지구환경에 해로운 효과를 가져오는 행위는 금지된다. 이와 관련하여 인공위성에 의한 지구표면의 원방관측·인공위성에 의한 직접 TV방송 등이 문제되고 있다.

### (2) 歸屬으로부터의 自由

우주공간은 모든 국가에 개방되며, 어떠한 국가도 우주공간의 일부를 배타적 주권에 종속시킬 수 없다. 어떤 국가도 주권주장, 사용 또는 선점에 의해 우주공간을 소유할 수 없다(동 제2조). 이러한 귀속으로부터의 자유는 우주활동의 초기부터 국가들의 관행에 의해 확립되었으며, 인공위성·우주선·상공통과에 대하여 각국이 영공주권을 근거로 항의를 제기하지 않은 사실에 의해 뒷받침되고 있다.

### 마. 宇宙空間의 法秩序
#### (1) 旗國主義

우주공간에 발사된 물체의 등록국은 우주공간 또는 천체에 있는 발사물 및 그 안의 인원에 대한 관할권 및 통제권을 갖는다(동 제8조). 그리고 발사물의 소유권은 발사물이 우주공간, 천체에 있거나 지국에 귀환하는 것에 의해 아무런 영향을 받지 않는다. 발사물의 등록에 관하여는 1974년 '우주공간에 발사된 물체의 등록에 관한 협약'(Convention on Registration of Objects Launched into Outer Space)이 있다.

발사물의 등록국은 우주공간에서의 활동이 정부기관에 의해서 이루어지든 비정부기관에 의해서 이루어지든 이로 인하여 손해를 야기한 경우 이에 대한 국가책임을 부담한다(동 제7조).

### (2) 平和的 利用

달 및 기타 천체는 평화적 목적으로만 사용되며, 군사기지·시설·요새 등을 설치할 수 없다(동 제4조 2항). 동 조약의 효과적 집행을 보장하기 위하여 상호주의 및 합리적 통고에 따른 자유로운 시찰권이 모든 체약당사국에 부여되고 있다(동 제12조). 그러나 우주공간에 관하여는 의도적으로 침묵하고 있기 때문에 대륙간탄도탄(ICBM)의 우주공간을 통한 사용이 가능하다.

모든 국가는 핵무기 및 기타 대량파괴무기를 적재한 물체를 지구궤도에 올려놓거나, 천체에 저장하거나 또는 우주공간에 머물게 할 수 없다.

### 바. 宇宙活動의 發展과 國際法

우주조약은 우주공간에 관한 기본원칙을 규정한 것이기 때문에 우주공간개발의 발전으로 통신·방송·항행관제·지구자원탐사 등 우주공간의 사용이 실용화됨에 따라 우주조약을 뒷받침할 상세한 개별 조약이 성립되고 있다. 그 예로서 1968년 '우주비행사의 구조·귀환 및 우주공간에 발사된 물체의 귀환에 관한 협정', 1972년 '우주공간발사물로 인한 손해의 국제적 배상책임에 관한 조약', 1974년 '달 및 기타 천체에 관한 조약'과 같은 개별조약이 '우주공간의 평화적 이용에 관한 위원회'에 의해 성립되었다.

그 밖에 국제전기통신연합(ITU)이 작성한 1973년 국제전기통신조약 및 1973년 국제전기통신위성기구(INTERSAT)에 관한 협정에서도 통신위성의 사용에 관련한 국제조직의 책임, 라디오 주파수 보존 및 ITU와 UNESCO의 권한 등이 다루어져 우주공간개발의 실용화에 관한 법원칙을 형성해가고 있다.

# 제6장 國際海洋法

## 제1절 海洋法의 意義 및 歷史

### 1. 海洋法의 意義

해양법(Law of the Sea)은 바다와 관련된 국제법으로서, 각종 해양수역의 법적 지위를 확정하고 국제공동체 구성원들이 질서있게 합리적으로 이용하도록 하며, 그 이용상의 국제분쟁을 평화적으로 예방 또는 해결하도록 규율하는 법규칙을 말한다.

해양법이라는 용어는 제3차 유엔해양법회의(The Third United Nations Conference on the Law of the Sea)[1]를 통하여 널리 알려졌으며, 이와 유사한 개념인 海事法(Maritime Law)과는 구분되는바, 해사법은 해상에서 선박에 의해 전개되는 해사활동에 관한 법규범으로 이는 국내법에 속한다. 즉, 해양법은 해양 그 자체에 관한 국제법인데 반하여, 해사법은 인간의 해사활동에 관한 국내법이다.

### 2. 海洋法의 歷史

해양법의 역사는 해양의 자유를 주장하는 입장과 연안국의 관할권을 주장하는 입장과의 투쟁 및 조화의 역사이다. 해양의 자유는 바다가 통상을 위한 필수적인 통로였기 때문에 국제통상의 발달과 더불어 강조되어 왔다. 특히 네덜란드의 Hugo Grotius는 자유해양(Mare Liberum, 1609)을 주장하여 국제법상 항해는 모든 사람의 자유임을 강조하였다.[2]

한편, 영국의 Selden은 폐쇄해양(Mare Clausum, 1635)을 주장하여 Grotius의 주장을 공격하였다. Selden은 주로 성경과 역사적 실행을 근거로 하느님의 법이 바다의 私有를 허용한다는 것과 역사

1) 동 회의는 국제연합 국제법위원회(UN ILC)가 주도하여 1973년 뉴욕에서 제1회기를 시작으로 1982년까지 약10년간 진행되었다. 김현수, 국제해양법, 연경문화사, 2007, p.25.

2) 상세한 설명은 H. Grotius, *Mare Liberum*, Clarendon Press, 1916, pp.7-44 참조.

적으로 많은 나라들이 인접 바다를 소유하고 지배하였다고 주장하였다. 그러나, 그 후 영국은 우월한 해군력을 기초로 막강한 해양국가로 부각됨에 따라 입장을 바꾸어 다시 해양의 자유를 주장하였다.[3]

특히 주목할 것은 이 당시부터 영해와 공해의 구분이 확고하게 되었다는 사실이다. 영해는 실효적 지배개념을 기초로 연안국으로부터 포탄의 사정거리만큼 인정되었으며, 영해에서 연안국의 배타적 관할권이 행사되었다. 17세기 포탄의 사정거리가 대체로 3해리였으므로 3해리가 영해의 한계로서 굳어져 갔다. 그 후 포탄의 사정거리가 점차 멀어짐에 따라 영해의 폭에 대하여 각국의 주장이 다양하게 나타났는데, 영국 등 해양국가들은 3해리를 고수하여 3해리 규칙이 20세기초까지 해양법을 지배하였다.[4]

## 3. 海洋法의 法典化

국제법은 관습법으로부터 성문법으로 발전하여 왔는데, 해양법 분야도 그 예외는 아니다. 오랫동안 해양법은 관습법의 형식으로 존립하여오다가 19세기 중엽부터 국제사회의 변화와 과학의 발전에 따라서 다른 국제법 분야와 마찬가지로 해양법에 관해서도 조약활동이 점차 활발하게 일어났다. 이러한 경향은 다수국가간의 조약을 출현시키고, 더구나 일반적인 국제조직의 발발에 따라서 해양법은 점차로 성문화되어 왔다. 그러한 해양법의 법전화를 위한 중요한 노력으로 국제연맹의 후원으로 개최된 국제법전편찬회의와 UN의 주관에 따라 1958년 이후에 개최된 제1·2·3차 국제해양법회의를 들 수 있다.

### 가. 國際法典編纂會議

해양법의 법전화를 위한 노력은 1930년 헤이그에서 개최되었던 국제법전편찬회의에서부터 시작되었다. 이 회의에서 영해의 법적 지위와 灣, 港, 海峽 등에 관해서도 합의가 이루어졌으나 영해문제에서 가장 중요한 영해의 폭에 관해서는 합의에 이르지 못하여 전체적으로 해양법을 법전

---

3) D. P. O'Connell, *The International Law of the Sea*, Vol.1, Clarendon Press, 1982, pp.3-5 참조.

4) 박춘호·유병화, 해양법, 민음사, 1986, p.18.

화하기 위한 노력은 실패로 돌아갔다.[5] 그러나 일반적 국제조직인 국제연맹이 그 회의를 주도하였다는 점에서 해양법의 법전화에 있어 매우 중요한 의의를 갖는다.

### 나. 國際法委員會

UN헌장은 총회가 국제법의 점진적 발전과 그 법전화를 장려하기 위하여 그 연구를 발의하고 건의한다고 규정하고 있다(유엔 헌장 제13조). 이 임무를 달성하기 위하여 총회는 1947년에 국제법위원회(International Law Commission: ILC)를 설치하였는데, 이렇게 설치된 국제법위원회는 1949년부터 활동을 개시하여 1960년까지 국제법 전 분야에 걸친 19개 연구과제를 설정하여 이에 관하여 연구하고 초안을 작성하였다.

그 중에도 公海 및 領海제도에 관한 문제는 우선적으로 토의되어 1956년에 73개 조항에 달하는 해양법초안이 작성되었다. 국제법위원회는 이 초안을 총회에 보고하는 동시에 이것을 국제조약이나 기타 형식으로 명문화하기 위한 국제회의를 소집할 것을 건의하였다.

### 다. 제1차 海洋法會議

국제법위원회의 건의에 따라 제11차 UN총회는 제1차 국제해양법회의를 1958년에 Geneva에서 개최할 것을 결정하였다. 이 회의는 국제법위원회가 제출한 초안에 의거해서 9주간(1958.2.24~4.27) 계속되어, ① 영해 및 접속수역에 관한 협약 (The Convention on the Territorial Sea and the Contiguous Zone) ② 공해에 관한 협약 (The Convention on the High Seas) ③ 공해의 어업 및 생물자원보호에 관한 협약 (The Convention on the Fishing and Conservation of the Living Resources of the High Seas) ④ 대륙붕에 관한 협약 (The Convention on the Continental Shelf) 등 4개 협약을 채택하였다.[6] 이러한 4개 협약은 그때까지의 해양법에 관한 관습규칙을 전반적으로 성문화한 것으로 해양국제법의 법전화에 신기원을 이룩하였던 것이다. 그러나 이 협약은 영해에 있어서 핵심적 문제인 영해의 폭에 관한 규칙을 채택하지 못했다는 큰 결점을 남기고 있다.

5) D. P, O'Connell, op. cit., pp.20-21.
6) 동 협약 내용에 관하여는, I. Brownlie(ed.), Basic Documents in International Law, Oxford University Press, 1983, pp.85-121 참조.

### 라. 제2차 海洋法會議

제1차 해양법회의에서 결정하지 못한 영해의 폭에 관한 문제를 해결하기 위하여 1960년에 제2차 해양법회의가 Geneva에서 개최되었다. 이 회의에서는 영해의 폭을 6해리로 하고 그 외측의 6해리는 어업수역으로 하자는 강대국을 포함한 다수 국가의 주장과 영해를 12해리로 하자는 소수 국가의 주장이 대립되어 결국 결정을 하지 못하고 말았다.

그 후 해양법 분야의 국제관계가 급격히 변하여 얼마 되지 않아 1958년의 Geneva협약의 상당부분은 그 의미를 상실하게 되었다. 그러한 상황에서 특히 1967년 몰타(Malta)의 주 유엔대사인 Pardo 대사가 「해저자원의 평화적 공동개발 및 이용에 관한 제의」를 한 것이 매우 큰 파문을 일으켰다. UN총회는 이 제의를 받아들여 국가관할권 밖에 있는 심해저의 평화적 이용문제를 의제로 채택하고, 1968년에 이 문제를 전담할 '국가관할권 밖에 있는 深海底 및 海床의 평화적 이용에 관한 위원회'(Committee of the Peaceful Uses of the Sea-Bed and the Ocean Floor beyond the Limits of National Jurisdiction)를 설치하였다.[7] 그리고 이 위원회의 연구결과를 내용으로 총회는 1970년에 '국가관할권 밖에 있는 심해저·해상 및 그 지하를 지배하는 원칙'(Principles Governing the Sea-Bed and the Ocean Floor, and the Subsoil there-of, beyond the Limits of National Jurisdiction)을 선언하였다. 총회는 이 원칙을 선언하는 날에 제3차 UN해양법회의를 1973년에 개최하기로 결의하였다.

### 마. 제3차 UN海洋法會議

'국가관할권 밖에 있는 심해저 및 해상의 평화적 이용에 관한 위원회'는 1970년의 총회 결의에 의거하여 제3차 UN해양법회의를 개최할 준비작업을 3년간에 걸쳐서 하고 그 결과 1973년 12월 3일에 New York에서 그 제1기 회의가 개최됨으로써 제3차 국제해양법회의가 시작되었다. 이미 기술한 바와 같이 1958년 Geneva에서 개최된 제1차 UN해양법회의에서 4개의 해양법협약이 채택되었지만 그 후 급격히 변천하는 국제관계 속에서 해양법 분야의 새로운 요구를 충족시키기 위하여 해양국제법의 재정립이 시급히 요청되었기 때문에 제3차 UN해양법회의는 이 목적을 달성하기 위하여 개최된 것이다. 그리하여 제3차 UN해양법회의가 1973년 처음 개최된 이래 9년만에 1982년 4월 30일 표결에 부친 결과 찬성 130, 반대 4(미국·터키·이스라엘·베네수엘라), 기권 17로 해양법협약

---

7) UN, GA Resolution 2340(XXII).

이 채택되었다.

New York에서 1982년 9월 22일 개최된 최종회의에서는 해양법협약의 서명식을 1982년 12월 6일에서 10일까지 Jamaica의 Montego Bay에서 갖기로 결정하고 예정대로 Montego Bay 회의가 개최되어 1982년 12월 10일 역사적인 서명식이 있었다(119개국 서명).

총 320개 조문과 9개의 부속서 및 4개의 결의로 구성되어 있는 동 협약은[8] 60개국이 비준한 날로부터 12개월이 지나면 효력을 발생하며, 비준서는 UN사무총장에게 기탁하도록 되어 있다(해양법협약 제308조). 그런데 1983년 3월 15일부터 준비위원회가 개최되어 해양법협약은 사실상 그 기능을 발휘하였다.

[그림 6-1] 해양수역도

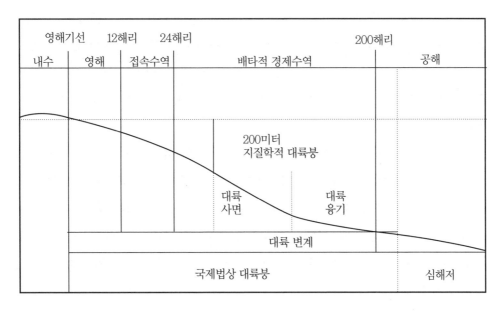

동 협약은 12년간의 조정기간을 거쳐 1994년부터 효력을 발생하기[9] 시작하여 명실상부한 바다의 헌법으로 그 자리를 잡아가고 있다. 대한민국은 동 협약을 1983년 3월 14일에 서명하였으며,

---

8) 상세한 협약 내용에 관하여는, United Nations, The Law of the Sea, United Nations Convention on the Law of the Sea, 1983 참조.

9) 동 협약의 효력발생 규정인 제308조에 의거 1993년 11월 16일 가나가 60번째로 비준서를 기탁함에 따라 1994년 11월 16일부터 발효되었다.

이후 1995년 12월 1일에 국회의 비준동의 절차를 거쳐 1996년 1월 29일 국제연합 사무국에 통고하였고, 1996년 2월 28일(조약 제1328호)부로 본격적으로 적용을 받게 되었다.[10]

## 제2절  內 水

### 1. 內水의 意義 및 通航

내수(internal waters)는 영해기선의 육지쪽 수역(해양법협약 제8조 1항)으로 항만, 만, 내해, 하천, 운하, 호수 등이 이에 해당된다. 내수는 국제법상 국가영토의 일부로 간주되기 때문에 연안국의 영토주권이 작용하는 주권영역이다. 따라서 이 수역내에서는 외국선박의 무해통항이 인정되지 않는다. 따라서 조난의 경우가 아닌 한, 외국 선박이나 항공기는 연안국 허가없이 내수로 진입하거나 내수상공을 비행할 수 없다. 그러나 예외적으로 연안국이 새로이 직선기선을 획정함으로써 종전에는 내수가 아니었던 수역이 새로이 내수로 편입된 경우에는 그 수역에 대하여 무해통항권이 인정된다(동 2항).

연안국은 특별히 조약에서 정한 것이 없는 한, 선박의 파손이나 해난 또는 식량 · 식수 · 연료 등의 결핍과 같은 불가항력의 경우를 제외하고, 외국의 군함은 물론 외국 상선에 대하여도 입항과 정박을 허용할 의무가 없다. 그러나 현재 각국은 조약상 근거 없이도 '상호주의'(reciprocal principle)에 의거하여 외국 선박의 입항을 인정하는 것이 보통이다. 외국 선박의 입항을 인정할 경우 입항세 및 시설 사용료를 부과할 수 있다. 단, 외국군함에 대하여는 이러한 부담을 과하지 않는 것이 원칙이다.

일반적으로 외교관계가 수립되어 있는 국가 사이에서는 「우호 · 통상 · 항해조약」(Friendship, Commerce and Navigation Treaty)에서 항구의 호혜적 이용관계를 정하고 있다. (예를 들어, 「한미통상항해조약」 제19조). 그리고 현재 항의 출입 사용과 편의의 향유 등 일반적 제도에 관하여는 1923년 「해항의 국제제도에 관한 협약」(Convention respecting the International Regime of Maritime Ports) 및 그 부속규

---

10) 우리나라는 1983년 세계 122번째로 동 협약에 서명하였고, 1995년 12월 1일 국회비준동의를 거쳐 1996년 1월 29일 세계 85번째로 비준서를 유엔에 기탁함으로서 국내에서는 1996년 2월 28일부터 협약이 발효되었다.

정에서 소상한 규정을 두고 있다.[11]


## 2. 內水에 있어서의 管轄權


연안국의 항만이나 내수에 입항한 외국선박은 연안국의 절대적 주권하에 놓이게 된다. 따라서 모든 외국선박은 연안국과의 명시적 합의가 없는 한 연안국의 국내법 규정 즉, 항해, 안전, 위생 및 항만행정에 관한 제반법규를 준수하여야 한다. 그러나 선박은 그 자체로서 특수한 법적 지위를 향유하므로 외국의 항구내에 위치하고 있을시 자국 즉, 旗國의 국내법 적용에서도 벗어날 수 없다. 따라서 연안국은 자국의 국익관련 사항만을 외국선박에 적용하고 그 선박의 내부적 사항에 관한 것은 기국의 법체계에 일임하기도 한다.[12]

그러나 '연안국의 이익'에 무관한 '내부적 사항'의 기준설정이 대단히 애매하여, 연안국에게 외국선박의 내부사건에 대한 영토적 관할을 인정한 사례도 있으며,[13] 외국선박의 선장이나 사고 선박의 기국영사가 요청할시 영토적 관할권을 행사하여 함내사건에 개입한 경우도 있다.[14] 또한 항내 외국선박내의 사건일지라도 그 선박 승조원 이외의 범인이 관련된 경우는 연안국의 관할권이 행사될 수 있으며, 일반 외국선박에 피난중인 혐의자를 연안국 경찰이 동 선박 안으로 추적하여 체포할 수 있다.[15] 그러나 외국선박이 조난 등 불가항력으로 연안국의 내수나 항내에 피항하였을 경우에는 상기에서 예시한 것과 같은 연안국 관할권의 일반원칙이 적용되지 않는다.

---

11) 최재훈(공저), 국제법신강, 박영사, 2004, p.335.

12) 사실상 자국 내수나 항구에 있는 외국선박에 대한 주권행사의 범위와 정도는 연안국마다 약간씩 차이가 있다. 이는 대체로 영미주의와 프랑스주의로 대별되는데, 영미주의에 의하면 외국선박에 대한 연안국 관할권은 완전한 것이지만 사안에 따라 재량으로 그 관할권의 행사를 보류할 수 있다는 것이다. 반면, 프랑스주의는 외국선박의 내부적 사항은 연안국 관할권에서 제외된다는 것이다.

13) 1877년 미국의 Wildenhus case, 120 US 1-18, 1887; 1922년 People vs. Wong Cheng case, *Annual Digest of Public International Law Cases, 1919-1922*, Case No. 73; 1894년 Public Minister vs. Jensen case; P. C. Jessup, *The Law of Territorial Waters and Maritime Jurisdiction*, Oceana, 1927, p.165.

14) Waston case, 1856; Sverre case, 1907, Jessup, *op. cit.*, pp.159-160.

15) 1949년 Eiser case에서 폴란드 국적의 Eiser를 영국 경찰이 영국항에 정박중인 폴란드 선상에서 체포한 사건이 그 한 예이다. Eiser case, 26 *British Yearbook of International Law*, 1949, p.468.

# 제3절　領海

## 1. 領海의 意義

영해란 국가의 영토에 접속하고 있는 일정범위의 수역으로서 연안국이 주권이 미치는 국가영역의 일부를 말한다. 영해는 원래 해양의 일부로서 어느 국가도 영유란 있을 수 없고 해양자유의 원칙이 지배했으나 연안국의 보호법익을[16] 위해 점차 오늘날의 영해제도가 확립된 것이다.[17]

## 2. 範圍

### 가. 領海의 輻

영해의 폭은 연안국의 주권이 미치는 범위이므로 연안국에게 매우 중요한 것이다. 따라서 해양강대국들은 영해의 폭을 될 수 있으면 좁게 결정하고자 했고, 후진국들은 반대로 영해의 폭을 넓게 하여 국가이익을 도모하려고 하여 이에 관한 많은 논의가 있어 왔다.

1702년 네덜란드의 Bynkershoek가 그의 해양주권론(De Domino Maris Dissertatio)에서 "국가의 권력은 무기의 힘이 미치는 곳에서 그친다"고 주장한 후, 이탈리아의 가리아니 및 아즈니가 대포의 착탄거리가 3해리이므로 3해리까지 영해로 해야 한다고 주장한 착탄거리설에서 영해 3해리설이 유래하였다.[18] 18세기 이후 영·미등 주요 해양국들이 3해리를 주장해 왔으나, 제1차 및 제2차 해양법회의를 거치면서 영해의 폭을 3해리에서 12해리로 확장하자고 주장하였다. 그러나 일부 남미국가들이 영해의 폭을 200해리까지 주장하여 혼란이 계속되었으나 경제수역의 등장으로 12해리 영해가 일반화되어 유엔해양법협약에서는 "모든 국가는 본 협약에 따라 결정된 기선으로부터 12해리를 초과하지 않는 한계까지 영해의 폭을 설정할 권리를 갖는다"(동 제3조)라고 명시적으로 12해리 영해를 인정하고 있다.

---

16)　예를 들면, 해적 등 해상범죄자 진압, 군사상 필요, 어업권 확보 등.

17)　대한민국은 1977년 12월 31일 영해법을 제정하여 1978년 4월 29일 대통령령 제894호로 그 시행을 하여 왔으며, 이후 신해양법협약의 등장으로 1995년 12월 6일 영해 및 접속수역법으로 개정하여 법률 제4986호로 공포되어 오늘에 이르고 있다.

18)　박춘호·유병화, op. cit., pp.18-19.

[표 6-1] 연도별 영해범위 주장현황

| 영해 범위 | 1958 | 1965 | 1974 | 1979 | 1983 | 1994 | 1997 | 2001 | 2008 |
|---|---|---|---|---|---|---|---|---|---|
| 3 해리 | 45 | 32 | 28 | 23 | 25 | 5 | 4 | 3 | 2 |
| 4-11 해리 | 19 | 24 | 14 | 7 | 5 | 5 | 4 | 4 | 7 |
| 12 해리 | 9 | 26 | 54 | 76 | 79 | 119 | 122 | 130 | 148 |
| 12 해리 이상 | 2 | 3 | 20 | 25 | 30 | 17 | 15 | 11 | 10 |
| 계 | 75 | 85 | 116 | 131 | 139 | 146 | 145 | 148 | 167 |

### 나. 領海基線

영해기선(baseline)은 영해의 폭을 측정하는 기준선으로, 실제로는 모든 해양수역의 경계선이 출발하는 기준선이다.[19] 따라서 이러한 기준선을 어떻게 긋느냐는 국가의 해양 이해관계 특히 해양수역 확보에 중대한 영향을 미친다. 영해기선에는 해안의 형태나 특성에 따라 달리 적용되는 두 가지 방식 즉 통상기선(normal baseline)과 직선기선(straight baseline)의 두 종류가 있다(동 제19조 2항).

### (1) 通常基線

해양법협약상 별다른 규정이 없는 한 연안국의 영해기선은 그 국가가 공식적으로 인정한 대축척 해도상에[20](1/50,000) 표시된 간조선 또는 저조선(low-water line)이다(동 제5조). 저조선은 해안(shore)과 저조(low-water)가 교차되는 부분으로 통상 해도상에 저조선을 표시하는 것이 일반적인 국가관행이다. 그러나 해도 축척이 너무 작아 고조와 저조를 해도상에서 구별하기 어려운 경우 또는 고조와 저조가 동일하여 조석의 변화가 없는 경우에는 표시하지 않는다.

---

19) 즉, 영해의 폭을 측정하는 기선이라는 용어는 접속수역, 배타적 경제수역 및 일부의 경우 대륙붕의 외측한계를 측정할 경우에도 동일하게 적용된다.

20) 해도는 항해용 수요에 부응하기 위하여 특별히 제작된 것으로, 수심, 해저지형의 특성, 해안의 특성 및 형상, 항해위험요소나 항해보조물 등이 표준양식으로 표기되어 있다.

[그림6-2] 직선기선

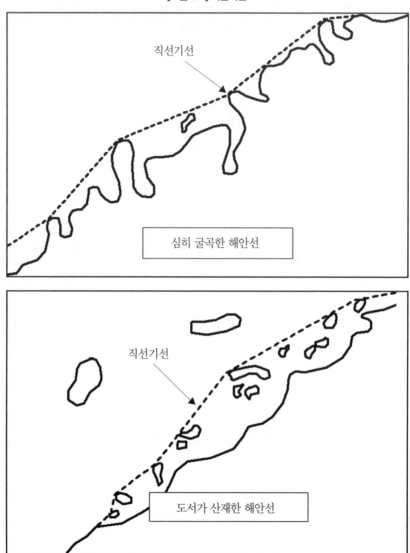

직선기선

심히 굴곡한 해안선

직선기선

도서가 산재한 해안선

이처럼 해양법협약에서는 공식적인 대축척 해도상에 표시된 간조선을 통상기선이라 하였음으로 이의 구체적인 내용은 각국이 어떤 한가지 방법을 채택하여 공식적인 대규모 해도상에 표시함으로써 확정된다.

## (2) 直線基線

### (가) 不安定한 海岸線

해안선의 굴곡이 톱니모양으로 복잡하거나 깊이 잘려 들어간 곳, 또는 해안에 인접한 근처에 섬들이 계속 연결되어 있으면 통상기선에 의한 영해측정이 어렵게 된다. 이 경우 적당한 외측점들을[20] 직선으로 연결하는 직선기준선을 사용하여 영해기준선을 그을 수 있는데, 이러한 방식의 사용을 직선기선에 의한 영해기선 설정방식이라 한다.

### (나) 設定要件

직선기준선을 긋는 경우에는 해안선의 굴곡이 심하여 만을 형성하거나, 인근해안을 따라 일련의 섬이 산재해 있는 지역일 것, 해안의 일반적 방향으로부터 현저히 벗어나서는 아니 되며, 기선내의 수역은 내수제도에 편입시킬 만큼 충분히 본토에 가깝게 연결되어 있어야 한다. 또한 등대 등의 항구적 시설이 설치되어 있지 않는 간출지는 기점에서 제외되며, 해안선이 복잡하여 직선기선을 사용하는 경우에는 관계지역의 독특한 경제적 이해관계를 고려하여야 하고, 다른 국가의 영해를 공해나 경제수역으로부터 단절시키는 일이 없도록 직선기선을 사용해야 한다(동 제7조). 이러한 기선사용으로 새로이 내수로 편입되는 수역에는 기존의 무해통항제도가 계속 유지된다(동 제8조 2항).

### (다) 問題點

유엔해양법협약의 해석상 직선기선 채택에 관한 연안국 재량가능성 다대, 기선길이 및 해안선의 일반적 방향에 대한 구체적 범위미정 등으로 연안국의 자의적인 직선기선 설정으로 인한 관할수역 확장방편으로의 이용현상이 뚜렷하게 나타나고 있어 그로 인한 직선기선 설정의 합법성 문제가 지속적으로 야기되고 있다.[22]

특히 우리의 주변국인 중국과 일본은 진 해안에 길져 직선기선을 채택하였으며 이 중 상당부

---

21) 이를 기점(basepoint)이라 하며, 직선기선 방식에서 하나의 직선기선은 공통점에서 또 다른 기선을 만나며, 하나의 선은 또 다른 기선을 형성하기 위한 점(point)에서 변환(turn)된다고 말할 수 있다. 그러한 점을 단순히 기점 또는 기선변환점(baseline turning point)이라 한다.

22) 그러나 직선기선 획정이 연안국 국내법에 따라 연안국의 의지대로 그을 수는 없다. 타국에 대한 획정의 타당성은 국제법에 의거한다. The Anglo-Norwegian Fisheries case, 1951 ICJ Reports, p.132 참조.

분이 해양법을 일탈한 직선기선으로서 그 위법성이 심각하게 제기된다. 이들 두 국가는 우리의 대향국가로서 이들의 직선기선 설정은 바로 우리의 해양관할수역 경계획정에 직접적인 영향을 초래하기 때문에 그 위법성이 엄격히 분석·비판되어야 한다. 왜냐하면 직선기선 설정요건은 기본적으로 자연조건이 충족된 바탕 위에서 설정상의 기술요건이 충족되어야만 합법성이 인정될 수 있으며, 동시에 일방적인 직선기선 설정으로 인접 또는 대향국과의 해양관할수역 경계획정에 불균형을 초래한다면 이 경우의 직선기선은 그 합법성을 인정받기가 대단히 어렵기 때문이다. 그렇다하더라도 일단 설정되어 시행중인 연안국의 직선기선은 이해당사국의 이의제기에 따른 국제사법기관이나 기타 분쟁해결절차에 의해 무효로 판정되기 전까지는 유효한 것으로서 그 준수를 할 수 밖에 없을 것이다.[23]

### (3) 灣

#### (가) 一般的인 灣

해양법협약은 영해기선과 관련하여 만의 특수성을 인정하고 있다. 만(Bays)이라 함은 그 연안이 단일국가에 속한 것으로 단순한 굴곡이 아니라 몰입정도가 심해서 만의 굴입부분의 자연적 입구 양단을 연결하는 폐쇄선을 긋고(만구폐쇄선), 그 선을 직경으로 하는 반원을 그렸을 때, 만 내부 수역의 면적이 반원의 면적보다 커야만[24] 한다(semi-circle test)(동 제10조 1, 2항).

---

23) 한국국적 장어잡이 어선 대동호가 1997년 6월 9일 동경 131도 47분 북위 35도 8분의 지점에서 통발을 이용한 장어잡이 혐의로 나포되었다. 대동호 나포지점은 일본 시마네현 하마다시에 있는 馬島 등대로부터 약 18.9해리 떨어진 곳으로 통상기선에 의할 경우에는 일본 연안으로부터 12해리 바깥에 위치하지만, 1997년 1월 1일부터 시행된 직선기선에 의할 경우에는 일본의 영해내에 위치하고 있어 일본의 영해법 위반이 된다. 동 사건의 1심판결에서 법원은 1965년 어업협정과 일본 신영해법이 저촉되는 경우에는 국제법이 국내법보다 우위의 효력을 가지므로 대동호가 나포된 지점이 신영해법상 일본의 영해라 하더라도 1965년 어업협정에 따른 일본의 어업수역 바깥인 경우에는 일본의 단속 및 재판관할권이 행사될 수 없다고 하여 공소를 기각하였다. 그러나 이 사건 항소심 재판에서 법원은 어업협정이 영해에 대한 일본의 주권행사를 제한하는 것이 아니므로 본건 수역에서의 일본의 단속과 재판권행사는 1965년 어업협정에 의하여 전혀 제한되는 바가 없으므로 일본이 재판관할권을 갖는다라고 판시하였다. 1심재판 판결은 법률신문, 1997년 9월 1일; 항소심 판결은 1998년 9월 11일 그리고 판결요지는 동아일보, 1997년 8월 18일 39면 참조.

24) 그러나 이러한 정의는 단순히 법적인 정의로 해양수역의 한계결정에만 적용 가능한 것이다. 따라서 이는 다른 곳에서 사용되는 지리적 정의와는 다르며 이것이 지리적 정의를 대신하는 것도 아니다.

[그림6-3] 반원 테스트

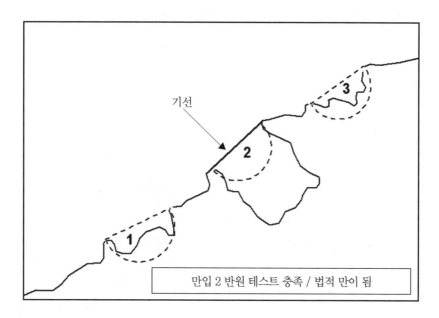

만입 2 반원 테스트 충족 / 법적 만이 됨

[그림6-4] 도서를 가진 만

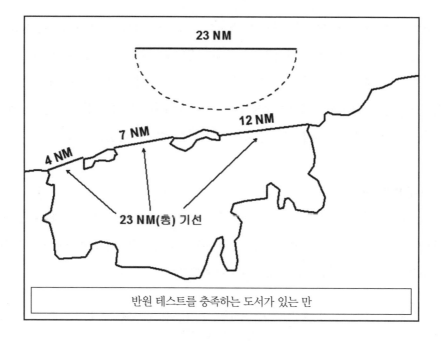

반원 테스트를 충족하는 도서가 있는 만

[그림6-5] 24해리 초과 만입을 가진 만

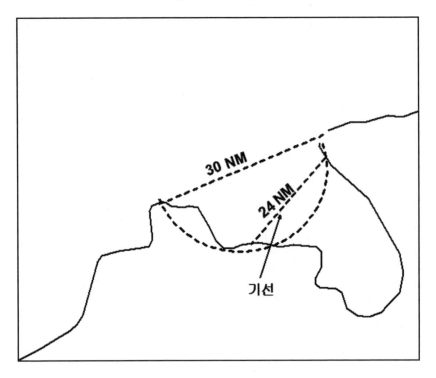

만의 입구에 섬이 존재하여 입구가 둘 이상인 경우에는 여러 개의 입구를 가로막는 직선을 모두 합한 길이를 직경으로 삼아서 반원을 그려야 하며 몰입수역이 이 반원 이상이면 된다. 만구폐쇄선의 길이가 24해리 미만인 경우에만 그것을 직선기선으로 하여 그 육지쪽 수역을 내수로 인정한다. 반대로 만구폐쇄선이 24해리를 초과하는 경우에는 24해리 직선기준선을 만 안에 긋되, 24해리 직선으로 가능한 최대범위의 수역을 포함하도록 해야 한다(동 제10조 3, 4, 5항).

### (나) 歷史的 灣

한편, 역사적 만[25]이나 해양법협약 제7조에 규정된 직선기선제도가 적용되는 경우에는, 동 협약 제10조의 만에 관한 규정이 적용되지 않으므로 24해리 원칙이 적용되지 않는다. 즉 그 만의 입구를 연결하는 선을 직선기선으로 하며, 그 길이에는 제한이 없다.

---

25) 역사적 만에 관한 제도는 관습법에 일임되어 있고, 그 이론적 근거로는 역사적 사실에 두고 있는데, 그 주된 요소로서는 장기간의 사용, 타국의 묵시적 승인 및 평화적이고 계속적인 사용 등이다.

역사적 만 주장의 국제적 기준을 충족하기 위해서 주장국은 이들 만에 대하여 공개적이며 유효한 장기간의 지속적 사용이 있어야 하며, 역사적 만으로의 사용에 대하여 외국으로부터 승인을 받아야 가능하다.[26]

### (4) 河口

하천이 직접 바다로 유입하는 경우 하천의 양제방의 저조선상 지점간의 河口[27]를 가로질러 연결하는 직선을 기선으로 한다(동 제9조). 해양법협약은 이 직선의 길이에 대한 언급을 하고 있지 않다. 강어귀나 만이 하구보다 반드시 더 넓어야 하므로, 하구를 가로지르는 직선기선은 만에서 허용되는 최대길이보다 더 길어서는 아니 된다. 하구에 적용되는 기선은 지리적 좌표목록이나 해도로 공개되어야 한다.

강이 흐름의 모양을 계속 똑같이 유지하면서 바다와 만나면 해안선을 하구(river mouth)에 까지 연결시킨 것이 강과 바다의 경계선이 되나, 만이나 강어귀(estuary)에서 바다와 만나는 경우에는 경계선이 모호하기 때문에 영해기준선 설정이 필요하다.

### (5) 港口

영해의 경계획정과 관련하여 항만제도의 불가분을 이루는 최외측 항만시설, 즉 부두나 방파제 등은 해안의 구성부분으로 본다.[28] 그러나 근해시설 또는 인공도서는 항만시설로 간주되지 않는다(동 제11조). 따라서 영해폭을 측정하는 기선의 일부로 사용될 수 없다.

---

**26)** 현재 약 20개국이 역사적 만을 주장하고 있으며, 특히 중국의 발해만(45해리 만구폐쇄선), 러시아의 피터대제만(120해리 만구폐쇄선) 등이 역사적 만으로 주장되고 있다. 예를 들면, Hudson Bay (Canada), Mississippi Sound (USA), Long Island Sound (USA), Santo Domingo Bay (Dominican Republic), Bay of Escocesa (Dominican Republic), Gulf of Fonseca (El Salvador, Honduras), Gulf of Panama (Panama), Rio de la Plata (Argentina, Uruguay), Gulf of Sidra (Libya), Gulf of Riga (Russia), White Sea (Russia), Bay of Cheshsk (Russia), Bay of Bajdaratsk(Russia), Bay of Penzhirisk (Russia), Peter the Great Bay (Russia), Gulf of Tonkin – western portion(Vietnam), Gulf of Thailand – eastern portion(Vietnam), Bight of Bangkok (Thailand), Gulf of Thailanda (Cambodia), Palk Bay (India, Sri Lanka), Gulf of Manaar (India, Sri Lanka), Ungwana Bay (kenya), Anxious Bay (Australia), Rivoli Baya (Australia), Encounter Bay (Australia), Lacepede Bay (Australia)

**27)** 하구는 강의 입구로서, 즉 바닷물과 민물이 만나는 지점을 말한다.

**28)** 이외에도 방파제, 선창, 기타 항구시설 및 부두, 보호목적으로 강이나 입구해안을 따라 만든 岸壁 등이 항구제도에 속한다.

### (6) 碇泊地

한편, 선박의 積荷, 揚荷 및 정박을 위해 사용되는 정박지(roadsteads)는 영해의 외측한계 밖에 있는 경우에도 영해에 포함시킨다(동 제12조).

정박지는 선박이 안전한 위치에 정박하도록 설정한 해안근처 지역을 말한다. 통상적으로 정박지는 하역, 적재 및 선박의 정박을 목적으로 사용되며, 그 전부 또는 일부가 영해의 외측한계 밖에 존재하는 경우에도 영해내에 이를 포함시킨다. 대부분의 경우, 정박지는 자연적인 지리적 한계로 명백히 경계되지 아니하며, 그 지리적 위치는 해도상 지명위치로 표시된다. 그러나 유엔해양법협약 제12조(정박지)가 적용될 경우에는 해도상에 표시되거나 지리적 좌표목록으로 기술되어야 한다.

### (7) 國家慣行

1951년 영국-노르웨이 어업분쟁사건[29]의 판결 이래 1958년 영해 및 접속수역에 관한 제네바협약(영해협약) 및 1982년 유엔해양법협약 규정들은 통상기선에 대한 예외적 방식으로 특수한 지리적 조건이 있을 시 직선기선 방식의 채택을 인정하고 있다. 그러나 직선기선에 대한 상당부분, 즉 만, 하구, 간출지 등에 있어서의 기선획정에 관한 관습법은 여전히 불명확한 상태에 있으며, 관련 조약법 역시 구체성이 결여된 애매성과 모호성을 내포하고 있어 연안국들에 의한 직선기선 설정시 상당한 재량을 발휘할 수 있는 여지를 남기게 되었다.[30] 따라서 기선설정에 관한 각국의 태도 및 해양법협약 규정에 대한 해석이 상이하게 나타나는 결과를 가져와 이에 관한 국가관행이 여전히 일치하지 않음을 알 수 있다.

그러나 연안국이 어떠한 종류의 기선을 채택할 것인가에 관한 선택적 재량이 있다하더라도 직선기선, 만, 하구 및 간출지 등의 기선획정시 연안국의 행위는 국제법칙에 의거하여 획선한 경우에만 그 유효성을 인정받게 된다. 왜냐하면 연안국이 일방적으로 기선을 선포한다 하여도 타국

---

29) ICJ Reports, 1951, Anglo-Norwegian Fisheries case. 동 사건에서 법원은 직선기선 방식의 국제법상 적법성을 선언하여, 지리적인 특성을 중시하고 Skjaergaad는 노르웨이 본토의 연장이라고 보아 육지영토의 최외측을 연결한 직선기선이 노르웨이의 영토와 바다를 구분하는 기선이 되어야 한다고 보았다. 그러나 연안국이 직선기선 획정방식에 관하여 무제한의 재량을 누리는 것은 아니라는 점과 이러한 획정에 적용될 조건을 명시하였다.

30) 특히 미얀마는 직선길이가 222해리가 되는 것도 있고 육지영토로부터 기선까지의 거리가 75해리나 되는 것도 있다. Limits in the Seas, No.14 (1970).

과의 관계에서 그러한 기선획정의 유효성은 국제법이 정하는 바에 달려 있기 때문이다.[31]

### (8) 우리나라의 領海基線

대한민국 영해법은 영해의 폭을 측정하기 위한 통상기선으로 공식적으로 대축척 해도에 표시된 해안의 저조선과 지리적 특수사정이 있는 수역에서의 직선기선을 기선으로 설정한다고 규정하고 있다(영해 및 접속수역법 제2조).

[지도 6-1] 한국의 직선기선 및 기점

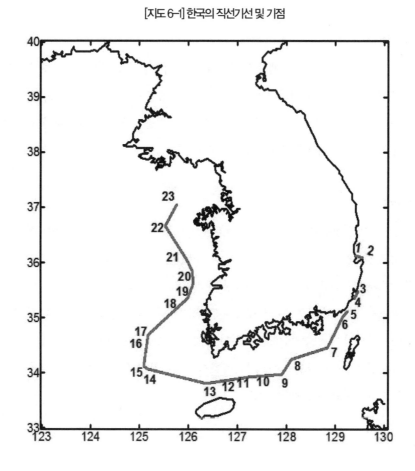

---

31) ICJ Reports, Anglo–Norwegian Fisheries case, 1951, p.132.

## 3. 領海의 法的 地位

### 가. 一般的 地位

영해에 대하여 연안국은 주권(sovereignty)을 행사할 수 있으며, 이러한 권리는 영해의 상공 및 해저에까지 미친다(동 제2조). 그러나 영해는 해상교통의 필수통로이므로 외국선박에게 영해를 통항할 수 있는 권리를 부여하는 이른바 무해통항제도 등이 인정되어 육지영토와 같은 완전한 영토주권을 향유하지는 못한다.

### 나. 島嶼 및 巖石

도서(islands)는 육지영토처럼 자체의 영해를 갖는다. 해양법상 도서란 만조시에 수면상에 있고, 물로 둘러싸인 자연적으로 형성된 육지지역을 말한다(유엔해양법협약 제121조 1항). 암석(rocks)은 사람이 거주를 지속할 수 없거나 그 자체의 경제생활을 영위할 수 없는 도서를 말한다. 암석이 만조시 수면상에 있다면 그 자체의 영해를 갖는다(동 3항).[32]

### 다. 干出地

한편, 자연적으로 형성된 육지로서 밀물시에도 수면상에 노출되어있어야 하는 섬은 수면으로 둘러싸이고 간조시에 수면위에 출현하나, 만조시에는 수면하에 있는 이른바 간출지(low tide elevation)[33]와는 다르다. 섬은 육지영토와 동등한 법적 지위를 향유하여 정상적인 영해를 향유하나, 간출지의 경우는 간출지의 전부 또는 일부가 본토 또는 도서로부터 영해폭을 초과하지 않는 거리에 위치하는 경우에만 그 간출지상의 저조선이 영해폭을 측정하는 기선으로 사용될 수 있다. 그러나 간출지의 전부가 본토 또는 도서로부터 영해폭을 초과하는 거리에 위치하는 경우에는 그 자체의 영해를 갖지 아니한다(동 제13조 1, 2항).

---

32) 그러나 배타적 경제수역 또는 대륙붕을 향유할 수는 없다.

33) 간출지는 일반적으로 乾砂洲(drying bank) 또는 암석(rock)으로 기술되는 법적 용어이다. 따라서 이들은 도서와 구별되게 해도상에 표시되어야 한다.

### 라. 人工島 및 沿岸 施設物

인공도 및 연안 시설물 등은 해양과학조사나 조수관찰 등의 목적으로 시설 또는 설치될 수 있으나, 영구항만시설로 고려되지 않기 때문에 그 자체의 영해를 향유하지 않는다(동 제11조 및 제60조 8항). 또한 인공도 및 연안 시설물 등은 도서의 지위를 갖는 것도 아니므로 역시 자체의 영해를 향유하지도 아니하며 영해 경계획정에 영향을 주지도 아니한다.

## 4. 우리나라의 領海

### 가. 範圍

한국의 영해법은 1977년 12월 31일에 제정되었고(1978.4.30 시행, 1995.12.6 개정), 그 다음해인 1978년 9월 20일에 영해법시행령이 제정되었다. 동 법에서는 영해의 범위는 12해리로 하고 일정수역에서는 12해리 이내에서 영해의 범위를 따로 정할 수 있다고 규정하고 있는바(영해 및 접속수역법 제1조) 이는 대한해협이 국제수로로서 갖는 특수한 지위에 따라 선박통항의 자유를 가능한 보장해주려는 조치로 보인다.

1995년 영해 및 접속수역법에 따라 대한해협에서는 1.5미터암(북위 35도 09분 59초, 동경 129도 13분 12초), 생도(북위 35도 02분 01초, 동경 129도 05분 43초) 및 홍도(북위 34도 31분 52초, 동경 128도 44분 11초)를 차례로 직선기선으로 연결하여 그 외측 3해리를 영해로 유지하고 있다(영해 및 접속수역법 제1조 및 동법 시행령 제3조).

### 나. 領海 境界線

인접 또는 대향국과의 경계선에 관하여, 한국의 영해와 인접하거나 대향하고 있는 국가와의 영해경계선은 관계국과의 별도 합의가 없는 한 양국의 중간선으로 한다.[34]

---

**34)** 영해 및 접속수역법 제4조. 중간선은 양국 또는 그 이상의 국가의 기선상 최근점으로부터 등거리에 있는 모든 점을 연결한 선을 말한다.

[지도 6-2] 대한해협 영해

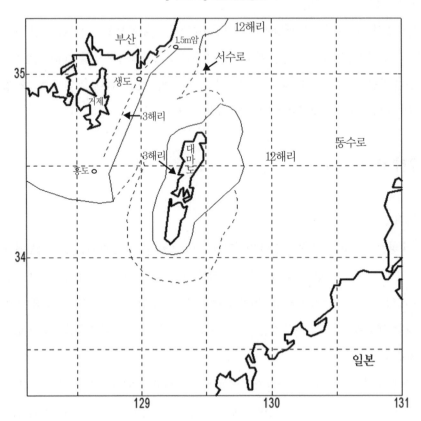

## 5. 無害通航權

### 가. 意義

무해통항(innocent passage)이란 영해내에서 외국선박이 연안국의 권리를 저해하거나 위협함이 없이, 즉 연안국의 평화(peace)·질서(good order)·안보(security) 등 국가의 제반 이익을 침해하지 않는 한 자유로이 항행할 수 있는 권리를 말한다(해양법협약 제19조 1항). 여기서 통항이란 영해를 통과하거나, 연안국의 내수로 출입할 목적으로 영해를 통과하는 항행을 말하며, 이러한 통항은 신속하고 계속적이어야 한다. 다만 통상적인 항해에 부수적이거나 불가항력 또는 조난이나 위험 또는 조난사태에 있는 사람, 선박 또는 항공기를 구조하기 위한 목적의 정선과 투묘는 통항에 포함된

다(동 제18조).[35]

무해통항 중 수심이나 조류를 측정할 경우 목적자체가 안전항행을 위한 것으로 판단될 경우 무해통항으로 간주할 수 있으나, 안전항행을 가장한 조사활동은 유해통항으로 간주된다. 외국선박의 우리 영해내 긴급피난시도 영해내 불가항력이나 조난에 의한 불가피한 정선과 투묘는 통항으로 간주되나, 피난요건의 불충족 등의 경우는 유해통항으로 간주된다.

## 나. 船舶의 類型에 따른 無害通航

(1) 商船 : 상선은 완전한 무해통항권이 인정된다.

(2) 漁船 : 외국어선은 어업금지를 위한 연안국 법령을 준수할 것을 조건으로 무해통항권이 인정된다.[36]

(3) 特殊船舶 : 핵추진선박 또는 위험하거나 유독한 물질을 수송하는 선박은 문서의 휴대 및 국제적 협정에 따라 마련된 특별예방조치의 준수를 조건으로 무해통항권이 인정된다.[37]

(4) 公船: 외국의 정부선박 중 상업목적으로 사용되는 선박은 상선과 같이 무해통항권이 인정

---

35) 피난요건의 불충족 여부는 연안국이 결정.

36) 영해내에서 조업중인 외국어선 발견시 즉시 해경이나 관할수역 경비중인 군함에게 신고하여야 하며, 이들 불법어로선박에 대하여 연안국 관헌은 나포 및 필요한 법적 절차를 개시할 수 있다.

37) 유엔해양법협약 제23조. 동 협약에서 요구하는 '서류'라 함은 국제해상인명안전협약(International Convention for the Safety of Life at Sea: SOLAS, 1974) 제7장 제5조의 서류 즉 "① 화물의 명칭이 등재되어 있는 해상위험화물 운송에 관련된 모든 서류에는 그 화물의 정확한 기술적 명칭이 사용되어야 한다. ② 荷主에 의하여 작성된 선적서류는 운송을 위한 선적화물이 적절히 포장되고 표시 또는 명찰이나 꼬리표를 붙이고 또한 운송을 위한 적합한 상태에 있음을 나타내는 서명된 증서 또는 확인서가 포함되거나 또는 수반되어야 한다…" 또한 제8장 제7조의 안전평가서 즉, "① 해상 또는 항내에서 선원, 여객, 대중, 수로, 음식물 또는 수자원에 대하여 부당한 방사선, 기타 위험이 발생하지 아니하도록 하기 위하여 원자력 시설 및 선박의 안전성을 평가할 수 있도록 안전평가서를 작성하여야한다. ② 안전평가서는 원자력선이 방문하고자 하는 국가의 당사국 정부에 대하여 이들 정부가 선박의 안전성을 평가할 수 있도록 충분한 여유를 가지고 사전에 제공하여야 한다." 그리고 제8조의 조작안내서, 즉 "원자력시설의 조작에 관한 모든 사항 및 안전에 중요한 관련을 가진 모든 사항에 대한 조작원의 직무상 정보와 지침을 위하여 상세히 기술된 조작 안내서를 작성하여야 한다. 주관청은 충분하다고 인정할 때는 이와 같은 조작 안내서를 승인하여야 하며 또한 그 선내에 그 조작 안내서의 사본을 비치하여야 한다." 또한 제10조의 승명서 즉 ④ 원자력여객선 안전증서 및 원자력화물선 안전증서에는 "원자력선인 이 선박이 이 협약 제8장의 모든 요건에 적합하고 또한 본 선박에 대하여 승인된 안전평가서와 일치하고 있음"이라고 기재되어야 한다. ⑤ 원자력여객선 안전증서와 원자력화물선 안전증서의 유효기간은 12개월을 초과하여서는 아니 된다. ⑥ 원자력여객선 안전증서 및 원자력화물선 안전증서는 주관청 또는 주관청으로부터 정당하게 권한을 부여받은 사람 또는 단체에 의하여 발행되어야 한다. 어떠한 경우에도 주관청은 해당증서에 대하여 전 책임을 진다. 또한 '국제협정'에는 SOLAS 협약과 1962년 원자력 운항자의 책임에 관한 협정(Convention on the Liability of Operators of Nuclear Ships) 등이 있다. 그리고 '특별예방조치'란 주로 SOLAS 협약에 규정된 안전조치와 같은 것들을 말한다.

된다. 비상업목적으로 사용되는 공선은 종래 관행으로는 군함과 같이 취급했지만 무해통항에 관한 한 상선과 동일하게취급하고 있다.[38]

(5) 潛水艦 : 잠수함이 외국의 영해를 통항하는 경우에는 부상하여 항행하여야 하며, 자국 국기를 게양해야 한다(동 제20조).[39] 군함인 잠수함이 영해내 잠항시 해양법협약상 퇴거요구를 할 수 있을 뿐, 더 이상의 구체적 절차를 진행하기가 어려운 것이 현실이다. 특히 잠수 항행하는 잠수함은 탐지가 어렵고 따라서 그 행위예측이 불가능하기 때문에 연안국으로서는 치명적인 공격을 당할 수 있는 위험성이 항상 존재하고 있다. 따라서 일부 국가들은 국내법령으로 영해내에서 탐지된 모든 적 잠수함은 즉시 공격한다고 규정하는 경우도 있다.[40]

(6) 軍艦 : 군함의 통항은 통항 그 자체가 연안국 안보를 해하는 것으로 간주하여 통항에 있어서의 사전통고 또는 사전허가를 조건으로 영해통항을 주장하기도 하나, 이러한 규제장치가 명시적으로 해양법협약 규정에 포함되지 않았기 때문에 현 해양법상 군함의 사전통고제도 또는 사전허가제도의 법적 근거에 관하여는 논란의 여지가 있다.[41]

---

**38)** 그러나 급증하는 공해문제와 그 위험을 인식하여 연안국의 규율 및 통제권한을 강화시키고 있는바, 즉 공선이라 하더라도 항해안전과 해상교통규칙, 항해설비 등의 보호, 해저케이블 등의 보호, 해양생물자원의 보존, 연안국 어업규제 위반의 예방, 연안국 환경보호, 해양과학조사, 연안국의 관세·재정·출입국 관리·보건규칙위반 예방 등을 이행하여야 한다. 비상업용 목적의 정부선박은 세관선, 어로지도선, 해양과학조사선 등을 말하며, 상업용 정부선박은 정부가 국제거래 또는 특정 화물수송 목적으로 사용하고 있는 선박으로 단순 운송업무에만 종사하는 일반상선과 동일한 법적 지위를 갖는다.

**39)** 1981년 10월 27일 스웨덴의 Karlskrona 해군기지에서 15km 떨어진 스웨덴 비밀지하군사시설물 근처 항행금지구역(12해리 영해내)에서 소련의 Whisky 급 잠수함 1척(Hull No.135)이 좌초되어 발견되었다. 이 사건에서 스웨덴 정부는 동 잠수함을 영해침범 및 첩보수집의도가 있는 침입이라고 판단 문제해결을 위한 4가지 요구를 제시하였다. 즉, ① 침입잠수함에 대한 스웨덴의 충분한 조사 ② 침입사건에 관한 소련의 공식사과 표명 ③ 침입잠수함의 스웨덴 내항 예인 ④ 해난구조 비용의 지불 등이다. 이에 소련측은 잠수함과 승무원의 송환조건을 원칙으로 이 요구를 승낙한다는 의사를 통고하였다. 동 사건에서 소련은 해난구조 등 재산적 손해배상으로 658,000달러를 스웨덴에 지급하였으며, 정신적 손실에 관하여는 공개적인 사과를 스웨덴에 전달하였다. 동아일보, 1981.10.31; 한국일보, 1981.11.1 참조.

**40)** 일반적으로 접촉된 수중잠수함을 부상시키는 방법으로는, ① 계속 잠수함 접촉을 유지하여 추적하는 방법 ② 미해군전술교범에서 규정하고 있는 'Uncle Joe's Procedure'로서 TNT나 수류탄을 2초 간격으로 5회 투하하여 수중경고음파신호를 보내어 즉시 부상할 것을 요구하고, 그렇지 않으면 공격받을 것임을 알리는 절차로서, 미국과 NATO 국가 잠수함들은 이 절차를 숙지하고 또한 따르고 있다. D. P. O'Connell, The Influence of Law on Sea Power, Manchester University Press, 1975, p.144.

**41)** 약 35개국이 자국 국내법령으로 외국군함의 영해통항에 있어 사전통고 또는 사전허가를 요구하고 있다. 1985년 3월 21일 중국어뢰정 1척(3213호)이 산동반도 동쪽 20해리 해상에서 선상반란이 일어나 한국의 흑산도 근해에서 표류하게 되었다. 동년 3월 23일 실종된 어뢰정 탐색차 3척의 중국 경비함이 하왕등도 근해의 한국영해내로 진입하는 사건이 발생하였다. 이 사건에서 한국 정부는 중국군함의 영해침범에 대하여 엄중한 항의성명을 발표하였으며, 중국은 부주의로 한국영해 진입사실을 인정하는 공식 사과각서를 한국측에 전달하였다. 한국은 이 사과를 받아들이고 양국 중간지점인 공해상에서 어뢰정과 승무원 전원을 중국에 인계하였다.

### 다. 有害通航의 實例(동 제19조 2항)

(1) 연안국의 주권과 영토 보전 또는 정치적 독립에 반하거나, 유엔 헌장상의 국제법 원칙에 위반하는 방법에 의한 무력위협 또는 행사

(2) 모든 종류의 무기를 사용하는 훈련 또는 연습

(3) 연안국의 방위나 안전을 침해하는 정보수집행위

(4) 연안국의 방위나 안전에 영향을 미치는 선전행위

(5) 항공기의 선상 발진·착륙·탑재

(6) 군사장비의 발사·착륙·탑재

(7) 연안국의 관세[42]·재정[43]·출입국관리[44]·위생[45] 관련 법령에 위반하는 물건의 積荷·揚荷, 사람의 승선·하선

(8) 유엔해양법협약을 위반하는 고의적이고 중대한 오염행위[46]

(9) 어업활동

(10) 조사·측량 활동[47]

(11) 연안국의 통신체계나 시설의 사용을 방해하는 행위

(12) 통항과 관련 없는 기타의 행위

### 라. 有害通航 船舶 處理

외국선박의 유해통항시 연안국은 통항의 일시적 정지를 요구할 수 있으며 이에 불응시 정선, 검색, 나포 등 기타 필요한 조치가 가능하다(동 제25조). 연안국의 제반조치에 불응하고 도주하는 선박에 대하여는 제3국 영해 진입전까지 추적권 행사가 가능하다(동 제111조). 단, 외국군함이나 비상업용 정부선박 및 승선자의 법령위반시는 이의 시정 또는 영해 퇴거요구만이 가능하다(동

---

42) 금지품 수출입, 무면허 수출입, 밀수전용 운반기구사용 등.

43) 국유재산의 정당 사유없이 사용, 국가가 정한 물품의 성분·함량·구조 등에 위반되는 물품.

44) 외국인이 유효한 여권없이 입국·출국 미심사.

45) 유해식품, 유독기구 수입 등.

46) 기름, 유해액체물질 및 폐기물 등의 배출 등.

47) 파도, 조류, 조수, 자장 및 열전도 조사; 생태계 조사; 해저침전물, 지형 및 지층구조 조사 등. 무해통항 중 수심이나 조류를 측정할 경우 그 목적 자체가 안전항행을 위한 것으로 판단된 경우 무해통항으로 간주되나, 안전항행을 가장한 조사활동은 유해통항으로 간주하여 제반조치가 가능하다.

제30조).

## 마. 沿岸國의 權利

### (1) 法律 · 規則 制定權

연안국은 영해내 무해통항과 관련하여 항행의 안전, 해저전선 · 송유관의 보호, 생물자원의 보존, 해양과학조사 및 수로측량, 어선 및 연안질서의 침해방지 등에 관한 법률과 규칙을 제정할 수 있는 권리가 있고 이에 대응하여 외국선박은 무해통항권을 행사함에 있어서 그러한 법률과 규칙을 준수해야 할 의무가 있다.

연안국 법령의 구체적인 내용은 (1) 항행안전과 해상교통규칙, (2) 항로표지 등의 항행지원시설 보호, (3) 해저전선 및 관선 보호, (4) 해양생물자원 보존, (5) 연안국 어업법령 위반 방지, (6) 연안국의 환경보전, (7) 해양과학조사 및 수로측량, (8) 연안국의 관세 · 재정 · 출입국 · 위생관련 법령위반의 방지 등이다(동 제21조).

따라서 연안국의 영해를 통항하는 외국선박은 연안국이 제정하여 시행중인 법령과 일반적으로 승인된 국제해상충돌예방규칙(International Regulations for Preventing Collisions at Sea, 1977.7.15 발효)을 준수해야 한다. 또한 핵추진선박과 핵 또는 유해물질 적재선박은 무해통항권을 행사함에 있어서 관련서류를 비치하고 국제협약으로 확립된 특별예방조치를 준수해야 한다.[48]

### (2) 航路指定 및 通航分離制度 實施權

연안국은 항행의 안전에 필요한 경우에 무해통항권을 행사하는 외국선박(특히 유조선, 핵추진선박, 핵 또는 위험 · 유독물질 수송선박)에 대하여 지정된 항로(sea lane)나 통항분리제도(traffic separation scheme)를 따르도록 요구할 권리가 있다.[49]

---

**48)** 여기서의 국제협약이란 1974년 국제해상인명안전협약(International Convention for the Safety of Life at Sea: SOLAS, 1977.7.15 발효)을 말하며, 관련서류란 SOLAS 협약에서 규정하고 요구하는 증서를 말한다.

**49)** 유엔해양법협약 제22조. 항로대와 통항분리제도를 지정 · 실시함에 있어서 연안국은 권한 있는 국제기구의 권고를 참작하여야만 한다. 여기서 "권한 있는 국제기구"라 함은 주로 국제해사기구(IMO)를 말한다. 또 연안국은 관습적으로 국제항행에 빈번히 이용되는 주요 항로와 그 항로를 통과하는 특정선박들의 특성 및 그 항로에서의 교통량의 밀도 등도 고려하여 지정해야한다. 연안국이 지정하여 실시하는 항로대와 통항분리대는 해도에 명시하고 적절히 공시하여야 한다. 이들 항로대와 통항분리대의 설정에 있어 국제해사기구의 관여는 국제해협인 경우에는 좀더 구체적이 된다. 항로의 폭이 최소한 얼마가 되어야 한다는 규정은 없으며, 군도수역 항로의 경우만 50해리로 특정되어 있다. 유엔해양법협약 제53조 5항.

즉, 연안국이 항로를 지정하고 통항분리제도를 실시함에 있어서 관련 국제기구의 권고, 동 해로가 국제항행을 위해 관습적으로 이용되고 있는지의 여부, 특정 선박 및 항로의 특별한 성격 유무, 항행선박의 집중도(동 제22조 3항) 등을 고려하여야 한다.

### (3) 保護權

연안국이 영해내에서 자국의 안전과 이익을 보호할 수 있는 권리를 갖는 것은 주권국가로서 당연히 인정된다. 따라서 연안국은 무해하지 아니한 통항을 방지하기 위하여 필요한 절차를 취할 수 있는데, 이러한 권리를 연안국의 보호권이라 한다.[50]

또한 연안국은 외국선박에 차별을 하지 않고 영해의 특정수역에 있어서 외국선박의 무해통항을 일시적으로 정지할 수 있다. 그러나 그러한 정지는 연안국의 안전보호에 불가결한 경우에 한하고 정당히 공시한 후가 아니면 실시할 수 없으며, 국제해협을 통과하는 외국선박의 무해통항은 이를 정지할 수 없다.[51]

### 바. 沿岸國의 義務
### (1) 妨害禁止

연안국은 외국선박의 영해 무해통항을 방해해서는 안 된다. 즉 연안국은 무해통항을 사실상 거부하거나 침해하는 결과를 초래하는 어떠한 부담도 부과해서는 아니 되며 특정국가의 선박 또는 특정화물의 적재국·선행국·소유국간에 차별해서는 안 된다. 따라서 무해통항권을 부정하거나 방해하는 실제적 효과를 갖는 의무를 외국선박에 부과해서는 아니 되며, 특정한 국가의 선박

---

50) 연안국은 선박이 내수를 향해 항행하는 경우, 내수외측의 항만시설에 들어오는 경우, 당해선박이 내수에 들어가기 위해 또는 항만시설에 들어오기 위해 따라야 할 조건 등의 위반을 방지하기 위하여 필요한 조치를 할 권리를 갖는다. 유엔해양법협약 제25조 2항.

51) 외국선박의 무해통항의 일시적 정지는 첫째, 특정구역(specified areas)에서만 가능하다. 둘째, 자국의 안전을 보호하기 위해 필수불가결한(essential for the protecting of its security) 경우라야 한다. 여기에서 필수불가결한 것이라고 함은 압도적인 이유(compelling reason)가 있는 것을 말한다. 셋째, 외국선박간에 차별없이(without discrimination amongst foreign ships) 행해져야 한다. 따라서 동맹관계 또는 기타 밀접한 관계에 있는 국가의 선박에 대해서는 유리한 취급을 하고 그 밖의 외국선박에 대해서는 불리한 취급을 할 수 없다. 자국선박과 외국선박간의 차별은 무방한 것으로 보인다. 넷째 그러한 조치는 일시적으로(temporarily) 하는 것이어야 한다. 따라서 장기간에 걸친 영속적인 것이 되어서는 안 된다. 다만 처음부터 기간을 정해야 하리라고는 보지 않는다. 다섯째, 그러한 조치는 정당하게 공시된 후에라야만 효력을 갖는다. 그러나 일시적이라는 말은 반드시 특정한 기간을 의미하는 것은 아니며, 만일 이러한 제한을 삭제한다면 장기간의 또는 무기한의 정지가 가능하며 국제항행을 크게 손상할 우려가 있게 된다.

이나 특정한 국가에 대해, 특정한 국가로부터 또는 특정국가를 위해 화물을 운반하는 선박에 대하여 형식상 또는 사실상의 차별을 하는 것이 금지된다(동 제24조 1항).

### (2) 危險公示

연안국은 자국 영해내에서 탐지한 항행상의 위험을 적절히 공시해야 할 의무가 있다.[52] 한편, 연안국의 협약상 의무는 아니나 연안국은 영해통항을 위한 기본적 항해시설 예를 들면, 등대, 부표, 항해보조물 및 인명구조설비 등을 유지·제공해야 할 것으로 보인다.

### (3) 過徵禁止

연안국은 영해를 단순히 통과만하는 외국선박에 대하여는 부과금 즉, 이른바 통항세를 징수할 수 없다. 이는 외국영해를 통항하는 선박에게 무해통항권이 법적으로 인정되고 있기 때문이다. 그러나 영해통항 중 연안국의 특별한 역무가 제공되는 경우에는 부과금을 징수할 수 있다(동 제26조). 이 경우도 통항하는 외국선박과의 합의로서만 부과금이 수수될 수 있으며, 또한 이 부과금은 선박간에 차별이 없어야 한다.

### 사. 航空機의 上空飛行
#### (1) 領海上空 無害飛行

영해 상공에서는 당사국간 특별협정이 없는 한 군용항공기의 무해비행권이 인정되지 않기 때문에 연안국은 자국 영역상의 공간에 있어 완전하고도 배타적인 주권을 향유한다(시카고협약 제1조). 그러나 민간항공기는 당사국간 특별협정 또는 기타 방법에 의한 허가를 받고 비행권을 인정받을 수 있다(동 제3조 3항).[53]

---

52) 유엔해양법협약 제24조 2항. 1946년 10월 영국 군함이 알바니아 영해인 콜푸해협을 통과 중 유고슬라비아가 부설한 기뢰가 폭발하여 영국군함에 손상을 입힌 Corfu Channel 사건에서 위험공시의무의 한 예를 찾을 수 있다. 동 사건의 판결에서 국제사법재판소는 비록 유고슬라비아에 의해서 부설된 기뢰라 할지라도 알바니아가 그 위험성을 영국군함에 대하여 경고하지 않은 알바니아의 부작위책임을 면할 수 없으므로 알바니아에게 손해배상책임이 있다고 판시하였다. ICJ Reports, 1949, pp.4-169 참조.

53) 다만 시카고협약이나 기타 협정에는 군용비행기의 영해상공비행 문제가 포함되어 있지 않기 때문에 당사국간 특별협정이 없는 한 외국의 군용항공기는 연안국의 영해상공에서 무해통항권을 향유할 수 없다. L. B. Sohn & K. Gustafson, *The Law of the Sea*, West Publishing Co., 1984, p.104.

## (2) 禁止區域設定

시카고협약 당사국은 군사상의 필요 또는 공공의 안전을 위해 타국 항공기가 자국 영역내의 일정한 지역상공을 비행할 것을 제한하거나 또는 금지할 수 있다. 그리고 이 비행금지구역의 설정은 항공을 불필요하게 방해하지 않는 적당한 범위와 위치의 것이라야 하며, 각 당사국은 자국의 영역내에 있어 이 비행금지구역을 설정하였을 경우에는 그 금지구역의 명세 및 변경사항을 신속하게 다른 당사국 및 국제민간항공기구(International Civil Aviation Organization: ICAO)에 통고하여야 한다.[54]

## 아. 우리나라의 領海 通航制度

### (1) 關聯法規

1995년의 대한민국 영해 및 접속수역법 제5조는 "외국의 군함 또는 비상업용정부선박이 영해를 통항하고자 할 때에는 대통령령이 정하는 바에 따라 관계당국에 사전 통고하여야 한다"라고 하여 영해통항과 관련하여 사전통고제를 채택하고 있다. 또한 이를 근거로 동법 시행령 제4조에서는 "외국의 군함 또는 비상업용 정부선박이 영해를 통행하고자 할 때에는 통항 3일전까지 외교통상부장관에게 다음 각호의 사항을 통고하여야 한다. ① 당해선박의 선명·종류 및 번호 ② 통항목적 ③ 통항항로 및 일정. 다만, 정기선박이 통과하는 국제항행에 이용되는 해협으로서 동 수역에 공해대가 없을 경우에는 그러하지 아니하다"라고 규정하고 있다.

또한 동법 제5조 2항에서는 유해통항의 유형으로 12가지를 열거하고 있으며,[55] 한국의 안전보장을 위하여 필요하다고 인정되는 경우에는 일정수역을 정하여 외국선박의 무해통항을 일시적으로 정지시킬 수 있는 근거규정을 두고 있다(영해 및 접속수역법 제5조 3항).

또한 동법에서는 "외국선박이 통항시 유해행위(상기 12가지에 해당)를 하여 대한민국의 평화·안보·공공질서 또는 안전보장을 해할 경우 외국선박의 승무원 기타 승무자는 5년 이하의 징역 또

---

54) 일반국제법상 영공에 대해 영역국의 '완전하고도 배타적인 주권'이 인정되고 있다는 사실에서 영공침범기에 대해 즉각 미사일 공격을 해도 좋다는 결론이 도출되는 것은 아니다. 국제관행상 이러한 경우 영역국에 의한 무력사용에는 일정한 한계가 가해지고 있다. 급박하고 중대한 위협을 수반하지 않는 한, 영역국은 실력행사를 하기 전에 침범기로 하여금 퇴거케 하거나 지정된 공항에 착륙토록 하기 위한 합리적인 노력이 이루어져야 한다. 무해하다고 인정되는 침범기에 대해서는 비록 그것이 착륙명령에 집요하게 복종치 않는 경우라도 사격을 가해서는 안 된다. O. J. Lissitzyn, "The Treatment of Areal Intruders in Recent Practice and International Law", 47 *American Journal of International Law* (1953), pp.586-587.

55) 유엔해양법협약 제19조 2항 유해행위의 유형과 동일.

는 2억원 이하의 벌금에 처하고 정상이 중한 때에는 당해 선박·기재·담보물 기타 위반물품을 몰수할 수 있다"라고 규정하고 있다(동 제7조 1항).

다만, 무기를 사용하여 행하는 훈련, 항공기의 이함·착함 또는 탑재, 군사기기의 발진·착함 또는 탑재, 잠수항행, 조사 또는 측량, 통항과 직접 관련 없는 행위로서 대통령령이 정하는 것 등에 관하여 관계당국의 허가·승인 또는 동의를 얻은 경우에는 유해통항이 아닌 것으로 본다(동 제5조 2항).

### (2) 유엔海洋法協約과의 衝突問題

유엔해양법협약상 군함의 영해무해통항에 관한 일정한 조건요구 즉, 사전통고제나 사전허가제 등을 요구하는 명시적인 근거가 없으며 각 국가의 관행도 역시 이 문제에 관하여는 관습 국제법을 형성하기에 충분한 국가관행이 국제사회에 존재하지도 않으며 이의 준수에 대한 국가간의 법적 확신도(특히 해양강대국간) 또한 미성숙한 단계에 와있는 것이 사실이다. 더구나 우리 나라 영해 및 접속수역법이 외국 군함에 대하여 사전통고제를 적용한 이후로 실제 사전통고의 사례가 전혀 없다는 사실은 동 제도의 법적 실효성에 어느 정도 의문이 있음을 간접적으로 제시하는 것이기도 하다.

그러나 현 남북한간의 군사적 긴장관계를 고려할 때 아국의 영해를 무해통항 하고자 하는 군함 또는 비상업용 정부선박에게 이러한 사전통고제도를 요구함으로써 북한 군함의 아국 영해통항을 사전차단할 수 있는 간접적 효과를 가져올 수 있음과 동시에 제3국 군함의 아국 영해통항시 경고적 내지 주의적 반응을 통과국에게 상기시킬 수 있는 효과가 있다.

### 자. 管轄權
#### (1) 民事管轄權

유엔해양법협약상 연안국의 민사관할권 범위는 연안국의 영해를 단순히 통과하는 선박내에서 발생한 형사사건과 영해통항과 관련되지 아니한 민사책임의 이행을 위한 선박나포의 경우를 제외하고 연안국은 자국 영해내에서 완전한 민사관할권을 행사할 수 있다.

유엔해양법협약에 의하면 연안국은 이러한 관할권을 행사함에 있어서 어느 특정국가를 차별해서는 안 된다(유엔해양법협약 제24조 1항). 또한 국제예양상 연안국의 관할권은 동 협약 제27조에 나열된 경우 이외에는 통항선박에 대하여 행사되어서는 안 된다. 또한 해양오염방지규정에 의하면, 연안국은 위반선박의 물리적 검사에 착수할 수 있고(동 제220조 5항), 증거가 있으면 국내법에 의해 선박의 억류를 포함한 소송절차를 제기할 수 있다. 이러한 일반적인 원칙은 비상업용 정부선박이나 군함에는 적용되지 않는다. 그러나 상업용 정부선박은 일반상선과 똑같이 취급된다.

군함을 포함한 비상업용 정부선박은 관습국제법상 면책특권이 인정되기 때문에 연안국 재판관할권행사의 대상이 되지 아니한다(동 제32조). 이는 군함이나 비상업용 정부선박도 연안국의 입법적 관할하에는 들어 있으나, 다만 이들에 대한 그 법의 집행만이 주권면책을 이유로 면제될 뿐이다.

연안국은 영해를 항행 중인 외국 선박 내의 사람에 대한 민사관할권을 행사할 목적으로 그 선박에 대하여 정선 또는 항로 변경을 명령할 수 없으며 민사소송을 목적으로 통항선박에 대하여 강제집행 또는 나포할 수도 없다(동 제28조 3항). 그러나 그 선박이 연안국의 수역을 항행 중 또는 항행하기 위하여 스스로 부담한 채무나 책임에 관한 사안인 경우에는 그러하지 않다.

### (2) 刑事管轄權

연안국은 원칙적으로 그 영해를 통과하는 외국선박 내에서 일어난 범죄에 대한 형사 관할권을 향유하나, 범죄의 결과가 연안국에 미치거나 연안국의 평화와 질서를 침해하거나 기국에 의해 연안국의 개입이 요청되거나 마약밀매를 단속하기 위한 경우 이외에는 국제예양상 통항선박에 대한 형사관할권을 행사하지 않는다. 그러나 법률상으로까지 연안국의 관할권이 배제되는 유일한 경우는, 그 범죄가 연안국의 영해에 들어오기 이전에 발생한 것이고 그 외국선박은 연안국의 내수까지 들어오지 않고 단순히 영해를 통과하기만 하는 경우이다(동 제27조 5항).

연안국의 내수에 들어 왔다가 출항하여 그 영해를 통과 중인 외국선박내에서 일어난 범죄에 대하여는 연안국의 형사관할권은 명시적으로 인정되며(동 제27조 2항) 또한 아직 출항치 않고 영해에 남아있는 외국선박내의 범죄에 관한 관할권도 당연히 인정된다. 연안국의 형사관할권이 행사되는 경우에는 외국선박의 항행상의 이익보호를 위하여 적절한 배려를 해야하며(동 제27조 4항), 연안국 내수침해를 이유로 형사관할권이 발동되었을 경우에는 그 해당선박 선장의 요구가 있을 시 연안국의 개입을 기국에게 통보해야만 한다.

주의해야 할 것은 30개 국가가 당사국으로 있는 1952년 '선박충돌시 형사관할권에 관한 협약'

가맹국들에게 있어서 해양법협약상의 관할권 원칙이나 일반적인 관할권 원칙은 이 협약의 특별
규정으로 대폭 수정된다는 점이다. 1952년 협약에 의하면 선박충돌 사건에 대한 배타적 관할권은
충돌선박의 旗國에게만 있다. 즉 연안국이 그 영해내에서 이 형사관할권 협약을 적용치 않는다는
것을 선언하지 않는 한 연안국의 관할권 내용은 1952년 협약으로 인하여 제한된다. 연안국이 형사
관할권을 행사하는 선상범죄는 다음의 경우에 한한다(동 제27조).

① 범죄의 결과가 연안국에 영향을 미치는 경우

② 범죄가 연안국의 평화 또는 영해 질서를 교란하는 성질의 것인 경우

③ 선장 또는 선적국의 영사가 현지 당국의 원조를 요청한 경우

④ 마약 또는 향정신성 물질의 불법거래를 진압하기 위한 경우

### (3) 軍艦 또는 非商業用 政府船舶에 대한 退去要求權

군함 또는 비상업용 정부선박은 연안국의 관할권으로부터 면제되지만(동 제32조), 연안국 법령
을 위반하여 발생시킨 손해에 대하여는 旗國이 국제책임을 진다(동 제31조).

[표 6-2] 군함의 무해통항에 관한 각국의 규제현황

| 규제없음(8) | 사전통고요구(12) | 사전허가요구(23) |
|---|---|---|
| France<br>Germany<br>Italy<br>Netherlands<br>Russia<br>Thailand<br>United Kingdom<br>United States | Croatia, Denmark,<br>Egypt, Guyana<br>India, Indonesia<br>Korea(South), Libya<br>Malta, Mauritius<br>Seychelles, Yugoslavia | Albania, Algeria, Antigua & Barbuda,<br>Bangladesh, Barbados, Cambodia,<br>China, Congo, Iran, Maldives,<br>Myanmar, Oman, Pakistan,<br>Philippines, Poland,<br>St. Vincent & Grenadines, Somalia,<br>Sri Lanka, Sudan, Syria,<br>United Arab Emirates,<br>Vietnam, Yemen |

또한 영해내에서 군함 또는 비상업용 정부선박이 연안국 법령을 위반하거나 법령준수요청을
거부 또는 무시하는 경우, 연안국은 이들 군함에 대하여 나포하여 소송을 제기하는 등의 법적 절
차를 진행할 수는 없고, 다만 연안국의 영해를 즉시 떠날 것을 요구할 수 있다(동 제30조).

# 제4절  接續水域

## 1. 槪念

영해에 접속되어 있는 일정범위의 수역으로 연안국이 관세, 재정, 출입국관리 및 위생법규를 위반하는 외국선박에 대하여 관할권을 행사할 수 있는 수역을 말한다(동 제33조 1항).

따라서 연안국은 접속수역에서 다음을 위하여 필요한 통제를 행사를 수 있다. ⑴ 연안국의 관세, 재정, 출입국관리 또는 위생에 관한 법령의 영토 또는 영해내에서의 위반을 방지하는 일, ⑵ 연안국의 영토 또는 영해내에서 발생한 법령위반을 처벌하는 일 등이다.

## 2. 範圍

접속수역은 영해기선으로부터 24해리를 초과할 수 없다(동 제33조 2항). 따라서 접속수역은 통상 연안국의 선포로 그 시행이 이루어지게 되나, 그 구체적 범위에 관하여는 해도상에 표시하여 공표하거나 유엔사무국 등에 비치하는 등의 법적 의무를 요구하고 있지는 아니하다. 즉 연안국의 영해 범위가 국내법으로 확정되면 그 이원으로 12해리 접속수역이 자연히 생기게 되기 때문이다. 물론 접속수역은 연안국이 당연히 갖게 되는 수역이 아니라 배타적 경제수역처럼 연안국의 선포를 요한다.[56]

## 3. 法的 地位

접속수역은 특정사항에 대하여만 연안국의 관할권이 인정되는 수역으로 이는 12해리 영해만으로는 빈번히 발생되는 특성 위반사항에 대하여 연안국이 효과석으로 대응하여 자국의 국익을 효과적으로 보호하기가 현실적으로 대단히 어렵기 때문에 영해밖 일정 수역에 연안국의 권한행

---

56) 한일 양국 사이에 존재하는 대한해협의 경우처럼 해협의 폭이 48해리를 초과하지 않을 경우 영해기선으로부터 가상 중간선까지가 각자의 접속수역이 된다. 즉 약 23해리의 대한해협 폭을 가상할 때 기선으로부터 약 11.5 해리 또는 영해밖 약 8.5 해리가 우리의 접속수역이 된다.

사가 이루어 질 수 있도록 설정된 이른바 기능적 수역이라고 볼 수 있다. 그러나 오늘날 이 접속수역은 연안국의 배타적 경제수역과도 중복됨으로 한편으로는 배타적 경제수역의 지위, 또 다른 한편으로는 공해로서의 지위를 향유하는 그러한 수역이다.[57]

## 4. 管轄權 行使의 限界

접속수역에 대한 연안국 관할권은 상기 4가지 사항에만 국한된다. 따라서 이러한 4가지 위반사항 이외에는 접속수역 위반이라는 이유로 관할권 행사가 불가하며, 이들 위반사항에 대하여는 연안국이 필요한 관할권 행사 즉 임검·추적을 할 수 있으나, 관할권 행사과정에서 피의선박에게 야기시킨 어떠한 손해에 대하여도 연안국은 손해배상책임이 있으며 또한 연안국 관헌이 상기 4가지 위반사항의 하나에 해당된다고 판단하여 필요한 절차 즉 정선·임검·추적 등을 진행하여 필요한 조사를 하였으나 아무런 혐의점도 발견하지 못하였다면 이로 인하여 야기된 손해에 대하여도 연안국은 배상책임이 따르게 된다(동 제110조 3항).

그리고 접속수역 위반선박의 추적과정에서 무력행사는 허용되지 아니하며,[58] 만일 무력행사로 인하여 어떠한 피해를 야기하였다면 그로 인한 손해배상책임도 연안국은 면하기 어려울 것이다. 즉 연안국 법령위반 사실이 연안국에 의한 위반선박에 대하여 무력행사까지 정당화하는 것은 아니기 때문이다.

1929년 3월 20일 주류밀수입에 종사하던 캐나다 선박 I'm Alone호가 미국 루이지애나 해안 12해리내의 수역에서 미해안경비정 Walcott함에 의해 발견되었다. 미국은 1922년 미국관세법 위반으로 임검을 위한 정선신호 및 위반사실 등을 고지하였으나, 이에 불응하고 도주하자 Walcott함이 포격을 기도하였다. 그러나 Walcott함의 함포고장으로 정선을 시킬 수 없게 되자, 다른 경비함인

---

57) 일본 어선 1척이 미국연안으로부터 9마일 해상에서(당시 미국의 영해는 3마일) 불법 어로행위를 하다 미해안경비대 함정의 추적을 받아 나포된 사건인 1947년의 Taiyo Maru 사건의 판결에서 접속수역에서의 보호법익은 4가지 것에 한정된 것이라기 보다는 예시적인 것에 불과하므로 어업이익도 보호되어야 한다고 하였다. 즉 접속수역 보호법익 범위를 안보이익 등을 포함하여 확대적용하려는 국가의 움직임이 있어 왔다. 그러나 유엔해양법협약상 접속수역의 보호법익은 상기 4가지 사항으로 국한함이 올바른 해석이라고 보이는 바, 이는 오늘날 배타적 경제수역의 설정으로 연안국의 어업이익 등이 충분히 보호될 수 있기 때문이다.

58) 단, 정선 및 임검에 필요한 최소한도의 무력행사, 즉 공포탄 발사 등은 허용되나 위반선박에 대하여 직접적 공격을 가하는 무력행사는 허용되지 아니한다.

Dexter함이 추적을 인계 받아 공해상으로 계속추적을 하였다. 추적 2일 후에 Dexter함이 I'm Alone 호에 접근하여 정선명령을 하였으나, 피추적선이 이에 불응하자 Dexter 함은 I'm Alone호를 포격 하여 격침시켰고 그 결과 선원 1명이 실종되었다. 이 사건처리를 위해 결성된 미국-캐나다 특별 합동위원회의 견해에 의하면, 미국의 추적권 행사는 일반적으로 인정할 수 있으나, 미국정부가 I'm Alone호를 격침시킨데 대한 법적 정당성 여부의 문제에 대해서는 미측의 피의선박에 대한 고 의적인 격침행위는 조약의 어떠한 규정에 의하여도 정당화되지 않는다고 판시하였다. 따라서 미 측은 I'm Alone호 선박자체의 피해에 대한 25,000달러 및 승무원의 정신적 손해배상으로 25,000달 러의 배상명령을 받았다.[59]

## 5. 우리나라의 접속수역

한국은 1995년 영해 및 접속수역법에서 접속수역은 기선으로부터 측정하여 그 외측 24해리에 이르는 수역에서 영해를 제외한 수역으로 한다라고 규정하고 있다. 다만 대한해협을 예상하여 일 정수역에 있어서는 기선으로부터 24해리 이내에서 접속수역의 범위를 따로 정할 수 있도록 하고 있다(영해 및 접속수역법 제3조의 2).

또한 접속수역에서의 관계당국의 권한에 관하여 다음과 같이 규정한다.

1. 대한민국의 영토 또는 영해에서 관세·재정·출입국관리 또는 보건·위생에 관한 대한민국 의 법규를 위반하는 행위의 방지.
2. 대한민국의 영토 또는 영해에서 관세·재정·출입국관리 또는 보건·위생에 관한 대한민국 의 법규를 위반한 행위의 제재.

한국의 접속수역에서 적용되는 법률에 의한 명령이나 소지를 거부·방해 또는 기피한 외국선 박의 승무원 기타 승선자는 2년 이하의 징역 또는 1,000만 원 이하의 벌금에 처한다(동 제7조 2항).

---

[59] I'm Alone호 사건에 관하여는, G. H. Hackworth, *Digest of International Law*, Vol. II, US Government Printing Office, 1941, pp.703-708.

## 6. 북한의 軍事境界水域

### 가. 設定背景

북한은 1977년 8월 1일 "경제수역을 보호하고 민족이익 및 자주권을 군사적으로 철저히 수호하기 위하여" 동해 및 서해에 해상군사분계선(이른바 군사수역)을 설치해서 같은 날부터 이를 실시하기로 했다고 인민군최고사령부는 보도하였다.[60]

그 내용은 다음과 같이 정리할 수 있다.

첫째, 영해기선으로부터 서해에서는 그들의 경제수역을 그 범위로 하고, 동해에서는 50해리를 설정하였으며, 둘째, 이 수역내의 수상·수중·공중에 있어서 외국인 및 외국의 군용함선과 군용항공기의 활동을 금지하며, 셋째, 민간선박(어선은 제외) 및 민간항공기는 자기들의 사전동의 또는 승인 아래서만 이 수역내에서 항해와 비행을 할 수 있고, 넷째, 민간선박 및 민간항공기의 활동이라 할지라도 군사적 목적을 가진 것과 그들의 경제적 이익에 유해한 것은 역시 이를 금지한다는 것이다.

여기서 경제수역이라 함은 북한이 1977년 6월 21일 "중앙인민위원회 정령"으로 채택하고 동년 8월 1일부터 실시키로 했다는 것을 말한다. 즉 북한은 바다자원을 보호·관리하고 적극 개발 이용하기 위하여 200해리 경제수역을 설정했다는 것이며, 그 내용은 첫째 영해기선에서 200해리를 그 범위로 하고, 둘째 200해리 경제수역을 그을 수 없는 수역에서는 바다 반분선까지를 그 범위로 하며, 셋째 수중·해저 및 지하를 포함하는 동 수역안의 생물 및 비생물자원에 대해서는 자주권을 행사하고, 넷째 그들의 사전 승인없이 외국인들과 외국선박 및 외국항공기들이 그들의 경제수역안에서 고기잡이·시설물 설치·탐사·개발 등 그들의 경제활동에 장애가 되는 행위들과 바다물이나 대기의 오염 및 인명과 자원의 해를 주는 모든 행위들을 하는 것을 금지한다는 것이다.

### 나. 法的 分析

북한이 주장하는 군사수역에서는 민간선박의 통항마저 자기들의 사전합의 또는 사전승인을 요구하고 있을 뿐 아니라 그 활동이 자기들의 경제적 이익을 침해하는 것은 역시 이를 금지한다

---

60) 영문 내용에 관하여는, The Korean Central News Agency, August 1, 1977, in Foreign Broadcast Information Services, Asia and Pacific, August 1, 1977.

고 한 점에서 당해수역을 내수화한 것이라고 할 수 있겠다. 왜냐하면 일반국제법상 영해에서도 민간선박의 무해통항권이 인정되고 있으나 이 선언에서는 그것조차 인정치 않고 있으며 동시에 민간선박의 활동이 자기들의 경제적 이익을 침해하는 것인가에 대한 판정도 자기들이 하려고 할 것이므로 자의적 판단여지가 개입하여 이 수역에 대한 모든 선박의 출입이 사실상 금지될 수 있을 것이기 때문이다.

또한 북한은 동해에서의 군사수역의 범위를 영해기선으로부터 50해리로 한다고 했으나, 실제로는 만구폐쇄선으로부터 50해리를 설정하고 있다. 이것은 현대 국제법상 수락되고 있는 직선기선과는 전혀 다른 성격의 것으로서[61] 북한이 강원도 간성으로부터 함경북도 나주리에 이르는 직선을 기선으로 정하여 그 안쪽을 내수화하고, 이를 기준으로 군사수역의 범위를 정한 것은 명백한 국제법 위반이다.

[지도 6-3] 북한 군사수역(서해)

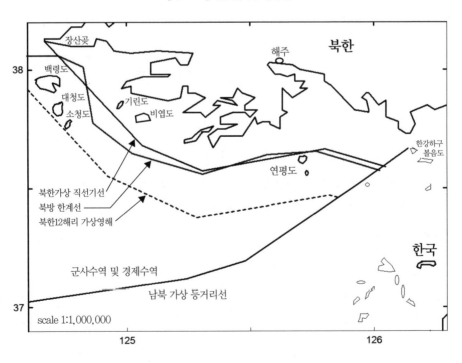

<hr>

61) 해양법상 역사적 만의 경우를 제외하고 만구폐쇄선의 최대길이는 24해리이며 그 길이가 24해리를 넘는다하여도 24해리 이내에서만 직선기선으로서 역할을 할 수 있도록 규정되어 있다. 유엔해양법협약 제10조.

[지도 6-4] 북한 군사수역(동해)

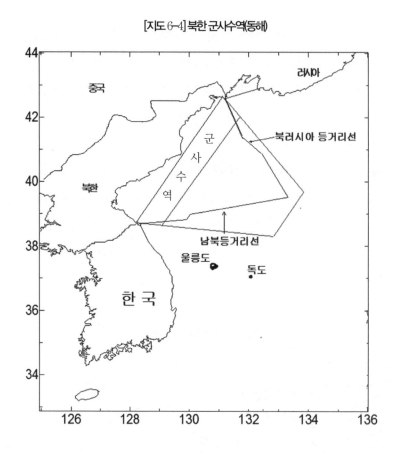

북한은 이미 제3차 유엔해양법회의에 처음부터 참석하여 해양법협약의 서명까지 하였으나 동 협약의 국내적 발효에 필요한 국내법상 비준절차를 아직 완료하지 않고 있다. 만일 북한이 동 협약을 비준하게 된다면 이들이 지금까지 주장해 왔던 50해리 군사수역 및 불법하게 설정된 직 선기선 폐지, 러시아 및 한국과의 동해 해양경계획정문제, 일방적으로 설정한 서해통항로 및 서 해 남북한 해상경계선 문제 등 해양문제 전반에 관한 수술이 불가피하게 된다. 그러나 북한은 해 양법협약 서명국으로서 동 협약의 준수의무에서 완전히 자유롭지는 못할 것이다. 특히 해양법협 약 규정 중 관습법 내용이 성문화된 조항의 준수의무는 국제사회 구성국으로서 당연한 결과인 것 이다.

# 제5절  群島水域

## 1. 群島基線

군도(archipelago)란 상호 밀접히 관련되어 있어서 고유의 지리적, 경제적 및 정치적 실체를 형성하거나 또는 역사적으로 그러한 실체로 인정되어 온 제도서의 부분, 이들을 상호 연결하는 수역과 기타 자연적 지형(natural features)을 포함하는 도서군을 의미하며, 전체적으로 하나 또는 그 이상의 군도로 구성된 국가를 군도국가라 한다(유엔해양법협약 제46조). 군도국가는 군도의 최외곽도서 및 건암초의 최외곽점을 연결하는 직선군도기선(straight archipelagic baseline)을 그을 수 있다. 이것은 물론 군도국가들이 항상 원했고 또한 일부 군도국가는 이미 실시해 왔던 것이다. 그러나 군도기선이 유효하기 위해서는 다음 네 가지 조건을 충족시켜야 한다(동 제47조).

첫째, 군도의 본도(main islands)는 군도기선내에 포섭되어야 한다.

둘째, 군도기선내의 수역 대 육지의 비율이 9대1을 초과하지 않아야 한다.

셋째, 군도기선의 길이는 100해리를 초과할 수 없다. 다만 총기선수의 3%까지는 최장 125해리까지 할 수 있다.

넷째, 군도기선은 군도의 전반적 형태에서 현저히 일탈해서는 안 된다.

상기 첫째의 조건은 군도의 중심을 이루는 本島가 기선 내에 포섭되는 것이 통상적이기 때문에 문제되지 않으며, 실제상으로도 군도국가들은 이것을 다투지 않았다. 둘째 조건인 수역 대 육지의 비율문제는 기선 내에 포섭되는 수역이 내수제도에 따를 만큼 육지영토에 충분히 밀접하게 연관되어야 함을 군도국가에게 요구하는 것이다. 셋째의 조건인 기선의 길이는 100해리로 규정하고 있으나, 총기선 수의 3%까지는 최장 125해리까지 허용하고 있다. 따라서 연인군도에 비하여 너무 과도하게 일탈하고 있다고 논의될 수 있다. 노르웨이가 채택한 직선기선의 경우에는 47개의 기선이 수백 야드에서 약 44해리까지 다양하다. 다른 조건들이 모두 충족되면 직선기선의 특정한 한계는 필요 없는 것으로 생각했던 것이다. 실제로 국가의 관행에 의하면 일반적으로 연안국들은 광범위하게 긴 기선을 채택하지 않았다.

그러나 일부 군도국가들은 광범위하게 산재해 있는 도서에 이르기까지 통상적이 아닌 긴 기선을 채택함으로써 광대한 해역을 내수화하였다. 인도네시아와 필리핀이 그와 같은 특별한 경우에 해당한다.[62] 다만 군도기선내의 수역 대 육지의 비율문제와 마찬가지로 그 기선내의 수역에서 통항권이 인정되는 범위를 고려할 때 기선의 최대 길이의 문제는 중요성을 상실하게 될 것으로 생각된다. 넷째 조건인 '군도의 전반적 형태'는 연안군도에 적용되는 요건인 '해안의 일반적 방향'(general direction of the coast)을 단지 말만 바꾸어 표현한 것일 뿐이다. 영국·노르웨이 어업분쟁사건의 판결에서는 직선기선이 합리적인 범위 내에서 해안선으로부터 일탈할 수 있다고 하였다.[63] 이것은 물론 군도의 외변(outer periphery) 혹은 전반적 형태에 대해서도 동일하다. 더구나 연안군도의 경우에서와 마찬가지로 해안의 어느 한 부분에만 한정해서 전반적 형태로부터의 일탈여부를 판단해서는 안 된다.

## 2. 群島水域의 法的 地位

유엔해양법협약은 군도수역을 규정하기를 군도의 최외곽 도서 및 건암초의 최외곽점을 연결한 직선 군도기선 내측의 수역을 말한다고 한다(동 제47조 1항). 그렇기 때문에 기선내의 수역은 내수제도에 따를 수 있을 정도로 육지영역에 밀접히 연관되어 있어야 한다. 그런데, 동 협약 제8조는 기선의 육지측 수역은 연안국 내수의 일부를 구성한다고 규정하면서도, 직선기선의 설정으로 인하여 종래 영해 혹은 공해의 일부로 인정되던 수역이 내수로 포섭되는 경우에는 무해통항권이 그 수역에서 인정된다고 규정하고 있다.

유엔해양법협약은 이 문제에 대해 다음과 같이 규정하고 있다.

① 군도국가의 주권은 군도수역의 깊이나 해안으로부터의 거리에 관계없이 군도수역이라고 부르는 제47조에 따라 획선된 군도기선으로 둘러싸인 수역에 미친다.

② 이 주권은 군도수역의 상공, 해저 및 하층토와 그 속에 포함된 자원에 미친다.

③ 이 주권은 본 장에 따라서 행사된다.

---

62) 상세한 내용은 박춘호·유병화, *op. cit.*, pp.31-31.

63) ICJ Reports, 1951, p.129.

④ 본 장에 따라 제한되는 군도항로대 통항제도는 다른 점에 있어서 항로대를 포함한 군도수
역의 지위 또는 군도수역, 그 상공, 해저 및 하층토와 그 속에 포함된 자원에 대한 군도국가
의 주권행사에 영향을 미치지 아니한다(동 제49조).

우선 주권이란 용어가 상기 제1항에서 제3항까지 각항의 주어로 되어 있기 때문에 군도수역
은 내수의 지위와 유사한 법적 지위를 갖는 것처럼 보인다. 그러나 제3항에 포함된 주권의 행사에
대한 제한은 대단히 광범하다. 첫째의 제한은 만약 군도국가의 군도수역 일정부분이 바로 인접한
국가의 두 부분 사이에 있는 경우에는 그 인접국가가 그 수역에서 전통적으로 행사하여 온 기존
의 권리와 모든 합법적 이익 및 관계국간의 합의에 따라 정하여진 모든 권리는 계속되고 존중되
어야 한다는 것이다. 셋째로 모든 국가의 선박은 군도수역에서 무해통항권을 향유한다는 것이다.
그러나 이 통항권은 통상적으로 영해에서 적용되는 정지할 수 있는 무해통항권이다. 넷째로 가장
중요한 제한으로서 모든 선박 및 항공기는 지정된 항로대 및 항공로에서 군도항로대 통항권을 향
유한다는 것이다. 특히 상기 항로대와 항공로는 군도수역과 인접한 영해를 횡단하고 군도수역을
통과하는 국제항행 또는 상공비행의 항로로 이용되는 모든 통상적인 항로대를 포함하여야 하며,
군도국가가 항로대 또는 항공로를 지정하지 아니한 경우에 군도항로대 통항권은 국제항행에 통
상적으로 사용되는 통로를 통하여 행사된다. 이러한 군도항로대 통항제도는 다른 점에 있어서는
군도국가의 주권행사에 영향을 미치지 아니한다.

상기의 제한을 고려하면 군도수역의 법적 지위가 내수의 지위를 갖는 것이 아님이 명백하다.
더구나 내수의 경계획정에 관한 특별규정을 살펴보면 더욱 의문의 여지가 없게 된다. 즉, 유엔해
양법협약 제50조는 "군도수역내에서 군도국가는 제9조, 제10조 및 제11조에 따라서 내수의 경계
획정을 위한 폐쇄선을 획정할 수 있다"고 규정하고 있다. 이는 하구와 만의 입구를 가로지르는 폐
쇄선을 그을 수 있음을 인정하고, 영해의 경계를 획정함에 있어서 항구적 항만시설은 해안의 구
성부분으로 본다는 것이다. 다시 말하면 동 제50조에서 규정하는 내수는 도시내의 수역에 한정하
고 있으며, 도서 사이에 있는 수역은 인정하지 않고 있다. 군도수역은 또한 직선기선으로부터 외
측으로 측정되는 영해와 구별된다. 군도국가의 주권은 군도수역을 넘어 영해라고 부르는 인접해
대까지 미치지만 영해는 통상의 무해통항권에 의해 제한될 뿐 아니라 새로운 군도항로대 통항권
에 의해 제한된다.

이상의 분석을 통해서 군도수역의 법적 지위는 내수가 아니라 영해에 유사한 법적 지위가 인정되는 것으로 볼 수 있고(동 제52조), 특히 군도항로대에 포섭되는 군도수역의 부분은 국제해협을 구성하는 영해에 유사한 법적 지위를 갖는 것으로 해석된다(동 제53조).

## 3. 群島航路帶 通航權

유엔해양법협약에 의하면 군도항로대 통항이란 "공해 또는 배타적 경제수역의 일부분과 공해 또는 배타적 경제수역의 타부분 사이에서 계속적이고 신속하며 방해받지 아니하는 통과만을 위한 통상적인 방법에 의한 항행 및 상공비행의 권리를 행사하는 것"이라고 한다(동 제53조 3항). 이 정의만으로는 군도항로대 통항권이 국제해협에서의 통과통항권과 마찬가지로 무해통항의 개념에 유사한 것인지 아니면 자유통항의 개념에 가까운 것인지 명백하지 않다. 우선 동 협약에 의하면 군도수역에서 모든 국가의 선박은 동 협약 제2장 제3절에 따라서 무해통항권을 향유하되, 지정된 항로대와 항공로에서는 동 협약 제53조에 따른 군도항로대 통항권이 적용됨을 규정하고 있어 군도항로대 통항권이 무해통항과 다른 개념임을 나타내고 있다(동 제52조).

군도항로대 통항제도는 무해통항제도와 비교해 볼 때, 그 의무의 성질 및 연안국규제권의 범위에 있어서 현저한 차이가 있고, 잠수함의 잠항통항권과 항공기의 상공비행권이 인정되는 통항제도라는 점에서 공해에서의 자유통항개념에 더 가까운 성질의 것으로 해석된다. 이러한 해석의 합리성은 군도항로대 통항권이 항행의 권리를 행사하는 것으로 정의되고 있음을 보아도 알 수 있다. 공해에서의 항행의 자유는 흔히 항행의 권리로 설명되기 때문이다. 그러므로 군도항로대 통항권은 계속적이며 신속한 통과만을 위한 통상적인 방법에 의한 항행 및 상공비행이어야 한다는 내재적 제한은 있지만, 그 기본적 성격은 항행의 자유를 행사하는 것으로서 무해통항의 개념보다는 자유통항의 개념에 더 가깝다. 이미 언급한 바와 같이 미·소가 주장한 자유통항의 목적은 군함 및 군용기의 기동력을 최대한으로 보장하기 위하여 중요한 국제해협에서의 통항권을 확보하려는 데 있는 것이며, 이러한 목적은 국제해협에서의 통과통항권과 군도내의 해협에서의 군도항로대 통항권에 의하여 보장되고 있다. 그리고 동 협약은 군도국가가 항로대 또는 항공로를 지정하지 아니하는 경우에는 국제항행에 통상적으로 사용되는 통로를 통하여 군도항로대 통항권을 행사할 수 있도록 규정하여 군도를 통과하는 국제해협에서의 통항권을 보호하고 있다(동 제53조).

## 4. 通航中인 船舶 및 航空機의 義務

군도항로대 통항권을 행사하는 선박과 항공기는 다음 사항을 준수해야 한다(동 제39조 1항).

① 지정된 항로대와 항공로를 지체없이 항행할 것

② 군도국가의 주권 또는 영토보존 및 정치적 독립에 대한, 또는 UN헌장에 구현된 국제법원칙을 위반한 기타 방법으로 무력에 의한 위협 또는 행사를 삼가할 것

③ 불가항력 또는 조난으로 인하여 필요한 경우가 아닌 한, 계속적이며 신속한 통과의 통상적인 방법에 부수되지 아니하는 기타 활동을 삼가할 것

④ 본 장의 기타 관계규정을 준수할 것

그리고 군도항로대 통항중인 선박은 국제해상충돌예방규칙을 포함한 일반적으로 승인된 국제해상안전규정·절차 및 관행을 준수하여야 한다(동 제39조 2항). 또한 군도항로대 통항중인 항공기는 민간항공기에 적용되는 국제민간항공기구가 제정한 항공규칙을 준수해야 한다. 정부항공기도 통상 이러한 안전조치를 준수하고 항상 비행의 안정을 위한 정당한 고려를 하면서 비행하여야 한다.그리고 국제적으로 지정된 권한 있는 항공교통관제기구가 배정한 무선주파수 또는 국제조난무선주파수를 항상 청취하여야 한다(동 제39조 3항).

군도항로대 통항중인 해양조사선 및 해양측량선을 포함한 외국선박은 군도국가의 사전허가가 없이는 어떠한 조사 또는 측량활동도 수행할 수 없다. 무해통항의 경우 연안국은 무해하지 않은 통항을 방지하기 위해 영해내에서 필요한 조치를 취할 수 있고, 군함이 연안국의 법령을 위반하는 경우에는 영해에서 퇴거할 것을 요구할 수 있으나, 군도항로대통항의 경우에는 이에 대응하는 규정을 두고 있지 않다. 그러므로 군함이 상기한 의무를 준수하지 않는 경우에도 퇴거를 요구할 수 없는 것으로 해석되며, 군도국가에 손해를 끼친 경우에는 그 旗國의 국제책임을 물을 수 있을 뿐이다. 통과통항제도와 관련하여 이미 살펴본 바와 같이 유엔해양법협약 제39조에서 규정하고 있는 선박 및 항공기의 의무는 자수석 규제로 되어 있다.

## 5. 群島國家의 權利 및 義務

### 가. 權利

군도국가는 자국의 군도수역이나 인접한 領海 또는 그 상공을 통과하는 외국선박이나 항공기의 계속적이며 신속한 통항에 적합한 항로대나 항공로를 지정할 수 있다. 그러나 이러한 항로대와 항공로는 군도수역과 인접한 領海를 횡단하고 군도수역을 통과하는 국제항행 또는 상공비행의 통로로 이용되는 모든 통상적인 항로대를 포함하여야 하며, 그러한 통항로내에서 선박에 관한한 동일한 입구지점과 출구지점 사이에 유사한 편의를 가진 통로로 중복은 필요 없이 모든 통상적인 수로를 포함하여야 한다(동 제53조).

군도국가가 군도항로대 통항에 관한 법령을 제정할 수 있는 것은 다음의 네 가지 사항에 국한된다.

첫째는 항해의 안전과 해상교통의 규제에 관한 사항이며, 둘째는 군도수역에 유류·폐유 및 기타 유독성 물질의 배출에 관한 사항이다. 셋째는 어선에 관한 것으로 어구의 적재를 포함한 어로의 금지에 관한 사항이고, 넷째는 군도국가의 관세·재정·출입국관리 또는 위생법규를 위반하는 행위에 대한 규제권이다(동 제41조). 그러나 이러한 군도국가의 법령은 형식적 또는 실질적으로 외국선박간에 차별을 두어서는 안되며, 또는 그 적용상 군도항로대 통항권을 부인하거나 방해 또는 는 침해하는 실질적인 효과를 미쳐서도 안 된다. 군도국가는 이러한 모든 법령을 정당히 공시하여야 하며, 군도항로대 통항권을 행사하는 외국선박은 상기의 법령을 준수하여야 한다(동 제53조). 그러나 주권상의 면제특권을 갖는 군함 또는 항공기가 상기 법령 또는 본 장의 기타 규정에 위반되는 행위로 군도국가에 손해 또는 손실을 끼친 경우에는 그 旗國이 국제책임을 진다(동 제54조).

군도국가가 이상과 같은 법령제정권에 의하여 법령을 제정·공포한 경우에 외국선박이나 항공기가 이를 위반했을 때 군도국가는 이러한 위반에 대해 어떠한 조치를 취할 수 있는가에 대해서는 아무런 규정이 없다.

### 나. 義務

군도국가는 군도항로대 통항을 방해할 수 없고, 자국이 알고 있는 항해 또는 상공비행에 대한 어떠한 위험도 이를 적절히 공시하여야 한다. 그리고 군도항로대 통항은 정지시킬 수 없다(동 제54조).

## 6. 軍艦의 群島航路帶 通航權

### 가. 內容

유엔해양법협약은 해협통항제도의 경우와 마찬가지로 군도수역의 통항제도에 대해서도 군함과 다른 선박 사이의 구별은 하고 있지 않다. 따라서 군도항로대 통항제도가 군함에게도 그대로 적용된다. 그러나 군도항로대 통항중인 외국의 선박이 그 의무를 이행하지 아니하거나, 군도국가의 법령을 위반할 경우 군도국가는 직접 강제조치를 취하여 통항을 제한 또는 부인할 수 있는 것인지의 여부에 대해서는 통과통항의 경우와 마찬가지로 해석상의 대립이 있을 수 있지만 주권면제를 향유하는 군함 및 군용기에 대해서는 군도국가의 권한이 미치지 못하므로 군도국가는 그들의 퇴거를 요구할 수 없고, 다만 군함이나 군용기가 법령 위반행위로 군도국가에 손해 또는 손실을 준 경우에는 그 旗國이 국제책임을 부담할 뿐이다. 동시에 군도국가는 군함의 군도항로대 통항권을 방해하거나 정지시킬 수 없다.

결국 국제해협에서의 통과통항권과 군도수역에서의 군도항로대 통항권은 내용상 동일한 것이며, 한 가지 다른 점은 군도국가가 항로대 또는 항공로에 통상적으로 사용되는 통로를 통하여 이를 행사할 수 있도록 규정하여, 군도수역에서의 통항권을 보장하고 있는 것이다. 기타 항공기에게 상공비행권을 인정하고 있는 제도상의 문제점이나 군사활동에 관한 분쟁에 대해서는 체약국이 강제적 해결절차의 적용제외를 선언할 수 있도록 되어 있는 것은 통과통항의 경우에서 언급한 바와 같다(동 제298조 1항 나).

### 나. 무해통항제도

군도항로대 이외의 군도수역에서 모든 국가의 선박은 무해통항권을 향유하며, 군도국가는 자국의 안전보장을 위하여 통항을 정지시키는 것이 불가피한 경우에 외국선박간에 형식적 또는 실질적 차별을 두지 않고 군도수역의 특정한 수역에 있어서 외국선박의 무해통항을 일시적으로 정지시킬 수 있다. 군함의 경우에도 정지시킬 수 있으나 이러한 정지는 정당히 공시를 한 후에만 효력을 발생한다(동 제25조). 이와 같이 무해통항제도가 적용되는 군도수역에서는 잠수함은 부상항해하고 旗를 게양해야 하며(동 제20조), 항공기는 군도국가의 허가 없이 무해통항권을 행사할 수 없다.

# 제6절 國際海峽

## 1. 海峽의 槪念

해협(strait)은 해양의 두 부분을 연결하는 부분으로 항해에 사용되는 통로구실을 하는 자연적 수로이다. 해협은 법률적 측면에서 국내법의 규율은 받는 국내해협과 국제법의 규율을 받는 국제해협으로 나눌 수 있다.

### 가. 國內海峽

국내해협이란 그 수역이 동일한 국가의 영해에 속하고 동시에 폐쇄된 바다에 연결되는 해협이다. 그 수역이 동일한 국가의 영해에 속한다는 것은 그 수역의 넓이가 연안국 영해 폭의 2배를 넘지 않는 경우이다.[64]

### 나. 國際海峽

국제법이 적용되는 국제해협이 되려면 다음의 몇 가지 조건을 구비하여야 한다.

① 해협은 통항이 자유로운 두 개의 바다를 연결해야 한다. 양쪽 해안이 동일한 국가에 속하든 2개 이상의 국가에 속하든 상관없다.[65]

② 공해와 다른 나라의 영해를 연결시켜주는 해협도 국제해협이 될 수 있다.[66]

③ 해협이 국제항행에 사용되어야 한다.[67]

---

64) 흑해와 Azov해를 연결하는 러시아의 Kertch 해협이 그 좋은 예이다.

65) Murmara海를 출입하는 Dardanelles 해협이나 Bosphoros 해협은 그 兩岸이 모두 터키에 속하며 Gibraltar 해협, Magellan 해협, Corfu 해협 등은 兩岸이 두개 이상의 국가에 속하는 해협이다.

66) 홍해와 Akaba만 사이의 Tiran 해협은 이스라엘·요르단·사우디아라비아·이집트 등 4개국의 領海를 거쳐 이집트의 領海를 통과한다.

67) 1949년의 Corfu해협 사건에 대한 국제사법재판소 판결에 의하면 공해의 두 부분을 연결하는 지리적 요소와 국제항행에 사용되고 있다는 기능적 요소가 해협에 관한 별도의 통항제도를 적용할 국제해협의 요건이라는 것이다. 그리고 후자의 요건에 관해서는 그 해협을 통과하는 교통량이나 국제항행상 그 해협의 중요도가 결정적인 기준은 아니지만, 그렇다고 해서 단 한번이라도 국제항행을 위한 통항로로서 그 해협이 사용된 적이 있다는 사실만으로 족하다고 보는 것은 아니다. 적어도 어느 정도의 빈도수를 유지하는 다수 선박의 국제항행이 있을 것과 그 사용선박의 선적국은 어느 특정국가에 국한되지 않고 어느 정도의 다수국에 분포되어 있어야 한다는 것이 국제사법재판소의 판결요지라고 보인다.

### 다. 유엔海洋法協約上의 槪念

유엔해양법협약은 해협통항제도가 적용되는 해협의 범위를 다음과 같이 3가지 유형으로 규정하고 있다.

① 공해 또는 배타적 경제수역의 一水域과 공해 또는 배타적 경제수역의 타수역간의 국제항행에 사용되는 해협.

② 상기 유형에 속하는 국제해협이라고 할지라도 그 해협이 해협연안국의 도서와 본토에 의해 형성되고 있고, 그 도서의 해양측에 항해 및 수로상의 특성에 관하여 유사한 편의를 갖는 공해상의 항로 또는 배타적 경제수역상의 항로가 있는 해협.

③ 공해 또는 배타적 경제수역의 한 부분과 외국의 영해를 연결하는 해협이다.

유엔해양법협약은 국제해협의 개념을 정립함에 있어 주로 해협의 지리적 요건에 치중하여 기능적 요소를 경시하고 있는 점에서 국제사법재판소의 견해를 그대로 유지하고 있다. 이로써 동 협약은 일반이익과 특수이익의 균형유지를 도모하고 있는 것으로 보이나, 해협문제에 관해서는 연안국의 이익에 대한 고려가 소홀하게 취급되고 있는 것이 사실이다.

## 2. 海峽에서의 通航

### 가. 通過通航의 意義 및 性質

통과통항이란 공해 또는 배타적 경제수역의 한 부분과 공해 또는 배타적 경제수역의 타부분 사이의 해협에서 계속적이며 신속한 통과만을 위한 항행 및 상공비행의 자유를 행사하는 것을 의미한다(유엔해양법협약 제38조 2항). 유엔해양법협약 제2장 제3절 영해에서의 무해통항에 관한 규정 중에는 연안국의 평화·질서 또는 안전을 해하는 모든 통항은 유해한 것으로 간주하고, 그것에 해당하는 행위의 유형을 구체적으로 열거하고 있어, 이들 중에 어느 것에 해당할 때에는 무해성을 상실하게 된다.

그러나 동 협약 제3장의 통과통항에 관한 규정 중에는 이것에 대응하는 것이 없고, 동 협약 제39조 제1항이 통과통항 중인 선박 및 항공기의 의무로서 해협 및 그 상공을 지체없이 항행할 것, 연안국의 주권, 영토보존 또는 정치적 독립에 대한 또는 UN헌장에 구현된 국제법원칙을 위반한 기타 방법으로 무력에 의한 위협 또는 행사를 삼가할 것 등을 규정하고 있다.

제39조의 의무는 통과통항의 본질적 기준으로서 인정되는 것이 아니므로 이들 의무위반이 있는 경우에도 본 협약의 해석론으로서는 그 위반행위가 당연히 통과통항권을 상실하는 법적 효과를 가져오는 것은 아니다. 무해통항의 의미를 규정하고 있는 동 협약 제19조에 의하면 외국선박의 통항은 영해에서 다음 활동 중의 어느 것에 해당하는 경우 그 통항은 연안국의 평화, 질서 또는 안전을 해하는 것으로 본다(shall be considered to be prejudicial)고 규정하고 있다.

그러나 제39조는 통과통항중인 선박 및 항공기는 다음 사항을 준수하여야 한다(shall)라고 규정하여 이들 의무를 통과통항권 그 자체의 내재적 요건으로 하고 있지는 않기 때문이다. 그러나 통과통항에 대해서는 일정한 조건하에서 연안국이 외국선박의 무해통항을 제한할 수 있게 하는 동 협약 제25조나 제30조와 같은 규정을 두고 있지 않으며, 주권면제를 향유하는 군함 또는 항공기가 연안국의 법령을 위반하여 해협연안국에게 손해를 준 경우에도 그 旗國이 국제책임만 부담하게 되어 있다. 따라서 계속적이며 신속한 통과만을 위한 것인 한 연안국은 그 통항의 자유를 부인할 수 없고, 유해한 행위나 악영향이 있었다고 하는 이유로써 즉시 연안국이 그 통항을 부인할 수 있는 어떤 법적 조치도 되어 있지 않다.

문제는 무엇이 계속적이며 신속한 통과만을 위한 항행 및 상공비행인가의 판단기준이다. 이것을 광의로 해석하여, 예컨대 무해통항제도에서 무해의 기준으로 규정한 행위를 해협통항 중에 행할 경우, 이러한 통항은 계속적이며 신속한 통과만을 위한 것으로 해석하지 아니하여 통과통항이 아니라고 해석할 우려가 있다.

그러나 이와 같은 해석방법은 결국 통과통항제도를 실질적으로 무해통항과 동일시하는 것이 되어 본래의 입법의도와는 다르다. 통과통항제도는 본질적으로 항행 및 상공비행의 자유를 보장하기 위한 것으로서 연안국은 통과통항을 방해해서는 안되며 또한 정지시킬 수 없다. 따라서 계속적이며 신속한 통과만을 위한 것이어야 한다는 통과통항권 자체의 내재적 요건은 해양법협약에서 규정하고(동 제19조 2항) 있는 유해행위 일반에 대해서 효과를 갖는 것이 아니며, 선박 및 항공기가 계속적이며 신속한 통과만을 위한 것이 아닌 다른 의도를 명백히 가지고 있을 때 작용한다고 보아야 한다. 즉 그와 같은 다른 의도를 명백히 가지고 있을 때에는 그 통항은 이미 통과통항이 아니며, 역으로 선박이 특별한 의도를 갖지 아니한 한, 가령 현실적으로는 연안국에 나쁜 영향을 주어도 그것만으로는 통과통항권을 부인할 수 없다는 것을 의미한다. 그러므로 선박 및 항공기는

계속적이며 신속한 통과를 위한 통항인 한 그와 같은 통항은 방해 및 정지되지 아니한다.[68]

또한 유엔해양법협약은 제3장에서 국제해협의 통항제도로서 통과통항제도와 무해통항제도를 구별하여 규정함으로써 통과통항이 무해통항과 별개의 제도임을 명백히 하고 있다. 왜냐하면, 만약 통과통항이 무해통항과 같은 성질의 개념이라면 통과통항과 무해통항을 별도로 규정할 필요가 없을 것이다.

### 나. 通航中인 船舶 및 航空機의 義務

국제해협에서 통과통항권을 행사하는 선박과 항공기에 공통적으로 적용되는 의무는 다음과 같다(동 제39조).

① 해협 또는 그 이상을 지체없이 통과할 것.

② 해협연안국의 주권, 영토보전 또는 정치적 독립에 대한 또는 UN헌장에 구현된 국제법원칙을 위반한 기타 방법으로 무력에 의한 위협 또는 행사를 삼가할 것.

③ 불가항력 또는 조난으로 인하여 필요한 경우가 아닌 한 계속적이며 신속한 통과의 통상적인 방법에 부가되지 아니하는 기타 활동을 삼가할 것.

④ 본 장의 기타 관계규정을 준수할 것 등이다.

이들 의무 중 유엔해양법협약 제19조에서 선박의 무해통항에 관하여 그 통항이 연안국의 평화·질서 또는 안전을 해하는 것으로 간주되는 유해한 행위로서 열거하고 있는 12개항에 해당하는 것은 상기 ③항의 의무뿐이며, 조사 및 측량활동에 대해서는 해협연안국의 사전허가없이 수행할수 없도록 동 협약 제40조에서 별도로 규정하고 있다. 따라서 제19조 제2항에서 금지하고 있는 행위 중에서 상기 ②항에 해당하는 UN헌장에 위반하는 무력에 의한 위협 또는 행사와 조사 및 측량활동을 제외한 기타의 행위는 통과통항중인 선박 및 항공기가 행할지라도 연안국은 통과통항권을 부인할 수 없는 것인가 하는 의문이 생긴다.[69]

---

**68)** 미국 또는 러시아가 주장한 자유통항의 목적은 군함 및 군용기의 기동력 및 은밀성을 최대한으로 발휘하기 위하여 중요한 국제해협에서의 통항권을 확보하기 위한 것이다. 이러한 목적은 통과통항권에 의하여 보장되고 있는데, 이러한 의미에서 통과통항권은 무해통항의 개념보다는 공해에서 인정되는 자유통항의 개념에 더 가까운 성질을 갖는 것으로 해석된다. 통과통항이 잠수함의 잠항통항권을 포함하는 개념이며 항공기의 상공비행권을 인정하고 있다는 사실도 통과통항권이 자유통항의 개념에 근사한 것임을 시사하는 근거로 볼 수 있다.

**69)** 예컨대 통과통항중인 군함은 무기를 사용하는 훈련 또는 연습을 할 수 있는가? 선박은 연안국의 안전에 유해한 정보를 수집하거나 연안국의 안전에 영향을 미치는 선전행위를 할 수 있는가? 항공기의 이륙·착륙 또는 탑재나 군사장치의 선상 발

유엔해양법협약 제19조 2항에서 열거하고 있는 유해행위 중에서 통과통항중인 선박 및 항공기에 허용될 수 있는 것은 무엇이며, 금지되는 것이 어느 것인가 하는 문제는 계속적이며 신속한 통과만을 위한 항행 및 상공비행인가의 여부에 의해 판단되어야 할 것이다. 이러한 기준에 의하면, 예컨대 연안국의 안전에 유해한 정보수집행위나 선전행위 또는 연안국의 통신체제를 방해하는 행위 등은 계속적이며 신속한 통과만을 위한 것은 아니므로 그러한 통과통항은 인정될 수 없을 것이다. 항공기의 이륙·착륙·탑재나 군사장치의 선상발진·착륙·탑재, 또는 훈련·연습 등은 계속적이며 신속한 통과만을 위한 것으로서 다른 의도가 없을 경우에는 허용될 수도 있는 것으로 해석된다. 그러나 동 협약 제39조의 의무의 성질에 관한 해석상의 차이에 관계없이 주권면제를 향유하는 군함 및 군용기에 대해서는 연안국의 권한이 전혀 미치지 못한다. 다만 이들의 의무위반에 대하여 연안국은 퇴거 또는 국제책임을 요구할 수 있을 뿐이다.

통과통항중인 선박은 국제해상충돌예방규칙을 포함한 일반적으로 승인된 국제해상안전규정·절차 및 관행을 준수해야 하며, 선박으로부터의 오염방지·경감 및 억제를 위한 일반적으로 승인된 국제규정·절차 및 관행을 준수하여야 한다. 그러나 해양환경의 보호 및 보존에 관한 규정은 군함, 해군보조함, 비상업용 정부선박 또는 항공기에 적용되지 않는다. 다만 각국은 자국이 소유 또는 운영하는 이러한 군함 또는 항공기의 운영 또는 운용능력을 손상하지 않는 적절한 조치의 채택으로, 이러한 군함 또는 항공기가 합리적으로 실행 가능한 한 본 협약에 부합되는 방법으로 행동하도록 보장하여야 한다. 또한 해협이용국은 해협연안국과의 합의에 의하여 항해안전구조물 또는 기타 개선책을 해협에 설치 및 유지하고 선박으로부터의 오염을 방지, 경감 및 억제하기 위하여 협력하여야 한다(동 제39조 2항).

통과통항중인 항공기는 민간항공기에 적용되는 국제민간항공기구가 제정한 항공규칙을 준수하여야 하며, 권한있는 항공교통관제기구가 제정한 무선주파수 또는 국제조난무선주파수를 항상 청취하여야 한다(동 제39조 3항).

---

진·착륙 또는 탑재가 허용되는가? 등이 문제가 되나 이러한 활동은 모두 무해통항 중에는 금지되는 행위들이다.

## 다. 海峽沿岸國의 權利 및 義務

### (1) 權利(동 제41조)

해협연안국은 선박의 안전통항을 증진하기 위하여 필요한 경우 해협에서의 항행을 위한 항로대를 지정하고 통항분리제도를 설정할 수 있다. 그리고 정당한 공시 후에는 그것을 다른 항로대및 통항분리제도로 대체할 수 있으나, 일반적으로 승인된 국제규칙에 따라야 한다. 다만 해협연안국은 항로대의 지정·대체 또는 통항분리제도의 설정·대체 전에 그 채택을 위하여 권한 있는 국제기관에 이에 관한 제안을 회부하여야 한다.[70]

해협연안국은 자국이 지정하거나 설정한 항로대 및 통항분리제도를 공시된 해도상에 명시하여야 한다. 그리고 통과통항중인 선박은 이러한 항로대 및 통항분리제도를 존중하여야 한다.

연안국의 법령제정권에 관해서 보면 영해에서의 무해통항에 관한 연안국의 법령은 해양법협약 및 기타 국제법의 원칙에 따라 제정할 수 있는데 반해서, 해협연안국의 법령은 통과통항을 규정하고 있는 본 절의 규정에 따라서만 인정된다. 그러한 입법사항으로서는 네 가지가 있는데(동 제42조), 첫째는 항해의 안전과 해상교통의 규제에 관한 사항으로서 동 협약 제41조에 규정되어 있는 항로대와 통항분리제도의 지정 및 설치에 관계되는 것에 한정된다. 둘째는 오염의 방지, 경감 및억제에 관한 사항인데, 해협에서 유류·폐유 및 기타 유해성물질의 배출에 관한 국제규칙을 시행하기 위한 국내적 입법조치만 할 수 있다. 셋째는 어선에 관한 것으로서 어구의 적재를 포함한 어로의 금지에 관한 사항이며, 넷째는 해협연안국의 관세·재정·출입국관리 및 위생법규에 위반하는 행위에 대한 규제권이다. 이상의 네 가지만이 연안국이 규제권을 행사할 수 있는 입법사항의전부이기 때문에 여기에서 인정하고 있는 규제사항 이외의 항해안전구조물의 설치·유지 및 선박으로부터의 오염방지에 관한 사항에 대해서는 해협연안국이 해협이용국과 협의하여 정할 수 있을 뿐이다.

이러한 해협연안국의 법령은 형식적 또는 실질적으로 외국선박간에 차별을 두어서는 안되며,

---

70) 여기에서 권한있는 국제기관이란, 예컨대 국제해사기구(International Maritime Organization : IMO) 같은 것을 의미한다. 이기관은 해협연안국이 동의하는 항로대 및 통항분리제도만을 채택할 수 있으며, 그 후에 해협연안국은 이를 지정·설정 또는 대체할 수 있다. 이것은 해협연안국과 국제기관간에 이 문제에 대해 합의가 이루어져야 함을 의미하는 것인데, 만약 이러한 합의가 성립되지 못하는 경우에 어떻게 할 것인가에 대해서는 특별한 절차가 규정되어 있지 않다. 그러한 경우에는 결국 UN해양법협약상의 분쟁해결기관에 의뢰해야 할 것이다. 그런데 領海에 있어서는 항로대 또는 통항분리제도를 설정함에 있어서 권한 있는 국제기관과의 합의와 같은 절차는 필요 없다. 다만 권한 있는 국제기관의 권고를 고려하는 것으로족하다. 또한 해협연안국이 2개국 이상인 경우에는 해당국은 국제기관과의 협의 하에 제안작성에 상호 협력하여야 한다.

또는 그 적용상 통과통항권을 부인하거나 방해 또는 침해하는 것과 같은 사실상의 효과를 가져서는 안된다. 이것은 해협연안국이 국내법령의 시행을 통하여 통과통항중인 선박에 대해 정선·임검·수색 등의 조치를 자행하지 못하게 하려는 취지의 것으로서 국제해협에서의 자유통항을 보호하려는 경향이 대단히 강하게 나타난 것이다. 해협연안국은 통과통항에 관한 모든 법령을 공시하여야 한다. 한편 통과통항권을 행사하는 외국선박은 해협연안국의 법령을 준수하여야 한다(동 제42조). 그러나 통과통항을 행사하는 항공기에 대해서는 해협연안국의 법령준수의무를 규정하고 있지 않다.

### (2) 義務(동 제44조)

해협연안국은 통과통항을 방해할 수 없고, 자국이 알고 있는 해협내 또는 그 이원 해역에 있어서의 항행 및 상공비행에 대한 어떠한 위험도 이를 적절히 공시해야 하며, 통과통항을 정지시킬 수 없다. 또한 해협연안국은 해협이용국과의 합의에 의하여 안전운항을 위한 시설의 설치 및 유지·개선 또는 선박으로부터의 오염방지를 위하여 상호 협력하여야 한다.

### 라. 軍艦의 通過通航權

#### (1) 內容

해양법협약은 해협통과 통항제도에 관하여 군함과 다른 선박 사이에 구별을 하지 아니하고 동일한 통항제도를 적용하고 있다(동 제38조 1항). 따라서 통과통항제도에 관하여 앞에서 검토한 내용은 군함에 적용된다. 즉 군함은 통과통항제도가 적용되는 국제해협에서 해협연안국의 사전허가 또는 항공기의 의무를 규정하고 있는 동 협약 제39조의 의무를 이행하고, 해협연안국의 사전허가 없이 어떠한 조사 또는 측량활동도 해서는 안된다. 또한 군함은 해협연안국이 설정한 항로대 및 통항분리제도를 존중해야 하며, 해협의 통항에 관한 연안국의 법령을 준수해야 한다.[71]

---

71) 그러나 통과통항중인 선박의 성질 및 해협연안국의 규제권 문제와 관련하여 통과통항중인 외국의 선박이 그 의무를 이행하지 않거나 해협연안국의 법령을 위반하는 경우에 연안국은 직접 강제조치를 취하여 통항을 제한 또는 부인할 수 있는 것인지에 대해서는 해석상의 차이가 있을 수 있지만, 주권면제를 향유하는 군함 및 군용기에 대해서는 연안국의 권한이 미치지 못하므로 이들에 의한 의무위반이 있는 경우에도 연안국은 퇴거를 강요할 수 없고, 다만 연안국의 법령 등을 위반하여 해협연안국에게 손실 또는 손해를 끼친 경우에는 그 旗國이 국제책임을 질뿐이다. 동시에 해협연안국은 군함의 통과통항권을 방해하거나 정지시킬 수 없다.

해군항공기도 통과통항권을 향유한다. 그러나 미국, 캐나다, 러시아 등 일부국가들은 자국의 해안으로부터 수백 마일에 이르는 해역의 상공에 방공식별구역(Air Defence Identification Zone :ADIZ)을 설정하여 사전에 비행계획(flight plans)을 제출하게하고 있는 현실에서 연안국의 주권이 미치는 영해인 국제해협에서 사전허가 또는 통고없이 항공기의 상공비행권을 인정하는 것은 문제점으로 지적하지 않을 수 없다.[72] 이에 부가하여 동 협약은 분쟁의 해결을 위한 국제해양법재판소 등의 강제적 해결절차를 설정하고 있으나, 제2장에서 이에 언급한 바와 같이 비상업적 역무에 종사하는 정부선박 및 항공기에 의한 군사활동을 포함한 군사활동에 관한 분쟁에 대해서는 체약국이 동 협약의 서명, 비준, 가입시 또는 그 이후 어느 때든지 강제적 해결절차의 적용제외를 선언할 수 있도록 규정하고 있다(동 제298조 1항 나).

### (2) 潛水艦의 潛航通過權

유엔해양법협약은 공해 또는 배타적 경제수역의 한 부분과 공해 또는 배타적 경제수역의 타 부분간의 국제항행에 사용되고 있는 해협에서 모든 선박과 항공기는 방해받지 않는 통과통항권을 갖는다고 규정하여, 공해에서 인정되는 자유통항도 아니며 전통적으로 영해에서 인정되어 온 무해통항도 아닌 새로운 개념의 통과통항제도를 도입하고, 통과통항이란 해협의 계속적이고 신속한 통과만을 위한 항행 및 상공비행의 자유를 행사하는 것을 의미한다고 한다(동 제38조 2항).

공해상에서의 항행 및 비행의 자유는 잠수함의 잠항권을 포함하는 개념이며, 영해에서의 무해통항 개념을 규정하는 조문의 표현에 의하면 잠수함의 잠항통과권이 허용되는 것인지의 여부가 명백하지 않다. 더구나 통과통항에 관하여 규정하고 있는 동 협약 제3장 제2절 중에는 잠수함의 통과통항에 대하여 해상항해를 요구하는 조항도 없다. 따라서 통과통항권이 잠수함의 잠항통과권을 포함하는 권리인가 하는 것이 해석상의 문제가 될 수 있다.

유엔해양법협약 제39조 제1항 (다)호는 잠항방법에 의한 통과통항권의 행사를 예기하고 있고, 해협연안국의 방해에 복종하지 않게 하고 있는 많은 증거에 비추어 연안국의 규제권에 모순되는 잠항통과권이 인정될 수 없다는 견해는 합리적인 해석이라고 볼 수 없다.[73]

---

72) 이에 관하여는 김현수, "대한민국 방공식별구역에 관한 소고", 해양전략, 제117호, 2002.12, pp.1-20 참조.

73) 제3차유엔해양법회의는 해양선진국이 領海의 범위를 최대한 12해리까지 인정하고 해양자원에 대한 연안국의 관할권을 광범위하게 인정하는 반면에, 연안국은 관할권이 확대된 수역에서 비교적 제한이 적은 항행의 자유를 인정하는 새로운 해

통과통항권은 그 기본적 성격이 '통항의 자유'를 행사하는 것이므로, 여기에서 '항행의 자유'란 잠수활동을 포함하는 개념이며, 비록 공해상의 자유통항에서는 볼 수 없는 '계속적이며 신속한 통과만을 위한' 것이어야 한다는 내재적 제한을 부과하고 있지만, 이러한 제한적 요소는 통과만을 위한 계속적이며 신속한 통항이 아닌 것을 배제하는 것이지 '통항하는 방법'을 제안하는 것이 아니므로 잠수함의 잠항통과권을 제한하는 것이 아니다. 통과통항권이 상공비행의 자유도 인정하는 권리라는 사실은 이러한 해석의 타당성을 더욱 명백히 해주고 있다.[74]

### 마. 無害通航制度가 適用되는 海峽

국제항행에 사용되는 해협인 경우에도 일정한 해협에서는 통과통항제도가 적용되는 것이 아니라, 해양법협약의 규정에 따라 무해통항제도가 적용된다.[75] 따라서 이러한 국제해협에서 잠수함은 부상항해 하여야 하며, 군함이 연안국의 법령을 준수하지 아니하고, 준수요구를 무시하는 경우에는 연안국은 영해에서의 즉시 퇴거를 요구할 수 있다. 다만 영해에서 연안국의 안전보장을 위하여 무해통항을 정지시키는 것이 불가피한 경우, 외국선박 간에 차별을 두지 않고, 영해의 특정수역에서 외국선박의 무해통항을 일시적으로 정지시킬 수 있지만, 국제해협에서의 무해통항을 연안국이 정지시킬 수 없다. 그리고 해협연안국의 허가없이 항공기의 상공비행권은 인정되지 않는다. 이와 같이 무해통항제도가 적용되는 국제해협은 동 협약에 의하면 다음과 같다(동 제38조 1항).

① 해협이 해협연안국의 본토와 도서에 의해 형성되어 있는 경우 항해 및 수로상의 특성에 있어서 유사한 편의를 가진 공해항로 또는 배타적 경제수역상의 항로가 그 도서의 해양측에 있으면, 그러한 해협에서도 해협연안국의 領海에 대한 주권을 더욱 제한하는 통과통항제

---

양질서를 창출하였다. 그리하여 새로운 통항제도로 나타난 국제해협에서의 통과통항권은 자유통항의 개념에 가까운 것으로서 잠수함의 잠항통과권을 포함하는 권리로 규정되고 있다.

**74)** 더구나 領海에서의 무해통항에 대해서는 잠수함이 부상항해 할 것을 유엔해양법협약 제20조에서 명시적으로 규정하고 있으나, 국제해협에서의 통과통항에 관한 규정 중에는 잠수함의 부상항해를 요구하는 규정이 없을 뿐 아니라, 해협통항제도의 독자성으로 인하여 동 협약 제20조가 통과통항에 적용될 여지도 없다. 또한 통과통항 중인 선박 등의 의무를 규정하는 동 협약 제39조 제1항 (다) 및 기타 領海의 통항보다 국제해협의 통항을 더욱 보장하고 있는 동 협약 본문의 제규정에 비추어 통과통항은 잠수함의 잠항통과권을 포함하는 권리로 해석된다. 그러므로 통과통항권이 무해통항의 개념에 유사한 것으로 잠항통과권을 포함하는 권리가 아니라는 견해는 올바른 해석이라고 할 수 없다.

**75)** 유엔해양법협약 제2장 3절(영해에서의 무해통항) 참조.

도를 적용할 필요는 없을 것이다. 따라서 이와 같은 국제해협에서는 무해통항제도가 적용된다.

② 공해 및 배타적 경제수역의 일부분과 외국의 領海를 연결하는 국제항행에 사용되는 해협은 통과통항제도가 적용되지 않고 무해통항제도가 적용되며, 이러한 국제해협은 약 20개에 달하고 있다.

③ 항행 및 수로상의 특성에 있어서 유사한 편의를 가진 공해 또는 배타적 경제수역상의 항로가 해협의 중앙에 있는 경우에는 항행의 자유가 인정되므로 국제해협의 통항제도가 적용될 여지는 없다.[76]

④ 해양법협약 제45조에 의하면 국제항행에 사용되는 일정한 해협에서는 해협연안국이 정지시킬 수 없는 무해통항제도를 적용한다.[77]

## 3. 主要 國際海峽

### 가. 터키海峽[78]

터키 해협은 1936년 Montreux 조약에[79] 의해 그 법적 지위가 구체화되어 Bosphoros 해협 및 Dardanelles 해협에서 평시 모든 선박에 대하여 통항의 자유가 인정된다.[80] 전시에는 터키가 교전국인 경우 해협통항은 터키의 재량에 달려 있다. 터키가 중립일 경우에는 터키와 상호원조조약을 체결한 국가에 대해서만 해협을 개방한다.

---

**76)** 따라서 해협양안의 領海에서 잠수함은 부상항해 하여야 하며, 연안국은 자국의 안전보장을 위하여 필요한 경우 군함을 포함한 외국선박의 무해통항을 일시적으로 정지시킬 수 있고, 군함이 연안국의 법령을 준수하지 않는 경우에는 연안국은 군함에 대하여 즉시 領海에서 퇴거할 것을 요구할 수 있다.

**77)** 그러나 국제항행에 사용되지 않는 해협의 수역도 해협연안국의 領海이므로 이러한 해협도 領海에서의 무해통항제도가 적용된다. 다만 국제항행에 사용되지 않는 해협에서는 해협연안국이 안전보장을 위하여 외국선박의 무해통항을 일시적으로 정지시킬 수 있는 것으로 해석된다.

**78)** 상세에 관하여는, G. Plant, "Navigation Regime in the Turkish Straits for Merchant Ships in Peacetime", *Marine Policy*, Vol.20, No.1, 1996 참조.

**79)** G.C.Fitzmaurice, "The Straits Convention of Montreux", 18 *British Yearbook of International Law*(1937), p.186. 조약내용에 관하여는, Text in 31 American Journal of International Law(1937), Supplement, p.1 참조.

**80)** C. Phillipson and N. Buxton, *The Questions of the Bosphorus and Dardanells*, Stevens and haynes, 1917 참조.

### 나. 지브롤터海峽[81]

지브롤터(Gibraltar)해협은 대서양과 지중해를 연결하는 해협으로서 어떤 부분은 연안국가의 領海범위내에 존재하는 것도 있었으나 12해리 영해가 새로이 등장하면서 해협전부가 해협북동쪽 일부를 제외하고 스페인과 모로코 영해내에 놓여지게 되었다.

지브롤터해협은 지중해를 통하는 유일한 해상교통로로서 그 중요성이 나폴레옹전쟁과 제1차 세계대전 기간 중에 입증되기도 했다. 그리고 제2차 세계대전 중에는 동 해협을 연합군이 통제할 수 있게 됨에 따라 북아프리카 공략을 성공적으로 수행할 수 있었다.

또한 지브롤터해협은 상업적으로도 상당히 중요한 역할을 해 왔으며, 수에즈운하의 개통으로 에너지자원의 유통 핵심통로가 되어 선박의 통과가 대단히 빈번하여 매력적인 경제유발원인이 되고 있다.[82]

### 다. 마젤란海峽[83]

마젤란(Magellan) 해협은 길이 583km의 칠레와 아르헨티나를 통하는 해협으로 1881년의 아르헨티나와 칠레조약에 의해 통제를 받아왔다. 그 중요내용으로는 통항자유, 연안요새화금지, 전시중립화 등이다.

### 라. 말래카海峽[84]

말래카(Malacca) 해협은 말레이반도와 인도네시아 수마트라 사이에 위치하고 있는 해협으로서 1977년 인도네시아·말레이지아·싱가포르 간에 체결된 말래카해협협정에 의해 그 법적 지위가 구체화되었다. 이 협정은 거대한 유조선에 대한 특별항로지정 등 해양법협약상의 규정을 잘 반영하고 있다.[85]

---

81) J. E. S. Fawcett, "Gibraltar : The Legal Issues", 43 International Affairs 1967, p.236.

82) 통항은 un.org/Depts/los/convention-agreements/convention-declar, p.68 참조.

83) M. A. Morris, The Straits of Magellan, Nijhoff, 1989 참조.

84) M. Leifer, Malacca, Singapore, and Indonesia, Nijhoff, 1978 참조.

85) 이상은·우병구, "국제해협 싱가포르 및 도버 TSS 항로의 통항계획 및 방법", 해기, 2003년 4월호, pp.20-22 참조.

### 마. 덴마크海峽

덴마크(Denmark) 해협은 Sund 해협과 Belt 해협으로 구성되어 있으며 그린랜드와 아이슬란드 사이를 통하는 해협이다. 이 해협은 1857년의 Copenhagen조약에 의해 그 법적 지위가 구체화되었고 평시에는 모든 국가의 선박에 대하여 통항자유를 인정하나 전시에는 덴마크 정부의 재량으로 통항여부를 결정할 수 있다.

### 바. 호르무즈海峽[86]

호르무즈해협은 페르시아만과 오만만을 잇는 해협으로 그 최소폭은 20.6해리이며, 해협의 길이는 55~95km, 최대수심은 190m, 평균수심은 85m이다. 동 해협에는 키슘·오르무즈·헨잠 등의 섬이 있고 북쪽의 이란과 남쪽의 아라비아 반도 사이를 가로지르고 있는데, 페르시아만 연안의 여러 항구에서 원유를 실어 나르는 유조선들이 반드시 지나가야 하는 항로이기 때문에 매우 중요한 전략적·경제적 요충지이다.

## 4. 大韓海峽[87]

영해의 범위를 규정하고 있는 영해 및 접속수역법 제1조에 따라 영해 및 접속수역법의 시행일 등에 관한 규정은 대한해협에 있어서의 영해의 외측한계 1.5미터 바위(1.5m rock)와 생도 및 홍도를 차례로 연결하는 직선기선으로 측정하여 그 외측 3해리선으로 획정하고 있다. 이는 영해의 범위를 12해리로 정하고 있는 우리나라 영해법 규정과는 다른 하나의 예외를 인정한 것으로 대한해협의 서수로 폭이 약23해리이며 동 해협이 국제해협인 점을 고려하였으며 또한 당시 미국 및 소련 함대의 주요 통항로로 대한해협이 이용되었다는 점을 감안하여 3해리 영해를 확정하여(일본도 3해리) 영해밖에 약17해리의 공해대를 남겨둔 것으로 보인다.[88]

---

86) R. K. Ramazani, *The Persian Gulf and the Strait of Hormuz*, Sijhoff & Noordhoff, 1979 참조.

87) C. Y. Pak, *The Korea Straits*, Nijhoff, 1988 참조.

88) 영해범위를 12해리로 확장함은 세계적인 추세이며 또한 유엔해양법협약과도 일치되는 주권행사의 하나이다. 해양법협약은 국제해협에 있어서의 통항제도인 통과통항제도를 신설하여 국제해협 통항선박의 통항을 보장하고 있다. 그러나 대한해협에서의 영해확장이 아국의 안보를 주이유로 한 확장이라면 이는 결코 문구상의 해석대로의 결과를 가져다주지는 않을 것이라 사료된다. 왜냐하면 동 12해리 영해 내에서의 선박의 충돌이나 해양오염방지 등과 같은 문제에 있어서 아국의 주권행사가 용이한 것은 사실이나 동 해협이 국제항행에 이용되는 해협이며 따라서 12해리 영해해협에서는 무해통행이

# 제7절  排他的 經濟水域

## 1. 槪念

### 가. 意義

배타적 경제수역(exclusive economic zone)이란 영해에 접속된 특정수역으로서 영해 기준선으로부터 200해리 이내의 해저, 하층토 및 상부수역의 천연자원의 개발·탐사 및 보존에 관한 주권적 권리와 당해수역에서의 인공도의 설치·사용, 해양환경의 보호·보존 및 과학적 조사의 규제에 대한 배타적 관할권을 행사하는 수역을 말한다(유엔해양법협약 제56조).

### 나. 제도의 취지

종래의 국제법상 공해어업자유의 인정으로 각국은 자유로이 공해에서 어로행위를 할 수 있었다. 그러나 제2차 세계대전 이후 국제법주체로서의 지위를 획득한 신생독립국들은 그들의 정치적 독립에 상응하는 경제적 자립을 달성하려는 의지로 해양에 대한 관심이 집중되어 연안국의 관할권 확대를 주장할 뿐 아니라 고도로 발달한 과학기술로 인하여 공해상의 생물자원이 고갈될 위기에 놓이자 또한 연안국은 이들 자원을 효과적으로 보존하기 위해 어업관할권을 주장하게 되었고 이 주장이 1958년 제1차 해양법회의에서 보존수역제도로 확립되었다.

그 후 신생국들은 보존수역제도에 만족하지 않고 보다 강력한 경제적 주권 내지 관할권을 행사해야 한다고 주장함으로써 배타적 경제수역제도가 탄생하게 되었다.

---

아닌 통과통항제도가 적용됨을 고려할 때 군함이나 기타 핵추진선박들의 통항에 따른 안보위협은 더 이상 먹을 길이 없게 된다. 단순히 주권 행사범위의 확장이라는 측면에서는 일응 그 타당성이 인정되나 해양법협약 내용이 적용된다는 점을 고려할 때는 12해리로의 영해확장이 가장 바람직한 방향은 아니라고 생각된다. 이는 또한 아국 해군의 해상방위력문제와도 직결되는 문제이기 때문에 이의 고려 및 판단이 선결되어야 한다고 여겨진다. 즉 3해리 영해 밖을 외국의 군함 등이 자유통항하는 경우와 확장된 12해리 수역내에서 외국의 군함이나 핵추진 선박 등이 통과통항하는 경우는 아국의 안보위협 측면에서는 별 차이가 없게 된다. 그러나 3해리 영해 내에서 외국군함은 무해통항할 수 있으나 12해리 확장의 경우 타국은 무해통항이 아닌 이보다 더 통항의 자유가 보장되는 통과통항권을 향유하게 된다(이 경우 연안국은 통과통항하는 선박에 대하여 무해통항선박에 적용가능한 일시적 정지권을 행사할 수 없다). 결국 국가이익의 실익을 어디에 둘 것인가에 따라 대한해협에서의 영해범위 확장문제는 결정되어야 할 것이다.

다. 沿革

배타적 경제수역의 개념은 1947년 이후 남미국가들의 200해리 어업수역 관행에서 비롯되었다. 처음에는 남미국가들이 일종의 어업자원을 관할하는 것이 주된 목적이었으나 점차 領海 밖의 공해에서 연안국의 관할권 행사가 강력히 억제되지 광범위한 領海를 주장하게 되었다. 그러자 대서양연안의 남미국가들도 비슷한 주장을 하기 시작하였고,[89] 아프리카국가들도 자원보존의 효과적 방법으로 연안국 관할수역의 확장을 주장하였다.

또한 1971년 Colombo에서 개최된 아프리카–아시아 법률자문위원회에서 Kenya가 연안에서 200해리까지 배타적 경제수역을 설정하자고 제의한 것을 기초로[90] 1973년 제3차 해양법회의에서 정식으로 이 문제가 제기되어 연안에서 200해리까지 모든 경제적 관할권을 행사하는 배타적 경제수역이 성립하게 되었다.

## 2. 法的 地位 및 特性

가. 法的 地位

1982년 유엔해양법협약은 배타적 경제수역을 본 장에 확립된 특정 법적 제도에 따르는 영해이원 및 領海와 인접한 수역이라고 규정함으로써(동 제55조), 동 수역의 법적 지위를 領海도 공해도 아닌 제3의 특별수역으로 보고 있다. 즉 배타적 경제수역은 연안국의 경제적 이익과 국제사회의 이해가 기능적으로 결합된 법제도로서 다양한 분야의 국가관할권과 공해자유의 일부가 병립하는 領海와 공해의 중간적 법제도로 볼 수 있다.

나. 特性

### (1) 機能的 包括性

배타적 경제수역은 해양의 경제적 이용에 관련되는 기능을 연안국의 주권적 권리 또는 관할권에 포괄적으로 종속시킴으로써 연안국의 관할권 확장욕구를 충족시킴과 동시에 본래의 공해자유제도에 중대한 변혁도 가져왔다.

---

89)  Declaration of Santo Domingo, June 1972, UN Legislation Series B/16, p.599 참조.
90)  상세에 관하여는, G. Pontecorvo(ed.), *The New Order of the Oceans*, Colombia University Press, 1986, p.140 참조.

### (2) 管轄權의 排他性

연안국의 생물자원에 대한 권리는 자원보존의 우선적 권리로부터 주권적 권리로 강화되어 생물자원에 대한 제3국의 접근은 연안국의 동의 없이는 불가능한 것으로 변화되었으며, 연안국의 비생물자원에 대한 권리는 기존 대륙붕제도상의 주권적 권리가 배타적 경제수역제도에 수용된 것으로 선점의 대상도 되지 않으며 연안국의 동의 없이는 탐사·개발할 수 없다.

### (3) 空間的 廣域性

배타적 경제수역은 종래 해양법상 國權이 미치던 12해리에 비하여 200해리를 인정하므로[91] 말미암아 연안국은 광대한 해양을 점유하게 되고 그 상부수역·해상 및 하층토에 대해 관힐권을 행사하게 되었다.

## 3. 範圍

배타적 경제수역의 폭은 영해기선으로부터 200해리를 초과하지 못한다(동 제57조).

대향 또는 인접 국가간의 배타적 경제수역 경계는 형평한 해결을 위하여 국제사법재판소규정 제38조에 의거한 국제법을 기초로 합의에 의해 획정되어야 한다(동 제74조 1항). 그러나 상당한 기간 내에 합의에 도달하지 못하는 경우, 관계국은 해양분쟁해결절차(동 제15장 참조)에 이를 부탁해야 한다.

배타적 경제수역의 외측한계선과 대향 또는 인접 수역의 경계획정선은 해도상에 표시되어야 한다(동 제76조 1항). 또한 연안국은 그와 같은 해도를 공시하고 그 사본을 유엔사무총장에게 기탁해야 한다(동 2항).

---

91) A. L. Hollick, "The Origins of 200 Mile Offshore Zones", 71 *American Journal of International Law*, 1977, pp.494-500.

## 4. 沿岸國의 權利義務

### 가. 沿岸國의 權利

#### (1) 主權的 權利

연안국은 배타적 경제수역내에서 해양의 경제적 이용에 관한 다음의 권리를 행사한다.

첫째, 생물·비생물자원의 탐사·개발·보존 및 관리에 관한 주권적 권리를 가진다(동 제50조 1항 가). 생물자원의 보존과 이용에 관한 법적 권리는 연안국에 배타적으로 속하며, 비생물자원의 탐사·개발에 관한 연안국의 권리는 대륙붕제도에 따라 행사하도록 되어 있다(동 제56조 3항).

둘째, 해수·해류 및 해풍을 이용한 에너지생산과 같은 동 수역의 경제적 개발 및 탐사에 관한 주권적 권리를 가진다. 이 권리는 생물·비생물자원에 대한 경제적 권리 외에 장래의 해양에 대한 경제적 이용양태를 포괄하는 권리이다.

#### (2) 管轄權

연안국은 배타적 경제수역내에서 첫째, 인공도·시설물·구조물의 설치와 사용에 관한 관할권을 가진다(동 제56조 1항 나). 이 권리는 현대과학기술의 발달에 따라 해양이용의 적극화 추세를 반영한 것이다. 둘째, 해양의 과학적 조사에 대한 관할권을 가진다. 이는 해양선진국과 연안국간에 이해관계의 충돌이 심한 문제로서 관할권 행사의 해석에 따라 연안국의 동의 필요여부가 결정된다(동 제50조 1항 나 및 13장). 셋째, 해양환경의 보호 및 보존에 관한 관할권을 가진다. 경제수역개념의 생성초기부터 주장된 관할권으로서 해양생태계의 보호·보존을 위한 연안국의 권리를 인정하고 이에 관한 상세한 규정을 별도로 마련하고 있다(동 제56조 1항 나③ 및 제12장).

### 나. 沿岸國의 義務

연안국은 자국의 배타적 경제수역에서 타국선박의 항행이나 항공기의 비행을 방해해서는 안되며, 또한 타국의 해저전선 및 관선 부설자유를 허용해야 할 의무가 있다(동 제56조 2항, 제58조).

공해에 대한 해양법협약의 제규정은 연안국의 배타적 경제수역에 대한 권리를 침해하지 않는 한 배타적 경제수역에 적용된다(동 제2항).

### 다. 法令制定權

연안국은 양자협정 또는 지역협정을 체결하여 타국에게 어로를 허용하며 국내입법을 통하여 타국 어선의 입어를 규정한다. 타국 어선은 보존조치와 연안국 법령을 준수해야 한다(동 제62조 4항).

## 5. 生物資源의 保存 및 利用

### 가. 生物資源의 保存

연안국은 자국의 배타적 경제수역내의 생물자원의 허용어획량을 결정하여야 하며 적절한 보호조치로 생물자원의 유지가 위태롭게 되지 않도록 해야 된다. 또한 관계 국제기구와 어로권을 포함한 모든 국가는 어족의 보전을 위한 과학적 정보·통계·기타 자료의 제공에 협력해야 한다(동 제61조).

### 나. 生物資源의 利用

연안국은 자국의 배타적 경제수역내에서 배타적 어로권을 가지며 동 수역내의 자국 어획능력을 결정하여야 한다. 연안국은 자국 어획능력을 초과하는 잉여어획량에 대하여는 자국의 이익·내륙국·지리적 불리국의 이익·域內개발도상국의 수요·전통적 어로권의 경제적 손실의 극소화 등을 고려하여 타국에게 어로를 허용하여야 한다(동 제62조).

### 다. 執行措置

연안국은 배타적 경제수역내의 생물자원 이용에 관한 주권적 권리를 행사함에 있어 자국법령의 이행을 보장하기 위해 승선·검색·나포·사법절차 등의 집행조치를 취할 수 있다. 나포된 선박 및 승무원은 합리적인 보석금 또는 기타 보증금을 예치한 즉시 석방되어야 한다. 또한 배타적 경제수역내의 어업법령의 위반에 대한 연안국의 형벌은 관계국간에 반대의 합의가 없는 경우, 금고 또는 다른 형태의 체형을 포함하지 않는다. 그리고 외국선박을 나포 또는 억류한 경우 연안국은 적적한 경로를 통하여 취하여진 조치 및 그 후 부과된 형벌을 旗國에 즉시 통고하여야 한다(동 제73조).

## 6. 排他的 經濟水域內에서의 軍事活動

### 가. 背景

유엔해양법협약상의 배타적 경제수역제도는 다른 제도와 유사하게 상응하는 두 가지 대립되는 이익을 수용하기 위하여 시도되었는바, 즉 연안자원에 대한 연안국의 보다 다양하고 광범위한 통제욕망과 다른 한편으로는 영해 이원수역에서의 전통적인 자유를 주장하려는 해양강대국들의 필요에 의한 것이었다. 이러한 상충되는 이해관계 중의 하나가 바로 배타적 경제수역 내에서의 타국의 해군 즉 외국군함의 활동자유에 관한 것으로서, 외국군함이 연안국의 사전동의나 허가를 받지 않고 연안국 배타적 경제수역내에서 군사활동 즉 군사기동이나 군사연습 등이 가능한가의 문제인 것이다.[92]

연안국은 유엔해양법협약상 인공도의 건설 및 구조물의 설치와 사용 등에 관한 관할권을 향유한다(동 제56조 1항 나). 한편 외국은 연안국의 배타적 경제수역 내에서의 항해 및 상공비행의 자유, 해전전선 및 관선부설의 자유 등을 향유한다(동 제58조 및 제87조). 따라서 제3국이 유엔해양법협약상 연안국의 배타적 경제수역 내에서의 해군기동훈련, 항공작전, 군사연습, 정찰행위, 정보수집 및 무기시험 또는 발사 등을 포함한 군사활동을 수행할 권리를 향유하는가의 문제가 지속적으로 논쟁의 대상이 되어 왔다.

### 나. 군사활동 문제의 불확실성과 분쟁원인

외국 군함의 미사일 연습과 같은 군사활동은 두 가지 점에서 유엔해양법협약의 내용과 위반된다고 볼 수 있다. 즉 첫째로, 이러한 행위는 타국에 의한 공해의 합리적 이용을 방해하게 될 것이고, 둘째로 공해의 평화적 목적 사용에 반하게 될 것이다(동 제301조). 따라서 연안국 배타적 경제수역 내에서 외국의 군사활동은 국제협약이나 관습법상 해상에서의 군사활동을 지배하는 국제법 원칙 및 국제규범과 일치하지 않게 된다(동 제56조 2항).

결과적으로 해상에서 행해지는 군사활동의 법적 문제는 배타적 경제수역 제도가 설립된 이래

---

92) 이의 상세에 관하여는 B.Boczek, "Peacetime Military Activities in the EEZ of Third Countries", 16(6) *Ocean Development and International Law*, 1988, pp.445ff; R. R. Churchill & A. V. Lowe, The Law of the Sea (3rd ed.), Manchester University Press, 1999, pp.421-32.

더욱 복잡하게 되어 왔다. 이는 주로 유엔해양법협약 제58조에서 이 문제를 명확하지 않게 언급함으로서 기인하게 되었다.[93]

그러나 "상기 자유와 관계되는 기타 합법적인 국제적 해양이용의 자유를 향유한다"라는 문구의 해석에 관하여 해양강대국들은 이 문구를 상당히 중요한 내용을 시사하는 것으로 받아들여 그 해석을 함에 있어서도 연안국의 배타적 경제수역 내에서의 해군 기동의 합법성이 "선박의 운항에 관련된" 활동의 하나라고 해석하고 있다. 또한 동조 제2항에서 언급하고 있는 제87조[94] 역시 이들 해양강대국들에게는 상당히 중요한 의미를 내포하고 있다. 이는 동 조항에서 공해의 자유를 언급하면서 그 구체적인 내용으로 항해 및 상공비행의 자유, 해저전선 및 관선부설의 자유 등을 열거하고 있는바, 이들 강대국들은 이러한 자유에 군함의 군사활동의 자유까지 포함하는 것으로 해석하고 있다. 따라서 연안국 배타적 경제수역 내에서의 외국 군함의 활동자유는 공해에서의 자유와 동일한 것으로 해석을 한다. 이에 부가하여 "상기 자유와 관계되는 기타 합법적인 국제적 해양이용의 자유"라는 문구 역시 동 협약 제58조 1항에서 열거하고 있는 자유에 부가하여 연안국 배타적 경제수역에서 기타 특정되지 않는 자유까지 향유하는 것으로 암시하고 있다고 해석한다.

또한 유엔해양법협약 제58조 2항은 제88조~115조 및 국제법의 관련규정과 상호 적용이 가능한 조항으로 이들 관련 조항이 동 협약상의 배타적 경제수역에도 그 적용이 가능함을 알 수 있다. 그러나 일부 연안국들은 동 협약 제58조 규정의 해석을 좁게 하여, 동 조항이 연안국의 배타적 경제수역 내에서 외국군함이 군사활동을 하도록 허용하는 것은 아니며 따라서 연안국의 동의가 이러한 활동을 하기 전에 요구된다라고 주장하였다.[95]

결국 유엔해양법협약에서 언급하고 있는 배타적 경제수역의 법적 지위 및 구체적 권리행사의 내용에 대한 명확한 규정의 부재로 해양강대국과 약소국간의 해석상의 차이를 가져오게 되었으

---

93) 동 협약은 배타적 경제수역에서의 타국의 권리와 의무를 다음과 같이 규정한다: 1. 배타적 경제수역에서 연안국이나 내륙국에 관계없이 모든 국가는 본 협약의 규정에 따라 제87조에 규정된 항해, 비행 및 해저전선과 관선 부설의 자유와 선박, 항공기 및 해저전선과 관선의 운행에 관계되거나 또한 본 협약의 기타 규정에 모순되지 아니하는 상기 자유와 관계되는 기타 합법적인 국제적 해양 이용의 자유를 향유한다. 2. 제88조 내지 제115조 및 기타 국제법의 적절한 규정은 본장과 모순되지 아니하는 한 배타적 경제수역에 적용된다.

94) 동 조항은 공해의 자유에 관한 구체적 내용으로, 항해, 비행, 해저전선 및 관선부설, 인공도 및 기타 시설설치, 어로 및 해양과학조사의 자유 등을 예시하고 있다.

95) 예를 들면 다음의 국가들이 자국의 국내법 또는 선언으로 이 문제에 대한 명확한 입장을 밝힌바 있다: Brazil(1982), Cape Verde(1997), India(1995), Malaysia(1996), Pakistan(1997), Uruguay(1992), 페루와 이란 역시 자국 배타적 경제수역내에서 외국의 군사활동을 금지하고 있다.

며 이러한 이유로 인하여 연안국 배타적 경제수역에서의 외국군함의 군사활동 가능성 및 그 구체적 행위 유형 등에 대한 해석상의 문제가 제기되고 있다.

다. 軍事活動 問題 論議의 焦點

향후 잠재적 분쟁 예방을 위한 초석 및 이의 불확실성을 제거하기 위하여 유엔해양법협약상의 일부 모호한 규정의 해석과 이해에 있어서 논쟁 당사자간의 중요 문제에 관한 공통의 해석과 이해를 도모하기 위한 새로운 진전이 요구된다. 따라서 주요 쟁점들을 기준으로 하여 이 문제에 대한 접근을 하고자 한다.

### (1) 排他的 經濟水域과 公海 또는 國際水域과의 關係

유엔해양법협약에 따르면, 배타적 경제수역은 하나의 독특한 제도로서 즉 완전한 공해도 아니며 그렇다고 완전한 의미의 영해도 아닌 것이다. 동 협약상 공해는 연안국의 배타적 경제수역, 영해 또는 내수에 포함되지 않는 해양의 모든 수역을 의미한다(동 제86조). 이는 1958년 공해에 관한 제네바협약과 비교하여 대단히 중요한 실질적인 변화의 결과로서, 동 협약은 공해를 정의하기를 "국가의 영해나 내수에 포함되지 않는 해양의 모든 부분"(공해에 관한 제네바협약 제1조)이라고 하였다. 따라서 공해의 범위가 전통적인 범주보다 현저히 축소되었고 그 결과 주요해양강대국들에게도 심각한 반응 및 관심을 불러일으키게 한 결과를 초래하였다.

배타적 경제수역 내에서의 연안국 권리는 주로 경제 즉 자원과 밀접한 관련이 있으며 이는 두 가지의 범주로 나누어진다. 즉 주권적 권리 및 관할권이 바로 그것이다(유엔해양법협약 제56조 1항). 배타적 경제수역에서 제3국은 유엔해양법협약 제87조에 규정된 항해, 비행 및 해저전선과 관선부설의 자유 및 기타 합법적인 국제적 해양이용의 자유를 향유한다(동 제58조). 따라서 여기서 열거되지 않은 기타의 광범위한 자유가 "상기 자유와 관계되는 기타 합법적인 국제적 해양이용의 자유"에 해당되며 군사활동의 자유도 여기에 포함된디고 볼 수 있다. 만일 유엔해양법협약 제55조에서 배타적 경제수역과 공해의 차이를 분명히 규정하였다고 본다면 이들 양자의 관계가 제58조에서 역시 강조되어 구체적으로 규정되었다고 보인다. 따라서 이 문제는 동 협약을 전체적으로 이해하고 해석할 필요가 있다는 것을 간접적으로 암시하게 된다.

일부에서는 "국제수역(International Waters)"이라는 용어를 사용하여[96] 배타적 경제수역과 공해를 구분하지 않는 애매한 표현을 사용하여 더 많은 혼란과 오해를 가져오게 되었다. "국제수역"은 1958년의 제네바 4개협약에서 조차 사용되지 않았던 용어로 따라서 이는 국제법적인 용어라고 보기가 어렵다. 오늘날 배타적 경제수역은 국가관행을 기초로 국제공동체에서 독특하게 발전되어온 제도라고 일반적으로 간주되어 왔으며, 따라서 "국제수역"이라는 용어는 공해와 배타적 경제수역의 차이를 희석시키고 오히려 용어의 혼란만을 초래하게 됨으로 공식적인 문서에서는 더 이상 사용되지 않아야 할 것이다.

### (2) 平和的 目的 및 安保와 軍事活動과의 關係

평화적 목적에 관한 규정은 유엔해양법협약상의 기본원칙으로 간주되며(동 제88조, 제141조 및 제301조), 이는 오늘날 어느 정도 강행규범으로서의 성격을 가지게 되었다고 말할 수 있다. 동 협약은 배타적 경제수역을 포함한 해양에서의 모든 군사활동을 특별히 금지하고 있지도 않으며, 또한 평화적 목적 조항도 무력위협이나 행사를 금지하는 국제법의 예방적 규범 이외의 어떠한 새로운 의무를 부과하고 있지도 않다. 동 협약 제301조를 보면 협약 그 자체가 유엔헌장의 평화적 목적 규정을 그대로 반영하고 있는 것임을 알 수 있다.[97] 더구나, 군사과학 및 기술의 급속한 발달로 인하여 9.11테러 이후 국제정세가 급격한 변화를 맞고 있음을 고려할 때 배타적 경제수역 및 대륙붕에서의 군사활동은 현재보다도 한층 더 증가될 것으로 보인다. 그렇다고 하더라도 평화적 원칙은 유엔해양법협약의 이행과정에서 보다 강조되고 더욱 분명하게 될 것이다.

또한 평화원칙은 배타적 경제수역에서의 군사활동 타당성을 결정하는 법적 근거가 될 수 있기 때문에 유엔해양법협약은 제5부 및 7부에서 각기 해양이용에 있어서의 평화적 목적 의무를 부각시키고 있다. 그러나 동 규정들은 명백하거나 구체적이지 못하여 이의 부연설명이 요구된다. 동 협약에 따르면 평화원칙을 위반하는 배타적 경제수역에서의 어떠한 군사활동도 그 유형에 관계없이 불법적인 것이다. 즉 연안국이든 기타 국가이든 모든 국가의 배타적 경제수역에서의 활동

**96)** A. R. Thomas and J. C. Duncan(eds), International Law Studies, Volume 73, Newport : US Naval War College, 1999, pp.129-37 참조.

**97)** 유엔헌장 제1조는 유엔의 목적으로 "국가간의 평화와 안정을 유지하는 것"이라고 하고 있으며, 제2조 4항에서는 무력의 위협 또는 행사를 삼가하도록 하고 있다.

은 평화적 목적을 위하여 행해져야 한다. 그러나 오늘날 배타적 경제수역에서 제기되고 있는 주장의 가장 중요하고도 어려운 점은 군사활동의 합법성 문제를 어떻게 판단하는가의 문제이다.

배타적 경제수역 및 공해에 관한 일반 규정에 따르면, 배타적 경제수역에서의 타국의 활동권리는 이들의 활동이 연안국의 권리와 의무를 당연히 고려하고 해양법협약 및 기타 국제법 규정을 준수하면서 동 협약상의 제규정과 모순되지 않는 한 우선적으로 보장이 되어야 한다(동 제58조). 이것은 연안국이 자국의 권리행사를 지나치게 주장하여 행사하지 않을 의무가 있음을 의미하며, 동시에 타국은 연안국의 합법적인 권리를 존중할 의무가 있음을 의미한다. 다만 주의를 요하는 것은 "정당한 고려(due regard)" 의미에 대한 해석이 경우에 따라 달라질 수 있기 때문에 이러한 해석이 모든 경우에 동일하게 적용되어서는 아니 된다는 것이다. 물론 군사활동 문제는 그 구체적 활동유형에 따라 개별적으로 검토되어야 할 것이다.

한편, 배타적 경제수역에서 무기시험을 하려는 타국의 군사활동은 적대적 의도를 가진 활동으로 간주되기 쉽거나 적어도 잠재적인 무력위협으로 볼 수 있다. 또한 재래식 무기의 설치(예를 들면 기뢰부설 등)는 보다 심각한 문제로서 직접적인 무력위협이 된다. 따라서 이러한 종류의 활동은 연안국의 명백한 동의하에서만 가능해질 수 있다. 한편, 폭발물을 사용하는 군사연습은 상당히 광범위한 범위에 걸쳐 연안국의 천연자원 및 해양환경에 손상을 주게 될 것이므로 이는 연안국의 가장 중요한 권리인 자원 및 환경에 대한 주권적 권리(동 제56조)에 반하는 중대한 위험을 초래하게 될 것이기 때문에 이러한 활동에 대하여는 통상 연안국의 허가 또는 동의가 필요하다고 보인다.

따라서 상기 3가지 유형의 활동이나 행위는 연안국의 평화 및 안보를 위협하거나 자원 및 환경에 손상을 줄 수 있으므로 이의 타당성 또는 합법성은 의문의 여지가 있다. 한편 핵추진 군함의 항해 및 작전은 또 다른 중요한 문제로서 이는 환경보호규정의 이행과 더불어 오래 전부터 이들 선박에 대한 규제는 설사 이들의 활동이 평화적 목적에 반하지 않는다 하더라도 상당히 엄격하게 제한되어 왔다. 나아가 향후 연안국은 평시상태 즉 전쟁과 폭력으로부터 자유로운 상태를 종속시키려 할 뿐만 아니라 안보의 강조 즉 위험으로부터의 보호를 추구하게 될 것이다. 물론 평화는 안보와 밀접한 관련이 있으나 양자가 서로 동일한 것은 아니다. 왜냐하면 평화는 항구적인 것이 아니며 단지 잠정적이고 불안정한 상태를 의미할 수 있기 때문이다. 그러므로 집단적이거나 공동의 안보가 현실화 될 때만이 장기간의 그리고 실질적인 평화가 보장될 것이다.

외교정책의 도구로서의 해군력 현시는 이것이 옳건 그르던 간에 정치적 문제로 다루어져야 할 것이다. 예를 들면 일부 국가가 유엔헌장 및 유엔안보리 결의사항의 이행에 반대할 경우 이의 실현을 위한 "해군력 현시"는 정당화될 수 있다. 그러나 군사적인 조사 및 정보수집, 정찰, 수로 및 군용측량 등은 그 허용성 여부의 판단이 다소 어렵기 때문에 여전히 논란의 대상이 되고 있으며 오늘날까지 완전한 합의가 되지 않고 있는 실정이다.

그러나 해중 및 해저에서의 항해 및 통신장치의 설치, 군수지원, 잠재적 적대세력에 대한 정찰 및 기타 군사정찰 등의 활동은 방어적 성격을 지닌다는 전제하에 그 활동의 적법성이 일반적으로 인정된다고 볼 수 있다.[98]

### (3) 海洋의 自由와 主權 및 主權的 權利

해양의 자유와 주권과의 관계문제는 해양의 역사를 통해서 보면 상당히 중심적인 과제가 되었으며 오늘날도 여전히 지속적인 중심주제가 되고 있다. 해양강대국들은 해양의 자유(공해의 자유) 원칙을 주장하며 최대한의 해양이용자유를 희망하여 왔으나, 개발도상국들은 주권 및 안보문제를 보다 강조하게 되어 전통적인 주권적 관점에서 해양을 이해하려고 하였다.

유엔해양법협약은 해양의 자유 즉 공해의 자유를 일괄처리방식으로 수용하여 항해 및 성공비행의 자유와 기타의 자유를 동 협약의 내용(동 제87조)에서 재확인하고 있다. 전통적인 항해의 자유는 오늘날의 세계 경제발전에 중요한 역할을 도모하였으며 이는 구체적으로 배타적 경제수역제도의 법제화 및 그 실현으로 더욱 현실화되어가고 있다. 공해의 자유와 연안국의 주권적 권리(Sovereign Rights) 및 관할권과의 타협의 산물인 배타적 경제수역제도는 오늘날 그 개념에 실질적인 변화를 반영하여 해양자유의 개념이 절대적이거나 고전적인 개념이 아님을 나타내주고 있다.

이는 국제공동체에게 하시라도 최선의 해양이용을 가능하게 하도록 국가간의 관할권 기능의 균형화를 구체화시키고 있으며 그 내용도 국제공동체가 조정하는 변화에 순응하도록 하여 새로운 문제 해결에 직접적인 도움을 줄 수 있도록 하였다. 해양의 자유를 보장하기 위하여 유엔해양

---

98) 군사측량(Military Survey)은 군사적 목적으로만 자료를 수집하는 것으로서 통상 공표되거나 유포되지 않는바, 이에는 해양학적 및 수로학적 조사, 해양지질 및 지형학적 조사, 화학 및 생물학적 조사 및 음향조사 등이 이에 포함된다. 따라서 일반 해양과학조사(Marine Scientific Research)와 군사측량은 자료수집수단에 있어서는 큰 차이가 없으나 사용목적이 군사적/항해안전을 위한 것이라는 점에서 구별이 된다.

법협약은 두 가지 형태로 자유로운 국제항행의 방해를 규제하고 있다. 첫째는 강제적 분쟁해결절차를 들 수 있는바, 동 절차는 비합리적 주장의 규제를 구체적으로 실현함으로써 결과적으로 동 절차를 통하여 도출된 선례가 국제사회의 안정적 법질서 유지에 기여를 하도록 하였다. 둘째로, 동 협약은 전체적으로 폐쇄해양욕구와 해양의 자유라는 두 가지 상반된 욕구를 적절히 조화·균형시켰다고 볼 수 있다.

한편 유엔해양법협약은 개도국과 해양강대국간의 권리와 의무를 조화시키기 위하여 주권원칙을 여전히 유지하고 있다. 비록 주권 사상이 보편적이라 하더라도 다양한 문화적 배경, 역사적 사실, 국가의 구성, 국력, 국가의 발전전략 등을 이해하는데 있어서는 커다란 차이가 있게 된다. 사실상 주권은 주로 국내 헌법상의 권력과 권한에 관한 문제이기 때문에 국가와 마찬가지로 주권은 역사적인 측면을 이해할 필요가 있다. 한편 오늘날 현대국가의 일반적인 추세를 고려해 볼 때 주권의 유형이나 내용이 다양한 국제경제체제를 반영하는 모습으로 변모하는 것을 알 수 있다.

배타적 경제수역에서 연안국이 향유하는 권리는 주권 대신 주권적 권리(동 제56조 1항)임을 협약을 통하여 알 수 있다. 따라서 주권과 주권적 권리는 그 정도 및 범위에 있어 다르다는 것도 분명히 할 필요가 있다. 즉 이들 양자는 상호 밀접한 관련이 있으나 또한 차이점도 가지고 있다. 연안국이 자국 배타적 경제수역에서 향유하는 주권적 권리는 내수나 영해에서 행사하는 주권과는[99] 달리 완전한 지배 및 통제권을 보유함을 의미하는 것은 아니다. 이는 단지 경제적 목적에서 천연자원의 탐사 및 개발권을 해당 연안국이 향유하고 있음을 의미한다.

국제정치와 법률과의 관계의 역동성으로 인하여, 연안국의 관할권도 점차 확대되어 왔으나, 이와 동시에 전통적인 주권 역시 관할권 팽창에 따른 변화를 가져오게 되었다. 오늘날의 국제관계에서 불가피한 현실은 국가주권이 여러 요인 즉 정부의 능력이나 정부의 국제적 위상 등 예를 들면 국제간섭 및 국가의 상호의존성 등에 따라 상당히 제한되어 왔다는 것이다.

이러한 경향의 반영으로 유엔해양법협약에서도 주권 개념의 제한, 변화 및 과도한 현상들이 빌견된다. 즉 주권은 일련의 다양한 권리로 분리되어 변화되어 왔는바, 따라서 주권적 권리는 배타적 권리나 관할권 및 통제권 등의 개념으로 나타나게 되었다. 그 결과 각국은 주권적 권리로 인

---

99) 내수 및 영해에서 행사하는 국가의 주권은 포괄적 권리로서 해당 국가의 입법권, 사법권 및 행정권이 총체적으로 행사되나, 배타적 경제수역에서 행사하는 자원에 관한 주권적 권리는 법률에 특정된 사항에 대하여만 연안국의 권한행사가 가능한 것이다.

한 무제한의 이익 대신 제한된 이익만을 향유할 수 있게 되었으며 따라서 자유를 향유하고 권리를 행사하는 것 양자 모두 어느 정도로 제한을 받게 되었고 또한 이들 모두 과거에 향유되어 왔던 것처럼 더 이상 절대적인 가치를 갖는 것은 아니다.[100]

### 라. 軍事活動 問題의 法的 考察

외국의 군함이 연안국의 배타적 경제수역 내에서 군사활동을 수행할 권리를 향유하는가의 문제는 제3차 유엔해양법회의에서도 심각하게 다루어졌으나 오늘날 여전히 이 문제에 대해서도 완전한 합의를 도출하지 못한채 국가관행으로 발전하는 단계에 와있다.[101] 해양강대국들은 군사활동의 다양한 범주를 전통적인 공해의 자유와 일치하는 것으로 주장해 왔으며, 이 결과 연안국의 배타적 경제수역 내에서의 해군기동문제는 항해 및 상공비행의 자유에 해당하는 것으로 믿고 있다.[102] 즉 이들 해양강대국들은 유엔해양법협약 제58조 1항에서 규정하고 있는 합리적인 국제적 해양이용의 자유에 군함기동, 비행훈련, 군사연습, 해군측량,[103] 정보수집, 무기시험 및 사격 등의 군사활동이 포함된다고 해석하고 있다.

제3차 유엔해양법회의 과정에서 일부 국가들은[104] 군사활동에 강한 반대를 표시해 왔는데, 그 이유는 이러한 활동이 연안국의 안보위협을 초래할 수 있기 때문이라는 것이다.[105] 그러나 유엔해양법협약상 연안국의 배타적 경제수역 내에서 제3국의 군사활동 여부를 명백히 언급하고 있는 규정이 없다는 것은 주지의 사실이다.[106] 그러므로 해양법협약만을 가지고 이 문제를 해결하기에는

---

100)   Sue Tao, "Peacetime Military Activities in the EEZ: Understanding of uncertainty and defusing conflict comprehensively", 16th Annual USPACOM International Military Operations and Law Conference, 2-5 September, 2003, pp.6-7 참조.

101)   F. O. Vicuna, *The Exclusive Economic Zone: Regime and Legal Nature under International Law*, Cambridge University Press, 1989, p.309.

102)   Germany(1994), Italy(1995), the Netherlands(1996) 및 the United Kingdom(1997) 등은 일반적으로 해양법협약상 연안국은 자국 배타적 경제수역내에서의 군사연습 허용권을 갖고 있지 않으며 배타적 경제수역에서의 연안국 권리 및 관할권이 외국의 군사연습이나 기동훈련에 대한 사전 동의를 요구할 권리를 포함하고 있지 않다라고 선언하였다.

103)   항해의 안전을 위한 해도의 제작에 필요한 자료수집, 즉 수심, 해저지형의 형태, 해류의 속도 및 방향, 조차시간 및 기타 항해위험요소 등의 수집은 해양과학조사행위라고 볼 수 없다.

104)   페루, 알바니아, 필리핀, 크메르 공화국, 북한, 코스타리카, 에콰도르, 파키스탄, 포르투갈, 세네갈, 소말리아, 우루과이 등. UNCLOS III, Official Records, Vol.II, 1975, p.28 참조.

105)   예를 들면, 무기사용, 항공기 이착륙, 스파이 활동, 연안국의 통신방해 및 연안국에 대한 선전선동 등이 이에 해당한다.

106)   Vicuna, op. cit., p.108; T. Scovazzi, *The Evolution of International Law of the Sea: New Issues, New Challenge*, Martinus Nijhoff Publishers, 2001, p.162 참조.

상당히 미진하고 또한 복잡할 수 밖에 없을 것이다. 이러한 모호함에도 불구하고 유엔해양법협약의 입법취지 및 구체적 내용의 일반적 이해를 통하여 보면 이러한 활동은 허용될 수 있을 것으로 보인다.[107]

그럼에도 불구하고 동 협약 제59조의 모호함 때문에 그리고 배타적 경제수역 내에서의 군사활동에 관한 강제적 분쟁 해결절차의 부재 때문에 이 문제에 관한 분쟁이 제기될 때마다 권위있는 법적 해석을 내리기가 대단히 어렵게 되어 있다. 따라서 국제법상 연안국 배타적 경제수역 내에서의 해군기동 및 연습허용 가능성 문제는 여전히 논란의 대상으로 남게 될 것이다. 왜냐하면 실질적으로 국제분쟁이 일어나지 않는다면 어떠한 권위있는 법적 판결도 나올 수 없기 때문이다. 그러나 이러한 분쟁은 해양법협약상의 분쟁해결절차를 통하여 해결될 수도 없게 되었는데 이는 동 협약에서 어느 국가라도 분쟁해결의 강제절차로부터 "군사활동에 관한 분쟁"을 제외시킬 수 있도록 허용하고 있기 때문이다(동 제298조).

제3국의 배타적 경제수역에서 일국에 의한 군관련 해저전선이나 관선 또는 장치를 부설하는 문제의 합법성 문제도 동 협약의 관련 규정에 대한 해석 및 적용에 따라 상이하게 나타날 수 있다. 연안국은 경제적 목적의 인공도 건설 및 구조물의 설치와 사용 및 연안국 권리행사에 방해를 줄 수 있는 시설이나 구조물에 대한 배타적 권리를 향유하기 때문에 타국은 자국의 군용 해저전선, 관선 및 장치들을 연안국 배타적 경제수역에 설치하기 전에 연안국의 사전동의를 얻어야 할 것으로 보인다. 그러므로 향후 나타나게 될 이러한 문제에 관한 국가관행이 해양법협약 규정의 해석에 특히 중요한 역할을 하게 될 것이다.

일부 국가들은 연안국이 자국 배타적 경제수역에서 시설 및 구조물을 건설하고 운용하며 이용할 권리는 동 협약 제60조에 예시된 그러한 시설 및 구조물에[108] 한정된다라고 주장하였다. 따라서 타국이 연안국의 배타적 경제수역 내에서 군용 해저전선, 관선 및 장치를 부설하려고 할 경우 연안국으로부터 동의를 받을 필요가 없다고 주장한다. 그러나 주목해야 할 점은, 동 협약에서 타국은 유엔해양법협약의 규정에 따라 연안국의 배타적 경제수역 내에서 사신들의 권리를 행사할

---

**107)** John M. Van Dyke(ed), *Consensus and Confrontation: The United States and the Law of the Sea*, The Law of the Sea Institute, The University of Hawaii, 1985, pp.303–304 참조.

**108)** 유엔해양법협약 제60조 1항은 인공도서, 제56조에 정한 목적과 기타 경제적 목적을 위한 시설 및 구조물, 연안국의 권리 행사에 방해가 될 수 있는 건설 및 구조물 등의 건설, 운용 및 이용을 허가하고 규제하는 배타적 권리를 가진다라고 규정하고 있다.

경우 연안국 권리의 정당한 고려(Due Regard)를 해야한다라는 것이다(동 제56조 및 제78조 참조). 만일 연안국의 배타적 경제수역 내에서 제3국이 수행한 군사활동이 당해 연안국의 합법적인 자원에 관한 권리 및 이해관계 등에 방해 또는 영향을 줄 경우에는 연안국의 권리 및 이익이 우선 고려되어야 할 것이다.

향후 연안국 배타적 경제수역 내에서 행해지는 해군기동이나 기타 군사활동 문제에 관한 국제분쟁이 발생할 경우 또는 이러한 분쟁이 어떻게 해결되던 간에 이러한 유형의 분쟁 가능성은 회피되거나 적어도 그 감소를 예상할 수 있는바, 이는 연안국의 배타적 경제수역 내에서 군사활동을 수행하는 국가가 연안국 이익에 대한 정당한 그리고 합리적인 고려를 한다면 이 문제의 해결은 어느 정도 가능성이 있다고 본다(동 제56조 2항). 즉 천연자원의 탐사, 이용, 보존 및 관리에 관한 연안국의 권리, 인공도 시설 및 구조물의 설치 및 이용, 해양과학조사,[109] 해양환경의 보호 및 보존, 연안국 배타적 경제수역 내에서의 타국의 권리 즉 항해 및 상공비행의 자유, 해저전선 및 관선 부설의 자유 등이 타국의 군사활동으로 영향을 받지 않았다면 이러한 종류의 군사활동은 유엔해양법협약상 허용 가능하다고 해석된다(동 제87조).

유엔해양법협약 제58조는 제3국이 국제법상 연안국의 배타적 경제수역 내에서 군관련 활동을 수행할 권리를 향유하는가의 문제에 대한 답변에 직접적으로 적용되어야 하는데, 이는 이 문제에 대한 답변이 해당 활동의 성격과 목적에 따라 좌우될 수 있기 때문이다. 연안국 배타적 경제수역 내에서 제3국 해군에 의한 정보수집선 활동은 무기 사용이나 폭발물을 포함하고 있지 않기 때문에 항행의 자유의 일부로서 선박의 운행과 관련된 자유를 행사하는 것으로 볼 수 있다. 따라서 이러한 외국의 군사활동이 국제법에 반한다고 주장하기는 어려울 것이다. 법률적인 문제로서, 만일 진실로 타국이 연안국의 권리 및 이해관계에 정당한 고려를 하였다면 이들 타국은 연안국의 배타적 경제수역 내에서 무기시험이나 사격을 포함한 군사활동을 수행할 권리를 향유할 수도 있다. 물론 그렇다 하더라도 실제 사격 훈련이 예상된다면 경고수역 또는 훈련수역 등의 설정으로

---

109) 해양과학조사는 해양환경의 과학적 지식을 증진하기 위한 자료수집으로서 해양학, 해양생물학, 해양의 과학적 탐사 및 시추, 지질학적 및 지형학적 연구 등이 포함된다. 따라서 공해에서의 이러한 활동은 연안국의 동의가 필요하지 않으나 영해, 군도수역, 배타적 경제수역 및 대륙붕에서의 해양과학조사는 연안국의 사전허가/동의가 요구된다. 그러나 연안국의 영해 및 군도수역에서의 군사적/수로학적 조사는 연안국의 동의가 필요하나, 배타적 경제수역, 대륙붕 또는 공해상에서는 그러하지 아니하다.

동 해역을 이용하는 기타 선박을 보호하도록 해야 할 것인바,[110] 이는 실제 사격 훈련이 상당한 위험을 초래할 수 있기 때문이다.[111]

한편 군사정보수집은 상기 사항과는 상이한데, 왜냐하면 이러한 활동이 배타적 경제수역 내에서의 시설물 설치 및 사용에 관계되는 것이 아니며 통상 이 문제는 공표되거나 유포되지도 않기 때문이다. 정보수집 활동은 여러 형태로 이루어 질 수 있으나, 대륙붕 굴착, 폭발물 사용 또는 해로운 물질의 해양환경유입 등의 활동은[112] 연안국의 권리행사에 방해를 줄 수 있으므로 연안국의 동의를 얻어야 할 것이다.[113]

요약하면 제3국은 국제법상 다음과 같은 전제하에서 연안국의 배타적 경제수역에서 군사활동을 수행할 수 있다. 첫째, 연안국의 권리와 이해관계가 이러한 활동으로 영향을 받게 되어서는 아니 될 경우, 둘째, 이러한 활동의 목적이 무력위협이나 사용으로 연안국의 안보를 위협해서는 아니 될 경우 등이다. 그러나 외국이 연안국의 자원에 관한 권리 및 이해관계에 대한 정당한 고려 없이 연안국 배타적 경제수역내의 특정 해역으로 미사일을 발사하거나 연안국의 배타적 경제수역에서 향유하는 타국의 항해 및 상공비행의 자유를 침해하거나 연안국 평화 및 안전에 관한 국가이익에 반하는 영향을 초래할 경우는 국제법 위반이 될 것이다.

따라서 외국 군함의 군사활동에 관한 합법성 문제는 유엔해양법협약의 관련규정, 특히 제58조 및 301조 그리고 기타 국제기구 즉 유엔헌장의 규정 등에 따라 검토되어야 한다. 그러므로 연안국 배타적 경제수역 내에서 외국에 의한 합법적 군사적 이용 또는 활동을 위하여 다음의 몇 가지 조건 충족이 필요하다고 본다. 첫째, 모든 국가는 유엔해양법협약에 따라 연안국이 채택한 법령을 준수하고 연안국의 권리와 이해관계에 대한 정당한 고려를 해야 한다(동 제58조 3항). 둘째, 모든 국가는 연안국의 안보에 반하는 무력위협이나 사용을 삼가야 한다(유엔 헌장 제2조 4항). 셋째, 배타

---

110) IMO/IHO World-wide Navigational Warning Service는 해상에서의 군사활동을 합법적 행위로 인정하고 Para 4.2.1.3에서 "다음의 경우 NAVAREA 경고발신에 적합한 것으로 고려된다. 1.2 선박의 안전에 영향을 주는 해군훈련이나 미사일 사격 등 특별한 작전에 관한 정보."라고 규정하고 있다. 또한 Chicago Convention은 ICAO Rules and Recommendations(Annex 15-Aeronautical Services) Para 5.1.1.1에서 "NOTAM은 다음정보가 작전에 직접적으로 중요할 때 발한다. 1) 군사연습을 포함한 항공비행에 영향을 주는 위험의 존재."라고 규정한다.

111) John M. Van Dyke, "Military Exclusion and Warning Zones on the High Sea", 15 *Marine Policy*, 1991, p.164.

112) 그러나 유엔해양법협약 제236조는 "해양환경의 보호 및 보존에 관한 본 협약의 규정은 군함, 해군보조함, 국가가 소유하고 운영하며 당분간 정부의 비상업적 역무에 사용되는 다른 선박 또는 항공기에 적용되지 않는다"라고 하여 군함 등의 작전이나 작전능력에 환경문제로 인한 장해를 줄 수 없음을 나타내고 있다.

113) J. Ashley and Robert W. Smith, *United States Response to Excessive Maritime Claims*, Martinus Nijhoff Publishers, 1996, p.426.

적 경제수역은 평화적 목적을 위하여 유보되어야 한다(유엔해양법협약 제301조).

유엔해양법협약은 연안국의 배타적 경제수역 내에서 외국의 군사연습에 관한 연안국의 허가를 규정하고 있지는 않으며 또한 군사연습이나 기동을 행하도록 외국에게 허용하지도 않고 있다. 그러나 배타적 경제수역에서 모든 국가는 동 협약의 관련 규정에 따라 항해 및 상공비행의 자유를 향유함은 자명한 바, 이는 제3국이 연안국의 사전동의나 사전허가 없이 연안국 배타적 경제수역 내에서 군사활동을 할 수 있다는 것을 의미한다. 그러나 모든 국가가 동 협약상 연안국의 배타적 경제수역 내에서 항해 및 상공비행의 자유를 향유한다하여도 이러한 권리는 연안국의 자원이해관계와 형평을 이루어야 한다. 만일 이러한 군사활동으로 연안국이 자국의 배타적 경제수역에서 향유하는 경제적 이용에 어떠한 방해나 간섭을 초래하게 된다면 상기에서 언급한 항해 및 상공비행의 자유에 대한 제한이 가해져야 할 것이다.

결론적으로 연안국 배타적 경제수역에서의 군사활동에 관한 연안국과 해양강대국간의 분쟁은 국제사회 전체로써 뿐만 아니라 당사국에 관련된 각 이해관계의 중요성을 고려하여 형평의 원칙에 입각하고 또한 모든 관련 상황에 비추어서 해결되어야 할 것이다(동 제59조).

## 7. 韓·日 및 韓·中 漁業協定

### 가. 締結背景

우리 정부는 1998년 9월 25일 약 3년 동안의 끈질긴 협상 끝에 일본과 한·일 어업협정을 전격적으로 타결하였으며, 이어서 약 5년 동안이나 지속되어 왔던 협상의 난한 끝에 중국과도 같은 해 11월 10일 한·중 어업협정을 타결하였다.

일본은 1965년 한·일 어업협정이 旗國主義를 채택하고 있어 일본 어업전관수역에서 조업하는 한국 어선을 통제하기가 사실상 불가능할 뿐만 아니라 한국 어로기술의 발달 및 과학화에 따른 일본 연근 해 어장 남획 우려로 이에 대비한 새로운 체제 확립을 필요로 하였으며, 또한 일본 수산업계의 반발과 일본 정부의 차기선거 승리를 위한 정치적 목적 달성을 위하여 1997년 1월 한·일 어업협정 종료 통고를 우리 정부에 하였다.

이로써 동 협정은 한·일 어업협정 제10조에 의거 종료 통고일로부터 1년간만 유효하며, 신어업협정 체결에 실패할 시 1999년 1월 23일부터 실효된다. 그렇다면 결국 유엔해양법협약상의 배타적 경제수역 체제가 전개될 수밖에 없는 것이 현실이다. 따라서 우리 정부는 무협정 상태에서의 동해에서의 어업질서를 확립하여 양국간의 배타적 경제수역 체제 돌입 이전에 잠정적으로 어업문제를 해결하고자 지난 3년간의 끈질긴 교섭 끝에 1997년 9월 25일 한·일 어업협정을 타결하였다.

### 나. 韓日漁業協定

#### (1) 要旨

한·일 어업협정은 동해 중간수역의 범위를 정함에 있어 동쪽 한계선을 135도 30분,[114] 서쪽 한계선을 131도 30분으로 하였으며, 동해 중간수역에서의 자원관리 방식에 관여하는 두 가지 형태를 택하고 있는바, 즉 규제조치 결정(prescriptive jurisdiction)은 각국이 자국의 어선에 대하여 취할 조치를 독자적으로 결정하고(한일어업협정 제6조 1항). 다만, 공동위원회 협의를 통하여 양국 조치의 조화를 도모하도록 하고 있다(동 제12조). 또한 양국 어선의 단속(enforcement jurisdiction)은 旗國主義를 택하여 자국의 주권 또는 관할권을 존중하는 조치를 취하였다(동 제5조 2항).

제주도 남부수역 중간수역은 그 범위를 한·중·일 3국의 權原이 중첩되는 수역 일부에 중간수역을 설정하였으며, 이 수역의 관리는 공동관리방식을 택하였고, 동 수역의 보존조치는 공동위원회에서 결정하도록 하였고, 위반 단속은 역시 旗國主義를 취하여 각국의 주권을 존중하고 있다.

양 체약국은 항행의 안전과 해상사고의 원활한 처리를 위하여 적절한 조치를 취하고 상호 긴밀히 연락하고 협력하도록 하였다(동 제11조). 특히, 입어허가에 관한 사항을 권고하고 제주도 남부수역에서의 해양생물자원이 보존과 관리에 관한 사항에 관한 결정을 할 수 있는 양국 전문가로 구성된 한·일 어업 공동위원회 설치를 명문화하였다(동 제12조).

조업실적 보장에 관하여는 먼저 형태의 경우 우리 어선의 일본 EEZ내 조업을 가능토록 하였으나 조업실적면에 있어서는 첫해에는 15,000톤으로, 두 번째 해부터는 Zero로 하였다. 대게도 우리 어선의 일본 EEZ내 조업이 가능하도록 하였으나 1년에 50%씩 감축하여 2년 후에는 그 실적을 Zero로 하였다. 나머지 어종에 대하여는 3년에 걸쳐 상호 어획량간 불균형을 査定하여 결정하도록 하였다. 또한 본 협정은 양국이 비준서를 교환하는 날부터 효력을 발생하여, 최초 3년간은 유

---

**114)** 교섭 시작단계부터 일본이 지속적으로 중간수역의 동쪽 한계선을 동경 135도로 주장하였는바, 이는 울릉도를 기점으로 하여 200해리를 설정한다고 하더라도 동경 135도에는 미치지 못하기 때문인 것으로 알려졌다.

효하며, 그 후에는 어느 일방이 이 협정을 종료시킬 의사를 통고하는 날부터 6개월 후에 종료한다
(동 제16조).[115]

### (2) 獨島關聯 問題

어업협정에서 독도는 물론 다른 어떠한 지명도 협정상에 표시되지 않았으며, 다만 위도와 경
도로 표시된 좌표에 의해서만 중간수역의 범위가 표시되었다. 중간수역은 배타적 경제수역만을
대상으로 하기 때문에 독도 및 독도 영해는 중간수역에 포함되지 않는다. 즉, 어업협정은 배타적
경제수역을 대상으로 한 것이고(제1조), 배타적 경제수역은 영해를 제외한 그 외측 수역을 말하는
것이기 때문에 독도와 그 12해리 영해는 중간수역에서 제외되었다.[116]

유엔해양법협약에 규정된 배타적 경제수역의 정의(영해 이원 및 영해와 인접한 수역), 아국 배타
적 경제수역법 제2조에 의한 배타적 경제수역의 범위 설정, 일본 배타적 경제수역 및 대륙붕법 제
1조 제2항에 의한 배타적 경제수역의 범위 설정 조항에서도 배타적 경제수역은 영해를 제외하고
그 외측에 설정되는 것으로 규정되어 있다. 따라서 중간수역은 독도 주변 12해리 영해 외측에 설
정되는 것이다.

또한 본 협정은 어업에 관한 협정이다.[117] 어업협정에서 영유권문제에 관한 언급을 할 필요도
없고, 그런 언급을 한다면 그것은 어업협정의 성격을 넘어선 협정이 될 뿐 아니라, 오히려 독도의
영유권에 문제가 있다는 것을 명시적으로 표출하는 결과가 될 뿐이다.[118]

신 한·일 어업협정은 "어업에 관한 협정"으로서 어업에 관한 사항만을 다루는 협정이다. 동

---

115) 이 협정이 발효하는 날 1965년 어업협정은 효력을 상실하였다. 1965년 협정은 일본에 의한 종료 통고에 따라 1999년 1월 23
일 종료하게 되어 있으나, 그 이전에 이 협정이 발효하면 이 협정 발효일에 구협정이 종료된다. 이는 2개의 협정이 동시에
발효되어 있는 상황을 피하기 위한 것이다(제17조).

116) 유엔해양법협약 제55조 및 제57조상의 EEZ 정의를 보면 배타적 경제수역은 "영해 밖에 인접한 수역"으로서 기선으로부
터 200해리를 넘지 않는 수역을 말하며, 배타적 경제수역법 제2조상의 정의를 보면, 영해기선으로부터 그 외측 200해리
선까지에 이르는 수역 중 대한민국의 "영해를 제외한 수역"을 말한다.

117) 동 협정은 본질적으로 한·일간 어업문제에 관한 양자조약으로서 우리의 독도 영유권에 어떠한 영향도 미치지 않는 것으
로 평가된다. 즉, 독도문제는 현상유지를 하고 어업질서에 관해서만 협상을 벌일 것이며, 협정문안에서도 이를 분명히 하
고 있다(제15조).

118) 일부 학자들이 새 협정문안에 독도의 지위에 관해 분명히 언급했어야 함을 주장하나 동 협정은 그 성격상 이를 언급할 필
요가 없으며, 영유권 분쟁조차 존재하지 않는다는 우리측 입장에 비추어 독도의 영해설정 문제를 일본과 합의대상으로
삼는 것 자체가 오히려 독도에 대한 우리측의 우월한 입지를 손상시킬 우려가 있는 것이다. 신용하, "독도영유권 훼손됐
다" 조선일보, 1998. 12. 4, 1998. 12. 9.

협정의 제목이 "대한민국과 일본국간의 어업에 관한 협정"일뿐 아니라 어업 이외의 다른 문제에 간접적으로 미치는 영향도 없도록 하기 위하여 "이 협정의 어떠한 조항도 어업문제 외의 국제법 상의 문제에 관한 각 체약국의 입장을 해하는 것으로 간주하여서는 아니된다"는 조항(한일어업협정 제15조)도 두고 있다.

1953년 국제재판소는 망끼에 에크레오(Minquires and Ecrehos) 섬에 대한 영국과 프랑스간의 영유 권분쟁사건에서 어업협정상 섬의 위치가 공동어로구역내에 있든 그 바깥에 있는 영유권과는 무 관하다는 원칙을 판시한 바 있다.[119]

### (3) 評價

1998년에 타결된 한·일 어업협정은 한·일 양국의 배타적 경제수역제도 수용에 따른 신해양법 체제 수용의 불가피성 및 양국간의 배타적 경제수역 경계획정의 어려움을 간파하여 그 잠정적 조 치의 절실한 필요성에 따라 이미 체결하여 효력 발생이 되어 오던 1965년 한·일 어업협정이 일본 의 일방적 종료통고로 그 실효가 곧 눈앞에 다가옴에 따라 동해에서의 한·일간의 어업질서를 어 떤 식으로든 규제할 급박한 필요성이 대두되어 전격적으로 한·일 어업협정이 타결되게 되었다.

동 협정이 체결됨으로써 양국은 일정범위까지 자국의 배타적 어업수역을 향유하는 대신 일정 수역, 이른바 중간수역에서는 자국의 어선이나 어업만을 규제할 뿐 상대국 어민이나 어선에 대하

---

119) 망끼에 에크레오 사건은 동 도서 및 암초에 대한 영국-프랑스간의 영유권에 관한 분쟁으로 1950년 12월 29일 부탁합의에 의하여 1951년 12월 5일에 국제사법재판소에 제소되었으며, 1953년 11월 17일 영국이 승소한 사건이다. 이 사건에 있어서 영국 및 프랑스는 다같이 이 섬에 대하여 11세기부터 원시적 권원을 취득하여 그 후 계속적으로 이를 유지하여 왔으며, 결 코 이를 상실한 적이 없다고 주장하였다. 영국은 이 섬에 대한 원시적 권원의 취득이 1066년의 노르만디공국에 의한 영국 정복에 있다고 주장하였는데, 즉 영국은 이 정복에 의하여 이 섬의 해협 안에 있는 여러 섬과 더불어 노르만디공국에 통 합되었으며, 이 통합은 프랑스 왕 필립 아우구스투스가 대륙 노르만디를 점령한 1204년까지 계속되었다. 그러나 필립왕 의 해협내 여러 섬의 점유기도는 실패하였으므로 망끼에와 에크레오를 포함하는 해협내 여러 섬들은 여전히 영국이 보 유하고 있었으며, 이러한 상태는 그 후 영국 왕과 프랑스 왕 사이에 체결된 여러 조약에 의하여 법적 뒷받침을 갖게 되었 다고 주장하였다. 특히, 프랑스는 1839년 에 망끼에와 에크레오의 주 섬의 영해내에서 양국 어민이 서로 어업을 할 수 있 노록 하는 어업협정을 체결하여 시행하여 왔으므로 이들 섬에 대한 영유권 주장을 프랑스가 할 수 있다고 주장하였다. 즉, 110년 동안이나 프랑스 어민이 이들 섬의 영해내에서 조업을 했으니 그 섬들의 영유권도 확보한 것이라는 것이다. 그 러나 재판소는 "1839년의 협정은 어업에 관한 것이었으므로 영토문제와는 관계가 없다"고 판결했다. 따라서 프랑스가 주장하는 1839년의 어업협정이 체결된 당시는 아직 이 섬의 주권에 관한 분쟁은 발생하지 않았다. 양국은 상당히 장기간 동안 조개 채취의 배타적 권리에 관하여 견해의 불일치는 있었으나 이 문제를 이 섬에 대한 영유권 문제에 결부시킨 일 은 없다. 그러므로 이 협정의 체결이 이 섬의 주권에 관한 증거로서 영향을 미쳐야 할 이유가 없다는 것이다. 다시 말하 면, 이 섬의 주권에 관한 분쟁이 처음 발생한 것은 프랑스가 이 섬에 대한 영유권을 주장한 1886년 및 1888년인 것이다. ICJ Reports, 1954, pp.19~45.

[지도 6-5] 한일어업협정도

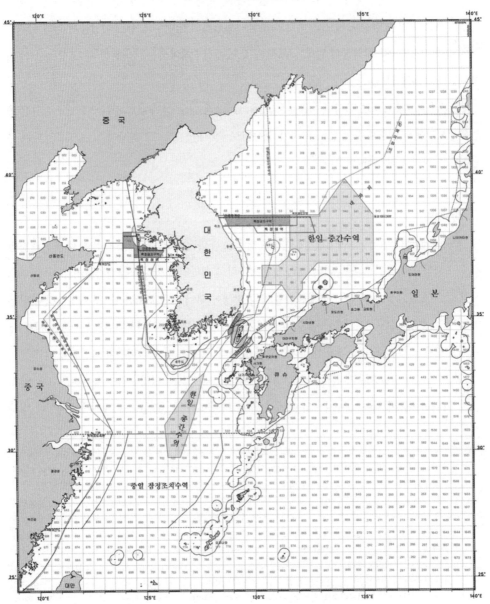

여는 아무런 규제를 하지 않는, 이른바 중간수역을 설정·운영하게 된다. 이 결과 일본의 배타적 어업수역에 포함될 수 있는 대화퇴 어장의 절반을 중간수역에 포함시켜 우리 어민이 오징어 조업 을 할 수 있는 어장을 유지하였고, 이 결과 일본의 배타적 수역이 될 수역의 상당부분이 중간수역

에 포함시킴으로써 잃게 될 어장을 대폭 확보하였다.

또한 무협정상태가 되면 당장 철수해야 되는 우리 어선이 1년 내지 3년간 계속하여 조업하게 됨으로써 3년간 연평균 15만 톤 내외의 어획고를 유지하게 되었다.

어업협상의 과정 중 양국은 제한된 범위의 배타적 관할수역과 그 이원의 중간수역 설정이라는 기본틀 속에서 진행되었으나, 협상도중 일본은 자국이익 확보를 위하여 1965년 협약의 종료를 통고하였고, 이에 우리 정부도 조업자율규제 조치의 시행을 전면 중단하여 양국의 어업분쟁이 노골적으로 가시화되었다. 그러나 기존 한·일 어업협정은 1999년 1월 23일부터 그 효력을 상실하므로 만일 동해에서 무협정상태가 되면 양국은 각자의 주장에 의한 배타적 경제수역 가상 경계선을 기준으로 자국만의 조업을 독점하려고 할 것이고 이렇게 되면 한·일간에 어업분쟁이 도처에서 발생하여 이에 위반하는 상대방 어선을 나포하는 혼란이 예상되어 한·일 관계가 극도로 악화될 수 있을 뿐 아니라 해양분쟁이 오히려 영유권 분쟁으로 비화될 위험도 있는데, 한·일 어업협정 타결로 그러한 사태를 예방하고 양국간 해양협력의 토대를 마련하는 계기가 되었다고 평가할 수 있다.

## 다. 韓中漁業協定
### (1) 背景

우리 정부는 서해에서의 중국 어선에 의한 어족자원 남획을 방지하고 한중간의 어업문제 해결을 위해 1998년 11월 10일 5년간의 협상 끝에 중국과의 어업협상을 최종 타결하여 양국은 협상을 통해 서해바다 면적을 균등하게 구분하기 위해 논란이 일고 잇는 영해기선 대신 가상적인 중간선을 적용하기로 하였다. 따라서 그동안 무협정상태로 우리 어업에 많은 손해를 주었던 서해에서의 중국에 의한 조업문제가 제도적으로 해결되게 되었다. 물론 동 협정은 서해에서의 배타적 경제수역 경계획정이 이루어지기까지 잠정적으로 한중간의 어업관계만을 규율하는 법적 성격을 지니고 있다.[120]

### (2) 韓中漁業協定의 基本 槪念

한·중 어업협정은 기본적으로 유엔해양법협약의 EEZ 어업제도에 입각하면서 동시에 양국 어

---

120) 타결된 한·중 어업협정은 양국간 배타적 경제수역이 획정되지 않은 점을 감안해 양국수역 중간에 잠정조치수역과 과도수역을 설정토록 하는 잠정어업협정체제를 택하고 있다.

민의 이익을 적절히 반영한 것으로 협정의 적용 수역은 한·중 각국의 EEZ이고, 동 EEZ내에서는 유엔해양법협약의 EEZ 어업제도에 의하여 관리·통제가 된다.

그러나 한·중 EEZ가 중첩되고 경계획정 협상이 한·중간의 입장차이로 인하여 장시간 소요되므로 양측은 서해·남해수역 가운데의 일정 범위에 잠정조치수역을 설정키로 했고, 동 수역에 대해서는 EEZ 어업체제가 아닌 공동관리체제를 적용키로 협정에 규정하여 잠정조치수역 외측의 일부에 과도수역을 각각 설정하여 일정기간 동안 예외적인 관리체제를 적용하도록 하였다.

따라서 서해·남해에서 상기 예외적 수역 이외는 한·중 양국 각자의 EEZ가 되면, 동 EEZ에 대해서 유엔해양법협약상 EEZ 관리방식이 모두 적용된다. 다만, 제주도 남부의 한·중·일 3국간 중

[지도 6-6] 한중어업협정도

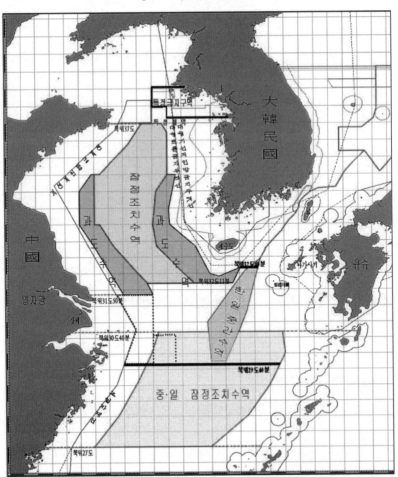

첩되는 수역과 그 주변 일부 및 서해 특정해역 수역 부근 일부 수역에서는 현행 조업질서가 그대로 유지된다.

### (3) 協定 主要內容

협정이 적용되는 수역은 한·중 양국의 배타적 경제수역(EEZ)이며, 영해는 이 협정이 규율하는 대상이 아니다. 협정 발효시 잠정조치수역과 과도수역[121] 및 양국의 EEZ 권원이 중첩되는 동중국해 일부 수역을 제외한 나머지 수역에 대해 연안국이 어업에 관한 주권적 권리를 행사하는 EEZ 제도가 실시되며, 과도수역도 4년이 경과한 후에는 각 연안국의 배타적 경제수역(EEZ)으로 편입된다.

양국의 배타적 경제수역에서 연안국은 외국 어선에 대한 입어허가, 어획가능어종·어획 할당량 및 기타 조업조건 등을 설정하고, 기타 해양생물 보존조치도 설정한다. 한·중 양국간 타방당사국의 배타적 경제수역에 대한 입어허가는 기존 어업현실을 고려하면서 상호 균등하게 실시하며, 위반 어선에 대하여는 연안국이 승선·임검·검색·나포 및 재판관할권을 행사한다.

본 협정은 서명 후 각자 자국 국내법상의 절차를 완료한 후 이를 통보하는 공한을 교환하는 날부터 발효되며 발효 후 최초 5년 유효기간이 경과한 후에는 일방이 종료 통보를 하면 1년 후에 협정의 효력이 상실된다.

### (4) 評價

유엔해양법협약으로 대변되는 새로운 해양질서에 부응하는 어업질서(EEZ 제도)를 도입하여 어업에 관한 우리의 주권적 권리를 확보하였고, 서해 해양생물자원의 효과적인 보존과 어민이익 보호 및 확대를 보장하였다. 즉, 지속개발 가능한 어족자원 유지, 중국 어선의 우리 연안 수역내 불법조업 근절, 중국 연안에서 우리 어민의 조업권 지속 보장, 단계적으로 우리의 배타적 경제수역 확내 등이 주요 성과이나.

1997년 말 현재 우리 연근해에서 중국측은 연간 25만톤의 가자미, 갈치, 삼치 등을 어획하였다. 반면, 중국측 연근해에서 국내 어선은 연간 꽃게. 장어, 갈치 등을 주 어종으로 10만톤 가량의

---

121) 잠정조치수역 한계선 바깥에 각각 설정되었으며, 그 폭이 20해리임. 과도수역은 협정발효 후 4년 뒤 각자의 EEZ로 편입된다. 양국은 또한 4년간 상대측 과도수역에서 자국 어선의 조업을 단계적으로 줄여나가게 된다.

어획고를 올렸다. 따라서 한·중 어업협정의 체결로 이 같은 조업불균형이 어느 정도 해소되게 되었으며, 이는 한·일 어업협정에서 잃은 어획량을 만회하는 결과가 되기도 한다.

특히, 동 어업협정으로 인하여 중국 어선이 우리 영해에 근접하거나 침범하여 조업하는 행위가 원천적으로 봉쇄되고, 우리측 연안 주요 어장(소흑산도 및 제주도 인근)의 대부분이 우리측 EEZ로 편입됨으로써 중국 어선의 조업활동은 크게 제약을 받게 되었다.[122]

우리는 한·중 어업협정 타결로 서해·남해의 심각한 어족자원 고갈문제를 해결하기 위한 어족자원 보존조치를 취할 수 있는 법적 근거가 마련되었고 또한 서해·남해에서의 어족자원 고갈문제 해결과 지속개발 가능한 어족자원의 보호·유지를 위해서는 어느 일방의 조치만으로는 부족한바, 본 협정 타결로 한·중 양국이 공동으로 효과적인 자원보존 조치를 실시할 수 있게 되었다.


# 제8절  公海


## 1. 公海의 槪念


### 가. 公海의 意義

공해(high seas)라 함은 어느 특정국가의 관할권에 속하지 않는 해역 즉, 내수 영해, 배타적 경제수역, 또는 군도수역에 포함되지 않는 모든 해역을 말한다(유엔해양법협약 제86조). 여기서의 공해는 해저를 포함하지 않는 상부수역을 의미하며 공해 밑에 있는 해저는 심해저에 관한 별개의 법규정에 의해 규율된다.


### 나. 法的 性質

공해의 법적 성질에 관하여 많은 견해가 일찍부터 주장되어 왔지만, 이들 견해는 크게 무주물설, 공유물설, 국제공역설로 대별할 수 있다.[123]

---

122) 반면, 우리 어선의 주요 어장인 양쯔강 부근 수역은 과도수역으로 설정되어 당장 우리 어민들에게 미치는 피해는 많지 않을 것으로 보인다.

123) 상세에 관하여는 Churchill & Lowe, op. cit., pp.204-205 참조.

### (1) 無主物說

공해를 무주물로 보는 설은 과거의 공해에 대한 역사적인 측면에 집착하여 공해가 누구의 소유도 아니며 누구의 권한에도 속하지 않으므로 먼저 점령한 자가 이를 소유할 수 있다고 주장하는 견해이다.

### (2) 公有物說

공해를 인류가 공동으로 소유할 수 있는 해역으로 보는 설이다. 공해를 공유물로 간주한다는 것은 각국이 지분을 가지고 있어 공해를 언제든지 분할할 수 있다는 것이 된다. 그러나 공해의 성질상 이를 각국이 분할하여 영유함은 불가능하므로 공해를 공유물로 하기는 어렵다.

### (3) 國際空域說

공해를 인류가 공동으로 사용하고 있고 그 사용이 국제법에 의해 보장된다는 의미에서 오히려 국제공역(international public domain)이라고 하는 설이다. 즉, 공해란 국제사회의 질서에 직접 귀속되어 누구든지 국제법에 따라 사용할 수 있는 국제사회의 공동영역이라고 보는 국제공역설이 타당하다고 본다.

## 2. 公海의 自由

### 가. 公海自由의 意味

#### (1) 意義

공해자유란 어떤 국가도 국제법상 공해를 영유할 수 없으며, 또한 공해는 원칙적으로 각국의 자유로운 사용을 위해 개방된다. 이를 가리켜 일반적으로 공해자유(freedom of the high seas)의 원칙이라 한다.

유엔해양법협약은 공해는 연안국·내륙국에 관계없이 모든 국가에 개방된다. 공해의 자유는 본 협약 및 다른 국제법원칙에 정하여진 조건에 따라 행사된다라고 규정하고 있다(유엔해양법협약 제87조).

### (2) 制度의 趣旨

그로티우스 이래 공해자유의 원칙을 제창하는 근거는 ① 공해가 국제교통상 필수불가결의 통로라는 점, ② 공해는 매우 광대하여 실효적 점유가 곤란하다는 점, ③ 공해는 누구에게도 손해를 끼치지 않고 사용될 수 있다는 점, ④ 공해에는 어족 기타의 해양자원이 무진장하다는 점 등이 있었다. 그러나 당시의 사회적 제조건은 그 이후 과학기술의 발달로 인하여 중대한 변화를 가져왔다. 즉 과학기술이 고도로 발달한 오늘날, 국가는 해군력으로 공해를 유효하게 점유할 수 있고, 대규모 어업 및 해양개발은 수산자원의 최대 지속적 생산력을 파괴하거나 고갈케 할 수도 있으며, 이것은 누구에게도 손해를 끼치는 결과가 되는 것이다. 그러므로 오늘날 공해 자유의 원칙을 인정하는 주요 근거는 첫째 이유인 항행의 자유에 한정되고 있다.

### 나. 沿革

#### (1) 古代

해상교통이 그리 활발하지 않았던 고대 로마시대에는 해양은 공기처럼 공유물로 보고 만인에게 자유로이 개방된 것으로 생각되었다. 그러나 이러한 해양관은 해양 영유사상에 대항하기 위해 등장한 오늘날의 공해자유와는 다른 것이었다.

#### (2) 中世

중세에는 지중해 연안의 도시국가를 비롯하여 영국·스칸디나비아제국 등이 무역 및 어업의 독점, 해적의 진압 등을 이유로 해양의 영유 및 폐쇄를 주장함으로써 해양은 점차 폐쇄해의 개념으로 발전하였다. 특히 동방항로를 개척한 스페인·포르투갈은 通商의 독점을 목적으로 해양분할을 통하여 해양주권사상과 해양폐쇄주의를 더욱 확대시켰다. 그러나 19세기에 이르러 신흥해양국이 된 영국·네덜란드가 스페인·포르투갈의 독점을 배제하고 신대륙으로의 통상로를 확보하기 위해 해양의 자유를 제창하게 되었다.

#### (3) 近代

1609년 그로티우스는 '자유해론'(Mare Liberum)에서 해양자유를 주장하였다. 그러나 이미 스페인·포르투갈을 제압한 영국은 해양자유사상이 영국해에서의 자국 어업독점이익에 상충되므로 해양폐쇄론에 입각하여 네덜란드와의 해양논쟁(예컨대, 1635년 셀던의 폐쇄해론)을 전개하였다.[124] 그후 領海의 범위에 관한 Bynkershoek의 착탄거리설이 점차 제국에 의해 채택되어 領海과 공해의 분화현상이 명백히 나타나고, 네덜란드가 해양경쟁에서 패퇴하자 18세기 이후 영국은 다시 해양자유의 기수로 복귀하였다.

### (4) 確立

공해자유의 실질적 확립은 영국을 비롯한 강대국들의 실력을 배경으로 19세기에 성취되었다. 영국은 1878년 영수조례(Territorial Waters Jurisdiction Act)를 발표하여 공해자유의 원칙을 채택하였다. 20세기에 이르러 공해자유의 원칙은 제1차 세계대전 후 미국에 의하여 확인되었고(1918년 윌슨 대통령의 평화 14개 원칙 중 공해상 절대적인 항행의 자유), 제2차 세계대전중 대서양헌장에서도 재확인되었다. 그러나 오늘날에 와서는 공해자유의 원칙도 연안국 관할권의 확대경향으로 중대한 시련을 겪고 있다.

### 다. 內容

#### (1) 歸屬으로부터의 自由

공해는 어느 국가에도 귀속하지 않는다. 즉 공해는 국가의 영역권으로부터 자유이며, 이에 복종하지 않는다. 따라서 어떤 국가도 공해의 일부를 자국의 주권하에 두는 것을 유효하게 주장할 수 없다(동 제89조).

#### (2) 使用의 自由

공해가 어느 국가의 주권하에도 들어가지 않는다는 원칙의 당연한 귀결로서 모든 국가의 국민은 타인의 간섭을 받지 않고 공해를 자유로이 사용할 수 있다(동 제87조 1항).

##### (가) 航行의 自由

평시에는 어느 국가의 군함이나 상선도 자유로이 공해를 항행(navigation)할 수 있다. 이 항행에

---

124) Churchill & Lowe, *op. cit.*, p.72.

대하여 어느 국가도 항행세를 부과할 수 없고 강제로 해상에서 의식을 행하게 할 수도 없다. 그러나 항행에 관한 국제법상의 규칙, 예컨대 선박의 충돌에 관한 규칙 또는 해난구조에 관한 규칙 등을 준수하지 않으면 안 된다.

### (나) 漁業의 自由

모든 국가의 선박은 공해상에서 자유로이 어업에 종사할 수 있다. 따라서 어업을 함에 있어서 타국으로부터 허가를 받을 필요도 없으며, 부담도 지지 않는다. 그러나 특정수역에 있어서 관계국과의 조약체결로 어업은 규제하는 경우도 있고, 또 근해의 어업 및 수산자원의 보호를 위해 연안국의 선언 또는 대륙붕에 의하여 어업의 자유가 제한되는 경우가 있다.

### (다) 海底電線·官線敷設의 自由

공해에서는 어느 국가나 국민도 자유로이 해저전선(submarine cables) 또는 관선(pipelines)을 부설할 수 있다. 대륙붕상에 부설하는 것도 대륙붕의 개발을 방해하지 않는 한 자유이다. 그러나 해저전선이 타국領海에 들어간 부분에 관하여는 물론 그 국가의 허가를 얻어야 한다.

### (라) 上空飛行의 自由

모든 국가의 항공기는 공해의 상공을 자유로이 비행(overflight)할 수 있다.

### (마) 其他의 自由

제3차 유엔해양법회의에서는 상기의 자유 외에도 공해사용의 자유 중에 중요한 것으로 과학적 조사(scientific research)의 자유와 인공도와 기타 시설물을 건설할 수 있는 자유도 포함시키고 있다.

### 라. 適用範圍
#### (1) 모든 國家

공해자유의 원칙은 모든 국가에 적용된다. 즉 연안국은 물론 무연안국(landlocked states)에 대해서도 차별없이 적용된다. 특히 무연안국은 연안국과 평등한 조건에 의거하여 해양의 자유를 향유하기 위하여 해양에 자유롭게 접근할 수 있는 권리를 갖는다.

## (2) 모든 船舶 및 航空機

공해자유원칙은 모든 선박과 항공기에 적용된다(동 제90조). 공해에서는 사람보다도 선박이나 항공기의 활동이 더 많다. 선박에 관하여는 군함·公·私船을 항공기에 관하여는 군용항공기·민간항공기를 구별하지 않는다.

### 마. 制限

#### (1) 他國利益의 尊重

공해자유는 공해의 자유를 행사함에 있어 타국의 이익에 대해 합리적 존중(reasonable regard) 또는 상당한 고려(due consideration)를 하면서 행사되어야 한다(동 제87조 2항). 이에 위반한 경우에는 적법한 공해의 사용이라 할 수 없다.

#### (2) 歸屬으로부터의 自由의 制限

공해는 원래 어느 국가도 영유할 수 없다는 귀속으로부터의 자유가 인정되고 있지만, 연안국은 영해만으로 국가의 정책수행을 위한 모든 목적을 충족시킬 수 없음을 전제로 국가의 특정목적을 위하여 공해상에 일련의 보상수역을 설정하게 되었다. 이러한 공해에 대한 연안국 관할권의 확장은 공해 자체에 대한 자유를 제한하는 것이다. 공해에 대한 연안국 관할권의 확장, 즉 잠행성관할권(creeping jurisdiction)의 범주 속에 포함되는 것으로 접속수역 또는 대륙붕 등이 있다. 제3차 UN해양법회의에서는 배타적 경제수역을 공해에서 분리하여 연안국의 관할 아래 종속시키고 있다.

#### (3) 使用自由의 制限

공해사용의 자유란 공해에 있어서 어떤 국가의 관할권도 인정되지 않는다는 것을 의미하는 것은 아니다. 반대로 국가의 관할권은 일정한 경우 공해에까지 행사되어 공해사용의 자유를 제한하고 있다.

##### (가) 外國船舶에 대한 國權行使

일국의 군함 또는 권한이 부여된 정부선박은 공해상에서 해적행위·노예수송 또는 불법방송의 혐의가 있는 선박에 대하여 또는 국기심사를 위하여 외국선박에 대하여 임검권(right of visit)을 행사할 수 있으며(동 제110조 1항), 외국선박이 연안국의 관할수역내에서 연안국의 법령을 위반한 경우 공해에까지 그 선박을 계속 추적하여 나포·인도·처벌을 할 수 있는 추적권(right of hot pursuit)을 행사할 수 있다(동 제111조).

### (나) 核實驗

모든 국가가 공해의 자유를 향유한다 하여도 공해상에서의 전략적 활동에 일정한 제한을 가할 필요가 제기되었던 바, 핵실험 문제에 논의의 초점이 집중되었다. 그 결과 공해에서의 핵실험 문제는 1950년대 중반이후 해양의 군사적 이용문제에서 가장 핵심적이고 논쟁적인 문제의 하나였다.

당시의 견해들은 주로 공해자유원칙과 자위권에 근거하여 '위험수역'을 지정하여 경고한 후 핵실험을 할 경우 합법적이라는 입장과 이와는 반대로 일시적으로 광범한 수역을 전면적, 배타적으로 사용하는 핵실험은 공해자유원칙에 비춰볼 때 인정될 수 없다는 입장으로 양분되었었다.[125]

1958년 제1차 유엔해양법회의에서도 공해에서의 핵실험 문제에 대해 논의가 있었다. 체코, 폴란드, 유고슬라비아 및 소련이 공해상에서의 핵무기 실험을 금지해야 한다는 제안을 하자, 이 문제는 군축문제이기 때문에 해양법회의에서 이를 검토하는 것은 회의의 임무를 벗어난 것이라고 주장하는 국가도 있었다. 한편, 영국은 핵무기 실험의 합법성을 주장하는 선언을 제안하였으며, 핵무기 실험 문제 전체를 유엔 총회에 이송할 것을 제안하는 타협안이 제출되기도 했다. 그 후 영국과 아일랜드가 '합리적 고려'(seasonable regard) 조항을 제안하여 '공해협약' 제2조에 동 문언이 도입되었다.[126]

결과적으로 동 회의에서는 공해에서의 핵무기 실험의 합법성에 대해 명확한 입장이 확정된 것은 아니었지만, 대체로 핵실험이 국제법상 금지되지 않는다는 입장이었다. 이는 '국제법의 일반원칙에 의해 가장 폭넓게 승인되고 있지만, 명시적 규정이 없는 공해의 이용은 군사적 목적을

---

125) 池島大策, "海洋の平和的利用の槪念: 國聯海洋法條約における關聯規定を中心に", 法學政治學論究 第16号, 1993. 3, p.143. 공해에서의 핵실험을 위법이라고 보는 견해에 대해서는 E. Margolis, "The Hydrogen Bomb Experiments and International Law", 64 Yale Law Journal, 1955, pp.629-647 참조. 반면에 합법이라고 보는 견해에 대해서는 M. MacDougal & N. Schlei, "The Hydrogen Bomb Tests in Perspective: Lawful Measures for Security", Ibid., pp.648-710 참조.

126) 池島大策, op. cit., p.144.

위해 공해를 이용을 모든 국가의 권리를 포함한다'는 견해[127] 및 미국이 공해상에서 수차례 핵실험을 하였으나 당시 그것이 국제법 위반행위로 규정된 적이 없었다는 사실[128]에 잘 나타나있다.

이후에도 핵무기 실험에 대해 많은 논의가 있었으나 합의를 이루지 못하다가 1963년 "대기권내, 우주공간 및 수중에서의 핵무기실험을 금지하는 조약(부분적 핵무기 실험 금지조약)"(Treaty on Banning Nuclear Weapon Test in the Atmosphere, in Outer Space and Under-Water(NTBT))의 체결로 공해상에서의 실험은 금지되었다(제1조). 이 조약의 채택과 그 이후의 국가관행에 비추어 볼 때, 일반적으로 공해상에서의 핵무기 실험이 금지되었다는 점에 대해서는 콘센서스가 이루어진 것으로 판단된다.[129]

한편 해양법협약은 공해상에서의 통상무기의 실험에 대해 명확한 입장을 밝히지 않고 있다. 그렇지만 대량파괴무기가 아닌 통상무기(미사일 포함)의 실험은 항행이나 어업활동 등과 같은 공해 사용과 해양환경 보호 차원에서 핵실험에 비해 부정적인 영향이 덜하기 때문에 미사일 실험이 항행과 어업활동을 방해하지 않거나 해양환경을 오염시키지 않는 한 적법한 행위로 인정된다.[130]

그리고 공해상 및 그 해저에 군사시설을 설치하거나 대량파괴무기를 배치하는 행위는 금지된다. 이는 1971년의 "해저 및 그 하층토에의 핵무기 및 대량파괴무기 설치 금지협약"(Treaty on the Emplacement of Nuclear Weapons and Other Weapons of Mass Destruction on the Ocean Floor and in the Subsoil thereof)의 체결로 국제법적 의무가 되었다.

---

**127)** R. J. Zedalis, "'Peaceful Purpose' and Other Relevant Provisions of the Revised Composite Negotiating Text: A Comparative Analysis of the Existing and the Proposed Military Regime for the High Seas", 7 *Syr. J. Int'l L. & Com.*, 1979, p.12

**128)** 오윤경 외, 21세기 현대 국제법질서, 박영사, 2001, p.388.

**129)** 1974년 오스트레일리아와 뉴질랜드는 공해상에서의 핵실험 금지가 일반 관습국제법의 지위를 갖는다면서 수중에서 핵실험을 하려는 프랑스를 상대로 ICJ에 제소하였다. 양국은 공해상에서의 핵실험을 공해자유원칙과 관련지어 방사능 낙진으로 공해에서의 선박과 항공기의 항행을 방해하고 공해를 오염시키는 것은 공해의 지유를 훼손하는 것이라고 주장했다. ICJ는 프랑스가 대기핵실험을 중지할 것이라는 대통령의 외교적 공식성명이 있었다는 이유로 이 분쟁에 대한 판결을 유보하였다. 동 사건에 대해서는 ICJ Report, 1974, p.457; 성재호, "국제법상 핵사용의 규제", 성균관법학, 제15권 제2호, 2003, pp.65~66 참조.

**130)** Jon M Van Dyke, Military Exclusion and Warning Zones on the High Seas, Moscow Symposium on the Law of the Sea(Proceedings of a Workshop co-sponsored by The Law of the Sea Institute, The Soviet Maritime Law Association and The Soviet Peace Fund, November 28 ~ December 2, 1998, Moscow), pp.122~123, 이근수, "유엔해양법협약과 국제안보: 해양레짐 개념의 적용을 중심으로"(경희대학교 박사학위논문, 1999. 2), p.123에서 재인용.

### (다) 軍事訓練

해양법협약 제87조 1항은 협약과 국제법의 기타 규칙에 정하여진 조건에 따라 공해자유가 행사되어야 함을, 제88조는 공해가 평화적 목적을 위하여 유보된다(reserved)는 것을 그리고 제301조는 해양법협약에 따른 권리행사 및 의무이행에 있어 당사국은 타국의 영토적 또는 정치적 독립에 빈하거나 또는 유엔헌장에 규정된 국제법 제원칙과 양립하지 않는 다른 방법에 의한 무력의 위협 또는 사용을 삼가야 한다고 규정하고 있을 뿐, 공해에서의 군사훈련의 허용여부 및 허용한계에 대하여 명시적으로 규정하고 있지는 않다.

해양법규의 성문화 과정에서 군사훈련 문제에 대해 해양법회의에 참석한 각국은 그들의 능력과 현실에 따라 대조적인 입장을 보였다. 일부 국가들은 공해에서의 군사활동은 그것이 행해지는 기간동안 타국의 해양이용을 배제하며 특정구역의 해역을 광범하고 장기간 배타적으로 이용하기 때문에 이를 규제해야 된다고 했다(알바니아, 루마니아 및 소련의 3개국 공동제안(Three Power Proposal))[131]. 반면에 해양강대국들은 군사연습은 공해자유중 항행의 자유에 포함되며, 따라서 일국이 공해상에서 군사훈련을 한다는 사실이 타국의 공해자유 행사를 불합리하게 제약하는 것으로 간주할 수 없다고 했다.[132]

그렇지만 해양법협약 제88조 및 제301조를 해양에서의 모든 형태의 무기실험 및 군사훈련 일체를 금지하는 것으로 또는 공해에서의 군사활동이 '비침략적'인 것인 한 일체 허용하는 것으로 해석하는 것은 지나친 극단적 해석이다. 공해상에서의 군사연습이 광범하고 장기적이며 배타적으로 공해를 이용할 수도 있다는 우려가 있기는 하지만, 그것이 제3자에 대한 합리적인 고려를 한 경우에는 허용된다는 것이 관련규정의 타당한 해석이라고 생각된다. 따라서 일정한 한계내에서 행해지고, 주변국 및 항행중인 타국 선박에 위험을 주지 않기 위하여 타국의 이익을 정당히 고려하고, 여타 국제협정에 명시적 제한규정이 없는 군사훈련은 허용되어야 할 것이다.[133]

한편 일부국가들은 군사적 목적의 특정수역을 공해에까지 확대하여 설정하기도 한다. 북한은

---

131) R. J. Zedalis, op. cit., p.12. 군사훈련수역을 타국연안 및 국제항로상에 지정하는 것은 항행의 자유를 제한하는 것이므로 장기간에 걸쳐 일방적으로 동 수역을 지정하는 것은 금지되어야 한다는 국제적인 기준을 설정하기 위해 시도되었던 이 제안은 회의에서 부결되었다.

132) R. Wolfrum, "Restricting the Use of the Sea to Peaceful Purpose: Demilitarization in Being", 24 *German Yearbook of International Law*, 1981, p.208.

133) 오윤경 외, *op. cit.*, p.388면; 노석태(역), 현대국제법의 지표, 부산대학교 출판부, 2002, p.117 참조.

1977년 200해리 경제수역과 함께 타국의 군함 및 군용기의 통항을 금지시키고자 50해리 군사수역을 선포하였는데, 구체적으로 기준선이나 경계선을 밝히고 있지 않아 정확한 범위를 알 수 없을뿐만 아니라 민간선박이나 민간항공기의 통항자유까지 규제하고 있어 해양법협약의 규정과 상충하기 때문에 국제법상 그 효력이 인정되지 않는다. 그러나 공해상 일정구역에 함포발사 및 기동훈련 등 비록 합법적 활동이지만 타국의 공해이용에 위험을 야기할 가능성이 있는 경우, 항행 또는 상공비행에 미칠 수 있는 위험을 타국에게 알리기 위하여 특정수역을 경고수역(warning zone) 또는 제한수역(exclusion zone)으로 선포하는 경우가 있다. 이 경우 동 수역을 설정한 목적이 타국의 공해이용을 배제하기 위한 것이라면 위법한 것으로 간주되고 동 수역으로 인해 피해가 발생한 경우 국제법적인 책임을 부담하게 되지만, 일시적으로 그리고 통보한 후 설정되고 설정목적이 완료된 경우 이를 해제한다면 그러한 수역의 설정은 공해의 평화적 이용과 양립된다고 보아야 할 것이다. 단, 이 경우에도 수역을 설정하는 국가는 공해를 이용하는 타국의 이익을 정당히 고려할 것이 요구되며, 제3국 선박이나 항공기 또한 그 수역을 설정한 국가의 활동을 방해해서는 안된다. 어느 국가의 선박이나 항공기든 설정된 수역에서 선언국의 합법적인 공해이용 권리를 정당하게 고려할 의무가 있기 때문이다.[134]

## 3. 公海上에서의 國家의 管轄權

공해는 자유이며 그 사용도 자유이나 그렇다고 무법상태로 방치되어 있는 것은 아니다. 그러나 원칙적으로 공해상에서의 국가의 권리는 자국선박에 대해서만 행사될 수 있으며 국제법규가 인정하는 범위 내에서만 외국선박에 대하여 관할권을 행사할 수 있다.

### 가. 自國船舶에 대한 管轄

공해상의 모든 선박은 그 旗國(등록국)의 배타적 관할권하에 있게 되므로 모든 국가는 공해상에서 자국기를 게양한 선박을 항행시킬 권리를 갖는다(동 제90조). 또한 선박은 그 국기를 게양할 수 있는 국가의 국적을 갖는다. 다만 국가와 선박간에는 진정한 관련(genuine link)이 존재하여야 한

---

**134)** 해군본부, 지휘관을 위한 해전법규(미해전교 9), 1991, p.2-11, para.2.4.3.1.

다(동 제91조 1항). 그러나 이 규정의 시행을 확보할 장치가 마련되지 않고 있으므로 리베리아, 파나마 등은 이른 바 便宜置籍(flag of convenience)제도를 인정하여 진정한 관련이 없는 외국선박에도 자국국적을 부여해 온 것이 사실이다.

대한민국의 경우는 선박의 소유권 전부가 한국인에게 속해야 대한민국선적이 인정된다. 모든 국가는 선박에 대한 자국국적의 허용, 자국영토내 선박의 등록 및 자국기를 게양할 권리에 관한 조건을 정해야 한다(동 제91조 1항)라고 하여 선적의 부여에 필요한 표준은 각국의 국내법에 일임되고 있다.

선박은 1개국만의 국기를 게양하고 항행하여야 하며, 편의에 따라 2개국 이상의 국기를 게양하고 항해하는 선박은 다른 국가에 대하여 어느 국적도 주장할 수 없으며 무국적선박과 동일시될 수 있다. 선박은 소유권의 진정한 양도 또는 등록변경의 경우를 제외하고, 항해중 또는 기항중에 그 국기를 변경할 수 없다(동 제92조). 선박은 또한 원방에서 인식할 수 있는 선명을 선체에 표시하여야 하며, 허가없이 또는 등기를 하지 않고 선명을 변경하지 못한다.

### 나. 外國船舶에 대한 管轄

공해상의 선박은 旗國의 배타적 관할하에 있지만, 공해상의 법질서를 위하여 예외적으로 군함과 공선 또는 군용항공기와 공항공기는 범법선박을 임검·수색할 수 있는 경우가 있다.이 경우에 공선 또는 공항공기는 정당한 권한이 부여되고 공식표식이 뚜렷하여야 한다(동 제110조 5항). 상업용 공선은 이에 해당하지 않음은 물론이다. 그러나 범법선박에 대한 심리·처벌은 예외적인 경우를 제외하고는 선박소속국은 관할권 면제권(immunity)을 가지므로(동 제95조 및 제96조), 어떤 경우에 있어서도 소속국 이외의 관할권으로부터 완전히 면제된다.

따라서 이러한 공선에 대한 간섭은 자위권행사를 정당화할 수 있는 정도의 상황하에서만 인정될 수 있다고 할 것이다. 즉 인근 연안국의 주권 또는 안전보장에 급박한 위험을 끼칠 중대한 혐의가 있는 경우에는 당해 연안국은 자위행위를 취할 수 있을 것이다.

외국선박에 대한 간섭에 관하여 별도로 조약이 체결되어 있는 경우에는 체약국은 그 조약규정에 따라 간섭할 수 없음은 물론이나 기타의 경우는 국제관습법에 의해 인정되는 경우에 한하여 임검·수색할 수 있다. 유엔해양법협약 제110조는 이러한 임검·수색에 관하여 규정하고 있는데, 이 규정은 대체로 관습법화된 것을 성문화한 것이라고 보아도 무방할 것이다. 동 조항에 의하며 임검·수색이 인정된 경우는 아래와 같다.

### (1) 臨檢權

군함은 평시 공해상의 선박에 대한 旗國의 배타적 관할권행사에 대한 예외로서, 조약에 의한 경우를 제외하고, 해적행위, 노예거래행위, 무허가방송, 무국적선 또는 외국국기를 게양하거나 또는 국기제시를 거절하였음에도 불구하고 실질적으로 군함과 같은 국적을 보유한 선박에 대하여는 국기를 심의할 권리, 즉 임검권을 갖는다. 그러나 혐의가 없는 것으로 판명되고, 또한 임검을 받은 선박이 혐의가 정당화될 어떠한 행위도 하지 않은 경우, 그 선박은 손해배상을 받을 권리가 있다(동 제110조).

### (가) 海賊行爲

해적은 옛날부터 인류 공동의 적으로 취급되어 왔으며 해적에 대하여서는 모든 국가가 공해상에서 국가권력을 행사할 수 있음은 오래 전부터 확립된 국제관습법이라고 할 수 있다. 유엔해양법협약 제100조~제107조는 해적의 규제에 관한 상세한 규정을 두고 있다. 다만 동 협약은 항공기의 발달로 인하여 선박 이외에도 항공기에 의한 해적행위를 인정하였으며 공해 이외에도 어느 국가의 관할권에도 속하지 않는 장소(예, 남극)에서도 해적행위가 규제대상임을 규정한 것이 새롭다고 할 수 있다.

해적행위는 다음과 같은 요건에 의하여 성립된다(동 제101조). ① 사선 또는 사항공기의 선원이나 승객이 사적 목적으로 불법적인 강탈행위를 할 것, ② 타선박 또는 타항공기를 대상으로 할 것, ③ 공해상이거나 어느 국가의 관할권에도 속하지 않는 장소일 것 등의 요건을 갖추면 해적행위가 성립되는데, 협약은 나아가 해적선 또는 해적항공기임을 알면서 그 활동에 자발적으로 참가하는 행위와 이와 같은 해적활동을 선동하거나 방조하는 행위 등도 해적행위에 포함시키고 있다.

그러나 군함 또는 수권년체권이 있는 공선에 의하거나 정치석 목적에 의한 것은 상기 규정이 적용되지 않으며, 이에 대하여는 국가책임이 발생할 수 있다. 다만, 군함이나 공선내에서 반란이 일어나 반란분자가 그 선박을 지배하여 해적행위를 하는 경우는 이미 그 선박은 군함이나 공선으로서 법적 지위를 상실한 것이므로 私船에 의한 해적행위로 간주된다. 선박내부에서 불법행위가 일어나는 경우도 해적행위가 성립되지 않으며 선박소유국의 국내법에 의하여 처벌되는 것이 원칙이다. 또한 영해내에서 행하여지는 경우는 그 연안국의 국내법상의 범죄가 될 뿐이다.

해적에 대해서는 군함이나 권한이 부여된 공선 및 공항공기가 해당선박이나 항공기를 나포할 수 있으며 나포한 국가의 국내법에 의하여 처벌될 수 있다(동 제105조). 해적의 경우 旗國主義가 적용되지 않으나, 충분한 근거 없이 나포한 경우에는 이로 인하여 생긴 손해에 대하여 책임을 져야 한다(동 제106조).

### (나) 奴隸賣買

노예매매가 국제법상 일반적으로 금지된 지는 이미 오래이다. 유엔해양법협약은 모든 국가가 자국의 국기를 게양하는 선박의 노예운송을 방지·처벌하는 동시에 노예운송을 위하여 자국의 국기가 불법으로 사용되지 않도록 유효한 조치를 취하여야 하며, 노예가 다른 선박으로 피난한 경우 그 노예는 자유를 회복한다고 규정하고 있다(동 제99조).

### (다) 不法放送

공해상의 불법방송문제는 비교적 최근에 법제화되어 그 규제를 본격적으로 하게 되었다. 1960년대에 특히 공해에서의 불법방송에 대하여는 다음에 해당하는 국가가 이를 임검·수색할 수 있을 뿐만 아니라 범법자를 자국재판소에서 처벌할 수 있도록 규정하고 있다(동 제109조). ① 불법방송국의 旗國, ② 방송시설의 등록국, ③ 범법자의 국적국, ④ 불법방송이 수신되는 모든 국가, ⑤ 방송통신의 방해를 받게 되는 모든 국가이다.

### (라) 國旗濫用

선박은 국적국(旗國)의 국기를 게양하여야만 한다. 따라서 무국적선(복수의 국기를 경우에 따라 번갈아 게양하는 선박도 제92조에 의하여 무국적으로 취급됨)과 외국기를 게양하거나 어느 국기도 표시하고 있지 않지만, 임검군함(권한 있는 공선과 공항공기 포함)과 동일한 국적선이라는 혐의가 있는 선박은 임검·수색할 수 있다. 국기남용이 판명된 경우에 동 선박의 구체적인 범법내용에 따라 그 처리가 결정될 것이다. 상기 경우 이외에는 특별한 조약에 의하여 허용되지 않는 한 외국선박을 임검·수색할 수 없으나, 공해상 선박의 법질서 유지를 위한 법제도는 이외에도 다양하다.

## (2) 追跡權

### (가) 概念

추적권은 연안국의 영해, 접속수역 기타 관할수역 내에서 외국 선박이 연안국의 법령을 위반한 경우 동 선박을 나포하기 위하여 공해상까지 계속하여 추적할 수 있는 권리로서 연안국이 영해나 기타 일정수역 내에서 위법행위를 한 외국선박을 공해로 도주하기 전에 나포하는 것이 용이하지 않으므로 도주하는 불법행위 선박을 공해상까지 추적하여 나포하고 동 선박을 연안국으로 끌고 와 연안국이 재판관할권을 행사하는 것을 말한다.[135]

해양법상 추적권은 일반적으로 공해상의 외국선박에 대한 연안국의 관할권 행사와 관련있는 공해자유원칙의 전통적인 제한을 의미하는 것으로서 공해상 선박에 대한 배타적인 관할권 원칙에 대한 하나의 예외인 동시에 주권이나 관할권에 의한 연안국 관할수역의 효과적 보호를 위해 확립된 연안국의 권리이다.[136]

국제관행과 여론은 공해나 국제질서에 반하는 행위를 하는 자들을 위한 안식처가 될 수 없도록 기국의 배타적 관할권 원칙에 대한 예외를 인정한 것이다. 추적의 이러한 예외적인 권리로서의 성격은 기국관할의 배타성 원칙에는 물론 일치하지 않으나 배타적 기국관할원칙과 타국 국적 선박에 대한 간섭금지 원칙을 지지하는 근본적인 원칙들을 잘 조화시켜 공해상의 객관적인 법질서를 확립한다는 측면에서 일응 타당성이 있다. 그리고 추적권 행사가 국가의 국제공동체에 미치는 효과는 별론으로 하더라도 이러한 권리가 국내법 집행에 있어 연안국의 법질서 확립에 기여하게 됨은 의문의 여지가 없다.[137]

만일 공해에서는 외국의 선박에 대한 불간섭원칙인 선적국주의가 엄격히 적용되고, 영해에서는 영해주권이, 접속수역과 경제수역에서는 관할권만이 엄격히 적용된다면 그들 수역에서 연안국 법령을 위반한 선박이 공해로 도주해 버리면 나포가 불가능해지고 따라서 공해는 범법 선박들의 비호처가 되어 버릴 수도 있기 때문에 공해에서 법질서를 유지하고 연안국의 법익을 보호함으로써 국제사회 전체의 이익을 도모하기 위하여 이 제도가 인정된 것이다.[138]

135) N. M. Poulantzas, *The Right of Hot Pursuit in International Law*, Sijthoff-Leyden, 1969, p.39.

136) 김현수, "유엔해양법협약상의 추적권", 해양전략, 제91호, 해군대학, 1996, p.81.

137) Robert G. Reuland, "The Customary Right of Hot Pursuit Onto the High Seas : Annotations to Article 111 of the Law of the Sea Convention", 33 *Virginia Journal of International Law*, 1993, p.559.

138) 최종화, 현대국제해양법, 두남, 2004, p.161.

그러므로 공해상의 선박에 대한 추적권은 도주하는 선박에 대한 연안국 법령을 효과적으로 집행하기 위해서 반드시 요구되는 필수적인 국가의 권리인 것이다. 따라서 공해상의 추적은 어떠한 국가의 영토주권도 침해하는 것은 아니며, 또한 공해상의 선박은 기국의 배타적 관할권에 종속된다는 국제법 원칙에도 지나치게 위반되는 것이 아니다. 다만 그 당시 국가의 영토 관할권내에 있었던 도주 선박만이 배타적 원칙에서 제외되는 것이다.[139]

이러한 추적권은 도주선박의 나포와 같은 목적 이외에도 범죄를 저지른 후 공해로 도주하더라도 연안국 관헌에 의해 추적·나포될 수 있다는 것을 인지토록 함으로써 불법행위를 행할 가능성이 있는 자로 하여금 그 시도를 억지하는 심리적 예방기능도 아울러 갖고 있다.

공해에의 추적권과 비슷한 현상이 일찍이 해전에서도 있었다. 즉, 교전국 군함의 추적을 받고 제3국 영해에 입항한 적함선을 제3국 영해내에 있는 교전국 군함이 추적하여 그 적함선을 나포할 수 있느냐의 형태로 추적권 문제가 제기된 바 있다. 그러나 해전에서의 적선의 추적은 그 발생사적 고찰을 별도로 하더라도 평시의 추적권과는 직접적으로 관련이 없는 것으로 이해되고 있다.[140]

### (나) 沿革 및 發展

연안국의 관할수역 내에서 연안국 법령을 위반하고 공해상으로 도주하는 외국 선박을 추적, 나포할 수 있는 −공해상 선박의 관할권은 오로지 기국에게만 있다'는 일반원칙에 대한 하나의 예외적 권리인− 추적권이 관행 및 학설상 확립된 것은 선박의 속력이 고속화되기 시작한 19세기 말이다.[141] 그러나 당시 단지 관습적 권리로 인정되었기 때문에 추적권의 구체적 내용 및 행사요건은 명확하지 못했다.

추적권의 법전화는 국제법학회(Institute of International Law) 및 국제법협회(International Law Association) 등 민간 국제법 연구기관에 의해 시작되었다. 관습법적 추적권이 최초로 조약안으로 작성된 것은 국제법학회의 일련의 노력에 의해서였다. 동 학회는 1988년 로잔느회기에서 영해제도와 외국 선박의 추적문제를 검토하기 시작하여 1894년 파리회기에서 특별보고자(T. Barclay)의 제안을 기초로 한 '영해의 제도와 정의에 관한 규칙' 초안 제8조에서 "연안국은 영해에서 불법행위

**139)** D. P. O'Connell, *The International Law of the Sea*, Clarendon, 1982, p.1077.

**140)** 이병조·이중범, 국제법신강, 일조각, 2003, p.480.

**141)** F. Wooldridge, "Hot Pursuit", in *Encyclopedia of Public International Law*, vol.11, North Holland Publishing Co., 1987, p.145 참조

를 한 선박을 나포하여 재판관할권을 행사할 수 있다. 그러나 공해상에서 나포한 경우는 그 사실을 지체없이 기국에 통보하여야 한다. 추적은 위반선박이 자국이나 제3국의 항구로 들어가면 종료된다"라고 규정하였다. 또한 1928년 스톡홀름 회기에서의 '영해에 관한 규칙' 초안 제13조에서는 "영해 또는 접속수역에서 연안국의 법령위반으로 개시된 추적은 공해상까지 계속할 수 있으며 연안국은 정선권과 재판권을 갖는다. 추적은 위반선박이 자국이나 제3국의 영해로 들어가면 중단되며 영해나 접속수역에서 나포한 경우 지체없이 기국에 통고하여야 한다"라고 추적권을 규정하였던 바, 1894년 규칙안은 영해에 한하여 추적권을 인정하였으나 1928년 규칙안은 접속수역도 포함한 진보적인 규칙이었다.[142]

국제법협회도 1926년 비엔나회기에서 채택한 '평시 해상관할권에 관한 법규' 초안 제12조에서 "국가는 영수내에서 법령을 위반한 선박을 공해상까지 계속 추적, 나포하여 재판에 회부할 권리가 있다. 나포시는 기국에 즉시 통고하여야 한다. 추적은 타국 영수내에서는 계속할 수 없으며 위반선박이 타국 항구로 들어가면 추적을 다시 할 수 없다"고 하였다.[143]

추적권의 공적 법전화는 1930년 헤이그 법전화회의에서 시작되었다. 동 회의 소위원회는 영해문제를 검토하여 1926년 추적권이 포함된 '영수의 법적 제도에 관한 협약안'을 기초하였으며, 1929년 준비위원회에서 이를 수정하여 본회의에 제출하였다. 1930년 본회의 제2위원회가 추적권에 관한 연구를 전담하였는데, 논의 끝에 추적권 관련 내용이 '최종결의안 부록 I ' 제11조에 규정되었다. 그러나 동 결의안은 47개국이 서명하였지만 영해문제에 대한 관한 참가국들의 동의를 얻지 못하여 구속력있는 것으로 되지는 못하였다. 그렇지만 동 회의에서는 관행으로 확립된 추적권에 대한 참가국들의 승인을 확인할 수 있었으며 이는 제네바 해양법회의에서 추적권을 법전화하는데 초석이 되었다.[144]

추적권이 명문으로 인정된 것은 해양법에 관한 1958년 제네바 공해협약과 1982년 유엔해양법협약에서이다. 국제법의 법전화와 발전을 위해 유엔 총회의 부설기관으로 설치된 국제법위원회(International Law Commission : ILC)는 특별보고자(Francois)가 제안한 내용을 기초로 해양법에 관한 초안을 채택하였는데, 초안 제47조에서 추적권에 대하여 규정하였다. 1958년 제1차 해양법회의에서

---

**142)** 박종성, 해양국제법, 법문사, 1963, pp.193-194.

**143)** Poulantzas, *op. cit.*, p.47.

**144)** 김현수, 해양법상의 추적권에 관한 연구(석사학위논문), 서울대학교, 1987, pp.9-11 참조.

특히, 접속수역에서의 추적권 행사 문제를 포함한 추적권 전반에 대한 심도있는 논의가 전개되어 약간의 '공해협약' 제23조로 법제화되었다.[145]

1958년 제네바 해양법 협약을 보완하고 새로운 해양법 질서를 확립하기 위해 1973년부터 개최된 제3차 해양법회의에서 추적권에 관한 문제는 1974년 제4회(뉴욕)에서 다루어져 '공해협약' 제23조는 약간의 수성과 보완을 거쳐 유엔해양법협약 제111조가 되었다.

### (다) 內容

#### ① 추적권 행사 장소

추적은 위법행위를 한 외국선박 또는 그 선박에 종속되는 보트(子船)가 추적국의 내수, 군도수역, 영해, 접속수역, 배타적 경제수역 또는 대륙붕 시설주위의 안전수역[146]을 포함한 대륙붕 상부수역내에 있을 때 개시하여야 한다. 그러나 영해 또는 접속수역내에 있는 외국선박이 정선명령을 받았을 때 정선명령을 발하는 선박(추적선)이 영해 또는 접속수역내에 존재할 필요는 없다(유엔해양법협약 제111조 1항, 2항).

추적은 추적선이 취할 수 있는 실질적인 방법에 의하여 피추적선이나 그 보트중의 하나 또는 하나의 선단을 형성하여 활동하고 또한 그 피추적선을 모선으로 하는 기타의 소형 선박이 영해의 한계내 또는 경우에 따라서는 접속수역, 배타적 경제수역 또는 대륙붕 상부수역에 있다는 사실을 확인하지 아니하는 한 이를 개시한 것으로 인정되지 않는다(동 제111조 4항).

위 규정은 피추적선의 모선(母船)과 자선의 위치가 다를 경우 추적권 행사에 관한 것이다. 만약 위반선박이 선단을 이루어 조업중이고, 모선은 공해상에 있지만 자선이 연안국 관할수역 내에서 법령을 위반함으로써 추적 대상이 된 경우 모선도 '존재의 추정이론'(doctrine of constructive

---

**145)** 박종성, op. cit., pp.194-197. 초안에 포함된 접속수역에서의 추적권 규정에 대해 가장 반대한 국가는 영국이었다. 영국의 주된 반대이유는 접속수역은 일국의 완전한 주권에 속하지 않는 수역이라는 것이었다. 이러한 영국의 주장은 타국들의 반대로 받아들여지지 않았으며, 대신에 부당한 이유로 피추적선에 피해가 발생한 경우 추적선 기국이 이에 대해 국가책임을 부담한다는 내용을 첨부할 것을 주장하여 이를 포함시켰다.

**146)** 대륙붕의 시설 및 장치는 도서의 지위를 갖지 아니하며 자체의 영해도 갖지 아니하므로 안전수역은 도서주변의 영해와 비유될 수는 없지만, 대륙붕의 이용과 탐사를 위한 시설과 장치는 연안국의 관할하에 있으며 연안국은 이들 구조물 주위의 안전수역에서 시설과 장치보호를 위하여 필요한 모든 조치를 취할 권리를 갖는다. 또한 외국 선박은 이 수역에 실시중인 법령을 준수할 의무가 있다. 그러므로 연안국은 위반선박에 대한 추적권을 포함하여 안전수역에서의 강제조치를 취할 권리가 있음이 명백하다. 그러나 이 수역에서의 외국선박의 경미한 위반에 대해서는 추적을 시도해서는 안 될 것이다. 김현수, "해양법상 외국선박의 추적권에 관한 현대적 고찰", Strategy 21, Vol.5, No.1, 2002, p.337.

presence)[147]에 근거하여 추적대상이 된다.[148] 또한 연안국의 경제수역밖 공해에서 선단을 이루어 어업활동을 하는 어선의 자선이 경제수역내에 잠입하여 불법어업을 행한 경우 그 모선도 경제수역내에 위치한 것으로 간주하여 피추적선이 된다.[149]

존재의 추정이론을의 정당화를 위해서 모든 국가의 형사관할권 행사에서 인정되는 "객관적 영토관할"(Objective Territorial Jurisdiction) 원칙이 참고되어 왔다. 즉, 주권국의 관할권 내에서 주권국 법률위반에 대한 형벌권은 주권국의 선천적 권리라고 하는 이론으로 여기서의 관할권은 영토내의 일부나 전부에서 행한 범죄에 있어서 영토밖에서의 참가나 영토내의 일부나 전부에서 범행하기 위한 영토 밖에서의 어떠한 시도까지도 확장된다.[150]

### ② 추적의 주체

추적권이 인정되는 추적주체는 정당한 보호법익을 침해받은 연안국의 군함, 군용항공기 또는 기타 정부역무에 종사하는 것이 명백히 표시되고 식별되며 이에 대한 권한이 부여된 선박이나 항공기이다(동 제111조 5항).

추적의 효과적인 행사수단으로서 항공기 역할의 중요성이 제네바 해양법회의에서 본격적으로 수락이 되어 공인된 이래 오늘날 대부분 국가가 경찰이나 관세목적으로 항공기를 이용하고 있다. 추적절차에 있어 항공기에 사용에 대한 발의는 노르웨이, 아이슬란드, 영국 등이 처음으로 하였으며, 특히 영국 대표로서 국제법위원회 위원인 Fitzmaurice는 이를 적극적으로 지지하여 국제법위

---

**147)** 존재의 추정에 관한 법전화는 1930년 헤이그법전화회의에서는 아무런 규정도 없었으나 1950년 국제법위원회의 Francois 가 The Araunah호 사건과 TheGrace and Ruby호 사건을 언급하여 주목을 끌게 되어 1951년 제125차 국제법위원회 회의에 에서 토의되었으나 수락되지는 않았다. 이어 제네바회의에서 재차 토의된 후에 수락되어 공해에 관한 제네바협약 제23조 에서 그리고 유엔해양법협약 제111조에서 명문으로 규정되게 되었다.

**148)** 이와 관련한 사례로는 '그레이스 · 루비호 사건'과 '아라우나호사건'이 있다. The Grace and Ruby(US Massachusetts District Court, 1922) 사건은 영국선적의 그레이스호와 루비호가 부속선인 자선을 이용하여 미국에서 유통이 금지된 주류를 미국으로 반입하다가 미국 당국에 의하여 자선이 나포되고 모선도 영해밖의 공해에서 나포된 사건이다. 이에 대하여 매사츄세트 지방법원인 비록 모선이 공해에 있었지만, 자선이 미국 수역내에서 미국 법령에 위반하여 추적대상이 되었으므로 모선도 추정적 존재원칙에 근거하여 계속 추적의 대상이 된다고 판결하였다. 최종화, op. cit., p.162, 주 56). The Araunah(1890) 사건은 1888년 캐나다 범선 아라우나호가 러시아령 Copper Island 서남 16해리에서 러시아 당국에 나포된 사건이었는데, 그 이유는 승무원의 일부가 카누를 타고 연안에서 0.5해리 되는 곳까지 들어가 러시아법령에 위반하여 물개를 잡았기 때문이었다. 이병조 · 이중범, op. cit., p.481, 주 4). 이들 사례에 대한 자세한 설명은 H. W. Briggs, *The Law of Nations : Cases, Documents, Notes*(2nd. ed.), 1952, pp.360~374 참조.

**149)** 최종화, op. cit., pp.162~163.

**150)** 김현수, "해양법상 외국선박의 추적권에 관한 현대적 고찰", op. cit., p.349.

원회 제34차 회의에서 추적에 관한 초안 제47조에 부가하여 항공기 사영에 관한 규정을 삽입하였다.[151] 그러나 Francois는 항공기의 속도가 빠르기 때문에 위반선박이 영해를 벗어나기 전에 나포된다면 추적이 존재하지 않는다는 이유로 추적권 행사범위의 확장을 위한 항공기 이용의 필요성을 찾을 수 없다고 하였으며 항공기에 의한 이러한 권리의 확장은 그 남용을 초래할 것이라고 우려하였다.[152] 그러나 Fitzmaurice는 추적문제에 야기한 많은 사건들이 경계선 사건이었으며 항공기가 위반선박에 접근하기 전에 동선박이 먼저 공해에 도달할 수 있을 것이라고 하여[153] 이 문제에 대한 논의를 계속한 끝에 국제법위원회 제345차 회의에서 재차 검토 및 수정되어 공해에 관한 제네바협약 제23조 5항 및 유엔해양법협약 제11조 6항에서 항공기에 의한 추적이 규정되었다.[154]

추적권 행사주체를 이처럼 제한하는 것은 추적권이 해양법상 일반원칙으로 인정되고 있는 공해상에서의 항행의 자유를 제한하는 것인 만큼 추적권 행사의 남용을 방지하고 권한을 부여받지 못한 일반 사선들의 무분별한 행위로 국제법 위반 여부를 둘러싸고 관련국간에 발생할 수도 있는 불필요한 마찰과 분쟁을 사전에 예방하는 등 추적권이 적절한 한계내에서 행사되도록 함에 있다.

### ③ 정선신호

추적은 시각적 또는 청각적 정지신호가 외국선박이 보거나 들을 수 있는 거리에서 발신된 후에만 개시될 수 있다(동 제111조 4항). 그러므로 무전에 의한 정선명령의 통고만으로는 부족하다. 추적 개시 요건으로서의 유효한 시각적 정선신호의 방법에는 발광신호, 수기신호, 국제신호서의 기류신호 등이 있고, 청각적 정선신호의 방법에는 기적, 사이렌, 확성기 등에 의한 음향신호가 있는데, 이들 신호는 반드시 피추적선이 인지할 수 있는 거리에서 행해져야 한다. 이와 같이 정선신호의 수단으로서 시각적, 청각적인 사항만 명시적으로 규정한 것은 무선통신에 의한 정선명령을 배제함으로써 추적권의 남용을 예방하고자 하는 의도도 포함된 것으로 해석된다.[155]

한편 연안국의 권한있는 선박에 의한 정선신호에 단순히 불복하였다는 이유만으로 추적을 개시할 수 있는가의 문제가 제기되나, 이 문제와 관련하여 정선신호에 불응한 자체가 연안국의 법

---

**151)** Yearbook of ILC, Vol. I , 1956, p.52.

**152)** C. J. Colombos, *The International Law of the Sea*, London, 1967, pp.736-737 참조.

**153)** Yearbook of ILC, Vol. I , p.53.

**154)** 김현수, "해양법상 외국선박의 추적권에 관한 현대적 고찰", *op. cit.*, pp.357-358.

**155)** 최종화, *op. cit.*, p.163.

령위반이 되는가를 먼저 고려해야 할 것이다. 유엔해양법협약 제111조 1항은 "외국선박의 추적은 연안국의 권한있는 당국이 자국의 법령을 위반한 것으로 믿을 만한 충분한 이유가 있는 있을 때 행사될 수 있다"라고 규정하고 있으므로 정선신호의 단순한 불응만으로 추적의 합법적 개시를 하기 위한 충분한 사유가 되지 못함을 알 수 있으며 또한 일반적으로 연안국의 법령을 위반하지 않은 외국선박이라면 정선명령에 응하기 때문이다.[156]

### ④ 추적의 절차(추적의 즉각성 및 계속성)

추적권의 합법적 행사에는 즉각적 추적개시(immediacy of hot pursuit)와 중단되지 않는 추적의 계속(continuity of hot pursuit)을 요한다. 추적개시 요건이 충족되고 추적선이 정선명령을 내렸지만 이에 불응하면 추적은 즉각 개시되어야 하고, 그 추적행위는 중단되지 않는 경우에만 법적으로 유효하다(동 제111조 1항). 추적권은 공해자유에 대한 하나의 제한을 의미하며, 연안국의 관할권행사를 위해 신속한 조치를 요하는 급박한 상황에서 행사되는 권리이므로 외국선박의 위반행위와 추적선의 추적개시 사이에 시간이 짧지 않다면 그 때의 추적권행사는 정당화되기가 어렵다 하겠다.[157] 그러므로 위반사실을 알고도 추적을 즉시하지 아니하고 상당한 시간이 경과한 후에 추적을 한다는 것은 권리의 남용으로 간주되어 국제책임을 초래할 수 있다. 그러나 실제로 연안국 관헌을 추적을 하는 데에는 어느 정도의 시간이 요구되므로 통상의 추적에 필요한 시간의 경과는 고려되어야 할 것이다.

또한 추적은 계속되어야 한다. 추적은 피추적선 또는 그 선박에 속하는 보트가 추적국의 내수, 군도수역, 영해 또는 접속수역내에 있을 때 개시되어야 하며 또한 추적이 중단되지 않는 경우에 한하여 영해 또는 접속수역의 밖에서 이를 계속할 수 있다(동 제111조 1항). 항공기에 의한 추적의 경우에도 마찬가지다. 정선명령을 발한 항공기는 선박을 직접적으로 나포할 수 있는 경우를 제외하고는 그 항공기가 요청한 연안국의 선박 또는 항공기가 도착하여 추적을 인수할 때까지 그 선박을 직접 적극적으로 추적하여야 한다(동 제111조 6항).[158]

---

**156)** 김현수, "해양법상 외국선박의 추적권에 관한 현대적 고찰", *op. cit.*, p.348.

**157)** Poulantzas, *op. cit.*, pp.208-210 참조.

**158)** 추적은 연안국의 선박이나 항공기에 의해 실행될 수 있으며 또한 계속적인 추적을 하기 위하여 상호간 중단할 수 있다. 따라서 추적의 계속성만 유지된다면 선박이나 항공기 상호간의 중단에 의한 추적은 하등의 국제법 위반을 발생시키지도 않으며, 더구나 연안국의 효과적인 관할권 행사를 위해서 중계가 더욱 절실히 요청된다.

위반선박에 대한 추적을 계속함은 연안국 권리행사의 연속적 유지 및 관할권의 연결로서도 중요한 구실을 하고 있다. 더구나 추적의 즉각성과 계속성 요소로 인하여 공해상의 연안국 관할권 확장에 어느 정도 제한적인 역할을 하는 기능을 하게도 된다. 추적의 계속성은 추적의 비중단을 의미하며 피추적선이 자국이나 제3국의 영해로 진입하므로서 발생되는 중단은 추적의 중단이 아니라 추적의 종료를 의미한다. 추직이 중단되고 추적선의 관헌이 피추적선에 승선하여 시류조사나 기타 수색을 하고 아무런 조치를 취함이 없이 출발을 시킨 후에는 다시 추적을 할 수 없다. 이는 모든 조사를 통하여 추적의 목적을 실제적으로 달성하였기 때문에 추적의 종료로 간주되어야 하기 때문이다. 만일 다시 추적을 개시한다면 분명 이는 추적의 남용이 될 것이다. 추적의 계속성 여부의 결정은 객관적이고 실제적인 기준에 따라야 할 것이나, 사실상 추적선장의 추적계속에 관한 의도를 입증하기란 상당히 어려울 것이다. 다만, 추적선장의 의도가 추적중단과정에서 항해일지에 기록이 되었다면 그리고 그 기록이 사실과 다르지 않다면 이는 매우 중요한 증거로서 기능을 하게 될 것이다.[159]

### ⑤ 추적의 종료

추적은 피추적선이 기국 또는 제3국의 영해내로 들어가면 종료된다(동 제111조 3항). 그런데 일국의 관할수역내에서 나포된 피추적선이 심리를 위한 호송도중에 공해 또는 배타적 경제수역의 일부를 통과할 경우, 이는 추적권의 연장으로 보며 이를 이유로 석방요구를 할 수 없다(동 제111조 7항).

피추적선의 기국이나 제3국의 접속수역, 배타적 경제수역 및 대륙붕이나 어업보존수역내 그리고 공해에서는 추적권이 소멸되지 않기 때문에 추적이 가능하다.[160] 그런데 안전수역이나 어업보존수역에서의 추적은 약간의 고려가 필요하다. 연안국은 배타적 경제수역 및 대륙붕을 탐사하고 그 자원을 개발하기 위하여 필요한 시설과 장치를 하여 외연으로부터 500미터를 넘지 않는 범위내에서 안전수역을 설정할 권리가 있으며 모든 선박은 이 안전수역을 존중하여야 하며 연안국은 이 수역에서의 질서유지와 시설보호에 필요한 조치를 취할 수 있는 바(동 제60조), 이러한 수역의 시설과 장치의 안전을 위태롭게 하는 한 안전수역에서 추적을 계속한다는 것은 타당하지 아니

---

159)  Poulantzas, *op. cit.*, pp.210~214 참조.

160)  Burdick H. Brittin, *International Law for Seagoing Officers*(5th ed.), US Naval Institute, 1986, p.105.

하다.[161] 그리고 어업보존수역에서도 추적의 계속이 이 수역에서 보호되는 특별한 이익에 해가 되지 않는 한 이 수역에서의 추적을 계속할 수 있으며, 추적권에 대한 여러 한계가 제3국의 권리에 위배되지 않는다면 상호협정에 의해 어업보존수역에서의 추적권 행사를 제한할 수 있다.[162]

한편, 추적의 종료는 추적권의 추적 포기로도 발생할 수 있는 바 이 경우 위반선박에 대한 추적을 신중하게 포기하면 연안국은 피추적선을 재추적할 수 없다. 그렇지만 포기의 주관적 요소 즉, 신중한 포기를 입증한다는 것은 추적선의 항해일지에 기록이 되어 있지 않은 한 대단히 어렵다.

그리고 각국의 국가관행 및 국내법에서 따라 추적을 종료하기 위해서는 일정한 절차가 따름을 추정할 수 있다. 추적종료의 정상적의 절차는 연안국의 권한있는 재판소에 의한 형의 선고와 선박 및 화물의 몰수로 종료된다. 그러나 이러한 절차는 항시 그 규칙이 있는 것은 아니며 복잡한 문제가 제기될 수도 있다. 특히 외국의 위반선박이 연안국 관헌의 명령을 거부한다거나 강제조치에 저항하는 경우가 바로 그러하다.[163]

추적의 계속성과 관련하여 추적의 재개가 문제될 수 있다. 유엔해양법협약 제111조 1항은 "추적이 중단되지 않는 경우에만 영해 또는 접속수역 밖으로 추적을 계속할 수 있다"라고 규정하여 어떠한 이유로도 추적이 중단되었다면 그 때의 추적재개는 허용되지 아니한다.

### (라) 追跡의 終了

유엔해양법협약상 추적권은 피추적선이 자국 또는 제3국의 영해로 들어감과 동시에 종료된다(동 제111조 3항)라고 하여 추적의 종료를 명기하고 있다. 여기서 말하는 피추적선의 국가란 바로 그 旗國이며 이는 국적의 명확한 증거가 될 수 있다. 따라서 평시에 旗를 남용함은 대다수 국가에

---

161) 김현수, "해양법상 외국선박의 추적권에 관한 현대적 고찰", op. cit., p.343. 공해자유의 원칙에는 어업의 자유가 당연히 포함되는 바, 수요의 격증과 기술의 발달에 따른 자유로운 남획으로 인하여 어업자원의 감소 또는 고갈화가 우려되게 되었다. 따라서 공해어업자원의 최대 지속적 생산을 유지하기 위하여 어업자원에 대해 그 어떤 보존조치가 요청된다(최재훈, 정운장 공저, 국제법강의, 부산대학교출판부, 1984, p.254.) 이러한 보존조치(어업규제조치)가 실시되는 공해상의 수역을 보존수역(Conservation Zone)이라 한다. 유엔해양법협약 제117조는 "모든 국가는 자국민에 대하여 공해생물자원의 보존에 필요한 조치를 취하거나 또는 취함에 있어서 다른 국가와 협력해야 할 의무가 있다"라고 규정하고 있어 각국이 협약채택 및 보존에 필요한 수역을 설정하고 이 수역을 통제할 수 있다면 이 수역내에서 당사국이 아닌 제3국이 협약에 반하는 행위를 할 경우 위반선박에 대한 추적을 인정할 수 있다. Ibid., p.341.

162) Ibid., p.344.

163) 김현수, "유엔해양법협약상의 추적권, op. cit., pp.93-96 참조.

서 중대한 위반으로 간주하고 있다.

한편, 추적의 종료는 추적 포기로도 발생할 수 있으나, 이 경우 위반선박에 대한 추적의 신중한 포기를 하게 되면 연안국은 피추적선을 재추적할 수 없다. 그렇지만 포기의 주관적 요소 즉, 신중한 포기를 입증한다는 것은 추적선의 항해일지에 기록이 되어 있지 않은 한 대단히 어렵다.

각국의 국가관행 및 국내법에서 따라 추적을 종료하기 위해서는 일정한 절차가 따름을 추정할 수 있다. 추적종료의 정상적의 절차는 연안국의 권한있는 재판소에 의한 형의 선고와 선박 및 화물의 몰수로 종료된다. 그러나 이러한 절차는 항시 그 규칙이 있는 것은 아니며 복잡한 문제가 제기될 수도 있다. 특히 외국의 위반선박이 연안국 관헌의 명령을 거부한다거나 강제조치에 저항하는 경우가 바로 그러하다.[164]

### (마) 부당한 추적에 대한 국가책임

정당한 이유 없이 추적권을 행사하여 외국선박을 정선시키거나 또는 나포한 경우에 외국선박이 받은 손해는 보상하여야 한다(동 제111조 8항). 이는 추적국의 권한남용을 방지하고 정당성과 합법성이 인정되는 한계내에서 추적권이 행사되도록 하기 위함이다. 추적권의 행사에 있어 그 요건의 충족여부 및 결과에 대한 판단은 논란이 야기될 경우 1차적으로는 추적국의 주장이 보다 강조되는 것이 현실이지만 국가기관의 추적행위로 인해 국가책임이 발생될 수도 있다는 사실을 인식하는 것만으로도 불필요한 국가관할권 행사를 제한하는 효과를 가져 올 수 있을 것이다.

### (3) 其他의 管轄
#### (가) 痲藥 또는 向精神性物質의 不法去來

모든 국가는 국제협약에 반하여 공해상 선박에 의하여 행해지는 마약 및 향정신성물질의 불법거래 진압을 위하여 협조하여야 한다. 자국의 국기를 게양한 선박이 마약 또는 향정신성물질의 불법거래에 종사하고 있다고 믿을 만한 합리적인 근거를 갖고 있는 국가는 다른 국가에 대하여 이러한 거래의 진압에 협조를 요청할 수 있다(동 제108조).

---

164) *Ibid.*

### (나) 海底電線 및 官線의 保護

모든 국가는 자국국기를 게양한 선박 또는 자국관할권에 속하는 자가 전신 또는 전화통신을 방해하거나 중단할 우려가 있는 방법으로 공해 밑에 있는 해저전선을 고의 또는 과실로 파괴 또는 파손하는 행위 및 해저전선이나 고압전선의 파괴 또는 파손은 처벌가능한 범죄를 구성한다는 사실을 규정하는데 필요한 법령을 제정하여야 한다. 본 규정은 이러한 파괴 또는 파손을 피하기 위하여 필요한 모든 예방조치를 취한 후, 자기의 생명이나 선박을 구조할 적법한 목적만으로 행동한 사람들에 의해 야기된 파괴 또는 파손에 대하여 적용되지 않는다(동 제113조).

### (다) 船舶의 衝突에 관한 管轄

공해상에서 선박에 관한 충돌 또는 기타 항행사고가 발생하고 선장 또는 동 선박에 근무하는 다른 사람의 형사책임 또는 징계책임과 관련된 경우 그들에 대한 형사, 또는 징계소송절차는 선박의 旗國 또는 그들 국적국의 사법당국이나 행정당국에 의해서만 제기할 수 있다. 징계사항에 있어서 선장증명서. 자격증 또는 면허증을 발급한 국가만이 적법절차를 거친 후, 증명서소지자가 증명서를 발급한 국가의 국민이 아니더라도 이러한 제증명서의 실효를 선언할 수 있다.

선박의 나포 또는 억류는 비록 조사조치라 할지라도 旗國 당국 이외의 어느 당국에 의해서도 명령될 수 없다(동 제97조). 또한 해상 충돌을 예방하기 위한 조약으로 1972년 런던에서 채택되어 한국도 그 旗國으로 되어 있는 국제해상충돌예방규칙에 관한 협약(Convention on the International Regulations for Preventing Collisions at Sea)이 있다.

### (라) 海上救助義務

모든 국가는 자국의 국기를 게양한 선박의 선장에 대하여 선박, 승무원 또는 승객에 대한 중대한 위험이 없는 한, 해상에서 발견된 실종위험이 있는 자에 대한 원조제공, 원조필요를 통보받은 경우, 이러한 행동이 선장에게 합리적으로 기대될 수 있는 한 가능한 전속력에 의한 조난자 구조를 위한 전속력항진, 충돌 후 다른 선박·승무원 및 승객에 대한 원조제공 및 가능한 경우 다른 선박에 대한 선명·등록항·최근접 기항예정지의 통보를 이행하도록 요구하여야 하며, 해상에 있어서의 안전에 관한 적절하고 실효적인 수색 및 구조활동의 설립·운용 및 유지를 증진시키며, 필요한 경우 이를 위하여 상호지역약정의 방법으로 인접국과 협력하여야 한다(동 제98조).

# 제9절 大陸棚

## 1. 대륙붕의 개념

### 가. 意義

대륙붕(continental shelf)이란 원래 지질학상의 개념으로서, 영해를 넘어서 육지영토의 자연적 연장을 통하여 대륙변계(continental margin)의 외측한계까지, 또는 대륙변계의 외측한계가 200해리까지 미치지 않는 경우에는 영해의 폭을 측정하는 선으로부터 200해리까지의 해저(sea-bed) 및 하층토(subsoil)를 말한다(동 제76조 1항).

### 나. 沿革

대륙붕이 국제법상 문제가 되기 시작한 것은 제2차 세계대전 이후이다. 왜냐하면 대륙붕에는 석유·천연가스 등의 광물자원이 풍부하게 매장되어 있고 그 상부수역은 수산자원의 보고로 알려져 있기 때문이다.

대륙붕이 국제사회의 권리주장으로 처음 등장한 것은 1945년 9월 28일 미국의 트루먼 대통령이 트루먼 선언(Presidential Proclamation Concerning the Policy of the United States of the Continental Shelf)[165]을 발표하여 자국근해의 대륙붕에 대한 관할권을 주장한 이래 다수의 국가가 조약 및 일방적 선언을 하게 되었고, 1958년 해양법회의에서 대륙붕에 관한 제네바협약이 성립되었다.

그러나 1958년 제네바협약은 대륙붕 범위에 관하여 수심 200m와 개발 가능성이라는 두 가지 기준을 인정하였는데 그 기준이 모호할 뿐 아니라 과학기술의 발달에 따라 상대적이기 때문에 비판을 받아오다 유엔해양법협약 제76조에서 명백히 대륙붕에 관한 규정을 하게 되었다.

### 다. 範圍

대륙붕은 대륙변계의 외측이 영해기준선으로부터 200해리 이내에 위치하는 경우에는 200해리까지 설정할 수 있다. 대륙변계가 영해의 폭을 측정하는 기선으로부터 200해리 이원에까지 확

---

[165]    Presidential Proclamation No.2667, 10 Federal Regulation 1230; US Department of State, Bulletin 485(1945).

장되는 경우 퇴적암의 두께가 각 최외곽 고정지점으로부터 대륙사면단까지의 최단거리의 최소한 1%인 최외곽 지점을 따라 연결한 선 또는 대륙사면단으로부터 60해리를 넘지 않는 고정지점을 따라 연결한 선 중의 하나로 대륙변계의 외측을 정하여야 한다. 그러나 어떠한 경우에도 대륙붕의 외측한계는 영해 기준선으로부터 350해리를 또는 2,500미터 등심선으로부터 100해리를 초과할 수 없다(동 제76조).

## 2. 大陸棚의 境界劃定

### 가. 中間線·等距離線 原則

1958년의 대륙붕협약은 둘 이상의 국가간에 접속하는 공유대륙붕의 경계획정은 합의에 의하여 결정하며, 그러한 합의가 없는 경우에는 특별한 사정(special circumstances)이 없는 한 ① 대향국(opposite states)간에는 중간선 원칙(principle of median line), ② 인접국(adjacent states)간에는 등거리 원칙(principle of equidistance)에 의하여 결정한다고 규정하고 있다.

그러나 대륙붕협약에 가입하지 않는 국가가 많을 뿐더러, 내용 자체도 특수상황과 등거리·중간선의 관계가 불분명하여 여러 가지 모호한 점이 발견되어 경계획정의 기준에 대한 보충 또는 수정이 불가피해졌다.

### 나. 衡平原則

1969년 북해대륙붕사건은 덴마크와 서독, 그리고 네덜란드와 서독이 1967년 2월2일 각각 북해대륙붕경계획정에 대한 의견차이에 대해 특별협정을 체결하여 국제사법재판소에 소송을 제기하기로 합의한 사건으로, 중간선 적용은 인접국간에 왕왕 타방영토의 자연적 연장을 구성하는 해저지역을 일방의 국가에 귀속시키는 결과를 초래한다고 하여 동 원칙의 타당성을 부정하고, 그 대신 국세사법새판소는 대륙붕의 경계획정은 형평의 원칙에 따라 타방 육지영토의 자연적 연정을 침해하지 않는 방법으로 모든 관련 사정을 고려하여 합의에 의하여 결정되어야 한다고 판시하였다.[166]

---

166) 주요 판결내용에 관하여는, North Sea Continental Shelf Case, ICJ Reports, 1969, pp.4-56 참조.

## 다. 유엔해양법협약의 규정

유엔해양법협약은 대륙붕의 경계획정에 관하여 1958년 대륙붕협약의 원칙과 1969년 국제사법재판소 판결을 절충하여 규정하고 있다. 즉 인접국 또는 대향국간의 대륙붕의 경계획정은 형평의 원칙에 따라, 형평한 해결에 도달하기 위하여 국제법을 기초로 합의에 의하여 성립되어야 하며 합리적 기간 내에 합의에 도달할 수 없는 경우 관계국은 분쟁의 해결 절차에 의한다. 물론 관계국 간에 유효한 협정이 있는 경우, 대륙붕의 경계획정과 관련된 문제는 동 협정의 규정에 따라 결정된다(동 제83조).

## 라. 其他 判例

1977년 6월 30일 영국·프랑스 대륙붕분쟁에 관한 중재재판,[167] 1982년 2월 24일 튀니지·리비아 대륙붕분쟁에 관한 국제사법재판소 판결,[168] 1984년 10월 12일 Maine만 해양경계획정에 관한 미국·캐나다간 분쟁에 관한 국제사법재판소의 판결,[169] 1985년 6월 3일 리비아·몰타 대륙붕분쟁에 관한 국제사법재판소의 판결[170] 등이 있는데 주로 구체적 상황에 기초한 형평원칙에 따라 판단했기 때문에 내용이 모호하고 그나마 서로 상당한 차이가 있다.

## 3. 沿岸國의 權利

연안국이 대륙붕에 대하여 갖는 권리의 내용은 대륙붕의 탐사와 그 천연자원의 개발·채취이다. 그런데 대륙붕의 법적 지위, 즉 연안국의 대륙붕에 관한 권리가 어떤 성질을 갖는가가 문제이다.

## 가. 主權的 權利

연안국은 대륙붕을 탐사하고 그 천연자원을 개발하기 위해 주권적 권리(sovereign right)를 행사한다(동 제77조 1항). 여기서 주권적 권리란 협약 제77조 2항에서 배타성을 인정한 것을 고려할 때

---

**167)** Anglo-French Continental Shelf Arbitration, 1977. 주요 판결내용에 관하여는, International Legal Material, Vol.18, No.2, 1979, pp.397-493 참조.

**168)** Tunisia-Libya Continental Shelf Case, ICJ Reports, 1982 참조.

**169)** Canada-US Maritime Boundary Delimitation Case, ICJ Reports, 1984, pp.246-398 참조.

**170)** Libya-Malta Continental Shelf Case, ICJ Reports, 1985 참조.

주권과 동일하다는 견해가 있으나, 대륙붕은 결코 연안국의 영역이 아니며 연안국의 권리는 천연자원의 탐사와 개발이라는 특정 목적과 범위 내에서 인정되고 또한 대륙붕의 상부수역은 공해로서의 법적 지위가 인정되고 있으므로(동 제78조), 국가가 영토나 영해에 대하여 갖는 포괄적인 권능인 주권과 동일시 될 수 없다. 1945년 트루만선언에서는 천연자원의 탐사와 개발에 관한 관할과 통제(jurisdiction and control)의 용어를 사용했으며 그 후 중남미제국의 대륙붕선언에는 주권이란 용어를 사용한 바 있으나, 대륙붕협약상의 주권적 권리란 대륙붕에 관한 연안국의 권리가 특정의 목적과 범위의 한도 내에서 인정되고 그 한도 내에서는 연안국의 권리가 주권적 성질을 갖는다는 의미이다.

### 나. 排他的 權利

대륙붕에 관한 연안국의 권리는 배타적(exclusive)이다(동 제77조 2항). 여기서 배타적이라 함은 연안국이 대륙붕을 탐사하지 않거나 또는 천연자원을 개발하지 않더라도 타국은 연안국의 명시적 동의 없이는 그러한 활동을 할 수 없다는 의미이다.

### 다. 原始的 權利

대륙붕에 관한 연안국의 권리는 원시적으로 취득된 것이지 실효적이든 관념적이든 선점이나 명시적 선언에 기초를 둔 것은 아니다(동 제77조 3항). 1969년 북해대륙붕사건에서도 대륙붕에 대한 연안국의 권리는 대륙붕의 연안국 영토의 자연적 연장이라는 입장에서 당연히 또한 원시적으로 존재하는 것이라 하였다.

### 라. 具體的 內容

#### (1) 天然資源의 探査·開發權

해상과 하층도에서 광물 및 비생물자원을 담사·개발하고 정착성 어족에 속하는 생물을 채취할 권리를 갖는다(동 제77조 1항 및 4항).

#### (2) 人工島·施設의 設置 및 安全水域 設定權

천연자원의 탐사·개발을 위해 필요한 인공도·시설 및 구조물을 대륙붕에 설치하고 이를 보호하기 위해 주변 500m 이내의 안전수역을 설정할 권리를 가진다(동 제80조).

**(3) 天然資源의 探査·開發을 위한 大陸棚 試錐權(동 제81조 및 제85조).**

## 4. 沿岸國의 義務

### 가. 上部水域의 航行自由 保障 義務

외국선박·항공기의 대륙붕 상부수역에서의 항행 및 상공비행을 부당하게 방해하지 않을 의무가 있다(동 제78조).

### 나. 海底電線·官線 敷設自由 保障 義務

연안국은 자국의 대륙붕상에 외국으로 하여금 해저전선·관선을 부설할 자유를 보장할 의무가 있다(동 제79조 1항). 그러나 연안국은 대륙붕 탐사·천연자원 개발 및 관선으로부터의 오염방지를 위해 합리적 조치를 취할 권리를 보유한다(동 제79조 2항).

### 다. 200海里 以遠 大陸棚 開發寄與金 納付 義務

대륙붕의 200해리 초과부분에서의 비생물자원의 개발에 대하여 기여금을 금전 또는 현물로 납부할 의무가 연안국에게 있다(동 제82조 1항). 기여금 및 현물공여는 생산개시 5년 후 생산지점에서의 모든 생산물에 대하여 매년 납부하여야 한다. 제6년째의 기여금 또는 현물공여의 비율은 생산지점의 생산액 또는 생산량의 1%로 한다. 그 비율은 12년째까지 매년 1%씩 증가하고, 그 이후는 7%로 한다. 생산은 이용과 관련하여 사용된 자원을 포함하지 않는다.

## 5. 韓日 大陸棚問題

### 가. 韓國 主張

한국은 1970년 1월1일 해저광물자원개발법을 제정·공포하여 약 30만 평방킬로미터에 달하는 7개 해저광구의 대륙붕을 설치했는바, 한국의 대륙붕 경계획정은 ① 서해 및 대한해협 부근의 대륙붕이 중국 또는 일본과 공유 대륙붕을 형성하고 있으며 전지역이 수심 200m 이하이므로 중간선 원칙에 의하여, ② 동지나해 부근, 즉 한일간 소위 남부대륙붕에서는 오끼나와 해구가 한일간 대륙붕을 양분하고 있으므로 육지영토의 자연적 연장원칙에 입각하고 있다.

### 나. 日本 主張

일본은 한일간의 대륙붕경계는 대한해협 지역의 경우 일본영토인 조도와 남녀군도를 일방으로 하고 한국영토인 제주도를 타방으로 하는 두 섬의 중간선으로 하여야 하며, 동지나해의 경우 오끼나와 해구는 한일간의 대륙붕을 양분하는 특별한 사정이 아니므로 동 지역에서도 중간선 원칙에 의하여 경계획정되어야 한다고 주장하고 있다.

### 다. 韓日 大陸棚協定

한일간 대륙붕경계문제는 그 동안 외교적 노력을 통하여 1974년 1월 30일 두 개의 한일대륙붕협정을 양국이 서명함으로써 일단락되었다(동 협정은 1978. 6. 22 발효). 한·일간의 소위 북부대륙붕에 있어서는 중간선 원칙에 따른 경계획정에 합의하였고, 분쟁지역인 소위 남부대륙붕에 있어서는 50년간 양국이 공동 개발하도록 합의하였다.

## 제10절 深海底

### 1. 槪念

#### 가. 意義

심해저(sea-bed)란 국가관할권 밖에 있는 해저, 해상 및 그 하층토를 의미한다. 심해서에는 막대한 광물자원이 분포되어 있어 심해저와 그 자원은 인류를 위한 해양의 보고로서 인류의 공동유산으로 어떠한 국가도 심해저나 그 자원에 대해 주권이나 주권적 권리를 주장하거나 행사할 수 없다(동 제136조 및 제137조). 그러나 심해저의 상부수역과 그 상부공역은 공해자유원칙에 입각한 법적 지위에 영향을 받지 않는다(동 제135조).

### 나. 沿革

심해저 문제는 1967년 12월 제22차 유엔총회에서 Malta의 대표 Pardo가 국가의 관할권 밖에 있는 심해저를 어느 특정국의 독점물로 하지도 말고 마음대로 사용하도록 방임하지도 말고 개발도상국의 발전을 고려하여 평화적 목적에 공동 사용하도록 제의하였다.

이러한 제의가 받아들여져 1969년 제22차 유엔총회는 「해저 및 해상의 평화적 이용에 관한 위원회」를 설치하였고 그 후 1970년에는 「국가관할권 밖에 있는 해저 및 해상과 그 지하를 지배하는 원칙선언」을 유엔총회에서 하였다. 그리하여 이 원칙을 실현하기 위해 1982년 유엔해양법協約은 제11장에서 심해저제도를 상세히 규정하게 되었다.

## 2. 深海低開發의 原則 및 基本政策

### 가. 國家行爲의 原則

심해저에 관한 국가의 일반적 행위는 평화와 안전의 유지 및 국제협력과 상호이해의 증진을 위하여 유엔헌장 및 기타 국제법원칙에 따라야 한다(동 제138조).

### 나. 人類의 利益

심해저에서의 제활동은 전 인류의 이익을 위해 수행되어야 하며, 개발도상국과 비자치지역 인민의 이익과 필요를 고려해야 한다(동 제140조 1항).

### 다. 平和的 利用

심해저는 모든 국가에게 차별없이 평화적 목적만을 위한 사용에 개방된다(동 제141조).

### 라. 沿岸國 利益의 考慮

심해저에서 활동함에 있어서는 연안국의 권리 및 이익을 정당히 고려하여야 하며 연안국의 관할권내에 있는 자원을 개발할 때에는 연안국의 사전동의를 얻어야 한다(동 제142조).

### 마. 其他

심해저에서 활동함에 있어 유엔해양법협약은 해양과학조사·기술이전·해양환경보호·인명보호·개발도상국의 참여·고고학적 유물 및 역사적 유물과 관련된 여러 원칙들을 규정하고 있다(동 제143조~제149조).

### 바. 基本政策

심해저개발은 세계경제의 건전한 발전과 국제무역의 균형된 성장을 증진하는 방법으로 수행되어야 하며, 특히 개발도상국을 포함한 모든 국가의 발전을 위한 국제협력을 증진하는 방법으로 수행되어야 한다(동 제150조).

## 3. 國際深海低制度

### 가. 構造

심해저에 관한 사항을 총괄하기 위해 해양법협약은 국제심해저기구(Authority)를 설립하도록 하고 있다(동 제156조). 모든 협약당사국은 이 기구의 구성국이 되며, 기구의 주요기관으로는 총회, 이사회 및 사무국을 둔다(동 제158조). 또한 기구를 위하여 직접 실제개발업무를 수행할 개발청(the Enterprise)을 설립한다. 특히 이사회는 기구의 집행기관으로서 제반 해저개발과 계약사항의 승인, 감독과 규제 등을 행하는 핵심적 기관이다(동 제162조).

총회는 기구의 모든 회원국으로 구성되며, 주요기관의 선출, 재산조치, 수익분배조치, 보상조치 등 해저기구의 일반정책을 결정한다(동 제160조). 이사회는 총회에서 선출되는 36개 회원국으로 구성되며, 해저기구의 집행기관으로서 협약규정과 총회에서 결정된 일반정책에 따른 구체적 정책을 수립·집행한다(동 제162조 1항). 사무국은 사무총장과 사무소 직원으로 구성되며 사무총장은 해저기구의 최고행정관으로 해저기구의 제반 행정사항을 통할하고 총회에 연차보고를 한다(동 제166조).

### 나. 深海低紛爭裁判部

심해저개발에 관한 분쟁은 협약에 설치된 국제해양법재판소(International Tribunal for the Law of the Sea: ITLOS)의 심해저 분쟁재판부(Sea-Bed Disputes Chamber)가 관할하게 되며, 아울러 국제해양법재판소의 특별부, 해저분쟁재판부의 특별부에의 제소가능성 및 심해저 개발에 관련된 계약이나 사업계획의 해석적용에 관한 분쟁에 대해서는 구속력이 있는 상사중재도 예정하고 있다. 심해저 분쟁재판부는 11명의 판사로 구성되며 국제해양법재판소 판사의 다수결로 선출된다. 또한 특별한 분쟁을 다루기 위하여 3명의 판사로 구성된 특별새판부(Ad hoc chamber)를 설치할 수 있다(동 제188조).

# 제11절  海洋汚染의 防止

오늘날 인구의 폭발적인 증가와 고도의 산업화로 말미암아 화학물질의 대량사용 및 위험물질의 대량운송과 각종 폐기물로 인하여 해양의 오염문제가 심각하게 대두되고 있다. 이는 세계의 모든 국가들이 공통적으로 인식하고 있는 문제로서 이에 관한 규제가 절실히 요청된다.

## 1. 意義 및 沿革

### 가. 意義

유엔해양법협약 제1조 1항에 의하면 해양오염이란 생물자원 및 해양상태에 대한 유해, 인간건강에의 위험, 어업 기타 합법적인 해양활동의 방해, 해수이용을 위한 수질의 손상 및 쾌적도의 손상 등 해로운 효과를 가져오거나 가져올 가능성이 있는 물질 또는 에너지가 인간에 의해 직접 또는 간접적으로 하구를 포함한 해양환경에 반입되는 것을 의미한다.

### 나. 沿革

해양오염에 대한 국제적 관심의 고조로 이에 관한 조약이 체결되게 된 것은 제2차 세계대전 이후의 일로서, 제일 먼저 문제가 된 것은 폐유문제였다. 그리하여 이 문제를 해결하기 위하여 처음으로 체결한 다자조약이 1954년 런던에서 체결된 석유에 의한 해양오염방지를 위한 국제협약이었다. 그러나 동 협약은 협약규정을 시행하는 장치를 갖추지 못한 채 기국의 시행에 의존하도록 하여 매우 불안전하다는 비판을 받았다. 그리하여 1967년 Torrey Canyon 유조선 사건을 계기로 1969년 11월 Bruxelless에서 해양오염으로 인한 손해문제를 처리하기 위한 국제조약인 「유류오염으로 인한 사고의 경우 공해상의 간섭에 관한 국제협약」(International Convention relating to Intervention on the High Seas in Case of Oil Pollution Casualties)과 「유류오염손해로 인한 민사책임에 관한 국제협약」(International Convention on Civil Pollution Damage)이 유류사고에 관련된 법적 문제를 해결해 주는 협약으로 되었다.

그 이후 다시 핵물질 및 기타 위험물질로 인한 오염문제가 심각하게 나타나게 되어 이에 관한 규제의 필요성이 절실히 요청되었다. 1962년 「핵물질선박 운영자의 책임에 관한 협약」(Convention on the Liability of Operators of Nuclear Ships), 1963년 「핵물질 손해에 대한 민사책임에 관한 협약」(Convention on Civil Liability for Nuclear Damage), 1966년 「핵에너지 분야에서의 제3자 책임에 관한 협약」(Convention on Third Party Liability in the Field of Nuclear Energy) 등이 이에 관한 협약들이다.

그밖에도 1958년 공해에 관한 제네바협약에서 해양환경에 관한 내용을 규정하고 있으며, 1972년 「선박 및 항공기로부터 放棄로 의한 해양오염의 방지에 관한 협약」(Convention on the Prevention of Marine Pollution by Dumping of Waste and Other Matter) 등에서 폐기물 및 기타 물질의 投棄를 규제하도록 하는 내용을 규정하고 있다.

한편 유엔해양법협약 제12장에서는 해양환경의 보호 및 보존을 위하여 광범위하고 세심한 배려를 규정하고 있는바, 특히 오염발생의 장소나 분야별에 따른 구별을 통하여 어느 정도 해양오염의 방지를 위한 내용을 담고 있다.

## 2. 海洋汚染의 代表的 事例

### 가. Torrey-Canyon事件

1967년 3월 18일 리베리아 국적의 Torrey-Canyon이라는 유조선이 119,328톤의 원유를 싣고 페르시아 만에서 Milford-Haven으로 가다가 Scilly섬 근처에 있는 Seven Stone이라는 암초에 좌초하였다. 이 배의 소유자는 미국의 Union Oil Company of California이었다. 이 사고로 60,000톤의 원유가 유출되어 영국과 프랑스의 일부 바다를 완전히 오염시켜 충격적인 피해를 주었다.

### 나. Santa Babara事件

1969년 California의 Santa Babara 領海에서 석유개발시설이 폭발하여 11일 동안 원유가 유출된 사고다. 이 사고로 4,500톤의 원유가 유출되어 인근 어업과 관광사업에 심각한 타격을 주었다. 사고책임회사인 Union Oil Company와 보험회사는 6,000만불의 배상을 피해자들에게 지불하였다.

### 다. Ekofisk事件

1977년 4월 22일에 북해 노르웨이 대륙붕에서 석유를 생산하던 중 Ekofisk유전에 있는 Bravo Platform의 14개 유공에서 석유가 폭발하였다. 이 사고로 4월 22일 에서 30일까지 20,300톤의 석유가 유출되어 인근 바다를 심하게 오염시켰다.

### 라. Amoco-Cadiz事件

1978년 3월 16일 프랑스 서해안 Portsall 근처에서 223,000톤의 원유를 싣고 가던 유조선이 좌초하여 인근해를 심각하게 오염시켜 3.4억 프랑(약 0.8억불)의 손해를 냈다. Torrey— Canyon 사고 이후 11년만에 발생한 이 사고는 그 규모에 있어서 훨씬 더 심각하였다.

### 마. IXTOC 1事件

IXTOC 1 사건은 1979년 6월 3일 멕시코만의 Campeche에서 석유개발시설이 폭발한 것이다. 이때 하루에 2~4만 배럴의 원유가 유출되었는데 무려 9개월간 계속되어 1980년 3월 24일에 겨우 진압되었다. 이 사고로 총 500,000톤(약 3백만 배럴)의 원유가 쏟아져 나왔다. 이로 인해 손해를 본 Texas 지방 주민들의 피해보상을 위하여 의회는 8,000만불의 기금을 설정하였다.

## 3. 海洋汚染源에 대한 規制

### 가. 陸上汚染源에 의한 汚染

육상오염원에 의한 오염을 규제하기 위해서 유엔해양법협약은 각국의 국내법에 의지하고 있다. 따라서 국가는 오염방지에 필요한 조치를 취해야 하며 이와 관련된 적절한 지역적 차원에서 정책을 조화시키도록 해야 한다. 또한 국가는 국제조직이나 외교회의를 통하여 육상오염원에 의한 해양오염을 방지·경감·통제하기 위하여 세계적·지역적 규칙, 기준 및 권고된 관행과 절차를 제정하도록 노력하여야 하며 이러한 규칙, 기준 및 권고된 관행과 절차는 필요에 따라 수시로 재검토해야 한다. 그리고 이러한 국제법규나 국내법규를 제정함에 있어서는 가능한 한 유해물질의 배출을 극소화하는 규정 및 조치를 포함시켜야 한다(동 제207조).

### 나. 國家管轄權內의 海底活動에 의한 汚染

연안국은 자국의 관할권에 속하는 해저활동으로부터 또는 이와 관련하여 발생하는 해양오염을 방지·경감·통제하기 위한 법령을 제정하여야 하며 이에 필요한 기타 조치를 취해야 한다. 이에 관한 법령 및 조치는 국제규칙, 기준, 권고된 관행 및 절차보다 덜 효과적이어서는 안 된다. 국가들은 지역적 수준에서 그들의 정책을 조화시켜야 하며 국제조직이나 외교회의를 통해 세계적·지역적 규칙, 기준 및 절차를 확립하여 해양오염을 방지 및 통제하도록 해야 하며 이러한 국제법규나 기준, 권고, 관행 및 절차는 필요에 따라 수시로 재검토되어야 한다(동 제208조).

### 다. 深海低活動에 의한 汚染

심해저 활동으로부터 발생하는 해양오염을 방지·경감·통제하기 위하여 연안국은 국제규칙·규정 및 절차를 제정하여야 한다. 그리고 이는 필요에 따라 수시로 재검토되어야 한다. 또한 국가들은 자국에 의한 심해저 활동으로 야기되는 해양오염을 방지하기 위한 법령을 제정하여야 하며 이는 국제규칙, 규정 및 절차보다 덜 효과적이어서는 안 된다(동 제209조).

### 라. 投棄에 의한 汚染

국가들은 폐기물 투기에 의한 해양오염을 방지·경감·통제하기 위한 법령을 제정해야 하며, 이에 필요한 조치를 취해야 한다. 또한 이러한 법규에는 권한 있는 당국의 사전허가제를 포함시켜야 한다. 어느 국가의 영해·배타적 경제수역, 대륙붕에 폐기물을 투기할 경우에는 그 인안국의 명시적인 사전허가를 받아야 한다. 그리고 이러한 해양오염규제법규는 세계적 규칙 및 기준보다 덜 효과적이어서는 안 된다(동 제210조).

**마. 船舶에 의한 汚染**

권한 있는 국제조직 또는 일반 외교회의를 통하여 활동하는 국가들은 선박에 의한 해양환경오염을 방지·경감·통제하기 위한 국제적 규칙과 기준을 제정하여야 하며, 적절한 경우 동일한 방법으로 연안선을 포함한 해양환경을 오염시킬 수 있는 사고위험 및 연안국의 관련이익에 대한 손해를 극소화하기 위한 통항제도의 채택을 증진시켜야 한다. 이러한 규칙과 기준은 동일한 방법으로 필요할 때마다 수시로 재검토되어야 한다.

각국은 자국국기를 게양하고 있거나, 자국에 등록된 선박에 의한 해양환경오염을 방지, 경감, 억제하기 위한 법령을 개정하여야 한다. 이러한 법령은 적어도 권한 있는 국제조직 또는 일반 외교회의를 통하여 제정된 일반적으로 수락된 국제규칙 및 기준과 동일한 효과를 가져야 한다.

해양환경오염의 방지, 경감, 통제를 위하여 외국선박의 자국항구, 내수로의 진입 또는 연안정박시설의 방문에 대한 특별요건을 제정한 국가들은 동 요건을 정당히 공시하여야 하며, 권한 있는 국제조직에 통보하여야 한다. 이러한 요건이 2개국 이상의 연안국이 정책을 조화시키기 위한 노력에 따라 동일한 형태로 제정된 경우, 통보는 이러한 협력약정에 참여하는 국가를 표시하여야 한다. 각국은 자국국기를 게양하거나 자국에 등록된 선박이 이러한 약정에 참여하고 있는 국가의 영해내에 참여하고 있는 지역국가로 항진하고 있는지 여부에 관한 정보제공 및 그러한 경우 동 국가의 입항요건을 이행하고 있는지 여부를 표시할 것을 요구할 수 있다.

연안국은 자국 영해내에서 주권을 행사함에 있어, 무해통항권을 행사하는 선박을 포함한 외국선박에 의한 해양오염을 방지, 경감, 통제하기 위하여 국내법령을 제정할 수 있다. 각국은 자국의 배타적 경제수역에서 선박에 의한 오염을 방지·억제하기 위하여 권한 있는 국제조직 또는 일반 외교회의를 통하여 제정된 일반적으로 수락된 국제규칙과 기준에 따르고 이를 시행하는 법령을 제정할 수 있다.

국제규칙과 기준이 특별한 상황을 충족시키기에 부적당하고 연안국의 배타적 경제수역 내에 명확히 확정된 해양학적, 생태학적 조건과 관계하며 승인된 기술적 이유로 선박에 의한 오염방지를 위한 경우, 연안국은 권한 있는 국제조직을 통하여 관계국과 적절히 협의한 후, 동 해역을 위하여 도움이 되는 과학적, 기술적 증거와 필요한 수용시설에 관한 정보를 제출하는 통보를 동 국제기관에 보낼 수 있다.

동 국제조직은 통보접수 후, 12개월 이내에 동 해역의 조건이 전술한 요건에 부합되는지의 여부를 결정하여야 한다. 국제조직이 그렇다고 결정한 경우, 연안국은 동 해역을 위해 이 조직을 통하여 특정해역에 적용 가능하도록 된 선박에 의한 오염의 방지, 경감, 통제를 위한 규제, 기준 또는 항행관행을 실시하는 법령을 제정하여야 한다. 이러한 법령은 권한 있는 국제조직에 통보를 제출한 후 15개월까지 외국선박에 대하여 적용될 수 없다.

국제규칙 및 기준은 배출 또는 배출가능성이 있는 해상재난을 포함한 사고에 의하여 연안 또는 관련 이익이 영향을 받을 수 있는 연안국들에 대한 신속한 통고와 관련된 규칙 및 기준을 포함하여야 한다(동 제211조).

### 바. 大氣로부터 또는 大氣를 통한 汚染

대기로부터 또는 대기를 통한 해양환경오염을 방지, 경감, 통제하기 위하여 국제적으로 합의된 규칙, 기준 및 권고된 관행과 절차 및 항공의 안전을 고려하여 국가들은 자국 주권하에 있는 영공과 자국국기를 게양하고 있거나 자국에 등록된 선박 또는 항공기에 적용가능한 법령을 제정하여야 한다. 국가들은 이러한 오염을 방지, 경감, 통제하는 데 필요한 다른 조치를 취하여야 한다.

특히 권한 있는 국제조직 또는 외교회의를 통하여 활동하는 국가들은 이러한 오염을 방지, 경감, 통제하기 위하여 세계적·지역적 규칙, 기준 및 권고된 관행과 절차를 제정하도록 노력하여야 한다(동 제212조).

## 4. 海洋汚染 防止規則의 施行

모든 국가들은 육지로부터의 해양오염, 관할수역의 해저활동에서 생기는 해양오염을 규제하기 위하여 제정한 국내법규, 국제법규를 강제적으로 시행하여야 한다. 그러므로 이러한 법규시행을 마련하는 등 필요한 모든 조치를 취해야 한다(동 제213조 및 제214조).

국제심해저의 자원개발활동에서 생기는 해양오염을 규제하는 법규는 국제심해지기구의 책임하에 시행하며 심해저개발에 참여하는 국가들이 국제법규의 범위 내에서 필요한 국제법규를 제정할 때에는 이러한 국제법규, 국내법규를 강제시행할 수 있는 필요조치를 취해야 한다.

폐기물 투하에 관한 국제법규를 시행하는 주체는 경우에 따라 다양하다. 우선 영해, 배타적 경제수역, 대륙붕에서의 폐기물 투하에 관해서는 관할 연안국가가 시행조치를 한다. 선박의 기국은 시행장소와 관계없이 소속선박에 대하여 시행조치를 취하게 된다. 또한 폐기물을 선적하는 장소의 국가도 폐기물 투하를 규제하는 국제법규를 시행하는 조치를 취해야 한다.

## 5. 海洋汚染에 대한 國際責任

### 가. 國際責任

각국은 해양환경의 보호 및 보존에 관한 국제적 의무를 이행할 책임을 국제법에 따라 져야 한다. 또한 각국은 자국 관할권하의 자연인 또는 법인에 의한 해양환경오염으로 인한 손해에 관하여 신속하고 적절한 보상 또는 기타 구제를 위한 청구가 자국 법제도에 따라 이용 가능하도록 보장하여야 한다.

국가는 해양환경오염으로 인한 모든 손해에 관한 신속하고 적절한 보상을 보장할 목적으로, 손해의 평가 및 보상에 대한 책임과 관계분쟁의 해결과 관련된 기존 국제법의 시행 및 국제법의 발전뿐만 아니라, 적절한 경우 강제보험 또는 보상보험과 같은 적절한 보상의 지불을 위한 기준 및 절차의 발전에 상호 협력하여야 한다(동 제235조).

### 나. 軍艦 등의 免責

군함 및 군용항공기, 기타 상업적 목적이 아닌 국가의 공적 업무수행을 목적으로 하는 선박·항공기에 대해서는 해양오염방지에 관한 유엔해양법협약 규정을 적용하지 않는다. 그러나 각 국가는 이러한 선박이나 항공기가 해양법협약에 따라 행동하도록 적절한 조치를 취하여야 한다(동 제236조).

## 제12절   海洋科學調査

## 1. 一般原則 및 國際的 協力

### 가. 一般原則

해양에 대한 인간의 깊은 관심의 고조로 해양에서의 전문적인, 기술적인 연구 및 조사가 절실히 요청되게 되었다. 이와 더불어 과학조사 자체를 규제할 필요성 또한 요구되었다. 이러한 요구에 의해 유엔해양법협약은 과학조사에 있어 준수해야 할 몇 가지 기본원칙, 즉 조사목적의 평화성, 적절한 방법과 수단의 사용, 다른 해양과의 조화 있는 조사, 해양법규 및 해양오염의 방지 등에 관한 법규의 준수 등이다.

### 나. 國際的 協力

각국과 권한 있는 국제조직은 주권 및 관할권 존중의 원칙에 따라, 그리고 상호이익의 기반 위에서, 평화적 목적을 위한 해양과학조사에 있어서 국제적 협력을 증진하여야 한다.

이와 관련하여 국가의 권리 및 의무를 침해함이 없이, 일국은 타국에게 인간의 건강과 안전 및 환경에 대한 손해를 방지하고 통제하는 데 필요한 정보를 자국으로부터 또는 자국과의 협조하에 얻을 수 있는 합리적인 기회를 다른 국가들에게 적절히 제공하여야 한다.

국가들과 권한 있는 국제조직은 양자 또는 다자협정의 체결을 통해 해양환경내에서 해양과학조사의 수행을 위한 유리한 조건을 조성하고 해양환경에서 발생하는 현상과 과정의 본질 및 그 상호관계를 연구함에 있어서 과학자들의 노력을 통합하기 위하여 상호 협력하여야 한다(동 제242조~제244조).

## 2. 海洋科學調査의 遂行

### 가. 領海內에서의 海洋科學調査

연안국은 주권을 행사함에 있어서 영해내의 해양과학조사를 규제, 허가 및 수행할 배타적 권리를 갖는다. 영해내의 해양과학조사는 연안국의 명시적 동의와 연안국이 정한 조건하에서만 수행된다(동 제245조).

### 나. 排他的 經濟水域 및 大陸棚에서의 海洋科學調査

연안국은 자국관할권을 행사함에 있어서 배타적 경제수역 및 대륙붕에서의 해양과학조사를 규제, 허가 및 수행할 권리를 향유하며, 배타적 경제수역 및 대륙붕에서의 해양과학조사는 연안국의 동의에 따라 수행되어야 한다.

연안국은 통상적 상황에서 타국 또는 권한 있는 국제조직이 평화적 목적만을 위하여 수행하며 모든 인류의 이익을 위하여 해양환경에 대한 과학적 지식을 증진하기 위한 자국의 배타적 경제수역 또는 대륙붕내의 해양과학조사계획에 동의를 부여하여야 한다. 이를 위하여 연안국은 이러한 동의가 부당히 지연되거나 거부되지 않도록 보장하는 규칙 및 절차를 확립하여야 한다.

그러나 연안국은 재량에 따라 해양과학조사계획에 대한 동의를 유보할 수도 있으며 해양과학조사활동은 연안국의 주권적 권리 및 관할권행사에 대한 부당한 간섭을 할 수 없다.

어느 나라의 배타적 경제수역이나 대륙붕에서 해양과학조사를 수행하려는 국가나 국제조직은 늦어도 해양과학조사를 실시하기 6개월 전에 그 계획에 대한 정보를 제공할 의무가 있다(동 제246조~제248조).

## 3. 施設 및 裝備

해양과학조사를 수행하기 위하여 필요한 시설이나 장비를 설치하여 사용할 수 있으나 이들은 도서로서의 지위를 갖지 않는다(동 제259조). 또한 어떠한 과학조사 시설물도 기존의 국제항로에 대한 방해를 해서는 안되며 이들 시설물에는 소속국가나 기구의 표시, 경고 등을 갖추어 안전을 확보해야 한다. 그리고 과학시설 주위에 500미터를 초과하지 않는 범위 내에서 안전수역을 설정할 수 있으며, 모든 국가는 이 안전수역을 존중하여야 한다(동 제260조).

## 4. 國際責任

국가 및 국제조직이 해양과학조사에 관한 해양법협약이나 관계법규를 위반하여 손해를 발생시킨 경우에는 이를 배상할 책임이 있다. 그 소속의 개인 또는 법인이 위법행위를 한 경우도 배상책임을 진다. 또한 해양오염에 관한 규정을 위반하여 손해를 발생시킨 경우에도 국가 및 국제조직은 그 책임을 진다(동 제263조).

# 제13절 島嶼·閉鎖海 및 半閉鎖海

## 1. 島嶼

### 가. 定義

도서의 정의를 함에 있어서 오랫동안 전개되어 온 주요한 2가지 기준은 첫째 그것이 자연적으로 형성된 것이어야 하며 둘째 만조시에 수면위로 드러나야 한다는 것이다. 유엔해양법협약은 제121조에서 도서를 규정하기를, 즉 도서란 만조시에 수면 위에 있고 바다로 둘러싸인 자연적으로 형성된 육지지역이라고 한다.

따라서 인공도, 시설 및 구조물은 도서의 지위를 갖지 않으며 그 자체의 영해를 갖지 아니한다. 또한 그 존재는 영해, 배타적 경제수역 또는 대륙붕의 경계획정에 영향을 미치지 않는다(동 제60조).

### 나. 島嶼의 法的 地位

도서는 다른 육지영토와 마찬가지로 그 주변수역에 관하여 도서의 영해, 접속수역, 배타적 경제수역 및 대륙붕을 설정한다(동 제121조 2항). 따라서 도서는 육지영토와 동일한 기준과 원칙에 따라 영해의 기선을 설정하여 12해리까지의 영해, 24해리까지의 접속수역, 200해리까지의 배타적 경제수역을 설정할 수 있으며, 해양법협약의 규정에 따라 대륙붕을 설정할 수 있다.

한편 인간이 지속적으로 거주할 수 없거나 또는 독자적인 경제생활을 지속할 수 없는 암석은 배타적 경제수역 또는 대륙붕을 가질 수 없다. 그러나 영해나 접속수역의 설정은 가능하다(동 3항).

## 2. 閉鎖海 및 半閉鎖海

### 가. 定義

폐쇄해(enclosed sea) 및 반폐쇄해(semi-enclosed sea)란 둘 이상의 국가에 의해 둘러싸이고 좁은 출구에 의하여 다른 해양에 연결되거나, 또는 전체나 대부분이 둘 이상의 연안국의 영해 및 배타적 경제수역으로 구성된 Gulf 또는 Basin을 의미한다(동 제122조).

**나. 國家間의 協力**

폐쇄해나 반폐쇄해를 둘러싸고 있는 국가들도 해양법상의 권리행사 및 의무이행에 있어서 상호 협력하여야 한다. 이러한 목적을 위하여 직접적으로 또는 적절한 지역조직을 통하여 협력해야 한다.

유엔해양법협약은 구제적으로 ⑴ 해양생물자원의 관리·보존·탐사 및 이용의 조정, ⑵ 해양환경의 보호 및 보존에 관한 권리의무이행의 조정, ⑶ 과학조사정책의 조정 및 적절한 경우 해역내 공동과학조사 계획의 실시 및 ⑷ 적절한 경우, 다른 관계국가나 국제조직과의 협력추구를 그 협력내용으로 들고 있다(동 제123조).

# 제14절  紛爭解決制度

## 1. 紛爭解決의 原則 및 節次

### 가. 原則

해양법상의 분쟁은 일반국제법상의 분쟁과 마찬가지로 평화적으로 해결하여야 하며 해양법협약의 해석 또는 적용에 관한 분쟁은 당사국이 선택한 평화적인 방법에 의하여 해결하기로 언제든지 합의할 수 있다(동 제279조 및 제280조). 또한 그 이전에 일반조약이나 지역협정으로 일정한 방법에 의해 분쟁을 해결하도록 규정해 놓은 경우에는 이 방법을 이용할 수 있다(동 제282조).

### 나. 節次

유엔해양법협약상의 분쟁해결제도는 크게 조정절차와 강제절차로 구분할 수 있다. 조정절차에 관해서는 해양법협약 제5부속서에서 상세히 규정되어 있으며, 강제절차는 국제해양법재판소, 국제사법재판소, 중재재판소, 특별중재재판소 중에서 하나를 선택하게 하거나, 이러한 선택이 없으면 중재재판소를 선택한 것으로 간주하여 당사국간의 분쟁을 해결하도록 하는 절차이다.

## 2. 紛爭解決의 手段

### 가. 調停

분쟁을 조정에 의해 해결하려면 당사국간의 합의가 필요하며 타방 당사자가 거절하면 조정절차는 종료하게 된다. 각 당사자는 2명씩의 조정위원(conciliators)을 임명할 수 있고, 조정위원회는 5명으로 구성된다. 조정위원회는 당사국간의 별도 합의가 없으면 스스로 조정절차를 결정하여 진행하며 그 구성으로부터 12개월 이내에 보고서를 작성하여 당사자의 합의사항을 기재하거나 합의가 되지 않은 경우 분쟁에 관련된 법률적·사실적 모든 내용을 검토하여 가장 적절하다고 생각되는 방안을 기재하여 유엔사무총장에게 제출한다. 그러나 이 보고서는 당사국에게 구속력이 없다.

### 나. 强制節次

#### (1) 一般

분쟁해결수단은 당사자의 합의에 의해 결정되며 이러한 합의가 없는 경우에는 선택선언에 따라 강제로 결정된다.

당사국들은 해양법협약에 서명·비준·가입할 시 평화적 분쟁해결의무에 저촉함이 없이 해양경계획정이나 군사활동에 관한 분쟁 또는 유엔안전보장이사회가 개입하고 있는 분쟁에 관하여는 일정한 조건하에서 강제절차에 규정된 분쟁해결절차를 배제하는 선언을 문서로 할 수 있다.

해양법 분야 중 심해저개발과 같은 과학적·기술적인 전문 분야에 관한 분쟁에는 2인 이상의 전문가를 선택할 수 있으며 분쟁이 어느 법원에 제기되면 최종판결이 내려지기 전이라도 그 법원이 당사자들의 권리보전이나 심해오염방지를 위하여 적절하다고 생각되는 잠정조치를 취할 수 있다. 이러한 잠정조치는 이를 정당화하는 상황에 변화하거나 또는 존재하지 않게 되면 즉시 수정 또는 철회할 수 있으며 또한 분쟁을 중재재판소에 제기하였는데 아직 중재재판소가 구성되기 전에 잠정조치를 취할 필요가 있을 때에는 당사자들의 합의에 따라 국제사법재판소나 국제해양법재판소에서 잠정조치를 취할 수 있다. 그러나 심해저에 관한 잠정조치는 심해저특별재판부에서 다룬다.

### (2) 國際海洋法裁判所

국제해양법재판소에 관해서는 유엔해양법협약 제6부속서에 상세히 규정되어 있다. 재판소는 21명의 독립자격을 가진 판사로 구성되며 임기는 9년이고 연임이 가능하다. 또한 필요에 따라 재판소는 3인 이상의 판사로 구성되는 특별재판부를 들 수 있다(제6부속서 제2조 및 제3조).

유엔해양법협약 당사국은 당연히 재판소의 소송당사자가 되며 재판소의 관할권은 재판소에 부탁된 모든 분쟁과 재판소에 관할권을 부여하는 다른 협정에 규정된 모든 사항으로 이루어진다(동 제20조 및 제21조). 또한 결석재판제도를 인정하여 당사자 일방이 결석하는 경우에도 상대방은 재판의 계속을 주장할 수 있다. 그리고 재판소의 판결은 모든 당사자를 구속한다(동 제33조).

### (3) 仲裁裁判

유엔해양법협약 제7부속서는 중재재판소의 설치에 관한 규정을 하고 있다. 중재재판에 관한 모든 사항은 당사국의 합의가 우선 적용되며, 당사국은 각각 2명씩 재판관을 선임할 수 있다. 분쟁발생시 재판관명부에서 자국민재판관 1명을 선임하며 서로 합의하여 제3국의 재판관 3명을 명부에서 선임한다(제7부속서 제2조).

분쟁당사국의 합의가 별도로 주어지지 않는 한, 중재재판소는 재판절차규칙을 결정하며 판결은 분쟁사실에 국한하고 그 이유를 명시한다. 또한 판결은 최종적이며 상소가 불가능하고 당사자를 구속한다(동 제11조).

### (4) 特別仲裁裁判

해양법협약 제8부속서는 전문적 지식과 경험을 필요로 하는 특수한 분야의 분쟁을 합리적이고 공평하게 처리하기 위하여 특별중재재판제도를 규정하고 있다.

특별재판의 대상이 되는 분야는 어업, 해양 환경의 보호 및 보존, 해양과학조사, 선박에 의한 오염과 투기에 의한 오염 등의 4가지에 한정하고 있다(제8부속서 제2조 1항). 분쟁이 발생하면 분쟁당사국은 각각 2명의 전문가를 전문가목록에서 선정하여 5명으로 특별중재재판소를 구성한다. 기타의 관련사항은 중재재판과 거의 동일하다(동 제3조).

# 제7장 條約

## 제1절 概念 및 分類

### 1. 概念

조약은 국가간이나 국가와 국제기구 또는 국제기구 상호간에 권리의무 관계를 설정하기 위하여 체결된 국제법의 규율을 받는 국제적 합의문서를 말한다.[1] 하지만 국제법 주체간의 문서형식에 의한 모든 합의가 조약은 아니다. 국제법적으로 권리의무 관계를 설정하지 않는 단순한 정치적, 도덕적 차원의 합의문서인 '신사협정'(Gentlemen's Agreement)은 조약이 아니다.

조약으로 이루어진 국제법은 명문으로 규정되는 바, 불문국제법이라고 할 수 있는 국제관습법과 구별하여 조약국제법(conventional international law)이라 한다. 국제관습법과 조약 사이에는 원칙적으로 효력의 우열관계가 없다. 따라서 일반원칙인 '특별법우선의 원칙'과 '후법우선의 원칙'에 따르게 된다. 그러나 조약은 특정국가들간의 특별국제법인 경우가 많고, 관습법은 다수국가를 대상으로 하는 일반국제법인 경우가 많기 때문에 사실상은 조약이 관습법에 우선하는 것이 보통이다. 그러나 어떠한 조약도 국제법상 강행규범보다 그 효력이 앞설 수는 없다.[2]

현재 조약에 관한 기본적인 원칙과 규칙들을 규정하고 있는 것은 1969년의 '조약법에 관한 비엔나협약'(Vienna Convention on the Law of the Treaties)이다. 국제법위원회(International Law Commission: ILC, 국제법의 점진적 발전과 법전화를 목적으로 1947년 국제연합 총회 보조기관으로 설립)의 성문화 작업으로 채택된 동 협약은 조약의 체결절차, 효력, 적용, 해석, 개정 및 수정, 효력, 종료 및 정지 등 조약의 성립부터 소멸까지 전반적인 내용들을 다루고 있다.

---

1) Vienna Convention on the Law of Treaties between States and International Organizations or between International Organization, 1986, Article 2(1)(a). 국제기구는 능동적 완전한 국제법 주체인 국가처럼 모든 조약을 체결할 수 있는 것이 아니라 국제기구 자신의 존재목적에 부합되는 한도내에서 조약을 체결할 수 있다. 이를 '전문성원칙'(principle of specialty)이라고 한다.

2) 오윤경, "조약의 실체와 절차", 오윤경 외, 21세기 현대 국제법질서, 박영사, 2001, p.4 주3).

## 2. 分類

조약은 첫째 효력범위를 기준으로 보편조약, 일반조약과 특별조약, 둘째 당사국의 수를 기준으로 양자조약과 다자조약, 셋째 내용을 기준으로 하여 체약국이 동일한 목적을 향해 동일한 내용의 권리의무를 규정한 입법조약(law-making treaty)과 서로 다른 목적을 달성키 위해 대립하는 권리의무를 규정한 계약조약(contract treaty), 넷째 제3국의 가입허용 여부에 따라 개방조약과 비개방조약 등으로 분류할 수 있다.

# 제2절   條約의 成立

## 1. 成立要件

조약의 성립에 관해 국제법은 특별한 규정을 두고 있지 않다. 대체로 사계약에 적용되는 일반원칙이 적용된다. 조약이 유효하게 성립하기 위해서는 일정한 조건이 필요한 바, 당사자에게 조약을 체결할 수 있는 능력이 있을 것, 조약을 체결하는 기관에 조약체결권이 있을 것, 조약체결권자의 의사표시에 하자가 없을 것 그리고 조약의 목적이 이행가능하고 적법할 것 등의 요건이 구비되어야 한다.

### 가. 條約締結能力

국가는 주권을 가지며 국제법의 능동적 주체라고 하는 점에서 모든 국가에 조약체결능력이 인정된다(조약법협약 제6조). 조약체결능력은 국가주권의 속성이다. 이에 대하여 국제기구는 제2차적인 주체인데 조약체결능력이 인정되는지의 여부는 그 설립조약 내지 기본조약이 정하는 바에 따른다.[3]

---

3)  노석태(역), 현대국제법의 지표, 부산대학교 출판부, 2002, p.25.

## 나. 條約締結權限

조약은 이를 체결하는 기관에 조약체결권한이 있어야 유효하게 성립한다. 국가의 조약체결권자는 현실적으로 조약체결권을 가진 기관이다. 누가 조약당사국을 대표하여 조약체결기관이 되는가의 문제는 조약당사국의 기본법인 헌법에 의해 결정되는데, 당사국의 원수가 조약체결권자인 경우가 보통이며, 조약체결권자는 정치적 중요성이 없는 행정적, 기술적 사항에 대하여는 관할관청에 조약체결권한을 위임할 수 있다.

한편 국제기구의 경우는 내부적으로 어느 기관이 조약체결권을 갖는가는 당해 조직의 기본조약에 의해 결정되는데, 보통 최고기관이 조약체결권자가 되나 체결되는 조약의 성질상 하부기관이 되는 경우도 있다.[4]

## 다. 瑕疵없는 意思表示

조약의 유효한 성립을 위해서는 우선 조약당사자간의 진정한 의사의 합치가 있어야 한다. 조약은 당사국간의 약속이므로 사인간의 계약에 적용되는 일반원칙에서와 같이 항상 당사자의 동의(consent)를 필요로 한다. 당사자의 동의라 함은 당사자간의 하자없는 진정한 합의를 말한다. 따라서 당사자가 완전합의에 이르기 이전의 각종 의사표시, 예컨대 일방의 신청이 있을 뿐이고 타방당사자가 승낙하지 않은 제안(proposal) 같은 것은 타방당사자는 물론이거니와 제안자도 구속하지 아니한다. 당사자의 동의로 조약이 체결되었다 할지라도 조약체결기관의 의사표시에 하자가 있는 경우에도 진정한 동의로 보지 않는다.[5]

## 라. 目的의 移行可能性 및 合法性

합법적인 목적만이 조약의 대상이 될 수 있다. 국제법상으로 승인된 일반원칙과 상치되는 의무(illegal obligation)는 새로운 조약의 대상이 될 수 없으며, 이러한 조약이 체결된 경우라 할지라도 그것이 비합법적인 사항을 대상으로 하는 것인 이상 국제법상의 효력이 인정되지 않는나. 즉 이러한 조약은 법률적인 불능으로서 무효인 것이다.

또한 국제관습법상 비도덕적인 의무(immoral obligation)를 부과하려는 조약은 국제법상의 구속

**4)** 이병조·이중범, 국제법신강, 일조각, 2008, p.67.

**5)** 김정균·성재호, 국제법, 박영사, 2006, pp.625-626.

력을 가질 수 없다. 자연적인 불능상태에 있는 것을 대상으로 하는 조약도 무효이다.[6]

## 2. 條約의 締結節次

일반국제법상 조약을 체결하기 위한 확립된 절차는 없으며 당사자가 합의하면 어떠한 절차도 취할 수 있다. 보통 협의, 서명, 비준, 비준서의 교환 및 기탁 등의 절차를 통하여 체결된다.

### 가. 協議

협의(negotiation)는 조약내용을 교섭하는 것을 말한다. 조약의 협의는 조약체결권자에 의해 특별히 임명되는 전권대표(plenipotentiary representative)가 행하는 것이 보통이며, 이 전권대표는 그 권한의 정당성을 인증하는 문서인 전권위임장(full powers)을 제출해야 한다. 다만 국가원수, 정부의 수반 또는 외무장관, 상주외교사절, 국제회의 또는 국제기구에 파견된 대표자는 전권위임장의 제출없이 자국을 대표할 수 있다.

전권위임장 심사 결과 유효 타당(good and due)한 것이 인정되면 교섭이 행해져 조약정문이 작성된다.

### 나. 署名

서명(signature)이란 협의의 결과 조약내용에 관한 합의가 성립되면 이를 명시적으로 증명하는 행위이다. 서명은 의식에 따라 행하기도 하지만 각자 별도로 행할 수도 있다. 서명의 시기는 원칙적으로 조약안 작성직후이지만 일정한 기간을 정하여 서명하는 경우도 있다.

서명에 의하여 조약내용이 확정되므로 서명 후에는 타방당사국의 동의없이 일방적으로 내용을 수정할 수 없다. 비준을 요하지 않는 조약은 서명만으로 완전하게 성립한다.

### 다. 批准

비준(ratification)은 전권대표가 서명한 조약의 내용에 대하여 조약체결권자가 재검토하고 최종

---

6) *Ibid.*, pp.627-628.

적으로 확인하는 행위이다. 이러한 비준제도를 두는 이유는 서명 후의 사정변화의 고려, 조약내용의 최종적 재검토 및 의회에 조약성립과정에 참여할 수 있는 기회를 제공하고자 하는데 있다.

조약은 보통 비준을 필요로 하지만 비준조항이 명시되지 않은 경우와 체약국간의 명시적, 묵시적 합의가 있는 경우에는 생략할 수 있다. 조약이 비준을 요하는 경우라 하더라도 반드시 비준해야 할 법적 의무는 없다. 그러나 충분한 이유없이 비준을 거부하는 것은 국제예양에 반하는 행위이다.

비준을 행하여야 할 기간에 대해 국제법상 확립된 원칙은 없으나 조약에 기간이 명시된 경우에는 그 기간내에, 그렇지 않은 경우는 상당한 합리적인 기간내에 가급적 조속히 비준하여야 한다.

비준은 당사국간에 조약이 없는 한 무조건으로, 조약내용의 전부에 대하여 행하여야 한다. 조건부 비준·부분적 비준은 비준의 거절 또는 새로운 조약내용의 제안이라고 생각된다. 비준은 조약체결의사를 확정하는 효과를 가지므로 비준 후 당사국은 조약체결을 거부할 수 없다.

### 라. 批准書의 交換 및 寄託

조약체결당사국은 비준을 증명하기 위해 일정형식의 비준서를 작성하며, 원칙적으로 양자조약에서는 이를 교환하고 다자조약에서는 일정한 장소에 이를 기탁(deposit)한다.

조약상 특별한 규정이 없는 한 조약은 그 비준서의 교환 또는 기탁의 일시에 정식으로 성립하며 동시에 조약의 효력도 발생하는 것이 원칙이다.

그러나 일정한 수의 당사국의 기탁이 있어야 효력이 발생한다고 규정한 경우도 있다. 국제연합헌장이 5대 상임이사국과 서명국 과반수의 기탁이 있을 때 발효한다고 한 것이 그 대표적 예이다.

## 제3절  條約의 登錄

UN헌장 제102조는 UN회원국이 체결하는 모든 조약은 가급적 조속히 사무국에 등록할 것과 등록하지 않았을 경우 조약체결국은 UN의 어느 기관에 대해서도 그 조약을 원용하지 못한다고 규정하고 있다.

조약의 등록제도는 국제연맹에 의해 시작된 것으로 국제연합도 이 제도를 채용하고 있다. 등록은 가급적 속히 조약당사국의 신청에 의하여 국제연합 사무국에 하며, 당사국 중 일국이 하면 된다. 당사국이 등록하면 사무국은 이를 수리해야만 하며, 가급적 속히 그 조약을 공표하여야 한다. 공표는 단순한 사무상의 절차이며 조약의 효력과는 아무런 관련이 없다.

조약의 등록은 국제사회에서의 비밀조약을 방지하기 위한 제도로서 조약의 성립요건도 효력발생요건도 아니며, 다만 UN의 기관들에 대하여 조약을 원용할 수 있는 대항요건에 불과하다.

그러나 안전보장이사회나 국제사법법원은 국제연합의 기관이므로 오늘날 이들 기관의 역할과 영향력에 비추어 볼 때 미등록의 영향은 매우 크다고 볼 수 있다.

# 제4절  條約의 留保

조약의 유보(reservation)란 특정조약의 당사자가 되려는 국가가 조약의 서명, 비준, 수락 및 가입시에 조약당사자가 되기 위한 조건으로서 자국에 관한 한 조약의 일부조항의 효력을 배제하기 위하여 행하는 일방적 의사표시이다.

유보제도가 인정되는 이유는 다수국을 당사자로 하는 일반조약의 체결에 있어 특수한 사정이 있는 국가들에게 일률적으로 적용될 수 있는 통일적인 조약을 작성함은 불가능하며 부분적으로 조약의 적용을 제한하고자 하는 국가가 조약가입을 꺼리는 것을 방지하려는데 있다.

그러나 유보제도는 일반조약의 체결을 용이하게 하는 장점이 있는 반면에, 당사국간의 관계를 복잡하게 하고 조약의 효과를 감소시키는 단점도 있다. 따라서 이를 전면적으로 규제할 수는 없다고 하더라도 적절히 통제할 필요는 있다.

유보에는 조약 전체 중 특정조약의 적용을 배제하는 조항의 유보, 조약의 적용지역을 제한하는 적용지역의 유보 및 조약의 일부조항의 해석을 제한하는 해석의 유보 등이 있다.

유보를 하게 되면 유보를 한 당사국과의 관계에 있어서는 유보범위 내에서 조약적용이 제한된다. 따라서 유보를 한 당사국은 이를 원용할 수 있게 되고 타당사국도 유보국에 이를 원용할 수 있다.

# 제5절 條約의 效力

## 1. 當事國間의 效力

발효 중의 모든 조약은 당사국을 구속하며 당사국은 이를 성실히 이행하여야 한다(조약에 관한 비엔나 협약 제26조). 조약이 유효하게 성립한 경우에 국가는 당해조약에 의하여 부담하고 있는 의무를 성실하게 이행하지 않으면 아니되며, 상대국에 대하여 의무이행을 청구할 수 있는 권리가 발생한다(동 제27조). 또한 조약당사국은 조약을 성실히 이행하기 위하여 조약을 국내적으로 실시할 의무를 진다(동 제26조).

조약의 효력은 원칙적으로 불소급된다. 별도의 의사표시가 없거나 달리 확정되지 않는 한 조약은 그 발효이전에 발생한 사실 또는 이미 없어진 사태에 관하여 당사국을 구속하지 못한다.

## 2. 제3국에 대한 效力

조약은 당사국만을 구속하고 제3국에는 효력이 미치지 않는다(동 제34조). 따라서 조약은 제3국에 대하여 동의없이 권리를 부여하거나 의무를 과하지는 못한다.

그러나 조약당사국이 제3국에 대한 권리부여를 의도했으며 그 제3국이 이에 동의한 경우에는 제3국에 대하여 권리가 발생한다. 이 경우 권리를 행사하는 제3국은 조약에 규정되어 있거나 또는 조약에 의거하여 확정되는 권리행사의 조건에 따라야 한다. 그리고 조약에 규정된 규칙이 관습국제법의 규칙으로 인정되는 것은 제3국을 구속한다.

## 3. 條約의 無效

일정한 체결절차를 완료한 조약일지라도 효력요건을 충족하지 못한 경우 조약은 무효이다.

조약의 무효원인에는 종래 학설 및 실행에 있어 그 내용이 명확하지 못했다. '조약에 관한 비엔나 협약'은 진정한 합의를 결여하였거나, 강박에 의해 조약이 체결되었거나, 그 내용이 일반국제법상의 强行規範(jus cogens)에 반하는 경우에는 당연히 무효가 된다고 규정하고 있다.

## ▬ 강박조약의 국제법상 효력

### 1. 강박조약에 대한 전통국제법 이론

#### 가. 학설

강박조약, 즉 강박에 의해 체결된 조약은 국가자체나 국가대표에게 그러한 강박이 없었다면 수락되지 않았을 조약을 조약의 타당사자가 공포상태에서 이를 강제로 수락케 한 조약을 말한다.[7]

국가간의 관계에 있어서 현재까지 수많은 조약들이 국가에 대한 강제력의 행사나 위협에 의해 체결되어 왔으며, 이에 대해 전통국제법은 강박조약을 국가대표에 대한 강박조약과 국가자체에 대한 강박조약으로 나누어 전자의 경우에는 사법상의 '합의의 자유' 원칙을 원용, 그 효력을 무효로 하고, 후자의 경우에는 동 원칙의 예외로 보아 그 효력을 인정하였다.[8]

즉 조약이 국가에 대한 강박에 의해 체결되면 그 효력에 영향이 없지만 조약체결에 임하는 자에게 강박을 가한 경우에는 무효가 된다는 것이 국제연맹 이전의 전통적인 학설이었던 것이다. 따라서 군사적 강제에 의해 체결된 조약의 경우에 있어서도 이를 국가에 대해 강박을 가한 것으로, 국가는 이에 동의한 것으로 보아 그 유효성이 인정되었다.

이는 제국주의적 팽창정책과 전쟁이 국가정책의 한 수단이었던 당시의 시대적 상황하에서 빈번했던 강화조약의 유효성을 고수하려고 하는 법이외의 정책적 요인이 크게 작용한 탓이었으며, 베르사이유 조약이 종종 상설국제사법재판소에서 소송의 대상이 되긴 했지만 어느 조약당사국도 강박을 이유로 동 조약이 무효라거나 또는 취소할 수 있다고 주장되지 않았다는 사실에서도 이를 알 수 있다.[9]

국가자체에 대한 강박조약의 효력을 인정한 학자들로는 Hugo Grotius, Samuel Pufendorf,

---

7) The Draft Convention of the Havard Reaserch on the Law of the Treaties, *AJIL*, 1935, p.1152.

8) I. Delupis, *International Law and Independent States*, Russak and Company, 1974, pp.141-142 참조.

9) A. D. McNair, *The Law of Treaties*, Clarendon Press, 1961, p.209.

Emmerich de Vattel 등이 있다. Grotius는 부정전은 불법적인 것이긴 하지만 전쟁으로부터 성립된 조약은 유효한 것이라면서 전쟁의 비합법성이 강화조약의 유효성을 결정하는데 고려의 대상이 안된다고 보았으며,[10] Pufendorf는 적국과의 모든 조약, 심지어 강박에 의한 강화조약도 준수되어야 하며, 적대행위의 종료를 규율하고 있는 조약에 대해서 강박을 이유로 그 효력을 부인할 수 없다고 주장했으며,[11] Vattel은 국가자체에 대한 강박조약인 강화조약은 '합의의 자유'라는 일반원칙의 예외라면서 이는 자연법에 반하지 않기 때문에 합법이라고 주장했다. 그리고 강박조약은 더 가공할 만한 성질의 재난보다는 차라리 확실하며, 제한된 범위의 손실을 택한 국가자신의 선택이라고 하면서 다른 조약과 같이 강화조약에도 '신의성실원칙'이 적용된다고 보았다.[12] 그러나 강화조약이 너무 공정치 않고 강압적인 경우에는 강제의 항변은 정당화될 수 있다고 생각하는 것이 가능하다는 것을 인정하는 주장도 있었다.[13]

### 나. 국가관행

국가자체에 대한 강박조약의 효력을 인정하는 전통국제법의 학설과 일치하여 당시의 국가관행도 국가자체에 대한 강박조약의 유효성을 인정하였다. 물론 강박조약의 효력을 부정한 예가 없었던 것은 아니지만 그러한 경우는 강박을 국가자체에 대한 것이 아니라 국가대표에 대한 것이라고 보았기 때문이었다.

이러한 예로는 스페인의 국왕 Ferdinand 7세에 대한 나폴레옹의 강박에 의한 왕위축출 사건이 있다. 1807년 나폴레옹은 자신의 스페인 점령에 항의하는 스페인의 신왕 Ferdinand 7세에게 사임을 요구하였으나 그가 불응하자 12시간내에 사임하지 않을 경우 감금할 것이라고 위협하였다. 이에 Ferdinand 7세는 나폴레옹의 강박하에서 왕위를 포기하는 조약에 서명하였는데 이러한 강박을 전통국제법은 국가자체에 대한 강박으로 보지 않고 국가대표에 대한 강박으로 보아 그 효력을 부인했다.[14]

하지만 대부분의 국가관행은 국가자체에 대한 강박조약의 유효성에 따라 타국과의 강화조

10) S. Malawer, *Imposed Treaties and International Law*, Williams Co., 1977, p.12.
11) *Ibid.*, pp.12-13.
12) *Ibid.*, p.13.
13) The Draft Convention of the Havard Reaserch on the Law of the Treaties, *op. cit.*, pp.1148-1150.
14) Reaserch in International Law under the Auspices of the Faculty of the Havard Law School, 29 *AJIL*, Vol.29, 1935, p.1.

약에서 강박에 의해 자신들의 특별한 조건을 부과했으며 이러한 조건들을 포함한 강박조약들은 그 효력이 인정되었다.

1901년 미서전쟁의 종료후 미국은 계속 쿠바를 점령하면서, 쿠바가 그 독립을 위협받을 조약을 외국과 체결하지 않을 것과 재정부담을 받는 외채를 발행하지 않을 것을 철군의 조건으로 내세웠다. 이러한 조건은 결국 1903년 양국간의 조약에 삽입되었다. 1905년에는 일본이 중국에 대해 군사적 위협에 의한 강제로 21개조 요구를 관철시켰으며[15] 1918년 러시아 혁명정부는 독일과 Brest - Litovsk 조약에 조인했으나 그 조건이 너무 가혹하여 수락을 주저하였다. 이에 독일은 군사행동을 재개하여 군사적 위협으로 러시아로 하여금 동 조약의 체결에 동의하도록 하였다.[16]

다. 국제조약

강박조약에 대한 전통국제법 이론은 앞에서 살펴본 바와 같이 제국가들의 관행에 의해 인정되었다.[17] 이러한 강박조약에 대한 전통국제법의 이론과 국가관행을 조문화한 것이 1932년의 Havard 연구소의 조약법안이다.

동 조약법안에 따르면;

본협약에 사용된 용어로서의 강박은 국가를 대표하여 조약에 서명하는 개인 혹은 국가를 대표하여 조약의 비준 또는 동의에 관여하는 개인을 향한 강제의 사용을 포함한다. 단, 강제가 국가를 대표하여 조약에 서명하는 개인에게 행해졌으나 후에 그 서명된 조약이 이 사실을 알면서도 국가에 의해 강제없이 비준된 경우에는 그 국가가 강박의 결과로서 그 조약에 가입한 것으로 간주하지 않는다.[18]

동 조에서 말하는 강제는 폭력의 사용을 포함할 수도 있고 포함하지 않을 수도 있으며, 물리적 신체적 강제일 수도 있고 위협적 정신적 강제일 수도 있다. 또한 일국이 타국에 대하여

---

15) K. Hollaway, *Modern Trends in Treaty Law*, Stevens, 1967, pp.408-410.

16) S. Malawer, *op. cit.*, pp.27-28.

17) D. P. O'Connell, *International Law*, Stevens, 1970, p.239.

18) The Draft Convention of the Harvard Research on the Law of the Treaties, op. cit., Article 32(a).

조약의 체결을 강요하기 위하여 행사하는 강력이나 강제는 강박에 포함되지 않는다.[19]

이상의 전통국제법 이론에서 볼 때, 구속적 조약의 본질적 요건으로서의 합의의 자유는 피해에 대한 공포상태에서 조약에 수락하도록 강요할 의도로 조약체결에 참여하는 개인에게 직접적으로 가해지는 신체적, 정신적 강제로 부터 그 개인이 누려야 할 자유와 관계가 있다는데 의견이 일치하고 있음을 알 수 있다.[20]

## 2. 강박조약의 무효화에 대한 반론

강박조약을 국가자체에 대한 강박에 의해 체결된 조약과 조약체결권자인 국가대표에 대한 강박에 의해 체결된 강박조약으로 구분하고 전자에 대해서는 그 효력을 인정하고 후자에 대해서는 인정하지 않는 전통국제법 이론은 국가는 강박에 의한 조약체결에 동의함으로써 국가와 그 국민들이 더 이상의 파멸을 겪지 않을 수 있고, 국가의 생존을 보장받을 필요가 있다는 정책적인 배경을 고려한 것으로 보인다.[21]

하지만 이러한 전통국제법 이론은 국가자체에 대한 강박과 국가대표에 대한 강박을 구분하는 것이 타당한 것인가? 그리고 그러한 구분이 실제로 가능한 것인가? 하는 의문을 제기케 한다.[22] Visscher는 조약체결에 있어서 작용하는 의사는 유일한 것으로서 국가의 의사가 존재한다는 것은 공상에 불과하며 오직 국가기관의 의사, 즉 조약체결에 임하는 국가대표의 의사와 동일하다고 했으며[23] Brierly는 강박조약은 진정한 합의가 없는 것이기는 하지만 강자가 약자에게 명령하는 일종의 입법으로서 국제법상 유효하다면서 강박대상에 따른 강박유형의 구분을 부인하였다.[24]

조약의 체결에 있어서 국가자체의 의사에 대한 강박과 조약체결에 임하는 국가대표의 의사에 대한 강박의 구분을 부인하는 위의 태도는 일찌기 Nippold, Laghi 등에서도 찾아 볼 수 있다.

19) *Ibid.*, p.1152.
20) *Ibid.*, p.1151.
21) S. Malawer, *op. cit.*, pp.18-19.
22) 배재식, "강박으로 체결된 조약의 성질 및 효력", 법학, 제10권 제2호, 1968, pp.54-55.
23) C. L. Visscher, *Theory and Reality in International Law*, Princeton U. P. ,1975, p.275. 즉, 국가자체의 의사를 인정하려고 하는 것은 어디까지나 법의 의제에 불과한 것으로 외견상 국가자체의 의사로 보일지라도 실은 항상 개인의 의사가 국가의 의사에 귀속되는 것이며 따라서 국가기관으로서의 개인이 국가의 이름으로 조약을 체결한다 해도 그의 의사는 국가대표로서의 의사이지 결코 이 의사이외에 또 하나의 국가의사는 존재하지 않는다고 보는 것이다. 배재식, *op. cit.*, p.56.
24) 배재식, *op. cit.*, p.59.

즉, 이들은 국가자체에 대하여 행사되는 강제와 국가대표에 대해서 행사되는 강제의 구별을 인정하지 않으며 또한 전자는 합의의 자유를 훼손하지 않는다는 전통적 견해는 너무나 막연하고 절대적인 원칙을 표현한 것이라고 주장하였다.[25]

이와 같은 반론들은 상당한 합리성을 가지고 있는 것은 사실이나 당시의 국제법 이론과 국가관행이 국가자체에 대한 강박과 국가대표에 대한 강박을 구분하여 후자의 경우에는 효력을 인정하지 않았던 것은 부인할 수 없을 것 같다.[26] 또한 위의 반론들은 국가기관이 그의 사적 개인이나 그의 가족에 대하여 강박이 가해지는 경우도 있을 수 있다는 것과 또한 국가기관이 조약의 수락을 거부하는 경우, 그 국가의 영토침입 또는 국가재산에 대한 불법적인 침해를 가하겠다고 하는 강박도 있을 수 있다는 것을 간과하고 있다.[27] 따라서 그러한 구분의 타당성과 가능성이 의문이고, 이에 대한 반론이 합리적인 면이 있긴 하여도 두 유형의 강제사이에는 엄연히 차이가 존재하고 있는 바, 이에 따르지 않을 수 없을 것 같다.

하지만 강박조약을 강박대상에 따라 유형을 구분하여 그 유, 무효를 인정하는 전통국제법이론은 현대에 들어와 국제법적 상황의 변화에 따라 그 의의를 상실하게 되었다. 그러한 변화는 크게 무력사용금지원칙과 전쟁의 금지 및 불법화, 신생독립국 및 개발도상국의 안전장치 필요성 등에 의해 촉진되었다. 그 결과 현 국제법하에서 강박조약은 강박대상의 구분없이 모두 무효로 인정되고 있으며 이는 '조약법에 관한 비엔나 협약' 제51조 및 제52조에서도 확인되고 있다.

## 제6절  條約의 終了

### 1. 當事國의 合意에 의한 終了

조약에 그 종료기간이나 종료조건이 명기되어 있는 경우에는 이 기한의 도래 또는 이 조건의

---

25) Nippold, Der *Volkerrechtliche Vertrag*, 1894, p.172; Laghi, *Theoria dei Trattati Internazionale*, 1882, p.144ff. 배재식, *op. cit.*, p.56 에서 재인용.

26) L. Oppenheim, *International Law*(8th ed.), Longman, Vol.1, 1970, p.891.

27) 한형건, "한일병합조약의 무효와 독도의 법적 지위", 국제법학회논총, 제27권 제2호, p.28.

성취에 의해 조약은 자동적으로 종료한다. 종료에 관한 규정이 없을지라도 당사국이 서로 합의한 경우에는 조약을 종료시킬 있다(동 제54조). 조약이 달리 규정하지 아니하는 한, 다자조약은 당사국 수가 발효에 필요한 수 이하로 감소한 사실만을 이유로 종료하지 아니한다(동 제55조).

## 2. 一般國際法에 의한 終了

조약의무의 위반(동 제60조 1항), 조약체결 후 불가항력에 의하거나 또는 조약의 목적물이 소멸하여 조약의 이행이 불가능하게 된 경우(동 제61조), 당사국의 소멸, 전쟁 및 중대한 사정의 변경(동 제62조)의 경우 조약은 소멸한다.

# 제8장  國家機關

## 제1절  外交使節

### 1. 外交關係의 設定

국가가 타국과 외교교섭을 행하며 국제관계를 유지하기 위해서는 국가를 대표하여 권한을 행사하는 국가기관이 필요하다. 외국에 상주하는 외교사절이 교환되게 된 것은 17세기 후반(1648년 Westphalia 조약 이후)부터 유럽에서 일반화되었고, 이러한 사절에 대해서는 특별한 보호와 특권이 부여되었다.

외교사절에 관한 국제법원칙은 거의 국제관습법으로 성립하나, 1961년 「외교관계에 관한 비엔나협약」(Vienna Convention on Diplomatic Relations)은 이러한 관습법의 규칙을 법전화하였다. 동 협약에 의하면 외교관계의 설정과 상주외교사절단의 설치는 국가상호간의 합의에 의한다는 입장을 취하고 있다(동 제2조).

### 2. 外交使節의 種類·階級·席次

외교사절에는 임시외교사절과 상주외교사절이 있다. 임시외교사절에는 국가의 정치적·행정적 사무의 수행을 목적으로 파견되는 사무사절 및 외국의 축전이나 의식에 파견되는 예의사절이 있다.

사절은 보통 대사(ambassador), 공사, 대리공사의 계급으로 나누며, 사절단의 장의 석차는 먼저 계급에 의하여 결정된다. 동일한 계급간에는 접수국과의 관계에서 직무를 개시한 일시의 순서에 따라 결정된다(동 제16조). 사절단의 장이 임무를 개시하는 시기에 관해서는 신임장을 제출한 시기와 접수국의 외무부에 통지하고 신임장의 진정한 사본을 제출한 시기가 일반적이나 국가에 따라 관행이 상이하므로 각국에서 일률적으로 적용되는 방식에 따라 직무를 개시하게 된다(동 제13조).

## 3. 外交使節의 特權·免除

외교사절은 보통의 외국인과 달리 그 종류와 계급의 여하를 불문하고 접수국에서 특권적 지위가 인정되며, 일정한 경우 접수국의 관할권으로부터 면제된다. 이것을 외교사절의 특권과 면제(diplomatic privileges and immunity)라고 한다.

외교사절에게 특권과 면제를 인정하는 근거는, 국가의 국제적 대표기관으로서의 존엄유지라는 예의적 관념과 외교사절의 정치적 임무수행을 보장할 필요가 있기 때문이다.

외교사절의 신체 및 명예는 특별한 보호를 받으며, 그 공관 및 문서도 역시 불가침이다. 또한 외교사절은 접수국의 통치권에 복종하지 않는 권리, 즉 관할권 면제를 향유한다. 이러한 관할권 면제는 접수국의 실체법적 책임으로부터의 면제가 아니라 사법·행정상의 절차법적 면제를 의미한다(예컨대, 민사·형사·행정재판관할권 면제 및 강제처분·역무·과세의 면제 등이다).

# 제2절   領事

영사(consul)란 본국을 대표하여 정치적 교섭을 주요임무로 하는 외교사절과는 달리 접수국에서 본국 및 재류자국민의 통상·교통·경제상의 이익을 보호하기 위해 파견된 국제법상의 국가기관을 말한다. 따라서 영사관계는 외교관계와는 다른 국제법상의 규율을 받는다.

영사에는 본국으로부터 임명·파견되어 전적으로 영사업무에만 종사하는 본무영사(career consular officer)와 접수국에 거주하는 유력자 가운데서 파견국이 선임하며 영사의 사무를 위임받는 명예영사(honorary consular officer) 두 가지 종류가 있다.

영사의 계급은 총영사(consul general), 영사(consul), 부영사(vice consul), 영사내리(consular agent)의 4계급으로 구분된다.

외교사절의 특권 및 면제가 국제관습법으로 확립된 것과 달리, 종래 영사의 특권 및 면제는 통상항해조약이나 영사조약 등 양자조약에 의해 부여된 개별적인 조약상의 권리에 불과했으나 1963년 '영사관계에 관한 비엔나협약'의 성립으로 일반국제법상의 권리로 성문화되었다. 영사의 특권 및 면제는 외교사절의 특권 및 면제의 내용과 대체로 비슷하나 많은 제한이 있다.

# 제3절  外國軍隊

## 1. 軍隊의 他國 駐屯과 地位協定

국가의 독립과 안전을 보장하기 위하여 창설된 국가기관의 하나인 군대가 외국에 주류하는 것은 전시점령에 의하거나 또는 평시에 우호적 합의가 있는 경우이다.[1] 우호관계에 있는 국가 간의 합의에 따른 일국 군대의 타국 영역내의 주류는 의례적이고 일시적인 방문을 목적으로 행해지는 경우도 있지만, 주로 집단안전보장 및 공동방위의 목적으로 일정한 기간에 걸쳐서 상주하는 것이 보통이다.

일반적으로 국제법상 외국군대는 주둔하는 나라의 법률질서를 따라야만 한다. 군대의 입국이 허용된 이상 외국군 주둔에는 특별한 지위, 즉 특권과 면제가 부여되지 않을 수 없다.

왜냐하면 소속국 국가기관인 군대는 국가의 위엄 대표, 군대로서의 기능 유지 및 주둔국에서 수행하는 특수한 임무의 효율적 수행을 위해 쌍방 법률의 범위내에서 주재국 관할권으로부터 면제되어 자력으로써 그 규율을 유지할 필요가 있기 때문이다.[2]

타국에 주둔하는 외국군대에 부여되는 특권과 면제에 대해서는 크게 3가지 근거가 주장되어 왔다. 치외법권설, 대표설 및 기능설이 그것이다. 치외법권설이란 국제법상의 치외법권 개념을 외국군대의 면제에 까지 확대적용하여 외국군대는 파견국의 영토를 떠나지 않은 것으로 생각하여 비록 주둔국안에서 그 임무를 수행하고 있으나 법률적으로는 주둔국 영토밖에 있는 것으로 간주한다는 것이며, 대표설이란 외국군대는 파견국의 국가기관으로 파견국 및 파견국 원수를 대표하고 있기 때문에 그 독립성을 존중하는 것이 곧 파견국 및 판견국 원수의 독립성을 인정해 주는

---

1) 전시점령은 무력분쟁에 있어 일방교전당사국 군대가 타방교전당사국 영역의 일부 또는 전부를 사실상 지배하에 두는 것으로써 전쟁법규의 규제대상이 되는 바, 이는 평시 일국내에 주둔하는 외국군의 지위를 규정하는 주둔군지위협정과는 연구를 달리하여 검토할 문제이다.

2) 육군본부, 행정협정 해설, 1998, pp.7-8; 이윤영, "'주둔국관 국제관습법", 국제법학회논총, 제15권 1호, 1970, pp.405-406 참조.

결과가 된다고 보는 것이며, 기능설이란 외국군대에 특권과 면제를 부여하는 것은 외국군대의 기능을 주둔국의 간섭없이 독립적으로 수행하기 위하여 인정된 것이라고 보는 입장이다.

특권과 면제에 관한 이러한 학설 중 치외법권설은 과거 제국주의 시대의 유물로 근래에는 주장하는 학자가 없으며,[3] 대표설은 특권과 면제가 비교적 넓게 인정되는 바, 외교관이나 외교공관의 경우는 설득력이 있으나 외국 군대의 경우는 거의 설득력이 없으며,[4] 주둔국에서 외국 군대에 일정한 범위내에서 특권과 면제를 부여하는 것은 그러한 '특권과 면제' 자체에 목적이 있는 것이 아니라 파견국 군대가 '체류하는 목적을 달성'하는데 필요한 기능을 효율적으로 뒷받침하기 위한 것이므로 기능설이 타당하다고 하겠다.[5]

이러한 주둔군의 특권적 지위는 주둔국과 군대파견국간의 특별한 합의 또는 협정에서 양국이 행사할 관할권의 기준, 전속관할사항, 관할권 경합시의 관할권 행사규정, 기타 조세, 외환, 우편 및 통신 등을 세목에 걸쳐 정함으로써 군대의 원칙적인 지위를 명시해 두는 사례가 많다.[6]

이와 같이 주둔군의 주류에 의해 발생될 수 있는 제반 문제점들을 해결하기 위하여 양국(또는 다자간)이 합의하여 명시한 것이 주둔군지위협정(Status of Forces Agreement: SOFA)이다.

SOFA는 군사동맹관계에 대하여 일반적, 포괄적으로 규정한 군사조약을 그 근거로 한다. 군사조약에 군대의 파견 및 접수에 대한 근거 규정이 있는 경우 주둔군의 시설, 구역, 지위 부여 등의 문제들에 대한 구체적인 규정을 주둔군지위협정에 둠으로써 군대의 파견 및 접수에 따르는 문제들을 처리하게 된다. 즉, 주둔군지위협정은 보통 군사조약의 각론적 세칙이라는 성격을 지닌다.[7]

그러나 일국 군대의 타국내의 주둔은 아무리 합의에 의한 것이라 하더라도 주둔국과 군대파견국간의 입장차이로 정치적 내지는 법적 갈등을 지닐 수밖에 없다. 대등한 국가간의 관계가 아닌 강대국과 약소국간에서는 더욱 그러하다. 이는 양국간 사법체계의 차이 등에서 기인하기도 하지만 정치군사적 우열 및 그에 따르는 지원국과 피지원국간의 현실적 필요에 따른 것이 더 많다.

---

3) 육군본부, *op. cit.*, p.7.

4) 이윤영, *op. cit.*, p.406.

5) 이석우, 한·미 행정협정연구, 도서출판 민, 1995, p.19.

6) 김정균·성재호, 국제법, 박영사, 2006, p.607 참조.

7) 법과 사회연구회, 한·미 행정협정, 도서출판 힘, 1988, p.72. 우리나라의 경우 1953년에 체결된 한·미상호방위조약이 미군의 한국 주둔에 대한 법적인 근거가 되는 조약이며, 한·미주둔군지위협정은 한·미상호방위조약을 통해 주둔하게 된 미군의 법적인 지위를 규정하고 있다. 즉, 한·미상호방위조약이 한·미주둔군지위협정의 母法이라고 볼 수 있다.

그 결과 대부분의 SOFA에는 불평등한 조항들이 많이 삽입되어 있으며, 이는 관련국들간의 긴장을 넘어 갈등과 대립을 가져오기도 했다. 일본이 그랬고 필리핀도 마찬가지였다. 이러한 문제는 한미간의 관계에서도 야기되었었다. 1966년의 한미주둔군지위협정이 1991년 개정되어 어느 정도 불평등 조항이 고쳐졌지만 그 내용이 충분치 못했으며, 1991년 이후 계속 발생된 주한미군에 의한 강력범죄들의 처리과정에서 보인 우리 사법당국의 미온적 태도에 대해 불만이 표출되어 왔다. 급기야 이러한 불만은 한미간 안보협력의 동반자 관계에 대한 의문에서부터 주한미군의 철수론까지 우리 안보에 악영향을 끼칠 수 있는 논리가 설득력을 얻는데 일조하였으며 이는 노근리 사건, 매향리 사격장 문제 및 미군의 독극물(포름알데히드) 한강방류사건과 맞물려 더욱 증폭되었던 것이다.[8]

## 2. 韓美駐屯軍地位協定

### 가. 韓美駐屯軍地位協定의 沿革

#### (1) 韓美駐屯軍地位協定 締結 以前(~1966)

한·미 양국은 지난 반세기의 냉전시기 동안 한반도에서의 북한의 도발억제라는 공통의 전략목표와 이해관계를 바탕으로 변함없는 동맹관계를 유지해 왔다. 양국은 1882년 5월 '조미 평화수호통상 및 항해에 관한 조약'의 체결을 계기로 처음으로 공식적인 관계를 수립하였고, 1888년 미국이 4명의 통역장교로 구성된 군사고문단을 파견하여 교육훈련을 도와주는 등 군사관계를 시작하였다.[9]

그러나 한·미간의 실질적인 군사협력관계는 1945년 9월에 패전한 일본군의 무장해제를 위해 미군이 진주하면서부터 이루어지기 시작했다. 정부수립 후 주한미군의 법적 지위문제가 제기되어 1948년 8월 24일 대한민국 대통령과 주한미군사령관 사이에 '과도기에 시행될 잠정적 군사안전에 관한 협정'이 체결되어 미군의 지위를 규율하였다. 동 협정은 주로 미국의 속인적 전속재판

---

8) 현존하는 주둔군지위협정 중에서 가장 이상적인 모델로 인정되고 있는 것은 1951년 최초 12개 당사국간에 체결된 NATO협정이다. 한미주둔군지위협정은 본 협정만 보면 NATO협정을 따랐다고 할 수 있으나 부속문서에 의해서 본 협정의 내용이 왜곡 변질되어 접수국인 한국의 형사관할권을 제한하고 있는 측면이 있다.

9) 국방부, 국방백서, 1999. p.83.

관할권, 및 미군의 기지·시설이용권 등을 규정한 것이었으나, 1949년 9월 미군의 철수와 더불어 실효되었다.

곧이어 일어난 한국전쟁은 한·미 양국을 혈맹관계로 묶는 계기가 되었는데,[10] 전쟁 당시 한국정부와 주한미국대사간에 '주한미군의 재판관할권에 관한 협정'(일명 대전협정, 1950년 7월 12일 체결)이 성립되어 주한미군에 대한 형사재판관할권은 전적으로 미군법회의에서 행사하기로 되었다 (1952년 5월 24일에는 한국의 미군에 대한 경제적 지원을 내용으로 하는 마이어협정(정식명칭은 '경제조정에 관한 협정'임)이 체결되어 미군의 특권은 더욱 강화되었다).

그러나 이 협정은 국회의 비준동의를 거치지 않았으며 또한 미군당국은 주한미군의 안전에 대한 범죄를 행한 혐의가 있는 대한민국 국민을 체포할 수 있다고 규정함으로써 그 위헌여부가 문제시되었다. 그리고 한국정부는 이 협정이 전쟁이라는 절박한 상태를 전제로 성립된 잠정적인 것이라 하여 새로운 협정의 체결을 위해 노력하였다.

### (2) 韓美駐屯軍地位協定 締結(1966)

한국전쟁 후 한·미상호방위조약이 체결되고 동 조약 제4조에 의해 상호합의하에 미군이 계속 한국에 주둔하게 되었다. 1953년 한·미상호방위조약 체결협상 때부터 한국은 미국에 전쟁이 끝났으므로 대전협정을 폐기하고 주한미군의 지위에 관한 새로운 협정을 체결할 것을 요구하였으나 미국측은 이를 회피하였다. 미국은 한국은 준전시상태에 놓여 있으며, 대전협정에 의하여 재판권 문제가 계속 규율되고 있고, 한·미상호방위조약이 군대의 지위에 관한 규정을 포함하고 있지 않는 점 등을 이유로 협상을 미루었지만,[11] 실질적 이유는 한국의 사법제도, 행형제도 및 교도시설에 대한 불신때문이었다.[12]

그 후 주한미군들에 의한 범죄가 증대하고, 이에 대해 비난이 거세지자 미국은 협상에 응

---

10) 한·미 양국은 휴전에 이어 체결된 '한·미 상호방위조약'에 의해 정식 동맹관계로 발전되었다(1953년 10월 1일 워싱턴에서 체결, 1954년 11월 18일에 발효). 동 조약은 한국에 대한 외부세력의 침략에 한·미 양국이 공동으로 대응하기 위하여 마련한 기본 틀로서, 한국의 안보뿐 아니라 동북아지역 전체의 안정에도 크게 기여하고 있으며, 양국 연합방위체제의 법적 근간으로서 '한·미 주둔군지위협정'과 정부군 또는 군사 당국자간의 각종 안보 및 군사관련 후속협정들의 기초를 제공하고 있다. 국방부, op. cit., pp.83-84.

11) 이장희, "한·미주둔군지위에 관한 협정상의 형사재판관할권 행사의 문제점과 개정방향", 국제법학회논총, 제40권 제2호, 1995. 12, p.123.

12) 김병렬, "SOFA 협정의 형사관할권에 관한 소고", 국방연구, 제36권 1호, 1993. 6, pp.210-211 참조.

하기 시작하여 우여곡절 끝에 1966년 7월 9일 본문(31개조)과 합의의사록, 합의양해사항(Agreed Understanding) 및 교환서한(Exchange of Letters)로 이루어진 3개의 부속문서로 구성된 '한·미주둔군 지위협정'[13]이 체결(1967년 2월 9일 발효)되었다.[14]

하지만 동 협정에는 1960년대 냉전구도 하에서의 한·미간의 불평등관계가 협정 부속문서에 그대로 반영되었다. 본 협정은 1950년 대전협정에 비하여 한·미간의 평등성을 많이 반영하여 주둔국과 미국이 가장 평등한 입장에서 형사관할권을 규정하고 있는 'NATO협정'(1951년 6월 19일 서명, 1953년 8월 23일 발효)과 'NATO 독일 보충협정'(1959년 8월 3일 서명, 1963년 7월 1일 발효), '미일협정'(1960년 1월 19일 서명, 1960년 6월 23일 발효) 및 '미국호주협정'(1963년 5월 서명, 발효)과 적어도 외형적으로는 유사하였지만, 3개 부속문서는 본 협정의 정신을 매우 제한시켰다.

동 협정에 따라 한국은 미군의 안전과 재산에 관한 범죄, 미군구성원·군속 및 그들 가족의 신체와 재산에 대한 범죄, 공무상의 범죄를 제외하고는 대한민국이 제1차적 관할권을 갖게 되었다. 그러나 동 협정은 형사재판관할권에 있어서 상당한 문제점을 갖고 있었다. 비공무중의 미군범죄에 대한 재판권 중 대한민국의 안전에 대한 범죄와 살인·강도·강간 등으로 예시된 범죄, 그리고 접수국에서 특히 중요하다고 인정하는 범죄를 제외한 기타의 모든 사건은 대한민국 외교통상부 장관과 주한미대사간의 교환서한에 따라 한국의 법무장관이 보고받은 때로부터 15일 이내에, 또한 양자의 합의가 있으면, 그보다 짧은 기간 내에 재판권을 행사하겠다는 뜻의 결정을 서면으로 통지하지 않는 한 한국측의 재판권은 자동적으로 포기되는 것으로 하였다. 특히 합의의사록에서 대한민국이 계엄령을 선포한 경우, 그 지역에서는 형사재판권 규정의 적용이 즉시 정지되고 합중국 군당국은 계엄령이 해제될 때까지 전속적 재판권을 행사할 권리를 갖는다고 규정하고 있었다.

---

13) 동 협정의 정식명칭은 '대한민국과 아메리카 합중국간의 상호방위조약 제4조에 의한 시설과 지역 및 대한민국에서의 합중국군대의 지위에 관한 협정'(Agreement Under Article Ⅳ of the Mutual Defense Treaty Between the Republic of Korea and the United States of America Regarding Facilities and Areas and the Status of the United States Armed Forces in the Republic of Korea)이다.

14) 1962년 9월 20일 제1차 실무자급회의를 개최한 후 1965년 5월 12일까지 79차에 달하는 실무자급회의를 거치는 동안 전문과 정의조항 등 19개 조항에 대해서는 합의를 보았으나 협정의 핵심이라고 할 수 있는 형사재판권 등에 대해서는 의견의 일치를 보지 못하다가 1965년 5월 18일 워싱턴에서 개최되었던 한 미정상회담에서 제1차적 형사관할권 등 주요사항에 대하여 원칙적인 합의를 보고 이어 6월에 속개된 실무자회의에서 전문 31개조에 대하여 합의하였다 그러나 한국측에 불리하게 체결되었다는 국내의 비난을 우려하여 공표를 미루다가 한일국교정상화, 월남파병, 아태각료회의 등에서 미국측의 요구를 수용한 것을 계기로 1966년 4월부터의 제82차 실무자회의에서 일부 미국측의 양보를 받아낸 후 7월 8일 협상을 완결짓고 다음 날인 7월 9일 러스크 미국무장관의 방한을 계기로 서명하게 되었다. 김병렬, op. cit., p.211.

### (3) 韓美駐屯軍地位協定 제1차 改正(1991)

60~70년대를 지배했던 반공반북 이데올로기는 주한미군의 수많은 범죄와 탈선행위에도 불구하고 한·미주둔군지위협정에 대한 비판제기와 개정요구를 억제했었으나, 80년대 들어서면서 광범위하게 확산되기 시작한 반미의식의 성장에 따라 미군의 각종 범죄행위가 커다란 사회문제로 부각되면서 협정은 또다시 도마위에 올라 1988년 12월부터 개정협상이 시작돼 2년여 만인 1991년 제1차 개정이 있었다(1991년 1월 4일 개정, 동년 3월 1일 발효). 동 개정은 협정본문과 합의의사록은 그대로 두고, 합의양해사항과 교환서한은 폐기하여 하나의 새로운 양해사항으로 대체한 것이었다.

동 협정에서는 대표적 불평등 조항으로 지적되었던 형사재판권 자동포기 조항이 폐기되었으며,[15] 공무증명서에 대한 이의제기 주체를 이제까지 검찰총장으로 한정했던 것을 일선 검사로 확대시켰으며, 한국의 1차적 형사재판 관할권 대상이 되는 특히 중요하다고 하는 범죄의 범위를 국가안전 관련범죄·살인·강도·강간사건 등 중범죄에만 규정하여 기타범죄에 대해서는 사실상 형사재판권을 행사하지 못했던 것을, 협정 제22조 제3항 (나)에 관한 합의의사록에 대한 합의 양해사항이 폐기됨으로써 대부분의 범죄에 대해서 대한민국이 재판권을 행사하게 되었으며, 대한민국 당국이 피의자를 체포한 후 신병을 미군 당국에 인도하기 전에 사건에 대해 예비수사를 할 수 있게 되었고, 대한민국 당국의 피의자의 신병인도를 요청한 경우 미측이 협조하도록 하였으며, 계엄하에서 미군 군속과 가족에 대한 미합중국의 전속적 재판권만을 규정하던 것을 대한민국이 주둔군 지위협정의 일반적인 안전기준에 따라 정상적으로 구성된 민간법원에서 재판할 것을 보장하면서 합중국 군속 및 가족에 대한 대한민국의 재판권 행사요청을 호의적으로 고려한다고 하여 재판권행사가 가능하게 되는 등 형사관할권과 관련하여 부분적인 진전이 있었다. 그러나 실제 한국측의 권리행사를 제한시키는 조항들을 개정하지 않음으로써 기존의 협정과 거의 변함없는 불평등 구조를 온존시켰다.[16]

---

15) 폐기된 교환서한에서 대한민국이 1차적 재판권을 행사하려면 범죄발생을 통고받거나 알게 된 후 15일 이내에 법무부장관이 미합중국 군당국에 서면으로 요구하지 않으면 자동포기되도록 한 것을, 새로운 합의양해사항에서는 대한민국의 관할권 행사를 일단 인정하고, 개별사안에 대해 한국측의 관할권 행사를 포기하도록 요청하는 것이 가능하도록 하였다.

16) 이석우, op. cit., pp.33~34.

### (4) 韓美駐屯軍地位協定 제2차 改正(2001)

한·미간 우호협력 관계의 안정적 발전을 도모하고 우리의 국력 신장과 그에 따른 향상된 국제적 지위에 상응하는 외교구현이라는 명분하에 개정[17]되었던 1991년 제1차 SOFA 개정은 1992년 마이클 이병의 윤금이씨 살해사건, 1995년 충무로 지하철 난동사건 등 연쇄적인 미군범죄로 인해 한·미 행정협정의 전면개정을 요구하는 국민들의 비판이 날로 거세지자 한·미 양국은 95년 11월말부터 다시 개정협상을 벌였다.[18] 1995년 11월 30일부터 시작된 협상은 미군피의자 인도시기, 기소시점, 검찰 상소권, 미군피의자의 반대신문권, 참고인진술 증거능력 등 형사재판권 관련문제에 이견을 보여 1996년 9월 10일, 7차협상을 마지막으로 결렬되었다.

그 후 한·미주둔군지위협정 개정협상은 1997년 5월 27일 미국의 일방통보에 따라 사실상 중단된 후 한·미간의 마찰이 있을 때마다 첨예한 외교문제로 대두되었다. 1999년 10월 한국정부는 미국에 협정 개정협상 재개를 요구하였으며, 2000년 3월 한·미 양국 국방장관은 4월말 협상재개를 합의하기에 이르렀다. 그러나 미국측은 남북정상회담 개최 합의가 발표되자 "양국간 안보분야 협력이 어느 때보다 중요하다"며 5월 이후로 연기할 것을 요구하였다.

그러나 한·미 양국은 매향리 사건의 발생으로 국내 여론이 들끓자 한·미주둔군지위협정 개정협상을 예정보다 앞당겨 재개키로 합의하였다. 미국측은 2000년 5월 31일 한국측에 한·미주둔군지위협정 개정협상안을 제의해놓고도[19] 협상을 미루어 오다가 한강 독극물 방류사건이후 기존의 소극적인 입장을 바꿔 한·미 양국은 제7차 협상(1996년 9월)이후 4년여 만인 2000년 8월 2일부터 3일까지 이틀간 외교통상부 회의실에서 제8차 SOFA 개정협상을 가졌다.

동 협상에서 한·미 양측은 양국 안보동맹의 중요성과 그러한 안보동맹을 유지함에 있어서 SOFA의 역할을 확인하고 조속한 시일내에 이를 개정하기로 합의하였으며, 구체적으로 기소시 신

---

17) 외교통상부, 한·미주둔군지위협정(SOFA) 개정 보고, 제152회 임시국회 보고 자료 91-3, 1991, p.1.

18) 미국은 이 협상개정의 조건으로 한국정부에 방위분담금을 요구하였으며, 한국정부는 1995년 11월 한·미주둔군지위협정의 재개정을 한·미간에 합의하면서 방위분담금 증액을 약속했다.

19) 미국은 형사재판관할권 문제만을 다룬 동 협상안에서 미군 범죄피의자의 신병인도 시기를 형확정 시점에서 기소 시점으로 앞당기자는 한국의 요구에 원칙적으로 동의하면서도 형량 6개월 이하의 경미한 사안에 대해선 재판관할권을 미군측에 넘겨줄 것을 요구하였다(경향신문 2000년 6월 5일자). 그러나 형사재판관할권에 국한된 미국안은 이 문제외에도 환경, 노동, 검역 등의 모든 분야를 포괄적으로 협상해야 한다는 한국측의 입장과 상치되는 것이어서 전면 개정을 요구하고 있는 언론과 시민단체들의 반발을 불러 왔다. 한편 한국정부는 협정 개정협상에서 형사재판관할권 분야가 가장 중요하고 시간도 오래 걸리는 난제라는 점을 감안, 일단 이 문제부터 협상을 벌이되 향후 협상대상에 다른 분야까지 포함할 것을 미국측에 요구키로 하였다(경향신문 2000년 6월 3일자).

병인도 및 이와 관련된 피의자의 법적 권리 보호를 비롯한 형사재판권 관련 여타 문제, 환경, 시설과 구역의 공여 및 반환, 동식물 검역, 주한미군 한국인 근로자의 근로조건, 주한미군 비세출자금기관에 대한 한국인의 출입제한, 민사소송절차 및 SOFA 대상자의 범위 문제 등 SOFA와 관련된 문제들을 논의하였다. 그러나 구체적 결론은 내지 못하고 향후 2개월내 조속한 일자에 미국에서 다음 협상을 개최하기로 합의하였을 뿐이다.

이에 따라 10월 17~18일 양일간 미국방부에서 SOFA 개정협상을 벌였으나 형사재판관할권 등 일부 분야에서만 진전을 보고 다른 분야에서는 대부분 원칙론적인 수준의 논의에 그쳤다. 동 협상에서는 형사재판관할권과 SOFA 적용대상자의 범위에 관한 양국의 공동실무 초안을 마련했다. 형사재판관할권의 경우 피의자 신병인도 및 법적 권리 보장 등에서 상당한 진전이 있었으며, 환경조항 신설·동식물 검역·주한미군 소속 한국인 노무단 근로조건·미군 시설과 구역·미군전용 위락시설에 대한 한국인 출입제한·민사소송 절차 등에 대해서도 실질적인 협의가 있었지만 구체적인 합의는 이루어내지 못했다.

한·미 양국 정부가 국민의 개정요구와 반미감정(운동)의 확산 방지를 위해 협정의 개정에 원칙적으로 합의하고 실무협상을 진행하긴 하지만, 한국정부는 한·미동맹관계를 저해하지 않는 선에서 개정을 추진해야 한다는 부담을 그리고 미국 정부는 미군 구성원 등의 형사재판에서의 최대한의 법적 보장을 받아내야 한다는 부담을 갖고 있었으며, 무엇보다 협상 타결을 가로막는 가장 중요한 원인은 협정에 대한 한·미간 인식의 차이였다. 현행 협정이 한국의 안보를 지키기 위해 낯선 땅에 파견된 자국군에 대한 최소한의 안전장치라고 보는 미국측과 미군이 과거의 시혜 관념을 버리지 못하고 계속 우월적인 지위를 누리려 한다는 한국측 사이의 시각차가 협정 개정 협상의 밑바닥에 깔려 있었던 것이다.[20]

드디어 2000년 12월 28일 5년 넘게 끌어 온 한·미주둔군지위협정(SOFA) 개정 협상이 마침내 타결되었다. 양국 협상 수석대표는 막판 절충을 벌인 끝에 협상을 매듭짓고 형사재판관할권과 환경조항 신설 등을 골사로 하는 SOFA 개정합의서에 가서명한 뒤 공동 기자회견을 열고 협상타결을 공식 발표하였다.

제2차 개정에서 한·미 양국은 살인, 강간, 방화, 마약거래 등 12개 주요범죄에 대한 SOFA대상

---

20) 한국일보, 2000년 4월 3일자 25면.

피의자의 신병인도시기를 현행 '재판종결후'에서 '기소시'로 앞당기고, 한국 경찰에 의해 현행범으로 체포된 살인·강간과 같은 흉악범은 미군측에 신병을 인도하지 않고 한국측이 계속 구금이 가능토록 했다. 대신 미군 피의자의 인권을 위해 변호인의 조력을 받을 권리를 보다 강화했다. 이에 따라 그동안 법원의 최종 판결이 난 뒤에 신병이 한국측에 인도되던 미군 피의자의 경우 한국측에 기소 또는 체포 시점에 즉시 신병이 인도되게 됐다.

쟁점사항이던 환경조항 신설과 관련하여 양국은 합의의사록에 "미군은 한국의 환경법령을 존중한다"는 환경조항과 "한국은 미군과 군무원의 안전을 고려한다"는 요지의 조항을 신설하기로 했다. 양국은 이 조항에 근거해 별도의 특별 양해각서를 체결하기로 하고, 여기에 환경관련 정보공유 강화 및 공동조사, 환경관리실적 평가 및 오염제거 등의 내용을 포함시키기로 했다. 또한 미군기지내 한국인 근로자들의 노동쟁의 냉각기간을 70일에서 단축하고 안정적 고용을 위한 규정을 강화하는 한편, 조건을 갖춘 SOFA 적용 가족에 대한 국내 취업을 허용하기로 했으며, 미군 식품용으로 수입되는 동·식물과 그 생산물에 대해서는 공동검역을 실시하기로 했다. 이외에도 양국은 미군 기지내 시설 건축시에는 한국정부와 사전통보하고 협의토록 하여 주한미군과 지방자치단체간의 갈등을 예방할 수 있게 되었으며, 주한미군 불용토지 반환과 용도변경 등과 관련해 한국내에서 미군이 사용하는 모든 토지를 연 1회 합동 실사하기로 합의해 미군이 사용하지 않거나 사용계획이 없는 토지를 돌려받을 수 있는 근거를 확보했다. 그리고 주한미군 클럽과 골프장 등 시설에 대한 한국인 출입통제에 관한 새로운 절차를 만드는 데도 양국은 합의했다. 양국은 이같은 합의내용을 성격에 따라 본문과 합의의사록, 양해사항 등에 규정하였다.

## 나. 韓美駐屯軍地位協定의 內容

### (1) 刑事裁判管轄權

형사피의자 신병인도 시기와 관련 현행협정은 확정판결 후 신병을 인도하게 되어있으나 앞으로는 살인, 강간 등 12개 주요범죄에 대해서는 기소시 신병을 인도하고, 나머지 범죄에 대해서는 현행처럼 형확정 후 신병을 인도하게 된다.

이처럼 12개 중범죄를 저지른 미군 피의자의 신병인도 시점을 현행 형 확정 후에서 기소시점으로 앞당긴 것은 미일 SOFA와 비교해 한·미 SOFA의 대표적인 불평등조항을 바로 잡은 것이라 할 수 있다.

12개 주요범죄는 과거 10년간 발생한 미군 범죄유형을 검토한 결과로서 ① 살인 ② 강간 ③ 유괴 ④ 마약거래 ⑤ 마약생산 ⑥ 방화 ⑦ 강도 ⑧ 상기 7개 범죄 미수 ⑨ 폭행치사 상해치사 ⑩ 음주운전 치사 ⑪ 교통사고 치사후 도주 ⑫ 상기범죄를 포함한 다른 범죄 등이 포함된다. 미군에 대한 형사 재판권면에서 일본이 현재 기소 직후에 법원으로부터 구속영장을 발부받아 신병을 구속하는 데 비해 우리나라는 사전 구속영장을 통해 기소 이전에 신병을 확보할 수 있게 돼 한발 앞서게 된 셈이다. 그러나 연간 강력 범죄가 10여건도 안되는 현실에서 미군 피의자 기소 시점을 앞당기는 데 지나치게 집착, 너무 많은 양보를 한 것이 아니냐는 비판도 있다. 대표적 사례로, 형집행에 관한 미측의 특별요청에 대해 충분히 고려하기로 한 점이 결점으로 지적된다.

그리고 특히 반미감정을 자극해 온 살인 혹은 죄질이 나쁜 강간행위[20]를 저지른 미군피의자를 체포했을 때 미측에 신병을 인도하지 않고 계속구금이 가능하게 됐다. 이에 대해 미측은 우발적 살인과 흉악성이 없는 강간의 경우 계속 구금권 대상에서 제외해야 한다는 주장을 굽히지 않았으나 막판 절충 끝에 강간에 한해 '죄질이 나쁜 경우'라는 전제를 다는 것으로 타협이 이뤄졌다. 그러나 개념이 모호한 측면이 있어 합동위원회에서 구체적인 범위를 설정할 예정이지만 논란의 여지가 있다.

우리측은 미측의 양보 대가로 질병 및 부상 등의 경우 재판전 신병인도 연기에 대한 미측 요구를 호의적으로 고려하고, 기소 후에는 미군 피의자를 신문하지 않기로 하는 등 미군 피의자에 대한 법적 권리 보호장치를 마련했다. 그러나 미군 피의자에 대해 1심에서 무죄가 난 경우 검사가 항소할 수 없도록 한 규정은 현행대로 유지됐다. 그러나 이런 타결이 국내 사법권의 위상을 높인 것은 사실이지만 현실적으로 형사재판권 확대가 실효를 거둘 수 있을지는 다소 불투명하다는 것이 법조계 인사들의 우려다.

현재 미군 범죄는 경미한 교통사고가 70% 가량으로 절대적인 비중을 차지하고 있고 나머지 범죄의 대부분은 폭행이나 절도 등이 주류를 이루고 있다. 물론 살인이나 강간 등 강력범들의 신병을 조기에 확보해 우리 사법권 테두리에 둘 수 있게 된 것은 의미가 크지만 실제로 그런 사례가 얼마나 되겠느냐는 지적이다. 교통사고나 폭행, 절도 등은 지금도 재판권을 행사하고 있지 않지만 개정된 이후에도 달라질 것은 별로 없다는 것이다.

---

21) 계속 구금권을 행사할 수 있는 강간범죄에 대해 '죄질이 나쁜'이라는 조건을 전제한 것은 date rape를 빼자는 미국의 주장을 받아들인 결과다. 하지만 우리 형법은 date rape도 강간으로 인정하고 있다.

우리나라가 제2차 개정에서 형사재판권을 대폭 확대한 반면 이에 대한 반대급부로 미군은 피의자의 법적 권리를 보장하는 규정을 얻었다. 우리 당국이 미군 피의자를 계속 구금할 경우 변호인 입회시까지 신문을 하지 못하고 변호인 부재시 획득한 증언, 증거는 재판에서 사용하지 못한다는 것 등이 대표적인 사례. 또한 기소 이후에는 피의자 신문을 하지 않는다거나 질병, 부상, 임신 등 사유로 미군측이 신병인도 연기를 요청하면 이에 호의적으로 대처해야 한다는 것도 포함돼 있다.

### (2) 環境

제2차 개정의 가장 큰 성과중의 하나는 환경에 대한 관심 및 그 보호의 중요성이 증대됨에 따라 SOFA 합의의사록에 환경조항을 신설하는 한편, 이에 근거해 환경보호를 위한 협력조치 등을 포함하는 특별양해각서를 체결키로 한 것이다.

한·미간에 개정키로 합의된 내용은 합의의사록과 특별양해각서의 2원적 구조다. 합의의사록에는 상호주의를 원칙으로 제3조 제2항에서 한·미 양국은 환경보호의 중요성을 인정하고 미국은 자연환경의 보호에 부합하는 방식으로 SOFA 협정을 이행하며 한국의 환경법령과 기준 및 정책을 존중한다고 규정하고, 우리는 미군의 안전을 적절히 고려한다는 내용이 포함되게 되었다. 특별양해각서에는 양국 환경법령중 보다 엄격한 기준에 따라 미군 관리지침을 2년마다 수시로 검토, 보완토록 하는 내용 등 환경관리 기준, 정보공유 및 접근(공동조사를 위한 미군기지 출입절차), 환경이행, 환경문제 협의 등 환경오염 사고의 사전예방에서부터 사후처리까지를 구체적으로 명시하고 있다.

이는 미독 SOFA에 이어 두 번째로 환경조항을 명문화한 것으로 그 내용 또한 포괄적, 구체적이어서 향후 미군의 환경오염 사고에 적극 대처할 수 있는 길은 확보되었다. 또한 미일 SOFA가 '환경원리에 관한 공동선언'이라는 법적 구속력이 없는 양국 장관의 공동성명으로 환경조항을 대체했던 것과 비교할 때 내용과 형식에 있어서 보다 진전된 것으로 평가할 수 있겠다.

이번 환경조항 신설로 우리 정부는 앞으로 국내 환경법령에 따라 환경오염에 대처하기 위한 미군의 적절한 조치이행 여부를 수시로 확인하고, 독극물 한강무단방류 사건과 같은 환경오염 사건, 사고 발생시 미군기지에 대한 한·미 공동조사를 실시할 수 있는 발판을 마련하게 됐다.

그러나 신설되는 환경조항은 다분히 선언적인 내용일 뿐 구체성을 결여하고 있다. 미독 SOFA

와는 달리 환경오염 제거비용의 부담, 독일 환경법규의 준수(observe), 원상회복의무 및 환경오염에 대한 배상규정도 명문화하지 못했을 뿐만 아니라 규정된 내용들도 SOFA 본문이 아니라 합의의사록과 특별양해각서에 규정됨으로써 향후 논란의 소지를 남겼다.

따라서 환경조항이 실효적이기 위해서는 앞으로 양측이 특별양해각서 이행을 위한 실질적이고도 현실가능한 세부절차를 마련해야 할 것이다.

정부는 환경문제가 원칙적 선언에 그쳤고 어겼을 경우 처벌조항이 전혀 없으며 환경피해에 대한 배상 및 원상회복 원칙도 규정되지 않았다는 시민단체들의 문제점 지적을 유념해야 할 것이다.

### (3) 勞務

1966년 체결된 뒤 1991년에 일부만 개정된 SOFA 노무조항이 처음으로 대폭 개정되어 그동안 독소조항으로 제기돼온 많은 불합리한 규정들이 대폭적으로 정비되었다.

노동쟁의 냉각기간 단축, 해고요건 강화 및 노동쟁의 조정절차 개선과 한국노동법 적용절차의 구체화 등으로 주한미군 내 노동자들의 노동조건이 다소 개선되었다.

미군 부대내에 근무하는 한국인 노무자들의 쟁의돌입전 냉각기간이 70일에서 최소 45일로 단축했다. 이는 주한미군도 국내법의 적용에서 예외로 하지 않겠다는 상징적인 의미를 갖는다. 냉각기간의 기산점도 합동위원회에의 회부시점에서 그 전단계인 노동위원회조정신청서 접수시점으로 앞당겨 실질적인 쟁의행위 금지기간이 단축되어 보다 대등한 입장에서 노사간 단체교섭이 가능하게 됐다.

그리고 그간 독소조항으로 지적돼온 해고에 관한 "미군의 군사상 필요에 따라 고용을 중단할 수 있다"는 규정을 "주한미군은 정당한 사유 또는 군사상 필요 없이는 해고할 수 없다"로 개정하고 '군사상 필요'의 범위를 전쟁 및 이에 준하는 비상사태, 군대임무변경 및 병력감축 등 구체적으로 그리고 네거티브방식으로 적시함으로써 국내 노동법 적용배제 조건을 엄격화함으로써 '군사상 필요'를 이유로 남용되어 온 미군부대 한국인 노무자들의 일방적 해고를 막을 수 있게 되었다. 이는 군사임무수행을 위해 해결조치가 긴급히 요구되는 경우에 한해 제한적으로 국내노동법을 적용하지 않을 수 있도록 한 것으로 국내노동법 적용의 예외 범위를 대폭 축소한 것이다. 동시에 주한미군내 한국인 근로자 '우선' 고용 관행을 '독점적' 고용보장으로 변경해 국내 근로자의 고용

안정을 도모토록 했다. 부당해고 등 개별분쟁 사건 처리를 위하여 한국정부가 한·미간 특별위원회 회부를 요청하면 주한미군이 신속히 응하도록 의무화했다.

또한 지금까지 주한미군 부대에서 노동쟁의가 발생하면 노동부의 알선을 거쳐 한·미 합동위원회에 넘겨졌으나, 제2차 개정으로 노동쟁의가 발생하면 노동부 알선 대신 중앙노동위원회에 조정신청을 한 뒤 해결되지 않는 경우에 한해 한·미 합동위원회에 회부하도록 해 국내 노동법상 조정절차를 밟도록 했다.

이와 함께 양측은 한국인 근로자들의 고용안정을 도모하고 노사관계의 불안요인을 해소하기 위하여 주한미군내 한국인 직위와 관련해서는 한국인 직위에 미국인을 임용하거나 한국인 직위를 미국인 직위로 변경하는 것을 금지 미군부대내 한국인 직위에 미국인을 임용하거나 한국인 직위를 미국인 직위로 변경하는 것을 금지키로 합의했다.

동시에 양해각서에서 주한미군 가족들이 별도의 취업비자를 발급받지 않아도 출입국관리법상의 외국인 취업 허용 범위내에서 자격을 갖춘 자에게 영어회화 강사 등 체류자격이외의 활동을 허가해주는 방안을 향후 긍정적으로 검토키로 해 조만간 주한미군 가족들이 보다 손쉽게 취업할 수 있는 길이 열릴 것으로 예상된다.

동시에 주한미군 가족들이 별도의 취업비자를 발급받지 않아도 출입국관리법상 외국인 취업이 허용된 범위내에서 자격을 갖춘 자에게는 영어회화 강사 등 체류자격 이외의 활동허가를 해주는 방안을 향후 긍정적으로 검토키로 했다.

### (4) 動植物 檢疫

기존 SOFA에서 독소조항중 하나로 지적되어 왔던 미군이 본국에서 들여오는 부식용 동식물의 검역문제는 양국이 SOFA 합동위원회에서 합의된 절차에 따라 공동검역을 실시하기로 합의하였다. 다만 주한미군용 식료품 공급이 지연되지 않도록 보장해달라는 미국측의 요청을 수락함으로서 그 의의가 다소 퇴색되었다.

### (5) 施設 및 區域의 供與 및 返還

기존 SOFA는 미사용 시설 및 구역의 반환을 목적으로 연 1회 이상 모든 시설 및 구역을 검토토록 하고 있지만 구체적인 시행규정이 없어 유명무실했었다. 이와 관련 2차 개정에서 미사용 공여지 뿐만 아니라 사용계획이 있는 공여지라 하더라도 3년 이상 방치되는 경우 미국측이 사용목적을 충분히 입증하지 못하면 반환토록 했다. 주한미군의 미사용 공여지의 반환지연, 공여지의 무단 용도변경 등을 방지하기 위하여 연 1회 이상 모든 공여지에 대해 사용 목적상 더 이상 필요한지 여부를 합동실사 할 수 있는 명시적 규정을 두기로 합의한 것이다.

이와 함께 주한미군이 군부대에 지역사회의 건강, 공공안전에 영향을 끼치는 시설을 신·개축할 경우 먼저 중앙정부와 미군이 협의를 통해 해결한다고 합의함으로써 미측의 무단 토지이용을 차단할 수 있는 근거를 마련하였으며, 이 문제를 둘러싼 지방자치단체 및 주민과의 마찰을 다소 줄이고 갈등을 예방할 수 있게 되었다.[22] 대신 한국정부는 미군 훈련장 등의 시설에 우리 농민들이 농사를 짓는 등 공여지 침해행위를 방지하기 위한 필요조치를 취하기로 합의했다.

### (6) 民事訴訟節次

개정된 SOFA는 특별한 명문 규정이 없던 송달절차, 법정출석, 증거수집 및 강제집행과 관련한 세부 시행절차 등의 민사소송절차를 구체화하여 민사소송 제기를 용이하게 하였으며, 그동안 소송절차가 명시되어 있지 않아 미군이 낸 교통사고나 군사작전 등으로 인해 피해를 입은 우리 국민이 소송을 하려 해도 어려움이 많았던 것을 미군 기지내 재산에 대한 압류 등 강제 집행이 가능해짐으로써 민원의 소지를 덜게 되었다.

우리 법원은 주한미군 연락기관 또는 공시송달 등을 통해 소송서류를 송달할 수 있으며 미국측은 이에 협조하여야 할 뿐만 아니라 법정출석을 보장할 수 있는 모든 조치를 취하는데 협조하여야 한다.

기존 SOFA에서도 민사소송과 관련하여 증거확보를 위한 상호협력 등 원칙적 규정은 있었지만 송달이나 강제집행 등에 대한 세부절차에 관한 규정이 미비해 민사소송 제기가 곤란했던 바, 이러한 문제점이 일부 해결되었다.

그러나 양국은 민사소송 절차를 신설하는 대신 기존협정에서는 관련소항이 없던 미군이 낸

---

22) 미군 부대내 건물 무단 증·개축 문제는 지방자치단체와 미군측간의 갈등요인이 되어 왔는바, 용산구와 미8군간의 호텔 신축을 둘러싼 대립이 그 대표적 사례이다. 용산구는 미군이 용산기지 '드래곤 힐 랏지'옆에 짓고 있는 지하 1층 지상 6층의 별관과 지하 1층 지상 1층의 주차장을 구청과 협의를 거치지 않은 불법 건축물로 규정, 자진철거하지 않을 경우 강제 철거하겠다고 밝혔었다. 이에 대해 외교통상부는 "SOFA 규정상 용산구와 협의할 법적 의무는 없다"고 유권해석을 내린바 있다.

대물교통사고에 대해서는 일정한 경우 불입건하기로 했다. 대물교통사고를 낸 미군 또는 군속이 공무수행중이거나 2만 5000달러 이상의 보험에 가입한 경우에는 일본 및 독일처럼 형사입건을 하지 않되, 피해자들이 이의를 제기하는 경우에는 형사입건이 가능토록 했다.

### 다. 제2차 改正 協定의 問題點

한·미간 SOFA 개정협상이 전격 타결되자 시민단체, 언론 및 전문가들은 이전보다는 일단 진일보되었다고 평가했다. 미군 범죄자의 신병인도를 앞당긴 것이나 공동검역, 노무부분에 있어 노동자 쟁의시 냉각기간 단축 및 환경조항 신설 등에 대해 상당히 긍정적으로 판단했다.

그러나 이들은 일부 내용이 진전됐다고 환영하면서도 이제까지 요구했던 수준에는 미치지 못해 전체적으로 선언적 의미에 그친 경우가 많다는 반응을 보였다. 특히 이들은 주요범죄를 12개 유형으로 제한한 것을 비롯하여 미군의 국내 환경법 준수의무를 본협정이 아닌 합의의사록에의 삽입 및 각 원칙에 따른 전제조건의 설정 등의 한계를 지적하였다. 일부에서는 정부의 미온적 대응이 낳은 결과라며 전면 재개정을 요구하기도 했다.

이처럼 2차 개정은 일부 조항에서의 진전에도 불구하고 본협정 및 합의의사록, 양해사항 등 부속문서 전체에 대한 개정이 아닌 부분 개정에 그쳤으며 그 내용도 매우 선언적, 추상적 수준에 그치거나 단서조항을 달아놓고 있는 경우가 많아 실제 적용에 있어 효력을 갖기 힘들다는데 문제가 있다.

### (1) 刑事裁判管轄權

SOFA 개정은 양국간의 법률제도와 문화적 차이 및 군사적 이해관계가 다르기 때문에 해결이 쉽지 않은 문제였다. 특히 형사재판권에 대해 접수국인 한국은 자국민 보호와 주권의 확립이라는 원칙에서, 파견국인 미국은 미군 등의 인권보호와 군기확립이라는 원칙에서 서로 이해관계를 달리하였으며, 양국간의 이러한 견해차는 상호간 민족적 감정의 대립을 가져와 양국의 전통적인 우호관계에 악영향을 미칠 수도 있었다.

다행히 형사관할권 문제에 있어서 관심의 초점이 되었던 미군 피의자의 신병인도 시점은 '재판종결 후'에서 '기소할 때'로 앞당겨졌고 죄질이 나쁜 미군 피의자를 우리측이 체포했을 때는 우리가 계속 구금도 할 수 있는 장치가 마련됐다. 그러나 첫째, 형사재판관할권을 확대하면서 기소시점에 신병을 확보할 수 있는 '중요범죄'를 12개로 제한한 것은 문제가 있다. 미일 및 NATO SOFA의 경우 범죄 유형과 관계없이 무조건 기소와 동시에 신병을 인도하도록 규정해 놓은 것에 비하면 상당히 후퇴한 결과다. 연간 강력범죄가 10여건도 안되는 현실에서 미군 피의자 기소시점을 앞당기는데 지나치게 집착, 많은 양보를 한 것이 아니냐는 비판도 있다. 대표적 사례로 형집행에 관한 미측의 특별요청에 대해 충분히 고려하기로 한 점이 결점으로 지적된다. 무수한 신종범죄가 발생하고 있는 마당에 범죄의 종류를 미리 정해 놓고 그것에만 한정하여 신병인수나 구금을 하도록 한 것은 현실성이 없다. 따라서 실제로 어떤 사건이 발생할 경우 피의자의 처리문제로 한·미 양측은 상당한 논란을 벌일 가능성이 크다. 더욱이 주요범죄 항목을 추가하려면 SOFA 합동위원회의 합의를 거쳐야 하는 문제가 있다.

둘째, 계속 구금이 가능한 범죄를 '살인 혹은 죄질이 나쁜 강간'으로 제한한 규정은 앞으로 논란의 여지가 있을 것이다. 한국 경찰이 현장에서 피의자를 체포하면 계속 구금할 수 있는 살인 및 강간의 2개 범죄도 앞으로 범죄유형과 죄질에 대한 구체적 판단근거 및 범위 등을 SOFA 합동위에서 세부적으로 마련하도록 해 이 과정에서 논란이 예상된다. "우리 경찰의 구금대상인 미군 피의자 범위도 증거인멸 및 도주 우려 등 일반적인 기준이 아니라 단순히 강간, 살인 등 흉악범으로 규정, 이러한 조건들의 확대해석이나 남용시 상당한 폐해가 있을 것"이라고 내다봤다.

셋째, 미군피의자의 법적 권리를 보장하면서 변호사 출두시까지 불신문, 변호사 부재시 취득한 증언 및 증거의 효력 상실, 무죄추정의 원칙에 근거한 언론보도문제 등 특혜시비가 일 수 있는 규정들을 명문화한 것도 문제점이다.

넷째, 형사재판권 관할조항에 있어 무죄선고시 검찰이 독자항소할 수 없다는 문제가 해결되지 않았다.

다섯째, 국내법 및 사법관행과의 형평성 논란이 예상된다. 개정안에는 병을 앓거나 임신중인 미군피의자의 신병인도 시기에 대해 한국측은 호의적 고려를 하여야 하며, 살인 및 강간 등을 저지른 흉악범을 우리 경찰이 체포해도 변호사 출두시까지 신문할 수 없고, 변호사 부재시 취득한 증언이나 증거를 재판과정에서 사용치 않기로 한 것은 우리 형사소송법 및 사법관행과 형평성에 있어 논란이 있을 수 있다.

여섯째, 협정 적용대상에 대한 개정이 없었다. 개정협정은 군인 및 군속뿐만 아니라 그 가족까지 협정 적용범위에 포함시키고 있는 기존 규정을 그대로 두고 있다. 독일과 일본은 이를 군인 및 군속에 제한하고 있다.

일곱째, 1차 재판관할권 행사를 위한 공무판단의 주체를 미군장성으로 하고 있는 부분에 대해 아무런 개선이나 진전이 없었다.

여덟째, 미군피의자 기소후 우리측이 신문할 수 없다는 조항을 신설한 것은 미군피의자의 권리를 지나치게 인정함으로써 증거확보에 차질을 빚을 수 있는 소지를 남겨 미군범죄 대처능력을 크게 떨어뜨릴 우려가 있다.

### (2) 環境

미군기지에서 나오는 오폐수나 한강독극물 방류사건 등에 비추어 볼 때 이번 SOFA 개정에 환경관련 조항이 신설되게 된 것은 뒤늦은 감이 있지만 중요한 진전이다. 하지만 첫째, 환경피해에 대한 배상 등 환경관련 핵심 의무조항 및 처벌조항이 빠져 있고 환경피해 발생시 '원상회복'이 아닌 '치유', '복구'로 규정되어 있어 얼마나 실효가 있을지 의문이다. 이는 추가예산 부담과 여 84개 SOFA 체결국가에 미칠 영향을 우려한 결과이다. 이에 대해 외교통상부의 입장은 독일의 환경법령에는 환경파괴시 원상복구 조항이 들어가 있어 미독 SOFA가 이를 준수한 것이라면서 우리의 경우 SOFA 본문 제23조 배상문제에 대한 언급이 있기 때문에 문제가 발생할 경우 이에 따라 배상받을 수 있다는 것이다. 독일 소파가 환경오염부담금을 명시하고 원상회복의무를 규정해 놓은 것은 물론 환경오염으로 분쟁이 발생했을 경우 원용할 수 있는 비형사소송절차 규정을 두고 있는 부분 등은 결국 채택되지 못했다.

둘째, 환경관련 조항은 본 조항과 부속문서에 통일성 있게 마련돼야 함에도 불구하고 본협정에서 기지 및 시설의 반환시 미국측의 원상회복이나 손해배상의 의무를 면제해 놓고 있는 조항은 그대로 둔 채 그 하위문서인 합의의사록과 특별양해각서에만 관련규정을 신설함으로써 앞으로 얼마나 법적 구속력을 가질지 의문이다.

셋째, 협정은 미군이 미군시설과 구역에서 정기적인 환경이행평가를 실시한다고 규정하고 있다. 그러나 이는 기전에 미군이 2년에 한번씩 행하는 환경평가와 크게 다르지 않다. 미군에 의해 진행되는 환경이행평가에 대해 이의제기권이 확보되지 못했으며 이행평가 결과의 공개도 강제되지 못했다.

넷째, 협정은 미군의 환경관련 정보교환을 위하여 공동조사를 위한 미군기지 절차를 합동위원회에서 마련하도록 하였으나 기존에 미군이 인정하는 환경범죄행위에 대해서는 한국정부가 조사하고 검토해 왔었다는 점에 비추어 보면 이 또한 문제가 있다. 미군이 인정하지 않거나 미군이 인식하지 못했더라도 미군의 구역과 시설에서 일어날 가능성이 있는 환경범죄행위에 대한 한국정부의 사전단속권과 지도권 그리고 원상복구 명령권이 확보되지 못했기 때문이다.

미군의 환경범죄에 대한 범죄행위자 처벌과 원상복구 등에 대한 의무조항이 없는 한 환경조항을 규정한 합의의사록과 특별양해각서는 그 효력에 있어 제한적일 수밖에 없다. 그 내용에 있어서도 다분히 선언적, 추상적인 것이어서 강제력을 갖기 힘들다. 따라서 미군의 환경범죄행위를 사전단속하고 범죄를 조사할 한국측의 권한이 명문화되어야 할 것이다. 환경문제는 앞으로 여러 가지 문제들이 발생할 가능성이 크기 때문에 양국의 꾸준한 협의가 필요할 것이다.

### (3) 勞務

노무조항의 경우 미군의 한국인 노무자 해고요건 강화, 국내 노동법에 따른 조정절차 준수 의무화가 합의되었다. 하지만 강화된 해고요건이 미군측에 의해 역이용될 가능성이 있으며, 평소 한국 법률의 후진성을 따지던 미국이 노동법중 최악으로 일컬어지는 조정부분만을 원용하였고, 한국 노무자에 대한 국내노동법의 적용이 부정되었으며, '군사상 필요'에 의한 해고요건을 강화했다고는 하지만 아직도 해고가 가능한 경우를 '주한미군 방위력에 영향을 줄 수 있는 상황'으로 확대해석할 수 있는 여지가 많아 여전히 많은 문제점을 내포하고 있다. 또 노동자 해고와 노동쟁의 등에 대해서도 종전 포괄적인 전제조건을 구체화시켰을 뿐 일본, 유럽 등과 맺은 협정과는 거리가 있다.

### (4) 動植物 檢疫

검역문제는 '체포시 계속 구금권' 문제와 더불어 한·미 막판까지 양측의 의견이 가장 첨예하게 대립된 내용이었다. 그 결과 합동검역이 합의되긴 했지만, 동식물 합동검역의 경우에도 "단, 주한미군용 식료품 공급이 지연되지 않도록 보장한다"는 단서조건을 두고 있어 검역을 세밀하게 하지 못할 가능성이 있다. 또한 세부적이고 구체적 검역절차에 관한 내용이 결여되어 있어 실제적인 효과는 좀 더 지켜볼 필요가 있다.

그리고 부식용 동식물만 합동위원회에서 '합의'된 절차에 따라 공동으로 검역한다고 함으로서 실제로 많은 문제를 일으키고 있는 쌀의 경우 미군에게 주식인지 부식인지 분명치 않으며, 미군이 합의하지 않은 경우 문제가 발생될 수 있다.

### (5) 其他

첫째, 미군차량의 보험가입 의무화가 신설되지 않았다. 교통사고 발생시 배상이 신속히 이루어지도록 상호노력을 규정하고 있는 바, 미국 정부가 적극 나서서 먼저 배상하고 나중에 미국정부가 사고자에게 배상권을 청구하면 될 것이다.

둘째, 주한미군의 가족이 합법적으로 돈벌이를 할 수 있도록 한 것은 현재 불법적으로 돈을 벌고 있는 것을 양성화해 준 것이다. 미군 가족은 정식 취업비자를 발급받은 뒤 외국인 취업규정에 따라 정식으로 취업해야 할 것이다.

셋째, 모든 공여지에 대하여 합동실사 한다고 한 부분은 진전이지만 공여지 사용여부나 필요성 여부에 대한 판단이 미군 당국에 남아 있다. 공여지에 대한 협상에는 한·미 정부뿐만 아니라 지주도 동등한 자격으로 참가하여 협의하고 합의하여야 한다. 사용하지 않거나 사용계획이 없는 경우 '반환'하도록 했으나 '즉시 반환'으로 못박지 못했다. 특히 미측이 계속 사용할 필요가 있거나 사용계획이 있다고 제기하는 경우 합동실사 한다고 하고 사용계획이 있는 경우에도 3년 내 사용되지 않으면 합동위원회에서 기간 연장여부를 결정한다고 했는데 미국이 사용할 필요가 있다든가, 사용계획이 있다고 할 경우 유명무실해 질 수 있다.

넷째, 민사소송절차의 경우 소송서류 송달절차를 확정하고 한국법원이 미군기지내에서 직접 강제집행을 실시하도록 하며, 봉급압류를 가능하게 한 점 등은 상당한 진전이다. 그러나 '미국법에 반하지 않는 한'이라는 단서를 달아 놓았다.

### 라. 제2차 改正協定의 意義

국가간의 관계는 국력, 시대상황 등 그들을 둘러싸고 있는 제반 환경에 따라 변하기 마련이다. 이번 제2차 SOFA 개정은 한·미 관계가 양쪽 모두에게 도움이 되는 순기능적 변화였다.

한·미 양국이 2000년 12월 28일 SOFA의 개정에 합의한 것은 지난 1991년 제1차 개정이후 급변해온 양국관계의 현실을 반영한 것으로 지난 1세기간의 우호적 한·미 관계를 고려한 양국의 의지가 반영된 것으로 보인다. 1991년의 제1차 개정으로 한·미 관계가 수평적, 즉 동반자 관계로 정립되기 시작했다면 이번 개정합의는 한국측의 안보역할이 상대적으로 증대했음을 뜻한다.

또한 냉전종식 이후 남북 정상회담 등으로 남북간에 화해와 협력의 새 국면이 열리고 있고 사회일각의 반미감정 심화상황이 빚어지고 있는 상황에서 주한미군의 역할과 위상을 재정립하고, 한·미 양국의 전통적 동반자 관계를 지속시키고 나아가 미래지향적 발판을 구축했다는 점에서 그 의의는 크고 깊다.

물론 SOFA 개정협상에는 많은 어려움이 있었다. 한·미 양국 정부가 한국민의 개정요구와 반미감정(운동)의 확산 방지를 위해 협정의 개정에 원칙적으로 합의하고 실무협상을 진행했었지만, 한국정부는 한·미동맹관계를 저해하지 않는 선에서 개정을 추진해야 한다는 부담을 그리고 미국정부는 미군 구성원 등의 형사재판에서의 최대한의 법적 보장을 받아내야 한다는 부담을 갖고 있었다. 무엇보다 협상 타결을 가로막았던 것은 협정에 대한 한·미간 인식의 차이였다. 현행 협정이 한국의 안보를 지키기 위해 낯선 땅에 파견된 자국군에 대한 최소한의 안전장치라고 보는 미국측과 미군이 과거의 시혜 관념을 버리지 못하고 계속 우월적인 지위를 누리려 한다는 한국측 사이의 시각차가 협정 개정 협상의 밑바닥에 깔려 있었던 것이다.

한·미 관계는 과거 전시상태를 전제로 한 특수관계도 아니고, 어느 한쪽이 타방을 일반적으로 원조하는 시혜적 관계도 아닌 평등한 동반자적 관계로 발전시키고 양국의 진정한 선린우호를 위해서는 SOFA 개정이 새로운 시대의 성숙한 동반자 관계에 방해가 되지 않도록 상호존중 차원에서 해결되어야 한다는 양국의 의지로 개정되기에 이르렀다.

이번 개정으로 한국측이 실질적으로 필요로 하고 미국측에 요구한 사항들 상당부분이 포함되었다. 미군 피의자의 기소시점 신병인도가 합의되고, 법적 효력을 가진 환경조항이 신설되었으며, 미군용 시설과 토지의 필요성 여부를 한·미 합동으로 조사하여 불필요한 부분은 즉시 반환키로 하였고, 미군이 반입하는 동식물에 대해 공동검역을 할 수 있게 되었으며, 미군부대내 한국인 근로자의 노동권이 확보 및 강화되었고, 미군기지내 시설이 지역사회의 긴강과 공공안선에 영향을 미칠 경우 이들 시설물의 개조·해체·신축·개축 등의 계획을 양국이 사전협의하기로 했으며, SOFA 적용대상자에 대한 우리 법원의 소송서류 송달 및 집행절차가 신설되었을 뿐만 아니라 주한미군 클럽 골프장 등 면세혜택을 받는 비세출기관에의 한국인 출입통제 절차도 강화되었다.

물론 아쉬운 점이 없지는 않다. 외형적 성과에도 불구하고 합의사항 반영형식과 세부내용에 있어서는 어렵다. 먼저 합의사항 반영형식면에서 보면 개정내용이 SOFA 본문보다 하위문서인 특별양해각서나 합의의사록 형식으로 되어 있어 법적 구속력에 한계를 지니지 않을까 우려된다. 합의내용의 중요성에서 볼 때 당연히 본문에 규정되어야 할 내용들이었다.

다음으로 개정된 세부내용에 있어 미국측 요구에 따라 기소시점에 피의자를 넘겨받을 수 있는 범죄유형을 12개로 제한한 것도 그렇거니와 미군이 저지른 환경피해에 대한 배상이나 원상회복 규정 등 환경관련 핵심조항 일부가 빠진 것이 특히 그러하다. 미진한 부분들은 양국이 시간을 두고 현실에 맞게 보완하고 개선하는데 최선을 다해야 할 것이다.

일부 미진한 부분이 향후 과제로 남겨지긴 했지만 상당부분 우리측 주장이 반영됐다는 점에서 나름대로의 긍정적 평가를 할 만하다. 특히 1991년 개정된 SOFA가 독일과 일본 등이 체결한 SOFA 수준에는 미치지 못한다는 지적을 받았으나 이번 개정으로 선진국 수준의 SOFA를 갖게 되었다.

주한미군이 존재하는 한 SOFA는 존속될 것이므로 합의된 개정안이 담고 있는 문제점들과 향후 개정 SOFA의 합리적 운용과정에서 도출되는 문제들은 시대상황에 따라 계속 보완·수정되어야 할 것이다. 또한 많은 원칙들에 전제조건이 삽입되어 있어 이러한 전제조건들이 합의된 원칙을 뒤엎는 방향으로 악용될 소지가 있는 만큼 실제적 운용에 있어 우리의 권리확보를 위해 치밀한 준비와 확고한 의지를 가져야 할 것이다.

이번 개정으로 많은 부분이 보완·발전되기는 했지만 모든 문제점들이 해결되거나 치유된 것은 아니다. 아직도 많은 문제점들이 협정에 내재해 있으며, 그러한 문제점들을 극복하기 위해서는 무엇보다도 이를 운용하는 자의 의지가 중요하다.

이러한 의지는 미군범죄에 대한 관할권행사를 포기하지 않고 제대로 행사하려는 적극적 실천의지를 갖는 한편 사법제도 및 구금·행형시설도 개선해 나가려는 우리 정부의 노력과 지금까지 한국측이 1차적 재판권을 포기한 사건이나 미국측의 전속적 재판권에 속하는 사건이거나 할 것 없이 대한민국과 그 국민에게 피해가 있는 사건에 있어서 지나치게 관대하게 처벌함으로써 결국 한국인 피해자의 법감정에 어긋날 뿐만 아니라 보편적인 사법정의에도 반하는 것이며 협정 자체에 대한 오해와 불신의 원인을 제공하였던 미군측의 적정한 형벌권 행사 노력으로 구체화되어야 할 것이다.

# 제4절 外國軍艦

## 1. 軍艦의 定義

군함은 정부의 권한과 통제에 복종하는 공선의 일종으로서 군사적 임무를 수행하는 기관이며, 해상에서 국가의 권력을 행사하는 주요한 수단이다. 군함은 각국의 국내법, 특히 해전관련 군사교범(해전법규)에서 정의되고 있는 바, 그 구체적 표현은 달라도 일반적으로는 해군부대의 일부로서 기국의 국기를 게양할 권한이 부여된 군대의 구성원에 의해 지휘되고 군율에 따르는 승무원이 배치된 선박[23]이라는 공통적인 내용들을 담고 있다.

이러한 내용을 구성요소로 하는 군함의 정의는 1958년 '공해에 관한 협약'(공해협약)에서 보다 구체화되는데, 동 협약은 군함을 "일국의 해군부대에 속하는 선박으로서 그 국가의 국적을 갖는 군함임을 나타내는 외부표지를 달고, 그 국가의 정부에 의해 정식으로 임명되고 또한 그 성명이 해군명부에 기재되어 있는 장교의 지휘하에 있으며, 또한 정규해군기율에 따르는 승무원이 배치된 선박"이라고 규정하고 있다.[24]

위의 공해협약상의 군함의 정의는 1907년 헤이그 제7조약인 '상선을 군함으로 변경하는데 관한 조약'에 기초한 것이다. 동 조약에서 군함의 정의와 관련있는 규정은 제1조부터 제4조까지로 군함의 정의를 단일 문장으로 표현하고 있지는 않지만 군함으로 변경된 상선이 군함으로서의 권리를 향유하기 위해 갖추어야 할 조건들을 다음과 같이 열거함으로써 군함의 정의를 간접적으로 보여주고 있다.

제1조(군함의 권리 향유). 군함으로 변경된 상선은 그 게양하는 국기의 소속 국의 직접관리, 직접 감독 및 책임하에 있지 않으면 군함에 속하는 권리 및 의무를 향유할 수 없다.[25]

---

23) Robert W. Tucker, *The Law of War and Neutrality at Sea*, Naval War College International Law Studies 1955, Vol.50, U. S. Government Printing Office, 1957, p.394.

24) 1958년 '공해에 관한 협약' 제8조 2항.

25) 군함으로 변경된 상선이 군함의 권리를 향유하기 위해서는 소속국의 직접적인 관리감독 및 책임하에 있어야 할 뿐만 아니라 전쟁의 법규 및 관례를 준수하여야 한다(제5조). 또한 교전자로서 상선을 군함으로 변경한 것을 가급적 속히 군함표에 기입하여야 한다(제6조).

제12조(특수휘장). 군함으로 변경된 상선은 군함외부에 특수휘장을 부착함을 요한다.

제13조(지휘관). 지휘관은 국가의 근무에 복무하며 또한 해당 관헌에 의하여 정식으로 임명되고 그 성명은 함대의 장교명부에 기재되어야 한다.

제14조(승무원). 승무원은 군기에 복종한다.

이러한 군함 정의는 1982년 유엔해양법협약에서도 그대로 유지되고 있는 바, 본 협약의 적용 상 군함은 "일국의 군대에 속하며 그 국가의 국적을 갖는 군함임을 나타내는 외부표지를 달고, 그 국가의 정부에 의해 정식으로 임명되고 그 성명이 군적 또는 이와 동등한 명부에 기재되어 있는 장교의 지휘하에 있으며, 정규의 군율에 따르는 승무원이 배치된 선박"(유엔해양법협약 제29조)이라 고 정의되고 있다.[26]

이처럼 군함의 구성요소는 지휘관 및 승무원(군인) 등의 인적 요소, 장비 및 기관 등을 포함하 는 함정 그 자체의 물적 요소 및 군대소속 및 군기 등의 조직적 요소를 포괄하는 실질적 요소와 일 국의 군함임을 나타내는 외부표지 및 군함임을 증명하는 소속국의 자격증명서와 같은 형식적 요 소로 대별된다.[27]

이러한 요소들 중 어느 하나를 결하면 군함으로 인정될 수 없다. 예컨대 군함이 난파되어 승무 원이 퇴거한 경우에는 인적 요소를 결하여 국제법상 군함의 자격을 갖지 못하며, 군함이 본국에 대하여 반란을 일으킨 경우에는 조직적 요소를 결하여 군함의 성질을 잃게 된다.[28]

## 2. 軍艦의 地位

### 가. 不可侵權

국제법의 주체인 국가의 실체는 추상적인 것이어서, 국제법상 행위는 해당 국가의 기관에 의

---

26) 1982년 유엔해양법협약상과 1958년 공해협약은 군함의 정의에 있어 약간의 차이를 보이고 있다. 전자가 후자와 다른 점은 군함의 소속이 '해군부대'에 한정되지 않고 '군대'(armed forces)로 변경되고, 이에 따라 '해군명부'가 '군적 또는 이와 동등 한 명부'로 변경된 것뿐이다. 이것은 현재 一軍制의 군대가 존재한다는 것과 해군이외에 타군에 속한 선박이라도 소정의 요건을 구비하면 국제법상 군함으로 취급된다는 것을 고려한 것으로 생각된다. 山口開治, "해양법과 Sea Power", 해양법 자료집, 제1집, 해군본부 법무감실, 1980. 7, p.52.

27) Ibid., pp.52~53 참조. 군함은 자신의 생존이나 전투를 위해 다양한 전투수단(무기)을 탑재하는 것이 당연한 것이지만, 무기 의 탑재 여부가 군함의 자격에 영향을 미치는 것은 아니다.

28) L. Oppenheim, International Law(8th ed.), vol. I, Longmans, 1957, p.53 참조.

해서 이루어진다. 따라서 국제사회에서 국가를 대표하는 외교관은 일반 외국인과는 달리 접수국에서 일정한 특권과 면제를 인정하여 왔다. 본래 이러한 특권과 면제는 외교관의 신체의 불가침권에서 비롯되었다. 이미 16세기 말 유럽에서는 신체의 불가침이 국제관습법으로 확고히 확립되었다.[29] 과거 유럽에서는 외교관의 신체를 침해하는 행위는 그를 파견한 왕에 대한 범죄로 인식되었다. 상주외교사절 제도의 정착과 함께 신체의 불가침은 공관이라는 장소의 불가침으로 확대되었고, 대사의 수행원에 대하여도 불가침권이 인정되었다.

이러한 외교관 또는 외교공관에 대한 불가침권은 군인(군대) 및 군함으로 확장되어 적용될 수 있는데, 외교관과 군대는 모두 소속국의 국가기관으로서 소속국을 대표하여 국제법률행위를 담당하고 있다는 점에서 공통점을 찾을 수 있다. 다만 외교공관은 본래 접수국(영토국)의 영토를 파견국과의 교류를 위하여 외교관이 사용할 수 있도록 제공하는 공간이라면, 군함은 본래부터 파견국의 영토에 준하는 공간이라는 점에서 군함의 불가침권이 좀 더 강하게 부여된다는 차이가 있다.

일국에서 벌어진 범죄의 범인이 타국 군함으로 도피한 경우, 영토국 관헌은 함내에 진입하여 체포 또는 수사할 수 있는가? 군함이 향유하는 불가침권이란 영토국의 관헌은 함장의 동의 없이 함내에 들어갈 수 없다는 것이다. 따라서 범인 또는 용의자가 함내로 도피한 경우에도, 함장의 동의를 얻어야만 함내에 입장할 수 있다. 다만 영토국 관헌이 군함의 함장에게 범인의 인도를 요청할 수는 있으나, 함장이 인도를 거부할 경우에는 외교기관을 통하여 인도를 요구하여야 한다.

이처럼 영토국은 함장의 동의가 없다면 함상에서 발생한 여하한 범죄행위에 대해서도 관할권을 행사할 수 없다. 이는 그러한 행위가 함상에서 발생한 것이든 아니면 육상에서 행한 것이든 관계없으며, 장교나 승무원 등 원래부터 군함에 승선하고 있는 자에 의한 것이든 함상에 승선하고 있는 외국인에 의한 것이든 관계없다.[30] 만약 외국의 관헌이 마음대로 함상에 출입하여 그들의 권한을 행사하면 필연적으로 함장의 권한은 감소될 것이며 기국의 안전보장에 대한 위협은 중대한 문제로 제기될 것이다. 군함에서 볼 수 있는 많은 장비가 군사기밀에 속하는 것이기 때문에 외국의 관헌이 단지 함상에 있다는 사실만으로도 기국의 안진보장을 위태롭게 할 수 있다. 기국은 공적이거나 비공적인 행위 중에 있는 승무원에 대하여 배타적인 통제권을 가질 군사적 필요가 있는 바, 기국은 연안국의 간섭 없이 기율을 유지할 권능을 가져야 한다.[31]

---

29) E. Denza, Diplomatic Law(2nd ed.), Oxford, Oxford University Press, 1998, p.210.

30) 강영훈, "외국 군함의 법적 지위 문제", 해양전략, 제92호, 1996, pp.57-58.

31) 강영훈, "국제법상 군함의 지위", 해양연구논총, 제6집, 1991. 6, p.100.

군함은 육상에서 범죄를 저지르고 함내로 도피한 범죄인의 비호권을 가지는가? 자국 영토에 대한 국가주권의 속성으로 인해 국가는 자국 영토 내에 있을 수 있는 자와 있을 수 없는 자를 판단하는 배타적이고 완전한 재량을 가진다. 이에 따라 국가는 박해를 피해 자국으로 도피해 온 난민의 입국을 인정하고 비호할 권리가 있는데, 이를 비호권(right of asylum)이라 한다.[32] 비호의 대상이 '국적국의 박해를 피해 도피한 자'임을 감안하면, 범죄인 범죄의 성격에 따라 나누어 논의할 필요가 있다.

우선 비정치적 성격의 일반범죄의 경우, 함장은 허가 없이 함내에 들어온 일반범죄인을 추방할 권리가 있으며, 그러한 경우 연안국 관헌은 범죄인을 체포할 수 있다. 이처럼 군함에게 일반범죄인을 비호할 권리가 없다는 것이 일반적인 견해이다. 기본적으로 영토국은 속지주의 원칙상 관할권을 가지며, 영토국의 관할권을 배제하려면 그에 대한 적절한 이유가 제시되어야 한다. 범죄의 장소가 외국의 군함이었다 할지라도, 치외법권의 의제에 복귀하지 않는 한 적합한 이유가 될 수 없다. 상선이나 외교사절의 공관에서의 외국인에 대해서는 영토국의 관할권으로부터 면제가 인정되지 않는 반면에 군함상의 외국인에게 더욱 유리한 지위를 부여하는 것을 정당화할 만큼 기국의 이익이 명백한 것도 아니다. 결국 승무원 이외의 외국인에 의한 함상의 범죄에 대해서는 기국의 국민이거나 또는 군함의 기국이 관할권을 행사해야 할 명백한 이유가 없는 한 범죄인을 영토국의 지방당국에 인도하여야 할 것이다.[33] 관련 사례로는 1863년 Aunis호 사건을 들 수 있다. 동 선박은 1860년 9월 4일의 프랑스와 사르디니아(Sardinia)간에 체결된 협약에 의해 군함과 동일하게 취급된 우편선이었다. 동 선박이 Genoa항에 정박하던 중 이탈리아 경찰이 선내에 피신한 5명의 범죄자를 체포하였다. 이에 프랑스는 군함과 동일한 법적 지위를 갖는 Aunis호 선상에서 범죄자들을 이탈리아 경찰이 직접 체포할 권리가 없다고 항의하였으며, 이에 이탈리아는 프랑스 주장의 합법성을 인정하고 체포한 5명을 프랑스에 인도하였고, 프랑스는 관련 범죄인인도 규정에 따라 이들을 다시 이탈리아에 인도하였다.[34]

그러나 정치범에 대해서는 위험의 중대성과 긴급성을 요건으로 비호권이 인정 된다. 정치범을 찾아서 끌어들여서는 안 되지만 함내에 들어와 비호를 요청하는 경우 이를 거부해야 할 의무는 없

32) 김정균·성재호, 국제법, 박영사, 2006, p.348.
33) 강영훈, "외국 군함의 법적 지위 문제", op. cit., pp.57-58.
34) C. J. Colombos, The International Law of the Sea(2nd. rev. ed.), 1951, pp.186-187.

으며, 영토국 정부도 그의 인도를 요구하거나 정치범의 비호를 이유로 군함을 추방할 수 없다. 다만 이러한 경우에도 군함은 정치범죄나 정쟁의 근거지가 되지 않도록 방지할 의무가 있다.[35] 이러한 정치범 비호는 정치적 격변이 빈발했던 일부 국가에서 주장된 것으로 정치범의 생명이나 안전에 급박한 위험이 야기되는 예외적인 경우에 한하여 허용되어야 할 것이다. 실제 외부의 비호 요청이 있는 경우 자국의 외교기관과 긴밀한 협의 하에 그 허용 여부를 결정하여야 한다.[36]

### 나. 管轄權 免除

모든 주권국가는 자국 영역 내에서 절대적인 관할권을 향유하며, 그 영역 내의 모든 사람과 물건은 현지 법원의 관할권에 복종하여야 한다. 그러나 주권국가에게는 국제법상 타국법원의 관할권으로부터 면제를 향유할 권리가 인정된다. 이처럼 국가가 타국의 주권 또는 관할권으로부터 면제를 향유하는 것을 주권면제(soveriegn immunities) 또는 국가면제(state immunities)라 한다. 즉 모든 주권국가는 국제예양이 아닌 법적 의무로써 외국에 대하여 관할권 면제를 인정해야 할 국제법상의 의무를 진다.[37] 관할권 면제의 향유 주체는 1차적으로 국가이다. 다만 국제사회의 관행은 국가를 반드시 국가 전체 또는 중앙 정부만으로 국한하지 않고, 국가의 주권적 권한을 행사하는 모든 하위기관을 포함하여 왔다. 즉 주권적 권한을 행사하는 군함, 군용항공기, 주둔 중인 외국군대도 국가기관에 포함되는 것이다.

관할권 면제를 향유하는 군함은 연안국의 사법권에 복종하지 않는다. 따라서 영토국 법원은 어떠한 소송도 군함에 대하여 제기할 수 없다. 그리고 군함은 영토국의 행정권에도 복종하지 않는다. 다만 항해·위생·경제에 관한 영토국의 법령을 준수할 의무가 있으며, 만일 그 위반이 존재하는 경우에는 연안국이 군함을 직접 처벌할 수는 없고 퇴거를 요구할 수 있을 뿐이다.

이처럼 군함이 향유하는 광범위한 관할권 면제를 인정하는 법적 근거는 무엇인가? 이에 대하

---

35) *Ibid.*, p.187; J. Westlake, *International Law*, vol.1(2nd. rev. ed.), Cambridge University press, 1910, p.268; D. P. O'Connoll, *International Law*, vol.2(2nd. rev. ed.), 1970, pp.738-739.

36) 참고로 외교공관의 불가침성으로 인해 외국에 소재하는 자국 외교공관에 피신해 온 자를 비호하는 경우가 있는데, 이를 외교적 비호라 한다. 그러나 국제적 관행은 이를 인정하고 있지 않은바, 그 대표적 사례로서 콜롬비아와 페루 간의 비호권 사건(Haya de la Torre Case)을 들 수 있다. 동 사건에서 국제사법법원은 외교적 비호가 인정되기 위해서는 외교적 비호가 확립되었다는 것과 다른 당사국에 대한 구속성을 입증하여야 하나, 불확실하고 모순되는 증거로 인해 외교적 비호는 국제관습으로 인정되지 못했다고 결정하였다. *Ibid.*, pp.348-349.

37) 정인섭, 新국제법강의, 박영사, 2012, p.202.

여, 첫째 군함의 국가대표적 성격을 감안하여 국가의 독립 및 주권자를 상호 존중하는 차원의 관념이라는 입장, 둘째 기국의 안전보장과 함장의 기능 보호를 위하여 기국의 군함과 그 승무원에 대한 완전한 통제권을 확보하기 위한 것이라는 입장, 셋째 어떤 국가가 타국 군함의 자국 항에의 입항 허가를 그 군함에 대한 접수국의 영토주권으로부터 일정한 면제까지 허가한 것으로 보는 입장(묵시적 동의설) 등이 제시되고 있다.[38] 이러한 주장들은 나름대로의 설득력을 갖고 있는 것은 분명하지만, 한편으로는 각각 논리적 결함을 함포하고 있다. 국제관행의 실제를 보면, 세관선 · 경찰선 · 기상관측선 · 화학조사선과 같은 군함 이외의 공선도 국가의 공권력을 행사하는 국가기관이라는 의미에서 외국의 영해나 항만에 있을 때 관할권면제를 가지나 보통 직무수행의 범위에 한정되며 더구나 군함과 같은 불가침권을 갖지 못한다. 공선의 승무원이 상륙한 경우 군함의 승무원과 같은 관할권 면제는 인정되지 않는다. 따라서 군함에 대한 면제가 인정되어 온 것은 군함이 갖고 있는 군사기관으로서의 국가의 주권과 독립을 상징하는 대표적 성격과 국가의 권력을 행사하는 수단으로서의 기능을 보호하기 위한 군사적 필요 때문으로 판단하는 것이 적합할 것이다.[39] 군함의 관할권 면제를 인정한 대표적인 사례인 '스쿠너 익스체인지號사건'(The Schooner Exchange v. McFaddon, 1912)에서도, 미국 대법원은 "무장공선은 사선과 달리 당해 국가의 군사력의 일부를 구성하고 주권자의 직접적인 지휘 하에 행동하며 국가적 목적을 위해 주권자에게 사용되는 바, 주권자는 관련 목적이 외국의 간섭에 의해 좌절되는 것을 방지하려고 하는 강한 의사를 가지며 또한 무장공선의 입항을 인정하는 묵시적 허가는 영영국의 관할권으로부터의 예외를 포함하고 있는 것으로 해석된다"고 판시한 바 있다.[40]

타국 영토 또는 영해에서와 같이, 공해상의 군함이 기국주권에 따르는 예우와 존경을 받는 것은 당연한 이치이다. 공해상의 군함은 기국 이외의 어느 국가의 관할권으로부터 완전히 면제된

---

38) 강영훈 · 배재식, "군함의 비호권 문제", 해양전략, 제42호, 1986, pp.52~54 참조.

39) Roland J. Stanger, "Criminal Jurisdiction over Visiting Armed Forces," *U.S. Naval War College International Law Studies* 1957~1958, vol.52, U.S. Government Printing Office, 1965, pp.58~59.

40) 미국인 McFaddon이 소유한 범선 익스체인지호는 1810년 프랑스 관헌에 의해 공해상에서 나포되어 포획심검소의 판정을 거치지 않고 프랑스 해군에 편입되었다. 1911년 동 선박이 해난으로 필라델피아항에 입항하자 McFaddon은 동 선박의 소유권을 주장하고 연방지방법원에 해사소송을 제기하였다. 이와 관련하여 지방법원에서는 원고청구 각하, 항소법원에서는 원고청구 인정 그리고 대법원에서는 1심판결을 확인(청구 각하)하였다. 미 법원에 따르면 익스체인지호는 미국과 평등관계에 있는 외국의 공선이기 때문에 외국 항에서 우호적으로 행동한다면 당연히 동 선박은 영토국의 관할권에서 면제된다는 묵시적 약속 하에 미국 영역에 들어왔다고 인정되어야 한다. 자세한 내용은 장신(편), 국제법판례 요약집, 전남대학교 출판부, 2004, pp.87~89 참조.

다. 이러한 군함의 특성은 "공해상에서 군함은 기국이 아닌 다른 어떠한 국가의 관할권으로부터도 완전한 면책특권을 갖는다"는 유엔해양법협약 제95조에 잘 나타나 있다. 뿐만 아니라 군함은 타국의 내수, 영해, 군도수역 및 배타적 경제수역에서도 면제권이 인정된다.[41] 따라서 소유권 회복의 소송이든, 선박충돌에 의한 손해배상청구 소송이든 또는 해난구조에 따른 보수청구 소송이든 기타 어떠한 소송도 군함에 대하여 제기할 수 없다.[42]

군함의 부속단정도 군함의 정박 중 모선으로부터 떨어져 있는 경우 동일한 특권을 갖는다. 또한 군함은 외국의 영해를 통항함에 있어서 연안국의 법령을 준수할 의무가 있지만, 이에 위반하는 경우에도 다른 선박과는 달리 연안국은 군함을 나포하거나 기타의 강제조치를 취할 수 없고, 다만 영해로부터의 퇴거를 요구할 수 있을 뿐이다.[43] 유엔해양법협약은 국제해협 및 군도수역에서 통과통항 또는 군도해로통항 중인 군함이 통항에 관한 연안국 법령을 준수하지 아니하는 경우에는 연안국이 그 군함에 대하여 퇴거를 요구할 수 있는 권리가 명문으로 규정되어 있지 않아 해협연안국 및 군도국가가 직접 강제조치를 취하여 통항을 제한 또는 부인할 수 있는 것인지의 여부에 대해 해석상의 대립이 있을 수 있다. 그러나 협약의 규정에 비추어 볼 때, 주권면제를 향유하는 군함(군용기 포함)에 대해서는 해협연안국이나 군도국가의 권한이 미치지 못하므로 이들 국가는 군함의 퇴거를 요구할 수 없고 다만 이들의 법령위반으로 손해가 발생한 경우 그 기국에게 책임을 물을 수 있을 뿐이라고 보는 것이 타당하다.[44]

그리고 유엔해양법협약 제302조는 "본 협약의 어떠한 규정도 본 협약상 의무이행에 있어서 어느 당사국에게 발표될 경우 자국의 안보이익에 반하는 정보를 제공하도록 요구하는 것으로 간주되지 않는다"고 규정하고 있다. 이 규정은 대부분의 군함의 건조, 장비, 무장, 인원배치 및 성능에 대하여 명백하게 적용되며, 그것은 군함의 위치, 활동 및 임무에도 적용된다.[45]

또한 유엔해양법협약은 협약의 해석 및 적용에 관한 분쟁 해결을 위한 국제해양법법원 등의 강제적 해결절차를 설정하고 있으나, 군사활동에 관한 분쟁에 관해서는 체약국이 강제절차의 적용 배제를 선언할 수 있도록 규정하고 있다.[46] 이는 자국 군대를 이떠한 형태의 외부적 규제에 복

---

41) 유엔해양법협약 제32조, 제43조, 제54조, 제58조 및 제95조 참조.
42) 강영훈 · 배재식, op. cit., p.54.
43) 유엔해양법협약 제30조.
44) 강영훈, "국제법상 군함의 지위", op. cit., pp.101-102.
45) Ibid., p.102.
46) 유엔해양법협약 제298조 1항(b).

종하지 않게 하려는 국가의 요구를 반영한 것이다.

### [표 8-1] 해양법협약 각 수역에서의 군함의 법적 지위

| 구분 | | | 내용 |
|------|------|------|------|
| 의의 | | | ⓐ 국가의 군대에 속하는 선박으로 국가의 군함임을 표시하는 외부표지 게양, 정부에 의해 정식으로 임명되고, 그 성명이 군적 또는 이와 대등한 명부에 기재되어 있는 군장교의 지휘, 정규군율에 복종하는 승무원이 배치된 선박(해양법협약 제29조). <br> ⓑ 군함은 국가소유 선박일 필요가 없으며, 해군 이외의 타군에 소속되어 있어도 무방하며 무기장착 여부에 관계없이 군함이 될 수 있음. |
| 권한 | | | ⓐ 자국의 주권, 주권적 권리 및 관할권을 침해한 선박에 대해 승선, 검색, 나포 및 사법절차 조치(해양법협약 제2조, 제33조, 제56조, 제77조). <br> ⓑ 자국 또는 자국민에 대한 불법 또는 급박한 침해에 대해 일정한 한도내에서 자위권 행사(유엔 헌장 제51조). <br> ⓒ 연안국 영토보전, 정치적 독립 및 유엔헌장상의 국제법원칙을 침해하지 않는 범위내에서 군사훈련/기동 및 비행 가능(해양법협약 제88조, 제301조). <br> ⓓ 공해상에서 국제위법행위를 한 선박에 대해 임검권(해양법협약 제110조 1항)과 추적권(해양법협약 제111조) 행사. <br> ⓔ 전시 적선이나 중립국선박 및 화물에 대해 해상포획권 행사(파리선언 제1항, 런던선언 제39조). |
| 지위 | 불가침권 | | ⓐ 연안국당국은 함장의 동의없이 함내에 들어갈 수 없음. <br> ⓑ 보통범죄인에 대한 비호권 비보유(인도불응시 퇴거 요청). <br> ⓒ 정치범죄인에 대하여는 위험의 중대성과 긴급성을 요건으로 비호 가능(군함은 정치범죄나 정쟁의 근거지가 되는 것을 방지할 의무 있음). |
| | 특권면제의 장소적 범위 | 자국영해/공해 | 기국의 관할하에 있음(해양법협약 제95조). |
| | | 타국 내수 | ⓐ 허가없이 타국 내수 통항 및 항구 입항 불가. <br> ⓐ 허가되어 타국의 내수 또는 항구에 있는 동안 특권, 면제 향유. |
| | | 타국 영해 | ⓐ 무해통항권 향유(해양법협약 제17조) : 학설/관행상 대립. <br> ⓑ 연안국의 모든 민, 형사재판관할권으로부터 면제(해양법협약 제30조). <br> ⓒ 함내에서 발생한 범죄는 범인의 국적에 관계없이 군함의 기국이 재판관할권 행사/범인처벌을 위해 기국으로 인도 가능. <br> ⓓ 연안국 경찰권에는 복종하지 않으나, 통항과 관련한 항해, 위생, 경찰에 관한 연안국법령을 준수할 의무가 있음. 그러나 연안국은 위반 군함을 처벌할 수 없고 다만 퇴거 요구할 수 있음(해양법협약 제30조). <br> ⓔ 군함이 연안국 법령이나 국제법규를 위반함으로써 야기된 손해에 대해서는 당해 기국이 국제책임을 짐(해양법협약 제31조). |
| | | 국제해협 | 국제해협에서 통과통항권 향유(해양법협약 제38조 1항). |

### 3. 軍艦乘務員의 地位

외국군함의 승무원의 법적 지위가 문제되는 것은 주로 승무원이 연안국에 상륙하여 범죄를 행한 경우이다.

승무원은 연안국의 동의없이 상륙할 수 없으며, 상륙한 경우에는 어떠한 특권도 인정되지 않는다. 연안국의 동의를 얻어 상륙하여 공무집행 중에 행한 범죄에는 관할권면제가 인정되나 공무 외의 범죄에 관하여는 연안국의 재판관할권이 미친다.

그러나 실제 관행은 사무중의 범죄에 관해서도 연안국이 재판권을 행사하지 않고 국제예의상 범인을 군함에 인도하는 경우가 많으며, 설사 재판관할권을 행사하는 경우에도 단순히 형식적인 것이 보통이다(예, 1952년 일본 신호항의 영국수병사건(The Case of Smith and Stenner)에서 일본의 신호지방법원은 영국군함 벨파스트호의 승무수병이 공무외로 상륙, 강도죄를 범한 사건에 관하여 범인에게 3년의 집행유예를 선고하고 국제예의상 범인을 군함에 인도하였다).

군함승무원이 탈주한 경우에 함장은 그를 연안국 육상에서 체포하려고 해서는 안되며, 그 본국의 영사를 통해 지방당국에 체포를 요청하여야 한다. 이러한 문제는 보통 양국간의 협정에서 규정되는 것이 일반적이지만 협정이 없는 경우 그 탈주승무원을 군함에 인도하는 것이 일반적인 관행이다.

## 제5절  其他 國家機關

### 1. 公船

세관선·경찰선·기상관측선·화학조사선과 같은 군함 이외의 공선도 국가의 공권력을 행사하는 국가기관이라는 의미에서 외국의 영해나 항만에 있을 때 관할권면제를 가지나 보통 직무수행의 범위에 한정되며 더구나 군함과 같은 불가침권을 갖지 못한다.

공선의 승무원이 상륙한 경우 군함의 승무원과 같은 관할권 면제는 인정되지 않는다. 공선에 대한 영·미의 관행에 의하면 공선이 외국 소유의 재산으로서 국가 통제하에 있는 한 재판권에서

면제하고 있으나, 제1차 세계대전시 다수의 사선이 징발되고 공선화함에 따라 혼란을 초래하여 1926년 브뤼셀협정(Brussel Convention)을 비준한 다수 국가는 체결국 상호간에 공선에 대한 면제를 폐지하였다(단, 영국은 비준을 하지 않고 있다).

## 2. 軍用航空機

군용항공기는 해군·공군·육군항공기를 포함하며 군의 목적수행을 위해 선발된 해·공·육군의 역무에 종사는 자에 의해 명령되는 모든 항공기를 말한다(1949년의 Air Navigation General Regulation). 군용항공기는 군함의 무해통항권과 같은 무해항공권을 갖지 않으며 특별한 허가없이 타국의 영공을 비행할 수 없고 또 타국의 영역에 착륙할 수도 없다. 그러나 허가를 얻은 경우에는 다른 규정이 없는 한, 군함에 대해 관례적으로 인정되는 것과 같은 특권·면제를 갖는다(파리조약 제31조 1항). 고장 또는 기상관계로 인하여 불시착했을 경우나 항공규칙위반 또는 위법행위로 인하여 강제착륙이 요구된 군용항공기는 특권·면제를 인정받지 못한다(파리협정 제32조 2항).

군용기 이외의 국가관리하에서 국가역무에 종사하는 항공기인 공항공기는 자국영역 및 공해, 공공에 있을 때는 본국관할하에 있다(해양법협약 제95조). 공항공기중 세관용·경찰용 항공기가 국경을 넘어 타국영역에 들어가려면 관계국과 특별협정을 체결해야 한다. 공항공기는 어떤 경우에도 타국영역에서 군용기와 같은 특권·면제를 향유하지 않는다(동 제32조).

# 제9장 國際環境法

## 제1절 國際環境法의 意義

오늘날 프레온 가스에 의한 오존층 파괴, 이산화탄소에 의한 지구온난화, 사막화, 산성비 및 열대림의 감소 등과 같은 환경문제는 개별국가만의 문제가 아닌 국제적 관심사항이 되었다. 이러한 국제문제들에 대처하기 위해 국제사회는 1960년대 이후 환경문제와 관련된 국제법체계(국제환경법)를 형성하기 시작했다. 이처럼 국제환경법은 국제법의 제 분야중 가장 최근에 정립되고 발전되어 온 아직은 형성중에 있는 규범이라고 할 수 있다.

국제환경법(International Environment Law)은 지구환경을 보호하고, 지구환경에 영향을 미치는 인간활동을 규제하기 위한 모든 국제적 규범의 총체이다.[1] 국제환경법의 법적 의의에 대해서는 약간의 의견이 대립되고 있다. 국제환경법을 국제사회 내지 지구 전체를 국제적인 단일 단위로 파악하여 인류전체의 연대라고 하는 이념에 기초하여 환경의 침해와 환경에 대한 위험의 방지와 감소, 나아가서는 인간의 생존기반의 보전을 대상으로 삼는 조치들(조약 또는 국제기관의 권고, 계획 등)의 총체를 말하는 것으로 현행 국제법의 전제와 틀을 넘어선 '인류의 법'의 새로운 발전분야로 보는 사람도 있다. 그러나 국제환경법은 여러 국가들 사이의 국제합의에 기초하여 인간환경의 보호와 보존에 관한 행위규범을 작성하는 것을 중심으로 하는 것으로서 각국의 입장에서 보아 국가관할권의 행사에 대한 법률상, 사실상의 구속이 되는 것이며, 현재의 상태에서는 실정 국제법상의 규제는 아직도 개별 분야에 한정되어 있는데 그치고 있다.[2]

---

1) 최재철, "국제환경법", 오윤경 외, 21세기 현대 국제법 질서, 박영사, 2001, p.533. 일부 학자들은 지금의 환경관련 규범들을 전통국제법에서 파생된 원칙과 법원(sources of law)의 단순한 적용이라고 보고, 국제환경법의 실체를 부인하는 입장을 보이기도 한다. 이들은 국제환경법이 독자적인 법원이나 뚜렷한 법체계를 갖고 있지 않다고 생각한다. Ibid.

2) 박배근(역), 국제법, 국제해양법학회, 1999, pp.664-665.

# 제2절 國際環境法의 發達과 主要原則

자연보존에 관한 관심은 산업화가 이루어지면서 가시화되어, 1830년대 들면서는 선각자들에 의한 자연보존운동이 활발히 전개되기 시작하였다. 1940년대까지는 천연자원의 관리를 위한 접근형식으로 등장하였는데, 이러한 노력은 주로 아프리카 지역에 초점이 맞추어진 것이었다. 1921년과 1931년에는 파리에서 야생동물보존을 위한 국제회의가 개최되었고, 1933년의 런던회의에서는 '동식물보존에 관한 런던협약'이 체결되었는데, 제2차 세계대전이 마무리된 후 1948년에는 '세계보존동맹'(World Conservation Union: WCU)의 탄생을 맞이하였고, 1949년에는 자원의 이용과 보존에 관한 UN과학회의가 개최되기도 하였다. 1954년에는 '유류에 의한 해양오염방지를 위한 런던협정'이 채택되었고, 1961년에 들어서는 WCU의 후원 하에 '세계야생기금'(World Wildlife FUND)이 창설되는 등 1960년을 전후하여 국제사회의 자연보호에 대한 관심은 법적·구조적으로 구체화되어 나타나기 시작하였다.[3]

1968년 유럽위원회는 '대기오염통제에 관한 선언', '유럽水憲章'을 채택하여 국제적 차원에서 처음으로 일반환경문안을 승인하였고, 1968년 9월 15일 아프리카국가들이 1933년의 런던조약을 대치하는 '자연과 천연자원보존에 관한 아프리카협약'에 서명하였다. 1968년에는 국제연합도 환경보호를 위한 행동에 참여하게 되고, 4년 후인 1972년 국제연합 총회는 스톡홀름(Stockholm)에서 인간환경에 대한 세계회의를 소집하였다.[4]

'국제연합 인간환경회의'(United Nations Conference on the Human Environment, 스톡홀름회의)는 1960년대 말부터 과학자들이 제기한 환경파괴에 대한 경고와 환경문제에 대한 일반의 의식고양을 배경으로, 국제연합이 총회에서 채택한 결의(UN, GA, Res.2398, 1968. 12. 3)에 따라 1972년 6월 5일에서 16일에 걸쳐 개최되었다. 회의에서는 '인간환경선언', '인간환경행동계획'을 비롯하여 국제연합에 권고된 제도적, 재정적 조치에 관한 장문의 결의를 채택하였으며, 이들 결의는 비록 법적 구속력은 없으나 국제환경법의 발전과정에 있어서는 커다란 영향을 미친 중요한 문서들이다.

전문 7개 항과 26개의 원칙으로 구성되어 국제환경법의 이념과 기본원칙을 천명하고 있는

---

3) 성재호, "국제환경법의 기본구조", 이장희(편), 환경보호와 국제법 질서, 아시아사회과학연구원, 1997, p.7

4) 김정균·성재호, 국제법, 박영사, 2006, p.497.

'인간환경선언'(Stockholm Declaration on the Human Environment)은 인간이 환경에 의해 창조된 동시에 환경을 창조하는 존재라는 점을 확인하고, 인간의 복리와 기본권의 향유를 위해서는 자연환경과 인간이 만들어 낸 환경이 다 불가결의 요소라는 점과 환경의 보호·개선이 주민의 복리와 발전에 커다란 중요성을 가진다는 점을 밝히고 있다. 한편 '인간환경행동계획'(Action Plan for the Human Environment)은 인간거주의 계획·관리, 천연자원관리의 환경적 측면, 국제적 오염물질의 파악과 규제, 환경문제의 교육·정보·사회·문화적 측면, 개발과 환경 등의 5개 분야에 걸친 109개 항목의 구체적 권고로 구성되어 있다. 이들 권고는 환경평가, 환경관리 그리고 그에 따른 지원조치를 주된 내용으로 하고 있다.[5]

스톡홀름회의의 성과는 다음과 같이 요약할 수 있다. 첫째, 스톡홀름회의는 생태계 보호를 국제법의 공식의제로 올려놓았다. 환경의 특수한 부분들이 국가들의 공통관심사로 등장한 적은 있지만, 지구 생태계보호는 스톡홀름회의를 통해 국제적인 승인을 받게 되었다. 둘째, 스톡홀름회의를 통하여 국가들의 국경을 넘는 환경오염방지의무와 국제협력의무가 보편적으로 인정되게 되었다. 셋째, 개발도상국들의 개발욕구와 환경보호를 조화시키기 위하여 선진국의 개발도상국 지원을 권고하였다. 스톡홀름 권고 103은 환경과 관련하여 개도국의 수출이 무역규제나 어떤한 환경기준에 직면할 때에는 적절한 보상조치를 강구해야 한다고 하였다. 넷째, 스톡홀름회의에서는 환경피해로 인한 국가책임에 관한 국제법의 필요성이 지적되었다. 스톡홀름선언 원칙22는 국가들은 국경을 넘는 환경피해에 따른 국제책임에 관한 국제법을 만드는데 협력해야 한다고 하였다. 다섯째, 스톡홀름회의를 통하여 '유엔환경계획'(United Nations Environment Programme: UNEP)이 창설되었다. 1973년 출범한 유엔환경계획은 케냐의 나이로비에 본부를 두고 있으며, 거의 모든 국제환경 문제의 조정과 국제환경법 발달을 위해 노력하고 있다.[6]

1983년 유엔 총회는 환경과 개발의 조화를 모색하기 위해 '환경과 개발에 관한 세계위원회'(World commission on Environment and Development : WCED)를 구성하였다. 동 위원회는 1987년 '우리의 미래'(Our Common Future)라는 보고서를 제출했는데, 동 보고서에는 '지속 가능한 개발'(sustainable Development)이라는 개념이 처음으로 제시되고 있다. 1998년 제44차 유엔총회는 이 개념을 구체화하기 위한 실천계획을 수립하고자 '유엔환경개발회의'(United Nations Conference on Environment and

5) 최재훈 외, 국제법신강, 신영사, 2004, pp.550-552 참조.
6) 이석용, 국제법 : 이론과 실제, 세창출판사, 2003, pp.552-553.

Development : UNCED)를 1992년 6월에 개최하도록 결의하였다.

동 결의에 따라 스톡홀름회의 20년 후인 1992년 6월 3일부터 14일까지 브라질 리우데자네이루에서 지속가능한 개발을 위한 지구동반자관계를 형성하기 위해 '유엔환경개발회의'가 개최되었다. 178개국의 정부대표 8,000여명(대통령과 수상 등 국가정상급 인사 115명)과 167개국의 7,892개 민간단체 대표 1만 여명이 참석한 사상 최대의 국제회의였는데, 이러한 이유로 '지구정상회담'이라고도 불린다.

동 회의에서는 '리우선언', '의제 21'(Agenda 21) 및 '산림원칙' 등을 채택되었다. '리우선언'은 스톡홀름선언과 마찬가지로 법적 구속력은 없지만, 동 선언 이래의 국제환경법의 발전을 총괄하고 국제환경법의 앞으로의 발전방향을 제시하고 있다는 점에서 대단히 중요한 내용을 담고 있는 문서라고 평가할 수 있다. 한편 '의제 21'은 리우선언의 실천을 위한 행동지침으로서의 성격을 가지고 있다. 전문과 4개부로 구성되어 있으며, 스톡홀름회의의 인간환경행동계획에 비해 환경과 개발에 관한 현황과 목표 및 환경원칙의 이행방안을 구체적으로 규정하고, 자체의 이행상황을 감시하기 위한 제도적 장치를 마련하고 있다는 특징이 있다.[7]

이러한 과정을 통해 형성, 발전되어온 국제환경법은 몇 가지 주요원칙들을 확립하였다. 첫째, 환경은 지구상에 살고 있는 현세대만의 것이 아니고 환경을 개발하여 이용할 수는 있지만 이를 잘 보존하여 다음 세대에게 물려주어야 한다는, 즉 다음 세대의 필요를 충족시킬 수 있는 능력을 손상시키지 않으면서 현 세대의 필요를 충족시켜야 한다는 세대간 형평 및 지속적 개발 원칙, 둘째, 실효적 환경보호를 위해서는 국제사회의 모든 국가가 참여하여야 하지만 그 책임에 있어서는 개별 국가가 처한 상황, 그동안 환경훼손에 미친 영향, 환경파괴를 방지 및 통제할 수 있는 능력 등을 고려하여 차별적 책임을 부과하여야 한다는 차별적 공동책임 원칙, 셋째, 개별 국가는 자국 내 천연자원을 개발할 주권적 권리를 가지지만 그로 인해 타국의 환경 또는 자국관할권 밖의 지역에 대한 손상을 야기하지 않도록 통제해야 한다는 환경손상방지 원칙, 넷째, 발생된 환경오염을 복구하고 오염방제에 필요한 비용은 오염을 야기한 자가 부담하여야 한다는 오염자부담 원칙 등이 있다. 이러한 원칙들은 국제환경 관련 조약들의 해석에 있어 일반적인 지침으로 그리고 아직 명시적 규범이 확립되지 않는 분야에서의 환경보호 근거로서 기능하고 있다.

---

7) *Ibid.*, pp.552–553 참조.

# 제3절 環境保護를 위한 國際規範

국제환경법은 아직 맹아기에 있는 새로운 분야로서 지금 급속도로 발전하고 있다. 오늘날 환경관련 조약은 이미 1천 개를 초과하고 있는데 대부분은 1972년의 스톡홀름 인간환경회의 이후에 체결된 것이다. 국제환경법의 연원으로서의 조약 중에는 다자조약도 있고 양자조약도 있으며, 범세계적인 지역과 지역적인 조약도 있다. 환경관련 조약은 국가에게 막연하고 일반적인 요구조건을 과하는 이른바 골격조약의 형식을 취하는 경우가 많다. 골격조약은 기본원칙만을 제시하고 상세한 규칙은 부속서나 추가의정서에 포함하여 후에 수시로 개정할 수 있도록 하고 있다. 환경조약은 또한 당사국에게 환경보존조치를 취할 일반적인 의무를 과하는데 그치고 세부적이고 구체적인 조치는 당사국이 국내입법을 통하여 강구하도록 하고 있다.[8] 이하는 주요한 환경관련 국제협약들이다.

## 1. 기후변화협약

인간의 행위에 의해 야기되는 異常暖冬現象과 氣候變化가 자연적으로 일어나는 기후의 변동범위를 벗어난다고 명백하게 단정지을 수는 없지만, 1980년대 들어서는 10년 동안 이상난동현상으로 기록을 갱신한 해가 여섯 번이나 있었다는 사실과 세계 각국에서 경험한 상식을 벗어나는 이상기온현상은 온실가스로 인한 기후변화 문제를 국내적으로 국제적으로 그대로 방치할 수 없는 시급한 문제로 대두시켰다.[9]

1979년에 세계기상기구(WMO)의 주관으로 제1차 세계기후회의가 개최되어 인간활동에 의한 기후변화와 이의 부정적 영향을 방지하기 위한 대책이 필요하다는 데 대한 국제적 공감대가 형성되기 시작하였다. 이에 따라 기후변화의 원인과 영향에 대한 과학적 연구를 위하여 1988년에 UNEP와 WMO의 공동주관으로 '기후변화에 관한 정부간 협의체'(Intergovernmental Panel on Climate Change: IPCC)가 구성되었으며, 1990년 11월에 개최된 제2차 세계기후회의는 이 IPCC의 권고를 받

---

8) 노명준, "국제환경법의 주요내용", 국제법평론, 제4호, 1995, p.35.
9) 이상돈, "국제협약을 통한 환경보호", 국제법평론, 제4호, 1995, p.43.

아들여 세계기후협약을 제정키로 결정하였다. 이어 1990년 12월 제45차 유엔총회는 1992년 6월 유엔환경개발회의 시점까지 기후변화협약을 채택하기로 하고, 협약 작성을 위한 정부간 협상위원회의 설치를 결의하였다. 정부간 협상위원회는 1991년 2월부터 1992년 5월간 5차례[10] 개최끝에 1992년 5월 9일 뉴욕에서 '기후변화에 관한 국제연합 기본협약'(기후변화협약)을 채택하였다. 동 협약은 1992년 6월 유엔환경개발회의에서 서명에 개방되었으며, 1994년 3월 정식 발효하였다.[11]

1992년에 리우 지구정상회담에서 채택된 '기후변화협약'은 지구 온난화를 방지하기 위한 범지구적 노력의 초석으로, 그 궁극적인 목적은 인간이 기후체계를 교란시키는 것을 막는 차원에서 온실가스의 대기 중 농도를 안정시키는 것이다. 이러한 차원의 노력은 생태계가 자연스럽게 기후변화에 적응할 수 있게 하고, 식량 생산을 보장하며, 경제가 지속가능한 방식으로 발전할 수 있도록 충분한 시간의 기본틀 속에서 이루어져야 한다고 보고 있다.[12]

동 협약은 몇 가지 지침을 내세우고 있다. 예방원칙에서는 되돌릴 수 없는 심각한 피해의 위험이 도사리고 있을 때 완벽한 과학적 확실성이 부족하다는 이유로 대응책을 미루어서는 안된다고 하고 있다. 차별적 공동책임(common and differentiated responsibility)이 각국에 부과된다는 원칙은 선진국들이 기후변화에 대응함에 있어서 선도적 역할을 해야 할 임무[13]를 부여한다. 그 밖의 원칙들은 개발도상국들에 대한 특별한 고려와 지속가능한 발전의 중요성을 다루고 있다.[14]

---

10) 1차 회의에서 이미 참가국의 국가군별로 기본입장이 천명되었다. 첫째, 북구를 위시한 서유럽국들은 협약 제정에 가장 적극적이어서 협약 자체에 온실가스 규제에 관한 의무조항을 삽입하거나 최소한 이에 관한 부속의정서를 협약의 채택과 함께 더불어 채택하자고 주장하였다. 둘째, 미국, 일본 및 영국은 협약 제정에 비교적 소극적이어서 협약에는 기본적인 원칙만을 천명하자는 입장이었다. 셋째, 개도국들은 협약의 제정에 소극적이었으며, 특히 기후변화는 전적으로 선진국의 책임이며 따라서 선진국의 배출규제 선행과 개도국에 대한 재정지원과 비상업적 차원의 기술지원이 선행되어야 한다는 것을 강조하였다. 넷째, 소련과 동구권 국가들은 협약 체결에는 반대하지 않으나, 다만 그들 국가들의 심각한 경제난과 정치적 및 사회적 변혁으로 인한 특별한 고려를 주장하였다. 다섯째, 해수면 상승으로 인하여 국토가 상실될 위기에 처한 국가들은 협약체결에 강제적 방출규제가 포함되어야 한다는 강력한 입장을 보였다. 이후 제네바와 뉴욕에서의 2차~5차 회의를 거치면서 개도국들의 재정지원 요구와 기술이전 문제, 그리고 화석연료 과다의존 국가들을 위한 유예조항을 두고 많은 논쟁이 있었으며, 미국은 여하한 탄산가스의 강제적 감축에 반대하였기 때문에 결국에는 안정화를 권장하는 수준에서 타결되는 수밖에 없었다. Ibid., pp.42-43.

11) 최재철, op. cit., pp.551-552.

12) 유엔환경계획 한국위원회, 기후변화협약, 유넵프레스, 2002, p.84.

13) 제4조 2항은 선진국의 의무사항으로 온실가스의 배출을 감축하고 배출된 온실가스를 흡수하거나 고정화시킬 수 있는 처리수단을 확대하는 조치를 추진해야 하며, 이산화탄소를 포함한 온실가스의 배출을 2000년까지는 1990년의 수준으로 감축하는 것을 목표로 구체적인 조치를 취할 것을 규정하고 있다.

14) Ibid.

하지만 동 협약은 이른바 골격협약(framework convention)으로서, 구체적인 시행계획은 명시적으로 규정하지 않은 상태의 기본원칙 선언으로서의 의의를 가지고 있다. 즉, 세계 각국이 '환경적으로 건전하면서도 지속가능한 발전'(environmentally sound and sustainable development)을 추구하기 위한 공동 노력을 경주해야 한다는 기본정신을 천명하고 그에 대한 범세계적인 합의를 도출해 냈다는 데 그 의의를 둘 수 있다. 사실 온실가스의 규제는 경제적인 파급효과가 클뿐만 아니라 지구온난화에 대한 각국의 책임규정과 그에 입각한 대책시행상 소요될 경비를 어떻게 부담하게 할 것인가에 대해서는 국가간의 커다란 입장 차이가 있으므로 즉각적이고 구체적인 협약 내용을 2년도 채 안되는 기간내에 도출해 낸다는 것은 불가능할 수밖에 없었을 것이다.[15]

이에 지구온화 규제 및 방지의 국제협약인 기후변화협약의 구체적 이행 방안으로 1997년 12월 일본 교토에서 개최된 기후변화협약 제3차 당사국 총회는 2000년 이후 선진국들의 온실가스 감축 목표와 그 이행방안에 관한 교토의정서를 채택하였다(2005년 2월 16일 발효).[16] 동 의정서에 따라 당사국은 온실가스 감축을 위한 정책과 조치를 취해야 하며, 그 분야는 에너지효율 향상, 온실가스의 흡수원 및 저장원 보호, 신·재생에너지 개발 및 연구 등도 포함한다. 동 의정서의 채택으로 온실가스의 감축 목표, 감축 일정 및 개발도상국의 참여 문제를 둘러싼 선진국간 그리고 선진국과 개발도상국간의 의견 차이를 좁힐 수 있게 되었다.[17]

그리고 동 의정서는 의무이행국의 감축 이행시 신축성을 허용하기 위하여 선진국들간에 온실가스 배출권리를 서로 거래할 수 있는 배출거래권(Emission Trading), 선진국들간에 공동으로 온실가스 저감사업을 할 경우 이를 인정하는 공동이행(Joint Implementation)제도 및 선진국이 개도국을 통해 온실가스를 줄일 경우 이를 선진국이 줄인 것으로 인정하는 청정개발체제(Clean Development Mechanism: CDM) 등의 제도를 도입하였다.

---

15) 이상돈, op. cit., p.45.

16) 1995년 3월 독일 베를린에서 개최된 기후변화협약 제1차 당사국총회에서 협약의 구체적 이행을 위한 방안으로서, 2000년 이후의 온실가스 감축 목표에 관한 의정서를 1997년 제3차 당사국총회에서 채택키로 하는 '베를린 위임사항'(Berlin Mandate)을 채택함에 따라 1997년 12월 제3차 당사국총회에서 최종적으로 채택되었다.

17) 의무이행국은 오스트레일리아, 캐나다, 미국, 일본, 유럽연합(EU) 회원국 등 총 38개국이며, 각국은 2008~2012년 사이에 온실가스 총배출량을 1990년 수준보다 평균 5.2% 감축하여야 한다. 각국의 감축 목표량은 8~+10%로 차별화하였고, 1990년 이후 토지의 이용 변화와 산림에 의한 온실가스 제거를 의무이행국의 감축량에 포함토록 하였다. 그 예로 유럽연합과 일본은 2012년까지 온실가스를 각각 -8%, -6%를 줄여야 한다. 감축 대상가스는 이산화탄소($CO_2$), 메탄($CH_4$), 아산화질소($N_2O$), 불화탄소(PFC), 수소화불화탄소(HFC) 및 불화유황(SF6) 등의 여섯 가지이다.

기후변화협약은 두 가지 측면에서 중요한 의의를 갖고 있다. 하나는 세계 각국이 함께 노력해서 지국의 온도를 높이는 이산화탄소나 메탄가스 등 온실가스를 줄이기로 한 것이며, 또 한 가지는 이러한 온실가스를 줄이기 위해 에너지 소비를 줄여야 한다든지, 에너지 효율이 높은 제품을 생산 및 수출해야 하는 경제나 무역·통상문제와 직결되기 때문에 매우 중요하다고 할 수 있다. 향후 선진국과 개도국간 CMD 사업이 활발하게 이루어지고, 선진국들간에 배출권 거래제도가 본격적으로 시행될 경우, 이러한 제도는 세계 무역·통상질서에 큰 영향을 미치게 될 것으로 전망된다.[18]

## 2. 오존층보호협약

유엔환경계획(UNEP)은 1977년부터 세계기상기구 등과 함께 오존층의 변화(감소) 동향 및 파급효과[19]를 측정해 오다가, 오존층 파괴물질의 배출을 억제하고 오존층 파괴로 인한 지구생태계 및 동식물의 피해를 방지하기 위하여 1985년 3월 '오존층 보호를 위한 비엔나협약'(The Vienna Convention for the Protection of the Ozone Layer, 이하 비엔나협약)을 채택하여 국제적 수준의 오존층 보호를 위한 법적 기초를 마련하였다.[20] 이 협약은 국제연합 환경계획의 지원하에 체결되었는데, 오존층 및 그 이외에 대한 감시 및 연구를 위한 체계를 규정하고 있다. 그러나 동 협약은 오존층 파괴물질에 대한 특별한 규제를 담고 있지 않은 선언적이고 골격적 조약에 지나지 않았다. 따라서 오존층 파괴물질을 규제하기 위한 국제문서의 채택이 요구되었는바, 1987년에 채택된 '오존층 파괴물질에 관한 몬트리올 의정서'(Montreal Protocol on Substances that Deplete the Ozone Layer)에서 일정한 규제를 규정하기로 합의되었다.[21] 몬트리올 의정서는 그 후 4차례 개정되었는데, 1992년 런던

---

18) 박균성·함태성, 환경법, 박영사, 2008, p.13.

19) 우리가 성층권 오존층 감소에 관심을 갖는 것은 현재까지의 중요성에 비추어서라기보다는 미래의 관점을 더욱 중요시 하기 때문이다. 지표면 상부 10~50킬로미터 범위의 성층권에서는 햇빛과 산소가 반응해 오존이 만들어지는데, 태양에서 복사되는 자외선(UV)의 99퍼센트를 흡수하는 기능을 담당한다. 원시 지구에서 아직 산소가 나타나지 않았을 때에는 오존층 역시 없었으며 따라서 생물들은 물속에서 생활해야만 했다. 이후 성층권에 오존이 서서히 축적되면서 오늘날의 천연 햇빛 가리개 구실을 하기까지는 무려 수십억 년의 세월이 걸렸다. 성층권에서 오존 농도는 불과 몇 ppb에 불과하지만 그것은 지난 10억 년 동안 지상의 모든 생물을 지탱해주는 귀중한 방패막이였다. 홍옥희(역), 20세기 환경의 역사, 에코리브르, 2008, pp.201-202.

20) 박균성·함태성, op. cit., p.10.

21) 김정균·성재호, op. cit., p.513 참조. 비엔나협약의 당사국이 채택한 'CFC(Chlorofluorocarbons, '염화불화탄소'로 통칭 '프레

제9장 國際環境法 · 313

개정의정서, 1994년 코펜하겐개정의정서, 1999년 몬트리올개정의정서 및 1999년 북경개정의정서 (미발효)가 그것이다.

몬트리올 의정서는 CFC 5종과 Halon 3종을 규제대상물질로 선정하여 생산과 소비의 규제일 정을 채택하였는데, 선진국그룹과 개도국그룹으로 나누어 각 물질별로 상이한 감축의무를 부과 하고 선진국으로 하여금 개도국에게 재정지원을 제공하도록 하고 있다. 또한 협약에의 가입을 유 도하기 위해 비당사국에 대해서는 당사국과의 교역을 제한[22]하고 있다. 우리나라는 가입 당시 CFC의 1인당 소비량이 0.3kg을 초과하여 의정서 제5조에 의한 개도국 지위를 갖지 못하였으나, 1993년부터 1인당 소비량이 0.3kg 이하가 됨에 따라 1994년 10월 나이로비에서 개최된 제6차 당사 국회의 때부터 개도국 지위를 향유하게 되었다.[23]

## 3. 생물다양성협약

지구상에는 약 3천만여 종의 생물들이 존재하는 것으로 추정되고 있다. 생물 종 다양성은 산 업혁명 이후 세계 경제의 통합이 진행되면서 급격하게 감소되고 있다. 인간의 탐험, 새로운 정 착지 건설, 산림 벌채, 사냥 등으로 1,600년대 이후 적어도 동물 484종과 식물 654종이 멸종하 였다.[24]

---

온가스'라 함)에 관한 의정서에 대한 결의'(Resolution on a Protocol concerning CFC)에 의하여 UNEP는 CFC의 사용을 규제 대책을 강구하기 위한 워크숍을 이탈리아와 미국에서 개최하였는데, 이에 참가한 회원국의 대표들은 CFC와 Halon의 규제 에 관계된 경제적 쟁점을 분석하였다. 미국은 이에 있어서 주도적인 역할을 하여 그동안 소극적이던 영국, 프랑스 및 일본 이 국제적 규제에 찬성하도록 설득하였다. 그리고 1년 후인 1987년 9월 14일에서 16일에 걸쳐 캐나다 몬트리올에서 UNEP 는 세 번째 회의를 개최하여 CFC의 생산과 소비를 감소하기 위한 구체적인 스케줄에 합의하였는데, 그 결과 동 의정서가 채택되었다. 이상돈, *op. cit.*, p.40.

22) 몬트리올 의정서 제4조.
첫째, 의정서 발효 후 1년 이내에 모든 당사국은 비당사국으로부터 규제대상 물질의 수입을 금지하여야 한다(제1항)
둘째, 1993년 1월 1일부터 개발도상국인 당사국은 규제대상물질을 비당사국에 수출할 수 없다(제2항).
셋째, 의정서 발효 후 3년 이내에 당사국은 규제대상물질이 포함된 품목 리스트를 부속서로 작성하고, 부속서 발효 후 1년 내에 비당사국으로부터 이들 품목의 수입을 금지하여야 한다(3항)
넷째, 당사국은 규제대상물질의 생산 및 사용기술의 비당사국에의 수출을 규제한다(5항)
다섯째, 규제대상물질의 생산을 증진시킬 수 있는 물품, 장비 및 기술을 비당사국에 판매하는데 보조금을 지급하거나 원조 또는 차관을 제공하거나 또는 보험을 공여해서는 안된다(6항).

23) 최재철, *op. cit.*, pp.557-558.

24) 정회성, 전환기의 환경과 문명, 도서출판 지모, 2008, pp.199-200.

　지구차원의 생물다양성의 심각한 파괴에 대한 우려와 그 보전을 위해 1992년 리우에서 개최된 유엔환경개발회의에서 '생물다양성협약'(Convention on Biological Diversity)이 채택되었다. 열대우림의 파괴로 상징되는 생물다양성의 소실은 미래 인류의 생존자체를 위해서 매우 위험하다고 해도 결코 지나친 말이 아니다.[25] 즉, 그 구체적 문제 제기는 1980년대 들어 열대우림의 심각한 파괴 방지 및 1990년대 들어 유전공학의 경제적 가치 인정의 필요성을 계기로 대두된 것이다.[26]

　전문과 42개 조항으로 구성되어 있는 본 협약은 자국내 생물학적 다양성에 대한 각국의 주권을 인정하고 이들의 보전과 지속적 이용을 위한 국가행동계획의 수립·이행 및 정책적 지원을 제공하도록 명시하고 있으며, 특히 생물자원 보유 개도국의 입장이 받아들여져 생물학적 다양성에의 접근 및 이용에 있어서 유전자원 제공국에 대한 기술과 이익의 공정한 배분 및 재정적 지원에 관한 사항을 강조하고 있다.[27]

　당사국은 생물다양성 보존을 위한 중요 요소인 생태계와 종을 조사하고, 표본조사 등을 통해 감시하며, 보존 및 이용에 심각한 악영향을 미치는 활동을 감시해야 한다(제7조). 그리고 보호구역과 그 구역의 관리기준을 설정하고, 보존해야 할 중요한 생물학적 자원을 규제 및 관리하며, 파괴된 생태학적 체계를 복원시키고, 개량종 생물의 도입과 관련하여 발생하는 위험을 규제하는 조치를 설정하고, 기존 생태계를 위협하는 외래종의 도입을 방지 및 통제할 수 있다(제8조).

## 4. 해양오염방지협약

　인간의 육상 및 해상활동은 오염물질을 무분별하게 해양으로 유입시키고 있고, 더욱이 해상활동을 통한 이익추구와 더불어 사람들의 고의·과실로 인한 오염물질의 배출은 해양환경을 침해를 가속화시키고 있다. 해양오염은 이미 어획자원과 생태계에 대한 미래를 어둡게 하고 있고, 연안의 어류는 그 생명의 터전을 잃어가고 있는 지도 오래이다. 그리고 해양에 투기되는 수면 또는

---

25) 생물다양성이란 지구상의 생물종(species), 생물이 서식하는 생태계(ecosystem)의 다양성, 생물이 지닌 유전자(gene)의 다양성을 총체적으로 지칭하는 말인데, 오늘날 인간이 음식물과 의약품, 특히 근래 유전공학의 성과로서 산업과 농업 분야의 산물들을 생물다양성의 구성요소로부터 얻어내고 있는 점은 생물다양성의 중요성을 다시 한번 인식시켜 준다. 박균성·함태성, op. cit., p.13.

26) 이장희, "국제협약을 통한 환경보호", 이장희(편), op. cit., pp.99-100 참조.

27) 조병환, "유엔환경개발회의의 결과와 우리나라의 대응방향", 국책연구, 제27호, 1992, p.260.

수중의 부유물이 추진기에 얽히거나, 해수유입 파이프를 막히게 하는 등 해양환경 침해행위가 해상교통의 안전에도 영향을 주고 있다.[28]

바다를 폐기물 오염으로부터 보호하기 위해 1972년 미국, 영국, 프랑스, 일본, 구소련 및 중국 등의 노력으로 '폐기물 및 기타 물질의 투기에 의한 해양오염방지에 관한 협약'(런던협약)이 채택되었다.[29]

동 협약은 폐기물의 해양투기를 규제하기 위한 최초의 지구적 차원의 국제협약으로서 매년 당사국 회의를 열어 변화하는 현실에 유연하게 대응하고자 노력하였으며 그 결과 크게 1993년과 1996년 각각 두 차례 협약을 개정한 바 있다. 1993년 개정의 경우, 부속서만을 개정하였는데 특히 핵폐기물의 해양투기를 사실상 전면 금지함으로써 1983년 이후 런던협약 체약국들이 자율적으로 저준위 핵폐기물의 투기를 금지하기로 한 임시유예(moratorium)를 공식적으로 대체하게 되었다. 1996년의 개정의정서는 런던협약을 전면적으로 개정한 것으로서 협약체제의 발전과정에 있어 중대한 분수령을 이루었다. 개정의정서는 기존의 런던협약상의 폐기물 분류체계를 혁신적으로 개편하여 폐기물의 해양투기를 원칙적으로 금지하는 한편, 오직 예외적인 경우에만 투기를 허용하도록 함으로써 해양투기의 규제와 통제를 더욱 강화하려는 국제사회의 태도를 반영하였다.[30]

---

28) 이경호, "해양환경의 보호와 효율적 규제방안", 해법 통상법, 제9권 제2호, p.147. 투기(dumping)란 한 국가의 영역이나 그 밖의 국내적 관할범위 하에서 나온 폐기물(산업 도시 폐기물)을 선박과 항공기를 사용하여 공해에 버리는 것을 말한다. 선박을 직접적으로 오염원으로 하는 배출과는 달리 투기는 이와 같이 오염원이 인위적으로 이전되기 때문에 발생하는 해양오염의 규모나 책임주체를 어떻게 인정할 것인지가 중요한 쟁점이 된다. 박배근(역), op. cit., p.675.

29) 이성택·김태우·김민석, "동해를 죽이는 러시아의 핵폐기물 투기", 국방논총, 제3집 6권, 1994, p.189.

30) 백진현, "폐기물 해양투기 규제에 관한 국제법의 동향과 전망", 서울국제법연구, 제6집 2호, 1999, p.102. 1996년 개정의정서의 주요내용은 다음과 같다. 각 체약국들은 일반적 의무로서 '어떤 물질의 피해 유발 가능성에 의견을 같이하지 않더라도 피해를 발생시킨다고 추정할만한 사유가 있으면, 동 물질을 비다에 폐기에서는 안된다'는데 합의하여 폐기물의 투기에 의한 해양환경 오염문제에 예방적 접근법을 도입하였으며 또한 타국에서의 해상투기 및 해상소각을 위한 폐기물의 수출을 금지하는데 합의함으로써 오염자 부담원칙을 수요하였다. 또한 기존의 폐기물 분류체계, 즉 black list, gray list 및 white list에 의한 폐기물 분류방식을 획기적으로 개선하여 준설물질을 비롯한 7개의 폐기물에 대해서만 예외적으로 해양투기를 허용하기로 하였으며, 또한 이러한 투기가능 폐기물의 경우에 있어서도 폐기물 평가체계에 의한 엄격한 폐기물 처리지침에 의하여 투기를 실행할 것을 요구하고 있다. 이러한 투기가능 품목에 있어서의 규제강화와 더불어 개정된 런던협약은 그동안 협약의 적용범위에서 제외되었던 내해에서의 투기규제를 결정함으로써 폐기물의 투기는 국제적으로 더욱 강력한 규제를 받게 되었다. Ibid., pp.110-111.

## 5. 멸종동식물거래협약

제2차 세계대전 이후 인간에 의한 야생동식물의 남획 및 국제교역증대 현상이 많은 야생동식물의 멸종 위기를 초래함에 따라 이들을 국제적으로 보호할 필요성이 강하게 제기되었다. 국제자연보존연맹(International Union for Conservation of Nature and Natural Resources : IUCN)은 1963년 개최된 총회에서 멸종위기에 처한 야생종의 보호를 위한 국제협약의 필요성에 관한 결의를 채택한 후 국제적으로 보호되어야 할 야생동식물의 목록을 작성하였다. 1972년 6월 개최된 유엔 인간환경회의는 IUCN의 작업결과를 바탕으로 멸종위기에 처한 야생동식물 종의 보호를 위한 국제협약 채택을 권고하였다. 이에 따라 1973년 2~3월간 88개국 대표들이 미국 워싱턴에 모여 협약문안을 토의한 끝에 마침내 '멸종위기 야생동식물종의 국제거래에 관한 협약'(Convention on International Species of Wild Fauna and Flora: CITES, 워싱턴협약)을 채택하였다.[31]

CITES는 멸종위기 정도에 따라 규제대상 동식물을 부속서 I, II, III으로 구분하여 수출입시 관리당국의 수출입 허가를 받도록 규정하고 있다. ① 상업목적의 거래가 금지되는 부속서 I에는 코끼리, 코뿔소, 호랑이, 나일악어, 곰 등이 등재되어 있고, ② 상업목적의 수출이 가능하나 관리당국의 승인이 필요한 부속서 II에는 천산갑, 미국산삼, 아메리카 곰 등의 동식물이, ③ 자국의 특정종을 보호하기 위하여 지정된 부속서 III에는 인도의 북방살모사 등 5,000여 종의 동물과 25,000여 종의 식물이 등재되어 있다.[32]

## 6. 유해폐기물의 국가간 이동 규제협약

현대사회의 고도화에 따른 필연적인 부산물인 산업폐기물을 비롯한 각종 유해폐기물의 처리는 국제환경법상 결코 외면할 수 없는 국제적인 문제로 대두되었고, 그 문제의 해결을 위한 국제사회의 노력도 하나의 결실을 맺게 되었다. 1989년 3월 스위스 바젤에서 최종의정서에 105개국이

---

31) 최재철, op. cit., pp.561-562.
32) 박균성·함태성, op. cit., p.15. CITES는 야생 동식물종은 국제적으로 보호하고 보존하여야 할 대상이기도 하지만, 각국의 문화 및 형편에 따라 의약품, 식품, 공예품 등의 원료로 인간이 이용하여야 하는 대상이기도 하여, 이들 종의 보존과 지속적인 이용에 대한 논쟁이 있었으나 세계민간단체의 입장이 크게 반영되어 '이용'보다는 '보존'이 우선하여 채택되었다. Ibid.

서명함으로서 채택되고 1992년 5월 5일 발효된 '유해폐기물의 국가간 이동 및 그 처리통제에 관한 바젤협약'(바젤협약)이 바로 그것이다.[33]

바젤협약은 협약 명칭에 나타나 있듯이 유해 폐기물의 당사국간 교역의 '금지'보다는 '규제'에 초점을 맞추고 있다. 협약 제4조 5항이 "유해 폐기물을 비당사국으로 수출하거나 비당사국으로부터 수입하는 것"을 '금지'하고 있긴 하지만, 비당사국과의 유해 폐기물 교역 '금지'라는 이 의무 또한 절대적인 것이 아니라는 비판이 제기되고 있다. 협약 제11조에 의하면 "제4조 5항의 규정에도 불구하고" "이 협약이 요구하는 바의, 유해 폐기물과 기타 폐기물의 환경적으로 건전한 관리를 훼손하지 않을 것을 조건으로" 비당사국과 유해폐기물의 국가간 이동에 관한 양자간, 다자간 혹은 지역적인 협정을 체결하는 것이 허용되고 있다는 것이다.[34]

1999년 12월 6일부터 10일에 걸쳐 바젤에서 개최된 바젤협약 제5차 당사국회의에서 '유해폐기물의 국가간 이동 및 그 처리에 기인한 손해에 대한 책임과 배상에 관한 바젤의정서'가 채택되었는데, 동 의정서의 목적은 "불법거래를 포함해서 유해폐기물과 기타 폐기물의 국가간 이동 및 그 처리에 기인한 손해에 대하여 포괄적 책임체제와 충분하고도 신속한 배상을 규정하는데" 있다. 이 목적을 위해 바젤의정서는 유해폐기물의 국제적 이동의 각 단계에 관여하는 사람들(수출통지자, 처리자, 수입자, 재수입자)에게는 내란과 폭동 등 무력충돌의 결과, 불가항력적인 자연재해의 결과, 전적으로 공공당국의 강제조치의 결과 혹은 전적으로 제3자의 위법한 고의적 행위의 결과로 손해가 발생한 경우를 제외하고는 책임을 지는 이른바 엄격(혹은 무과실)책임을 부과하고 있으며, 그 밖의 사람들에게는 과실책임을 부과하고 있다(동 의정서 제1조~제5조 참조).[35]

## 7. 람사르협약

습지(wetland)는 1년중 일정기간 이상 물에 잠겨있거나 젖어 있는 지역으로 물에 따라 동식물의 생활과 주변환경이 결정되는 곳이다. 육지와 물을 이어주는 중간단계의 특성상 다양한 종의 생물이 서식하는 생태적 특성을 보이고 있다. 현재 습지면적은 지구 지표면적의 약 6%(람사르 사무국은

---

33) 이장희, *op. cit.*, p.66.

34) 김대순, 국제법론, 삼영사, 2009, p.1115 참조.

35) *Ibid.*, pp.1116-1117 참조.

9억 9,000만~44억 6,200만 ha로 추정)이며, 이 습지에 지구상의 생물 약 2%가 서식하고 있고, 해양생물의 약 60%가 이곳에서 산란하거나 서식하며, 어업활동의 약 90%가 직간접적으로 습지에 의존하고 있다.

이러한 습지가 현재 무분별한 개발로 인해 급속도로 사라져 가고 있다. 산업화의 진전과 급격한 인구 증가로 전세계적으로 간척과 매립이 성행하고 있고, 이로 인해 미국에서는 약 54%의 습지가, 뉴질랜드에서는 약 90%의 습지가 사라졌다. 습지가 사라지고 있는 주요원인으로는 오염, 사냥, 거주지 건설, 농업관개, 어업, 벌채, 유역 손실, 토양침식 및 토사퇴적 등이 있다.

이에 국제사회는 생태, 사회, 경제 및 문화적으로 커다란 가치를 지니고 있는 습지를 국제적인 수준에서 체계적으로 보호하기 위해 1971년 2월 이란의 람사르(Ramsar)에서 '물새 서식지로서 특히 국제적으로 중요한 습지에 관한 협약'(Convention on the wetland of international importance especially as waterfowl habitat, 람사르협약)이 채택되었다(1975년 12월 발효).

람사르협약 당사국 총회는 협약에서 가장 중요한 의사결정을 하는 회의로서 가입국들의 협약 이행실태를 점검하고 향후 계획을 수립하기 위해 매 3년마다 개최된다. 1980년 이탈리아 칼리아리에서 제1차 당사국총회가 개최된 이후 지난 2008년 10월 28일부터 우리나라 창원에서 '건강한 습지, 건강한 인간'(Healthy Wetlands, Healthy People)이라는 주제로 제10차 당사국총회가 개최되었다.

# 제10장 國際經濟法

## 제1절 國際經濟法의 意義

국제경제법(International Economic Law)의 개념과 적용대상 및 범위에 대해서는 학설상 일치하지 않고 있다. 천연자원의 이용과 소유, 상품의 생산과 분배, 통화와 금융, 기타 관련 서비스 및 이러한 활동에 종사하는 기관의 지위에 관한 법(협의의 국제경제법), 국제적 조직경제의 법(광의의 국제경제법) 및 국제시장의 형성과 질서유지에 관한 법(최광의의 국제경제법)이라는 입장 등으로 나뉘고 있다. 이는 국제경제법이 국제법의 한 분야로 등장한 것이 그다지 오래되지 않은 최근의 현상 때문이기도 하다.

국제경제법이 국제법의 한 분야라는 점에는 의심의 여지가 없으며, 그것은 '국제경제활동을 규율하는 국제법'으로 정의될 수 있다. 이러한 정의에 따를 때, 국제경제법은 우선 '국제경제활동'에 관한 법이다. '국제경제활동'이란 '국내경제활동'에 대비되는 개념으로서, 국경을 넘어 이루어지는 경제활동을 말한다. 이에는 국제적인 상품의 교역, 서비스의 제공, 자본거래 등이 포함된다. 또 국제경제법은 국제경제활동을 국제적으로 규율하는 법규칙으로서 국제법에 속하며 그 점에서 국제경제활동을 포함한 각종의 경제활동에 관한 국내법 규칙과 구별된다.[1]

## 제2절 國際通貨制度

### 1. 국제통화제도의 의의

국제통화(International Currency System)란 환율을 결정하고 국가간의 경비 및 자본거래를 원활하

---

[1] 최재훈 외, 국제법신강, 신영사, 2004, p.521.

게 하여 국제수지 조저을 가능하도록 하기 위한 결제제도를 말한다. 국제통화제도는 국제무역이나 자본거래가 원활히 이루어질 수 있도록 국제결제수단을 적절히 공급하는 기능을 수행해야 하며, 각국간에 국제수지 불균형이 초래되는 경우 이를 다시 균형상태로 복귀시키는 조정기능을 수행한다. 또한 국제통화제도는 환율의 안정화를 위해 단기적으로 외환시장에서 외환수급을 신축적으로 조정하고, 장기적으로는 각국간의 재정통화정책이나 국제수지조정정책이 국제적 차원에서 조화될 수 있도록 조정역할도 수행하여야 한다.[2]

## 2. 국제통화제도의 변천

### 가. 제1차 세계대전 이전(1820~1914)

제1차 세계대전 이전에는 金本位制度(gold standard system)가 국제적으로 확립되어 다자조약 및 양자조약에 의해 관세인하와 최혜국대우 등이 규정되어 국제적 경제교류가 활발히 전개되었다.[3]

금본위제도는 각국이 자국통화단위의 가치를 순금의 일정량에 고정시켜 놓고 금화의 무제한 주조와 자유로운 수출입을 허용하면서 지폐나 예금통화 등에 대한 무제한의 금태환성이 보장된 제도를 말한다. 세계경제를 지배하던 영국이 1816년 영국이 금본위제도를 채택하자 주요국가들이 이를 따르게 되었고, 1870년대에 들어 국제적 금융제도로 확립되었으며, 1차 세계대전 이전까지 세계경제의 안정과 확대에 크게 공헌하였다.[4]

### 나. 제2차 세계대전 이전(1925~1931)

금환본위제도의 도입으로 금부족 현상은 어느 정도 해소될 수 있었다. 금환본위제도는 다른 금본위국, 특히 국제금융의 중심지에 대한 환(금환)을 일정한 시세로 매매함으로써 자국화폐를 금가치와의 평가, 즉 자국화폐 1단위와 금 일정량과의 사이에 등가관계를 유지하려는 제도이다. 그러나 이 제도는 통화를 준비금으로 하여 통화를 재발행활 수 있었기 때문에 인플레이션이 발생할

---

2) 이병조·이중범, 국제법신강, 일조각, 2008, p.663
3) 김정균·성재호, 국제법, 박영사, 2006, p.525
4) 이병조·이중범, *op. cit.*, p.664.

가능성이 높았고, 국제수지의 자동조정 기능도 미약하다는 한계를 가지고 있었다. 1929년 대공황으로 금본위국들의 금 보유량이 급속하게 감소하자 금과 자본의 유출을 막기 위해 1931년 9월 영국이 금태환을 중지시켰으며, 이어 미국과 프랑스가 동일한 조치를 취하게 됨으로써 금환본위제도는 붕괴되었다.

### 다. 브레튼우즈체제(1944~1971)

제2차 세계대전에서와 같은 실수를 재연하지 않고자 서구는 세계평화와 번영을 증진할 수 있는 경제환경을 창조하기 위한 노력을 경주하게 되었으며, 그 결과 1944년 44개국 대표들이 미국 뉴햄프셔주 브레튼우즈에 모여 새로운 국제통화제도의 창설을 논의하였다. 브레튼우즈 협의에 참석한 각국 대표들은 변형된 형태의 금본위제도를 채택하기로 합의하였으며, 세계경제 및 국제통화제도의 복원을 지원하기 위하여 국제부흥개발은행과 국제통화기금 등 2개의 새로운 국제기구를 설립하기로 합의하였다. 이것이 이른바 브레튼우즈체제(Bretton Woods system)이다.[5]

브레튼우즈체제는 미국의 달로화를 기축통화(key currency)로 하는 금환본위제도이다. 모든 회원국은 그들의 통화를 금의 가치에 고정하고, 미국은 금 1온스당 35달러에 자국의 통화가치를 정하며 미국만이 외국중앙은행의 요청이 있을 경우 달러화를 금으로 태환하여 주도록 하였다. 각국이 자국통화에 대한 평가를 설정하게 됨에 따라 브레튼우즈체제는 고정환율제도(fixed exchange rate system)를 수립하는 결과를 가져오게 되었다.[6]

### 라. 스미소니언체제(1971~1972)

브레튼우즈체제는 미국 달러화에 의존하고 있었기 때문에 유동성 확대의 원천은 미국 달러화였다. 외국인들은 국제유동성 확대를 위해 미국 달러화 보유를 지속적으로 늘렸다. 하지만 달러화 보유가 증가하자 이들은 미국의 달러를 금으로 태환해 줄 수 있는 능력을 의심하기 시작했으

---

5) 강이수·구자윤, 국제통상론, 삼영사, 1999, p.109.

6) *Ibid.*, pp.112-113 참조. 브레튼우즈협정에 따라 각 국가는 자국의 통화를 평가의 +1%~-1%범위 내에서 유지할 것을 약정하였다. 만약 시장가치가 평가의 +1%~-1%범위를 벗어나게 되면 각국은 시장가치를 평가의 +1%~-1%범위내로 안정시키기 위하여 외환시장에 개입할 의무를 갖게 되었다. 브레튼우즈체제가 일반적으로 각국의 통화가치를 안정시키는 보장을 제공하였기 때문에 이러한 환율의 안정은 국제상거래에 많은 도움이 되었다. 그러나 특별한 상황아래에서는 각국은 자국통화의 평가를 조정할 수 있었기 때문에 동 체제에서 이용되는 환율을 조정가능 고정환율이라고 불렀다. *Ibid.*, p.113.

며, 이는 달러화의 불안정으로 이어졌다. 1971년 1월부터 7월까지 7개월간 미국은 중앙은행이 보유한 금의 1/3을 매도하였다. 이것은 달러화 보유자들이 보유달러 전부를 금으로 태환하기를 원할 경우에 미국이 그 수요에 응할 수 있는 충분한 금을 보유하지 못하고 있다는 신호를 시장에 보내는 것이나 다름없었다. 1971년 8월 15일 닉슨 미대통령은 미국은 더 이상 금 1온스당 35달러로 태환하지 않겠다는 전격적인 조치를 단행함으로서 브레튼우즈체제는 종언을 알리게 되었다.[7] 미국의 이러한 조치로 국제통화질서는 일대 혼란에 빠져들었고, 이의 해결책을 찾기 위해 1971년 12월 선진 10개국 대표들이 워싱턴에 있는 스미소니언에서 회합을 갖고 환율의 재조정과 통화안정을 내용으로 하는 '스미소니언협정'을 채택하였다.

'스미소니언협정'의 골자는 금에 대한 미국 달러를 7.9% 절하하고(금 1온스당 38달러), 각국간의 환율평가를 재조정하여 환율의 변동폭을 기준율 상하 2.25%로 확대하였다. 이것을 '스미소니언체제'(smithsonian system)라고 부른다. 그러나 스미소니언체제도 국제통화제도의 불안정을 근본적으로 진정시키지는 못하였다. 독일 마르크화와 일본 엔화의 강세속에서 미국 달러화의 가치가 계속 하락하자, 미국은 국제수지의 개선을 위하여 1973년 2월 달러를 10% 평가절하 하였다. 그럼에도 불구하고 달러 투매가 계속되어 유럽 각국이 변동환율제를 채택하자, 브레튼우즈체제의 근간이었던 고정환율제는 사실상 종말을 고하게 되었다.[8]

### 마. 킹스턴체제(1976~)

국제통화기금은 국제통화제도의 개혁을 위해 1972년 20개국위원회를 설치하였고, 이 위원회는 1974년 잠정위원회로 대체되었다. 1976년 자메이카의 킹스턴에서 개최된 제5차 잠정위원회에서는 당시 논의결과와 선진 10개국의 합의내용을 토대로 국제통화제도의 개혁과 관련한 현안문제가 타결되었다. 이 합의에 따라 국제통화기금의 협정 개정안이 마련되었으며, 1978년 4월 1일 발효되었다.[9] 이것을 이른바 '킹스턴체제'(kingston system)라고 부른다. 킹스턴체제는 스미소니언체제 붕괴 이후 주요국가들이 변동환율제로 이행한 현실을 인정하고, 모든 국제통화기금 회원국은 자국 여건에 적합한 환율체제를 자유로이 선택할 수 있도록 하였다. 다만, 환율문제에 대한 국

---

7) *Ibid.*, p.115.

8) 성재호, 국제경제법, 박영사, 2006, pp.16–17.

9) 킹스턴체제의 성립과 주요 특징에 대해서는 심경섭 외, 국제금융론, 법문사, 2006, pp.102–104 참조.

제통화기금의 감독기능을 강화시켰다.[10]

## 3. 국제통화기금

1947년 3월에 업무를 개시한 국제연합 전문기관인 국제통화기금(International Monetary Fund : IMF)은 1944년 7월에 조인되고 1945년 12월에 발효된 브레튼우즈협정에 따라 설립된 국제협력기관이다.[11]

### 가. 목적(제1조)

IMF는 크게 세계경제의 확대 균형, 회원국의 소득수준 향상 및 고용증대와 생산자원개발 등을 일반목적으로 하고 있으나 그 고유목적은 협정 제1조에 자세하게 명시되어 있다. 동 조의 내용은 다음과 같다.

첫째, 국제통화문제에 관한 협의와 협력을 위한 기구가 되는 상설기관을 통하여 국제통화협력을 촉진한다.

둘째, 국제무역의 확장과 균형있는 성장을 용이하게 하고, 이로써 경제정책의 주요목표로서 회원국의 고용 및 실질소득의 고수준을 촉진 및 유지시키고 생산자원 개발에 공헌한다.

셋째, 외국환의 안정을 촉진하고 회원국간의 질서있는 외국환협정을 유지하고 경쟁적 외국환 감가를 피한다.

넷째, 회원국간의 현행거래에 관하여 다변적 결제제도의 확립과 세계무역의 성장을 저해하는 외국환에 관한 제한의 제거에 노력한다.

다섯째, 적절한 보장하에 회원국으로 하여금 기금자금을 잠정적으로 이용케 함으로서 신뢰감을 주고, 그럼으로써 회원국이 국내 및 국제적인 번영을 파괴하는 조치를 취하지 않고서도 국제수지의 불균형을 시정할 수 있는 기회를 준다.

---

10) *Ibid.*, p.17.

11) IMF를 설립할 때 영국의 케인즈안과 미국의 화이트안이 대립되었는데, 오랜 조정 끝에 화이트안을 기본으로 하고 케인즈안을 부분적으로 채용하였다. 두 안은 모두 제2차 세계대전 이후 국제금융을 안정시키고 원활하게 하는 것을 목적으로 하고 있어 공통되는 점도 많았지만, 전자가 세계적 중앙은행 설립을 꾀하는 '국제청산동맹안'인데 비하여, 후자는 세계적 규모의 환안정기금을 목표로 하고 있다는 점에서 구별되었다.

여섯째, 이상의 규정에 따라서 회원국의 국제수지상의 불균형 기간을 단축하고 그 정도를 감소시킨다. 국제통화기금은 모든 정책 및 결정에 있어서 본 조에 규정된 목적들을 그 지침으로 하여야 한다.

### 나. 회원국의 일반적 의무(제8조)

회원국은 IMF협정의 각 조문에 규정된 부담을 지는 동시에 다음과 같은 일반적인 의무를 부담한다.

#### (1) 경상적 지불에 관한 제한의 무효

첫째, 회원국은 IMF의 동의없이 경상적 국가거래를 위한 지불 및 자금이동을 위한 지불 및 자금이동을 행하는 것에 대하여 제한을 과하지 못한다. 또한 회원국은 통화에 관한 환계약으로서 IMF협정에 따라 유지 또는 신설되는 회원국의 환통제 규정에 위반되는 것은 어떠한 회원국의 영역내에서도 이행을 요구해서는 안된다(제8조 제2절).

#### (2) 차별적 통화관행의 무효

둘째, 여하한 회원국도 IMF협정에 의한 권한이 부여되었든가 또는 기금의 승인을 받은 경우 이외에는 차별적 통화협약 또는 다원적 통화관행에 참여하거나 또는 자국의 재무기관이 참여하는 것을 허용해서는 안된다(동 조 제3절).

#### (3) 외화 보유잔고의 태환

각 회원국은 타회원국이 매입된 잔고가 경상적 거래의 결과 취득되었다거나 태환이 경상적 거래를 위한 지불에 필요하다는 것을 제시하면서 매입을 요구하는 경우 그 타회원국이 보유하고 있는 자국 통화를 매입하여야 한다. 그러나 이러한 의무는 일정한 경우, 그 잔고가 잔고의 매입을 요구받은 회원국의 외환법률에 위반하여 취득된 경우 등에는 적용되지 않는다(동 조 제4절).

#### (4) 정보 제공

IMF는 회원국에 대하여 자신의 직무를 유효하게 수행하기 위해 필요한 '최소한의 사항'에 관한 자료를 요구할 수 있으며, 그 외에도 업무상 필요하다고 인정되는 정보를 요구할 수 있다. 이러한 요구를 받은 회원국은 관련 정보를 제공하여야 한다. IMF는 정보를 요청함에 있어서 요청된 자료를 제출하는 회원국의 능력에 차이가 있음을 고려하여야 한다. 자료 제공 요청을 받은 회원국은 개인 또는 법인의 사정이 폭로될 정도로 상세한 정보를 제공할 의무는 없지만 가능한 한 요청된 정보를 상세하고 정확하게 제공하여야 하며 단순히 추정적 자료를 제공해서는 안된다(동 조 제5절).

### 다. IMF의 지위, 면책 및 특권(제9조)

부여된 기능을 수행하기 위하여 IMF는 각 회원국 영역 내에서 일정한 지위, 면책 및 특권을 향유한다.

첫째, IMF는 완전한 법인격, 특히 계약 체결, 동산 및 부동산의 취득과 처분, 소송제기 능력을 갖고 있다.

둘째, IMF와 그 재산 및 자산은 IMF가 사법절차 면제를 포기하였거나 계약조건에 그러한 면제를 포기한다는 것을 명시한 경우를 제외한 모든 형식의 사법절차에서 면제된다.

셋째, IMF의 재산 및 자산은 그 소재지와 소지자를 불문하고 수사, 징발, 몰수, 수용 또는 행정적 및 입법적 행위에 의한 기타의 모든 형식의 압수에서 면제된다.

넷째, IMF의 문서는 불가침이다.

다섯째, IMF의 공적 통신에 대해 회원국은 타회원국의 공적 통신과 동일한 대우를 부여하여야 한다.

여섯째, IMF의 각국위원, 이사, 대리자, 직원 및 피용자는 공적 자격으로 행한 해위에 관하여는 사법절차로부터 면제되며, 급료 및 수당에는 조세가 부과되지 않는다. IMF, 그 자산 및 재산, 수입, 협정에서 인정된 기금의 업무 및 거래는 모든 과세 및 관세 대상에서 제외된다.

# 제3절  國際貿易制度

## 1. WTO 체제의 성립

1947년 성립된 '관세 및 무역에 관한 일반협정'(General Agreement on Tariffs and Trade : GATT)은 모든 분야의 상품교역을 규제하는 것을 목적으로 하였으나, 실제로는 공산품 무역에 대해서만 규제해 왔고 농산물 등 그 이외의 상품과 서비스 분야에 대하여는 규제할 수 없었으며, 더욱이 상품무역상 관세장벽의 완화만을 주목적으로 하였기 때문에 비관세장벽을 제거할 능력을 갖지 못했다. 그렇기 때문에 미국을 비롯한 선진국들은 농산물과 서비스 무역·지적재산권 보호 등을 GATT 체제내에 도입할 것을 강력하게 주장해 왔다.[12]

1980년대에 접어들면서 국제경제질서는 새로운 국면에 직면하였다. 지역주의가 보다 광범위한 지역에 걸쳐 확산되었으며, 남북관계는 기존의 대결 및 대립구도에서 협력과 연계구도로 전환되었다. 또한 경제주체들의 경제활동의 세계화가 진전됨으로써 GATT 차원의 새로운 무역협상의 필요성이 대두되게 되었다. 그리하여 1986년 9월 우루과이에서 다자간 협상을 위한 각료선언을 채택함으로써 제8차 다자간협상인 우루과이 라운드(UR)가 개시되었다.[13]

1986년 9월부터 1994년 4월까지 7년간 진행된 UR 협상의 결과, '세계무역기구 설립을 위한 마라케쉬 협정'(Marrakesch Agreement Establishing the World Trade Organization, WTO 설립협정)이 채택되었으며, 동 협정에 의해 WTO(World Trade Organization, 세계무역기구)가 설립되었다. 1995년 1월 1일 발효되어 기존의 GATT을 대체한 마라케쉬 협정은 본문이 총 16개조에 불과한 짧은 조약문으로 구성되어 있지만, 21개에 달하는 부속서를 포함하고 있는 방대한 문건이다. 이 부속서들은 '협정'(agreements) 또는 '관련 법적 문서'(associated legal instruments)로 불린다.[14]

WTO는 다자간 무역체제를 규율하기 위한 법적, 제도적인 기구로서 교역분야에서 자유무역질서를 확대, 강화하기 위하여 WTO 회원국가(member countries)간의 다자간 무역협정의 이행과 감독기능을 수행하고 있으며, 다자간 무역협상의 공개토론장으로서의 역할과 무역마찰 또는 분쟁

---

12)  이병조·이중범, *op. cit.*, p.696

13)  채형복, 국제법, 법영사, 2009, p.468.

14)  김선표, "WTO 협정 체제하 양자간 무역관련 합의서의 법적 성격에 관한 소고", 국제법학회논총, 제54권 제1호, 2009, p.13.

발생시 이를 해결하고 세계경제정책과 관련된 국제기구와의 협력을 도모한다.[15]

[표 10-1] WTO협정의 구성

| 최종의정서 | | |
|---|---|---|
| WTO 설립협정 | 제1부속서 | A. 상품무역에 관한 다자협정(MTA) |
| | | 1. GATT 1994 |
| | | 2. 농업협정 |
| | | 3. 위생조치검역협정 |
| | | 4. 섬유 및 의류협정 |
| | | 5. 무역에 관한 기술장벽협정 |
| | | 6. 무역관련투자조치협정 |
| | | 7. 반덤핑협정 |
| | | 8. 관세평가협정 |
| | | 9. 선적전 검사협정 |
| | | 10. 원산지규정협정 |
| | | 11. 수입허가절차협정 |
| | | 12. 보조금 및 상계관세조치협정 |
| | | 13. 긴급수입제한조치협정 |
| | | B. 서비스무역에 관한 일반협정(GATS) |
| | | C. 무역관련지적재산권협정(TRIPS) |
| | 제2부속서 | 분쟁해결 규칙 및 절차에 관한 양해각서(DSU) |
| | 제3부속서 | 무역정책검토과제(TPRM) |
| | 제4부속서 | 복수국간무역협정(PTA) |
| | | 1. 민간항공기협정 |
| | | 2. 정부조달협정 |
| | | 3. 국제낙농협정 |
| | | 4. 국제우육협정 |
| 각료결정 및 선언 | | |

## 2. WTO 체제의 내용

### 가. WTO 설립 목적

WTO는 서로 다른 경제발전단계에서의 각각의 필요와 관심에 일치하는 방법으로 환경을 보호하고 보존하며 이를 위한 수단의 강화를 모색하면서, 지속가능한 개발이라는 목적에 일치하는 세계자원의 최적이용을 고려하는 한편 생활수준의 향상, 완전고용의 달성, 높은 수준의 실질소득

---

[15] 이은섭, 국제거래법, 부산대학교 출판부, 2006, p.568. GATT 체제하의 무역협상에서는 관세인하 교섭이 제일 큰 비중을 차지하였으나 UR 협상은 관세인하와 비관세장벽 철폐 뿐만 아니라 새로운 규정의 책정, 지금까지 규율이 미치지 못했던 분야의 흡수, 규율의 발본적 강화라는 점에서 과거의 협상과는 크게 다른 포괄적 협상이었다. *Ibid.*

과 유효수요의 지속적인 양적 증대 및 상품과 서비스의 생산 및 무역의 증대를 목적으로 설립되었다. 이러한 목적 달성을 위해 관세 및 그 밖의 무역장벽의 실질적인 축소와 국제무역 관계에 있어서의 차별대우의 폐지를 지향하고 있다(설립 협정 전문).

### 나. WTO의 법적 지위(제8조)

WTO는 법인격을 갖는다. 이에 따라 각 회원국은 동 기구가 자신의 기능을 수행하는 데 필요한 법적 능력과 특권과 면제를 부여하여야 한다. 또한 각 회원국은 세계무역기구의 직원과 회원국 대표에 대하여도 이들이 세계무역기구와 관련하여 자신의 기능을 독자적으로 수행하는 데 필요한 특권과 면제를 부여하여야 한다. 회원국이 WTO, 그 직원 및 회원국 대표에게 부여하는 특권과 면제는 1947년 11월 21일 국제연합 총회에서 승인된 전문기구의 특권과 면제에 관한 협약에 규정된 것과 유사하여야 한다. WTO는 당연히 세계본부협정을 체결할 수 있다.

### 다. WTO의 기능(제3조)

⑴ 설립 협정 및 다자간무역협정의 이행, 관리 및 운영을 촉진하고 그 목적을 증진하며 또한 복수국간 무역협정의 이행, 관리 및 운영을 위한 틀을 제공한다.

⑵ 설립 협정의 부속서에 포함된 협정에서 다루어지는 사안과 관련된 회원국간의 다자간 무역관계에 관하여 그들간의 협상을 위한 장을 제공한다. 또한 각료회의에 의하여 결정되는 바에 따라 회원국간의 다자간 무역관계에 관한 추가적인 협상을 위한 토론의 장 및 이러한 협상결과의 이행을 위한 틀을 제공한다.

⑶ 설립 협정 부속서 2의 '분쟁해결 규칙 및 절차에 관한 양해각서'를 시행한다.

⑷ 설립 협정 부속서 3에 규정된 무역정책 검토제도를 시행한다.

⑸ 세계경제 정책결정에 있어서의 일관성제고를 위하여 적절히 국제통화기금과 국제부흥개발은행 및 관련 산하기구들과 협력한다.

### 라. WTO의 구조(제4조 및 제6조)

#### (1) 각료회의

각료회의는 모든 회원국 대표로 구성되며 최소 2년에 1회 개최된다. 각료회의는 WTO의 기능을 수행하며 이를 위하여 필요한 조치를 취한다. 각료회의는 회원국이 요청하는 경우 설립 협정과 다자간무역협정의 구체적인 의사결정 요건에 따라 다자간무역협정의 모든 사항에 대하여 결정을 내릴 권한을 갖는다.

각료회의는 무역개발위원회, 국제수지제한위원회 및 예산재정관리위원회를 설치할 수 있다. 이들은 설립협정 및 다자간무역협정에 의하여 자신에게 부여된 기능 및 일반이사회가 자신에게 부여하는 추가적인 기능을 수행하며, 적절하다고 판단되는 기능을 갖는 추가적인 위원회를 설치할 수 있다.

### (2) 일반이사회

일반이사회는 모든 회원국 대표로 구성되며 필요에 따라 개최된다. 일반이사회는 각료회의 비회기중에 각료회의의 기능을 수행한다. 또한 일반이사회는 설립 협정에 의하여 부여된 기능을 수행한다.

일반이사회는 분쟁해결양해에 규정된 분쟁해결기구의 임무를 이행하기 위하여 그리고 무역정책 검토제도에 규정된 무역정책 검토기구의 임무를 이행하기 위하여 적절히 개최된다. 일반이사회 산하에는 상품무역이사회, 서비스무역이사회 및 무역관련 지적재산권이사회가 설치된다. 이들 이사회는 각각의 협정과 일반이사회에 의하여 부여된 기능을 수행하며, 일반이사회의 승인에 따라 각각의 의사규칙을 제정한다. 이들 이사회에의 가입은 모든 회원국대표에게 개방되며, 이들 이사회는 자신의 기능을 수행하기 위하여 필요할 때마다 회합한다.

### (3) 사무국

각료회의가 임명하는 사무총장을 최고책임자로 하는 사무국이 설치된다. 각료회의는 사무총장의 권한, 의무, 근무조건 및 임기를 명시하는 규정을 채택하며, 사무총장은 각료회의가 채택하는 규정에 따라 사무국직원을 임명하고 이들의 의무와 근무조건을 설정한다.

사무총장 및 사무국 직원의 임무는 전적으로 국제적인 성격을 갖는다. 사무총장과 사무국 직원은 자신의 의무를 수행하는데 있어서 어떠한 정부나 세계무역기구 밖의 당국으로부터 지시를 구하거나 받아서는 안된다. 이들은 국제공무원으로서 자신의 지위를 손상시킬 어떠한 행위도 삼가야 한다. WTO 회원국은 사무총장 및 사무국 직원의 임무의 국제적 성격을 존중하며, 이들이 의무를 수행하는데 있어서 영향력을 행사해서는 안된다.

### 마. 의사결정(제9조)

WTO는 1947년도 GATT에서 지켜졌던 컨센서스에 의한 결정의 관행을 계속 유지한다. 달리 규정되지 아니하는 한, 컨센서스에 의하여 결정이 이루어지지 아니하는 경우에는 문제가 된 사안을 표결에 회부한다. 각료회의와 일반이사회에서 WTO 각 회원국은 하나의 투표권을 갖는다. 구주공동체가 투표권을 행사할 때는 WTO의 회원국인 구주공동체 회원국 수와 동일한 수의 투표권을 갖는다. 설립 협정 또는 다자간무역협정에 달리 규정되어 있는 경우를 제외하고는 각료회의와 일반이사회의 결정은 투표과반수에 의한다.

각료회의와 일반이사회는 설립 협정과 다자간무역협정의 해석을 채택하는 독점적인 권한을 갖는다. 해석의 채택에 대한 결정은 회원국 4분의 3 다수결에 의한다. 예외적인 상황에서 각료회의는 설립 협정이나 다자간무역협정 이회원국에게 지우는 의무의 면제를 결정할 수 있다. 다만, 이러한 결정은 달리 규정되어 있는 경우를 제외하고는 회원국 4분의 3 다수결에 의한다. 면제를 부여하는 각료회의의 결정은 동 결정을 정당화하는 예외적인 상황, 면제의 적용을 규율하는 제반 조건 및 면제 종료일자를 명시하여야 한다. 1년 이상 부여되는 면제의 경우 각료회의는 면제 부여 후 1년 이내 및 그 이후 면제 종료시까지 매년 면제를 검토하여야한다. 각료회의는 매 검토시마다 의무면제 부여를 정당화하는 예외적인 상황이 계속 존재하는지 여부 및 면제에 첨부된 조건이 충족되었는지 여부를 조사하여야 한다. 각료회의는 연례검토를 기초로 면제를 연장, 수정 또는 종료할 수 있다.

## 3. WTO의 분쟁해결제도

WTO의 분쟁해결절차를 규정하고 있는 규범은 27개 조문과 4개의 세부부속서[16](Appendix)로 구성되어 있는 '분쟁해결규칙 및 절차에 관한 양해각서'(Understanding on Rules and Procedures governing the Settlement of Disputes: DSU)로서 WTO협정문의 부속서 2(Annwx 2)이다. WTO의 분쟁해결

---

[16] 세부부속서 1은 규정이 적용되는 협정의 목록을, 2는 대상협정에 포함되는 특별 또는 추가규칙 및 절차, 3은 작업절차 그리고 4는 전문가 검토그룹에 관하여 규정하고 있다.

제도를 시행하기 위하여 설치된 기구가 DSB(Disputes Settlement Body, 분쟁해결기구)[17]이다(양해각서 제2조). 세계무역기구의 분쟁해결제도는 다자간무역체제에 안전과 예견가능성을 부여하는 데 있어서 중심적인 요소로서, 대상협정에 따른 회원국의 권리와 의무를 보호하고 국제법의 해석에 관한 관례적인 규칙에 따라 대상협정의 현존 조항을 명확히 하는 데 기여한다. 분쟁해결기구의 권고와 판정은 대상협정에 규정된 권리와 의무를 증가시키거나 축소시킬 수 없다(제3조 2항). 또한 회원국이 대상협정에 따라 직접적 또는 간접적으로 자신에게 발생하는 이익이 다른 회원국의 조치로 인하여 침해되고 있다고 간주하는 상황을 신속히 해결하는 것이 WTO의 효과적인 기능수행과 회원국의 권리와 의무간의 적절한 균형의 유지에 필수적이다(동 조 3항).

### 가. 협의(제4조)

각 회원국은 자기나라의 영토안에서 취하여진 조치로서 대상협정의 운영에 영향을 미치는 조치에 관하여 다른 회원국이 표명한 입장에 대하여 호의적인 고려를 할 것과 적절한 협의기회를 부여하여야 한다.[18]

협의요청이 대상협정에 따라 이루어지는 경우 그 요청을 접수한 회원국은 달리 상호합의하지 아니하는 한 요청접수일로부터 10일 이내에 답변하며, 요청접수일로부터 30일 이내의 기간내에 상호 만족할 만한 해결책에 도달하기 위하여 성실하게 협의에 응한다. 회원국이 요청접수일로부터 10일 내에 답변하지 아니하거나 30일 이내의 기간내에 또는 달리 상호합의 한 기간내에 협의에 응하지 아니하는 경우, 협의개최를 요청한 회원국은 직접 패널의 설치를 요구 할 수 있다. 그리고 협의요청 접수일로부터 60일 이내에 협의를 통한 분쟁해결에 실패하는 경우, 제소국은 패널의 설치를 요청할 수 있다. 협의당사자가 협의를 통한 분쟁해결에 실패했다고 공동으로 간주하는 경우, 제소국은 위의 60일 기간중에 패널의 설치를 요청할 수 있다. 협의는 비공개이며 다음 단계에서의 당사국의 권리를 저해하지 아니한다.

---

17) 분쟁해결기구는 분쟁해결과 관련하여 매우 광범위한 기능을 수행한다. 우선 대상협정에는 상품무역 뿐만 아니라 서비스, 지적재산권 등 다른 모든 다자간 무역협정이 포함된다. 그리고 분쟁해결과 관련하여 패널설치, 구성, 보고서 채택, 결정 및 권고의 이행 감시, 허가 및 기타 의무정지 허가 등 분쟁해결기관의 설치, 구성에서 분쟁해결의 진행, 그 결과의 이행 등 모든 것을 담당한다. 이은섭, op. cit., p.644.

18) 회원국의 영토안에서 지역 또는 지방정부나 당국에 의하여 취해진 조치와 관련하여 다른 대상협정의 규정이 이 항의 규정과 상이한 규정을 포함하고 있는 경우, 그러한 다른 대상협정의 규정이 우선한다.

## 나. 주선, 조정 및 중개(제5조)

주선, 조정 및 중개는 분쟁당사자가 합의하는 경우 자발적으로 취해지는 절차이다.[19] 주선, 조정 및 중개의 절차, 특히 이러한 절차의 과정에서 분쟁당사자가 취한 입장은 공개되지 아니하며, 이러한 절차에 따른 다음 단계 과정에서의 분쟁당사자의 권리를 저해하지 아니한다.

협의요청 접수일로부터 60일 이내에 주선, 조정 또는 중개절차가 개시되는 경우, 제소국은 협의요청 접수일로부터 60일의 기간을 허용한 후에 패널의 설치를 요청할 수 있다. 분쟁당사자가 공동으로 주선, 조정 또는 중개과정이 분쟁을 해결하는데 실패하였다고 판단하는 경우, 제소국은 위의 60일의 기간 중에 패널의 설치를 요청할 수 있다.

## 다. 패널제도

### (1) 패널 설치(제6조)

제소국이 요청하는 경우, 패널설치요청이 의제로 상정되는 첫번째 분쟁해결기구 회의에서 컨센서스로 패널을 설치하지 아니하기로 결정하지 아니하는 한, 늦어도 그 분쟁해결기구 회의의 다음번에 개최되는 분쟁해결기구 회의에서 패널이 설치된다.

패널설치는 서면으로 요청된다. 이러한 요청은 협의가 개최되었는지 여부를 명시하고, 문제가 된 특정 조치를 명시하며, 문제를 분명하게 제시하는 데 충분한 제소의 법적 근거에 대한 간략한 요약문을 제시한다. 제소국이 표준위임사항과 상이한 위임사항을 갖는 패널의 설치를 요청하는 경우, 서면 요청서에는 제안하고자 하는 특별위임사항의 문안이 포함한다.

### (2) 패널 구성(제8조~제10조)

패널위원은 패널위원의 독립성과 충분히 다양한 배경 및 광범위한 경험이 확보될 수 있도록 선정되어야 한다(제8조 2항).[20] 패널은 분쟁당사자가 패널설치로부터 10일 이내에 5인의 패널위원

---

19) 분쟁당사자는 언제든지 주선, 조정 또는 중개를 요청할 수 있다. 주선, 조정 또는 중개는 언제든지 개시되고 종료될 수 있다. 일단 주선, 조정 또는 중개절차가 종료되면 제소국은 패널의 설치를 요청할 수 있다(동 조 3항). 그리고 사무총장은 회원국이 분쟁을 해결하는 것을 돕기 위하여 직권으로 주선, 조정 또는 중개를 제공할 수 있다(동 조 6항).

20) 패널은 패널에서 일한 경력이 있거나 패널에 자기나라의 입장을 개진한 경력이 있는 자, 세계무역기구 회원국의 대표나 1947년도 GATT 체약당사자의 대표로 근무한 경력이 있는 자, 또는 대상협정이나 그 협정의 선행협정의 이사회나 위원회에서 대표로 근무한 경력이 있는 자, 사무국에서 근무한 경력이 있는 자, 국제무역법이나 국제무역정책에 대하여 가르치거나 저술한 경력이 있는 자, 또는 회원국의 고위급 무역정책 관리로서 근무한 경력이 있는 자 등 충분한 자격을 갖춘 정

으로 패널을 구성하는 데 합의하지 아니하는 한 3인의 패널위원으로 구성된다. 패널구성은 회원국에게 신속히 통보된다(동조 5항).

패널위원은 정부대표나 기구대표가 아닌 개인자격으로 임무를 수행한다. 따라서 회원국은 패널에 계류중인 사안과 관련하여 패널위원에게 지시를 내리지 아니하며, 개인자격인 패널위원에 대하여 영향력을 행사해서는 안된다(동조 9항).

그리고 2개 이상의 회원국이 동일한 사안과 관련된 패널의 설치를 요청하는 경우, 이러한 복수의 제소내용을 조사하기 위하여 모든 관련 회원국의 권리를 고려하여 단일 패널을 설치할 수 있다. 이러한 복수의 제소내용을 조사하기 위하여 가능할 경우에는 언제나 단일 패널이 설치되어야 한다(제9조 1항).

또한 분쟁당사자의 이해관계와 분쟁에서 문제가 되고 있는 대상협정상의 다른 회원국의 이해관계는 패널과정에서 충분히 고려되어야 하며(제10조 1항), 패널에 회부된 사안에 실질적인 이해관계를 갖고 있으며 자기나라의 이해관계를 분쟁해결기구에 통보한 회원국은 패널에 대하여 자신의 입장을 개진하고 서면입장을 패널에 제출할 기회를 갖는다. 이러한 서면입장은 분쟁당사자에게 전달되며 패널보고서에 반영된다(동조 2항).

### (3) 패널의 기능(제11조)

패널의 기능은 분쟁해결기구가 이 양해 및 대상협정에 따른 책임을 수행하는 것을 지원하는 것이다. 따라서 패널은 분쟁의 사실분에 대한 객관적인 평가, 관련 대상협정의 적용가능성 및 그 협정과의 합치성을 포함하여 자신에게 회부된 사안에 대하여 객관적인 평가를 내려야 하며, 분쟁해결기구가 대상협정에 규정되어 있는 권고를 행하거나 판정을 내리는 데 도움이 되는 그 밖의 조사결과를 작성한다. 패널은 분쟁당사자와 정기적으로 협의하고 분쟁당사자에게 상호 만족할 만한 해결책을 찾기 위한 적절한 기회를 제공하여야 한다.

### (4) 패널보고서의 채택(제15조 ~ 제16조)

패널은 반박 서면입장 및 구두주장을 심리한 후 자신의 보고서 초안중 서술적인 부분(사실 및

---

부 또는 비정부인사로 구성된다(제8조 1항).

주장)을 분쟁당사자에게 제시한다. 패널이 설정한 기간내에 분쟁당사자는 서면으로 논평을 제출한다(제15조 1항). 분쟁당사자로부터 논평을 접수하기 위하여 정해진 기간이 경과한 후 패널은 서술부분과 패널의 조사결과 및 결론을 모두 포함하는 잠정보고서를 분쟁당사자에게 제시한다. 논평기간내에 어떤 분쟁당사자도 논평을 제출하지 아니하는 경우 잠정보고서는 최종 패널보고서로 간주되며 신속히 회원국에게 배포된다(동 조 2항).[21]

패널보고서에 이의가 있는 회원국은 적어도 동 패널보고서가 심의되는 분쟁해결기구 회의가 개최되기 10일 이전에 회원국에게 배포되도록 자신의 이의를 설명하는 이유를 서면으로 제출한다(제16조 2항). 일방 분쟁당사자가 정식으로 분쟁해결기구에 자기나라의 상소결정을 통지하지 아니하거나, 분쟁해결기구가 컨센서스로 패널보고서를 채택하지 아니하기로 결정하지 아니하는 한, 패널보고서는 회원국에게 배포된 날로부터 60일 이내에 분쟁해결기구 회의에서 채택된다. 일방 분쟁당사자가 자기나라의 상소결정을 통지하는 경우, 패널보고서는 상소절차 종료후까지 분쟁해결기구에서 채택을 위한 논의의 대상이 되지 아니한다. 이러한 채택절차는 회원국이 패널보고서에 대하여 자기나라의 견해를 표명할 수 있는 권리에 아무런 영향을 미치지 아니한다(동 조 4항).

### 라. 상소제도(제17조)

분쟁당사자는 패널보고서에 대하여 상소할 수 있다(제3자는 상소 불가). 사안에 대한 실질적인 이해관계가 있음을 분쟁해결기구에 통지한 제3자는 상소기구에 서면입장을 제출하고 상소기구에서 자신의 입장을 개진할 기회를 가질 수 있다. 상소는 패널보고서에서 다루어진 법률문제 및 패널이 행한 법률해석에만 국한된다.

일반적으로 일방 분쟁당사자가 자기나라의 상소결정을 공식적으로 통지한 날로부터 상소기구가 자신의 보고서를 배포하는 날까지의 절차는 60일을 초과하지 못한다. 60일 이내에 자신의 보고서를 제출하지 못할 것이라고 간주하는 경우, 지연사유를 보고서 제출에 소요될 것으로 예상되는 기간과 함께 서면으로 분쟁해결기구에 통보한다. 어떠한 경우에도 그 절차는 90일을 초과할 수 없다.

---

21) 패널의 심의는 공개되지 아니하며, 패널보고서는 제공된 정보 및 행하여진 진술내용에 비추어 분쟁당사자의 참석없이 작성된다. 개별 패널위원이 패널보고서에서 표명한 의견은 익명으로 한다(제14조).

상소기구보고서가 회원국에게 배포된 후 30일 이내에 분쟁해결기구가 컨센서스로 동 보고서를 채택하지 아니하기로 결정하지 아니하는 한, 분쟁해결기구는 이를 채택하며 분쟁당사자는 동 보고서를 무조건 수락하여야 한다. 동 채택절차가 회원국이 상소기구보고서에 대하여 자국 견해를 표명할 수 있는 권리를 저해하는 것은 아니다.

### 마. 권고 및 판정의 이행에 대한 감독(제21조)

분쟁해결기구의 권고 또는 판정을 신속하게 이행하는 것은 모든 회원국에게 이익이 되기 때문에 분쟁의 효과적인 해결을 확보하는 것은 매우 중요하다.

패널 또는 상소보고서가 채택된 날로부터 30일 이내에 개최되는 분쟁해결기구 회의에서 관련 회원국은 분쟁해결기구의 권고 및 판정의 이행에 대한 자기나라의 입장을 분쟁해결기구에 통보하여야 한다. 권고 및 판정의 즉각적인 준수가 실현 불가능한 경우, 관련 회원국은 준수를 위한 합리적인 기간을 부여받을 수 있다.[22]

패널 또는 상소기구가 제12조 제9항 또는 제17조 제5항에 따라 보고서의 제출기간을 연장한 경우를 제외하고는, 분쟁해결기구가 패널을 설치한 날로부터 합리적인 기간 확정일까지의 기간은 분쟁당사자가 달리 합의하지 아니하는 한 15월을 초과하지 아니한다. 패널 또는 상소기구가 보고서 제출기간을 연장하기로 한 경우, 추가적으로 소요된 기간은 동 15월의 기간에 합산된다. 다만, 분쟁당사자가 예외적인 사정이 존재한다고 합의하지 아니하는 한 총 기간은 18월을 초과하지 아니한다.

권고 및 판정의 준수를 위한 조치가 취해지고 있는 지 여부 또는 동 조치가 대상협정에 합치하는 지 여부에 대하여 의견이 일치하지 아니하는 경우, 이러한 분쟁은 가능한한 원패널에 회부하는 것을 포함하여 이러한 분쟁해결절차의 이용을 통하여 결정된다.

분쟁해결기구는 채택된 권고 또는 판정의 이행상황을 지속적으로 감시한다. 모든 회원국은

---

22) 합리적 기간이란 다음과 같다. ① 분쟁해결기구의 승인을 받는 것을 조건으로, 관련 회원국이 제의하는 기간. 또는 이러한 승인이 없는 경우에는, ② 권고 및 판정이 채택된 날로부터 45일 이내에 분쟁당사자가 상호 합의하는 기간. 또는 이러한 합의가 없을 때에는, ③ 권고 및 판정이 채택된 날로부터 90일 이내에 기속적인 중재를 통하여 확정되는 기간. 이러한 중재에 있어서 중재인을 위한 지침은 패널 또는 상소기구의 권고 이행을 위한 합리적인 기간이 패널 또는 상소기구보고서가 채택된 날로부터 15월을 초과하지 아니하여야 한다는 것이다. 그러나 특별한 사정에 따라 동 기간은 단축 되거나 연장될 수 있다.

권고 또는 판정이 채택된 후 언제라도 그 이행문제를 분쟁해결기구에 제기할 수 있다. 분쟁해결기구가 달리 결정하지 아니하는 한, 권고나 판정의 이행문제는 합리적 이행기간이 확정된 날로부터 6월 이후에 분쟁해결기구 회의의 의제에 상정되며, 동 문제가 해결될 때까지 계속 분쟁해결기구의 의제에 남는다. 이러한 분쟁해결기구 회의가 개최되기 최소한 10일전까지 관련 회원국은 권고 또는 판정의 이행에 있어서의 진전상황에 관한 서면보고서를 분쟁해결기구에 제출한다.

## 제4절 國際金融制度(機構):國際復興開發銀行의 設立

### 1. 설립 목적

국제부흥개발은행(IBRD)은 전쟁에 의해 파괴된 선진국 경제의 부흥원조와 개발도상국의 개발원조를 2대 목적으로 하여 설립되었다. 1946년 6월 25일에 업무를 개시하여 1947년 이후 국제연합의 전문기관이 되었다. IBRD는 이 목적을 위하여 장기자금의 대부, 대부참가, 민간투자에 대한 보증 등의 업무를 수행하며, 이러한 업무에 부수되는 조사, 기술원조 등의 활동을 행한다. 처음에는 전후부흥을 위한 융자에 중점을 두었으나 1950년 후반부터 개발원조로 역점이 전환되어 최근에는 오로지 개발원조 기구로서 활동하고 있다.[23]

민간부문에 대한 투융자 활성화를 통해 개도국의 경제개발을 지원하고자 국제금융공사(International Finance Corporation: IFC)를 1956년 7월 24일 설립하였고, IBRD의 지원이 미치지 못하는 최빈개도국에 양허적 조건의 무이자 재원을 공급하기 위하여 국제개발협회(International Development Association: IDA)를 1960년 11월 18일에 설립하였다. 최초의 IDA 여신은 1961년 온두라스, 인도, 수단 그리고 칠레에 지원되었다.[24]

---

**23)** 김정균·성재호, *op. cit.*, p.534. IBRD의 설립목적은 당초 장기개발자금의 공여를 통하여 유럽 대륙에서 전쟁복구를 도모하고자 함이었다. 이에 따라 1947년 2억 5천만 달러의 최초 대출이 프랑스에게 전쟁 피해 복구 자금용으로 대출되었다. 그러나 미국이 유럽 재건을 위하여 마샬 플랜을 독자적으로 실시하게 되자 IBRD는 개도국에 대한 장기 개발자금 융자에 주력하게 되었으며, 개도국 지원체제를 정비하기 위해 산하에 여러 전문지원기구를 설치하기 시작하였다. 조용득, 국제경제기구와 세계경제질서, 형설출판사, 2003, p.207.

**24)** *Ibid.*

## 2. 조직

### 가. 총회

총회는 각 회원국이 임명하는 위원 1명과 대리위원 1명으로 구성되며, IBRD의 모든 기능을 담당한다. 각 위원과 대리위원은 임명 회원국의 이의가 없는 한 5년간 재임하고 재임할 수 있다. 대리위원은 본위원이 결석한 경우를 제외하고는 투표권을 행사하지 못한다. 총회는 일정한 기능에 대해 이사회에 그 집행을 위임할 수 있다(IBRD 협정 제5조 2절).

### 나. 이사회

이사회는 IBRD의 일반적 업무운영에 대한 책임을 지며, 이 목적을 위하여 총회로부터 위임된 모든 권한을 행사한다. 이사회는 12명의 이사로 구성되며, IBRD 본부에서 사무를 집행하여야 하고, 사무상의 필요가 있을 때마다 수시로 개최된다(동 4절).

### 다. 총재와 직원

총재는 IBRD의 사무직원의 책임자로서 이사회에서 선출되며, 이사회의 지도하에 본 은행의 업무를 처리한다. 총재는 이사회의 의장이 되지만 가부동수인 경우 결정권외 투표권이 없으며, 총회에 참석할 수 있으나 투표권이 없다. 총재는 이사회의 총괄적 감독에 따라 간사와 직원의 조직, 임명과 해고에 관하여 책임을 진다(동 5절).

### 라. 자문위원회

자문위원회는 총회가 지정하는 7명 이상의 인원으로 구성되며, 일반정책사항에 대하여 IBRD에 조언할 수 있다. 자문위원회는 은행, 상업, 공업, 노동과 농업의 각 이익대표를 포함하여 가능한 한 국가적 대표를 광범히 포함시켜야 한다. 전문적 국제기관이 존재하는 분야는 이 기관과 합의하여 대표를 선출한다(동 6절).

## 3. 기금

IBRD는 회원국들이 출자한 자본불입금과 세계시장에서의 채권발행과 순사업소득으로 기금을 조성한다. IBRD는 회원국은 가입시나 출자시 자국에 배정된 주식을 인수하고 이에 해당하는 금액을 출자하는데 이같은 출자금이 IBRD의 자본금이 된다. 또한 IBRD는 필요한 경우 국제자본시장 및 각 회원국 정부와 중앙은행에의 채권발행 등을 통해 차입하거나 융자액에 대한 이자 및 수수료와 유가증권 투자 수익도 융자재원이 된다.[25]

## 4. 융자

IBRD는 융자대상국의 경제성장 정도에 따라 단계적으로 융자를 감축하는 융자졸업제도를 시행하고 있다(한국은 1992년에 졸업). 이와 같이 IBRD의 융자는 상업성에 기초한 것이 아니기 때문에 융자대상국도 국제금융시장에서 차입이 용이하지 않은 국가를 대상으로 하며 융자대상사업의 선정에 있어서는 성공 가능성을 우선적으로 고려한다. 융자조건은 융자대상국의 경제상태에 따라 다르나 3~5년 거치 12~15년 분할상환의 15~20년의 장기융자가 주류를 이룬다.[26]

---

25) 도충구 외, 국제경제기구의 이해, 학현사, 2001, p.71 참조.

26) 서헌제, 국제경제법, 율곡출판사, 1996, p.102.

# 제11장 國際紛爭의 解決

## 제1절 國際紛爭의 性質

### 1. 意義

분쟁(disputes)이란 어떤 사실이나 이해에 관해 의견의 불일치가 있고 어느 일방의 주장이 타방에 의해 거부되는 것을 말하는 바, 국제분쟁(international disputes)이라 함은 국가간의 법률관계 또는 이해관계에 관한 국가간의 의견충돌이라 할 수 있다. 국제분쟁은 본래 국가간의 분쟁이지만 처음에는 국가 또는 개인과 개인간의 분쟁이었던 것이 소속국의 국제분쟁으로 되는 경우도 있다.

### 2. 類型

#### 가. 法律的 紛爭

법률적 분쟁(legal dispute)은 현행 국제법상의 법률관계, 권리의무관계에 관한 분쟁으로 그 해결을 재판에 부탁할 수 있다.

#### 나. 政治的 紛爭

정치적 분쟁(political dispute)은 국제정치상의 이해에 관한 분쟁으로서 현행의 법률관계, 권리의무관계에 있어서 어떤 변경을 요구하거나 또는 그것을 부인하는 분쟁이다. 따라서 정치적 분쟁은 조정 기타 재판이외의 방법에 부탁될 수는 있어도 재판에 부탁하기에는 적합하지 않다.

#### 다. 區別基準
##### (1) 政治的 重要性 有無

분쟁의 '정치적 중요성'에 의하여 구별하는 방식으로 법률적 분쟁이란 정치적으로 중요치 않은 분쟁이며, 정치적 분쟁이란 정치적으로 중요한 분쟁, 즉 국가의 주권 또는 독립에 중요한 영향을 미치는 분쟁을 말한다.

### (2) 國際法規의 有無

분쟁에 관하여 규정된 '국제법규의 유무'에 의해 구별하는 방식으로, 분쟁에 관하여 미리 규정된 실정국제법규나 또는 합의된 규범이 존재하는 분쟁은 법률적 분쟁이고 그러한 법규나 규범이 존재하지 않는 분쟁은 정치적 분쟁이다.

### (3) 當事者의 態度

당사국이 국제법에 입각하여 다투느냐 또는 국제법 이외의 권한에 입각하여 다투느냐에 따라 구별하는 방식으로, 국제법에 입각하여 다투는 분쟁은 법률적 분쟁이며, 국제법 이외의 근거에 입각하여 다투는 분쟁은 정치적 분쟁이 된다.

따라서 정치적 분쟁은 당사국이 국제법을 기준으로 해결하는 것을 원하지 않는 분쟁을 의미한다. 그러나 이러한 종류의 분쟁도 이론상 재판에 부탁할 수 없는 것은 아니며 당사국이 합의하면 현행법의 적용을 배제하고 '衡平과 善'에 의한 재판을 요구할 수도 있다. 따라서 국제사법법원 규정 제36조 2항의 내용을 근거로 구별함이 실정법상 타당할 것이다.

## 제2절   國際紛爭의 平和的 解決

### 1. 國際紛爭의 平和的 解決義務

국제사회에 있어서 발생하는 국가간의 분쟁을 평화적인 방법으로 해결하는 것을 국제분쟁의 평화적 해결이라 한다. 국내사회에는 오래전부터 분쟁의 평화적 해결원칙이 확립되어 국내질서를 유지하면서 분쟁해결을 가능하게 했지만 국제사회에서는 평화적 수단에 의한 분쟁해결이 덜 중요시되었다.

국가는 다른 국가와의 분쟁을 해결함에 있어서 우선 외교교섭을 하겠지만 그것으로 해결되지 않으면 최후의 수단으로 전쟁이나 무력사용의 방법이 진행될 가능성도 있다. 따라서 국제평화를 유지하기 위해서는 분쟁을 평화적으로 해결하는 것이 필요하다는 것은 말할 것도 없다.

무력행사는 곧 전쟁이며, 자국의 주장을 관철하기 위해서 전쟁을 개시하는 것은 종래 일반적으로 금지되지 않았다. 그러나 최근에 와서 강제적 해결은 제한 또는 금지되었고 국제분쟁은 오로지 평화적으로 해결되어야 한다는 것이 확립되었다. 즉, 오늘날 국제법에 있어 인정되고 있는 분쟁해결 방법은 평화적인 방법뿐이다.

제2차 세계대전 후의 UN헌장은 이 점을 명확히 하고 있다. 헌장 제2조 3항은 "모든 회원국은 그들의 국제분쟁을 국제평화와 안전 그리고 정의를 위태롭게 하지 아니하는 방식으로 평화적 수단에 의하여 해결한다"고 규정하고 있다.

오늘날 UN헌장 제2조 3항에 규정된 분쟁의 평화적 해결의무는 분쟁당사자의 능동적 의무를 포함한다는 것에 의견이 일치한다. 분쟁당사자는 분쟁을 수동적으로 그들간에 더 이상 악화되지 않게 하는 것으로 충분하지 않다. 그러나 능동적 의무는 분쟁당사자가 분쟁해결의 수단을 헌장에 의해서 선택하는 것을 의미하지는 않는다. 그들은 그들의 분쟁을 해결하기 위하여 UN헌장 제33조 1항[1]에 언급된 전통적인 수단을 이용할 수 있지만, 이와 다른 해결절차를 합의하는 것도 그들의 자유재량이라는 것은 일반적으로 인정된다.[2]

## 2. 方法

### 가. 直接交涉

분쟁을 해결하기 위하여 당사국 사이에 외교교섭을 하는 것을 말한다. 이는 분쟁해결의 일차적인 방법으로(UN헌장 제33조) 외교사절을 통하여 외교교섭을 하는 것이 보통이다.

### 나. 周旋과 仲介

주선(good offices)과 중개(mediation)는 제3자가 분쟁당사국간의 교섭에 개입하는 것인데, 양자는

---

1) UN헌장 제33조 1항. 어떠한 분쟁도 그의 계속이 국제평화와 안전의 유지를 위태롭게 할 우려가 있는 것일 경우, 그 분쟁의 당사자는 우선 교섭·심사·중개·조정·중재재판·사법적 해결·지역적 기관 또는 지역적 약정의 이용 또는 당사자가 선택하는 다른 평화적 수단에 의한 해결을 구한다.
2) 나인균, 국제법, 법문사, 2004, p.596.

개입의 정도에 따라 구별된다. 주선은 제3자가 분쟁의 내용에는 개입하지 않고 당사국간의 외교교섭에 사무적 편의를 제공하는 것이며(예컨대, 외교교섭의 권고, 회의장소 등 편의제공), 중개는 제3자가 분쟁의 내용에까지 개입하여 그 타결에 노력하는 것을 말한다(예컨대, 당사국의 의견조정, 분쟁의 해결안 제시 등).

### 다. 事實調査

사실조사(inquiry)는 독립적 지위에 있는 제3자, 즉 국제기관이 분쟁의 원인이 된 사실을 공평하게 심사하여 그 사실을 명확히 함으로서 분쟁해결을 도모하는 방법이다.

사실조사는 분쟁의 원인이 된 사실을 명확히 하여 당사국의 오해를 없애고 화해를 촉진함으로써 분쟁해결을 용이하게 하는 한편 제3자가 심사하는 동안 당사자국의 감정을 진정시켜 긴장된 대립관계를 완화함으로써 분쟁해결에 도움을 주는 방법이다.

### 라. 調整

조정(conciliation)은 독립적 지위에 있는 제3자, 즉 위원회 또는 국제기관이 분쟁을 심사하고 그 해결조건을 결정하여 분쟁당사국에 권고함으로써 분쟁을 해결하는 제도이다. 제3자가 결정하는 해결조건은 당사국에 권고할 뿐이고 당사국을 법적으로 구속하지 않으므로 국제재판과 다르다. 그러나 조정은 해결조건을 결정하여 그 수락을 당사국에게 권고하는 기능을 가지므로 주선이나 중개와는 다른 의미를 갖는다.

### 마. 司法的 解決
#### (1) 仲裁裁判
##### (가) 意義

중재재판(arbitration)은 분쟁당사국이 자의로 수락한 의무의 결과로서, 법을 기초로 하여 구속력 있는 판결을 통하여 국가간의 분쟁을 해결하는 방법이다. 중재재판은 법을 적용하여 당사국을 구속하는 판결을 부과한다는 점에서 단순한 권고적 절차에 불과한 조정과 구별된다.

### (나) 構成

중재재판소는 당사국의 합의에 의해 보통 3인 또는 5인으로 구성된다. 분쟁발생시 당사국의 합의에 의해 구성되는 특별중재재판소(ad hoc arbitral tribunals)와 분쟁발생시 예비적으로 비치되어 있는 법관명부에서 법관을 선임하여 법정을 구성하는 상설중재재판소(Permanent Court of Arbitration)가 있다.

### (다) 裁判의 準則

중재재판이 적용할 준칙은 중재재판에서 정하게 되나 당사국이 합의하면 국제법 이외의 내용을 그 준칙으로 인정할 수 있으며 재판절차도 당사국의 합의에 의한다.

### (라) 判決의 效力

중재재판은 당사국의 별다른 합의가 없는 한 최종적이며, 당사국을 법적으로 구속한다. 판결의 효력은 원칙적으로 당사국에 국한되지만, 제3국이 당사자인 협약의 해석문제와 관련하여 소송에 참가한 경우에는 제3국에게도 효력이 인정된다.

## (2) 司法裁判
### (가) 意義

당사자로부터 독립된 재판기관에 의하여 당사자를 법적으로 구속하는 판결로써 국제분쟁을 해결하는 방법으로 재판소구성, 재판절차, 재판준칙 등이 조약에 의해 미리 정해져 있다.

중재재판의 경우 당사국의 의사에 의존하기 때문에 중재관의 독립성과 재판의 공정성을 기하기 어렵고 분쟁부탁이 용이하지 않으며 재판의 계속성을 유지하기 어려워 국제법 발전을 기하기 어렵다. 반면에 사법재판은 이미 재판소가 상설적으로 구성되어 있기 때문에 재판의 독립성과 공정성을 확보할 수 있으며 분쟁부탁이 쉽고 일관된 판례의 집적을 통해 국제법 발전을 이룰 수 있다는 이점이 있다.

국제적 분쟁원인들을 司法的 방식으로 해소하기 위해서는 상설의 국제사법법원을 설치해야 한다는 열망은 1899년과 1907년 두 차례에 걸친 평화회의에서 최고조에 달했다. 그리고 이 열망은 1920년 국제연맹에 의해서 설립된 상설국제사법법원(Permanent Court of International Justice: PCIJ)로 결실되었다. 제2차 세계대전의 막바지에 승리하고 있던 연합국측은 PCIJ가 보여준 중요한 업적과 기능에 비추어 전후에 국제적 분쟁의 평화적 해결을 위한 사법적 기관을 설립하는 문제를 논의하기 시작하였다. Dumbarton Oaks 회의에서 위임된 대로 소집된 법률가회의에서 새로운 국제사법법원(International Court of Justice: ICJ)의 설립문제를 협의하였으며, 1926년 개정된 PCIJ 규약을 거의 답습한 ICJ의 헌장 규정이 완성되었다. 그리하여 1946년 4월 18일 PCIJ에 대한 기대보다 더 열정적인 희망과 기대를 걸고 헤이그 평화궁전에서 ICJ는 개원하였다.[3]

ICJ는 UN의 주요한 사법기관으로서, UN헌장에 의해 설립되었다. ICJ규정은 UN과 불가분의 일체를 이루며(UN헌장 제92조), UN회원국은 당연히 규정당사국이 된다(동 제93조). 따라서 ICJ는 독자적인 사법적 성격유지 및 UN의 주요한 사법기관으로서의 기능수행이라는 이중적 역할을 유기적으로 조화시켜야 한다.

또한 유엔 안정보장이사회와 총회 및 총회의 허가를 얻은 유엔의 부속기관과 전문기관은 ICJ에 권고적 의견을 요청할 수 있다(동 제96조 2항).

### (나) 構成

국제사법법원은 15명의 법관으로 구성되며(ICJ 규정 제3조), 각 국가의 최고법관의 자격이 있는 자 또는 권위 있는 국제법학자중에서 선출된 권위 있는 법률가중에서 총회와 안전보장이사회에서 선출되며(동 제2조, 제4조) 임기는 9년이다(동 제13조). 분쟁당사국의 국적을 가진 재판관이 없는 경우, 당사국은 당해사건에 한하여 1명의 임시재판관(ad hoc judge)을 임명할 수 있다(동 제31조).

### (다) 管轄

국제사법법원에 제기되는 사건의 소송당사자는 원칙적으로 국가만이 될 수 있으며(동 제34조 1항), 법원은 규정당사국에게 임명된다(동 제35조 1항). 그러나 안전보장이사회가 정하는 조건에 의거하여 법원은 규정비당사국에게도 개방될 수 있다(동 제35조 2항).

국제사법법원 당사국이 부탁하는 모든 사건 및 UN헌장 또는 현행조약에 특히 규정된 모든 사항에 대하여 관할권을 행사할 수 있다(동 제36조 1항).

---

3)  김영구, "국제사법재판소의 위상변화에 대한 고찰", 국제법학회논총, 제46권 제2호, 2001, pp.80~81.

### (라) 裁判의 準則

국제사법법원규정 제38조는 당사국간의 특별한 합의가 없는 경우에 다음의 4개의 준칙에 의하여 재판한다고 규정하고 있다.

① 일반적인 또는 특별한 국제협정으로서 분쟁당사국이 명백히 인정하는 규칙을 확립하고 있는 것, 즉 일반 또는 특별한 국제조약

② 법으로 인정되고 있는 일반관행의 증거로서의 국제관습

③ 문명국에 의하여 인정된 법의 일반원칙

④ 법칙결정의 보조수단으로서의 재판상의 판결 및 각국의 가장 우수한 국제법학자의 학설

또한 당사국이 합의하면 법이 아닌 '형평과 선'에 의해 재판할 수 있다(동 제38조 2항).

### (마) 判決의 效力

판결은 최종적으로 당사국을 구속하며(동 제59조), 당사국은 판결을 이행할 의무를 진다(UN헌장 제94조). 그러나 당사국 이외의 국가도 가입하고 있는 조약의 해석이 문제된 사건이 제기된 경우 제3국이 소송에 참가할 경우에는 그 국가에도 예외적으로 기판력이 미친다. 판결은 1심으로 종결되고 상소를 인정하지 않음을 원칙으로 한다(ICJ 규정 제60조).

# 제3절　國際紛爭의 强制的 解決

## 1. 意義

국제분쟁은 평화적 해결방법으로 처리되는 것이 국제사회의 안정과 국가간 우의를 위해 합리적이다. 그러나 분권화된 오늘날의 국제질서속에서 현실적 능력이나 의지가 국제분쟁의 평화적 해결을 보장해 주지 못하고 있다.

따라서 분쟁이 당사국간의 합의에 의하여 평화적으로 해결되지 않을 경우, 이를 해결하기 위해서는 필요한 범위내에서 약간의 강제력을 발동하게 되는데, 이 경우 그 수단은 자력구제의 형태를 띤다. 국제사회에는 국가의 상위에 있는 권력기관이 존재하지 않으므로 국가간의 분쟁을 해결하기 위한 강제력도 결국 국가자신이 행할 수 밖에 없기 때문이다.

분쟁의 강제적 해결은 수단과 결과에 있어 많은 문제점을 수반하게 된다. 하지만 국제사회가 더욱 발달하여 초국가적 권력기관이 설치되기까지는 분쟁해결 방법으로서의 존재의의를 지속하게 될 것이다.

분쟁의 강제적 해결방법에는 보복, 복구 및 전쟁 등이 있으나 여기서는 보복과 복구만을 다루고 전쟁은 章을 달리하여 설명하고자 한다.

## 2. 報復

보복(retortion)은 국가이익을 해치는 부당한 행위, 국제예양에 위반되는 비우호적인 행위(예, 타국의 자국민에 대한 부당한 차별대우, 자국상품에 대한 과중한 관세부과, 자국민의 이민에 대한 특별한 제한 또는 금지 등)가 있을 때 이를 중지시킬 목적으로 그 타국에 대하여 똑같이 부당행위를 하는 즉, 동일 또는 동종의 대응수단을 말한다. 이는 타국에게 심리적인 견제와 부담을 주게되어 타국의 부당행위를 사전에 예방하는 효과를 갖는다.

보복은 그 요건이 되는 행위가 타국의 부당한 행위이지 위법한 행위는 아니기 때문에 원래 국제법 범위밖의 문제이고 보복행위의 정당성 여부나 그 형태를 결정하는 것은 국제정치상의 문제 또는 국가정책에 속하는 과제인 것이다. 그런데 보복을 국제법에서 논하는 것은 복구와의 차이를 명백히 하기 위한 것이다.

보복은 본래이면 부당한 행위로 당연히 비난받을 행위이지만 상대방의 부당한 행위를 요건으로 하는 것이므로 그 부당성이 조각된다.

## 3. 復仇

### 가. 意義

복구(reprisals)는 자국에게 행해진 타국으로부터의 불법행위가 있을 때 이를 중지시키거나 또는 이에 대한 구제를 얻기 위하여 자국이 입은 손해와 거의 같은 정도의 손해를 불법행위국에 대해 취하는 응보행위로서, 원래는 불법행위이지만 일정한 요건을 갖춘 경우 위법성이 조각되어 합법적인 행위로 인정된다.

복구는 전쟁이나 자위와 구별된다. 복구는 전쟁처럼 대응행위의 목적이나 범위가 넓은 것은 아니다. 복구행위가 전쟁으로 비화되지 않는 한 양국간의 관계는 여전히 평시상태하에 있는 것이다. 또한 자위행위가 급박한 위해에 대한 방위행위임에 반하여 복구는 불법행위에 대하여 취해지는 행위이다. 따라서 복구는 비전쟁적이면서도 강력적인 자구행위라 할 수 있다.

국제법상 복구행위가 인정되는 이유는 국가가 타국으로부터 권리침해를 당한 경우에 다른 평화적인 수단으로는 충분한 구제를 얻지 못할 때 자력으로서 구제방법을 취할 수 밖에 없다는 점에 기인하는 바, 불법행위국을 강제할만한 강력한 국제기구를 갖지 못한 오늘날의 법체계 및 국제조직의 미발달에 근본적인 원인이 있는 것이다. 장차 국제사회가 조직화되어 가면 복구의 존재의의는 점차 축소될 것이다.

### 나. 要件

복구가 적법행위로 인정되기 위해서는 다음의 요건을 충족하여야 한다.

① 타국의 불법행위 즉, 타국의 국제법 위반행위가 있어야 한다. 따라서 단순히 국제예양에 위반되는 비우호적인 행위로서는 불충분하다. 타국의 불법행위는 작위 뿐만 아니라 부작위에 의한 것도 포함되며, 사인의 행위로 인해 권리침해를 당한 경우에도 국가가 적당한 조치를 취하지 않으면 복구가 가능하다.

② 복구전에 불법행위에 대한 구제요청이 선행되어야 한다. 복구는 교섭이나 기타 평화적 수단에 의해 구제를 얻지 못할 경우 불법행위국 또는 그 국민의 재산에 대하여 행할 수 있는 전쟁에 이르지 않은 강제수단의 하나이다.

③ 복구는 타국의 불법행위를 중지시키고 배상을 얻는데 필요한 정도여야 한다. 따라서 타국의 불법행위가 중지되거나 배상을 이미 얻은 경우 복구는 중지되어야 한다.

### 다. 手段

복구의 수단으로는 조약의 이행정지, 보이콧(boycott), 국민 및 화물의 억류, 선박 및 항공기의 억류, 영토의 점령, 평시봉쇄 등이 있다. 조약의 이행정지나 보이콧은 비무력적인 것이고 기타는 모두 강력적인 것인데, 특히 영토의 점령 및 평시봉쇄는 적극적인 무력복구가 된다.

종래 무력복구도 일정요건을 구비한 경우 적법한 것으로 인정되어 왔으나 분쟁해결 방법으로서 무력사용이 일반적으로 금지되어 있는 오늘날에 있어서는 그 합법성이 부인된다. 따라서 무력 복구는 금지된다고 보아야 할 것이다.

### (1) 條約의 移行停止

상대국이 자국과의 조약을 위반한 경우 자국도 동일한 또는 여타 조약의 이행을 중지하는 행위이다. 약정에 따른 채무를 이행하지 않는 국가에 그와 대등하거나 유사한 채무이행을 중지하는 것도 이에 속한다.

### (2) 보이콧

보이콧은 통상조약 체결국간 상대국의 불법행위에 대한 응보조치로서 통상을 거부하는 경제적 대응수단을 말한다. 상대국 상품의 구매거부 및 자국상품의 공급거부 등과 같은 경제적 조치는 경제사정에 영향을 미쳐 일상생활에 중대한 영향을 끼칠 수 있기 때문에 응보의 효과가 있으며, 상대국의 자국에의 경제적 의존도가 심할수록 더욱 실효적이다. 또한 복구는 상대국에게도 고통을 주는 반면에 자국도 고통을 받게 되므로 보이콧으로 인하여 자국이 받는 타격보다 상대국에게 주는 타격이 더 클 때 효과적이다.

보이콧은 사인이 자발적으로 행하기도 하나 국가기관이 실행하거나 또는 조장하기도 하는데, 국제사회에 있어서 국가간 경제적 의존관계가 더욱 긴밀해지고 있고 또 무력복구가 원칙적으로 금지되고 있는 오늘날에 있어 매우 중요한 의미를 갖는 복구수단이다.

### (3) 國民 및 貨物의 抑留

국민의 억류는 상대국이 자국민을 불법적으로 체포했을 경우 자국내에 있는 상대국의 국민을 억류하는 것으로, 이는 체포에만 그치며 형벌을 과할 수는 없다.

화물의 억류는 상대국이 불법하게 자국 또는 자국민의 재산에 손해를 끼친 경우 자국내에 있는 상대국 또는 그 국민의 화물을 차압하는 것이다.

### (4) 船舶 및 航空機의 抑留

선박의 억류는 불법행위국의 선박이 피해국 항내에 있을 경우 불법행위의 중지나 보상을 강제하기 위하여 그 국가의 선박(화물 포함)에 대해 취하는 출항정지(embargo)이다. 선박억류는 선박의 출항을 정지시킬 수 있을 뿐이고 몰수 등과 같은 소유권을 박탈할 수는 없으며, 따라서 복구가 끝나면 이를 원상회복하여야 한다. 자국내에 있는 불법행위국의 항공기에 대해서도 동일한 조치를 취할 수 있다.

### (5) 領土의 占領

영토의 점령은 무력으로서 상대국의 영토의 일부를 점령(세관 및 정부건물 등의 점령도 포함)하는 것이며, 신속한 효과를 얻을 수는 있겠지만 이러한 무력복구는 오늘날 원칙적으로 금지된다.

### (6) 平時封鎖

평시봉쇄는 평시에 불법행위국의 항구 또는 해안과 외부와의 교통을 방지하기 위하여 해군력으로 차단함으로써 자국의 요구를 관철시키려는 강제수단이다. 이는 국제법상 교전국의 권리로 인정되는 전시봉쇄와는 구별되는데, 전시봉쇄는 전시에 교전국이 적국의 항구 또는 해안의 교통을 차단하는 것이다. 일반적으로 봉쇄라 함은 전시봉쇄를 의미한다.

봉쇄국은 불법행위국과 제3국에 봉쇄구역과 시간을 통고하여야 하며, 봉쇄는 선박의 출입을 충분히 차단할 수 있을 정도로 실효적이어야 한다. 봉쇄국은 봉쇄를 침파하는 불법행위국의 모든 선박을 나포하여 억류할 수 있으나 몰수는 할 수 없다. 봉쇄가 종료되면 반환하여야 하나 억류로 인하여 발생된 손해에 대해서는 배상할 필요가 없다.

평시봉쇄의 효력은 제3국에 미치지 않으므로 봉쇄국은 제3국의 선박을 나포할 수 없다. 따라서 제3국 선박은 봉쇄에도 불구하고 자유롭게 입항할 수 있다고 보는 것이 다수의 견해이다. 단, 평시봉쇄의 제도를 인정하는 이상 제3국 선박도 국적확인 등의 필요에 따라 임검할 수 있다.

# 제12장  集團安全保障과 平和維持活動

## 제1절  集團安全保障

### 1. 意義

안전보장은 외부의 침략으로부터 국가의 안전을 확보함을 말한다. 제1차 세계대전 이전에는 각국은 군사력을 증강하고 이해관계를 같이하는 국가와 동맹관계를 맺음으로서 자국의 안전보장을 꾀하였으며, 그 결과 국제평화와 안전은 이러한 국가들의 세력균형에 의해 유지되었다.

그러나 이러한 각국의 개별적인 또는 동맹관계를 통한 안전보장방식은 오히려 긴장을 증대시켜 전쟁을 유발하는 결과를 초래하였으며, 그러한 모순이 결국은 제1차 세계대전으로 나타났다. 그리하여 제1차 세계대전 후에는 새로운 안전보장방식이 강구되었는 바, 집단안전보장체제가 그것이다.

집단안전보장은 참여국의 범위에 따라 일반적 집단안전보장과 지역적 집단안전보장으로 구분된다.

### 2. 國際聯合과 集團安全保障制度

#### 가. 憲章上의 集團安全保障制度

국제사회는 국내사회와는 달리 주권평등의 원칙을 근본원리로 하는 독립된 다수의 주권국가가 병존하는 '복수국가체제'의 성격을 띠고 있다. 국제사회의 이러한 성격은 역사적으로 변화를 거듭해 왔지만 오늘날의 국제사회를 규정짓는 한 요소임에는 틀림없다.

어떤 1국이 타국으로부터 공격을 받거나 전쟁상태에 돌입할 위험성을 지니고 있는 '복수국가체제'에서의 안전보장의 문제는 항상 국가의 주요한 관심사가 될 수밖에 없다.[1]

---

1)  Fredrick H. Hartman(ed.), *Crisis in the World*, Macmillan Publishing Co., Inc., 1973, p.229.

왜냐하면 국제사회의 구성단위인 주권국가는 국가목표로서 국가이익을 추구하기 마련이며,[2] 국가간의 권력을 통한 경쟁적인 국가이익 추구는 국가간의 갈등을 유발하는 중요한 하나의 원인이 되고 있기 때문이다. 즉, 국제사회에서 빚어지는 국가이익의 갈등상황에서 어떤 국가의 평화적 설득력이 그 국가이익의 방어에 부적당할 때에 그 국가는 무력적 수단, 궁극적으로는 전쟁에 의존하게 되는 것이다.[3]

그런데 국제사회에는 이러한 갈등을 조정하고 통제할 중앙집권적이고 초국가적인 권력이 존재하지 않는다. 분권적 국제사회에서의 이와 같은 미비는 부분적으로 '국제법'에 의해 제약되고 해결되기도 하지만 '국제법'은 국제사회의 분권적 구조에서 기능할 수밖에 없고, 당연히 분권적 성격을 내포하기 때문에 그 역할이 제한적일 수밖에 없다.

국제사회의 분권화를 극복하고 초국가적 중앙집권화를 통하여 전쟁을 방지하고 국제평화를 모색하려는 염원에 의해 세계적인 일반적 집단안전보장기구로서 등장한 것이 국제연맹과 국제연합이다.

국제연맹을 승계한 국제연합의 집단안전보장에 관한 기본적인 구상은 모든 국제분쟁을 평화적 수단을 다하여 해결하고, 불행하게도 평화적 수단으로 해결되지 않는 사태가 발생한다면 안전보장이사회의 지휘하에 국제연합군이 편성되어 국제평화와 안전의 유지에 대한 위협이나 침략 등을 강제적으로 배제하는 것이었다.

제2차대전 당시 국제연합 헌장의 초안작성자들은 연맹에서 경시했던 군사적 강제조치에 지대한 관심을 보였으며, 그들 간에는 특히 사용할 병력의 유형이 문제의 초점이 되었다. 왜냐하면 그들이 역점을 두었던 집단안전보장제도는 강력한 군사적 제재조치에 의하여 뒷받침 되어야 했기 때문이다.[4]

---

2) Morgenthau는 '국제정치는 모든 영역에서의 정치와 마찬가지로 권력투쟁이며, 국제정치의 궁극적 목적이 무엇이든간에 국제사회에서의 직접적 목표는 권력의 추구에 있다'고 주장한다. 그러나 이 견해에 대해 Holsti는 그러한 국제정치의 본성을 무시할 수는 없지만 '국가는 다목적 실체여서 그들의 목적은 권력의 갈망과 같은 단일한 인자로 표시할 수 없으며 주권국가의 행위는 환경적 성격, 국가의 이익과 가치가 서로 충돌하는 다른 국가와의 관계 및 국내의 사회적, 경제적 필요조건에 의하여 제한받는다'고 주장하였다. Hans J. Morgenthau, *Politics among Nations : The Struggle for Power and Peace*(5th ed), Knopf, 1973, p.27; K. J. Holsti, *International Politics : A Framework for Analysis*, Prentice Hall Inc., 1967, p.125.

3) Norman D. Palmer and Howard C. Parkins, *International Relations : The World Company in Transition*, Houghton Mifflin Company, 1957, p.14.

4) R. B. Russel, A *History of the United Nations Charter*, 1958, p.231.

헌장의 군사적 강제조치 규정은 미국무성안과 유사하다. 헌장 기초당시 미국무성 전문가들은 군사적 강제조치에 사용되는 병력확보를 위하여 3가지 안을 고려하였다. 제1안은 회원국 군대에 의한 일시적인 공동군사행동 방안, 제2안은 회원국이 미리 정한 병력분담계획에 의하여 국제군을 조직하여 국제기구의 사용에 일임하는 방안, 제3안은 국제연합이 상설군을 보유하는 방안이었으나, 제1안은 이미 연맹에서 채택되어 경험상 그 효용이 적다는 것이 명백하였으므로 처음부터 제외되었고, 제3안은 군사적 강제조치를 위해서는 가장 효과적인 것으로 생각되어 국무성에서는 특히 기동성을 감안하여 상비적인 공군부대의 설치가능성부터 검토했으나 회원국의 통제에서 벗어난 독자적인 국제연합군의 조직은 국가주권 개념과 양립하기 어렵고 특히 의회의 승인을 얻기 어려울 것이라는 점을 고려하여 결국 제2안을 지지하였다.[5]

헌장의 초안작성자들은 군사적 강제조치의 가능성에 대해 우선 미국무성의 3개안을 검토하였는데 그 중에서 사전에 정해진 병력분담계획에 따라서 회원국이 제공하는 군대로 국제연합군을 편성하고 그 사용을 국제연합에 위임하는 방안을 채택하였다. 이렇게 하여 미국무성안이 거의 무수정으로 채택되어 오늘날의 국제연합헌장에 규정되었다.[6]

### 나. 集團安全保障制度의 試鍊

헌장은 국제적 충성심을 가지고 국제연합에 복종하는 국제연합군을 창설하는 것을 규정하고 있지 않은 대신에 각국의 파견부대를 국제적으로 사용하는 것을 규정하고 있다. 그러나 5대국의 대표자들은 국제연합에 제공할 군대의 규모, 육해공군의 비율 및 최고지휘권의 행사 등에 대하여 합의할 수가 없었다.[7] 이는 안전보장이사회에 의한 즉응체제의 실패를 의미한다.

국제연합의 집단안전보장제도는 강대국 중심으로 이루어져 절차문제를 제외한 어떤 문제를 결정하기 위해서는 상임이사국들의 만장일치를 전제로 하고 있어 거부권을 행사할 수 있다. 강대국들이 자기이익에 반대되는 결정에 동의할 리가 없고 지구상 어느 구석에서 일어나는 일도 강대

5) *Ibid.*, pp.467-472.
6) Wilcox and Marcy, *Proposal for changes in the U.N.*, the Brookings Institution, 1956, p.165. 이외에도 국제연합군 창설을 위한 많은 제안이 있었다. Dumbarton Oaks 회담에서 소련과 중국은 시험적 국제공군의 창설을 제안하였으나 영국과 미국의 반대로 철회되었으며, SanFrancisco회의 참가국들은 국제연합이 자신의 군대를 갖는다는 것은 세계연방국가의 존재를 전제로 하고 있으며, 세계연방국가의 설립은 회원국의 과도한 국가주권을 희생해야만 가능하다는 것을 지적하면서 강력한 국제연합군은 주권평등의 원칙과 양립하기 어렵다는 점에 주의를 촉구하기도 했었다. R. B. Russel, *Ibid.*, pp.234-237.
7) 최종기, 현대국제연합론, 박영사, 1991, p.325.

국의 이해에 관계되지 않는 것이 없다는 점을 생각한다면 동제도가 제대로 운영된다는 것은 처음부터 기대하기 어려웠던 것이다.

거부권에 의한 제한 외에도 실제로 안전보장이사회가 군사적 강제조치를 취하기 위해서는 제43조의 특별협정이 체결되어야 하는데 현재까지 단 한건의 협정도 체결되고 있지 않다는 사실에서 볼 때 특별협정의 체결실패도 제한요소라고 할 수 있다.

특별협정이 체결되기 위해서는 먼저 국제연합군의 조직에 관한 일반원칙이 결정되어야 한다. 하지만 5대국은 국제연합군의 전체병력 규모, 병력분담비율, 병력의 주둔 및 사용문제, 병참업무상의 지원문제 등 주요한 몇 가지 점에 있어서 의견이 대립되어 해결을 보지 못하였으며,[8] 그 후 병력의 규모와 구성에 관하여 다시 토의되기도 하였으나 역시 의견의 일치를 볼 수 없어 1948년 7월 이후 이 문제에 대한 심의는 중단되었다. 이러한 의견의 대립은 국제연합군의 조직에 관한 기술적인 곤란보다는 주로 냉전에 연유하는 정치적인 상호불신과 대립의 결과였다.[9]

이러한 심각한 문제에 부딪치자 국제연합은 총회의 기능을 확대하여 안전보장이사회의 마비에 대처하려고 하였다. 그리하여 1947년 11월 13일 소총회(중간위원회)를 설치[10] 하여 총회의 기능을 상설화하고 1950년 11월 3일 '평화를 위한 단결'결의[11]를 채택하여 권고에 의한 강제조치 실시

---

**8)** 군사참모위원회는 군사적 견지에서 헌장 제43조의 연구에 착수하여 1947년 4월 30일 중간보고서를 제출하였다. 동 보고서에서 위원회의 의견이 일치한 것은 국제연합군은 침략국이 발생할 때마다 편성하되 상설적으로 하지 않고, 5대국을 대상으로 하지 않으며, 주로 5대국이 군대를 제공하여 편성할 것 등 3가지뿐이었다.

**9)** L. M. Goodrich and A. P. Simon, *The U.N. and Maintenance of International Peace and Security*, 1955, pp.430~433.

**10)** UN G.A. Res.111(II). 중간위원회는 미국의 제안에 의하여 제2차 총회에서 찬성 41,반대 6, 기권 6으로 가결, 성립된 잠정적 보조기관이다. 결의안의 내용은 다음과 같다. (1)각 회원국은 1명씩의 대표를 가진다. (2)총회의 휴회중에 회합을 갖는다. (3)안전보장이사회 또는 이사국에 의하여 총회의 의제에 포함되도록 제안된 중요 분쟁 또는 사태중에서 중간위원회에 이송된 문제의 심의에 한한다. (4)3분의 2의 다수와 당사국의 승인을 얻어 조사를 할 수 있다. 중간위원회는 제3차 총회에서도 설치되었으며 제4차 총회에서는 존속기한을 정하지 않고 설치하기로 하여 그 임무도 약간 확장되었으나 공산권제국은 참가를 거부하였다. 이 위원회는 그 후 긴급특별총회가 개회될 수 있으므로 이론적으로는 존재하지만 실제로는 개회된 일이 없다.

**11)** UN G.A. Resolution 377(V). 1950년 11월 3일 제5차 총회에서 미국은 영국, 프랑스, 캐나다, 필리핀, 터어키 등 7개국 공동제안으로 총회강화결의안을 제출하여 찬성 52, 반대 5, 기권 2로 '평회를 위한 단결'결의를 채택하였다. 농 결의는 국제연합사상 이론적으로나 실제적으로 중요한 의의를 갖는 것으로 안전보장이사회가 본래의 기능을 거부권으로행사하지 못할 경우 총회가 군사적 강제행동을 할 수 있도록 제도화한 것이다. 특별긴급총회에서는 상임이사국의 거부권이 인정되지 않는다. 동 결의는 A, B, C로 구성되어 있으며, 그 주요내용은 다음과 같다. (1)안전보장이사회가 거부권에 의해 국제적인 평화와 안전을 위한 제1차적 책임의 수행이 방해될 때 총회는 24시간 이내에 회합할 수 있다. (2)이 경우 총회는 병력사용을 포함한 집단조치를 위해 각 회원국에 대해 권고할 수 있다. (3)국제연합군으로서 가능한 근무를 위해 신속하게 제공될 수 있는 요원을 각 회원국은 자국 군대내에 유지한다. (4)국제적인 긴장이 존재하는 여하한 지역에 있어서 관찰, 보고하는 평화감시위원회를 설치한다. (5)헌장에 따라 국제평화와 안전을 강화하기 위한 방법과 수단에 대한 연구와 보고를 위한 집단조치위원

권을 총회에 부여함으로써 헌장의 개혁을 시도하였지만 그러한 의도도 오래가지 못하고 새로운 난관에 부딪혔다. 이는 1950, 60년대에 아시아, 아프리카의 신생독립국들이 대거 국제연합에 가입하여 제3세력을 형성하게 되자 미국의 절대적 영향력 밑에 있던 국제연합 총회가 미국의 주도적 영향에서 벗어났을 뿐만 아니라 미소간의 냉전이 그 와중에서도 심화되었기 때문이다.

오늘날 집단안전보장이 갖는 의의는 국제적인 제재를 시행하는 집행기관이라기보다는 오히려 사회적 연대의식을 자극함으로써 침략적인 군사행동을 사전에 제어하는 데 있다고 할 수 있을 것이다.[12]

## 다. 平和維持活動의 登場

국제연합의 설립과 동시에 전개된 동서냉전에 기인한 안전보장이사회 상임이사국간의 대립은 국제연합의 평화유지기능을 마비시켰다. 그러나 국제평화와 안전을 위협하는 분쟁이 속출하였으며, 국제연합은 이에 적극적으로 대처할 능력과 의지가 의심스러웠지만 분쟁의 악화를 방지하고 억제할 수 있는 최소한의 방법이 강구되어야만 했다. 이와 같은 상황에서 무력분쟁을 예방해야 할 현실적 필요에서 고안되고 발전되어 온 것이 평화유지활동이다.[13]

국제연합 헌장은 분쟁의 발생시 이를 해결하기 위한 수단으로 분쟁의 평화적 해결절차와 강제조치 규정을 두고 있다. 이러한 조정규정과 강제조치규정 사이에는 공백이 존재하는 바, 이러한 공백을 메워주는 실질적인 수단으로써 분쟁상태의 당사자들을 협상테이블로 나오게 하거나 그런 시간을 제공하고 평화적 해결을 가져올 수 있는 분위기를 조성하는 평화유지활동은 분쟁상태를 종식시키고 억제하기 위하여 고안된 것이다.[14]

국제연합의 평화유지활동은 위급한 상황에서 임기응변적인 대처방안으로 생성되어온 만큼 엄격한 원칙이나 이론적 배경, 헌장상의 명확한 근거규정 등이 결여되어 초기에는 동 활동의 합

---

회를 설립한다.

12) 최종기, 현대국제연합론, 박영사, 1991, p.451.

13) Goodrich는 국제연합의 평화유지활동을 가능케한 요인을 다음과 같이 주장하였다. (1)한국전쟁의 경험에서 나온 평화를 위한 단결 결의의 이행을 위한 노력이 있었으나 이러한 결의만으로는 당면 국제분쟁의 처리가 어려워 현실적 접근의 필요성 대두. (2)흐루시초프의 평화공존정책과 미소간의 핵균형으로 인한 전쟁가능성 감소. (3)제3세계국가의 다수가입으로 인한 UN내의 세력분포의 변화. (4)평화유지활동을 실현시킨 함마슐드 사무총장의 개인적 역량. L. M. Goodrich, "Maintenance of international peace and security", 19 *International Organization*, No.3, 1965, pp.436~437.

14) UN, *Every one's United Nations*, 1986, p.97.

법성에 대한 적지 않은 논쟁이 있었지만 그동안의 거듭되는 성공적인 임무수행과 분쟁예방 효과로 이제는 국제연합의 주요한 평화유지수단이 되었다.

# 제2절 平和維持活動

## 1. 意義

국제연합의 평화유지활동은 분쟁지역의 평화유지를 위해 그 지역의 상황을 관찰하여 정보를 제공하고, 대립된 교전자들 중간에 물리적으로 실재함으로써 긴장을 완화하고 동시에 무력충돌의 재발을 방지하며 정전 및 휴전협정의 준수를 감시, 보장하고 특별한 경우에는 문제된 국가내의 질서유지를 확보하기 위하여 모든 당사자들의 합의로 실행되는 국제연합의 비무력적 활동[15]으로 동 활동은 강제적 수단으로 국가를 통제하는 것이 아니라 분쟁당사국간의 합의이행을 돕기 위한 상황의 관측, 보고, 치안유지 등의 평화정착행위이다.[16] 동 활동은 직접적인 분쟁의 해결촉진이 아니라 특정분쟁의 무력충돌로의 악화를 억지하려는 노력인 것이다.[17]

이와 같이 평화유지활동은 비전투적, 비강제적인 평화감시군의 성격을 지니는 데서 헌장에 이미 규정되어 있는 집단안전보장과 분쟁의 평화적 해결과는 다른 특유성을 지니고 있다. 평화유지활동은 비단 국가간의 분쟁에만 개입하는 것뿐만이 아니고 국내정치 상황에도 개입한다는 데에 특색이 있으며, 거의 모든 경우에 군사력을 전개시킨다는 점에서는 집단안전보장제도와 같으나 그 외는 다른 성격을 띠고 있다.[18] 또한 동 활동은 분쟁당사국 모두의 동의가 있어야만 실제로 적용될 수 있고 적대관계에 있는 당사국간의 관계를 안정시키는 것을 목적으로 한다는 점에서는 분쟁의 평화적 해결과 같지만 분쟁의 평화적 해결이 현존하는 분쟁의 해결에 주된 목적이 있는 반면에 평화유지활동은 강대국들이 분쟁지역에 개입하는 것을 방지하여 분쟁의 범위를 지역적인

---

15) 유병화, 국제법총론, 진성사, 1983, p.848.

16) L. M. Goodrich, *The United Nations in a changing world*, Columbia U. P., 1974, pp.149-150.

17) Inis L. Claude, Jr., "The Peace-Keeping Role of United Nations", Berkeley Tompkins(ed.), *The United Nations in Perspective*, Standford U. P. 1972, p.52.

18) 오기평, 현대국제기구정치론, 법문사, 1990, p.215.

것으로 제한해서 분쟁의 국제화를 미연에 방지하는데 주된 목적이 있다는 점에서 양자는 그 성격을 달리한다. 이러한 특성들 때문에 헌장에 평화유지활동에 관한 제 6,5장이 규정되어 있다고 보는 견해도 있다.[19]

## 2. 類型 및 機能

### 가. 類型

평화유지활동은 군사감시단(Military Observer Mission)과 평화유지군(Peace-Keeping Force)으로 구분된다. 동 활동의 유형을 군사감시단과 평화유지군 외에 국제평화와 안전을 증진시키기 위해 정치적 사절의 성격을 띤 민간인에 의해 수행되는 비군사적 활동까지 포함하는 견해도 있지만[20] 1965년 국제연합 총회가 설립한 '평화유지활동에 관한 특별위원회'도 군사감시단과 평화유지군만을 그 유형으로 보았고, 국제연합 사절단까지 포함한다면 비군사적 활동까지 포함하게 되어 비강제적이지만 군사요원이 관련된 평화유지활동의 성격이 뚜렷하게 나타나지 않게 된다. 따라서 특별위원회의 입장과 같이 평화유지활동의 유형은 군사감시단과 평화유지군으로 한정하여 보는 것이 타당하다 할 것이다.

군사감시단은 회원국이 자발적으로 제공한 군사요원으로 조직되며, 완전비무장의 장교 여러 명으로부터 경우에 따라서는 수백 명의 규모로 편성되어 분쟁지역의 휴전선 또는 정전선의 감시기능을 수행하며, 관측된 조사활동을 사무총장에게 보고하는 비교적 소규모 그룹인 반면, 평화유지군은 안전보장이사회나 총회의 수권으로 사무총장의 지휘에 따라 각 회원국으로부터 제공된 군대를 필요한 지역에 전개하는 것이다. 군사감시단은 완전한 비무장의 적은 수이므로 활동에 한계가 있기 때문에 분쟁사태에 따라서는 무장된 군대의 필요가 발생하여서 편성된 것이 평화유지군인 것이다.[21]

하지만 최근에는 새로운 형태의 복합적인 평화유지활동이 전개되기도 하는데 바로 나미비아 독립지원을 위해 1989년 4월 1일 파견된 '나미비아 국제연합 평화유지군'(UNTAG)이 그것이다. 동

---

19) L. M. Goodrich, op. cit., p.139.

20) A. James, The politics of peace-keeping, Frederick A Praeger, Inc., 1969, p.1.

21) 은인영, "국제연합과 평화의 유지", 국제문제, 1991.10, p.33.

군은 나미비아에서의 모든 적대행위의 중지, 군대철수, 차별적 법규의 폐지, 정치범 석방, 난민송환, 법과 질서의 유지, 선거감시 등이 주임무였는데 군사부대의 평화유지군, 경찰의 경찰감시단, 민간인으로 구성된 선거감시단의 3개 기관으로 구성되어 이전의 평화유지활동과는 구별된다. 따라서 동군은 평화유지군이라기보다는 오히려 나미비아의 독립지원단의 성격이 짙다. 이러한 유형의 평화유지활동은 각 구성기관의 협조로 효율성을 증진시켜 주기도 하겠지만 수용국, 군대제공국 및 기타 이해관계국간의 갈등의 소지도 많고, 대화와 타협도 그만큼 더 어려워질 염려가 있어 자칫하면 오히려 사태를 더 악화시킬 위험성도 있기 때문에 신중한 고려가 있어야 할 것이다.

### 나. 機能

본질적으로 평화유지활동은 분쟁의 악화를 방지하기 위한 잠정적인 조치이나 동 활동의 기능은 파견된 사태의 성격에 따라 다양하다. 이를 유형별로 나누어보면 다음과 같다.

첫째, 양국간 국제분쟁의 휴전감시와 완충역할의 담당이다.[22] UNEF-I와 UNFICYP가 그 전형적 예가 될 것이다. 전자의 임무는 적대행위의 중지확보 및 감시였고[23] 후자의 임무는 전투의 재발방지, 법과 질서의 유지 및 회복, 정상상태로의 복귀였다.[24]

둘째, 대내적인 경찰 및 질서유지 임무를 가진 경우이다. 외국군의 철수를 돕는 일만이 아니라 공공질서의 유지와 회복을 위하여 콩고에 파견되었던 ONUC를 좋은 예로 들 수 있을 것이다. 외부세력의 개입위험이 있을 때 국내의 사태를 안정시키고 질서를 회복, 유지하는 것은 매우 중요하다.[25]

셋째, 국제연합이 관할하고 있는 지역의 방위 및 안보를 위해 평화유지활동이 창설될 수 있을 것이다. 국제연합이 일정한 영토나 지대를 통제하게 되었을 때, 대내적인 법과 질서의 유지 및 방위, 안전을 위한 무장병력이 필요하기 때문이다. 실제로 1962년 8월 협정에 의해 서이리안에 국제연합 관할지역의 치안유지를 위한 보안군이 설치된 바 있다.[26]

넷째, 이 외에도 신거감독, 무장해제, 외국군 철수확인, 난민송환 및 새정착 지원, 인권상황 감

22) 장효상, "UN 평화유지활동에 관한 연구", 현대국제법론(이한기박사 화갑기념논문집), 박영사, p.155.
23) UN S.C. Res. 186.
24) UN G.A. Res.1000(ES-1).
25) 장효상, op. cit., p.156.
26) 최종기, 국제연합군에 관한 연구, 박사학위논문(서울대), 1972, p.122.

시, 민간 행정업무 지원, 기관시설 복원 및 통치권 회복 지원 등을 담당하는 평화유지활동도 가능하다.[27]

## 3. 歷史的 發展過程

### 가. 平和維持活動의 先驅的 形態

우리가 평화유지활동이라고 부르는 분쟁해결방식은 국제연합이 창시한 것인가? 아니면 그이전의 국제사회에 뿌리를 두고 발전되어온 것인가?

국제연맹규약 제16조는 규약에 위반하여 전쟁을 행한 국가에 대한 제재조치로서 병력의 사용에 관하여 언급하고 있다. 그러나 연맹의 역사를 통해 볼 때 제16조에 의한 병력의 사용이 행해진 경우는 없었다.[28]

연맹이 창설될 당초, 규약 제16조는 제도상으로는 중시되었으나 실천면에 있어서는 그 적용을 회피하려는 경향이 강하였다. 즉 제16조의 규정이 현실적으로 발효될 경우 제재조치에 참가하는 제3국에게도 많은 희생이 수반된다는 데에 기인하는 각국의 주저와 제16조에 의한 병력의 사용 그 자체가 종래의 전쟁의 경우와 같은 결과를 초래한다는 모순을 내포하고 있기 때문이었다.

연맹의 목적이 평화의 유지에 있다고 한다면 제재라는 이름아래서 전쟁을 수행하는 것보다 오히려 전쟁의 발생을 미연에 방지하는 데에 주력함이 현명하다는 생각이 차츰 일반화하게 된 것이다.[29]

---

27) 1978년 레바논과 이스라엘 국경에 배치된 국제연합레바논임시군의 임무는 남부 레바논으로부터의 이스라엘군 철수확인과 레바논 정부의 통치권회복 지원이었으며 1992년 캄보디아에 배치된 국제연합 캄보디아 임시행정기구(UNTAC)의 임무는 정전감시, 무장해제, 인권상황감시, 난민송환 및 재정착 지원, 민간행정업무지원, 선거실시 등이다.

28) 국제연맹규약에도 집단안전보장체제의 궁극적 담보력인 병력제재를 위한 규정(제16조)이 있었지만 1921년 총회는 '당연히 모든 연맹국에 대해 전쟁행위를 행사한 것으로 간주한다'는 해석에 관하여, 다른 연맹국에 즉시 전쟁상태가 발생하는 것이 아라 위약국에 대하여 전쟁을 개시하고 또는 전쟁상태를 선언할 기능이 부여될 뿐이고 규약을 위반한 전쟁의 존부, 제재발동의 필요성 여부, 제재발동의 한계문제도 개별적으로 판정할 수 있으며 제16조 규정에 의하여 연맹국에 부하된 의무는 직접 규약에 의한 것이고 그 실효성은 조약에 대한 충성여하에 있다고 밝혔다. 이와 같이 연맹의 강제조치의 발동은 연맹국이 직접 규약상 부담한 의무에 기인하고 이사회 또는 다른 기관의 결정에 의존하지 않고 규약의 실효성 여하는 개별 국가의 조약에 대한 충성여하에 의존할 수밖에 없었다. 이를테면 제재발동은 각 연맹국의 임의판단에 위임되었던 것이다. 안송교, "국제연합군", 국제법학회논총, 제8권 제2호, pp.353-354.

29) 권혁기, "국제연합군에 관한 연구", 박사학위논문(영남대), 1974, p.6.

이와 같은 경향은 1926년의 브룩켈 보고서(de Broukere Report),[30] 1931년의 '전쟁방지 수단의 개선을 위한 일반조약'[31] 등에서 노력의 흔적을 찾아볼 수 있다. 이러한 보고서나 조약이 현실화 되지는 못했지만 국제연맹 시대에는 전쟁의 방지를 위하여 제재수단의 강화보다는 전쟁의 발생자체를 예방하기 위한 조치의 중요성과 유효성이 차츰 인식되었다는 것과 이러한 예방적 조치의 일환으로서 국제군의 사용가능성이 검토되고 있었다는 것을 알 수 있다.

이는 국제연맹의 규약이 오늘날의 평화유지군 형태의 국제군을 예정한 것이 아니지만 규약성립 이후의 논의와 실천과정에서의 제반 노력들이 평화유지군적 성격의 국제군 사용을 이미 시도했다는 점에서 중요한 의의를 찾을 수 있을 것 같다. 실제로 국제연맹에서 계획되거나 조직되어 분쟁지역에 파견된 국제군의 구성과 형태 및 임무를 살펴보면 그 내용에 있어 국제연합의 평화유지군과 비슷하다는 것을 알 수 있다.

Vilna 분쟁시 파견이 계획되었던 국제군의 임무는 오직 '경찰적 기능의 수행'에만 한정되었으며, 파견은 '관계국의 동의'를 전제로 하였고, '중립국을 참가'하게 함으로서 비강제적, 중립적 성격을 유지하였다.[32]

Zaar지역 분쟁[33]에 파견되었던 Zaar파견국제군은 '주민투표의 전후 일정기간 법과 질서를 유지하기 위하여', '관계국의 동의를 얻어 파견되었으며', '무기의 사용은 최소한도로 제한되며', 국제군의 구성 및 대주민관계에서도 비강제성과 중립성을 견지하고 있었다.

---

30) 보고서는 국제연맹 규약 제11조가 전쟁의 예방수단으로 활용가능하다는 평가를 내리고 연맹이 취할 방지행동으로써 현지군 이외에 전쟁지역의 질서유지를 위하여 당사국의 동의를 얻어 국제군을 파견할 수 있다는 것을 예정하고 있다.

31) 1931년 제12차 국제연맹 총회에서 채택된 동 조약은 사태악화를 방지하기 위하여 연맹이 행하는 비군사적 보전조치에 관한 권고의 수락의무(제1조), 분쟁당사국의 군대가 타방당사국의 영역에 침입했을 경우 군대의 철수를 확인하기 위하여 취하는 조치(제2조), 이사회에 의한 군사경계선의 획정(제3조) 및 위의 제조치의 실시를 확보하기 위한 위원의 임명과 현지 파견(제4조) 등을 규정하고 있다. 이 조약은 결국 효력의 발생을 보지 못하였으나 연맹규약의 기초당시 전연 그 가치를 인식하지 못했던 전쟁의 발생 및 사태의 악화 등을 방지하려는 조치를 구체화하고 또한 동조치의 실시를 확인하기 위한 감시위원단의 현지파견을 예정했다는 것은 위 조약의 획기적 시도라고 하겠다. 권혁기, *op. cit.*, pp.6–7.

32) 1920년 Vilna시 귀속을 둘러싼 폴란드와 리투아니아간의 분쟁을 해결하기 위하여 연맹이사회는 동년 10월 28일 동시의 귀속을 시민투표에 의하여 결정짓게 하고 투표감시를 위하여 국제군을 파견하여 현지를 점령중인 폴란드군을 철수케 하는 대신에 국제군을 주둔케 한다는 결의를 하였지만 시민투표와 함께 실시되지 못했다. League of Nations, Official Record, Jan. Feb. 1921, pp.5–7, 권혁기, *op. cit.*, pp.8–9에서 재인용.

33) 베르사이유 평화조약에 의하면 Zaar지역은 연맹이 15년간 통치한 후 국민투표로써 독일 또는 프랑스에 합병하거나 연맹이 계속 시정하도록 되어있었다(평화조약 제3편 제4장 및 동 부속서 제2장, 제3장 참조). 평화조약에 의해 동 지역의 귀속을 결정하기 위한 국민투표가 연맹에 의해 실시되었을 때 연맹은 독, 불의 동의하에 국제군을 조직하여 현지의 질서를 유지케 하였다.

이와 같이 국제연맹하에서의 국제군파견의 제원칙과 국제군의 성격 및 임무는 오늘날의 평화유지군의 그것과 매우 비슷한 것이었다. 비록 다소 성급한 결론일지 모르지만, 국제연맹에서 실천된 국제군에서 평화유지군의 선구적 형태를 찾아볼 수 있을 것 같다.

### 나. 平和維持活動의 發展

#### (1) 現況

1948년 최초의 평화유지활동인 UN예루살렘정전감시기구(United Nations Truce Supervisory Organization : UNTSO)가 창설된 이래 지금까지 63건의 평화유지활동이 수행되었으며, 이 중 2003년 1월 현재 15건이 계속되고 있다.

특히 1988년은 UN평화유지활동의 발전에 분수령을 이룬 해였다.[34] 1948년에서 1987년까지 40년 동안 13건의 평화유지활동이 이루어진 반면에 1988년 이후 폭발적으로 증가하여 현재까지 50건이 새로이 수행될 정도였다.

이것이 가능하였던 주요인은 국제연합 사무총장의 분쟁당사국, 파병국 및 경비분담국 등과의 집요한 교섭과 관계개선과 지역분쟁을 진정시키려고 한 미소간의 협력이었다.[35]

더욱이 1988년 9월 18일 국제연합 안전보장이사회의 5개 상임이사국의 외무장관은 주요 국제문제에 대해 협의한 후 발표한 공동성명을 통해 지역분쟁의 해결을 위한 국제연합의 적극적인 개입을 환영하고 국제연합의 평화유지활동에 대한 신임을 강조하였다. 동 년 국제연합은 그동안의 평화노력을 인정받아 국제연합 평화유지활동이 노벨평화상을 수상하였는바,[36] 이를 계기로 국제연합은 안전보장분야에서 기여한 현저한 공적을 인정받았으며, 국제연합의 권능에 대한 보편적 관심과 기대를 증대하기에 이르렀다.

---

34) 1988년은 국제연합의 역사에 있어서 세계평화를 위협하던 해묵은 주요 지역분쟁이 차례로 해결되기 시작한 해이다. 국제연합의 적극적인 중재로 아프가니스탄협정이 타결되어 소련군이 철수하기 시작하였고 8년간 계속되어온 이란-이라크 전쟁을 휴전으로 성립시켰다.

35) 박쌍용, "UN평화유지군의 현황", 외교, 제9호, 1989, p.106.

36) 1988년 노벨평화상은 국제연합 또는 국제연합의 활동과 관련된 8번째의 수상이다. 과거 수상자는 다음과 같다. Lord John Boyd Orr of Brechin Mearns 국제연합 식량농업기구 사무차장(1949), Ralph Bunch 국제연합 특별정치담당 사무차장(1950), 국제연합 난민고등판무관 사무처(1955), Lester Bowles Pearson 캐나다 수상(1957), Dag Hammarskjold 국제연합 사무총장(1961), UNICEF(1965) 및 ILO(1969).

## (2) 發展過程

평화유지활동의 발전과정은 평화유지군의 창설과 활동상의 원칙 및 기준들에 대한 강대국들, 특히 미국과 소련의 대립과는 불가분의 관계에 있다.

1948년의 UNTSO이후 UN평화유지활동의 생성, 발전과정은 몇 개의 범주, 즉 '평화를 위한 단결'(Uniting for Peace)결의 이전, 더 정확하게 말해 UN의 한국전쟁 개입이전인 1948년부터 1949년까지의 초창기, 최초의 평화유지군이었던 제1차 UN긴급군(UNEF-I)이후 동 활동의 성공적 임무수행으로 인해 평화유지활동에 대한 관심과 수요의 증대로 4건의 감시단과 4건의 평화유지군이 설치되었던 1950, 60년대(1956-1967)의 확립 및 발전기, 1973년 중동전쟁 발발로 시나이 반도에 배치된 제2차UN긴급군(UNEF-II)이후 3건의 평화유지활동만이 수행되었던 1973-1978년과 그 후 약 10년간 평화유지활동이 중단되었던 1978-1987년까지의 퇴조 및 침체기, 1980년대 중반이후 냉전구조가 와해되고 안전보장이사회 상임이사국간에 협력분위기가 조성되어 50건의 평화유지활동이 창설된 1988년 이후의 부활 및 부흥기로 나누어 볼 수 있다.[37]

### (가) 草創期(1948-1949)

초창기의 활동은 본격적인 평화유지활동, 즉 최초의 평화유지군이었던 UNEF-I의 전단계로 소규모의 감시단에 의한 정전감시활동이 주였었다. 1948년 팔레스타인 휴전을 감시하기 위해 동지역에 설치되었던 국제연합예루살렘 정전감시단(United Nations Truce Supervisory Organization : UNTSO)과 그 이듬해 인도와 파키스탄 분쟁지역인 카시미르에서의 양국군을 격리하고 정전을 감시하기 위하여 양국의 국경을 따라 파견된 국제연합인도-파키스탄 군사감시단(United Nations Military Observer Group in India and Pakistan : UNMOGIP)이 그 예이다. 동 기간중의 평화유지활동은 명확한 헌장상의 근거와 활동의 원칙이 미정립되어있던 상태에서 시작되었기에 체계적이지는 못했지만 UN평화유지활동의 선례가 되었을 뿐만 아니라 인근지역에서의 타 활동을 지원하는 등 그 의의는 자못 지대하다 할 수 있을 것이다.[38]

---

**37)** H. Wiseman, "The United Nations *Peace-Keeping*: a historical overview", H. Wiseman(ed.), Peace-Keeping: *Appraisal and proposal*, Pergamon Press, 1983, pp.31-46참조.

**38)** UNTSO는 UNEF-I, UNOGIL, UNIDOM, UNEF-II, UNDOF, UNIFIL을 지원하였으며 UNMOGIP는 UNIPOM을 지원하였다. 특히 UNTSO의 참모장은 UNEF-I의 사령관으로 임명되기도 하였다.

### (나) 確立 및 發展期(1956-1967)

1956년부터 1967년 까지 약 10년간은 평화유지활동의 확립 및 발전기라고 볼 수 있다. 이 시기에는 4건의 평화유지군과 4건의 군사감시단이 설치되어 동 활동에 있어 급격한 진전을 이루었을 뿐만 아니라 동 활동이 UN의 평화유지기능의 하나로 확립되었다.

평화유지활동이 국제연합의 분쟁억제 및 해결기능의 하나로 자리매김하게 된 데에는 UNEF-I의 성공적 임무수행이 결정적 역할을 했다. 하지만 동 활동은 안전보장이사회가 아닌 총회의 결의에 의해 설치되어 그 이후 평화유지활동의 창설권능과 관련한 안보리와 총회간의 갈등의 원인이 되기도 하였고, 이의 성공에 뒤이어 콩고(현 자이레)에 파견된 ONUC는 한 국가의 내전 상황에 파견된 평화유지군의 임무수행이 얼마나 어려운 것인가를 보여준 좋은 사례가 되었으며, 1964년 키프러스에 개입한 UNFICYP은 자발적인 기여를 통해서 평화유지활동의 비용을 충당하는 것이 바람직하지 않다는 유익한 경고를 해주었다.

이 기간중 평화유지활동의 급격한 증대와 함께 평화유지활동과 관련된 제반사항에 대한 논란도 가열되었다. 특히 평화유지군의 합헌성 문제, 평화유지활동의 창설권에 관한 안전보장이사회와 총회간의 권한배분 문제, 사무총장 역할의 범위문제, 평화유지활동의 재정문제 등과 관련된 논란 등은 평화유지활동의 전도를 흐리게 만드는 요인이 되었다.[39]

### (다) 退朝 및 沈滯期(1967-1987)

이 기간은 약 20년 동안 단 3건의 평화유지활동이 창설되었을 뿐이다. ONUC에서의 격심한 갈등을 겪고 난 후 국제연합은 소극적이 되지 않을 수 없었다. 이러한 국제연합의 자세에 제2차 국제연합긴급군(UNEF-II)의 성공적인 활동이 일대전기를 제공하는 듯 했으나, 뒤이은 국제연합레바논임시군(UNIFIL)의 어려움으로 말미암아 평화유지활동은 퇴조기를 맞게 되었다.

중동전의 발발로 시나이 반도에 배치된 UNEF-II은 정전을 달성한 후 시나이반도로부터의 이스라엘군 완전철수와 1979년 이집트-이스라엘 조약으로 귀결되는 캠프 데이비드 평화협정 타결에 결정적인 공헌을 했을 뿐만 아니라 사무총장은 동군의 창설준비보고서[40]에서 평화유지활동의 임무, 활동범위 및 규칙 등을 상세히 작성하여 그 이후의 평화유지활동에 지침역할을 했다.

---

39) 백진현, "유엔평화유지활동(PKO)", 신동아, 1992. 9, p.142.

40) UN Doc. S/11052/Rev.1.

하지만 1978년 이스라엘의 레바논 침공으로 야기된 위기상황에 파견된 UNIFIL은 평화유지활동의 수행과 관련한 어려움을 보여준 또 하나의 사례가 되어 다양한 경험과 교훈을 제공하였다. UNIFIL은 분쟁지역에서의 법질서 회복, 이스라엘군의 완전철수, 레바논 정부의 통치권 회복 등 과도한 임무를 설정[41] 함으로써 활동초기부터 많은 어려움에 직면했다. 특히 정부가 완전히 통제력을 상실하고 비정규군에 의해 지배되고 있는 지역에서의 임무수행의 어려움, 안전보장이사회가 찬성표를 던진 위임통치를 수행하기 위하여 압력을 행사하는 것을 꺼리는 이사회의 적극적인 협력부재, 치열한 무력충돌 와중에서도 평화유지군의 무기사용 제한, 평화유지군의 무장폭력에 노출에 따른 군대제공국의 압력 증가, 주요국의 재정지원 보류 등과 같은 제반 문제점이 동 활동의 성공적 수행에 결정적 장애가 되었다.[42]

1978년 UNIFIL의 설치를 마지막으로 그 이후 약 10년간 국제연합 평화유지활동은 중단되었다. 물론 이 기간에 평화유지활동이 창설, 파견될 만한 국제분쟁이 없었던 것은 아니다. UNIFIL의 실패가 그 이후 평화유지활동의 전도에 부정적인 영향을 끼친 것은 사실이지만, 무엇보다도 당시 국제정세의 급랭으로 국제연합 자신이 목적의식과 평화유지에 대한 정치적 의지를 상실했기 때문이다. 특히 1980년대 초반 이후 첨예화된 소위 제2차 냉전으로 동서 양진영의 대립은 극도로 악화되어 국제연합을 통한 평화유지를 모색할 여건이 갖추어지지 못했던 것이 평화유지활동 침체의 근본원인이었다.

### (라) 復活 및 復興期(1988-현재)

1988년 이후 국제연합에서의 괄목할만한 강대국간의 협조분위기 조성으로 다양한 분야에 걸친 국제적 활동과 협력에 새로운 가능성을 제시해 주었는바, 이러한 점은 국제연합의 주요기능인 국제평화와 안전의 유지에 있어서 특히 두드러졌다. 이와 같은 새로운 국제분위기가 조성되어 평화유지에 대해 새롭게 신뢰하고 열중한 결과, 현재까지 정전감시, 선거감시, 군대철수의 검증 등을 목적으로 하는 46건이 창설되었다.

이러한 현상이 단순히 일시적이고 우연적인 것인지, 아니면 국제평화와 안전을 위한 보다 강력한 체제를 개발하려는 신중한 의도를 암시하는 것인지는 인류가 세계 도처의 민족, 인종, 종교

41) UN S.C. Res.425.
42) 백진현, op. cit., pp.142-143.

분쟁에 휘말려있고 이러한 분쟁에 대한 국제연합의 대응이 가시적인 효과를 얻지 못하고 있는 현실에서는 아직 그 판단이 이르지만, 국제평화와 안전의 유지를 위한 국제적 체계의 개발기회를 맞이하고 있다고 보여 진다.

동 기간 중 국제연합은 평화유지활동에 있어서 비약적인 발전을 이루었을 뿐만 아니라 한국전쟁이후 거의 사문화되었던 집단안전보장체제의 군사적 강제조치가 걸프전을 계기로 재등장하게 되었고, 집단안전보장체제와 평화유지활동의 결합이라는 새로운 평화유지방식과 인도적 개입목적의 평화유지활동의 등장, 평화유지활동의 원칙의 변화시도 노력 등 동 활동의 양적 팽창에 못지않은 질적 발전이 있었다.

하지만 평화유지활동의 폭발적인 발전에 따른 문제점들이 노출되기도 하였다. 한정된 기관으로 도처의 분쟁지역에서 수행되고 있는 활동에 대한 지휘와 통제의 어려움, 재정과 병력제공국 확보의 어려움, 분쟁초기에 배치하여 조기에 분쟁을 해결할 수 있는 신속배치군의 필요성, 이러한 어려움을 해결키 위한 특정국에의 지나친 의존과 이에 따르는 일부국가들의 반발, 동 활동의 기능확대로 인한 임무달성의 어려움 등이 그것이다.

이러한 것들은 앞으로의 연구로 개선, 보완될 것인바 동기간은 새로운 희망의 가능성과 동 활동의 장애요인의 해결이라는 미래의 요청을 동시에 우리에게 안겨주고 있다.

### (3) 發展過程의 特徵

이상에서 평화유지활동의 현황과 시기별 발전과정 및 각 단계에서의 주요한 활동들을 살펴보았다. 그 과정에서 시간의 경과에 따라 평화유지활동의 형태, 동 활동이 기능했던 분쟁의 성격, 창설기관, 창설기관이 부여한 기본적인 위임권한 등의 변화를 확인해 볼 수 있다.

이를 부분별로 살펴보면 다음과 같다.

첫째, 평화유지활동의 형태는 소규모의 군사감시단에서 대규모의 평화유지군으로 변화되고 있음을 보여준다. 국제연합의 평화유지활동이 국제화 된 것은 1950년대 이지만 그 싹은 1940년대 후반의 군사감시단에서 찾아볼 수 있다. 그 후 80년대를 지나면서 대규모의 병력을 포함하는 새로운 형태의 평화유지활동이 등장하였다.

둘째, 평화유지활동이 수행된 지역의 분쟁의 성격은 초창기에는 동 활동의 임무가 국제평화

[표 12-1] 현재 활동중인 평화유지활동(2009.1)

| 명칭 | 설치시기 | 배치지역 및 주요 임무 | 파견인원 | 사망자 |
|------|----------|----------------------|----------|--------|
| UNTSO | 1948.5 | 팔레스타인 정전 감시 | 380 | 49 |
| UNMOGIP | 1949.1 | 캐시미르 정전 감시 | 113 | 11 |
| UNFYCIP | 1964.3 | 사이프러스 정전 감시 | 1,071 | 179 |
| UNDOF | 1974.6 | 시리아/골란고원 정전 감시 | 1,181 | 43 |
| UNIFIL | 1978.3 | 남부레바논 정전 감시 | 13,682 | 279 |
| MINURSO | 1991.4 | 서부사하라 정전 감시, 선거지원 | 490 | 15 |
| UNMIK | 1999.6 | 코소보 평화와 안정 지원 | 4,309 | 54 |
| MONUC | 1999.11 | 콩고민주공화국 정전 감시, 평화 정착 | 22,200 | 131 |
| UNMIL | 2003.9 | 라이베리아 정전 감시 | 14,392 | 119 |
| UNOCI | 2004.4 | 코트디부아르 평화 정착 | 10,547 | 53 |
| MINUSTAH | 2004.6 | 아이티 평화 정착, 재건 지원 | 10,931 | 38 |
| UNMIS | 2005.3 | 수단 정전 감시, 안정 지원 | 13,477 | 40 |
| UNMIT | 2006.8 | 동티모르 평화 건설 지원 | 2,955 | 4 |
| UNAMID | 2007.7 | 수단 다루프 정전 감시, 평화 정착 | 13,775 | 21 |
| MINURCAT | 2007.9 | 중앙아프리카 재건 지원 | 840 | |

※출처: 국제연합 홈페이지 및 2008 국방백서

와 안전의 유지가 주였기 때문에 국제분쟁이었지만 차츰 동 활동이 임무의 영역을 확대해 나감에 따라 국제분쟁과 국내분쟁의 혼재 또는 내전상황으로 변화되어 가고 있음을 알 수 있다.

셋째, 평화유지활동의 창설기관이 초기의 총회와 안전보장이사회의 경합에서 안전보장이사회로 일원화되어 가고 있는데, 이는 오늘날 거의 확립된 원칙이다.

넷째, 평화유지활동의 임무는 동 활동의 초창기에는 국제평화와 안전의 유지에 관련된 정전 및 국경감시와 분쟁당사자간의 완충지대 형성이 주였으나 차츰 분쟁당사자의 무장해제, 포로송환 및 재정착 지원, 선거감시, 기관시설의 복구, 민간행정업무의 지원 및 인권문제까지 확대되었다.

## 4. 法的 根據

평화유지활동의 법적근거에 관한 학자들의 주장은 실로 다양하며, 학설의 다양성만큼이나 국제연합의 실행도 이 문제에 대해 명확한 태도를 보여주고 있지 못하다. 다만 몇몇 사례에서 주장되어진 근거규정을 살펴봄으로써 이를 확인할 수 있을 뿐이다. 물론 동 활동의 법적근거를 명확히 하는데서 오는 국제연합이 얻는 정치적 이익과 손실을 비교해 볼 때 법적근거의 중요성을 지나치게 강조할 필요가 없다는 견해[43]도 있지만 동 활동은 앞으로도 계속 활용될 것인 바, 이에 대한 헌장상의 일반적 기초를 명확히 확인해 둘 필요가 있다. 지금까지의 평화유지활동은 안전보장이사회와 총회의 결의에 의하여 창설되었기에 이하에서도 이러한 구분에 따라 각 기관에 의한 창설의 법적근거를 규명해 보고자 한다.

### 가. 安全保障理事會에 의한 創設

평화유지활동은 헌장 기초자들이 예정한 것이 아니어서 그 법적 근거에 대한 헌장상 명문 규정이 없을 뿐만 아니라 일반적으로 동 활동을 창설하는 안전보장이사회의 결의에도 헌장상의 근거조항을 명시하지 않고 있다.[44] 법이론적으로는 헌장 제7장 제39조, 제40조, 제6장 제33조, 제29조, 기타 조항 또는 이들 조항들을 포괄하는 것으로 생각할 수 있다. 하지만 헌장 제6장에 대해서는 찬반양론이 대립되고 있고,[45] 제41조 및 42조는 강제조치에 관한 규정이어서 평화유지활동의 창설근거로 보기에는 중대한 결함이 있어 일반적으로 제40조,[46] 39조,[47] 29조[48]를 안전보장이사회의 평화유지활동 창설근거로 보아야 할 것 같다.

---

**43)** *Ibid.*, p.108.

**44)** E. Suy, "U.N. Peace-keeping System", R. Bernhardt(ed.), *Encyclopedia of public international law*, Vol.4, North Holland Publishing Co., 1982, p.259.

**45)** 제6장 제33조를 평화유지활동의 창설근거로 인정하는 견해에 대한 반대론자의 주장은 분쟁의 평화적 해결을 위한 안전보장이사회의 구체적 근거를 제시한 제6장은 비강제적 조치여서 군대의 사용과 무력의 사용을 배제하고 있는 반면 평화유지활동은 비강제조치이긴 하지만 무력의 사용이 완전 배제되는 것이 아니기 때문에 그 근거로 인정할 수 없고, 제6장에 의해 안전보장이사회는 어떤 조치를 취하도록 명령할 수 없고 단지 권고만 할 수 있다는 것이다(Dan Ciobanu, "The Power of Security Council to organize peace-keeping Operations", A. Cassese(ed.), United Nations Peace-Keeping, p.17.). 한편 제6장을 평화유지활동의 창설근거로 인정하는 견해는 동 활동의 무력사용은 자위를 위한 것으로 강제조치를 목적으로 한 것이 아니고 총회가 제11조나 14조의 권고로 평화유지활동을 창설할 수 있다면 안전보장이사회가 제6장 제33조의 권고에 의해 동 활동을 창설하지 못할 이유가 없다는 것이다. M. Akehurst, A modern introduction to international law, George Allen and Urwin.

**46)** U.N., *Everyone's United Nations*(10th ed.), 1986, p.97.

**47)** 제39조에 의해 안전보장이사회는 평화에 대한 위협, 평화의 파괴 또는 침략행위의 존재를 결정하고 국제적 평화와 안전을 유지하고 또 회복하기 위하여 권고 또는 제41조 및 42조에 따라 여하한 조치를 취할 것인가를 결정할 수 있다. 안전보장이사회는 이에 따라 평화유지활동을 창설하고 회원국들에게 군대를 파견할 것을 권고할 수 있다는 것이다.

**48)** 안전보장이사회는 제29조에 따라 임무수행에 필요하다고 인정되는 보조기관을 설치할 수 있는 바, 이 규정에 의해 안전보장이사회는 보조기관으로 평화유지활동을 창설할 수 있다는 것이다.

### 나. 總會에 의한 創設根據

평화유지활동은 총회의 결의에 의해서도 창설될 수 있지만 이에 관한 헌장상의 명문규정이 없음은 안전보장이사회의 경우와 같다. UNEF-I 이후 모든 평화유지활동은 안전보장이사회의 결의에 의하고 있고 각국은 이에 대해 대체로 합의하고 있다. 하지만 안전보장이사회의 기능이 마비되었을 때 동 활동이 총회의 결의에 의하여 창설될 가능성이 완전 부정되는 것은 아니다. 일반적으로 총회의 평화유지활동의 창설근거로는 헌장 제10조,[49] 14조,[50] 22조[51] 및 평화를 위한 단결 결의를 들고 있다.

### 다. 平和를 위한 團結決意

'평화를 위한 단결'결의에서 총회의 평화유지활동의 창설근거를 찾을 수 있다고 보는 견해가 있는 바,[52] 이러한 견해는 UNEF-I이 동 결의에 의해 소집된 특별긴급총회에서 창설되었음을 예로 든다.

하지만 동 결의는 총회의 잔여권능과 책임을 구체화한 것으로 안전보장이사회가 상임이사국의 거부권 행사로 국제평화와 안전의 유지를 위한 제1차적 책임을 수행할 수 없을 때 총회가 회원국에 대하여 병력의 사용까지도 포함하는 집단조치를 권고할 수 있다고 규정하고 있어 본질적으로 헌장 제7장의 강제조치 권고권을 총회에 부여한 것으로 이를 강제조치가 아닌 평화유지활동의 창설근거로 보기에는 무리가 있다. 동 결의를 창설근거로 보는 견해는 총회의 평화유지활동의 창설근거 조항과 창설기관으로서의 총회의 권한을 혼동한 결과이다.

## 5. 基本 活動原則의 形成 및 適用上의 變化

### 가. 基本原則의 內容

국제연합 평화유지활동은 헌장상의 규정에 의한 것이 아니라 총회나 안전보장이사회의 결의

---

**49)** UN Doc. A/5739. "U.S. Memorandam on the United Nations Financial Crisis", 8 Oct. 1964.

**50)** UN Doc. A/5739.

**51)** UN Doc. A/3526.

**52)** I. Brownlie, *Principles of Public International Law*(3rd ed.), Clarendon, 1979, pp.699~700.

에 의해 임기응변으로 창설되었고 그 원칙도 관행을 통하여 발전되어 왔기 때문에 활동상의 원칙이나 이론이 결여되어 있다. 원칙의 정립을 위한 국제연합 기관들의 노력이 없었던 것은 아니다.

'평화유지활동에 관한 특별위원회'의 활동과 공식초안, 각 활동의 창설을 전후한 사무총장의 보고서, 국제연합의 관행 등 장시간동안 다방면에 걸친 법제화 노력이 경주되었으나 냉전기간중 양진영간의 대립과 국제연합의 정치도구화, 제3세력의 국제연합 가입과 세력화, 강대국들의 의도적 회피 등 여러 가지 이유로 평화유지활동의 창설, 편성, 지휘 및 통제, 임무수행 및 종료 등을 규제할 확립된 기본원칙을 마련하지 못하였던 것이다.

하지만 지금까지의 활동을 통해 그 경험이 선례로 쌓이면서 활동상의 기본원칙은 불완전하나마 확립되었다. 이는 평화유지활동이 국제적 목적달성을 위하여 오늘날의 국제사회가 의존할 수 있는 하나의 절차로 확립되었음을 의미한다.

평화유지활동의 기본원칙은 다음과 같다.

첫째, 편성에 있어 지역적 형평성이 고려되어야 하고, 국제연합 안전보장이사회 상임이사국은 배제되며, 지역적 또는 기타 이유로 인해 분쟁국과 특별한 이해관계가 있는 국가는 배제되어야 한다.

둘째, 창설 및 지휘통제권에 대해서는 총회와 안전보장이사회간의 의견이 대립되었으나 오늘날은 안전보장이사회의 권한으로 일원화되었다. 다만 이러한 권한은 사무총장에게 위임이 가능하며, 특히 현장지휘는 안전보장이사회의 동의에 따라 사무총장이 임명한 현지사령관에 위임할 수 있다.

셋째, 임무수행에 있어서는 국내문제불간섭, 무력행사금지, 중립 등의 의무를 부담하며, 분쟁당사국 및 관계국들은 평화유지활동에의 협조하고, 이동과 통신의 자유를 보장하여야 한다. 그리고 평화유지활동 요원은 특권과 면제를 향유하며, 이들에 대한 형사관할권은 본국이 갖는다.

넷째, 활동의 종료에 있어서는 병력제공국과 수용국간 지위협정을 체결하여 파병군의 법적 지위를 보장하여야 하며, 철수시기는 병력제공국이 일방적으로 자국군을 철수시키는 것은 가능하지만, 가능한 한 수용국 및 국제연합과의 합의를 통해 철수시기를 고려하여야 할 것이다.

## 나. 基本原則의 變化

평화유지활동의 성공적인 임무수행을 위해서는 비전투적, 비강제적 성격에 맞는 임무의 엄정한 한정, 분명하고도 실행가능한 권한의 위임, 창설 및 임무수행에 대한 분쟁당사국들의 동의 와 협조, 국제연합과 회원국들의 지속적이고도 충분한 지원 그리고 규제원칙의 준수 등이 필수적 이다.

하지만 보다 더 중요한 것은 분쟁지역 및 그 주변의 상황과 분쟁의 성격이다. 현재까지 평화유 지활동이 창설되어 파견되었던 분쟁의 성격과 상황을 보면 몇몇의 경우를 제외하고는 그러한 여 건을 충분히 제공해주지 못하였다. 분쟁지역의 혼란스러운 국내사정, 끝을 모르는 권력투쟁, 주 변국의 개입위험 등 평화유지활동의 원활한 기능을 방해하는 악조건속에서도 국제연합은 평화유 지기구로서의 역할을 담당하지 않을 수 없었다.

그 과정에서 평화유지활동은 위임된 임무의 수행을 위하여 활동을 규제하는 원칙들의 적용에 있어서 변화를 모색하기 시작하였다. 특히 최근의 평화유지활동이 종래의 정전감시나 완충역할, 분쟁국 군대의 철수검증 및 무장해제 등 전통적인 임무로부터 인권신장, 선거감독, 민간행정, 경 찰업무, 난민송환 및 재정착, 경제재건 등 보다 광범위한 분야로 임무의 범위를 확대해 가고 있을 뿐만 아니라 군사적 측면에서도 활동의 폭이 넓어지고 있음을 고려해 볼 때 그러한 변화의 조짐 은 어느 정도 예견된 것이라 여겨진다. 이러한 변화의 원인으로는 평화유지활동 임무의 확대, 유 형의 다양화, 동의원칙의 퇴색 및 강대국의 참여 등을 들 수 있다.

## 6. 韓國의 平和維持活動 參與

한국은 1948년 정부수립시 유엔 감시하의 총선실시, 1950~53년간의 한국전쟁 당시 유엔군의 참전 등으로 일찍부터 유엔과 밀접한 관계를 맺어 왔다. 그러나 동서 냉전상황하에서 남북한은 상대진영의 반대로 유엔에 가입할 수 없었기 때문에 회원국으로서의 이 활동은 이루어지지 못했 으며, 1991년 남북한이 동시에 유엔에 가입한 이후에야 비로소 적극적으로 활동하게 되었다.

유엔은 한국이 가입한 후 평화유지활동에의 참여를 요청했 왔다. 이에 한국은 유엔을 중심으 로 한 국제평화와 안전 유지에 적극 기여한다는 방침을 갖고 유엔의 주요활동인 평화유지활동에 참여하기 시작하였다.[53]

---

**53)** 이서항, "한국의 PKO 정책과 실제", 강성학 편, 동아시아의 안보와 유엔체제, 2003, 집문당, p.127.

## 가. 參與 現況

한국이 평화유지활동 참여에 대한 논의의 발단은 1991년 10월 국제연합이 평화유지활동의 참여여부 및 다섯 가지 참여분야(군사감시단 보병부대, 특수지원부대, 용역, 장비 및 기술지원)에 대한 설문서를 보내오면서부터이다. 이 때 우리나라는 제46차 국제연합 총회에서 161번째 회원국이 된지 한 달 후였다.[54]

이 설문서는 참여여부, 참여가능 분야, 참여규모 등을 주된 내용으로 하고 있었다. 설문서를 접수한 우리 정부는 관계부처와 협의하고 국민의 여론을 수렴하여 보병 540명, 군Observer 36명, 의료단 154명의 참여가 가능하다는 결론을 내리고, 이러한 내용의 설문서 회신을 국제연합 사무국에 송부하였다.[55]

한국이 최초로 참여한 유엔의 평화유지활동은 1993년의 '제2차 유엔 소말리라 활동단'(UNOSOM II)으로, 약 250명 규모의 '상록수부대'라는 명칭의 공병부대가 파견되었다. 이 부대는 소말리아내 평화유지군 활동지역에서 주요 도로보수, 시설재건 등 임무를 수행하다가 1994년 3월 철수했다.[56]

UNOSOM II 이후 한국은 10개(총 11개) 평화유지활동에 참여지역 재건, 의료 지원 등 인도적 활동은 물론, 치안 유지와 평화 정착의 임무를 수행하였다. 1995년 10월부터 1997년 2월까지 160여명 규모의 야전공병단이 앙골라에서, 그리고 1999년 10월부터 2003년 10월까지 3년 동안 대대규모의 보병부대가 동티모르에서, 각각 지역재건과 치안회복을 지원하여 인권 보호 및 평화정착에 기여하였다. 특히 2006년 5월 17일 제23진을 마지막으로 말레이시아군과 그 임무를 교대하고 철수한 서부사하라 국군의료지원단은 1994년 9월부터 10년 이상의 기간 동안 현지 PKO요원 전원에 대한 의료지원임무를 기본으로 지역 주민에 대한 방역지원 및 전염병 예방활동을 전개하였다. 현재

54) 외무부, 우리의 유엔평화유지활동(PKO) 참여, 외교문제해설(92-23호), 1992. 9. 18, p.2.

55) *Ibid*.

56) *Ibid*., pp.127-128. 설문서의 회신이후 국제연합은 우리나라의 평화유지활동 참여의사를 계속 타진해 왔다. 정부는 '희망회복작전'이 한창 진행중이던 지난 93년 1월 29일 국제연합으로부터 UNOSOM-II에의 참여의사를 타진하는 공한을 접수했다. 이에 따라 정부는 관계부처와의 협의를 통해 파병의 타당성, 참여부대의 적절한 규모, 파견기간 등을 다각도로 검토하는 한편, 소말리아에 세계의 이목이 집중되고 있어 참여할 경우 국가위상 제고에 효과가 클 것으로 판단하여 외교통상부, 국방부의 실무관계관 4명을 소말리아 및 국제연합 본부에 파견하여 현지조사를 실시한 후 252명 규모의 건설 공병대대(상록수 부대)를 파견키로 최종 확정했다. 4월 7일 정부의 공식적인 건설공병대대의 참여통보가 있자 국제연합은 바로 다음 날인 4월 8일에 공식요청 공한을 보내왔고, 파병준비 및 국회동의를 거쳐 6월 29일 선발대 60명이, 7월 30일 본대 192명이 파병되었다.

우리나라는 1994년부터 인도·파키스탄의 유엔정전 감시단을 비롯하여 그루지아, 라이베리아, 브룬디, 수단, 아프간 등에 31명의 영관급 장교를 군 옵서버로 파견하여 해당 지역의 정전감시 및 순찰, 조사, 중재 등의 임무를 수행하고 있다.[57]

## 나. 參與 意義

평화유지활동에 자국의 병력을 파견하는 국가들의 경우 국가마다 각기 다른 배경을 가지고 있다. 순수하게 국제연합 회원국으로서 헌장의 의무를 이행한다는 국가들이 있는 반면, 경제적, 외교적 그리고 군사적인 목적으로 파병하는 국가들도 있다. 대한민국의 평화유지활동 참여의의는 다음과 같은 몇 가지의 이유에서 찾아 볼 수 있겠다.

### (1) 憲章上의 義務 遂行

모든 회원국은 국제연합이 헌장에 따라서 취하는 여하한 행동에 대해서도 국제연합에 원조를 주어야 한다(헌장 제2조 5항). 이에 따라 회원국들은 국제평화와 안전의 유지에 관련되는 국제연합의 행동에 원조를 제공해야 할 의무가 있지만 이 규정이 회원국에게 평화유지활동에 참여해야할 직접적이고 법적인 의무를 부과하는 것은 아니다. 다만 동 규정에 따라 회원국은 국제연합이 취하는 평화유지활동에 원조를 주어야 할 간접적인 도덕적 의무가 있다. 따라서 평화유지활동에 참여하는 것은 국제연합 회원국으로서 헌장상의 의무를 다하는 것이다.

### (2) 平和愛護國의 國際的 責務

국제연합의 평화유지활동에 적극적으로 참여하는 것은 헌장 제1조 1항에 규정된 국제연합의 목적인 국제사회의 평화와 안전의 유지에 부합하는 것일 뿐 아니라 국제연합의 회원국인 평화애호국으로서 국제적 책무를 다하는 것이라고 할 수 있다.[58]

더욱이 미소의 대결에 의해 형성되었던 양극체제에 입각한 냉진적 국제질시가 종식되면서 국제분쟁을 평화적인 방법으로 그리고 국제연합을 통한 다자적, 집단적 방법으로 해결하자는 것이 냉전이후 국제질서가 추구하는 새로운 추세이다. 이의 구체적 실천인 국제연합 평화유지활동에

---

57) http://www.mnd.or.kr/policyFocus/KoreanSoldier/peace/20060528/1_679.jsp
58) 김명기, op. cit., p.28.

적극 참여하는 것은 새로운 시대조류에 부응하는 것일 뿐 아니라 국제연합 회원국으로서 또한 평화애호국가로서 국제적 책무를 다하는 것이라고 할 수 있다. 회원국들이 국제사회의 평화와 안전의 유지를 위한 국제연합의 역할이 강화되기를 바라면서 이를 뒷받침하는 자원제공에는 소홀하다면 국제연합은 어려움에 직면하게 되고 세계평화를 위한 모처럼의 좋은 기회를 놓치게 될 것이다.[59]

### (3) 國際聯合 最惠國의 當爲

대한민국은 국제연합으로부터 가장 많은 혜택을 본 국가라 할 수 있다. 대한민국 정부의 탄생이 국제연합에 의한 것이었고, 또한 대한민국 정부가 북한정권에 의한 무력적 공격을 격퇴하고 존속할 수 있었던 것도 국제연합의 조치에 의한 것이었다.[60] 국제연합군은 지금도 북한의 무력적 공격을 방지하기 위하여 대한민국에 주둔하고 있다.

이와 같이 국제연합은 대한민국 정부를 수립하고 또 이를 북한의 무력적 공격으로부터 방위해 왔다. 따라서 대한민국이 평화유지활동에 참여하는 것은 국제연합 최혜국의 당위로서 요구된다.[61] 또한 유엔을 중심으로 한 국제적 공조체제에 평소 동참함으로써 장차 한반도 유사시 국제적 지원을 기대할 수 있을 것이다.[62]

### (4) 地域紛爭 處理經驗의 蓄積

평화유지활동 참여는 다양한 국제화 시대를 맞이하여 해외활동 경험을 축적할 수 있는 기회이다. 세계 각국이 펼치는 군사전술을 실제 경험할 수 있음과 동시에 해외파병 경험의 축적으로 연합작전능력을 배양할 수 있는 기회를 가질 수 있을 뿐만 아니라 미래의 분쟁양상에 대응할 수 있는 능력을 배양케 할 수 있는 계기도 될 수 있을 것이다.

---

59) 외무부, *op. cit.*, p.3.
60) 김명기, *op. cit.*, p.28.
61) *Ibid.*
62) 강만섭, "우리나라의 PKO 정책방향", 한반도 군비통제, 1999. 8, pp.195-196 참조.

## 다. 向後 對應方向

### (1) 철저한 準備 및 敎育

평화유지활동 임무를 성공적으로 수행하기 위해서는 철저한 사전준비가 중요하다. 병력을 분쟁지역에 파견하기 전에 보통 현지의 평화유지활동에 대한 실태파악이 선행되어야 한다.

주요 조사내용으로는 ① 분쟁의 성격이나 현지의 문화, 전통 등 정치·사회·문화 전반에 대한 정확한 자료 ② 부대운용에 관한 사항으로 지휘체계, 무기사용 및 주요임무 ③ 후방지원에 관한 사항 ④ 기타 각종지원에 관한 사항으로 인사·위생·교육훈련·민생지원 등이 있다.

다음으로 참가요원에 대한 교육훈련이 필수적이다. 평화유지활동에 참가하는 요원으로 선발된 인원들에게 업무수행에 필요한 일반지식과 평화유지활동의 실무능력을 갖도록 관찰업무, 수색 및 감시, 선거감시, 순찰 및 보고, 범죄수사, 협상 및 중재, 첩보 및 정보수집, 특정장비의 식별능력, 독도법, 파견지역의 문화, 관습 및 특성, 종교, 특권 등을 숙지시킬 수 있는 교육과정이 필요하다. 이를 위해 국방부내에 전담부서를 설치하여 장기적인 계획에 따라 전문요원의 양성이 요구된다.

### (2) 平和維持活動 原則의 遵守

장차 국군이 평화유지군의 일원으로 참여할 때 평화유지활동의 원칙과 관련 국제법규를 엄격하게 준수하여야 한다. 그러기 위해서는 이에 대한 충분한 교육이 필요하다.

첫째, 평화유지활동이 성공하기 위해서는 동 활동을 규제하는 원칙들, 특히 임무수행상의 원칙인 비제재, 중립, 무력사용금지, 국내문제불간섭 원칙의 범위 내에서 활동하여야 한다.

우리의 정치, 경제, 군사적 능력과 평화애호국의 국제적 책무, 국익신장 및 국가위상의 제고라는 파병목적을 고려해 볼 때 우리 군이 수용국의 분쟁을 무력으로 진압하려 온 것이 아니라 평화의 정착 및 보장을 확보하기 위해 왔다는 확신을 심어주는 것이 매우 중요하다.

평화유지활동이 그 규제원칙에서 벗어났을 때의 부작용은 미국의 소말리아 군사작전의 실패에서 명백하게 드러났다. 분쟁지역의 상황이 평화유지활동 원칙의 준수를 어렵게 하지만 관행을 통하여 수용된 원칙들은 동 활동의 각 단계에서 반드시 보장되어야 한다.

둘째, 평화유지군에 적용되어야 할 가장 중요한 국제법규는 국제연합과 수용국간에 체결되는 평화유지군 지위협정이다. 이들 협정은 예외 없이 평화유지군의 수용국으로부터 완전한 면제를 규정하고 있다. 물론 수용국의 법을 준수하는 것은 의무사항이다.

특히 평화유지군은 전시국제법을 준수하여야 한다. 국제연합 자체는 제네바협약 및 추가의정서의 서명당사자는 아니지만 평화유지군이 이들 조약의 인도적 원칙에 구속된다는 데에는 이론이 없다. 평화유지군의 출동규정에는 이들이 인도적 조약들의 원칙과 정신을 준수할 것을 명시적으로 지적하고 있다. 또한 대한민국은 제네바협약 및 추가의정서의 가입국으로서 평화유지군에 참여하는 우리의 군인들이 이를 준수하도록 보장할 의무가 있다.

따라서 정부는 파병전 평화유지활동의 원칙과 관련 국제법규를 충분하게 교육시켜야 할 것이며 장교들의 경우 임관전 교육이나 재교육시에 이에 관한 교과목을 신설하여 숙지토록 할 필요가 있다.

### (3) 法的, 制度的 裝置의 整備 및 補完

한국은 이미 PKO 파병을 위한 유엔 상비체제에 가입되어 있고, 다년간의 경험을 바탕으로 PKO 파견 및 관리 등에 대한 규칙과 관행을 정착화하고 있다. 그러나 상비체제는 제대로 활용되지 않고 있으며, 관련 부서내부 정책결정이나 타 부서와의 협의과정 등에 대한 제도화가 미흡하여 정책결정의 합리성, 예측성, 안정성이 저해되는 실정이다. 이는 정책의 일관성, 지속성을 통한 유엔 외교, PKO 정책의 수행에서 비효율적인 요소이며, 중견국가로서의 외교 정체성을 확보하고 국제적 신뢰를 구축하는데 지장이 될 수밖에 없다. 따라서 PKO 관련 인프라의 구축이라는 측면에서 국방부와 외교통상부 전담부서 혹은 통괄 조정기구 설치를 통하여 체계적인 관리가 필요하다. 그리고 담당인력의 전문화, PKO 참여기준, 승인과정을 포함한 전반적 절차를 세부적으로 규율하는 법의 제정, 군사요원과 민간요원의 훈련관리, 급여 등에 관한 법적 제도 마련 등이 필요하다.[63]

---

63) 박홍순, "한국의 유엔 평화유지활동: 정책결정과 국내정치적 고려", 강성학(편), 동아시아의 안보와 유엔체제, 집문당, 2003, p.201.

# 제13장 武力紛爭法

## 제1절 武力紛爭 一般

### 1. 武力紛爭과 國際社會 : 法的 規制의 槪觀

인류는 끊임없는 전쟁속에서 자신을 보존하고 발전시켜 왔다. 전쟁을 혐오하는 인간들은 전쟁을 인간이하의 활동의 한 형태라고 생각하면서도 어떤 하등동물보다도 더욱 전쟁에 빠져 있다.[1] 근대국가가 성립된 이후에도 제국은 자국의 발전을 도모하기 위해 경쟁국과의 전쟁과 약소국에 대한 침략을 자행해 왔으며, 이제까지의 국제관계는 토의와 협상, 화합과 통일보다는 경쟁과 대립, 전쟁과 정복이 지배적이었다. 인류의 역사를 전쟁사라 일컫는 이유도 여기에 있다. 하지만 인류는 수많은 전쟁에서 문명의 파괴와 인명의 희생을 목격하게 되었고 그러한 비극을 방지하기 위한 노력을 꾸준히 진행시켜 왔다.

전쟁에 대한 국제법적 인식에 있어서 국제사회는 역사적으로 많은 변천을 겪어 왔다. 전통국제법 체계하에서 전쟁이란 평시와는 상이한 법인 전시국제법의 적용이 타당한 상태 또는 기간이라고 개념되기도 했지만, 전쟁에 호소하는 국가행위에 대한 규제란 전무하고 전쟁은 전적인 자유방임아래 방치된 채, 이를테면 국제적 결투인 것으로 허용되어 왔다. 전쟁에 호소할 것인가의 여부와 전투수단 등의 결정은 오로지 국가의 일방적인 자유의사에 맡겨지고, 전쟁은 하나의 '이상한 상태'로 파악되어 국제법하에서는 다만 투쟁적인 '상태'로서의 의미를 가질 뿐이어서,[2] 전쟁은 자조의 수단으로 또는 국제분쟁을 해결하기 위한 최후의 수단으로서 일반적으로 그 합법성이 인정되고 있었다. 결국 이것은 개개의 국가가 자기의 정당성을 주장하며 초월적인 입장에서 판정하는 자가 존재하지 않는 국제사회의 현실에서는 사실상 모든 전쟁의 합법성을 인정하는 결과가 될 수밖에 없었다. 이러한 상황을 바로잡아 전쟁을 규제하기 위해서는 국가가 분쟁해결수단으로

---

[1] A. Cassese, *International Law in a divided World*, Clarendon Press, 1986, p.253.

[2] 김정균, "국제인도법 질서의 건설", 인도법논총, 제9호, 1989, pp.8-9.

전쟁에 호소하는 것을 제한하는 것이 무엇보다도 필요하게 되었다.

그러나 무력분쟁에 관한 법규들은 본질적으로 강대국과 약소국간의 이익의 긴장과 충돌에서 나온 것이었다. 강대국, 특히 영국과 프랑스는 그들의 우세를 위협하는 해전법규의 발전을 못마 땅하게 여겨 해양에서 가능한 한 많은 행동의 자유를 교전자에게 남겨두기를 주장했으며, 반면에 여타국들은 당연히 반대입장을 견지하여 가능한 한 방해받지 않고 교전단체와 중립국사이에 무 역을 지속할 수 있기를 원했다.

또한 강대국들은 그들이 우세한 전투의 수단과 방법을 법적 규제대상에서 제외시키고자 했을 뿐만 아니라 그들이 동의했던 소수의 규칙들을 약화시키고 합법적 전투원을 엄격하게 제한하고 자 했다. 약소국, 주로 일부 유럽국과 남미제국은 일관되게 강대국의 군사적 우위를 억제시키고 적의 침입으로부터 국민과 영토를 보호하기 위한 규칙들을 규정하려고 노력했다. 이러한 양 입장 의 타협으로 전쟁법규는 발전되고 성문화되었지만 국제사회의 강대국의 입장이 많이 반영될 수 밖에 없었다.

성문화 이전의 관습법뿐만 아니라 인도주의의 필요성과 군사주의의 필요성의 대립과 타협으 로 발전되고 성문화된 무력분쟁법은 중립에 관한 상세한 규칙들을 규정하고, 합법적 전투원의 개 념을 법적으로 제한하였으며, 전투수단과 방법을 규제하였다. 하지만 이러한 발전에도 불구하고 무력분쟁법은 몇 가지 취약점을 가지고 있었다.

가장 중요한 것은 무력분쟁법의 준수를 보장하는 수단의 불충분이다. 이행을 강제할 기관도, 교전자의 행위를 조사할 권한을 가진 기관 또는 독립된 위원회도 없었다. 무력분쟁법 준수를 확 보하기 위해서는 보복, 전쟁범죄로서의 처벌 및 위반에 대한 배상책임이라는 수단이 이용될 수 있지만, 이러한 수단들은 위반의 공정한 검증의 곤란, 남용의 가능성 및 일반적으로 전쟁이 끝난 후 전승국에 의해 전범재판이 시작되기 때문에 문제가 되었다.[3] 또한 이들 법규들은 단지 국가 간 무력분쟁만 규제할 뿐, 비국제적 무력분쟁에 대해서는 어떠한 규칙도 채택되지 못했다. 따라 서 1949년 이전의 비국제적 무력분쟁의 법적 규제는 임의적 교전단체 승인제도의 대상이 될 수밖 에 없었고, 반도들에 의한 국제적 무력분쟁에 버금가는 실제상의 전투행위는 만약 정부가 반도들 을 교전단체로 승인하지 않으면 국내형법의 지배하에 있을 수밖에 없었다.

---

3) A. *Cassese, op. cit.*, pp.257-261.

## 2. 武力紛爭의 意義 및 分類

### 가. 戰爭法과 · 武力紛爭法

전쟁(war)은 중세이후 '정전'(just war) 원칙이 퇴색되기 전까지 '報復'(retortion)이나 '復仇'(reprisals)와 같이 전쟁상태에 미치지 못하는 행위와 구별되었고, 대외정책이나 경제적 복지 및 타국과의 관계 등에 필요한 수단의 하나로 간주되었다.

전쟁이란 일반적으로 어느 일방당사국이 타방당사국을 굴복시켜 그가 바라는 강화조건을 부과하여 본래의 주장을 관철하기 위해 무력을 행사하는 국가간의 투쟁상태이다. 이를 좀더 자세하게 살펴보면 첫째, 전쟁이란 무력을 행사하는 투쟁관계이다. 무력행사 그 자체가 목적이 아니고 그것에 의해 일정한 주장을 관철하려는 것이므로, 결국 전쟁이란 어떤 목적을 위해서 하는 무력적 수단이라고 볼 수가 있다. 둘째, 전쟁이란 국가간의 투쟁관계이다. 국제관계에 있어 일정한 목적을 달성하기 위해 무력에 호소하는 것이 전쟁인데, 이러한 의사를 가지는 것은 국가뿐이므로 전쟁당사자 즉, 전쟁주체는 국가자신인 것이다.[4] 셋째, 전쟁이란 일정한 국제법적 제한하에서 행하는 투쟁관계이다. 무기의 발달로 인한 전쟁규모의 확대와 사상자의 격증은 곧바로 인도적 고려와 비군사적 가치의 숙려라는 문제를 제기해 주었고, 많은 전쟁관계법규가 국가간의 투쟁에 있어서의 제한사항을 주제로 해서 체결되었다. 전쟁은 이들 전쟁법의 규제하에서 행하여지는 투쟁인 것이다.[5]

전쟁을 위와 같이 정의할 경우 전쟁법(law of war)이란 전쟁이 발생하여 전쟁상태가 계속되는 동안 교전당사국간 또는 교전당사국과 비교전당사국간의 관계를 규율하는 법이라고 정의할 수 있다.

한편 국제연합 헌장 제2조 4항의 '무력에 의한 위협 또는 무력사용'(threat and use of force)의 금지원칙의 성립 이후 전쟁이 명시적으로 금지되고 있는 현실에서 둘 또는 그 이상 국가간의 평화적 관계를 파괴하는 외미에서의 '전쟁' 개념이 여전히 유효한가에 대한 의문과 '무력사용'(use of

---

**4)** 개인 상호간의 투쟁이나 개인과 국가간의 투쟁은 전쟁으로 볼 수 없으므로 개인은 전쟁주체일 수가 없다. 그러나 일정한 요건을 갖춘 교전단체와 국가간의 투쟁은 제한적인 전쟁관계를 이루게 된다. 국제기구가 직접 어느 국가에 대해서 강제조치를 취할 때는 국제기구 자체가 그런 국제관계에 있어 제재적인 교전주체가 될 때도 있다. 김정균·성재호, 국제법, 박영사, 2006, p.712.

**5)** *Ibid.*, pp.697-698.

force) 또는 '무력분쟁'(armed conflict)이라는 개념이 '전쟁'이라는 개념을 대체해야 하는 것이 아닌가 하는 논란이 제기되기도 하였다.[6]

이러한 개념적 논쟁이 본격적으로 제기된 것은 1949년 제네바협약의 채택이후로 이때부터는 무력분쟁이라는 용어가 일반적으로 사용되고 있다.

제네바협약 공통2조를 보면 "본 협약은 평시에 실시될 규정외에는 둘 또는 그 이상의 체약 국간에 발생할 수 있는 모든 선언된 전쟁 또는 기타 무력분쟁의 경우에 대하여 당해 체약국의 하 나가 전쟁상태를 승인하거나 아니하거나를 불문하고 적용된다"라고 규정하여, '선언된 전쟁' (declared war)을 단지 '무력분쟁'의 한 형태로 보고 있다. 또한 1977년에 채택된 1949년 제네바협약 제2추가의정서 제1조 2항도 "본 의정서는 무력분쟁이 아닌 폭동, 고립되고 산발적인 폭력행위 기 타 유사한 성질의 행위와 같은 국내적 소요긴장사태에는 적용되지 아니한다"라고 함으로써 '무력 분쟁'과 무력분쟁이 아닌 비상사태를 구분하고 있다.

이외에도 '무력분쟁' 이라는 용어를 사용한 문서들을 보면, '무력분쟁시 문화적 재산의 보호 에 관한 1954년 헤이그협약'(Hague Convention of 1954 for the Protection of Cultural Property in the Armed Conflicts), 1968년 이래로 국제연합 총회의 '무력분쟁에 있어서의 인권보호'(respect of Human Rights in Armed Conflicts)에 관한 결의 등이 있다.

이처럼 1949년 제네바협약 채택이후 '전쟁'이라는 고전적 개념 대신에 '무력분쟁' 이라는 새로 운 개념이 일반적으로 사용되고 있음을 알 수 있다. 무력분쟁의 규모나 정도의 여하를 떠나 인권 법과 인도법의 적용실현이라는 견해에서 보더라도 '전쟁'과 '전쟁법'(the law of war)의 용어보다는 '무력분쟁'(armed conflict)과 '무력분쟁법'(the law of armed conflict)이라는 용어를 사용하는 것이 타당 하다고 본다.[7]

---

6) K. J. Partsch, "Armed Conflict", R. bernhardt(ed.), *Encyclopedia of Public International Law*, Vol.3, 1982, p.25. 국제연맹 규약 제12, 13, 15조와 제16조 그리고 부전조약(Kellogg-Briand Pact)에서는 전쟁이라는 개념 정의나 어떤 행동이 제재를 받게 되 는지에 대한 언급없이 단순히 전쟁에 호소하는 것을 불법화하고 있으며, 국제연합 헌장도 전문의 '전쟁의 참화'(scourge of war)라는 문구에만 '전쟁'이라는 표현을 사용할 뿐 침략자와 희생자사이의 관계에 대한 명확한 결정없이 '무력의 위협'이 나 '무력의 사용'이라는 용어를 사용하고 있다.

7) 김정균, "인도주의·인권·인도법의 시대적 성격", 인도법논총, 제8호, 1988, p.71.

## 나. 武力紛爭의 分類

국제법상 평시에 대비되는 비상사태는 '국제적 무력분쟁'(international armed conflict), '비국제적 무력분쟁'(non-international armed conflict) 및 무력분쟁으로 인정되지는 않는 '국내적 소요 및 긴장사태'(internal disturbance and tension)로 구분된다. 이러한 구분은 1949년 제네바협약에서 비롯되어 1977년 추가의정서가 제1추가의정서(국제적 무력분쟁에 적용)와 제2추가의정서(비국제적 무력분쟁에 적용)로 분리·채택됨으로써 확고해 졌다.

### (1) 國際的 武力紛爭

국제적 무력분쟁은 양국간, 일국과 다수국간 또는 다수국과 다수국간 대규모 군사적 대결인 고전적 의미의 '전쟁'과 제1추가의정서에서 국제적 무력분쟁에 포함된 '민족해방전쟁'(wars of national liberation)을 말한다. 고전적 의미의 '전쟁'을 뜻하는 국제적 무력분쟁은 戰意를 가진 국가간의 무력수단에 의한 투쟁으로써 전의를 수반한다는 점에서 무력복구와 다르며, 국가간의 무력분쟁이라는 점에서 비국제적 무력분쟁과 다르고, 무력을 사용한다는 점에서 보복이나 비무력적 복구와도 다르다.[8]

1949년 제네바협약 공통2조는 국제적 무력분쟁을 "둘 또는 그 이상의 체약국간의 선언된 전쟁 또는 기타 무력분쟁"을 포함한다고 규정하고 있다. 협약 주석서도 동조에서 말하는 '무력분쟁'을 군대가 개입하는 양국간의 충돌이라고 광의로 해석하고 있다.[9]

민족해방전쟁은 전통국제법에서는 내전으로 간주되었으며, 1949년 제네바협약 채택당시에도 공통3조가 적용되는 비국제적 무력분쟁으로 이해되었다. 하지만 사회주의 국가들의 지지를 업은 제3세계 국가들은 국제연합에서 민족해방전쟁을 국제적 무력분쟁으로 승격하여 모든 전쟁법이 적용되도록 해야한다고 주장했다. 이러한 주장은 식민지지배, 인종차별 및 외국인점령정권에 대한 '자결을 위한 투쟁'이라는 이념적 고려에 기초한 것으로 중세에 지배적이었던 정전개념을 국제법에 새로이 도입한 측면이 있다. 이러한 사회주의 국가들과 제3세계의 지속적인 주장은 1974년부터 제네바에서 개최된 '국제인도법의 재확인과 발전을 위한 외교회의' 제1회기에서 승인되었으며, 1977년 최종회기에서 민족해방전쟁을 국제적 무력분쟁으로 인정하는 제1추가의정서 제1조

---

**8)** 이병조·이중범, 국제법신강, 일조각, 2008, p.976.

**9)** ICRC, *Commentary, III Geneva Convention*, 1960, p.23.

4항이 채택되었다.

### (2) 非國際的 武力紛爭

인류역사에 있어서 비국제적 무력분쟁은 그 명칭과 형태에 관계없이 계속되어 왔지만 다양한 분쟁형태, 일정치 않은 폭력수준, 국제적 무력분쟁 및 국내적 소요긴장사태와의 구분불명확 등으로 아직 일반적인 정의는 아직 확립되어 있지 않다. 이를 고려해 볼 때 희생자 보호를 위한 인도적 제규정들이 적용되기 위한 객관적인 적용요건들을 기초로 비국제적 무력분쟁의 개념을 구체화하는 것이 현실적인 방법의 하나라고 할 수 있겠다.

비국제적 무력분쟁에는 1949년 제네바협약 공통3조와 1977년 추가의정서가 적용된다. 공통3조는 "체약국의 일영역내에서 발생하는 국제적 성질을 갖지 않는 무력분쟁(armed conflict not of an international character)에 적용된다"라고만 규정할 뿐, 그 적용기준이나 조건에 대해서는 아무런 언급도 하고 있지 않아 '국제적 성질을 갖지 않는 무력분쟁'의 개념에 대한 해석상의 문제점을 남기고 있다.

'국제적 성질을 갖지 않는 무력분쟁'의 개념은 외교회의에서 격론을 불러일으킨 문제였다. 이 표현은 관념적이고 또 막연한 것이었기 때문에 많은 대표들은 소란, 폭동 또는 단순한 도적행위 같은 것들까지 그 형태의 유무를 불문하고 무력에 의한 일체의 행위를 포함할 수도 있다는 점을 우려했었다. 그 결과 동 조를 적용하여야 할 일정한 조건을 열거하려는 시도는 성공하지 못했다.[10]

공통3조를 기초한 외교회의 특별위원회에서 표명된 의견들을 보아도 일정한 지역에 국한되고 시간적으로 제한된 폭동에는 동 조가 적용되지 않으며, 인민봉기 및 군대의 반란이 일정지역에 국한되거나 단시일 내에 끝나지 않고 타지역로 확대되고 장시간 지속될 때 비로소 동 조가 적용된다는 것에 각국대표의 견해가 일치했음을 알 수 있다.[11]

동 조에서 '국제적 성질을 갖지 않는 무력분쟁'이 명확하게 정의되지는 않았지만 그 기초과정에서의 논의에 기초해 볼 때, '무력분쟁'이라는 표현이 갖는 객관적 요소인 조직된 군대 또는 무

---

10) 대한적십자사 인도법연구소(역), 제네바협약해설 III, 1985, p.39. 하지만 토의에 부쳐졌던 각종 수정안에 포함되었던 조건들을 일람표로 만들어 놓은 주석서의 내용은 편리한 표준을 제시한 것으로 볼 수 있다. 이 일람표에 대한 자세한 내용은 Ibid., pp.39-40 참조.

11) J. Siotis, *Le droit de la guerre et les conflits armés d'un caractére non-internationl*, Librairie Générale de Droit et de Jurisprudence, 1958, p.26.

장단체간의 공공연한 군사적 대치를 의미하고, '간헐적인 폭력행위'에 의해 특징지워지는 단순한 국내적 소요 및 '대량체포'에 의해 특징지워지는 국내적 긴장은 포함되지 않고,[12] 또한 교전단체 승인이 이루어진 무력분쟁은 포함되지 않는다라는 소극적 방법으로 공통3조 분쟁의 범위에 관한 경계선을 그을 수밖에 없을 것 같다.

제2추가의정서는 노르웨이 대표가 의정서의 '심장'[13]이라고도 칭한 제1조에서 물적 적용범위를 규정하고 있다. 同條는 의정서의 인도적 규정들이 적용되는 비국제적 무력분쟁을 판단하는 기준으로 (1) 합법정부와 반란단체간의 무력분쟁일 것, (2) 책임있는 지휘관이 존재할 것, (3) 반란단체에 의한 영역의 일부에 대한 통제가 행해질 것, (4) 지속적(sustained)이고 일치된(concerted) 군사작전이 존재할 것, (5) 반란단체가 의정서를 이행할 능력이 있을 것 등의 다섯 가지를 제시하고 있다.

여기서 책임있는 지휘는 군대의 계층조직에 기초한 조직만을 의미하는 것이 아니라 구체적이고 지속적인 군사작전을 계획·수행하며 군사훈련을 시키기에 충분한 사실상의 당국이면 족하고, 통제되는 영역의 범위에 대한 기준은 규정되어 있지 않지만 통제는 반란군이 지속적이고 일치된 군사활동을 수행하고 의정서를 적용시킬 수 있을 정도로 충분해야 하며, 의정서의 이행능력은 그것이 적용되는 분쟁을 판단하는 기초적인 기준으로 반란단체가 책임있는 지휘관의 명령하에서 행동하고 영역의 일부에 대한 통제를 행사하는 경우 의정서의 이행능력이 있다는 것은 합리적으로 기대되며, 분쟁의 기간과 강도를 의미하는 '지속적' 및 '일치된' 군사작전의 평가는 객관적인 기준에 따라야 할 것이다. 하지만 실제판단에 있어서는 자의적 주관의 영향을 받기 쉽다.[14]

이처럼 제2추가의정서상의 비국제적 무력분쟁은 정규군과 조직된 무장집단(반도)간의 무력분쟁과 같은 중앙정부와 반란단체간의 무력분쟁이며(정부가 소멸되었거나 너무 약해 개입하지 못하는 일국내의 둘 또는 그 이상의 무장집단간의 무력분쟁에는 오직 공통3조만 적용), 반도들은 어느 정도 조직화된 집단적 성격을 가져야 하며 고립된 개인의 구체적이지 못한 행위는 배제된다.

---

12) F. Kalshoven, ""Guerilla" and "Terrorism" in Internal Armed Conflict", 33 *The American University Law Review*, 1983, p.67.

13) Diplomatic Conference on the Reaffirmation and Development Law Applicable in Armed Conflicts, Geneva, 1974-77(CDDH)/I/SR.23, p.13.

14) 몽고대표는 "제2추가의정서는 정부에 대한 무력적 적대행위가 상당한 정도의 영역에 대한 지속적이고 효과적인 통치를 행하는지 아닌지를 누가 결정하는지 분명하게 밝히지 않고 있다"(CDDH/I/SR.23, p.17)고 하였으며, 헝가리대표도 "국내무력분쟁의 발생으로 간주되기 위해서는 어느 정도의 기간이 경과되어야 하며 누가 이를 결정할 수 있는가?"(CDDH/I/SR.40, p.25)라고 의문을 표시했다.

**다.** 武力紛爭과의 區別 槪念 : 國內的 騷擾 및 緊張事態

제2추가의정서 제1조 2항은 '무력분쟁이 아닌 폭동, 고립되고 산발적인 폭력행위 및 기타 유사한 성질의 행위와 같은 국내적 소요 및 긴장사태'를 의정서의 적용범위로부터 제외하고 있다.[15]

그렇다면 국내적 소요 및 긴장사태는 구체적으로 어떤 상황을 의미하는가? 이를 상세하게 정의하는 것은 이들 사태의 유동성, 다양성을 감안해 볼 때 어려운 일이며 또 너무 엄격하게 정의하면 유연성을 결하게 되어 실제에 적합하지 않을 수도 있다. 그러나 국내적 소요 및 긴장사태의 정의는 국제인도법 적용의 유무와 그 범위결정 및 이러한 사태의 존부에 대한 관계국의 자의적인 판단을 배제하고 희생자의 보호를 강화하기 위한 불가결한 전제가 되므로 필요하다.[16]

일반적으로 국내적 소요 및 긴장사태는 단순한 폭동 및 지휘 또는 일치된 목표가 없는 시위, 군대 또는 무장집단에 의해 수행되는 고립되고 산발적인 폭력행위, 그들의 태도 및 정치적 신념으로 인한 대량체포를 포함하는 기타 유사한 행위들을 특징으로 한다.[17] 이들 국내적 소요 및 긴장사태는 국제인도법에 의해 규율되지는 않으며, 국내법과 국제인권법중 효력정지가 금지되는 인권법규만이 적용된다. 그럼에도 불구하고 ICRC는 그러한 사태의 희생자를 원조하기 위하여 그 역무를 제공할 수 있는 발의권을 국제적십자규약에서 부여받았다(제6조). 하지만 이러한 사태가 발생한 국가는 ICRC의 역무제의를 수락할 의무가 없으며, 따라서 ICRC의 자국내의 출입을 합법적으로 거부할 수 있다.

---

15) 이것은 동독대표에 의해 강하게 주장된 것으로(CDDH/I/SR.28; CDDH/I/ SR.29, p.30.) 국내분쟁의 최저적용요건에 관한 사회주의국가들의 제한적인 태도를 반영하고 있다. 그 목적은 비무력적인 분쟁에서의 인도적 간섭의 위험을 피하고, 특히 최저적용요건을 더 낮추는 방향으로 공통3조가 장차 발전될 가능성을 미리 차단하여 추가의정서가 최저적용요건이 더 낮은 제네바협약 공통3조로 이행되는 것을 막는 것이었다(CDDH/I/SR.29, p.5(Federal Republic of Germany); CDDG/I/SR.29, p.25(Italy)).

16) 국내적 소요 및 긴장사태에 대한 개념정의 및 이러한 사태에 있어서의 국제인도법과는 국제인권법의 적용을 통해 인권을 보호하려는 노력은 ICRC의 주요활동중의 하나였다. ICRC는 국제인도법 외교회의 준비를 위한 1971년 제1차 정부전문가회의에 제출한 보고서에서 '국내적 소요' 및 '국내적 긴장'의 개념을 정의하고 있다. 이에 대한 자세한 설명은 ICRC, "Protection and Assistance in Situations not covered by International Humanitarian Law", 262 *IRRC*, 1988, pp.12-13 참조.

17) Robert K. Goldman, "International Humanitrian Law: Americas Watch's Experience in Monitoring Internal Armed Conflicts", 9 *American University Journal of International Law and Policy*, 1993, pp.54-55.

## 3. 武力紛爭의 開始 및 效果

### 가. 武力紛爭의 開始

#### (1) 意義

무력분쟁의 개시(commencement of armed conflict)라 함은 평시국제법관계를 전시국제법관계로 전환시키는 행위를 말하며, 명시적이든 묵시적이든 타방당사국의 동의를 요하지 않는다. 그러나 국제법적 의미의 전쟁상태가 성립되려면 일방교전당사국은 타방교전당사국에게 전의를 표시하여야 한다.

#### (2) 方法

##### (가) 宣戰布告

선전포고(declaration of war)는 전쟁개시의 의사를 상대교전국에게 명시적으로 표명하는 일방적 법률행위이다. 따라서 상대교전국의 수령 또는 수락을 요하지 않으며, 선전포고와 동시 전쟁상태가 되어 적대행위를 할 수 있다.

1907년 '전쟁개시에 관한 조약'에 의하여 선전포고는 즉시 중립국에게 통고하여야 하며, 통고를 한 후가 아니면 그 중립국에 대하여 효과가 발생하지 않는다. 그러나 통고를 하지 않더라도 전쟁은 개시되며, 다만 교전국에 대하여 그 권리를 주장할 수 없을 뿐이다.

##### (나) 最後通牒

최후통첩(ultimatum)이란 최후적 요구를 상대국에게 통고함과 동시에 그 요구가 일정기간(보통 24~48시간)내에 수락되지 않을 경우에는 그것을 조건으로 그 기간이 지난 즉시 전쟁에 돌입하는 것을 명시적으로 통고하는 일방적 법률행위인 외교문서이다.

##### (다) 敵對行爲

적대행위(hostile acts)는 무력에 의한 가해행위로서 묵시적 전쟁개시방법이다. 1907년의 '전쟁개시에 관한 조약'은 적대행위에 의한 불선언전쟁을 금지하고 있지만 일반국제관습법상 허용되고 있다.

현대국제법은 전쟁의사의 존부 또는 적대행위의 성질에 따라 전쟁상태의 존부를 결정하는 것이 아니라, 무력행사의 존재에 의한 평화의 위협·파괴의 존부를 결정한다는 점에서 과거의 전쟁 개시방법인 선전포고 또는 최후통첩 대신에 전쟁의사의 표시없이 단순히 적대행위를 개시하는 국가관행이 보편화되고 있다. 왜냐하면 전쟁의사를 표시하는 행위자체가 전쟁위법화에 대한 위반을 스스로 인정하는 결과를 가져오기 때문이다.

### 나. 武力紛爭 開始의 效果

전쟁의 개시와 함께 교전당사자간에는 전쟁상태가 성립되어 전시국제법이 적용되고, 교전당사자와 제3국간에는 중립법규 또는 비교전상태가 적용된다. 전시국제법상 전쟁의 개시가 교전당사자에게 미치는 법적효과는 외교관계, 조약관계, 통상관계, 적국민관계 및 적재산관계로 나누어 볼 수 있다.

전쟁의 법적 효과는 실질적 의미의 전쟁인 비전쟁적대행위(non-war hostilities)의 경우 기술적·형식적 의미의 전쟁과 다르다 할 것이다. 이 경우에 있어 교전당사자는 무력행동의 성격에 따라 상이한 법적 효과를 부여하려 할 것이며, 결국 각 교전당사자의 태도에 따라 일정범위로 제한될 것이다.

#### (1) 外交關係

전쟁의 개시에 의해 전쟁상태가 성립되면 외교관계는 당연히 단절된다. 따라서 외교사절은 파견국으로 퇴거하며, 접수국을 떠날 때까지 일정한 기간 동안 외교적 특권면제를 향유한다. 외교공관 및 문서, 적국에 잔류하는 국민 및 재산은 통상 제3국에 의해 보호되는 바, 이를 이익보호국이라 한다. 영사관계도 개전과 동시에 당연히 단절된다. 영사의 퇴거의 자유는 국가관행에 의해 인정되어 왔으나 외교사절과 같이 관습법으로 확립된 것은 아니다.

#### (2) 條約關係

전쟁이 교전당사자간의 조약에 어떠한 법적 효과를 미치느냐에 관하여는 국제법상 확립된 법원칙이 존재하지 않는다. 그러나 전쟁의 개시로 교전당사자간의 조약이 당연히 소멸·정지되는 것은 아니며, 전쟁상태의 존재가 교전당사자간의 새로운 조약체결을 방해하는 것도 아니다. 관행상 전쟁의 조약에 대한 법적 효과는 조약내용에 따라 존속, 정지, 폐기로 구분된다.

제1, 2차 세계대전 이후에 체결된 대부분의 강화조약은 전쟁전에 체결된 조약의 효력에 관한 규정을 두어 이를 명시적으로 해결하고 있다. 양자조약은 전승국의 일정한 기간내 통고가 없으면 자동적으로 실효되고, 다자조약은 강화조약에 특별한 규정이 없는 한 강화조약의 효력발생시에 모든 조약관계가 부활되도록 하는 것이 보통이다.

### (3) 通商關係

전쟁이 통상관계에 미치는 효과에 관하여 국제법상 확립된 법원칙은 존재하고 있지 않으며, 영미주의와 대륙주의가 대립되고 있다. 영미주의는 전쟁상태에 있어 교전당사자의 국민도 개인적 적대관계에 있다는 이론에 입각하여 교전당사자의 허락이 없는 경우 적국과의 통상은 당연히 금지되는 것으로 본다.

이에 대하여 대륙주의는 적국과의 통상을 단순한 전쟁사실에 의해 불법행위가 된다고 본다. 전쟁에 의해 통상관계가 단절되는 경우 전쟁전의 교전당사자간의 계약은 이행시기가 계약의 본질적 요소인 경우 해제되며, 그렇지 않은 경우 전쟁종료시까지 이행이 정지된다.

### (4) 敵國民關係

#### (가) 退去

오늘날 현대전의 양상이 총력전으로 변함에 따라 징병연령에 도달한 적국민의 퇴거의 자유를 제한하는 것이 일반화되고 있다. 제2차 세계대전 중에도 적국민의 대부분이 억류되어 송환조약에 따라 집단적으로 귀환하였다.

적국민의 퇴거자유에 대한 관행의 변화는 억류로 인한 군사적 가치가 적은데 반하여, 전시민간인보호라는 보편적 이익을 심각하게 손상시킨다는 문제점을 제기하여 1949년 '전시민간인보호에 관한 제네바협약'은 교전당사자는 국익에 반하지 않는 한 퇴거신청의 심사 및 신청기각의 재심을 위한 신속한 법정절차가 보장되고, 퇴거가 허용된 적국민에게는 이에 필요한 금전 및 개인적 용품의 소지를 인정하여야 한다(제35조 1항). 안보적 이유를 제외하고는 퇴거신청기각의 사유 및 그 명단을 이익보호국에 통보하여야 한다(제35조 2, 3항).

또한 동 협약은 적국민의 퇴거를 위한 교통수단 및 만족할 만한 출발조건에 관한 상세한 규정을 두고 있다(제36조). 그러나 동 협약은 적국민의 대우에 관한 국제관습법을 선언한 것이 아니기 때문에 협약비당사국에는 법적 구속력이 없다.

### (나) 滯留

적국민이 체류가 빈번히 허용되고 있음에도 불구하고 교전당사자는 적국민의 체류를 허용할 의무가 없다. 체류를 인정하는 경우 대부분이 억류의 성격을 갖는 것이 보통이다. 교전당사자는 체류를 허용하면서 적대행위, 모국군대입대, 모국원조행위 또는 제한지역의 이탈금지에 관한 선언을 하도록 하고 이를 위반하면 반역으로 처벌할 수 있다. 제1차·제2차 세계대전 중 대부분의 교전당사자는 안보 또는 폭력으로부터의 보호를 위하여 적국민에 대한 일반적 억류제도를 실시하였다. 그리하여 여행 및 거주의 자유가 제한되고 격리·수용되어 감시대상이 되었다.

1949년 전시민간인보호에 관한 제네바협약은 적국민의 체류에 관하여 상세한 규정을 두고 있다. 주요한 내용으로는 인격·명예·종교·가정의 존중(제27조), 군사상의 이용금지(제29조), 정보강제의 금지(제31조), 잔학행위·고문·인질의 금지(제32조~제34조), 개인적·집단적 구호품수령의 권리(제38조), 취로기회·생활보장(제39조), 강제노역의 금지(제40조), 안보상 절대로 필요한 경우 억류·거소지정권 행사(제42조), 억류·거소지정에 대한 재심청구권(제43조) 등이 있으며, 그 밖에도 억류의 생활조건에 관한 인도적 조치를 규정하고 있다(제79조~제104조).

또한 제2차세계대전 중 본국의 국적박탈로 보호주체를 상실한 피난민이 교전당사자에 의해 적국민으로 간주되어 많은 어려움을 겪었던 경험에 비추어 국적만을 이유로 보호정부가 없는 피난민을 적국민으로 간주할 수 없도록 한 규정은 특히 주목을 요한다(제44조). 그리고 이익보호국·국제적 십자위원회에 대한 편의제공의무 등은 적국민 보호조치의 이행을 위해 중요한 의미를 갖는다.

### (5) 敵財産關係
#### (가) 一般財産

재산권의 취급문제는 적국민의 영역에 있는 경우, 적국민의 상선에 있는 경우 및 중립국의 영역내에 있는 경우에 따라 각각 달리 결정된다. 전쟁개시에 따른 적국민의 퇴거의 자유를 인정한 다수 조약의 영향으로 적국민의 재산과 채권을 몰수하거나 무효로 하지 않는다는 국가관행이 18

세기말부터 형성되었다.

그러나 이러한 관행이 어느 정도 관습법으로 규범화되었는지는 의문이다. 실제 교전당사자는 군사적 목적에 이용될 수 있는 사유재산의 퇴거를 방지할 수 있으며 적국민의 차량·기타 교통수단·통신시설을 징발하거나 사용한다. 또한 적국의 전투능력의 증가를 막기 위해 평화조약체결까지 적국민에 대한 채무지불을 정지할 수 있다.

### (나) 商船

교전당사자의 항구내에 있거나 해상에 있는 적상선은 일반재산과는 달리 전쟁목적에 이용할 가능성이 높기 때문에 몰수된다는 것이 국제관습법상의 원칙이었다. 그러나 1854년 크리미아 전쟁 이후 국제해운의 안전을 위해 몰수조치를 부과하지 않고 일정한 은혜기간을 주어 출항을 허용하는 관행이 형성되어 1907년 '개전시의 적상선의 취급에 관한 협약'이 채택되게 되었다.

동 협약은 항구내의 적상선과 해상에서의 적상선을 구별하고 있다. 전자의 경우 개전 즉시 또는 상당한 은혜기간동안 목적항으로의 출항을 허용함이 바람직하며(제1조), 출항이 허용되지 않는 경우에도 몰수가 금지된다(제2조). 후자의 경우 포획할 수 있지만 몰수할 수 없다(제3조).

그러나 동 협약은 제1차 세계대전 중 많은 당사국에 의해 준수되지 않았으며, 영국의 경우 1925년 탈퇴를 선언한 사실에 비추어 국제관습법원칙의 변화를 가져오지 못하였다고 볼 수 있다. 또한 동 협약은 국제관습을 법전화한 것이 아니므로 비당사국에게는 협약체결 이전의 관습원칙이 적용되어 적상선에 대한 은혜기간 중에도 몰수가 허용된다고 보아야 할 것이다.

### (다) 民間航空機

개전시 적국영역내에 있는 적국의 민간항공기의 법적 지위에 관하여는 아직까지 일반적 조약 또는 관습법이 존재하지 않는다. 민간항공기는 군용기와 구조상 구별이 안되며 군사용으로 쉽게 개조될 수 있다는 점에서 교전당사자에게 몰수의 자유가 인정된다는 견해가 유력하나.

1923년 공전법규는 적국의 민간항공기는 모든 상황에서 포획될 수 있다고 규정하고 있다(제52조). 해전법규를 유추적용하면 은혜기간이 부여되지 않는 경우 몰수된다고 볼 수 있다. 그러나 민간항공기에 의한 국제교통의 발전으로 보호이익이 형성되게 되면 상선과 동일하게 취급되어야 할 것이다.

제1차 세계대전 초에는 대부분의 교전당사자가 사유적산비몰수 원칙을 따랐으나, 적국의 재정 및 통상상의 영향력을 제거하기 위하여 점차로 적산에 대한 소유권박탈과 동결 등의 전시비상조치를 부과하여 사유적산비몰수의 원칙을 동요시켰다.[18]

이러한 현상은 현대전이 총력전의 양상을 띠게 됨에 따라 적국의 전투능력을 감소시키고 자국의 전투능력을 증가시키기 위해 교전당사자가 자국영역 내에서의 모든 사유적산을 이용할 권리를 갖는다는 법적 확신에 기인하는 것이다. 따라서 오늘날 적국민의 사유재산은 몰수할 수는 없지만 이를 사용·수익·처분할 수 있으며, 채무의 지불을 정지할 수 있다고 보아야 할 것이다.

제1, 2차 세계대전시에 체결된 평화조약의 대부분이 교전당사자가 동결·관리한 사유적산에 대한 구제조치를 인정한 것도 이를 뒷받침한다. 다만, 제2차 세계대전시 대 이탈리아 및 대일 평화조약에서는 이탈리아와 일본의 사유적산에 관한 전승국의 처분조치의 효력을 인정하여 침략전쟁의 경우 사유적산비몰수의 원칙에도 예외가 존재함을 인정한 바 있다.

적국의 공유재산은 부동산의 경우 몰수되지 않고 사용 및 수익할 수 있으며, 동산의 경우 전쟁수행에 사용될 수 있는 자금, 무기, 식량 및 교통수단 등은 몰수할 수 있다. 또한 채무의 경우 지불을 정지할 수 있다.

교전당사자 상선내에서 발견된 적산은 사유재산이라 할지라도 몰수가 면제되지 않는다. 해상에서의 사유재산은 육상에서와 달리 어디서든지 포획되기 때문이다. 영국의 포획심판소는 제1차 세계대전 중 영국항에 양륙하기 전에 압수되었든, 후에 압수되었든지에 관계없이 영국선박내의 적산의 몰수를 인정하였다. 또한 영국관행은 개전시 영국항의 보세창고에 유치된 적산도 해상의 적산과 동일하게 다루었다.

중립국의 영역내에 있는 교전당사자의 재산은 중립국의 공평한 보호하에 있는 것이므로 타방 교전당사자의 몰수로부터 면제된다. 그러나 일방교전당사자가 이러한 면제를 남용할 경우에는 중립의무의 위반이 발생하는 바, 중립국은 타방당사자에게 적산을 인도하여야 한다. 제2차 세계대전 중 독일 및 그 동맹국은 점령지역에서 약탈한 사유재산을 중립국에 보관한 바, 스위스 및 스웨덴 등의 중립국은 협정을 체결하여 독일재산의 몰수에 관한 국내조치를 실시하였다.

---

18) 예를 들면 영국의 1914년 대적통상법은 적산관리인을 통한 적산의 보존을 인정하였으나, 1939년 대적통상법은 적산의 사용·수익·처분에 관한 권한을 무역성에 부여하고 있다.

## 4. 休戰과 武力紛爭의 終了

### 가. 休戰

#### (1) 意義

교전당사자의 합의에 의하여 전쟁행위를 중지하는 것을 말한다. 따라서 휴전은 적대행위에 중지에 불과하지 전쟁의 종료는 아니다.

#### (2) 種類

##### (가) 停戰

정전(suspension of arms)은 교전국의 합의에 의한 부분적 전투행위의 중지를 말한다. 따라서 정전은 정치적 목적이 없으므로 교전국 지휘관도 정전협정을 체결할 수 있다.

##### (나) 全般的 休戰

전반적 휴전(general armistice)은 교전국의 합의로 전투지역 전체에 걸쳐 전투행위를 중지시키는 것을 말한다. 전반적 휴전협정은 전쟁전체에 미치는 정치적 중요성이 크므로 교전국의 정부와 군총사령관만이 체결할 수 있다.

##### (다) 部分的 休戰

부분적 휴전(partial armistice)은 특정지역에서의 전투행위의 중지를 말하며 정전과 달리 전쟁전체에 영향을 미치는 정치적 중요성과 효과를 가지므로 교전국의 군총사령관만이 체결할 수 있다.

#### (3) 終了

휴전협정에 종료기간이 정해진 것은 그 기간의 만료와 동시에, 또 해제조건이 붙은 것은 그 조건이 되는 사건의 발생과 동시에 휴전은 종료된다. 그러나 최근의 휴전협정은 휴전기간에 관한 규정이나 적대행위의 재개에 관한 규정이 포함되지 않는 것이 통상이다.

## 나. 武力紛爭의 終了

### (1) 講和條約

전쟁종료의 일반적인 방법으로서 교전국간의 명시적 합의로서 전쟁을 종료하는 것이다. 동 조약의 효력발생과 더불어 전쟁은 종전되는 것이 원칙이다.

강화조약의 체결권자는 일반조약과 마찬가지로 국가의 원수이며 그 체결절차도 일반조약과 동일하다.

### (2) 敵對行爲의 中止

교전당사국이 휴전 또는 강화조약을 체결하지 않고 사실상 모든 적대행위를 중지함으로써 전 쟁계속의 의사를 상실한 경우에도 전쟁은 종료된다.

그러나 이 방식에 의한 전쟁의 종료에는 그 종결시기가 불명확하기 때문에 교전국간의 관계 및 제3국의 중립의무 존부에 관하여 의문이 남는 경우가 있다.

### (3) 征服과 倂合

교전국의 일방이 타방의 전영토를 점령하고 그 점령한 영토를 병합하는 경우 전쟁은 종료된 다. 따라서 정복은 상대국의 국제법 주체로서의 존재를 소멸시킴으로써 전쟁상태를 종결시키는 것이라 하겠다.

### (4) 戰爭狀態 終結宣言

교전국의 일방이 공식적인 평화조약을 체결하기 전에 타방교전국에 대하여 전쟁상태가 종료 하였음을 선언하는 일방적 행위를 말한다. 그러나 전쟁상태 종결선언은 그 절차가 다양할 뿐만 아니라 동 선언이 있은 후에 평화조약을 체결하는 것이 대다수 국가의 관행이므로 일방적 선언만 으로 국제법상의 전쟁상태가 확정적으로 종료된 것으로 볼 수 있는 것인지는 의문이 있다. 전쟁 종료의 효과는 타방교전국의 합의를 추정할 수 있는 행위가 존재하여야만 발생하기 때문이다.

# 제2절  武力紛爭法規

## 1. 武力紛爭法의 發達과 一般原則

### 가. 武力紛爭法의 發達

전쟁법도 다른 국제법과 마찬가지로 조약 및 국제관습법으로 이루어진다. 19세기 후반부터 많은 관습법이 성문화되었으며 이러한 조약들은 원칙적으로 당사국만을 구속하는 것이다. 그러나 관습법을 성문화한 부분이 많으므로 이러한 부분은 비당사국도 구속하게 된다. 특히 전쟁법의 주요부분은 1899년 제1회 헤이그평화회의와 1907년 제2회 헤이그평화회의의 산물이다. 이러한 조약형태의 전쟁법규를 연대순으로 열거하면 다음과 같다.

1856년 해상포획법의 원칙에 관한 파리선언

1864년 전지군대에서의 상병자의 상태개선에 관한 제네바조약(제1차 적십자조약)

1868년 400g 이하의 작렬탄 및 소이탄의 금지에 관한 세인터 · 피터스부르그선언

1899년 제1차헤이그평화회의 제조약

① 육전의 법규관례에 관한 조약

② 적십자조약의 제원칙을 해전에 적용하는 조약

③ 담담탄의 금지선언

④ 공중으로부터의 투사물 · 폭발물의 투하의 금지선언

⑤ 독가스금지선언

1904년 병원선에 관한 조약

1906년 전지군대에서의 상병자의 상태개선에 관한 제네바조약(제2차 적십자조약)

1907년 제2차 헤이그평화회의의 제조약

① 국제분쟁의 평화적 처리에 관한 조약

② 계약상의 채무회수를 위한 병력사용의 제한에 관한 조약

③ 개전에 관한 조약

④ 육전의 법규관례에 관한 조약(1899년 조약의 개정)

⑤ 육전에서의 중립국 및 중립인의 권리의무에 관한 조약

⑥ 개전시의 적상선의 취급에 관한 조약

⑦ 상선의 군함으로의 변경에 관한 조약

⑧ 자동촉발수뢰의 부설에 관한 조약

⑨ 전시 해군력에 의한 포격에 관한 조약

⑩ 적십자조약의 원칙을 해전에 응용하는 조약

⑪ 해전에 있어서의 포획권 행사의 제한에 관한 조약

⑫ 국제포획심검소의 설치에 관한 조약

⑬ 해전에 있어서의 중립국의 권리의무에 관한 조약

1909년 해전법규에 관한 런던선언(불성립)


이상의 조약들은 제1차 세계대전전의 조약들인데, 이것들은 이른바 총가입조항(general participation clause)을 포함하고 있다. 총가입조항이란 교전국의 전체가 조약가입국이 된 전쟁에 한해서만 그 조약을 적용할 수 있다는 것을 규정한 조항이다. 이 조항으로 인하여 위의 조약들은 다수국이 참가한 전쟁에 있어서 교전국의 일국이라도 조약에 가입하지 않은 국가가 있는 경우에는 그 전쟁 전체에 효력을 발생하지 않으며 따라서 조약에 가입한 교전국 상호간에도 효력을 발생하지 않게 된다.[19]

그러나 조약의 내용이 관습법을 성문화한 경우 그 조약은 관습법으로서 적용될 것이고 또 조약의 내용이 체약국 이외의 타국에 의하여 일반적으로 적용될 것이다. 예를 들면, 1946년 뉴렌베르그 국제군사법원은 「전쟁의 법규·관례에 관한 조약」이 모든 문명국가에 의하여 전쟁의 법규·관례를 선언한 것으로 간주될 수 있다는 이유에서 체코가 비체약국이었음에도 불구하고 그 적용을 인정하였다.

제1차 세계대전 이후의 전쟁과 관련한 중요한 조약은 다음과 같다.

---

19) 총가입조항은 조약의 적용을 불가능하게 만드는 경우가 많으므로 제1차세계대전 이후의 조약에는 총가입조항을 삭제하는 경향이 두드러졌다. 특히 1949년의 제네바협약은 총가입조항을 두지 않았을 뿐만 아니라 비체약국이 협약규정을 수락하고 적용한 경우에는 이 비체약국과의 관계에 있어서도 체약국은 그 협약에 의하여 구속을 받도록 규정하고 있다(공통 제2조 3항).

1922년 잠수함 및 독가스 사용제한에 관한 워싱턴조약(프랑스의 비준거부로 불성립)

1925년 화학전 및 세균전의 금지에 관한 제네바의정서

1929년 포로의 대우에 관한 제네바조약

1930년 런던해군군축조약 제4편

제2차 세계대전 이후에 체결된 조약은 다음과 같다.

1949년 전쟁희생자의 보호에 관한 제네바협약

① 전지군대의 상병자의 상태개선에 관한 협약(제네바 제1협약)

② 해상에서의 상병자 및 난선자의 상태개선에 관한 조약(제네바 제2협약)

③ 포로의 대우에 관한 조약(제네바 제3협약)

④ 전시에 있어서의 민간인의 보호에 관한 조약(제네바 제4협약)

1954년 무력분쟁의 경우의 문화재보호에 관한 조약

1977년 1949년 8월 12일자 제네바제조약에 대한 추가 및 국제적 무력분쟁 희생자의 보호에 관한 의정서(제1추가의정서)

1977년 1949년 8월 12일자 제네바제조약에 대한 추가 및 비국제적 무력분쟁 희생자의 보호에 관한 의정서(제2추가의정서)

## 나. 武力紛爭法의 一般原則

무력분쟁을 어느 일방당사국이 타방당사국을 굴복시켜 그가 바라는 강화조건을 부과하여 본래의 주장을 관철하기 위해 무력을 행사하는 국가간의 투쟁상태로, 무력분쟁법을 무력분쟁 상태가 계속되는 동안 교전당사국간 또는 교전당사국과 비교전당사국간의 관계를 규율하는 법이라고 정의할 때 무력분쟁법이 갖는 일반원칙은 일반적으로 다음과 같이 세분할 수 있다.

첫째, 군사적 필요 원칙(The Principle of Military Necessity)이다. 교전당사국은 무력분쟁법에 의하여 금지되지 않는 한 가능한 최소한도의 시간, 인명, 물적 자원의 소비로서 적의 일부 혹은 전부의 항복을 받기 위해서 요구되는 정도와 종류의 정규 병력을 사용할 수 있다는 원칙이다.

둘째, 인도주의 원칙(The Principle of Humanity)이다. 전쟁의 목적을 위하여 필요하지 않은 종류나

정도의 무력을 사용하는, 즉 지나치게 또는 불필요하게 인명을 살해하는 원인이 되거나, 물체를 파괴하는 원인이 되거나 혹은 그것을 악화시키는 무력을 행사하거나 그와 같은 무력을 행사하는 것은 허용되지 않는다는 원칙이다. 무력분쟁법이 인도를 그 입법의 이유로 하고 있음을 볼 때 동 원칙은 현대 무력분쟁법의 핵심이 된다.

셋째, 기사도 원칙(The Principle of Chivalry)이다. 교전당사국은 불명예스러운 수단, 방법 및 행위를 금지하여 공명정대함과 상호존중으로 전쟁을 수행해야 한다는 원칙이다.

## 2. 陸戰法規

### 가. 交戰者

전쟁을 수행하는 국가의 기관으로 무력에 의한 해적수단을 행사할 수 있는 전투행위의 주체인 동시에 객체인 교전자격(facultas bellandi)을 가진 자를 말한다. 따라서 적군에게 체포된 경우 포로신분권을 향유한다.[20] 육전에 있어서 이러한 교전자(belligerents) 정규군과 비정규군으로 구분된다.

#### (1) 正規軍

정규군(regular armies)은 교전국의 국내법령에 의한 육상의 정규병력인 육군이다. 육군은 국가에서 임명된 지휘자 밑에 일정한 조직을 가지며, 동시에 외부에서 인식할 수 있는 기장을 착용한다. 누가 육군에 속하는가의 문제는 각국의 국내법상으로 결정되며, 국제법은 여기에 관여하지 않는다. 육군은 주로 전투원(combatant)과 비전투원(non-combatant)으로 구성되는데(육전법규 제3조 2항), 전투원은 직접 전투행위에 종사하는 자이며 비전투원은 병력에 속하여 회계, 서무, 위생, 통신, 종교 등에 종사하는 자이다. 전투원과 비전투원은 적군에 체포되었을 경우 전쟁범죄를 범한 경우를 제외하고 다같이 포로의 대우를 받을 권리가 있다. 그러나 정규의 병력이라 하더라도 그것을 표시하는 제복을 착용하지 않은 경우, 예컨대 便衣隊와 같은 경우에는 교전자격이 인정되지 않으며, 따라서 적군에 체포된 경우에는 포로대우를 받지 못한다.[21]

---

20) 이병조·이중범, *op. cit.*, p.995.

21) 이한기, 국제법강의, 박영사, 2006, p.741.

## (2) 非正規軍

비정규군(irregular armies)은 정규군이외의 교전당사자로서 전시에 일시적으로 군에 종사하는 비정규군을 말한다. 비정규군이 교전자로서의 자격을 가지려면 일정한 조건을 갖추어야 한다.

### (가) 民兵·義勇兵

민병(militia)은 전시에 국가가 소집하여 조직한 인민으로 구성된 병력이고, 의용병(volunteer corps)은 전시에 국가의 특별한 허가를 얻어 조직된 병력이다(육전규칙 제1조). 민병과 의용병이 교전자격을 가지려면 ㉠ 부하에 대하여 책임을 지는 지휘자가 있을 것 ㉡ 원거리에서 인식할 수 있는 고착의 특수휘장을 할 것 ㉢ 공공연히 무기를 휴대할 것 ㉣ 전쟁법규와 관례를 준수할 것(동 제1조) 등의 조건을 준수하여여 한다.

### (나) 群民兵

군민병(partisans)이란 미점령지역의 주민이 민병 또는 의용병을 조직할 시간적 여유가 없어 자발적으로 무기를 들고 적국에 대항하는 주민의 집단이다. 군민병은 ㉠ 공공연히 무기를 휴대할 것 ㉡ 전쟁법규와 관례를 준수할 경우 교전자격이 인정된다(동 제2조).[22]

### (다) 게릴라

게릴라(guerilla)는 일반적으로 적에 의하여 확보된 영토내에서 유격전을 감행하는 작은 부대의 구성원을 말한다. 종래 게릴라는 교전자격을 인정받지 못하였으나, 제2차 세계대전 후 이들의 활동이 확대되어감에 따라 교전자격 인정문제가 제기되어 제네바 제1추가의정서 제43조에서 일정한 요건하에 교전자격을 인정하게 되었다.[23]

---

22) 벨기에 회사의 생명보험에 가입했던 이탈리아의 피키나치(Piccinati) 수령이 제2차 세계대전중 유고슬라비아 빨치산의 기습사격으로 사망했다. 독일점령하에서 이 사건을 처리한 벨기에 법원은 수령의 사망은 전쟁행위에 의한 전사이므로 전쟁위해에 대한 면책약관이 포함된 생명보험계약으로 해서 보험지불을 거부했다(Smulders and Piccinati v. S.A. La Royale Belge). 그러나 이탈리아의 빨치산이 이탈리아의 한 하급관리를 그가 과거에 파시스트당에 있어 가입한 이유만으로 체포하여 사형선고 후 총살했을 때 그 피살자가 가입했었던 생명보험에도 면책조항이 있었으나, 전후에 이 문제를 다룬 이탈리아 법원은 이 처형은 전쟁행위가 아닌 살해이므로 보험을 지불해야 한다고 했다(Saporiti v. S.A. Infortuni Milano). 김정균 성재호, *op. cit.*, p.746.

23) 민병 및 의용병과 같은 민중조직의 병단에 교전자격을 인정하는 것은 점령지외에서 병단을 조직하는 경우에 한하며, 점령

즉, 전투원은 공격 또는 공격준비를 위한 군사작전에 가담할 경우, 자신을 민간주민과 구별되도록 하여야 할 의무가 있다. 그러나 적대행위의 성격으로 인하여 자신을 민간인과 구별시킬 수 없는 경우에도 ㉠ 매교전기간 중 ㉡ 공격개시전의 작전전개에 가담하는 동안 적에게 노출되는 기간중 무기를 공공연히 휴대하는 경우는 전투원의 지위를 가진다.

게릴라에 교전자격을 부여할 수 있는 조건은 적용상으로나 해석상으로 문제점이 지적되고 있다. 민간인을 보호하기 위하여 육전규칙은 비정규군에 대한 식별요건을 명시하였으나 제1추가의정서는 오히려 게릴라에 대한 식별요건을 크게 완화함으로써 전통적인 무력분쟁법상의 기본원칙에도 상반되는 결과를 가져왔을 뿐만 아니라 민간주민 보호의 강화를 의도한 제1추가의정서의 기본명제와도 정면으로 상반되는 결과를 초래하였으며(적용상의 문제점), 규정내용 중 '공격개시전의 작전전개'란 구체적으로 어떤 군사행동을 가리키는 것인지 그 개념이 명확하지 않아 해석상 새로운 혼란을 초래하는 요인이 되고 있다(해석상의 문제점).[24]

### 나. 交戰區域

교전구역(region of war)이란 교전국 병력이 상호간에 적대행위를 행하는 공간을 말한다. 교전구역이란 반드시 현실적인 전투지만을 가리키는 것은 아니다. 적대행위를 준비중이거나 행할 수 있는 교전국 영역(영토, 영수 및 영공), 공해와 무주지 및 그 상공을 교전구역이라고 총칭하는 것이 통례이다. 이 밖에 역사적, 문화적 기념물을 보호하기 위한 보호지대 또는 포로의 교환 및 상병자의 수용 등을 위하여 중립지대나 위생지대 등 해적수단의 사용으로부터 제외되는 지대를 설정할 수 있다. 대적행동이 행하여지거나 또는 그러한 행동이 추정되는 곳 그리고 교전행위에 필요한 작전기관이 실재하는 지역 등을 특히 작전지대(zone of operations)라고 부르는 구분도 있고, 전투중이거나 전투가 방금 종료한 지역만을 전장(battlefield)이라고 하는 유별도 있고, 작전지대를 다시 전투지대(combat zone)와 교통지대(communication zone)로 나누는 예도 있고, 교전구역과 작전지대를 사실상 구분하지 않는 예도 있다.[25]

---

지내에서는 점령군에 대한 저항운동은 그 형태 여하를 불문하고 전시반역으로서 처벌되었다. 그러나 제2차 대전시 점령지역내의 게릴라(guerrillas) 활동이 중요한 역할을 행하였던 경험에 의하여 일정한 조건을 구비하는 경우 교전자격이 인정되었다. 이한기, *op. cit.*, pp.741-742.

24) 이병조·이중범, *op. cit.*, p.997-998.
25) 김정균·성재호, *op. cit.*, pp.746-747.

교전구역은 원칙적으로 중립국 영역을 제외한 모든 부분이다. 따라서 교전국의 영역, 공해 및 공공, 무주지 등은 당연히 교전구역으로 된다. 공동영유지(condominium), 조차지 및 신탁통치지역 등도 거기에서 통치권을 행사하는 국가가 교전국이 된 경우에는 역시 교전구역이 된다고 보아야 한다. 이상과 같이 중립국의 영역은 교전구역으로 되지 않는 결과, 중립국 영역으로부터 공격을 행하거나 또는 중립국 영역내에 있는 적을 공격하는 것은 허용되지 않는다. 그러나 다음과 같은 예외가 인정된다. 첫째, 중립국이 자기의 영역의 전부 또는 일부를 어느 교전국의 군사적 사용에 제공한 경우, 예컨대 중립국의 영역내에 교전국의 군사기지가 인정된 경우(한·미 상호방위조약 제4조)에는 교전국의 군사적 사용이 인정된 범위 내에서 중립국 영역도 교전구역이 된다. 둘째, 교전국의 일방이 중립국의 허가없이 중립국 영역을 군사적으로 사용하고 중립국이 이것을 배제할 능력을 갖지 않은 경우에도 중립국 영역은 교전구역이 된다. 반대로 공해 또는 교전국 영역이라 할지라도 그것을 중립화하는 조약이 있고, 교전국의 전부가 그 조약에 참가한 경우에는 이것을 교전구역으로 하지 못한다.[26]

## 다. 害敵手段

### (1) 사람에 대한 殺傷

무력분쟁에서 공격하거나 살상할 수 있는 것은 적의 전투원이다. 그러나 적 전투원이라 할지라도 무제한적으로 공격 도는 살상이 허용되는 것은 아니다. 이미 저항권을 상실하고 항복하는 자, 상병자 및 포로 등을 살상해서는 안되고 필요한 대우를 해야 하며(육전법규 제23조 1항), 인도적, 종교적 및 위생적 임무에 종사하는 기관 및 인원은 그 시설과 함께 특별히 존중된다(제네바 제1협약 제12조 및 제3협약 제33조).[27]

또한 적국의 권력내에 있는 자, 투항의 의도를 명백히 표시한 자 및 부상이나 질병으로 인하여 의식불명이 되었거나 또는 다른 상태로 무능화되어 자위능력이 없는 자인 전투능력상실자로 인정된 자(1977년 제1추가의정서 제42조 1항)는 공격의 대상이 되지 않지만 비록 전투능력상실자라 하더라도 적대적 행동을 중지하고 도주하려는 자는 공격의 대상이 된다(제1추가의정서 제42조 2항).

---

26) 이한기, op. cit., pp.746-747.

27) 비록 인도적, 종교적 및 위생적 임무에 종사하는 자 및 기관이 존중되기는 하나, 그들의 활동이 군사작전의 직접적 수행을 목적으로 한 것일 때에는 이를 억제하기 위하여 적절한 가해를 가할 수 있다.

그리고 민간주민은 공격의 대상이 되지 않으며, 통행권(pass)에 의한 작전지대내의 안전통행, 안도권(safe-conduct)에 의한 일정장소의 통행이 허가되거나 호위(safe guard)에 의한 특별보호가 부여된 모든 개인은 가해할 수 없다. 그러나 민간주민이라 할지라도 적대행위를 행한 경우 체포되면 포로가 아닌 전범으로 인정된다.

이처럼 무력분쟁법은 교전자와 평화적인 사람을 구별하고 평화적인 사람에 대해 가해를 금지하는 것이 법의 치지이나, 현실에 있어서는 전쟁이란 국가간의 전쟁이 아니라 국민 대 국민(Volk gegen Volk)간의 전쟁으로 변모해서 전후방 국민이 총력적으로 전쟁수행에 공헌하는 관계상 가해수단의 인적대상도 넓어지고 있어 인적 가해범위를 좁히려는 인도적 관념은 많은 시련을 안고 있다.[28]

### (2) 都市 및 村落에 대한 攻擊

무방수의 도시·촌락·주택·건물은 어떠한 수단으로도 공격할 수 없다(육전법규 제25조). 방수된 지역은 군사목표물 뿐만 아니라 주민 및 민가 등을 모두 포함시켜 그 지역전체에 대한 공격이 가능하다. 단, 공격자는 예고조치 및 특수건물, 즉 종교·예기·학술 및 자선용에 제공된 건물, 역사상의 기념건조물, 병원 및 상병자의 수용소는 그것이 동시에 군사상의 목적에 사용되지 않는 한, 될 수 있으면 존중되도록 모든 수단을 강구하여야 한다.

### (3) 禁止된 武器

어떠한 무력충돌의 경우라도 당사국의 해적수단 선택권은 무제한적이지 않으며, 과도한 상해 또는 불필요한 고통을 야기하는 성질의 무기발사체(육전법규 제23조) 및 전투물자와 방법, 자연환경에 대하여 광범위하고 장기적으로 극심한 손상을 줄 전투수단은 금지된다.

금지된 무기에는 ㉠ 400그램 이하의 작렬탄 및 소이탄(1868년의 St. Petersburg 선언) ㉡ 덤덤탄 (1899년 헤이그선언) ㉢ 독 또는 독을 가공한 병기(육전법규 제23조제 1호) ㉣ 독가스 및 세균무기(1925년 제네바의정서) ㉤ 핵무기 등이 있다.

---

28) 김정균·성재호, *op. cit.*, p.748.

### (4) 背信行爲 및 奇計

배신행위(perfidy)는 국제법상 금지된 행위 및 명시적·묵시적 약속에 반하는 행위를 군사작전상 이용해서 적을 착오에 빠뜨리는 행위를 말하며 이는 국제법상 위법행위가 된다(육전법규 제23조 1항). 예를 들면 휴전이나 항복을 가장하여 공격하는 행위, 교전자가 민간인 복장을 하고서 공격하는 행위, 적 또는 중립국의 군복을 착용하고 전투하는 행위, 국기·군기·기타 국제적으로 승인된 휘장의 부정한 사용 등은 배신행위로서 금지된다.

기계(ruse of war)란 교전자가 군사작전상의 이익을 얻기 위하여 적을 착오에 빠지게 할 목적의 모든 행위를 말한다. 이는 전술의 일종으로서 합법한 해적수단이다(동 제24조). 예를 들면 기습공격, 복병의 매복, 가상부대와의 교신행위, 허위정보의 유포, 적신호의 역이용 등은 적법한 기계가 된다.

### 라. 占領

#### (1) 槪念

점령(occupation)은 일반적으로 전시에 일방교전국군대가 타방교전국 영역의 일부 또는 전부를 사실상 군의 지배하에 두는 것(동 제42조 1항)으로 점령군의 권력이 현실적으로 확립되고 행사되는 지역에만 그 효과가 미친다.

점령은 타방교전당사국의 영역을 사실상 지배하는 것이므로 일시적인 군대통과를 의미하는 침입과는 구별되며 또한 잠정적 지배에 불과하므로 일반국제법상 영토취득의 효과를 가져오는 정복과도 구별된다.

#### (2) 類型

##### (가) 戰時占領·平時占領·混合占領

전시점령(belligerent occupation)은 전쟁 중에 적의 領土를 점령하는 것이며, 평시점령(pacific occupation)은 평시에 조약의 이행을 보장하기 위하여 또는 복구 또는 간섭의 수단으로서 행하는 점령이고, 혼합점령(Mischbesetzung)은 휴전 후 국제법상의 전쟁이 종료되기 이전의 단계에서 당사국 간의 합의에 의하여 행하는 점령이다.

### (나) 敵對的 占領 · 友好的 占領

적대적 점령은 전쟁수행 중 또는 항복후의 적군을 군사적으로 점령하는 것이며, 우호적 점령은 군사적 필요 또는 적국으로부터의 해방을 목적으로 상대국의 동의하에서 중립국이나 동맹국, 혹은 기타의 우호국을 점령하는 것이다.

### (다) 保障占領 · 保護占領

보장점령은 휴전조약 또는 강화조약의 이행을 보장하기 위한 점령이고, 보호점령은 피점령지역의 보호를 목적으로 하는 점령이다.

### (3) 始期 및 終期

점령의 시기는 일반적으로 침입과 일치한다. 육전법규에 의하면 특정지역이 사실상 적군의 세력하에 들어갈 때에 점령된 것으로 본다(동 제42조). 점령은 점령군의 철수, 적군에 의한 점령군의 축출, 정복 및 전쟁상태의 종료 등에 의해 종료된다.

### (4) 效果

점령국은 점령군의 안전, 점령지의 질서유지 등을 위하여 통치권을 행사할 수 있다. 즉, 점령군은 점령지에 적용될 군법을 포고할 수 있으며 군사법원을 설치하여 점령지 주민을 재판할 수 있다.

## 3. 空戰法規[29]

### 가. 交戰者

공전에 있어서는 군용항공기가 전투단위가 되며, 따라서 교전자가 된다(공전법규안 제13조). 군

---

[29] 제1차 세계대전시 처음으로 대규모의 공전이 전개된 이래 공전법규를 정비할 필요를 통감하여 1922년 워싱턴 군비제한회의에서 '전시법규의 개정을 심의하는 법률가위원회에 관한 결의'가 채택되었다. 이 결의에 의거하여 같은 해 헤이그에서 프랑스, 영국, 미국, 이탈리아, 일본 및 네덜란드가 참여한 위원회가 개최되고, 그 결과 1923년 2월에 공전법규안(Code of Rules of Aerial Warfare)이 작성됨에 이르렀다. 이 공전법규안은 비준되지 않아 조약으로서 성립을 보지 못하였으며, 또한 1919년의 국제항공규약을 보충코자 한 것에 불과하다. 그러나 공전에 관한 혼합적 규칙으로서 그 권위는 각국에 의하여 인정되고 있으며, 이것을 각국 해당부대의 행동규범으로 채택한 국가도 있다. 이한기, *op. cit.*, p.790.

용항공기는 국가로부터 정식으로 임명되거나 또는 군무에 편입된 자의 지휘가 있어야 하며, 그 승무원은 군인이어야 한다(동 제14조). 군용항공기는 그 국적 및 군사적 성질을 표시하는 외부표지를 제시해야 하는데(동 제3조), 그 표지는 될 수 있는 대로 크고 위, 아래 및 옆에서도 볼 수 있는 것이어야 하며, 항공중에 변경할 수 없는 고착된 것이라야 한다(동 제7조). 또 이 표지는 타국에 통고되어야 하며, 개전시 또는 전쟁중에 변경할 경우 가급적 빠른 시간내에 그리고 늦어도 자국의 전투부대에 통지할 때까지는 이를 모든 국가에게 통지하여야 한다(동 제8조).

군용항공기의 승무원은 항공기에서 분리되는 경우에 원거리에서 인식할 수 있는 고착된 특수휘장을 부착하여야 한다(동 제15조). 허위의 외부표시를 사용할 수 없으며(동 제19조), 허위표시의 사용은 배신행위로서 전쟁범죄를 구성한다.

비군용항공기는 적대행위에 종사하지 못하지만(동 제16조),[30] 공항공기나 사항공기를 불문하고 군용항공기로 변경될 수 있으며, 이 경우 당연히 교전자격을 갖는다. 이 변경은 자국의 관할내에서만 가능하고 공해상에서는 할 수 없다(동 제9조).

### 나. 空戰區域

공전구역은 일반적으로 육전 및 해전의 구역과 같다. 모든 항공기는 중립국의 것이든 교전국의 것이든 불문하고 공해에서는 공중의 통과 및 착수에 완전한 자유를 갖는다(동 제11조). 평시 다수의 국가가 외국항공기의 자국 영공비행을 허용하는 조약상의 의무를 지고 있는 것이 보통이나, 전시에는 중립국, 교전국을 막론하고 일체의 국가는 자국 영역내에의 항공기의 출입, 이동 및 체재를 금지할 수 있다(동 제12조).[31]

### 다. 害敵手段

#### (1) 航空機에 대한 攻擊

군용항공기는 교전자인 동시에 지상·해상 및 공중으로부터 공격대상이 된다. 그러나 군용항공기라도 전투능력을 상실한 항공기, 상병자나 포로를 수송하는 항공기, 항복신호를 보내는 항공

---

30) 따라서 적대행위(교전자의 즉시 사용을 위한 군사정보의 항공중의 전달 포함)에 종사하는 비군용항공기를 공격할 수 있으며, 그 승무원은 전쟁법규 위반으로 처벌된다. 이 경우 적대행위는 항공중에 행한 것에 한정된다.

31) 이한기, op. cit., pp.752.

기 등은 공격할 수 없다.

그리고 항공기가 행동의 자유를 상실하고 항공기에 있던 자가 피난하기 위하여 낙하산으로 하강중일 때는 공격할 수 없다(동 제20조). 이러한 자는 저항력을 상실한 자이므로 하강중에 이에 대하여 공격하는 것은 불필요하기 때문이다. 그러나 그 항공기의 위치가 하강자의 소속국 또는 그 점령지의 상공인 경우에 그는 하강후에 안전하게 자기 소속군에 복귀할 수 있으므로 이 때에는 하강중이라도 공격할 수 있다고 보아야 할 것이다.[32]

비군용항공기는 직접 공격의 대상이 되지는 않으나, 자국관할내를 비행하는 경우 적군용항공기가 접근하여 올 때 가장 가까운 적당한 장소에 착륙하지 않는 한 공격을 받는다(동 제33조). 그리고 또 적의 관할내, 적관할의 직근지역으로서 자국관할외 또는 육상이나 해상에 있어서의 적의 군사행동의 직근구역을 비행하는 경우에는 공격을 받는다(동 제34조).

### (2) 目標物에 대한 攻擊

공전법규는 교전자에게 군사적 이익을 줄 수 있는 목표만을 공격할 수 있다는 군사목표주의를 채택하고 있다(동 제24조). 따라서 종교, 기예, 학술, 자선의 목적에 사용되는 건물, 역사상의 기념건조물, 병원선, 병원 및 상병자의 수용소 등은 군사상의 목적에 사용되지 않는 한 공격대상이 되지 않는다.

### (3) 禁止된 武器

육전에서 금지된 무기는 공전에서도 금지되는 것이 원칙이다. 그러나 항공기에 의한 또는 항공기에 대한 예광탄(tracer bullets), 소이탄(incendiary bullets)이나 폭발성이 있는 투사물을 사용하는 것은 금지되지 않는다.

핵무기는 명문으로 금지되고 있지는 않지만 불필요한 고통을 주고 비전투원에 대한 무차별살상 효과를 갖기 때문에 국제법상 그 사용이 금지된다고 보아야 할 것이다.

---

32) 박관숙·최은범, 국제법, 문원사, 1998, p.375.

## 4. 海戰法規

### 가. 交戰者

해전에서는 군함이 전투단위이며 교전자이다. 군함이란 일국의 군에 속하며, 그 국가의 군함임을 나타내는 외부표시를 가지고 정부에 의해 정당히 임명되고 그 성명이 군적부에 기재되어 있는 장교의 지휘하에 있으며, 정규군규율에 복종하는 승무원이 배치되어 있는 선박을 말한다(유엔해양법협약 제29조). 군함의 승무원은 함내에 있는 한 반드시 개별적인 표시를 하지 않더라도 교전자로 인정되어 적에 체포되었을 경우 포로의 대우를 받는다.

상선은 군함으로 변경되면 교전자격이 인정되며 그 승무원의 지위는 군함 승무원의 지위와 동일하다.

### 나. 害敵手段 및 方法

#### (1) 艦船 및 海岸에 대한 攻擊

##### (가) 艦船에 대한 攻擊

군함·공선은 교전국의 영해 또는 공해상에서 경고없이 공격할 수 있으나, 학술, 종교 또는 박애의 임무에 종사하거나 병원선, 포로교환선 및 군사선에 대해서는 공격이 금지된다.

사선은 교전자가 아니므로 공격대상이 될 수 없으나, 정당한 신호에 의한 정선 및 임검을 거절하거나 선제적대행위 등을 하는 사선은 공격의 대상이 된다. 또 상선이 군함으로 변경되면 교전자격이 인정된다.

##### (나) 海岸에 대한 攻擊

1907년의 '전시 해군력에 의한 포격에 관한 조약'은 방수지역에 대한 포격에 있어서는 무차별포격이 인정되나 무방수지역에 대한 포격은 금지된다고 규정하고 있다(제1조). 그러나 방수지역에 대한 공격의 경우도 종교·기예·학술 및 상병자의 수용소 등은 공격대상에서 제외되므로 이러한 건물을 알기 쉽게 표시를 해야 할 의무가 있다(제5조).

무방수지역이라 할지라도 군사상의 공작물, 군용건물, 육·해군 건물, 무기 또는 군용목재의 저장소, 적의 함대 또는 군대의 사용에 공여되는 공작물 또는 시설, 항구내의 군함 등 군사적 목표물은 포격할 수 있다(제2조).

### (2) 미사일 및 其他 發射體

미사일 및 초수평선(Over The Horizon : OTH) 능력을 갖는 발사체는 목표물 구별원칙에 따라 사용되어야 한다. 통상적으로 '발사후 망각 모드'(fire and forget weapon)와 같은 특징을 갖는 미사일과 같은 전투수단은 일단 발사될 경우 그 비행속도가 매우 빠르기 때문에 지휘관이 판단을 재고할 여유가 없다. 또한 표적을 빗나간 미사일은 해전구역내의 군사목표가 아닌 다른 선박을 추적하기도 한다.

따라서 미사일 및 기타 발사체는 그 사용시 구별원칙과 공격시의 예방조치에 관한 의무를 확실하게 준수하여야 한다. 이러한 제한을 위반하거나 무시한 공격은 불법적인 것으로 금지된다. 그러므로 지휘관은 초수평선 및 초시계(Beyond Visual Range : BVR) 능력을 갖고 있는 미사일이나 발사체의 발사를 결정할 때에 부수적 손해에 대한 중점적인 고려를 포함해서 목표구별의 기본적 원칙과 공격시의 예방조치를 특히 중시해야 한다. 하지만 초수평선 또는 초시계 유도시스템에 의한 미사일과 발사체도 만약 표적구별을 보장하는데 충분한 센서를 갖추고 있거나 외부적인 표적데이타 자료와 결합되어 운용된다면 합법적이다.

다음으로 어뢰는 항주를 끝냈을 때 가라앉지 않거나 무해한 것으로 변하지 않는 것은 사용이 금지된다. 어뢰를 사용할 경우 오로지 군사목표물만이 피해를 입고 다른 선박이나 비군사목표물은 피해를 입지 않도록 보장하기 위하여 해상 무력분쟁에 적용되는 일반원칙이 준수되어야 한다. 1907년 헤이그 제8조약(자동촉발기뢰의 부설에 관한 협약)의 어뢰에 관한 규정(제1조 3항)도 이를 규정하고 있다. 동 규정은 오늘날 일반적으로 국제관습법의 일부로 받아들여지고 있다.[33] 이러한 요건이 없으면 어뢰는 항주를 끝낸 후 부유기뢰처럼 수중에 정지하는 것이 합리적이라고 추정될 수도 있는 바, 그러한 어뢰는 공격이 면제되는 선박에 위협이 되기 때문에 금지되어야 한다.

### (3) 機雷
#### (가) 機雷의 使用

기뢰란 선박에 손해를 가하거나 격침시킬 의도를 갖는 또는 어떤 해역에 선박이 진입하는 것

---

33) D. Fleck(ed.), *Handbook of Humanitarian Law in Armed conflicts*, Oxford University Press, 1995, p.458.

을 저지할 의도를 갖고 해중, 해저 또는 그 지하에 부설되는 폭발장치로서 적이 일정구역을 사용하는 것을 거부하기 위해서 즐겨 사용되는 수단이다. 그러한 거부는 여러 가지 방법으로 달성될 수 있는 바, 그 구역에 기뢰를 부설하지 않았으면서도 기뢰를 부설하였다고 적국에 허위정보를 알리거나 또는 실제 기뢰원의 존재를 통고하는 것도 포함된다.[34]

기뢰는 군사목적상 일반적으로 ① 적이 교전국 영역(연안수역, 해안, 투묘지 및 기타)에 출입하는 것을 저지하기 위하여 통상 사용되는 기뢰 수세적 부설 ② 선박의 교통로를 방호하기 위하여 사용되는 기뢰의 부설. 특히 적잠수함이나 수상함이 교전국 연안외측의 일정한 수역을 사용하는 것을 저지하기 위한 방호적 부설 ③ 적국이 지배하는 수역이나 적국의 해상교통로에 불가결한 투묘지에 부설하는 공세적 부설 등으로 사용된다.[35]

러일전쟁(1904~1905)에서의 기뢰의 광범위한 사용과 전쟁 중에 부설된 기뢰가 전쟁종료 후 상선 등에 대하여 막대한 피해를 야기하자 기뢰문제는 1907년 제2차 헤이그 평화회의의 주요의제에 포함되었는 바,[36] 그 결과 기뢰의 사용 및 제한은 '자동촉발해저기뢰의 부설에 관한 헤이그 제8협약'(헤이그 제8협약)에 자세하게 규정되게 되었다. 하지만 동 회의에서 중립선박을 보호하기 위해서는 기뢰의 사용이 규제되어야 한다는 주장이 제기되자 영국은 계류되지 않은 자동촉발기뢰의 사용과 무역봉쇄를 위한 기뢰의 사용을 금지하자고 제안하였으며, 이러한 영국의 제안에 대해 독일을 비롯한 몇몇 국가들이 반대하자 헤이그 제8협약은 양측의 입장을 일부 수용하여 절충안을 채택되었다.[37] 동 협약에 따르면 부설자의 관리를 벗어난 후 적어도 1시간 이내에 무해한 것으로 되지 않는 무계류 자동촉발기뢰, 계류를 벗어난 후 즉시 무해한 것으로 되지 않는 계류 자동촉발기뢰 및 명중되지 않을 경우 무해한 것으로 되지 않는 어형기뢰는 사용이 금지되며, 또한 상업상의 항행을 차단할 목적으로서 적의 연안 및 항구전면에 자동촉발기뢰를 부설할 수 없다(헤이그 제8협약 제1~2조).

제1차 걸프전에서의 교전국 관행은 동 협약의 규정들이 현대 해전에 있어서도 계속해서 유용하나는 사실을 여실히 보여주있는 바, 동 협약이 그 기초시에 기뢰를 전면직으로 금지하지 못하

34) L. Doswald-Beck(ed.), *San Remo Manual on International Law applicable to Armed Conflicts at Sea*, Cambridge University Press, 1995, p.169.
35) *Ibid.*, p.170.
36) D. Fleck(ed.), *op. cit.*, p.442.
37) 해군본부, 전쟁법규집, 1988, p.99.

고 특별히 한 범주의 기뢰(자동촉발기뢰)만을 금지시키고 있는 것은 유감으로써 동 협약의 큰 결점이다.[38]

### (나) 機雷使用의 制限

기뢰는 적에 대한 해상거부를 포함한 정당한 군사목적에 대해서만 사용되어야 하는데, 기뢰를 정당한 군사목적에 한정해서 사용해야 한다는 이러한 의무는 국제인도법의 기본원칙으로부터 논리적으로 도출된다. 해상무력분쟁에 있어서 기뢰는 그 사용이 엄격하게 제한되고 있다. 그것은 그 성질상 공해상에 부유하여 중립국 선박의 공해에 있어서의 항해의 안전을 해할 가능성이 크기 때문이다.

따라서 공해에서의 무차별적인 기뢰부설의 위법성을 명확히 규정하기 위해서는 구역거부(Area Denial)를 위한 기뢰 사용의 합법성이 명시적으로 언급되어야 하며, 적국의 해역사용을 거부하기 위한 기뢰부설은 다음의 제한사항들이 준수되지 않으면 위법이다.

첫째, 분쟁당사국은 만약 분리되거나 통제가 상실된 경우 유효하게 무력화되지 않는다면 기뢰를 부설해서는 안된다. 부유기뢰는 ① 군사목표물에 대한 사용 ② 통제를 상실한 후 1시간 이내에 무력화되는 경우 이외에는 사용이 금지된다. '통제를 상실한'이라는 어구는 기뢰가 투하되는 순간을 의미한다.[39]

둘째, 폭발할 수 있는 상태로 기뢰를 부설하거나 사전에 부설된 기뢰를 폭발할 수 있는 상태로 하는 경우, 만약 그 기뢰가 군사목표물인 선박에 대해서만 폭발할 수 있는 것이 아니라면 통지되어야 한다.[40]

셋째, 교전당사국은 부설한 기뢰의 위치를 기록해 두어야 한다. 기뢰가 부설된 위치를 기록해야 할 의무는 한편으로는 국제항로를 항행하는 선박에 폭발가능한 상태로 부설된 기뢰를 통고해야 할 의무에서 당연히 도출되는 것이며, 다른 한편으로는 기뢰를 적절한 감시하에 두고 필요하

---

38) 헤이그 제8협약의 결점에 대한 자세한 설명은 N. Ronzitti(ed.), *The Law of Naval Warfare*, Maitinus Nijhoff Publishers, 1988, pp.140-141 참조.

39) 헤이그 제8협약 제3조 참조. 동조는 다음과 같이 규정하고 있다; "계류자동촉발수뢰를 사용할 때에는 평화적 항해를 안전케 하기 위하여 모든 가능한 예방수단을 취하여야 하며, 일정기간 경과 후에는 무해하게 하는 장치를 설치하여야 한다".

40) 통지의무는 국제적인 선박수송을 위해 마련된 통상의 경로 즉, '수로통보'(Notice to Mariners)에 의한 공표와, 국제해사기구에의 전달을 통한 통지로 충족될 수 있을 것이다. 이러한 공표방식은 필요한 정보를 전달하는 현대의 효과적인 수단으로 간주된다. 어떤 상황에서는 외교경로를 통한 모든 국가에 대한 통지가 적절할 수도 있을 것이다.

면 적대행위의 종료시에 제거할 수 있도록 하기 위해서이다

넷째, 봉쇄규칙에 근거한 중립국 선박의 보호와 같이 중립국 선박을 효과적으로 보호하기 위한 규칙은 필요하다. 교전당사국은 내수, 영해 또는 군도수역내 최초 기뢰부설시 중립국 선박의 자유통과를 보장하여야 한다. 이는 기뢰부설과 관련하여 새로운 것이기는 하지만 이미 관습법상의 의무로 발전되어 있다고 간주되고 있다. 항만뿐만 아니라 영해와 군도수역에까지 이러한 의무를 확장한 것은 교전국이 존중하지 않으면 안되는 공격시의 예방조치로부터의 논리적 귀결이다.

다섯째, 교전당사국은 중립국 수역에 기뢰를 부설할 수 없다. 중립국 수역에의 적대행위의 하나인 기뢰부설은 '해전에서 중립국 권리의무에 관한 헤이그 제13조약' 제2조에 이미 금지되어 있다. 이러한 제한이 중립국으로 하여금 자국 수역에 기뢰를 부설할 수 있는 권리를 손상시키는 것은 아니지만 해양법협약은 그러한 기뢰부설이 다른 중립국들과 공평의무를 준수하는 교전국에 의한 무해통항에 관련되는 수역을 영구적으로 폐쇄하는 효과를 갖는 것이어서는 안 된다는 것을 시사하고 있다(유엔해양법협약 제25조 3항 참조).

여섯째, 기뢰부설은 중립국 수역과 국제수역간의 통항을 방해하는 실질적인 효과를 가져서는 안된다. 이러한 의무는 중립국의 이익에 대하여 부당한 개입을 하여서는 안된다고 하는 일반적 의무로부터 추론할 수 있다.

일곱째, 부설국은 특히 중립국 선박에 안전한 대체항로를 제공함으로써 공해의 합법적인 사용에 타당한 고려를 해야 한다. 교전국의 '타당한 고려' 의무 규정은 평화적인 항해, 특히 중립국 선박의 이익보호를 보증하기 위해서 교전국이 실시하지 않으면 안되는 조치들과 관련하여 평가하여야 할 여지를 남기고 있다. 안전한 대체항로의 제공은 교전국이 평화적인 항해를 보호하기 위해서 선택할 수 있는 방법의 하나에 불과하다. 그러한 유효한 방법은 피해를 입지 않고 기뢰원을 항행하기 위해서 도선이나 호위 역무를 제공하는 것이다.

여덟째, 국제해협에서의 통과통항 및 군도항로대통항권이 적용되는 수역에서의 통항은 안전하고 편리한 대체항로가 제공되지 않으면 방해되어서는 안된다. 통과통항과 군도항로대통항에 관한 새로운 제도는 해협과 항로대에의 기뢰부설을 위법적인 것으로 하지는 않지만 국제해협과 군도항로대의 중요성을 생각하면 교전국은 이들 수역에 무제한적으로 기뢰를 부설할 수 없다.

아홉째, 분쟁당사국들은 상호간 또는 적당한 경우 제3국 및 국제기구간에 기뢰원을 제거하거나 또는 다른 방법으로 무력화하기 위해 필요한 적절한 정보의 제공 및 기술적, 물질적 지원에 관

한 합의에 도달하도록 노력하지 않으면 안된다.[41]

열째, 적대행위가 종료된 후 분쟁당사국은 그들이 부설한 기뢰를 제거하거나 무력화하기 위해 최선을 다해야 한다. 적국의 영해에 부설한 기뢰에 대해 각 당사국은 그 위치를 통고하여 최단기한내에 제거할 수 있게 하거나 다른 방법으로 그 영해를 항행에 안전한 곳으로 하지 않으면 안된다.

### (4) 奇計 및 背信行爲

#### (가) 奇計

기계(ruse of war)란 전쟁 중 교전자가 진실되게 행동할 의무가 없는 경우에 군사 작전상의 이익을 얻기 위하여 적을 착오에 빠트릴 목적아래 고의적으로 사용하는 술책을 말한다. 이는 군인이 교전자의 자격으로 적정 및 지형을 탐지하는 정찰과 함께 전술의 일종으로서 합법적인 전투수단이다(헤이그 육전규칙 제24조).

이에 해당되는 중요한 것으로는 복병, 위장공격 및 퇴각, 허위정보의 유포, 적의 간첩을 매수하여 허위보고케 하는 행위 등을 들 수 있다. 1977년 제1추가의정서 제37조 1항은 위장, 유인물, 양동작전 및 허위정보의 사용을 기계의 예로 들고 있다.[42]

해상에서의 기만은 해군 역사에서 가장 특징적인 전투방법의 하나이다. 군함은 자기를 위장할 권리가 있기 때문에 원할 경우 전투행위 중이 아니면 타국의 국기를 게양할 수 있다. 교전국의 군함이 목적물에 접근하기 위하여 또는 그것으로부터 이탈하기 위하여 중립국 또는 적국의 국기를 게양하는 것은 기계행위로서 합법적인 것으로 인정된다. 그러나 공격개시, 임검, 수색, 나포 등을 행할 경우에는 반드시 자국의 국기를 게양해야 한다.

이러한 관행은 평화적인 항행에 현저한 부정적 영향을 미친다. 만약 평화적인 항행을 절대적으로 보호하고자 한다면 해상무력분쟁시 기만은 전면적으로 금지되어야 한다. 그러나 일반적인

---

**41)** 기뢰원의 소해 및 무해화에 관한 의무의 중요성을 과소평가하면 안된다. 제2차 세계대전중에 사용된 기뢰가 지금도 북해에서 간헐적으로 발견되고 있어 평시의 합법적인 권리행사를 위협하고 있다. 육전에 있어서의 지뢰제거 문제는 지금까지 무력분쟁국의 경제발전을 현저히 위협하고 있다. 그러나 교전국이 적대관계의 종료직후에 부설한 기뢰를 제거하거나 또는 다른 방법으로 무해한 것으로 하기 위한 협력에 합의할 수 있을지는 의문이다.

**42)** ICRC Commentary to Additional Protocol Ⅰ, Commentary on the Additional Protocols of 8 June 1977 to the Geneva Conventions of August 1949, pp.440ff 참조.

해상 무력분쟁법이 교전자의 위장조치를 전면적으로 금지하고 있지 않기 때문에 그러한 전면금지는 가능하지 않을 것이다. 또한 오늘날 군함은 전자파를 중지하는 등 각종 수단을 사용하여 적의 탐지로부터 벗어나기 위한 여러 조치를 취할 능력을 갖추고 있다.

그러나 기계는 평화적인 항행을 위협하는 한 요인이 되는 것은 분명하므로 일정한 제한은 피할 수 없다. 일반적으로 전투원은 민간주민으로부터 자기를 구별할 것이 요구되며, 이 규칙으로부터 일탈하는 것은 매우 특수한 상황에서만 가능하다. 따라서 군함 및 그 보조선박(군용기 및 보조항공기 포함)은 적의 공격으로부터 면제되는 지위, 민간인의 지위 또는 중립국의 지위를 가장할 수 없다. 구체적으로 군함 및 보조선박은 위장기(false flag)를 게양한 채 공격하거나 (a)병원선, 연안구조용 소형 선박 및 의료수송선 (b)인도적 임무의 선박 (c)민간여객을 수송하는 여객선 (d)국제연합기에 의해 보호되는 선박 (e)카르텔 선박을 포함한 당사자간 사전의 합의에 의해 안전통항권이 보증된 선박 (f)적십자 또는 적신월 표장에 의해 확인될 수 있는 선박 (g)특별보호하에 있는 문화재를 수송하는 선박의 지위를 적극적으로 가장하는 것은 금지된다.

이러한 기계의 실례로 제1차 세계대전중 독일 함정 엠던(S.S. Emden)호는 일본의 국기를 걸고 말레이(Malay)의 페낭(Penang)항에 들어가 정박중인 러시아 함정 젬슈그(S.S.Zhemshug)호에 돌진, 일본기를 내리고 독일 국기를 게양하고 공격을 개시하여 동함을 격침시켰는데, 이 행위는 기계로서 합법적인 것으로 인정되고 있다. 이에 반하여 1783년 프랑스 군함 시비유(S.S.Sybille)호는 영국기를 게양하고 동 선박이 해난을 당하여 영국 군함에 포획된 것처럼 위장하여 구조하기 위해 접근하던 영국 군함 후살(S.S.Hussar)호를 프랑스기를 게양하지 않은 채 공격하였으나 역부족으로 후살호에 포획되었던 바 이와 같은 시비유호의 공격행위는 위법행위로서 비난을 받았다.[43]

### (나) 背信行爲

배신행위(perfidy)는 적의 신뢰를 배반하려는 의도를 갖고 무력분쟁에 적용되는 국제법의 규칙들하에서 보호받을 권리가 있거나 보호할 의무가 있는 것처럼 적의 신뢰를 유발하는 행위이다.[44]

이러한 배신행위는 금지되는 바, 이에는 (a)면제되는 지위, 민간인의 지위, 중립국의 지위 또는

---

43)  L. Oppenheim, *International Law*, Vol. Ⅱ, Longmans, 1952, p.510 참조. 이병조 이중범, op. cit., p.1011에서 재인용.

44)  ICRC Commentary to Additional Protocol Ⅰ, Commentary on the Additional Protocols of 8 June 1977 to the Geneva Conventions of August 1949, pp.434ff 참조.

국제연합의 지위 및 (b)항복 또는 조난(조난신호의 송신 또는 승무원을 구명정에 옮기는 것)을 가장한 공격[45] (c)군사기·적기·적군장·적군복·휴전기·적십자기장의 부당사용(육전규칙 제23조 1항(f)) (d)휴전기하 또는 투항기하에서의 협상의도의 가장, 부상 또는 질병에 의한 무능화의 가장, 유엔 또는 중립국이나 기타 비충돌당사국의 표식·표장 또는 복장의 착용에 의한 피보호지위의 가장(제1추가의정서 제37조 1항) 등이 해당된다. 이외에 적국의 국가원수, 지휘관, 군인 등의 암살행위도 배신행위로 보는 견해도 있다.[46]

배신행위의 예로는 적십자표식을 단 구급차에서 교전지역내에 있는 미군에게 총격을 가한 사실에 대해 피고에게 유죄판결을 내린 1946년의 미군사법원의 '하겐더프사건'(The Hagenderf Case)을 들 수 있다.[47]

### 다. 海上捕獲

#### (1) 意義

전시에 있어서 교전국이 적국 또는 중립국의 선박이나 화물을 해상에서 포획하고 적국과의 교통을 차단함을 말한다. 이는 육군에 의한 적국의 점령 및 공군에 의한 폭격과 함께 중요한 전투방법이다.

현대전이 전면전쟁의 성질을 띠고 경제전의 양상을 나타냄에 따라 해면은 교전국에 대한 보급로로서 경제전의 무대가 되어 해상포획은 그 중요성을 더하게 되었다. 그러나 해상포획은 중립국의 이익에 중대한 영향을 미치는 것이므로 과거 수세기간 교전국과 중립국간의 분쟁원인이 되는 경우가 많았다. 이러한 분쟁으로부터 교전국의 전쟁수행의 필요와 중립국의 통상자유의 주장과의 타협인 약간의 법규가 성립되었다. 이와 같은 법규의 종합을 해상포획법이라고 부른다.[48]

---

**45)** (a)와 (b)에 규정된 예는 당연한 것으로 그 결정적 요소는 군함이나 군용기가 보호되는 지위를 위장하고 있는 동안에 적대행위를 준비하여 실행하는 것이다. 그러므로 해상무력분쟁에 적용될 국제법에 관한 산레모 매뉴얼 채택을 위한 라운드 테이블은 과거 영국의 Q-Ships의 관행(제1차 세계대전중 영국에서는 외견상은 비무장 또는 경무장의 상선 -대개 소형의 연안항행선- 이 실제로는 위장된 갑판실에 통상 4inch포를 숨기고 있었다. Q-Ship의 Prince charles호는 1915년 7월 헤브리데스제도(제도)에서 독일 잠수함 U36을 격침시켰다)은 오늘날에는 인정되지 않는다는 입장을 보였다. L. Doswald-Beck, op. cit., p.186.

**46)** M. Greenspan, *The Modern Law of Land Warfare*, 1959, p.317.

**47)** L. Oppenheim, *op. cit.*, p.362 참조. 이병조·이중범, *op. cit.*, p.1011에서 재인용.

**48)** 이한기, *op. cit.*, pp.775-776.

해상포획법에 따라 교전국은 적선과 적화를 포획할 수 있는 권리, 봉쇄선을 설정하여 적의 해상교통을 차단하고 봉쇄선을 침파하는 선박을 처벌할 수 있는 권리, 전시금제품을 지정하고 해상에서 이의 수송을 억제할 수 있는 권리 및 군사적 방조를 방지할 수 있는 권리 등을 갖는다.

### (2) 海上捕獲法의 發達過程

교전국 군함은 해상에 있어서 적성이 있는 선박과 화물을 나포하여 이를 몰수할 수가 있으며, 따라서 해상에 있어서의 교전국의 사유재산은 육전에 있어서와 달라 적국으로부터 소탕을 당하게 된다. 그러면 이와 같이 육상에 있어서 사유재산이 원칙적으로 보호 존중되는데 반하여 해상에 있어서의 사유재산이 가혹하게 취급되는 이유는 어디에 있는가? 이것은 육상에 있어서의 사유재산은 원칙적으로 사인이 그 일상생활을 향유하기 위한 것이 보통이므로 이를 몰수하면 그 반향으로서 적국민의 격렬한 적개심을 일으켜 전쟁수행상 얻는 이익이 적음에 반하여, 해상에 있어서의 사유재산은 이를 몰수하더라도 그러한 염려가 적고, 동시에 효과적으로 적의 경제력을 약화시킬 수 있기 때문이다.[49]

해상포획에 관한 각국의 실행은 반드시 일치된 것은 아니었다. ① 적선은 선박과 함께 화물(중립화 포함)도 몰수하고, 중립선은 중립화와 함께 비몰수를 원칙으로 하나 중립선내에 적화가 있을 때에는 적화와 함께 중립선도 몰수한다는 프랑스(1543, 1584, 1690년의 칙령) 및 스페인 등에서의 敵性感染主義 ② 적선은 적화(중립화 제외)와 함께 몰수하고, 중립선에서는 적화만을 몰수하고, 중립선과 중립화는 몰수하지 않는다는 프랑스(1650년) 및 영국 등에서의 콘솔라테 델 마레(Consolate del Mare)주의 ③ 적선은 적화 및 중립화와 함께 몰수하고, 중립선은 적화나 중립화와 함께 몰수하지 않는다는 프랑스(1778년) 및 미국의 '자유선박, 자유화물', '적성선박, 적성화물'식인 국기주의 ④ 적선은 적화(콘솔라테 델 마레주의처럼 중립화 제외)와 함께 몰수하고, 중립선은 화물(국기주의처럼 적화 포함)과 함께 몰수하지 않되 전시금제품만은 예외로 취급하도록 한 파리선언 ⑤ 해상사유재산 포획권 폐지주의 등이 해상포획에 관한 주요 연혁을 이루어 왔다. 이중에서 가장 중요한 것은 파리선언인데, 이는 콘솔라테 델 마레 이래 허다한 변천을 거듭해 오면서 이루어진 것이었다. 그러

---

49) 박관숙·최은범, op. cit., p.369. 최근 총력전 및 경제전의 경향으로 전쟁과정에서 국가와 개인을 구별할 필요성이 절대적으로 감소하였으며, 제1차 세계대전 이후 절대적 금제품과 상대적 금제품의 구별 곤란 및 금제품의 확대 등으로 인하여 해상사유재산의 포획 및 몰수는 한층 강화되고 있는 실정이다.

나 장기간에 걸쳐 유효했던 파리선언도 연속항해주의의 채용과 전시금제품의 범위확대로 그 효력이 감퇴하였고, 이 경향은 제2차 대전 후 더욱 심해졌는데, 이는 파리선언 자체가 전쟁으로 인한 중립국의 해상무역의 피해를 극소화하는 목적으로 중립국에 유리하게 작성되었다는 점을 상기할 때, 중립국이 거의 존재하지 않고 중립제도 자체가 동요하게 된 오늘날에 와서는 오히려 당연한 경향이라고 지적되고 있다.[50]

### (3) 敵船 및 敵貨의 捕獲과 節次

#### (가) 敵船 및 敵貨의 捕獲

적선·적화는 해상에서 포획·몰수할 수 있다. 적국의 사유재산도 포획의 대상이 되며, 일정한 요건 아래서는 파괴할 수도 있으나 승무원의 보호 및 선박종류와 화물의 안전조치를 취하지 않고 무경고격침을 행하는 것은 허용되지 않는다.

그러나 중립선상의 적화 또는 중립화는 전시금제품만 몰수될 뿐이며 기타의 적화는 포획으로부터 면제된다.

#### (나) 捕獲 節次

해상포획은 공해와 교전당사국의 영해에 한하며, 중립국의 영해내에서는 이를 행할 수 없다. 먼저 정선을 명하고 임검·수색·나포·인치의 과정을 거친 후 교전당사국의 포획재판소의 재판에 의해 결정된다. 적국의 군함과 그 밖의 공선은 파괴 또는 나포할 수 있지만, 나포한 경우에는 전리품으로서 포획국의 소유가 된다. 정선명령에 불응하거나 임검·수색에 저항하는 선박은 격침시킬 수 있다.

### 라. 戰時禁制品

#### (1) 意義

전시금제품(contraband of war)은 군용에 공급되는 물품으로서 중립국의 국민에 의해 일방의 교전국에 공급되는 것을 타방의 교전국이 해상에서 그 수송을 방지하고 포획 및 몰수할 수 있는 것을 말한다. 중립국 국민은 전시에 있어서도 교전국과 자유로이 통상할 수 있는 권리를 향유함을

---

50) 김정균·성재호, *op. cit.*, p.763; 이한기, *op. cit.*, pp.776-778 참조.

원칙으로 하나, 이러한 권리는 결코 무제한적인 것이 아니어서 일정한 제한이 가해지는데, 전시금제품도 그러한 제한제도의 일종인 것이다.[51]

### (2) 關聯 法規의 發達

#### (가) 파리宣言

1856년 해상법에 관한 선언(파리선언)은 전시금제품과 관련하여 제2조와 제3조에서 중립국의 기를 게양한 선박에 적재한 적국의 화물은 전시금제품을 제외하고는 이를 포획할 수 없으며(제2조), 적국의 기를 게양한 선박에 적재한 중립국 화물은 전시금제품을 제외하고는 이를 나포할 수 없다(제3조)고 규정하고 있다. 이처럼 파리선언은 중립선내의 전시금제품인 적국 화물과 적선내의 전시금제품인 중립국 화물의 포획을 허용하고 있다.

동 선언에서 규정하고 있는 전시금제품 포획관련 규정은 Crimean 전쟁을 계기로 발전된 것이다. 동 전쟁이 발발하기 수 세기 전부터 유럽 여러 국가들에 의해서 받아들여진 해상법칙에는 중립국의 선박이나 화물과 구분하여 적국의 선박과 화물의 대우가 대체로 반영되지 못했다. 1854년 크림전쟁의 발발과 함께 모든 분쟁국은 私掠船을 인정하지 않는다고 선언하였다. 부가해서 프랑스나 영국 같은 연합국은 해상에서의 선박나포에 대한 서로 다른 규칙에 대하여 이를 일치시킬 필요성을 느꼈다. 마침내 프랑스는 적국 선박에 실린 중립국의 화물에 대한 나포를 책임지지 않는다고 선언하였고, 영국은 중립국 선박에 실린 적국 화물에 대한 나포에 책임을 지지 않는다고 선언하였다.[52] 이러한 선언을 조문화한 것이 파리선언이다.

#### (나) 런던宣言

1909년의 런던선언[53]은 전시금제품에 대하여, 특히 전시금제품의 유형 및 각 유형에 해당되는 물품의 종류에 대하여 일반적으로 규정한 최초의 국제적 문서였다.[54]

---

51) 김성관·성재호, op. cit., p.778.
52) 해군본부, 전쟁법규집, 1988, p.28.
53) 런던선언은 영국의 제안으로 10개 주요 해운국이 모여 개최된 국제회의(1908. 12 –1909. 2)에서 채택되었다. 동 선언은 해상교전권과 중립권과의 관계에 있어서의 포획법규를 규정한 것으로 봉쇄, 전시금제품, 군사적 원조, 중립선의 파괴, 군함의 호송 및 임검 등에 관한 내용을 담고 있다. 그러나 동 선언은 영국이 비준하지 않자 다른 나라들도 비준하지 않아 정식으로 발효되지 못하였다. 그러나 동 선언은 당시 통상적으로 인정되던 관습법을 집대성하여 정비하고 그것을 성문화하였다는 점에서 국제법 발전과정에서 높이 평가되고 있다.
54) 그로티우스 이래의 분류에 의하면 전시금제품은 전적으로 전쟁의 용도에 제공되는 물자(무기 및 탄약 등), 즉 절대적 금제

그러나 동 선언은 비준되지 않았으며, 더욱이 제1차 대전이후의 총력전에 있어서 런던선언의 원칙을 오늘날 그대로 인정하기는 곤란하게 되었다. 즉, 제1차 대전에서는 각국의 금제품 리스트가 현저히 확대되었으며, 자유품도 계속 금제품으로 편입되었다(예, 면화 및 양모 등). 제2차 대전에서 각국 공통의 현상은 금제품의 품목을 낱낱이 열거하지 않고, '육상, 해상 및 공중의 무장에 직접 소용되는 모든 물품과 재료' 또는 '군사목적과 평시목적의 쌍방에 사용되는 모든 품목과 재료'와 같이 금제품을 일반적으로 규정하는 것이었다. 이로써 전시금제품의 범위가 크게 확장되었으며, 또한 절대적 금제품과 상대적 금제품을 구별하는 의미도 없어지게 되었다.[55]

### (3) 要件

전시금제품을 구성하기 위해서는 군용으로 제공될 수 있고(susceptible of belligerent use), 敵性目的地(enemy destination)를 가진 것이어야 한다.

#### (가) 軍用에 提供될 것

전시금제품은 군용에 제공될 수 있는 물품인데 종래에는 이러한 물품이라 할지라도 당연히 전시금제품으로 되는 것이 아니고 국제관습법, 조약, 교전국의 국내법 등에 입각하여 전시금제품으로 미리 선전됨으로써 비로소 전시금제품이 되었다.[56]

#### (나) 敵性目的地를 가질 것

전시금제품이 되기 위한 제2의 요건은 적성목적지로 수송되고 있는 사실이다. 이 점에 관하여 런던선언은 절대적 금제품과 상대적 금제품을 구별하였다. 절대적 금제품의 경우에는 적국의 영역(점령지 포함)으로 수송되고 있는 것을 입증할 수만 있으면 포획할 수 있으나, 상대적 금제품의 경우에는 적국의 군이나 행정청에 수송되고 있는 것을 입증할 수 없으면 포획할 수 없는 것으로 하였다(제30조, 제33조).[57]

---

품(absolute contraband)과 전쟁용으로도 평화용으로도 사용되는 물자(食料 및 衣料 등), 즉 상대적 금제품(또는 조건부 금제품, conditional contraband)의 양자로 구별되어 왔다. 런던선언은 이 구별을 인정하는 동시에 전시금제품으로 인정될 수 없는 자유품을 인정하였다. 이한기, *op. cit.*, p.781.

55) *Ibid.*

56) *Ibid.*, p.780.

57) *Ibid.*, p.781. 그러나 실제 무력분쟁에 있어서는 화물의 적성목적지에 관하여 포획재판소가 허다한 추정을 행하는 관행이 생

화물이 직접적으로 적성목적지에 수송되는 경우에만 전시금제품으로 인정되는가. 이 문제에 관하여 런던선언은 절대적 금제품에는 소위 連續航海主義(the doctrine of continuous voyage)를 적용하고(제30조 후문), 상대적 금제품에는 이 주의의 적용을 인정하지 않았다. 그러므로 런던선언에 있어서 절대적 금제품은 중립항을 목적지로 할지라도 적국영역에 수송되리라는 증거가 있으면 그것을 포획할 수 있는 반면, 상대적 금제품은 중립항에 양륙되지 않고 직접 적국을 향하여 항행하는 선박에 의하여 수송되는 경우에만 포획할 수 있게 된다(제35조 1항). 2종의 금제품을 구별하는 의미도 여기에 있었으나 제1차대전시 연속항해주의를 상대적 금제품에도 적용하는 경향이 생기고, 제2차 대전은 이 경향을 한층 강화하였다.[58]

### (4) 種類

런던선언은 전시금제품(25종)과 비전시금제품(17종)으로 나누고 전시금제품을 절대적 금제품(11종)과 상대적 금제품(14종)으로 구분하고 있다. 규정된 전시금제품을 그렇게 간주하는 것을 포기하는 국가는 이를 고지하는 선언으로서 통지하는 경우 전시금제품에서 제외할 수 있다. 이 경우 그 효과는 선언국에만 미친다(제26조).

#### (가) 戰時禁制品

##### (i) 絕對的 禁制品(제22조)[59]

① 모든 무기(狩獵用武器 포함) 및 그 부분품인 것인 명백한 것

② 모든 탄환, 장약, 彈藥包 및 그 부분품인 것이 명백한 것

---

기계 되었으며, 이 결과 실질적으로는 양자의 구별이 필요없는 데까지 이르렀다. *Ibid.*

58) 전시금제품 수송에 관한 연속항해주의란 금제품을 수송하는 선박이 중립항을 목적지로 해서 항해중일 경우에도 그 목적지가 표면상의 것일 뿐이고, 중립항에서 양륙 또는 전재된 후 육로 또는 해로를 거쳐 적지로 수송될 것임이 분명할 때는 이를 포획할 수 있다는 것이다. 이 주의의 보다 넓은 의미속에는 금제품을 수송하는 선박이 일단 중립항에 기항했다가 다시 적항으로 향하려는 것일 경우 그 전후의 항해를 연속적인 것으로 보아 중립항으로 가는 항해도중에 포획하는 것도 포함시킬 수 있다. 연속항해주의의 채용과 전시금제품의 범위확대는 해상포획에 관한 파리선언의 효과를 감퇴시켰지만 연속항해주의는 그 범위를 한층 넓혀 가고 있는 전시금제품의 통제를 위해 더욱 강화되어 나갔다. 김정균·성재호, *op. cit.*, pp.781~782.

59) 이들 물자 외에도 오로지 전쟁용으로 제공되는 물자 및 재료는 선언을 통해 포고하여 고지하는 경우 절대적 금제품으로 추가할 수 있다. 이 경우 고지는 타국정부 또는 선언을 행하는 국가에 주재하는 외교사절에게 통지하는 것으로 이루어졌다고 본다. 전쟁개시후에 행하는 고지는 중립국에 보냄으로써 충분하다(제23조).

③특히 전쟁용으로 제조된 화약 및 폭발물

④砲架, 탄약차, 전차, 군용운반차, 野戰鍛工器 및 그 부분품인 것이 명백한 것

⑤군용임이 명백한 피복 및 武裝具

⑥군용임이 명백한 모든 마구

⑦전쟁에 사용할 수 있는 乘用, 견인용 및 荷物用의 獸類

⑧陣營具 및 그 부분품인 것이 명백한 것

⑨갑철판

⑩전투용 함정 및 특히 이에 사용할 수 있음이 명백한 부분품

⑪병기, 탄약의 제조를 위하여 또는 육군용 혹은 해군용의 무기 및 재료의 제조용 혹은 수리
용을 위하여 전적으로 제작된 機械器具

### (ii) 相對的 禁制品(제24조)[60]

①식량

②獸類의 사료용에 적합한 잡초 또는 곡류

③군용에 적합한 의복, 피복용 직물 및 가죽류

④금, 은, 화폐 및 기타의 地金, 화폐의 代用紙幣

⑤전쟁용에 제공될 수 있는 모든 차량 및 그 부분품

⑥모든 선박 및 단정, 浮독크, 독크의 부분 및 그 부분품

⑦철도의 고정적 및 군전용 재료와 전신, 무선전신 및 전화용 재료

⑧비행선, 비행기, 氣球 및 그 부분품임이 명백한 것과 항공기에 제공 되는 것으로 인정되는
부속품 물건 및 재료

⑨연료 및 기계 윤활용품

⑩특히 전쟁용으로 제조된 것이 아닌 화약 및 폭발물

⑪有刺鐵線과 그 가설용 또는 절단용으로 제공되는 기계기구

⑫체철 및 체철용 재료

---

60) 절대적 금제품 및 동 조에 규정된 상대적 금제품 외에도 전쟁용이나 평시용으로 제공될 수 있는 것은 고지하는 선언의 방법에 의하여 상대적 금제품으로 추가할 수 있다(제25조).

⑬ 견인 및 안정에 사용되는 물건

⑭ 쌍안경, 망원경, 크로노미터 및 각종 항해용구

### (나) 非戰時禁制品(제28조, 자유품)

① 생면, 양모, 면, 황마, 아마와 기타 직물업용 원료와 그 직계

② 유제품의 원료인 견과, 穀種 및 코프라

③ 코쥬, 고무 수지, 고무, 칠 및 호프

④ 生皮, 角, 骨 및 상아

⑤ 천연 및 인조비료(농업에 사용할 수 있는 초산염 및 인산염 포함)

⑥ 광석

⑦ 흙, 점토, 석회, 石(대리석 포함), 연와, 판석 및 개와

⑧ 자기 및 유리기

⑨ 종이류 및 그 제조용으로 제작된 재료

⑩ 비누, 彩料(전적으로 이를 제조하는데 사용되는 재료 포함) 및 洋漆

⑪ 클로르석탄, 소다灰, 가성소다, 솔트케이크, 암모니아, 유화암모니아 및 硫化銅

⑫ 농사용, 채광용, 직물업용 및 인쇄용 기계

⑬ 귀석, 준귀석, 진주, 진주모 및 산호

⑭ 벽시계, 탁상시계 및 크로노미터 이외의 회중시계

⑮ 기호품 및 사치품

⑯ 각종 우모 및 강모류

⑰ 가구용 및 장식용 물건과 사무용 기구 및 그 부속품

이들 품목들 외에도 전저으로 상병자외 간호용에 제공되는 물긴 및 재료와 신박 자제의 사용에 제공되는 선내에 있는 물건 및 재료[61]와 항행중 그 선박의 승무원 및 승객의 사용에 제공되는 물건 및 재료는 전시금제품으로 간주할 수 없다(제29조).

---

[61] 이들 품목도 군사상 중대한 필요가 있는 경우 적국영역, 적국점령지 또는 적군으로 행선지를 가진 때에는 배상을 지불하고 징발할 수 있다(제29조).

## ⑸ 捕獲

### ㈎ 貨物

#### ① 戰時禁制品

전시금제품은 敵貨이든 中立貨, 적선상에 있든 중립선상에 있든 무력분쟁중 중립국 영수 이외의 해상에서 언제든지 포획되어 몰수된다. 전시금제품의 소유자에 속하는 동일 선박내에 있는 화물도 몰수된다(제42조).

전시금제품을 수송하는 선박이 석방될 때에는 각국 포획심검소의 검색절차 그리고 검색중 당해 선박 및 그 적재화물의 보존에 있어서 포획자가 지출한 비용은 그 선박이 부담한다(제41조).

그리고 선박이 전쟁의 사실 또는 그 화물에 대한 전시금제품 선언을 알지 못하고 항해중에 해상에서 군함을 조우한 경우에는 전시금제품인 물품은 배상을 지불치 않고서는 몰수할 수 없다. 이 선박 및 화물의 잔여분은 몰수 및 제41조에 규정한 비용의 지불이 면제된다. 선장이 전쟁의 개시 또는 전시금제품에 관한 선언을 알고 있어도 또 전시금제품인 물품을 양륙할 수 없을 때에도 또한 같다. 중립항의 소속국에 대하여 적당한 시기에 있어서 전쟁개시 또는 전시금제품 선언의 고지가 있은 후 선박이 그 항구를 출발한 때에는 상기 선박은 전쟁상태 또는 전시금제품의 선언을 알았던 것으로 간주한다. 또한 전쟁개시후 적항을 출발한 때에는 그 선박은 전쟁상태를 알았던 것으로 간주한다(제43조).

또한 전시금제품을 수송하고 있다는 이유로 정선을 명령받았으나 분량 관계상 몰수되지 않은 선박은 선장이 교전국 군함에 금제품을 인도한다면 사정에 의하여 그 항해를 계속함이 허가될 수 있다. 전시금제품의 인도가 있을 때에는 포획자는 이를 정선을 명령한 선박의 서류에 기입하며, 또한 선장은 필요한 일체의 선박서류의 인증등본을 포획자에게 교부함을 요한다. 포획자는 인도된 전시금제품을 파괴하는 권능을 향유한다(제44조).

#### ⑴ 絶對的 禁制品

절대적 금제품은 적국영역, 적국점령지 및 적군에 향해졌음이 입증된 때에는 포획된다. 그 물품이 직접 수송되건 轉載 또는 육로로 수송되는가는 관계없다(제30조).

절대적 금제품의 행선지를 판단함에 있어 ⓐ화물이 적항에 양륙되거나 또는 그 군함에 인도되어야 함이 선박서류에 기록되어 있을 때 및 ⓑ선박이 적항에만 도달하여야 할 때 또는 선박이 선박서류상 화물의 양륙지인 중립항에 도달하기 이전에 적항에 기항하며 혹은 적군과 조우치 않으면 안되는 것일 때에는 적국영역, 적국점령지 및 적군이 그 행선지라는 것을 명백히 증명하는 것으로 본다(제31조).

선박서류는 절대적 금제품을 수송하는 선박의 항로에 관한 증거로 본다. 단, 그 선박이 선박서류의 기재에 의하여 항행하는 항로를 명백히 이탈한 경우에 군함에 조우하며 또한 항로변경에 대하여 충분한 이류를 변증할 수 없을 경우에는 그러하지 아니하다(제32조).

### (ii) 相對的 禁制品

상대적 금제품은 적국의 군대 또는 행정청의 사용으로 향해졌음이 입증된 때에는 포획된다. 단, 행정청에 향해진 경우에 있어서 상대적 금제품(금, 은, 화폐 및 기타의 地金, 화폐의 代用紙幣는 제외)이 사실상 전쟁에 사용되지 않음이 제반 상황에 의하여 입증되었을 때에는 그러하지 아니하다(제33조). 적국관헌에게 수송될 때, 또는 적구에 거주하는 상인이 그 종류의 물건 및 재료를 적에 공급하는 것이 현저한 경우 그 상인 앞으로 수송되는 화물은 적국의 군대 또는 행정청으로 향하는 것으로 추정된다. 적이 방어하고 있는 장소 또는 적군기지인 기타 장소를 선행지로 하여 수송될 때에도 마찬가지다. 단, 이와 같은 장소로 향하여 항행하는 상선 자체에 관하여 그 전시금제품이라는 성격을 입증하려고 하는 경우에는 행선지는 무해한 것으로 추정한다. 이러한 추정에는 반증이 허용된다(제34조).

그리고 상대적 금제품이 적국영역, 적국점령지 및 적군으로 향해 항행하는 선박내에 있거나 중간의 중립항에서 양륙되지 않는 경우가 아니면 포획할 수 없다(제35조 전단). 상대적 금제품이 향하는 적국이 해양에 면하는 국경을 갖지 않은 경우에도 포획된다(제36조).

### ② 非戰時禁制品

중립선상의 비전시금세품은 몰수되지 않으며(파리선언 제2소), 직신싱의 중립화도 보호를 받지만(동 제3조), 적선상의 화물은 통상 敵貨로 추정되기 때문에[62] 중립화라는 것을 입증하지 못하면 포획된다. 이 경우 그 화물중의 비전시금제품이 전시금제품의 소유자와 동일인에게 속할 경우 포

---

62) 런던선언 제59조. 적선내에 있는 화물의 중립성을 입증할 수 없을 때에는 그 화물은 적성을 가지는 것으로 추정된다.

획된다(런던선언 제42조).[63]

### (나) 船舶

전시금제품을 수송하는 선박이 적선이든 중립선이든 중립국 영수 이외의 수역에 있어서는 언제든지 나포될 수 있으며, 적국영역, 적국점령지 및 적군에 도달하기 전에 중간항에 기항하려는 의사를 가진 때에도 또한 같다(37조). 또한 전시금제품이 가격, 중량, 용적 또는 운임상 전체 화물의 반을 넘을 경우에는 이를 수송하는 선박을 몰 수 있다(제40조).[64]

그러나 전시금제품을 수송하는 선박을 포획할 수 있는 경우는 현행중에 한정되며 전에 이행하였거나 또는 현재 종료한 전시금제품의 수송이라는 이유로써 할 수 없다(제38조).

### 마. 海上封鎖

### (1) 海上封鎖의 意義 및 形態

#### (가) 海上封鎖의 意義

봉쇄는 교전당사자가 주로 해군력에 의하여 적국 또는 적국이 점령한 지역의 항구 혹은 해안의 전부나 일부에 대하여 해상교통을 차단하는 전쟁행위[65]이다.[66] 한편 군사적인 측면에서 볼 때 해상봉쇄는 전쟁이전에는 적국에 대하여 경제적 압력과 교통의 차단 등으로 그의 약체화를 기하고 전쟁의 참화를 방지하는 것이며, 전쟁발발 후에는 적의 무력화와 전쟁필요에 따라 적의 항만·해안·해상기동 등을 방해할 목적으로 해군력을 가지고 차단 고립시키는 해군작전이다.[67] 이처럼

---

63) 영미주의는 이와 같은 런던선언의 감염주의에 일치하는 것으로서 비전시금제품의 몰수를 원칙으로 하나 반드시 이 주의를 일관하지는 않고 先買權을 유보하는 실행도 있었다. 이에 대하여 대륙주의(프랑스주의)는 이러한 비전시금제품의 비몰수를 관행으로 한다. 이한기, op. cit., p.782.

64) 전시금제품을 수송하는 중립국선박의 포획에는 영국주의와 대륙주의 입장이 대립하였는데, 영국주의는 선박소유자가 전시금제품의 소유자와 동일한 경우나 선박소유자가 전시금제품 수송에 악의를 가진 경우에 그 선박을 포획한다고 본 반면에 대륙주의는 선박의 적재된 화물중에 전시금제품이 타 화물과 비교하여 다량인 경우에 한하여 선박을 몰수할 수 있다고 보았다. 런던선언은 후자, 즉 대륙주의 입장을 취하고 있다.

65) 봉쇄행위는 전쟁행위로서 자위권 행사를 위하여 실시하는 것이 아닌 한 전쟁의 위법화에 따라 금지되는 행위이며, 특히 1933년의 '침략의 정의에 관한 조약'도 타국의 해안 또는 항구의 봉쇄를 침략행위에 포함하고 있다.

66) T. Halkiooulas, "The Interference between the Rules of new Laws of the Sea and Law of War", Rene-Jean Dupuy and Daniel Vignes(eds.), A Handbook of the New Law of Sea, Vol.2, Martinus Nijthoff Publishers, 1991, p.1329; L. Weber, "Blockade", Rudolf Bernhardt(ed.), Encyclopedia of Public International Law, Vol.3, North-Holland, 1982, p.47.

67) 병관수, 군사학대사전, 서울, 세문사, 1964, p.46.

봉쇄는 "모든 국가의 선박 및 항공기의 출입을 방지하기 위한 목적으로 행하는"(for the purpose of preventing ingress or egress of vessels or aircraft of all nations) 군사작전인 것이다.[68]

봉쇄는 교전당사자에 의하여 행하여지기 때문에 교전당사자인 국가 및 교전단체는 봉쇄의 주체가 될 수 있지만 반란단체(insurgency)는 봉쇄를 행할 수 없다. 왜냐하면 반란단체의 승인의 효과는 제3국에게 중립의무를 지우지 않기 때문이다.[69]

또한 봉쇄는 주로 해군력에 의하여 행하여지는 것이 일반적이지만 이는 반드시 함정세력만을 의미하는 것은 아니다. 해군은 공군과 육군 장거리포의 도움을 받아 봉쇄할 수도 있다. 특히 현대에 들어 항공기의 발달로 항공기에 의한 봉쇄가 주목받고 있다.[70]

그리고 봉쇄는 적국 또는 적국이 점령한 지역[71]에 대하여 행하여진다. 따라서 중립국의 항구나 해안의 봉쇄는 금지된다(런던선언 제18조). 1909년의 런던선언도 마찬가지로 "봉쇄는 적국 또는 적국 점령지의 항구 및 연안에 한하여 이를 시행하여야 한다"(blockade must not extend beyond the ports and coasts belonging to or occupied by the enemy)고 규정하고 있다(동 제1조). 적국과 중립국 사이에 있는 항구는 중립국의 권리를 침해하지 않는 범위내에서 봉쇄할 수 있으며, 중립국의 항구나 해안에 도달할 것이 명백한 중립선은 통과를 허용하여야 한다.

봉쇄의 목적은 적국의 영토로 또는 그로부터 인원 및 물자를 수송하기 위하여 적이 적국 또는 중립국의 선박 및 항공기를 이용하는 것을 거부하는데 있다. 적국으로의 전시금제품 유입을 막기 위하여 중립국 영역외의 어느 곳에서도 행사할 수 있는 교전국의 임검 또는 수색권과는 달리 교전자의 봉쇄권은 적을 국제해역 또는 공역으로부터 분리시키기 위하여 설정, 공표된 봉쇄선을 선

68) L. Oppenheim, op. cit., pp.768-769.

69) Herbert W. Briggs, The Law of Nations: Case, Documents and Notes(2nd ed.), Appleton, 1953, p.1003.

70) James M. Spaight, Air Power and War Rights(3rd ed.), Longmans, 1947, p.396. 한편 항공기에 의한 봉쇄는 실효성을 갖추지 못한 지상봉쇄(paper blockade)로 위법이라는 반론도 있다. Phillip C. Jessup, A Modern Law of Nations, Macmillan, 1948, p.119. 그러나 광대한 지역의 봉쇄를 실시기 위해 항공모함에서 발진하는 항공기 세력으로 실효적 봉쇄가 성립될 수 있을 것이다. 봉쇄지역으로 접근하는 수상함정의 통제는 무선으로 가능하며, 봉쇄침파의 혐의가 있는 함정의 수색을 위해 항공기는 혐의선박을 수상함쪽으로 유도할 수 있을 것이다. 김영구, "해상봉쇄에 관한 해전법규의 발전과 변모(Ⅱ), 해양전략 제33호, 1984, p.23. 항공기를 이용한 해상포획에 관한 전반적인 내용에 대해서는 Z. Rotocki, "Aircraft and Prize Law in Sea Warfare", 4 Polish Yearbook of International Law, 1977, pp.187-208 참조.

71) 일반적으로 적국이 점령한 지역이란 제3국의 영역을 말하는 것이 일반적이지만 적국이 점령한 자국(봉쇄국)의 영역일 수도 있다. 이러한 봉쇄의 사례로는 보불전쟁 당시 프랑스가 독일군에 의해 점령당한 자국 항구인 Rouen, Dieppe, Fecamp를 봉쇄한 것을 들 수 있다. L. Oppenheim, op. cit., p.773.

박과 항공기가 통과하지 못하도록 한다. 이처럼 봉쇄는 적국의 교통을 단절하는 행위로서 적의 항구나 해협을 공격하거나 점령하는 전투행위가 아니라 해상교통을 차단함으로써 경제적 저항력을 약화하는데 있다.[72]

봉쇄는 그 성립에 불가결한 요건을 사실상 갖추지 못하게 될 때 종료된다. 교전당사자가 봉쇄를 해제하고 이를 중립국 및 봉쇄구역의 지방관헌에 고지하는 경우(런던선언 제13조), 봉쇄부대의 대부분이 다른 방면으로 회항하는 등 봉쇄가 실효성을 상실한 경우, 봉쇄함대가 특정 중립국 또는 자국 선박에게만 봉쇄항에의 출입을 허가하는 등 차별대우를 하는 경우 및 봉쇄는 전쟁을 전제로 실행되므로 전쟁이 끝난 경우에 종료된다.

그러나 악천후로 인하여 봉쇄함대가 일시 그 장소를 이탈하거나(동 제4조), 다른 함선의 추적을 위하여 일시 그 장소를 이탈한 경우에는 실효성을 잃지 않는다. 그리고 해난으로 인하여 봉쇄구역을 출입해야 할 때에는 적화를 양륙하지 않을 것을 조건으로 예외적인 대우를 할 수 있다(동 제7조). 미해전 법규에서도 "급박한 위난에 처한 중립국의 선박 및 항공기는 봉쇄함대에 대하여 지휘관이 지시한 조건하에 봉쇄구역으로 들어오고 또한 나갈 수 있도록 허가할 수 있다"고 규정하여 런던선언과 뜻을 같이 하고 있다.[73]

### (나) 海上封鎖의 形態

봉쇄는 수단, 방법, 시기 및 목적 등에 따라 다양하게 구분된다. 첫째, 봉쇄는 전시봉쇄(belligerent blockade)와 평시봉쇄(pacific blockade)로 구분할 수 있다. 전시봉쇄는 전쟁의 수행방법으로 행하여지는 전쟁행위이며, 평시봉쇄는 전쟁을 전제로 하지 않고 평시에 복구수단으로 행하여지는 봉쇄이다. 통상적으로 봉쇄라고 할 때에는 전시봉쇄를 의미함이 일반적이다. 결국 양자의 구별은 전쟁이냐 복구냐의 구별문제로 귀착된다.[74]

둘째, 봉쇄는 내부봉쇄(inward blockade)와 외부봉쇄(outward blockade)로 구분할 수 있다. 일반적으로 모든 봉쇄는 모든 선박의 출입항을 동시에 방지할 목적으로 선언된다. 그러나 입항 또는 출항

---

72) *Ibid.*, p.768.

73) The Law of Naval Warfare(NWIP-10), 제632항 h(2).

74) 평시봉쇄는 침략행위, 평화의 파괴 및 평화에 대한 위협을 이유로 한 국제연합 안전보장이사회의 결의에 의한 제재조치로 또는 자국 또는 자국민의 안전과 재산에 대한 불법적인 무력공격시 자위권행사의 수단으로 행해지는 경우를 제외하고는 국제법상 위법한 행위이다.

만을 방지하기 위하여 선언하는 경우도 있는 바, 전자는 내부봉쇄, 후자는 외부봉쇄라 한다. 내부봉쇄의 예로는 1854년 크리미아전쟁 당시 동맹군이 다뉴브강의 입구에 대한 봉쇄를 행하였음을 들 수 있는데 이는 바다로부터 러시아군에게 공급되는 보급을 방지하고자 함에 그 목적이 있었다.[75]

셋째, 봉쇄는 전략적 봉쇄(strategic blockade)와 통상봉쇄(commercial blockade)로 나누어진다. 전략적 봉쇄는 해군봉쇄(Naval blockade) 또는 함대봉쇄(Fleet blockade)로 불리는 것으로 해군 독자적인 작전으로 적국이나 적의 점령지역의 항구 또는 해안을 공격하기 위하여 설정되거나 적군의 군수보급을 차단하기 위하여 선언되는 봉쇄이며, 반면에 통상봉쇄는 군사행동이 개시되기 이전에 외부로부터 물자의 공급을 차단함으로써 적국의 경제력을 약화시키는 것을 직접목적으로 하여 선언되는 봉쇄로 경제봉쇄(Economic blockade)라고도 한다.[76]

넷째, 봉쇄는 정박봉쇄(anchored blockade)와 순항봉쇄(watched blockade)로 구분된다. 정박봉쇄란 봉쇄항 또는 봉쇄해안의 전면에 함대가 계속적으로 정박하여 봉쇄구역을 침파하려는 선박에게 위협을 주는 봉쇄를 말하며, 순항봉쇄란 봉쇄항구 또는 봉쇄해안을 출입하는 선박을 포획할 수 있을 정도의 병력으로 감시하는 봉쇄를 말한다.[77]

이외에도 지상봉쇄(paper blockade, 위장봉쇄(fictious blockade)라고도 함), 석봉쇄(stone blockade), 장거리봉쇄(long distance blockade), 자기봉쇄(self blockade) 등이 있다. 지상봉쇄는 병력에 의해서 실효성이 보장되지 않고 단순한 선언에 의한 무형의 봉쇄로서 그 효력이 인정되지 않으며, 석봉쇄는 돌의 침적에 의해서 행하는 봉쇄로 1861년에 미국의 남북전쟁 당시 연방정부는 찰스톤항을 돌을 적재한 선박을 침몰하여 봉쇄하였다. 그러나 이러한 행위는 일반적인 의미로서의 봉쇄라고는 할 수 없다. 오히려 위장봉쇄의 일종이라고 보는 것이 타당하나, 만일 석봉쇄가 해군력에 의해 유지될 때에는 봉쇄라고 볼 수 있겠다. 장거리봉쇄는 제1차 세계대전 이후 생겨난 특수한 봉쇄로서 해군력에 의해 일정한 항구나 해안을 봉쇄하는 것이 아니라 일정한 해역을 군사지역으로 획정하여 놓고 그 해역내에서 발견되는 적상선은 징선, 검색 등이 없이 직접 격침한다는 것을 선언한 것이기 때문에 중립국 선박도 커다란 위험이 따르게 된다. 자기봉쇄는 반란단체가 본국에 의해 봉쇄당하

75) L. Oppenheim, *op. cit.*, p.771.
76) 김영구, "해상봉쇄에 관한 해전법규의 발전과 변모", 국제법학회논총, 제57호, 1985, p.104.
77) 문정식, "봉쇄에 관한 소고", 해양법자료집, 제3호, 1984, p.12.

는 경우에 성립하는데 이러한 봉쇄는 반란단체를 진압하기 위한 경찰권의 행위에 불과하기 때문에 진정한 의미의 봉쇄라고 할 수는 없다.[78]

다음으로 특수한 봉쇄의 일종으로 안전수역(Zone of Security)이 있다. 이는 중립국이 설정하는 차단수역으로 종래에 볼 수 없는 특수한 봉쇄의 일종이다. 제2차 세계대전초인 1939년 10월 3일 미주제국은 제1회 외상회의에서 안전수역에 관한 선언을 채택하고 내전국의 전쟁행위에 대한 미주대륙의 자위조치를 강구하였다. 그 안전수역의 범위는 미주제국의 해안으로부터 수백 마일이나 되었으며, 영국·프랑스·독일은 이러한 안전수역의 국제법적 근거를 인정할 수 없다고 항의하였으나 미주제국은 안전수역의 수호를 선언하여 양보하지 않았다.[79]

한편 해양전략사상가 줌왈트 제독은 봉쇄를 전통적인 교전봉쇄(traditional belligerent blockade), 평시봉쇄(pacific blockade) 및 제한봉쇄(limited blockade)로 구분, 교전봉쇄는 봉쇄 그 자체가 전쟁을 수행하기 위한 교전적 성격의 봉쇄이며, 제한봉쇄는 전시봉쇄와 평시봉쇄의 중간단계로 확전을 방지하기 위한 제한적 성격의 봉쇄라고 설명하고 있다.[80]

## (2) 海上封鎖法의 成立 및 內容

### (가) 海上封鎖法의 成立

노선시대의 해상봉쇄는 로마와 카르타고의 지중해에서의 패권을 차지하기 위한 포에니 전쟁에서 찾아 볼 수 있다. 제1차 포에니 전쟁에서 로마함대는 시칠리아 섬에 대하여 해상봉쇄를 실시하여 카르타고군의 고립을 기도하였다. 이때의 봉쇄는 군수적재능력의 제한으로 장기간 실시가 곤란하였다. 또한 함선은 폭풍에 취약했기 때문에 가능한 한 원거리 항해를 기피하였다. 따라서 적의 세력을 기동하지 못하게 봉쇄한다는 개념은 범선이 출현하면서 가능하게 되었다.[81]

해군력에 의한 최초의 공식적인 봉쇄는 1584년 네덜란드에 의한 스페인령 프랑드르(Flanders)

---

78) 자기봉쇄의 예로는 "반도나 혁명집단에 의해 점령된 지역의 국내적 평화의 확보와 통신을 방지하기 위하여 국가가 자신의 항구나 하천에의 출입을 금지하는 행위는 봉쇄라 부르지 않는다"고 한 1904년에 미국과 베네수엘라간의 Orinoco Steamship Co. Case가 있다. G. Schwarzenberger, International Law as Applied by International Courts and Tribunals, ii, The Law of Armed Conflict, Stevens, 1968, p.681.

79) 이한기, op. cit., p.784 참조.

80) Elmo R. Zumwalt, "Blockade and Geopolitics", 4 Comparative Strategy, No.2, 1983, p.24 참조. 제한봉쇄는 평시봉쇄와 유사하나 보다 장기적이고 전반적이며, 전면전에는 미치지 못하는 제한된 방법으로 실시된다. Ibid.

81) 임동원, 해상봉쇄의 전략적 가치와 해군력 발전방안, 해군대학 졸업논문, 1996, p.8.

해안에 대한 봉쇄이다.[82] 이때부터 군사력의 측면에서 봉쇄를 확립하고 중립국으로부터 그 합법성을 인정받기 위해서는 어떤 요건이 요구되는가 하는 것이 문제되었다. 이후 각기 다른 국가이익들의 대립으로 이의 규제법규를 확립하지 못했음에도 불구하고 각국은 다양한 형태의 봉쇄를 실행하여 왔다.

해상봉쇄는 영국과 프랑스의 7년 전쟁(1756-1763)에서도 사용되었다. 개전 6개월 전인 1755년 여름 영국은 프랑스에 대하여 봉쇄를 실시하였는 바, Ushant와 Cape Finisterre에 있는 프랑스 선박에 한정하여 적용되었던 이 봉쇄의 목적은 전쟁발발전에 프랑스를 전략적으로 약화시키고자 하였던 것이다. 7년전쟁이 공식적으로 선언되기 이전 이미 영국 해군은 300척의 프랑스 상선과 6,000명이 넘는 선원들을 포획하고 있었다. 전쟁기간에 모든 프랑스 항구는 봉쇄되고, 프랑스 항구로 향하는 모든 선박은 국적에 관계없이 합법적인 전리품으로 포획될 것이라고 영국은 공표하였다. 영국 해군은 중립국 선박까지도 포함하는 이 봉쇄작전을 계속하였으며, 1758년에는 176척이 넘는 중립국 선박을 포획하였다.[83] 이러한 봉쇄는 그 당시 해양에서 경쟁자가 없었던 영국이 어떤 형태의 봉쇄를 설정하여 강제하든 인정될 수밖에 없다는 힘을 바탕으로 한 현실주의적 입장의 표출이었다.[84]

이후 계속되어온 해상봉쇄에서 봉쇄국들은 선언, 공포 또는 유사한 수단들을 이용하여 봉쇄 관련 사실들을 중립국에게 고지하였지만, 종종 그 불공평으로 인하여 중립국과 봉쇄국간의 갈등 및 마찰을 가져왔다.[85] 봉쇄가 일반화됨에 따라 이전의 관행 대신에 이를 규제할 일반규칙이 요구되었던 것이다. 이에 따라 국제법학자들은 기존의 관행을 그대로 인정하여 이를 정당화하기에 앞서 적의 보급선을 차단하고자 하는 교전국의 열망과 타국과의 교역을 지속하고자 하는 중립국의 이익을 조화시키고자 노력했다.

그러나 전통적인 봉쇄법의 근간이 된 것은 실질적으로 국가관행이었다. 당시까지 행해지던

---

82) James F. McNulty, Blockade: Evolution and Expectation, 62 US Naval War College International Law Studies, 1980, pp.172-174. 동 봉쇄는 봉쇄선언에만 의존하여 간혹 임검하여 혐의가 있을 경우 나포할 뿐이어서 실효성을 결여한 지상봉쇄였다.

83) 김성찬 역, "봉쇄", 해양전략 제77호, 1992, pp.168-169.

84) Alfred T. Mahan, The Influence of Seapower Upon History, Hill and Wang, 1957, p.275 참조.프랑스 함대를 파괴하기보다는 무력화시키기 위한 이러한 영국의 봉쇄로 전쟁중이나 전쟁후에 있어서도 프랑스를 계속 열세한 상태에 처할 수밖에 없었다. Ibid., p.261.

85) James F. McNulty, op. cit., p.175.

봉쇄관행의 분석에서 전통적인 봉쇄법의 주요내용들을 도출했던 것이다. 중립국들은 교전국들의 특수한 봉쇄관행에 대해 침묵함으로써 묵시적으로 그에 따르기도 하고, 공개적으로 항의하거나 분쟁에 개입함으로써 그러한 관행에 대한 거부를 나타내기도 했다. 이러한 중립국과 교전국간의 대립과 타협으로 봉쇄의 설정(establishment) 및 강제(enforcement)를 규제하고 봉쇄기간 동안 상반되는 중립국 및 교전국의 권리들을 조정하는 원칙들, 즉 적절한 설정, 충분한 고지, 실효적 강제, 공평한 적용, 중립국 권리의 존중 및 봉쇄침파의 처벌이라는 일반원칙들이 확립되었다.[86]

이후 이러한 원칙들은 봉쇄의 설정 및 강제에 있어, 그리고 상충하는 이해를 조정함에 있어 기본이 되었다. 중립국들은 일반적으로 봉쇄를 존중하여 자국 상선에 대한 임검 및 수색을 묵인하였으며, 교전국들은 일반적으로 중립무역에 종사할 중립국의 권리를 존중했다.[87] 또한 봉쇄국으로서 뿐만 아니라 중립국으로서 봉쇄를 경험한 해양강대국들도 이러한 전통적 원칙들의 가치를 인정하여 이를 승인하고, 자국 포획법원에서 봉쇄의 정당성과 제3국 선박의 권리의무를 판단함에 있어 그 준거로 이러한 전통적 원칙들을 원용하였다.[88]

중립국 및 해양강대국의 전통적 주요원칙들의 존중은 봉쇄군의 조치와 중립국 상선들의 조치들은 더욱 예상할 수 있게 하였고, 합리적 범위내의 봉쇄를 가능케 하여 중립국과 봉쇄국간의 갈등이 분쟁으로 발전될 가능성을 감소시켰다.[89] 이러한 각국의 태도와 이후 형성된 관행들은 교전국 군함과 중립국 상선간의 다양한 이익들을 조정하고 분쟁과 갈등을 감소시킴으로서 그러한 원칙들을 국제관습법의 지위로 올려 놓았다.[90]

그런데 제1차 세계대전 발발시까지 봉쇄의 설정 및 강제에 있어 지침이 되었던 이러한 전통적 원칙들은 이미 17세기말부터 일반적으로 승인되고 있었음에도 불구하고 대륙국과 영국간의 매우 첨예한 의견대립으로 1856년까지 공식적인 국제적 합의나 이들 원칙들의 적용에 대한 국제적 승

---

86) Michael G. Fraunces, "The International Law of Blockade: New Guiding Principles in Contemporary State Practice", 101 *The Yale Law Journal*, 1992., p.895.

87) Daniel P. O'Conell, *The Influence of Law on Sea Power*, Manchester, 1975, pp.18-19.

88) 해양강국들은 제국건설이라는 공통의 목적을 갖고 있었는데, 봉쇄법은 이러한 그들의 목적추구를 반영한 것이었다. 교전국들은 해외식민지 건설에 봉쇄법을 이용했다. 당시 그들은 교전국 및 중립국으로서의 자신들의 역할이 얼마나 빨리 역전되는가를 알고 있었으며, 그리고 양자의 권리들을 존중할 가치가 있다는 것을 인식하고 있었다. Michael G. Fraunces, *op. cit.*, p.899.

89) *Ibid.*, p.893.

90) W. T. Mallison, *Studies in the Law of Naval Warfare*: Submarines in General and Limitted Wars, 1966, p.61, Michael G. Fraunces, op. cit, p.896에서 재인용.

인을 받지 못했다.[91]

그 이후 1909년 주요 해양국들은 관습봉쇄법의 법전화를 위하여 런던에서 회합을 갖고 이제가지의 관행과 관행에서 도출된 원칙들을 명문화하였다. 이것이 런던선언이다. 그러나 회의 참석자들은 런던선언에 서명은 했었지만 발효에 필요한 비준은 하지 않았다. 하지만 동 선언은 전통봉쇄법의 원칙들을 집단적으로 승인한 당시까지의 관행과 각국의 입장을 확인할 수 있는 유일한 법적 문서일 뿐만 아니라 오늘날의 해상봉쇄를 규제하는 기본적인 지침역할을 하고 있다.

### (나) 海上封鎖法의 內容

#### ① 適切한 設定

봉쇄를 설정할 수 있는 권리는 적대행위에 공개적으로 참여한 국가에게만 한정된다.[92] 봉쇄국은 이를 설정할 경우 봉쇄설정을 결정한다는 일방적 의사표시인 봉쇄선언을 행한다. 봉쇄의 선언은 종래의 국가관행으로 봉쇄요건이 아니었으나 런던선언에서 비로소 봉쇄의 성립요건이 되었다.[93] 이는 국가행위이므로 봉쇄를 설정하는 국가 또는 해군당국에 의해서 행하여야 한다.[94] 따라서 함대사령관이 재량에 의하여 봉쇄의 선언을 행할 수 없다. 그러나 함대사령관에게 선언의 권한이 부여된 경우 또는 선언 후 본국정부에 의하여 사후추인이 행해진 때에는 예외이다. 봉쇄의 선언에는 봉쇄개시일, 봉쇄구역의 범위 및 중립선박에 허용되는 퇴거기한 등이 명시되어야 한다. 실제 봉쇄와 다른 봉쇄인 경우 그 선언된 봉쇄는 무효이며, 새로이 봉쇄를 선언해야 한다.

---

91) 크리미아전쟁 수세기전부터 유럽 여러 국가들에 의해서 받아들여진 중립국의 선박이나 화물과 구분하여 적국의 선박과 화물의 대우에 대하여 대체로 반영되지 않았다. 동 전쟁의 발발과 함께 분쟁당사국들은 해상에서의 선박나포에 대한 규정을 일치시켜야 할 필요성을 느꼈다. 이에 1856년 2월 25일부터 4월 16일까지 파리에서 개최된 회의에 소집된 7개국(오스트리아, 프랑스, 영국, 프러시아, 러시아, 사디니아 및 터키) 대표들은 사략선의 폐지, 중립국 선박내의 적국 또는 중립국의 화물(전시금제품 제외)의 나포 금지, 봉쇄의 유효성 요건을 규정한 파리선언을 채택하였다. 동 선언은 해상봉쇄를 명문화한 최초의 공식문서이다. 비록 동 선언이 7개국에 의해 서명되었지만(총 가입국 51개국) 그 후 사실상 모든 해양국들이 동의하였으며, 많은 비당사국들도 동 선언을 준수하여 국제관습법으로 받아들여졌다. 해군본부, 전쟁법규집, 1988, p.28. 당시 미국은 공식적으로는 동 선언을 승인하지 않았지만 실제로는 미국내전과 1898년의 스페인 전쟁에서 이를 인정하였다. Herbert A. Smith, "The Declaration of Paris in Modern War", 55 *The Law Quarterly Review*, 1939, p.237.

92) L. Oppenheim, *op. cit.*, p.775.

93) L. Weber, *op. cit.*, p.48.

94) 런던선언 제9조. 1967년 5월 제3차 중동전쟁의 직접적인 도화선이 되었던 아랍연맹의 이스라엘 아카바만에 대한 봉쇄는 아랍연맹 대통령이, 쿠바미사일 위기시 해상차단 및 베트남 전쟁에서 북베트남 봉쇄는 미국 대통령이 봉쇄를 선언했다.

② 充分한 告知

충분한 고치 원칙은 적절한 설정 원칙과 밀접하게 관련되어 있다. 봉쇄의 고지는 봉쇄를 결정하였다는 통지로서 고지를 하지 않은 경우에는 그 사실에 입각한 권리를 주장할 수 없다.[95]

봉쇄의 고지방법으로는 일반적 고지(general notification), 지방적 고지(local notification), 개별적 고지(special notification)의 3가지가 있다. 일반적 고지는 모든 중립국에 대한 고지로서 직접 중립국정부에게 공신을 발하거나 봉쇄를 행하려는 국가에 주둔하는 중립국의 대사·공사에게 공신을 보내어 행한다(런던선언 제11조 1항). 지방적 고지는 봉쇄된 항구, 해안에 대한 고지로서 봉쇄함대의 지휘관이 지방관헌에 대하여 행한다.[96] 지방관헌은 가능한 한 속히 봉쇄항 또는 봉쇄해안에서 직무를 집행하는 외국의 영사에게 이를 통지해야 한다(런던선언 제11조 제2항). 미해전 법규에서도 적절한 수단으로써 모든 국가의 정부에 대하여 고지하는 것이 실례이다. 봉쇄부대의 지휘관은 항상 봉쇄구역의 지방당국에 고지를 행한다고 규정함으로써 일반적 고지는 물론 지방적 고지를 원칙으로 하고 있다.[97] 개별적 고지는 봉쇄함대에 의한 개개의 선박에 대한 고지이다. 개개의 중립선박이 봉쇄사실을 실제로 몰랐던 경우는 반증의 자유를 인정하여 반증이 성립하면 봉쇄함대 지휘관은 다시 해당선박에 고지함과 아울러 해당선박의 항해일지에 기입하게 된다.[98] 이와 같이 고지의 방법은 세 종류이지만 런던선언은 일반적 고지와 지방적 고지를 채택하고 있다.

③ 實效的 强制

전통적 봉쇄법은 봉쇄를 설정해서 종료되기까지 실효적인 강제를 요구했다. 이는 교전국이 봉쇄를 강제할 능력도 없으면서 봉쇄를 선언하는 소위 지상봉쇄(paper blockade)를 불법화하여 중립국 통상에 대한 제한을 가능한 한 줄이기 위해서였다.[99] 동 원칙은 이론적으로는 만약 봉쇄국이 적연안에 충분한 수의 군함들의 배치할 능력과 자원을 갖고 있지 못한 봉쇄에 의해 무역거래에서

---

95) L. Oppenheim, op. cit., pp.775~776.

96) 한편 중립국 정부에 대한 일반적 고지로 충분하며 봉쇄연안지역의 지방관헌에 대한 고지는 필요없다는 견해도 있다. 川本正昭, "현행법상의 해상봉쇄", 기술정보, 제24호, 1984. 9. p.3.

97) NWIP-10, 제632항 C.

98) 川本正昭, op. cit., p.3.

99) Robert W. Tucker, The Law of War and Neutrality at Sea, 50 U.S. Naval War College International Law Studies, 1955, p.285.

방해받고 싶지 않다는 중립국의 의도를 반영한 것이다.[100] 봉쇄가 효과적이기 위해서는 "적연안에의 접근을 실질적으로 방지할 수 있을 정도로 충분한 군대에 의해 유지되어야 한다".

봉쇄의 실효성 보장방법에 있어서 대륙주의와 영미주의는 입장을 달리하였다. 대륙주의는 정박봉쇄를 주장하고, 영미주의는 순항봉쇄를 주장한다. 그러나 오늘날 함정의 고속화 및 항모의 출현 등 전투수단의 발달에 따라 정박봉쇄는 그 의미를 상실하였으며, 1856년의 파리선언 제4조이나 1909년의 런던선언 제2조에서 순항봉쇄(영미주의)를 채택하였고, 대표적 대륙주의 지지국인 프랑스도 제1차 세계대전 이후 정박봉쇄 주장을 포기하였다.[101]

### ④ 公平한 適用

전통적 봉쇄법은 또한 국적에 관계없이 모든 선박에게 봉쇄를 공평하게 적용해야 할 의무를 요구했다(런던선언 제5조). 이는 무역거래를 지속케 함으로서 영국의 상업적 이익은 허용하면서도 특정항구에의 타국선박의 출입을 금지하던 18세기 및 19세기초의 불공평한 영국관행에 대한 대륙국가의 반발에서 나왔다.[102]

여기서 공평이란 국가에 대한 공평을 의미하며 선박에 대한 공평을 뜻하는 것이 아니다. 따라서 각국에 대하여 평등하게 취급하는 한 일정 종류의 선박에 한하여 출입을 허용할지라도 봉쇄의 유효성은 저해되지 않는다.[103] 즉 출입항에 대한 허용여부는 각국에 평등하게 적용되는 한 봉쇄함대 지휘관의 자유재량이었다(런던선언 제6, 7조).

따라서 해난을 만난 선박이 봉쇄해역내로 일시 피난하여 재출발하는 것을 허가하여도 적화에 이상이 없는 경우는 공평을 위반한 것이 아니다(동 제7조). 그리고 봉쇄항으로의 입항 또는 봉쇄항으로부터의 출항중 어느 한쪽만을 금지하는 경우도 봉쇄의 공평성을 위반하는 것이 아니다. 실제로 봉쇄되었을 때 봉쇄항내에는 중립선박은 허가된 퇴거기간에 출항하는 것에는 봉쇄선 통과가 인정되고 있으나 출항하지 않고 재항하는 것은 이를 포획할 수 있다.[104]

---

100) Francis H. Upton, *The Law of Nations affecting Commerce during War*, London, Methuen & Co., 1863, p.278. Michael G. Fraunces, *op. cit.*, p.897에서 재인용.

101) L. Oppenheim, *op. cit.*, p.780.

102) James F. McNulty, *op. cit.*, p.176.

103) 김명기, 국제법원론(하), 박영사, 1996, p.1487.

104) 川本正昭, *op. cit.*, p.4.

### ⑤ 中立國 權利의 尊重

중립국 권리의 존중 원칙은 중립국과 교전국 권리 및 의무간의 매우 복잡한 관계를 나타낸다. 봉쇄군은 중립국이 봉쇄항 또는 봉쇄연안과 직접적으로 통상하는 것을 방지할 권리를 갖는 바, 중립국항에 대한 접근의 방지까지 봉쇄를 확대하지는 않는다. 즉 봉쇄는 중립항 또는 중립지역으로 도달하는 것을 차단하는 것이어서는 안된다(동 제18조). 한편 적국과 중립국 사이에 있는 항구에 대해서는 관계중립국의 권리를 침해하지 않는 범위내에서 봉쇄할 수 있으며, 중립국의 항구나 해안에 도달할 것이 명백한 중립선은 통과를 허용하여야 할 것이다.

봉쇄군의 권리는 중립국의 위반행위가 행해진 위치, 즉 중립국 선박의 위치에 따라 다양하다. 봉쇄국 선박과 적연안 중간에 위치하는 수역에서는 교전국은 봉쇄연안을 출입하는 등 봉쇄침파를 시도하는 어떠한 선박을 나포(capture) 할 수 있다(동 제17조). 출항침파의 경우 봉쇄를 침파하는 선박은 봉쇄군의 선박에 의해 계속적으로 추적되는 동안 나포될 수 있다(동 제20조).

봉쇄구역 외부 및 공해에서 교전국은 적국에 전시금제품(contraband)을 수송하고 있는 것으로 의심되는 선박을 정선시키기 위하여 '임검 및 수색'(visit and search)의 관행에 의존해 왔다. 공해를 항행하는 교전국 군함은 모든 상선을 임검 및 수색할 권리를 갖는다. 적에게 전시금제품을 수송하는 것이 확인된 상선은 나포되어 교전국의 가까운 항으로 인치되었다. 그런 다음 교전국의 포획법원은 나포된 선박과 화물의 운명을 결정했다. 상선이 나포 또는 임검 및 수색에 저항하는 경우 봉쇄군은 추적할 수 있으며 필요하다면 그 선박을 복종하도록 하기 위하여 피해를 입히거나 파괴할 수 있다.[105]

### ⑥ 封鎖鍼破 船舶의 處罰

봉쇄침파(breach of blockade)란 유효하게 성립된 봉쇄선을 선박이 통과하여 봉쇄구역으로 출입하는 행위를 말한다. 봉쇄침파가 성립하기 위해서는 봉쇄선을 침범한 자가 봉쇄사실을 알고 있어야 하며(봉쇄의 인식), 중립선박이 봉쇄를 돌파하여 그 봉쇄지역을 통과하였거나 통과하기 위하여 항행하고 있어야 하며(봉쇄선의 통과), 봉쇄선을 침입한 중립선박은 현행중에 포획된 것이어야 한다(현행중).

105) William O. Miller, "A New International Law for the Submarine?", *US Naval Institute Proceeding*, Oct. 1966, p.97.

봉쇄의 인식의 정도는 대륙주의와 영미주의가 견해를 달리한다. 대륙주의는 추정적 인식으로 는 부족하고 현실적인 인식이 있어야 한다고 한다. 따라서 개별적 고지가 있어야 하며 그 후에 봉 쇄선을 통과하려고 할 때에 봉쇄의 침파가 성립된다고 한다. 반면에 영미주의는 일반적 고지가 있으면 봉쇄의 사실을 알고 있는 것으로 추정하며, 부지의 사실을 선박측에서 입증해야 한다. 런 던선언에서는 현실적 또는 추정적인 인식이 있어야 한다고 규정하고 있기 때문에 양 주의를 조화 시킨 것으로 보인다(동 제14조). 미해전법규에서도 런던선언과 같은 내용을 규정하고 있다.[106]

어떠한 경우를 통과의 시도라고 볼 것인가에 대하여도 대륙주의와 영미주의가 대립된다. 대 륙주의는 힘이나 기계를 사용하여 봉쇄선을 통과하고자 시도하는 것이 필요하다고 한다. 반면에 영미주의는 봉쇄선 근처에서 봉쇄선을 향한 방향으로 항행하거나 또는 그 봉쇄를 고지하고 있는 항을 향하여 집행하고 있는 경우에도 봉쇄선의 통과를 시도한 것으로 인정된다. 또한 연속항행주 의를 주장하여 외관상 중립국항 또는 봉쇄되지 않은 적항을 향하여 항행하는 선박이라 할지라도 다시 그 곳을 경유하여 봉쇄항으로 항행할 의도가 있을 경우에는 그 선박을 포획할 수 있다는 것 이다. 런던선언에 있어서는 통과의 시도에 대한 규정이 없다. 다만 봉쇄함대는 선박이 중립국의 항구나 해안에 도착하는 것을 차단할 수 없고, 현재 봉쇄되지 않은 영해를 향하여 항해하고 있을 때에는 선박이나 화물을 포획할 수 없다고 규정하고 있다(런던선언 제192h). 이는 연속항해주의를 인정하지 않았음을 의미한다.[107]

봉쇄의 침파는 현행중(in delicto)의 침파행위에 대해서만 성립한다(런던선언 제38조). 그러나 미해 전 법규에서는 봉쇄침파의 미수에 관하여 다음과 같이 정의했는데 "봉쇄침파는 어떤 선박이나 항 공기가 봉쇄를 무효화할 의도로써 항구나 활주로를 출발한 때로부터 발생한다. 만일 궁극적인 목 적지가 봉쇄구역이거나 혹은 적하에서 발견된 물건이 봉쇄구역을 통하여 다른 선박에 옮겨실을 예정이었다면, 임검 당시에 그 선박이나 항공기가 중립국의 항구 또는 비행장행이었다는 것은 문 제가 안된다. 선박 및 항공기가 봉쇄지역으로의 통과지점으로 기여하는 중립국의 항구 또는 비행 상행인 경우에 봉쇄침파 기도로 추정된다"고 하였다. 그러면서 이러한 기도의 경우도 후술할 포 획의 대상으로 규정하고 있다.[108]

---

106) NWIP-10, 제632항 g.

107) L. Oppenheim, *op. cit.*, pp.786-87, n.5.

108) NWIP-10, 제632항 g(1)(2).

또한 포획에 대해서 대륙주의와 영미주의의 학설이 대립하는 바, 런던선언은 대륙주의를 채택하고 있다(런던선언 제17 및 제20조). 대륙주의는 함선이 봉쇄선내에서 항행중일 경우에 포획한다. 즉 이 주의는 현행중이라는 의미를 봉쇄선내에서 항행중일 때와 그곳에서 봉쇄함대에 의하여 추적되고 있는 동안을 의미한다고 주장한다. 영미주의는 출발항에서 봉쇄항을 거쳐 출항 또는 본국으로 귀항하는 동안에 어느 때이건 포획이 가능하다. 이는 연속항해주의에 따른 개념이라 하겠다.[109]

봉쇄를 침파한 경우, 봉쇄를 선언한 교전당사자는 이를 포획, 처벌할 수 있다. 선박은 몰수된다. 그 선박이 적국의 선박이건 중립국의 선박이건 불문한다(런던선언 제21조). 선적된 화물의 경우에 영미주의는 첫째 화주와 선주가 동일하지 않은 경우에도 화주가 화물을 선적할 때에 당해선박이 봉쇄항을 향한다는 사실을 인식한 경우에는 몰수된다. 런던선언은 화물을 선적할 때에 봉쇄의 고지가 있었음을 화주가 인식하지 못하였거나, 인식할 수 없었음을 입증한 경우 이외에는 몰수된다고 규정하고 있다. 선원에 대해서는 18세기 이전에는 선원은 사형에 처했으나, 오늘날에는 포획재판소의 결정에 따라 즉시 석방되며 포로로 할 수 없다. 그러나 적국의 선원은 대체로 포로가 된다.[110]

### (3) 海上封鎖의 制限
#### (가) 人道的 物品의 通過 및 救護機關(要員)의 活動 報障

봉쇄는 피봉쇄국의 모든 통상을 차단하기 때문에 민간주민에 대한 고통을 가중시키는 경향이 있다. 따라서 군사목적상 봉쇄를 강제할 경우에도 인도적 물품의 통과 및 구호기관(요원)의 활동을 보장함으로써 봉쇄로 인한 민간주민의 피해와 고통을 최소화할 필요가 있다. 이는 오늘날 국제인도법의 일부 규정들에서 확인되고 있다.

'전시에 있어서의 민간인의 보호에 관한 1949년 8월 12일자 제네바협약'(제네바 제4협약) 제23조는 제1항에서 비록 봉쇄를 침파한 화물이라 할지라도 다른 목적에 사용하지 않고, 남용되지 않는다는 것이 보장될 경우 오로지 민간인을 위하여 사용되는 의약품, 종교용품 및 15세 미만의 아동과 임산부용 물품은 자유통과가 보장되어야 한다는 것을 명규하면서, 제2항에서 탁송품이 그 행

---

109) 川本正昭, *op. cit.*, p.6 참조.
110) L. Oppenheim, *op. cit.*, p.790.

선지에 도착하지 못하거나, 관리가 유효하게 실시되지 못할 우려가 있는 경우 및 적의 군사력 또는 경제에 명백히 이익을 주게 될 우려가 있는 경우에는 통과를 제한할 수 있다는 내용을 부가하고 있다.[111]

그리고 '1949년 8월 12일자 제네바협약에 대한 추가 및 국제적 무력분쟁의 희생자 보호에 관한 의정서'(제1추가의정서)는 제70조에서 제네바협약에서 규정하고 있는 민간주민의 구호품뿐만 아니라 그 성질상 인도적이고 공정하며 어떠한 불리한 차별도 없이 행하여지는 구호활동의 허용(제1항)과 구호요원의 신속하고도 무해한 통과의 보장(제2항)을 재차 확인하고 있다. 이외에도 동 의정서 제69조(피점령지역에 있어서의 기본적 필요)는 점령국은 가용한 수단을 다하여 그리고 어떠한 불리한 차별도 없이 피복·침구·대피장소·피점령지역의 민간주민의 생존에 필수적인 기타물품 및 종교적 예배에 필요한 물건의 공급을 보장해야 함을, 제71조(구호활동에 참여하는 요원)는 구호요원은 자신의 임무를 수행할 영역이 속하는 당사국의 승인과 안보상의 요구를 존중하는 조건으로 구호활동에 참여할 수 있으며, 이들은 존중되고 보호되어야 한다고 규정하고 있다.

또한 해상봉쇄는 민간인들에 대한 전투방법으로서의 기아작전을 금지시키고 있는 제1추가의정서 제54조(민간주민의 생존에 불가결한 물건의 보호) 및 '1949년 8월 12일자 제네바협약에 대한 추가 및 비국제적 무력분쟁의 희생자 보호에 관한 의정서'(제2추가의정서) 제14조(민간주민의 생존에 불가결한 대상물의 보호)에 의해 일정한 제한을 받는다. 만약 전투방법으로서 민간주민에 대한 기아작전이 금지된다면 논리적으로 볼 때 민간주민의 기아를 가져올 수 있는 전투방법은 불법이거나 합법성이 의문시된다. 봉쇄에 의해 야기된 고의적인 경제적 마비는 민간주민을 기아에 빠뜨릴 가능성이 크다.[112] 파리선언 및 런던선언의 규정에도 불구하고 절대적 전시금제품과 상대적 그것간의 구분이 사라져 가고 있고, 전시금제품목이 확대되는 경향에 비추어 볼 때 봉쇄로 인한 민간주민의 기아는 절박한 문제이다. 사실상 식료품(식량)이 절대적 또는 조건부 금제품으로 취급됨에 따라 민간주민은 가장 극심한 고통을 피할 길이 없을 것이다.

---

111) E. Rosenblad는 제23조 제1항은 전체로서의 민간주민에 대해서가 아니라 15세 이하의 아동, 임산부 및 유아의 모와 같은 가장 고통받기 쉬운(공격을 받기 쉬운) 계층에 대해서만 구호를 규정하고 있으며, 제2항은 광범위하고 모호해서 봉쇄군에게 너무 많은 재량과 주관적 행사를 허용하고 있다고 비판한다. E. Rosenblad, *International Humanitarian Law of Armed Conflict: Some Aspects of the Principle of Distinction and Related Problems*, Henry Dunant Institute, 1979, pp.113-114.

112) T. D. Jones, "The International Law of Maritime Blockade: A Measure of Naval Economic Interdiction", 26 *Howard Law Journal*, 1983, p.540.

### (나) 封鎖國과 中立國의 利益 調和

오늘날 해상봉쇄의 결정과정에 있어서 최우선적인 고려사항은 중립국과 교전국간의 이익을 어떻게 조화시킬 것인가 하는 것이다. 이러한 양자의 입장을 어떻게 절충하느냐에 따라 봉쇄의 성공여부가 판가름나기 때문이다. 만일 중립국이 해양강국이라면 강력한 부정적 반응을 보이는 등 봉쇄국에게 매우 큰 심리적 부담을 주기 때문에 봉쇄규모가 축소되거나 봉쇄설정 자체가 취소될 수도 있지만, 봉쇄설정으로 달성하고자 하는 목표의 가치가 예상되는 중립국의 부정적 반응을 능가할 경우에는 적절한 봉쇄형태 및 봉쇄규모가 선택된다.

이는 제2차 세계대전, 이란-이라크전 및 포클랜드전에서 확인되었는데, 이들 전쟁 모두에서 봉쇄국들은 그들의 봉쇄목표 및 능력이 중립국을 능가할 경우에는 봉쇄규모를 확대하였으며, 중립국의 필요 및 능력이 봉쇄국을 압도할 경우에는 봉쇄규모를 크게 제한함으로써 자국의 이익과 중립국 이익간의 조화를 이루었다.[113]

봉쇄국과 중립국간의 이익의 조정 문제는 봉쇄실행에 있어서 강제수단의 선택과도 밀접한 관련이 있다. 오늘날 국가들은 봉쇄를 강제하기 위하여 육지, 공중 또는 수상함에서 발사되는 미사일, 핵 또는 디젤추진 잠수함, 고속제트기, 수상함 및 다양하고 복잡한 기뢰 등을 이용하는데,[114] 그 성능이 각각 다르기 때문에 어떤 수단이 사용되느냐에 따라 중립국 선박에 미치는 부담이 다르다. 봉쇄국들은 중립국 상선에 과해지는 부담이 증가될수록 봉쇄지역의 규모를 축소한다. 중립국에 과해지는 부담은 봉쇄에 사용되는 무기체계의 중립국과 교전국 선박의 구별능력에 따라 달라지는 바, 봉쇄국들은 그러한 구별능력이 가장 뒤떨어진 무기를 사용할 때 봉쇄규모를 최대한으로 축소한다. 왜냐하면 그러한 무기일수록 중립국 상선에 피해를 입힐 가능성이 더 크기 때문이다.[115]

---

113) B. Bozcek, "Law of Warfare at Sea and Neutrality: Lessons from the Gulf War", 20 *Ocean Development and International Law*, 1988, pp.239, 244~245; W. J. Fenrick, "The Exclusion Zone Device in the Law of Naval Warfare", 24 *Canadian Yearbook of International Law*, 1986, pp.109~116; O. E. Bring, "The Falkland Crisis and International Law", 51 *Nordisk Tidsskrift for International Ret*, No.3~4, 1982, p.145 참조.

114) R. Grunawalt, "The Rights of Neutrals and Belligerents, in Conference Report, The Persian- Arabian Gulf Tanker War: International Law or International Chaos", 19 *Ocean Development and International Law*, 1988, pp.299, 307.

115) M. G. Fraunces, *op. cit.*, p.912.

## 바. 戰爭水域

### (1) 戰爭水域의 設定

20세기 들어 발생한 해상무력분쟁에서 분쟁당사국들은 많은 경우 해상이나 그 상공에 정규의 통항 및 비행을 제한할 목적으로 일정 수역(zones)을 설정함으로써 분쟁당사국이나 제3국 선박 및 항공기가 허가없이 진입하는 것을 거부해 왔다. 이러한 수역은 전쟁수역(war zones)외에도 배제수역(exclusion zones), 군사수역(military areas), 폐쇄수역(barred areas) 및 작전수역(operational zones) 등 여러 명칭으로 불리고 있다.

전쟁수역의 초기 관행은 제1, 2차 세계대전을 계기로 전통적 봉쇄를 대신하여 등장한 새로운 형태의 봉쇄 유사 제도에서 비롯되었다. 제1차 세계대전에서 영국과 독일은 타국의 모든 해상무역을 금지시키기 위하여 전통적 봉쇄형태를 무시했는데, 영국은 군사수역(military zone)을 그리고 독일은 전쟁수역(war zone)이라는 기존의 전통적 봉쇄와는 전혀 다른 형태이지만 실질에 있어서는 봉쇄와 동일한 효과를 얻는 새로운 봉쇄 유사 제도를 채택했었다.

독일은 1914년 8월 대영전쟁개시 직전부터 영국동연안 주요항 주변해역에 기뢰를 부설하였는데, 이는 동 수역에서의 영국 선박의 항행에 매우 위협적이었다. 이에 대항하여 영국은 1914년 10월 2일 영국과 벨기에간의 해역에 상설기뢰부설구역(permanent mine-field)을 설정하고, 1914년 11월 5일 영국의 헤브리지즈제도, 훼로즈제도 및 아이슬란드를 직선으로 연결한 선으로부터 북해(North Sea) 전 해역을 군사수역으로 지정한 후,[116] 독일 잠수함 및 방어기뢰로부터의 피해를 예방하기 위하여 독일연안에서 수 백 마일 떨어진 해역에 군함을 주둔시켰다.

한편 독일은 영국이 군사수역에서 중립선박내의 독일 화물을 불법으로 포획하자 도버해협 전역을 포함한 영국 주변의 모든 수역에 전쟁수역을 선언하고, 수상함만으로는 해상통제에 역부족을 느껴 잠수함을 동 수역에 배치했다. 이 수역은 당초 영국 선박에 대한 무경고 격침을 목적으로 한 것이지 중립선박의 영국항으로의 출입을 금지한 것은 아니었기 때문에 전쟁초기 독일은 자국 잠수함에 동 수역 내에서 발견되는 상선을 인견, 수색 및 나포할 것을 명령하면서도 중립국 선박의 고의적인 격침은 금지시켰다.[117]

영국은 독일의 전쟁수역 설정에 대한 보복으로 1915년 3월 독화나포추밀원령을 공포하고, 상

---

116) 川本正昭, op. cit., p.7.

117) W. T. Mallison, op. cit., pp.62–64.

선을 무장시켜 이들로 하여금 타 선박을 임검 및 수색하기 위해 부상하는 독일 잠수함을 공격하여 격침시킴으로서 소기의 성과를 거두었다. 이에 독일은 영국의 추밀원령이 런던선언을 위반하였다면서 영국 주변해역에 한정되어 있었던 전쟁수역을 1917년 2월 프랑스, 이탈리아, 그리스, 소아시아 및 북아프리카 주변해역까지 확대하여 그 해역에서는 특별히 항행허가를 받은 선박을 제외한 모든 선박을 기뢰 또는 잠수함으로 경고없이 격침한다는 훈령을 발했다.[118]

독일의 전쟁수역 설정에 의한 중립국 선박의 피해 증가와 고의적 격침에 대한 우려 및 반발로 미국이 참전하게 되자 독일은 잠수함에 의한 임검 및 수색을 포기하고 일시적으로 봉쇄를 중지했다. 하지만 육상전투에서의 심각한 곤경과 영국의 대응조치로 인한 피해 증가 및 중립국의 보복을 두려워한 독일은 자국 잠수함에게 선언된 전쟁수역내에서 발견되는 적상선은 물론 중립선을 포함한 모든 선박들을 무차별적으로 격침시킬 것을 명령했다.[119]

제2차 세계대전에서는 1차 세계대전과는 달리 영국은 1939년 9월의 전쟁초기부터 군사수역을 설정, 실시하였으나 그 지리적 범위는 명시하지 않았다. 1939년 11월에는 제1차 세계대전에서와 마찬가지로 독화나포추밀원령을 공포했으며, 기뢰부설수역도 1940년 4월 이후부터 노르웨이 발틱해 남부까지 확장하였다. 독일은 이러한 영국의 대독군사구역 및 독화나포추밀원령의 적용을 제1차 세계대전의 군사수역과 같은 조치로 간주하여 1940년 8월 대영봉쇄를 선언했다. 그 범위는 도버해협을 포함한 영국의 모든 주변해역이었다. 중립선박은 이 해역에서 지정된 안전항로로 항행할 것을 요구받고 그 항로를 이탈한 선박은 모두 적선으로 간주되어 나포 또는 격침한다는 훈령을 발했다.[120]

제1, 2차 세계대전에서의 영국과 독일의 변형된 특정수역제도(영국의 군사수역 및 독일의 전쟁수역) 설정은 그 정당성에 있어 약간의 논란이 있긴 하지만, 오늘날까지 장거리 봉쇄(long-distance

---

118) *Ibid.*, pp.66~67. 영국은 독화나포추밀원령에서 해상포획이나 봉쇄란 말을 사용하지 않는다. 그것은 동령의 규정이 해상포획이나 봉쇄와는 차이가 있는 독특한 것이었기 때문이었다. 그러나 영국은 동령의 적용을 정당화하기 위하여 후에 이것을 장거리 봉쇄라 칭하였다.

119) 독일은 동 구역내에서 발견되는 모든 선박을 격침시킬 것인가를 결정하기 전에 중간조치(interim step)를 취했다. 독일은 잠수함 함장에게 상선을 격침시키기전에 그들이 무장을 했는지를 확인하라고 지시했다. 하지만 이러한 해결책은 실용성이 없었는데 그 이유는 영국 상선들은 잠수함이 부상하여 임검 및 수색을 시작할 때 까지 무장을 숨기고 있었기 때문이었다. W. T. Mallison, *op. cit.*, p.67. 육상전투에서의 심각한 곤경과 영국봉쇄의 유효성이 증대는 독일로 하여금 봉쇄구역을 설정토록 하였다.

120) 川本正昭, op. cit., p.8. 제2차 세계대전 초기 독일과 영국의 상대국에 대한 봉쇄 및 대항봉쇄에 대한 자세한 설명은 C. P. Stacey, "The War: Blockade and Counter-Blockade" 9 *University of Toronto Law Review*, 1939-1940, pp.270-281 참조.

blockade) 및 봉쇄구역(zone of blockade)이라는 관행으로 지속되고 있다.

먼저 장거리 봉쇄에 대해 살펴보면, 오늘날 각국들은 봉쇄를 강제하기 위하여 수상함을 이용할 시 적연안에서 멀리 떨어진 곳에 자국의 군함들을 배치하고 있으며, 매우 확대된 구역을 봉쇄해야 하는 부담을 최소화하기 위하여 장거리 봉쇄를 취하면서도 나포대신에 임검 및 수색하여 전시금제품을 운송하는 선박은 변침시키고 전시금제품을 적재하지 않은 상선은 통과시키는 등 일반적으로 중립국의 권리를 존중한다.[121]

장거리 봉쇄의 예로는 제1차, 제2차 세계대전중 독일 잠수함이 영·불 군함을 무경고 격침한 것에 대한 복구로서 양국이 실시한 것을 비롯하여 1914년 11월 3일 영국이 북해를 군사수역으로 선포한 것, 1915년 2월에 독일이 영국본토의 근접해역에 차단수역을 선포한 것, 1939년 11월 27일에 독일과 영국이 역시 이와 같은 선언을 한 것 등이 있다. 또한 한국전쟁중 1952년 9월 27일 UNC가 한국연안에 대한 공격의 방지, UN군 보급선의 확보, 전시금제품 수송의 방지 및 간첩활동의 방지 등을 위해 설치한 한국방위수역(이른바 Clark Line)도 전쟁수역을 선포한 일종의 장거리 봉쇄라 하겠다.[122]

이러한 봉쇄형태의 가장 최근의 사례에는 걸프전에서 다국적군이 홍해(the Red Sea)와 북아라비아만(northern Arabian Gulf) 전역에서 선박들을 차단한 것이다. 처음에는 차단선박이 상선을 임검 및 수색하고, 상선이 그러한 조치에 저항할 때는 변침을 강요하기 위하여 헬리콥터를 이용하여 특수부대를 투입하였다.[123] 다국적군에 의한 봉쇄조치의 성공은 장거리 봉쇄가 완강하게 저항하는 적에 대해서도 효과가 있다는 것을 보여주었다.[124] 그럼에도 불구하고 장거리 봉쇄를 강제하기 위하여 필요한 많은 비용과 함정들은 장거리 봉쇄가 소멸할 것이라는 것을 보여주었다. 적국보다 더 강한 수상해군을 가진 봉쇄국만이 장거리봉쇄를 이용할 수 있기 때문이다.[125]

다음으로 봉쇄구역에 대해 살펴보면, 오늘날 봉쇄 강제수단이 수상함에서 기뢰, 미사일, 잠수함 및 항공기로 대체됨에 따라 교전국들은 수상함에 의한 봉쇄선 대신 적연안을 따라 모든 선박

---

121) Michael G. Fraunces, *op. cit.*, pp.905-906.

122) 이병조·이중범, *op. cit.*, p.1098.

123) T. Delery, "Away the Boarding Party", *U.S. Naval Inst. Proc., Naval Rev.*, 1991, pp.66-71.

124) 걸프전에서의 해상봉쇄작전의 성공 및 효과에 대해서는 해군본부, Gulf 전쟁 분석, 1991, pp.17-19; 해군본부(역), 걸프전에서의 해군작전, 1992, pp.30-36 참조.

125) Michael G. Fraunces, *op. cit.*, p.906.

들이 출입을 금지해야 될 봉쇄구역을 선언하는 등 봉쇄관행이 급격히 변화하고 있다. 이는 상선의 임검 및 수색 또는 나포를 위하여 고도로 발전된 현대 해상무기를 사용할 수 없기 때문이다.[126] 선언된 구역내에서 발견되는 중립국 및 교전국 선박은 무차별 공격의 표적이 된다.

1972년 미국은 Haiphong을 포함하여 9개의 베트남 항구에 봉쇄를 선언하고 이를 강제하기 위하여 기뢰를 부설했다.[127] 1971년 이란-이라크전 및 1983년 포클랜드전에서 인도와 영국은 각각 봉쇄구역을 강제하기 위하여 잠수함을 효과적으로 이용하였으며, 특히 인도는 미사일까지 이용했다. 이란-이라크전에서 양국은 미사일을 사용해 타국 연안에 봉쇄구역을 강제하였다.[128]

이러한 봉쇄관행의 변화는 무력분쟁에 있어서 경제전의 중요성 증대와 해상무력분쟁에서 사용되는 전투수단의 급속한 발전 및 현대무기의 전통적 봉쇄를 행할 능력이 없는 중립국으로의 확산때문이었다.[129] 이러한 상황변화가 전통적 봉쇄형태를 장거리 봉쇄나 봉쇄구역과 같은 새로운 봉쇄형태로의 대체를 촉진시키고 있는 것이다.

### (2) 戰爭水域 設定의 制限

전쟁수역의 설정으로 동 수역에의 출입 허가를 받지 않은 선박이나 항공기는 종종 미사일, 항공기, 잠수함 또는 수상함에 의한 공격 및 제재를 받거나 분쟁당사국들이 적의 해양사용을 억제하고 출입을 봉쇄하기 위하여 부설한 기뢰원에 들어갈 위험을 무릅쓴 채 이러한 수역에 출입할 수 밖에 없었다.

문제는 실제 해상무력분쟁에서 각국들이 관행적으로 각종 수역들을 설정, 운용하고 있는데도 현재까지 발효된 어떠한 해전법규에서도 이들 수역에 관한 명시적 규정을 두고 있지 않다는 것이다. 따라서 일부에서는 이러한 수역은 위법이며 따라서 그것을 설정해서는 안된다고 주장하기도 한다.

그러나 실제 분쟁에서 이들 수역이 현실적으로 존재하여 왔고, 아직도 그러한 국가관행을 불법화할 명확한 관행이나 합의가 존재하지 않는 현실에서는 이들 수역의 설정을 지나치게 확대한

---

126)  W. T. Mallison, *op. cit*, p.37; M. Moos, "The Navicert in World War Ⅱ", 38 *American Journal of International Law*, 1944, p.115.

127)  D. P. O'Connell, *op. cit*., p.94.

128)  .Jenkins, "Air Attacks on Neutral Shipping in the Persian Gulf", 8 B.C. *Law Review*, 1985, p.546.

129)  Thomas C. Linn, "Naval Forces in the Post-Cold War Era", 20 *Strategic Review*, No.4, 1992, pp.19~20.

다든가 또는 수역을 설정함으로써 기존의 국제법적 의무를 면하려고 하는 분쟁당사국의 자의적인 조치를 방지하기 위해서는 보다 보편적인 지침을 제시하는 것이 보다 합리적일 것이다.

왜냐하면 전쟁수역은 교전국에게는 지정수역 내에서 해상교통을 정지시킬 수 있는 권리주장을 가능케 하며, 중립국 선박에게는 동 수역에서 항행을 해서는 안되는 의무를 부과할 뿐만 아니라 공격을 받거나 격침될 수도 있는 수역으로 동 수역의 설정으로 중립국 국민들은 타국의 군사적 필요에 의해 결과적으로 피해를 당하는 결과를 가져올 수 있기 때문이다.[130]

가장 바람직한 것은 국가들간의 행위를 예상가능토록 하고 그에 따라 해상에서의 폭력을 감소시키기 위해서는 현 봉쇄법을 중심으로 한 전쟁수역 설정 원칙들을 명료하게 하는 일이다. 원칙(법)이 명확할수록 분쟁당사국은 전쟁수역의 설정 및 집행에 있어 더욱 명확한 결정을 내릴 수 있을 것이고, 그 원칙들을 준수함으로서 자신들의 행위는 더욱 신뢰를 받게 될 것이며, 교전국과 중립국간의 불필요한 분쟁은 줄어들 것이다.

그리고 이러한 원칙의 도출은 해전에서의 새로운 수단 및 방법, 새로운 목표의 등장으로 국가관행의 분석을 매우 복잡하게 하는 것은 사실이지만, 기존의 국가관행을 기초로 하지 않을 수 없다. 왜냐하면 현실과 관행을 도외시한 규범이란 그 실천력을 담보할 수 없기 때문이다.

제2차 세계대전 이후의 해상봉쇄들에서 이전의 근접봉쇄 대신에 장거리 봉쇄 및 봉쇄수역의 등장이라는 급격한 봉쇄관행의 변화로 인하여 발생된 규정과 관행간의 괴리는 실제사례에서의 타협과 조절로서 메워졌는데, 국가관행의 검토를 통해 오늘날 해상봉쇄의 주요원칙으로 봉쇄국과 중립국의 이익 조화, 충분한 고지, 공평한 적용 및 합리성 보장이 도출되었듯이 마찬가지로 오늘날의 전쟁수역 설정 관행을 통해 이러한 수역의 설정에 있어 분쟁당사국들이 준수해야 할 지침을 마련할 수 있을 것이다.

물론 명시적 현행 법규의 미비로 이러한 지침들이 그 효력에 있어 법적 확신을 얻기까지는 상당한 시간이 필요할 것이다. 하지만 장차 시간이 지남에 따라 이러한 새로운 지침들을 명시적으로 승인하고 강제해야 할 필요는 더욱 커질 것이다. 다음은 입법적 관점에서 살펴 본 전쟁수역 설정에 있어 준수되어야 할 지침의 일부이다.

첫째, 분쟁당사국은 해양의 일정구역의 합법적 사용에 역효과를 미치는 구역을 설정함으로서

---

130) 김현수, "국제법상 전쟁수역의 법적 지위", 해양전략, 제89호, 1995. 12, p.124.

국제인도법의 의무를 면할 수 없다. 전쟁수역을 설정한 교전국은 국제인도법의 의무로부터 면제되는 권리를 갖는가 또는 전쟁수역을 설정함으로써 추가적인 권리를 획득하는가 하는 문제가 쟁점이 될 수 있다. 그러나 전쟁수역을 설정하더라도 교전국은 국제인도법상의 의무를 면할 수 없으며 또한 선박과 항공기를 공격할 수 있는 새로운 권리도 향유하지 못하며, 기존의 의무를 면하는 것도 아니다. 다만 전쟁수역 설정을 둘러싼 실제의 사정을 생각하면, 특히 방위목적으로 수역이 설정된 경우에는 당사국은 어떤 행위를 수역밖에서 보다는 수역안에서 행하기가 쉬울 것이다. 예컨대 교전국은 허가없이 그 수역내에 있는 선박이나 항공기는 수역이 설정되어 있지 않던 경우보다도 적대적인 목적하에 그곳에 들어왔다고 추정하기가 쉬울 것이다. 그리고 교전국은 정책문제로서, 예컨대 구역안에서는 합법적인 군사목표를 구성하는 선박이나 항공기를 공격할 수 있는 권리를 행사하지만, 구역밖에서는 그러한 일정한 선박이나 항공기를 공격하지 않을 것을 결정할 수 있다. 교전국이 구역외에서 행사할 수 있는 권리의 행사를 단지 축소하는 것은 허용된다.

둘째, 분쟁당사국이 예외적인 조치로써 전쟁수역을 설정한 경우 전쟁수역의 범위, 위치, 기간 및 부과된 조치는 군사적 필요성 및 비례성 원칙에 의해서 엄격하게 제한되어야 한다.

전쟁수역의 범위, 위치 및 설정기간의 결정에 있어서 '합리성 원칙'이 요구된다. 전쟁수역 및 동 수역에 부과되는 조치(제한조치 및 강제조치 모두 포함)와 수역 설정국의 자위의 요구간에는 균형이 이루어 져야 하며 또한 증명할 수 있는 관련이 존재하지 않으면 안된다. 예컨대 포크랜드 분쟁으로 아르헨티나가 설정한 포클랜드제도(제도) 주위 200해리 전쟁수역은 적절하다고 볼 수 있지만, 남대서양 전역이 전쟁수역이라는 취지의 아르헨티나 선언은 자국을 방위해야 할 필요성에 비추어 볼 때 균형을 상실한 것으로 분쟁과 무관한 선박에 영향을 미쳤다. 문제는 전쟁수역을 설정하는 국가는 수역 설정시에 수역안에 들어오는 선박에 대한 제한조치와 그 제한조치에 따르지 않는 선박에 대한 강제조치를 공표하여야 하는가 하는 것이다. 제한조치와 강제조치의 공표가 수역 설정의 정당성을 높인다고 보는 견해가 있는 반면, 강제조치의 공표는 교전규칙(rules of engagement)을 공표하는 것과 같기 때문에 타국의 동의를 얻기 어려울 것이라는 견해도 있다. 그러나 제한조치의 공표는 선박이 무엇을 요구하는 것인가를 알기 위해서 필요하기 때문에 전쟁수역을 설정하는 국가는 강제조치의 전반적인 내용을 밝힐 필요가 있고 그리고 정확한 교전규칙을 밝힐 것이 요구되지는 않지만 이를 공표하는 것이 바람직하다.

셋째, 전쟁수역의 지리적 범위가 중립국의 항구 및 해안에의 자유롭고 안전한 교통을 현저히 방해하는 경우나 군사적 요구가 인정되지 않는 경우를 제외한 통상적인 항로가 영향을 받는 기타의 경우에는 중립국 선박 및 항공기에 대해 전쟁수역내에 필요한 안전통항로를 설정하여야 한다. 이처럼 분쟁에 관여하지 않고 있는 선박이나 항공기가 구역을 통과하지 않으면 안될 가능성이 높은 경우에는 특별한 항로를 제공하여야 하며, 또한 그들에 대한 공격위험을 최소한으로 하는 특별한 조치를 취해야 된다. 이는 항행의 자유를 제한하지만 그러한 선박이나 항공기에 대한 위험을 최소화하는 것이다.

넷째, 전쟁수역을 설정하는 분쟁당사국은 해양을 합법적으로 사용할 중립국의 권리에 타당한 고려를 해야 한다. 이러한 중립국의 권리에는 어업의 권리와 관선 및 전선을 사용할 권리가 포함되어야 한다. 또한 전쟁수역의 개시일, 기간, 위치 및 범위, 부과되는 제한은 공개적으로 선언되고 적절히 통고되어야 한다. 이러한 통고에는 외교경로와 적절한 국제기관, 특히 국제해사기구(International Maritime Organization: IMO)와 국제민간항공기구(ICAO)가 포함되어야 한다.

다섯째, 전쟁수역이 설정되었다고 해서 선언된 전쟁수역 이외의 해상작전 인근에 있는 중립국 선박 및 항공기를 통제할 교전당사국의 관습적 권리를 감소시키는 것으로 간주되어서는 안된다. 교전국은 해상작전 인근해역에서는 중립국 선박과 항공기의 활동에 대하여 특별히 제한할 수 있으며 또한 그러한 선박과 항공기가 인근해역에 들어가는 것을 완전히 금지할 수 있다. 예컨대, 교전국 군함은 인근해역에 존재하는 중립국의 상선이나 민간기가 어떠한 방법으로 해상작전을 위험하게 하거나 해하는 경우에는 그러한 선박이나 항공기의 통신을 통제할 수 있다. 통신에 관한 지시를 무시하는 선박이나 항공기는 발포나 나포될 위험이 있다. 해상작전 인근해역이란 적대행위가 행하여지고 있거나, 교전국 부대가 실제로 작전행동중인 해역이다.

## 사. 軍事的 幇助(非中立役務)

### (1) 意義

교전국에 대하여 군사적 이익이 되는 중립인의 행위를 군사적 방조 또는 비중립역무(unneutral service)라고 한다. 전시금제품이나 봉쇄의 경우와 같이 적국에 대한 화물의 보급 및 거래가 문제시되는 것이 아니고, 적국군대의 수송, 적국에 대한 정보의 전달과 같이 직접적인 이적행위가 문제되는 것이다. 전시금제품의 수송과 유사한 까닭에 운반되는 사람을 戰時禁制人, 운반되는 문서를 戰時禁制書 또는 양자를 합하여 類似禁制品(analogues of contraband), 準禁制品(quasi-contraband)이라

고도 부르나 이것들은 어느 것이나 공적 용어는 아니다.[131]

　군사적 방조를 행하는 중립선박은 몰수되며, 문제의 사람은 포로로 하거나 또는 억류할 수 있고 문제의 정보도 몰수할 수 있다. 제1차 세계대전 중 중립국은 이러한 교전국의 권리에 반대하였으나 국가관행은 이 교전국의 조치를 인정한 것으로 간주된다. 1940년 1월 영국군함에 의하여 21명의 독일인이 납치당한 아사마 마루號(淺間丸, Asama Maru) 사건에서 일본정부는 공해상의 중립선박으로부터 적의 병력을 납치할 수 있는 권리는 부인하지 않았다(병력 이외의 자에 대한 납치는 부인).[132]

### (2) 內容

런던선언은 군사적 방조를 경방조와 중방조로 구별하고 있다.

#### (가) 輕幇助

① 선박이 적군에 편입된 승객을 수송할 목적을 가지고 또는 적을 이롭게 하는 정보를 전달할 목적을 가지고 특별히 항해하는 경우
② 선박이 적국정부가 파견한 대리인의 명령 또는 감독하에 놓인 경우
③ 선박이 전체로서 적국정부에 고용된 경우
④ 현재 또는 전적으로 적국전대의 수송 또는 정보의 전달에 종사하는 경우를 말한다(런던선언 제45조).

#### (나) 重幇助

① 선박이 직접 전투에 참가하는 경우
② 선박이 적국정부가 파견한 대리인의 명령 또는 감독하에 놓인 경우
③ 선박이 전체로서 적국정부에 고용된 경우
④ 현재 또는 전적으로 적국군대의 수송 또는 정보의 전달에 종사하는경우를 말한다(동 제46조)

---

131) 이한기, *op. cit.*, pp.788–789.
132) *Ibid.*, p.789..

### (3) 處罰

경방조의 경우에는 선박은 몰수되고, 화물은 선박소유자에 속한 것을 제외하고는 몰수를 면하고, 승무원도 포로가 되지 않는다.

중방조의 경우에는 선박 및 선박소유자에 속한 화물이 몰수되는 것은 경방조와 같으나 적화 및 금제품인 중립화가 몰수되며, 승무원은 포로가 된다.[133]

## 5. 中立法規

### 가. 中立의 概念

중립은 전쟁에 참가하지 않은 국가의 국제법상 지위, 즉 쌍방의 교전국에 대한 공평과 무원조를 내용으로 한 것이다. 중립은 전쟁을 전제로 하는 교전당사국에 대한 비교전당사국의 법적 지위이며 중립국은 모든 교전당사국에게 동등한 권리를 행사하고 의무를 이행하여야 한다.

중립과 관련하여 구별되는 개념으로는 준중립과 영세중립이 있다. 준중립이란 국가 또는 비국가적 실체의 비전쟁무력분쟁과 평화의 파괴에 대한 제3국의 지위를 말하며, 영세중립이란 이해관계국간의 조약에 의하여 자위의 경우 이외에는 전쟁을 행하지 않으며 간접적으로 전쟁에 개입할 우려가 있는 국제의무를 지지 않을 것을 조건으로 영구히 그 독립과 영토보전을 보장받는 것을 말한다(오스트리아 및 스위스의 경우).

전쟁에 참가하지 않고 교전국과 평시관계의 지속을 원하는 국가는 즉시 교전국에게 중립을 통고할 필요가 있다. 그러나 중립의 통고는 중립의 지위를 취득하는 불가결의 요건이 아니며 비록 중립을 통고하지 않았다 하더라도 사실상 전쟁에 참가하지 않고 교전국에 대하여 공평과 무원조의 태도를 취하는 국가는 중립국의 지위를 취득한다.

### 나. 中立의 始期와 終期

중립의 시기는 전쟁상태의 존재와 동시 또는 그 이후이다. 중립의 시기에 관하여는 학설상의 대립이 있으나 통설은 중립국이 전쟁상태를 인지하였을 때를 중립의 시기로 본다.

---

133) *Ibid.,*

중립의 종기는 전쟁의 종료 또는 중립국이 전쟁이 참가하게 되면 중립은 종료된다. 따라서 휴전은 전쟁의 종료가 아니므로 휴전에 의해서는 중립이 종료되지 않는다. 단순한 중립위반은 그것이 교전당사국에 의해 행해졌던 중립국에 의해 야기되었든간에 중립을 종료시키지 않는다.

### 다. 中立國의 義務

#### (1) 回避義務

회피의무(duty of abstention)는 중립국이 교전국의 일방에 대하여 직접 또는 간접으로 전쟁수행에 관계되는 원조를 제공하지 않을 의무이다. 따라서 교전국으로부터 전쟁수행에 관계되는 원조를 요청받더라도 중립국은 이를 회피하여야 한다.

#### (2) 默認義務

묵인의무(duty of acquiescence)는 교전국이 중립법에 의해서 행한 행위를 용인해야 할 의무이다. 즉 교전국은 전쟁수행중 중립국에게 비록 고의가 아니더라도 어떠한 해를 끼칠 수 있는데, 이것이 평시에는 용인될 수 없으나 전시에는 용인될 수 밖에 없다(예, 중립선박내의 병역연령자인 적국민은 포로로 할 수 있다).

교전국 일방은 타방교전국의 군에 입대한 중립국 국민을 타방교전국의 국민과 같이 다룰 수 있으며 이들은 중립인으로 취급되지 않는다. 또한 중립국국민과 교전국과의 통상은 원칙적으로 자유이며 교전국은 이것을 방지할 수 없으나, 전시금제품에 한해서는 몰수할 수 있다.

#### (3) 防止義務

방지의무(duty of prevention)는 중립국의 영역이 교전국의 전쟁수행을 위한 목적에 이용되는 것을 방지해야 할 의무이다. 중립국의 영토는 불가침이며 중립국영토에서 교전당사자는 적대행위를 할 수 없다(육전중립조약 제1조). 교전당사자는 군대·탄약·군수품을 중립국의 영토를 통하여 수송할 수 없으며(동 제2조) 중립국의 영토에서 교전당사자를 위하여 전투부대를 편성하고 병의 징집사무소를 개설할 수 없다(동 제4조). 또한 교전당사자는 무선통신국 또는 육상이나 해상에서의 교전당사자와의 통신에 제공되는 일체의 기계를 중립국의 영토에 설치할 수 없다(동 제3조).

## 라. 海戰과 中立

### (1) 海戰中立協約의 成立

전통적 해전중립법규는 1982년 해양법협약의 채택으로 영향을 받지 않을 수 없었다. 기존의 해양수역과는 달리 EEZ 등 새로운 수역이 설정되었을 뿐만 아니라 영해의 범위가 확대되는 등 해양제도에 일대 변혁을 가져왔기 때문이다.

해양법협약이 전통적인 해전중립법규에 미친 영향을 이해하기 위해서는 우선 1982년 해양법협약에 의해 현재와 같은 수역들이 확립되기 이전의 내수, 영해 및 공해로 구성되던 기존 해양법하에서 일반적으로 승인되었던 전통적 해전중립법규를 이해하여야 한다.

17~18세기 들어 해전중립에 관한 일반원칙들은 구체적이지는 못했지만 각국들의 관행에 의해 일반적으로 승인된 일련의 공식적인 행위규칙으로 다듬어 졌으며, 특히 알라바마호 사건을 계기로 체결된 워싱턴조약은 중립제도에 크게 기여하였으니, 전시 중립국은 자국 영해내에서 전쟁에 참여할 것으로 믿어지는 선박들이 전비를 갖추어 출항하는 것을 금지해야 하며, 교전당사국들은 자국 항구나 수역을 다른 교전당사국에 대한 작전기지로 사용하거나 군사장비나 무기의 교체 및 증강에 사용하도록 허용하면 안된다는 원칙이 마련되었다.[134] 이러한 행위규칙 및 기본원칙들의 대다수는 제2차 헤이그 평화회의(the 2nd Hague Peace Conference)에서 '해전에서의 중립국의 권리 및 의무에 관한 1907년 협약(XIII)' (Convention(XIII) Concerning the Rights and Duties of Neutral Powers in Naval War, 이하 '해전중립협약')으로 성안되었다.

장차 발생될 모든 경우에 적용될 수 있는 종합적인 조치를 강구할 수는 없지만 전쟁이 발발할 경우 적용할 수 있는 일반적 규칙을 마련하기 위하여 체결된 '해전중립협약'은 영국을 비롯한 대다수 해양강국들의 일반적인 비준을 받지 못했음에도 불구하고, 그 규정들의 대부분은 관습법을 선언한 것으로 간주되었으며,[135] 중립국의 '해상영토'(maritime territory) 즉, 내수 및 영해내에서의 적대활동과 관련된 중립국과 교전국의 권리 및 의무를 규정한 조약으로 이러한 문제들에 대한 논의에 단초를 제공한 것으로 이해되고 있다.

---

**134)** 이석용, "해양의 군사적 이용에 관한 연구", Strategy 21, Vol.3, No.2, 2000, p.96.

**135)** D. Schindler, "Commentary on Hague Convention XIII", N. Ronzitti(ed.), *The Law of Naval Warfare: A Collection of Agreements and Documents with Commentaries*, Martinus Nijhoff Publishers, 1988, p.211.

'해전중립협약'은 제31조(발효규정)[136]에 의해 1909년 11월 27일부터 60일 이전에 비준한 국가는 1910년 1월 26일자로, 기타 비준국 및 조인국들은 그 일자로부터 60일이 경과한 후 발효하였으며, 중국, 미국, 터키를 비롯한 일부 국가들은 서명, 및 비준시에 일부 조항 및 그 해석과 관련하여 유보를 선언하기도 하였다.[137]

'해전중립협약'은 일부 규정을 제외하고 대부분이 국제관습법의 일부로 간주되고 있지만, 현 국제법에서 동 협약은 전체적으로 그 중요성에 있어 제한적이다. 동 협약은 단지 해전중립법규의 일부, 즉 중립국 영토 및 영수와 관련된 중립법규만을 다루고 있으며, 동 협약은 전통적인 엄격한 의미에서의 중립국을 구상(고안)하였을 뿐 현 국제법하에서 대부분의 경우 국가들이 비교전상태 (non-belligerency)를 취한다는 사실을 고려하지 않고 있고, 동 협약의 규정들은 1945년 이후 실질적으로 잘 적용되지 않고 있다.[138]

### (2) 海戰中立協約의 内容

'해전중립협약'은 오로지 중립국 영역(중립국 항구 및 중립국 수역)내에서의 중립국과 교전국의 권리의무를 다루고 있을 뿐, 공해에서의 그러한 내용을 다루지는 않고 있다. 그러므로 동 협약은 전시금제품, 봉쇄, 임검, 수색, 중립국 상선의 나포 및 파괴, 포획절차 등과 같은 중립무역에 관한 교전국의 제한에 관한 어떠한 규정도 다루고 있지 않다. 이러한 문제들은 1907년 '상선의 군함으로의 전환에 관한 헤이그 제7협약', 1907년 '해전에서의 포획권 행사의 제한에 관한 헤이그 제11협약', 1907년 '전시 포획심검소의 설치에 관한 헤이그 제12협약' 및 1909년 '해전법규에 관한 런던선언'에서 부분적으로 다루어지고 있다.

#### (가) 中立國의 權利

'해전중립협약'에서의 중립국은 권리는 크게 중립국의 영역을 존중해야 할 교전국의 의무와 중립위반을 구성하지 않는 중립국의 조치로 나누어 볼 수 있다. 먼저 전자와 관련하여 교전국은

---

136) 동 협약 제31조는 다음과 같다. 본 협약은 제1회의 비준서 기탁에 가입한 국가는 그 기탁서의 일자로부터 60일후, 그 후에 비준하거나 가입하는 국가는 네덜란드 정부가 비준 또는 가입의 통고를 접수한 날로부터 60일 후에 그 효력을 발생한다.

137) 동 협약과 관련된 각국의 유보내용에 대해서는 J. B. Scott, *The Hague Conventions and Declarations of 1899 and 1907*, New York, 1915, pp.218-219 참조.

138) N. Ronzitti, *The Law of Naval Warfare*, Martinus Nijhoff Publishers, 1988, p.221.

중립국의 주권적 권리를 존중하고 중립국 영토 및 영수에서 중립위반을 구성하는 일체의 행위를 삼가야 하며(해전중립협약 제1조), 교전국 군함이 중립국 영수에서 포획, 임검, 수색 기타 일체의 적대행위를 행하는 것은 중립위반이다(동 제2조). 그리고 교전국은 중립국의 영토내 뿐만 아니라 영해에 있는 선박내에도 포획재판소를 설치할 수 없으며(동 제4조), 교전국은 중립국의 항구 및 영수를 작전근거지로 삼거나 무선전신국이나 교전국 병력과의 통신에 사용되는 장비를 설치할 수 없다(동 제5조).

다음으로 후자와 관련하여 중립국은 교전국의 일방 또는 타방을 위한 병기, 탄약, 기타 군용에 제공될 수 있는 일체의 물건의 수출 또는 통과를 방지해야 할 것이 요구되지 않으며(동 제7조), 중립국은 교전국의 군함 또는 그가 포획한 선박의 단순한 중립영수의 통과는 허용할 수 있으며(제10조), 중립국은 그의 도선사를 교전국 군함에서 사용함을 임의로 결정할 수 있고(동 제11조), 중립국이 협약에 규정된 권리를 이행하는 것은 이를 승인한 교전자의 일방 또는 타방에 대하여 우의에 위반하는 행위로 간주되지 않는다(동 제26조).

### (나) 中立國의 義務[139]

#### ① 回避의 義務(duty of abstention)

회피의무는 중립국이 교전국의 일방에 대하여 직접 또는 간접으로 전쟁수행에 관계되는 원조를 제공하지 않을 의무이다. 따라서 중립국은 교전국으로부터 전쟁수행에 관계되는 원조를 요청받더라도 이를 회피하여야 한다.

'해전중립협약'에서 이러한 중립국의 회피의무를 규정하고 있는 유일한 규정은 다음과 같은 제6조이다. "중립국은 어떠한 명의로서 행하든 교전국에 대하여 직접 또는 간접으로 군함, 탄약 또는 일체의 군용재료를 교부할 수 없다"(제6조). 이러한 금지는 중립국에게만 적용되며, 중립국 영역내에 있는 개인이나 법인에게는 적용되지 않는다.

---

139) 중립국은 교전국이 중립법규에 의해 행한 행위를 용인하여야 한다. 교전국은 전쟁수행중 중립국에게 비록 고의가 아닐지라도 어떠한 해를 끼칠 수 있는데, 이것이 평시에는 용인될 수 없으나 전시에는 용인될 수밖에 없다. 이러한 '묵인의 의무'(duty of acquiescence)와 관련 중립국 영수에서의 권리의무를 다루는 '해전중립협약'은 묵인의무가 주로 관련되는 공해에서의 권리의무에 대해서는 아무런 언급이 없으며, 그 결과 중립국의 묵인의무에 관해서는 어떠한 규정도 포함하고 있지 않다. *Ibid.*, p.221.

### ② 防止의 義務(duty of prevention)

중립국은 그 항구, 정박지 및 영수에서 일체의 중립위반을 방지하기 위하여 시행할 수 있는 모든 수단으로 감시하여야 한다. 특히 중립국은 중립을 침해하는 교전국의 모든 행위를 방지하여야 한다. 중립국은 만약 '시행할 수 있는 수단'을 이용했다면, 그 조치의 반드시 효과적인 것이어야 할 필요는 없다. 그러한 경우 교전국은 만약 중립국 영토 및 영수에서 개시된 무력공격의 희생자가 되는 경우가 아니면, 중립국 영수를 불법적으로 이용하는 적국에 대하여 적대행위를 취하는 것이 허용되지 않는다.[140]

먼저 중립국은 교전국의 적대행위를 방지할 의무가 있다. 교전국은 중립국의 영수에서 적대행위를 행할 수 없으며, 중립국은 그러한 행위를 방지할 의무가 있으며(동 제25조), 교전국 군함이 중립국 영수내에서 선박을 포획한 경우 중립국은 그것을 석방하기 위하여 가능한 일체의 수단을 강구하지 않으면 안된다(동 제3조).

또한 중립국 자국 영수내에서 교전국 선박이 무장하는 것을 방지하여야 한다. 중립국은 교전국의 일방에 대하여 순라의 용도에 제공되고 또는 적대행위에 참가하리라고 믿을만한 상당한 이유가 있는 선박이 자국의 관할내에서 장비, 의장 또는 무장하는 것을 방지하지 않으면 안되며, 또 교전국의 일방에 대하여 그러한 의도로 어느 선박이 자기의 관할외로 출발하는 것을 방지하기 위하여 동일한 형태의 감시를 하지 않으면 안된다(동 제8조).

다음으로 중립국은 교전국 군함이 예외적인 경우를 제외하고 중립국 항 및 영수에 정박하는 것을 방지하여야 한다. 정박은 허용할 수 있으나 교전국 쌍방에 대해 공평하게 적용한다는 전제하에서 이를 금지 또는 제한할 수 있으며(동 10조), 정박은 파손 또는 해난상태의 경우를 제외하고는 원칙적으로 24시간을 초과할 수 없다(동 제12조). 동일한 항에 동시에 정박할 수 있는 교전국 군함의 수는 각각 3척을 초과할 수 없으며(동 제15조), 교전국 쌍방의 군함이 동시에 동일한 항에 정박하는 경우에는 일방의 군함의 출발과 타방의 군함의 출발과의 간에는 적어도 24시간의 간격을 두어야 하고(동 제16조), 교전국 군함은 중립국항에서 항해의 안전에 필요한 정도 이상으로 그 파손을 수리하거나 또는 어떠한 방법에 의하든간에 그 전투력을 증강할 수 없으며(동 제17조), 교전국 군함은 군수품이나 무장을 변경 또는 증강시키거나 승무원을 보충하기 위하여 중립국의 항구, 정박지

---

140) *Ibid.*, p.218.

또는 영수를 이용할 수 없다(동 제18조). 교전국 군함은 원칙적으로 가장 가까운 본국 항에 도달하는데 필요한 한도 이상의 연료를 중립국의 항에서 적재하거나 또는 중립국의 동일의 항에서 3개월 이내에 재차 연료를 적재할 수 없으며(동 제19조 및 제20조), 교전국 군함이 중립국 관헌의 통고가 있음에도 불구하고 퇴거치 아니할 때에는 중립국은 당해 군함을 전쟁 계속중에 출항할 수 없도록 억류할 수 있다(동 제24조).

그리고 중립국은 포획물은 중립국 항으로 인치하는 것을 방지하여야 한다. 불가항력의 경우와 억류의 경우를 제외하고 교전국 군함은 포획한 선박을 중립국의 항에 인치할 수 없으며(동 제21조), 포획된 선박이 이러한 조건에 의하지 않고 인치된 경우 중립국은 이를 석방하여야 한다(동 제22조).

## 제3절 國際人道法과 武力紛爭의 犧牲者保護

### 1. 國際人道法

#### 가. 意義

국제인도법은 국력분쟁으로 인하여 야기되는 인간의 고통을 완화함을 목적으로 하는 법으로서 전투능력을 상실한 군대요원과 전투행위 불참자를 적대행위에서 야기되는 고통의 경감 내지 그로부터의 보호를 규율한다. 이처럼 국제인도법은 무력전쟁에서 개인의 보호 및 존중을 목적으로 하는 법이다.

국제인도법은 구체적으로 전쟁희생자보호에 관한 1949년 제네바 4개협약과 적대행위 수행이나 무기의 사용, 전투원의 행동이나 복구행사에서 인도적 이유로 준수해야 할 한계를 정한 조약과 관습법규 및 그것의 적정적용을 확보하기 위한 규칙중 "그 성질상 명백히 인도적인 무력분쟁법의 규제, 즉 사람 및 그에 불가결한 재산을 보호하는 규칙"이다.[141]

무력분쟁법이 '전시 무력분쟁 일반에서의 규칙'으로 해적수단의 제한을 중심으로 해서 투쟁

---

**141)** 김정균, "국제인도법의 철학과 기조", 인도법논총, 제18호, 1998, p.9.

상태의 완화를 위해 성문화된 것이라면 국제인도법은 무력분쟁시의 인도적 대우와 희생자의 보호를 강화하기 위한 것으로 전자가 1899년부터 1907년까지의 헤이그 협약들이 주축을 이루고 있는 반면에 후자는 1949년 제네바협약을 근거하고 있다.

### 나. 形成 및 發展

국제인도법은 1859년의 솔페리노(Solferino) 전투에서의 부상병들에 대해 인도적 구호활동을 전개하였던 앙리 듀낭(Henry Dunant, 1828~1910)의 주도로 탄생되었다. 앙리 듀낭은 솔페리노 전투에서 목격하였던 비참한 광경과 자신의 경험담을 엮어 1862년에 출간한 "솔페리노의 회고"(A Memory of Solferio)에서 군의료기관을 원조하기 위한 자발적인 구호단체의 설립과 이들 단체의 업무를 촉진하고 부상병의 효과적인 치료를 보장하기 위한 국제기구의 설립을 각 국에 호소했다.

그 결과 1863년 앙리 듀낭(H. Dunant)을 포함하여 제네바에서 '부상병 구호를 위한 국제위원회' (International Committee for Aid to the Wounded(5인위원회, Committee of Five라고도 함). 1880년 오늘날의 국제적십자위원회(ICRC)로 개칭)가 설립되었으며, 1864년 제네바에서 외교회의가 개최되어 '전지 군대부상자의 상태개선에 관한 협약'(Convention for the Amelioration of the Field, 제1차 적십자조약)이 채택되었는 바, 이것이 최초의 성문화된 국제인도법이다.

제1차 적십자조약이 채택된 이래 국제인도법은 상당히 발전되어 왔다. 그 대표적인 문서가 1949년 제네바 4개협약이다. 협약의 존중, 피보호자의 권리포기 금지, 인도적 단체의 활동 보장, 이익보호의 확보 및 이익보호국의 중개 등을 공통적으로 두면서[142] 광범하고 상세한 인권적 고려에 입각한 1949년 제네바협약의 채택은 제2차 세계대전의 경험, 즉 비인권적 침략세력의 억압하에 있는 피점령지역을 해방시키는 과정에서의 전쟁경험을 집약한 현대적인 인도법 체제의 형성이었다. 특히 민간인의 보호에 관해서는 생명과 신체에 대한 위해 금지, 인질과 放逐의 금지를 강조하였다. 이 단계의 戰時的 規制가 오늘날의 국제인도법 체계의 大本이다.[143]

---

142) 1949년 제네바협약은 전쟁법규와 관계가 있는 공통사항이면서도 기왕에 분명하지 아니했거나 또는 구구했던 것을 공통규정으로 확립한 획기적인 것이었다. 공통규정은 비록 제네바협약에만 공통되는 것이기는 하지만 모델조항이라고 할 만한 훌륭한 집약이었다. 각 협약은 서두에 총칙 11개조(제4협약은 12개조)로 공통규정을 두고 있는 바, (1)협약의 존중 강조, (2)협약의 적용범위, (3)비국제적 무력분쟁에의 적용, (4)중립국에 의한 적용, (5)협약적용의 시간적 범위, (6)협약외 특별협정의 체결 인정, (7)피보호자의 권리포기의 금지, (8)이익보호국 제도, (9)인도적 단체의 활동, (10)이익보호국 임무의 위탁, (11)협약의 적용 및 해석에 관한 분쟁발생시 이익보호국의 중개 규정이 그것이다.

143) 김정균, "국제인도법의 철학과 기조", op. cit., p.8.

그러나 1949년 제네바협약이 제2차 세계대전의 경험을 받아들인 것이기는 하나 원칙적으로 적대행위가 행해지는 전장과 일반주민이 거주하는 배후지의 구별에 따른 고전적인 전쟁방법을 전제로 해서 작성된 것이다. 그러나 현대의 무력분쟁에서는 해적수단의 비상한 발달이나 게릴라전 등 전쟁방법이 크게 변화하여 제네바 4개 협약만을 중심으로 해서는 다양화된 전쟁상태에 충분히 응할 수 없게 되는 것이 면이 있게 되었다. 이러한 상황에 대처하기 위해 1977년 국제적십자위원회가 작성한 제네바협약에 대한 2개의 추가의정서를 채택하게 되었다.[144]

이 과정에서 가장 특징적인 것은 보호대상의 확대인데, 당초 육전에서의 부상병에 한정되었던 것이 해전에서의 부상병 및 조난자, 포로 및 특정 민간인으로 확대되었으며, 민간주민 특히 여성·아동·난민 등과 환경·문화재 등의 보호강화에 큰 관심을 두고 있다. 또한 국제법의 규제범위 밖에 놓여 있던 비국제적 무력분쟁(내전)을 국제법의 테두리내로 끌어들였다.

국제인도법 관련 주요 국제법규로는 다음과 같은 것들이 있다.

① 육전에서의 군대의 상병자의 상태개선에 관한 협약(제네바 제1협약)

   (Geneva Convention for the Amelioration of the Condition of the Wounded and, Sick and in Armed Forces in the Field)

② 해상에서의 군대의 상병자 및 조난자의 상태개선에 관한 협약(제네바 제2협약)

   (Geneva Convention for the Amelioration of the Wounded, Sickand Shipwrecked Members of Armed Forces at Sea)

③ 포로의 대우에 관한 협약(제네바 제3협약)

   (Geneva Convention relative to the Treatment of Prisoners of War)

④ 전시 민간인의 보호에 관한 협약(제네바 제4협약)

   (Geneva onvention relative to the Protection of Civilian Persons in Time of War)

⑤ 1949년 제네바협약에 대한 추가 및 국제적 무력분쟁의 희생자 보호에관한 의정서(제1추가의 정서)

   (Protocol additional to the Geneva Conventions of 1949, and relating to the Protection of Victims

144) *Ibid.*, pp.9-10.

of International Armed Conflicts)

⑥ 1949년 제네바 제네바협약에 대한 추가 및 비구제적 무력분쟁의 희생자 보호에 관한 의정서(제2추가의정서)

(Protocol additional to the Geneva Conventions of 1949, andrelating to the Protection of Victims of Non-international Armed Conflicts)

### 다. 主要原則

#### (1) 不可侵(Inviolability)의 原則

개인은 자기의 생명, 신체적 완전성, 그리고 자기의 개성으로부터 불가분의 여러 가지 속성에 대하여 존중받을 권리를 갖는다. 이를 설명하기 위해서는 다음과 같은 7가지 응용원칙을 열거할 수 있다.

① 전투중에 쓰러진 자는 신성불가침한 존재이다. 그리고 투항한 적군은 목숨을 살려준다.

② 고문, 인간의 품위를 저하시키거나 또는 비신도적 처벌은 금지된다.

③ 모든 자는 법 앞에서의 평등한 개인이라는 지위를 승인받을 자격이 있다.

④ 모든 자는 자기의 명예, 가족으로서 갖는 권리, 신앙 및 습속을 존중받을 권리가 있다.

⑤ 누구나 고난을 당하는 자는 수용되고 또 그의 상태가 요구하는 구호를 받는다.

⑥ 모든 자는 가족과 소식을 주고 받으며, 구호품 및 소포를 받을 권리가 있다.

⑦ 누구나 자기의 재산을 함부로 박탈당해서는 아니 된다.

#### (2) 非差別(Non-discrimination)의 原則

개인은 인종, 성별, 국적, 언어, 사회적 지위, 재산정도, 정치적·철학적 또는 종교적 견해나 기타 어떠한 기준에 입각한 아무런 차별도 없이 공정한 대우를 받아야 한다.

#### (3) 安全(Security)의 原則

누구나 신체의 안전에 관한 권리가 있다. 이것을 네 가지의 응용원칙에 의하여 설명하면 다음과 같다.

① 누구든지 자기 자신이 잘못하지 않은 행동에 대하여 책임을 질 수 없다.

② 보복, 집단적 처벌, 인질로 잡는 일 및 추방은 금지된다.

③ 각 개인은 문명국민들에 의해 승인된 법률제도의 이익을 향유한다.

④ 누구든지 인도주의적 협약에 의해 부여된 권리를 포기할 수 없다.

### (4) 正常(Normality)의 原則

피보호자들은 가능한 한 정상적인 생활을 영위할 수 있어야 한다. 예를 들면 포로신분이란 처벌이 아니라 교전상태의 구성원을 아군측에 대하여 가해행동을 할 위치에 서지 않도록 방지할 수단일 뿐이어야 한다는 것이다.

### (5) 保護(Protection)의 原則

국가는 자기 권력내에 들어 온 자(적군)에 대하여 국내적·국제적 보호가 보장되도록 하여야 한다. 이는 다음 3가지의 응용원칙으로 설명할 수 있다.

① 포로는 그들을 생포한 부대의 권력내에 있게 되는 것이 아니고 그 부대가 소속한 국가의 권력내에 있게 된다.

② 각국은 피수용자의 태도와 유지, 피점령지역의 질서 및 치안에 대 하여 책임을 진다.

③ 분쟁희생자들에게는 공정한 인도적 기관의 역무가 제공된다.

### (6) 救護(Relief)의 原則

누구나 구호와 편의를 제공받을 권리가 있다.

## 2. 武力紛爭의 犧牲者 保護

### 가 傷病者

### (1) 意義

상병자란 그의 국적에 관계없이 전투능력을 상실하고 전열로부터 이탈된 자이다. 상병자로서 대우받을 수 있는 자격은 포로자격과 동일하며, 국제전뿐만 아니라 내전에서의 상병자에게도 부여되며, 육전·해전·공전의 구별없이 모든 전장에서의 상병자를 포함한다.

## (2) 關聯 法規의 發達

17세기 이래 상병자에 관한 많은 조약이 체결되었음에도 불구하고 19세기 중엽까지는 상병자를 살해하거나 학대해서는 안된다는 정도의 관습만이 존재했었다. 상병자의 보호에 관한 일반적 국제법의 발전은 스위스정부의 주도하에 1864년 '전쟁에 있어서의 상병자의 상태개선에 관한 협약'(적십자조약)이 채택되면서부터이다.

동 협약은 國際法史上 획기적인 일이었다. 당시까지만 하더라도 19세기 초의 소위 나폴레옹 전쟁의 영향을 받아 야전병원과 부상자 및 군대 의무요원도 공격의 표적이 되었다. 더욱이 의무요원도 적에게 발견되기만 하면 포로로 잡혀서 혹사되었으므로 적군이 접근해 오기 전에 도망해 버리는 것이 보통이었으며 부상병은 언제나 방치될 수밖에 없었던 것이다. 그러던 당시에 이른바 불가침의 원칙, 중립성의 원칙, 차별금지의 원칙 및 식별의 원칙을 조약상의 의무로서 최초로 명문화했다는 점에서 그 의의는 매우 크다.[145]

이후 동 협약은 ICRC의 제안과 제1차 국제평화회의(1899년, 헤이그)에서의 지지를 배경으로 전쟁양상의 변화에 따른 필요성을 반영하기 위하여 1906년에 개정되었다. 이에는 피보호자 자격에 군대부상자외에 병자가 포함되었으며, 내용적으로도 더욱 자세하게 규정하고 있었다(33개 조문). 또 제1차 세계대전의 경험을 반영하여 1929년에 재개정되었으며, 1949년에 세 번째로 개정되어 제네바 제1협약이 되었다.

한편 1864년 협약은 1907년 헤이그평화회의에서 채택된 '제네바협약의 원칙을 해전에 적용하는 협약'의 성립으로 해전에 적용되게 되었으며, 1949년 해전에 관한 사항은 별도의 협약(제네바 제2협약, '해상에 있어서의 군대의 상병자 및 난선자의 상태개선에 관한 협약')으로 분리되었다.[146]

---

145) 정운장, "국제인도법의 발전과 과제", 인도법논총, 제18호, 1998, p.21. 뿐만 아니라 實戰에서의 동 협약의 준수사실은 당시의 세인들에게 큰 놀라움과 감명을 주었다. 즉, 1870–1871년의 독일(프러시아)과 프랑스간의 전쟁에서 동 협약이 처음으로 적용되었는 바, 당시 쌍방의 교전국에 대하여 의무대, 의약품 및 구호품이 제공되었다. 이 새로운 사실을 통하여 치열한 전투가 계속되는 전쟁 중에서도 특정 법규의 적용 및 준수가 가능하다는 것이 처음으로 입증되고 또한 당시의 사람들이 처음으로 이러한 입증사실을 분명하게 인식하기에 이르렀던 것이다. *Ibid*, p.22.

146) 1864년 협약상의 제원칙을 해전에 적용토록 할 목적으로서 1868년 제네바 외교회의에서 '전시 부상자의 상태에 관한 추가조문'(15개 조문)이 서명되었으나 비준을 얻지 못하여 성립하지 못하였다. 그러나 추가조문의 제규정은 1870–1871년의 독불전쟁과 1898년 미국·스페인 전쟁에서 각 교전국간의 합의에 의하여 사실상 적용되고 준수되었다. 이러한 상황에서 19세기 말경에는 상병자 보호협약을 해전에 적용토록 하기 위한 보완문제가 새로운 관심사로 대두되었다. ICRC는 스위스 연방정부의 요청에 의하여 새로운 협약초안을 작성하였다. 당초 이 초안은 새로이 개최될 외교회의에서 심의될 예정이었으나, 거기에 앞서서 1899년의 제1차 국제평화회의에서 심의되고 채택되었다. 이것이 '제네바협약상의 제원칙을 해전에 적용하는 협약'(14개 조문)이다. 단, 동 협약은 1907년의 제2차 국제평화회의에서 채택된 새 협약(헤이그 제10협약, 명

또한 공전에 관하여도 1929년 개정시 동 협약의 공전에의 적용문제를 장래에 다룰 것을 결정하였다. 그리고 1977년 제1추가의정서가 채택되어 1949년 협약을 보완하고 있다.

### (3) 傷病者의 待遇

교전당사국는 상병자를 인도적으로 대우하여야 하며, 성별·인종·국적·종교·정치적 견해 또는 기타 이에 유사한 기준에 의하여 차별대우를 해서는 안되며, 상병자의 생명 및 신체에 대한 위해, 특히 살해, 고문, 생리적 실험 및 비위생적 방치는 금지된다(제네바 제1협약 제12조). 적의 세력하에 들어간 상병자는 포로가 되며, 포로에 관한 국제법규와 상병자보호에 관한 국제법규가 동시에 적용된다(동 제14조). 교전당사국는 교전 후 상병자의 찾아 수용하고 그들을 약탈 및 학대로부터 보호하며(동 제15조), 자기의 수중에 들어오는 적 상병자 및 사망자에 관하여 가능한 한 조속히 그러한 자의 신원판별에 도움이 될 내용을 기록하고 통지하여야 한다(동 제16조).

1977년 채택된 제1추가의정서도 상병자의 대우에 대해 규정하고 있는데, 그 주요내용으로는 상병자의 신체절단·과학실험의 금지(동 제11조), 의무요원에 대한 의료임무수행처벌 및 정보강요의 금지(동 제16조), 민간주민·구호단체의 상병자보호권의 확대(동 제17조), 피보호자 및 피보호물자에 대한 보복금지(동 제20조) 등이 있다.

### (4) 醫務要員 등의 保護

의무요원은 상병자의 수용, 수송 및 치료에 전적으로 종사하는 자 또는 본국으로부터 정식으로 인정된 구제단체의 인원으로 어떠한 경우에도 보호·존중되어야 하며, 적의 세력하에 들어가도 포로가 되지 않고 적국의 동일계급자 또는 대등한 인원과 동등한 대우를 받는다.

의무기관은 상병자의 간호를 위한 기관으로 이동기관과 고정건조물을 포함하여 모두 교전당사국에 의해 보호·존중된다. 그러나 의무기관이 전투원보호·간첩행위·무기은폐 등 해적행위를 하는 경우에는 보호가 부여되지 않는다. 고정 건물과 그 안의 재료는 상병자를 위하여 필요한 동안 용도를 변경시킬 수 없다.

적의 수중에 들어간 이동의무기관의 의무재료는 그 기관내에 보존되며, 상병자 간호를 위해

칭은 동일하나 28개 조문으로 확대)에 의하여 대체되었다. 새 협약은 제1차 및 제2차 세계대전에서 적용되었으나, 오늘날은 1949년 제네바 제2협약에 의하여 대체되었다. *Ibid.*

서만 사용할 수 있다. 고정건조물, 재료 및 저장품은 상병자의 간호를 위해 필요한 한 용도가 변경되지 않는다.

수송기관은 상병자를 전장으로부터 후방으로 수송하는 선박·항공기로서 이동위생기관과 동일한 대우가 부여된다. 교전당사국은 상병자 구호임무에 종사하고 있는 항공기가 교전당사국간에 특별히 합의된 고도·시각·노선에 따라 비행하고 있는 동안 공격할 수 없다.

### 나. 民間人

#### (1) 意義

민간인이란 군대에 소속되어 있지 않으며 또 적대행위에 가담하지 않은 자이다. 민간인인지의 여부가 의심스러울 경우에는 일단 민간인으로 간주된다. 오늘날 군사기술의 비약적인 발전은 무력분쟁의 영향이 실제 분쟁에 참가한 자(전투원)에게만 더 이상 한정되지 않는다는 점을 보여주고 있다. 최근의 무력분쟁에서 발생하는 대다수의 희생자가 무고한 민간인, 여성, 아동들이라는 것이 이를 잘 나타내고 있으며, 실제 무력분쟁에서 민간주민들은 살해되거나 난민 또는 유민으로 전락하고 있으며, 국적국이나 거주지역에서 강제추방되고 있다.

#### (2) 武力紛爭에서의 民間人 保護

오늘날 무력분쟁으로 인한 참화의 직접적인 최대희생자는 민간인이다. 제2차대전 이전의 적대행위는 주로 정규군간에 행해졌으며, 전투원과 비전투원은 구분되어 서로 다르게 취급되었다. 그러나 게릴라전과 민족해방전쟁의 성행 및 전투수단과 방법의 비약적인 발전 등으로 전투원과 민간인은 확연히 구분되기 어려웠고, 이러한 사정은 비국제적 무력분쟁의 급격한 증가로 더욱 심화되었다.

무력분쟁에서의 민간인 보호에 대해서는 1907년 헤이그 육전규칙에서 기본적인 원칙들을 볼 수 있다. 동 규칙은 방수되지 않는 도시·촌락·주거지대 또는 건물에 대한 폭격을 금지하고, 민간주민의 보호에 관한 규정들을 두고 있었지만 실제 제2차 세계대전 이전 무력분쟁에서의 민간주민 보호규정은 그 내용이나 각국의 준수의지에 있어서 허약했었다.

제2차대전의 비인도적 경험으로 채택된 제네바 제4협약(전시민간인보호협약)은 교전당사국내의 외국인 또는 점령지 주민이 교전당사국 또는 점령국의 안전에 유해한 활동을 하지 않는 경우 그들을 보호할 것을 규정하였다.[147] 하지만 동 협약은 보호대상을 제한하고 있을 뿐만 아니라 새로운 전투수단과 방법의 등장으로 민간인의 보호에는 불충분하였다.

이러한 제네바 제4협약의 불비점을 보완, 발전시킨 것이 1977년 제1추가의정서이다. 동 의정서는 적대행위의 영향으로부터의 민간인 보호 및 구호와 교전당사국 권력내에 있는 개인의 보호에 대해 자세하게 규정하고 있다.

제1추가의정서의 주요특색은 다음과 같다. 첫째, 보호범위를 크게 확대하였다. 특히 제4협약에서 특정 민간인의 보호에 국한한 것을 여기서는 일반 민간주민에게까지 확대시켰다는 것이다. 둘째, 제네바협약에서 거의 사문화된 이익보호국 제도의 미비점을 새롭게 보완하였다. 셋째, 민간주민에 대한 보호를 극대화시키기 위해 국제적 보호를 받는 민방위제도를 신설하였다. 넷째, 민간주민의 보호강화를 위해 헤이그법상의 규칙들을 광범위하게 수용하였다.[148]

### 다. 兒童 및 女性

오늘날 무력분쟁으로 인한 참화의 직접적인 최대희생자는 민간인이다. 제2차대전이전의 적대행위는 주로 정규군간에 행해졌으며 전투원과 비전투원은 구분되어 서로 다르게 취급되었다. 그러나 게릴라전과 민족해방전쟁의 성행 및 전투수단과 방법의 비약적 발전 등으로 전투원과 민간인은 확연히 구분되기 어려웠고 이러한 사정은 비국제적 무력분쟁의 급격한 증가로 더욱 심화되었다. 이러한 민간인 희생자중 인도적 원조가 긴급히 요구되는 자로는 아동 및 여성이 있다.

---

**147)** 발칸전쟁(1911-1912) 및 제1차 세계대전의 경험을 통하여 대두되었던 사실로는 3가지 사항을 특기할 수 있겠다. 첫째는 지역적 전쟁에서 제네바협약에 의거하여 또는 ICRC의 발의에 의하여 수행되었던 군대 부상자와 포로에 대한 인도적 활동이 제1차 세계대전이라는 당시로는 선례가 없었던 장기간의 세계대전에 있어서도 수행이 가능하다는 것이 입증되었다는 사실이다. 둘째는 오늘날 ICRC이 가장 큰 기능중 하나로 간주되고 있는 포로수용소에 대한 방문 및 포로에 대한 직접적인 구호품의 분배 등이 세계대전의 각 참전국에 의하여 일반적으로 인정되었다는 사실이다. 셋째는 적국 또는 적군에 의하여 점령된 지역내의 민간인 특히 피억류 민간인에 대한 원조의 제공이다. 당시 이러한 민간인에 대한 국가간의 합의 또는 승인이 전혀 없었던 상황에서 ICRC는 민간인 피억류자에 대하여도 포로에게 제공되는 것과 유사한 구호를 제공하였고, 국제포로기관(International Prisoners of War Agency)안에 민간인 피억류자를 위한 특별부서를 설치하기도 하였다. 이와 같은 ICRC의 실천이 1949년 제네바 제4협약의 체결을 촉진케 하였던 계기가 되었음은 물론이다. *Ibid.*, p.23.

**148)** 남태욱, 무력충돌에 있어서의 민간주민 보호제도에 관한 연구, 영남대학교 박사학위논문, 1996, p.40. 제1추가의정서(제2추가의정서 포함)에 의한 민간주민 보호제도에 관한 자세한 설명은 *Ibid.*, pp.40-62 참조.

## (1) 兒童

오늘날 아동은 무기 및 탄약의 수송, 전령, 군입대 및 전투참가 등 적대행위에의 직접적인 참여가 늘고 있고, 비록 적대행위에 직접 참가하지 않는다 할지라도 적의 포격 및 폭격에 대한 공포, 부모 및 가족과의 이산과 고아, 강제이주 및 추방, 비인도적 반인권적 전투장면의 목격, 주거지역의 파괴, 교육 및 의료지원의 중단, 난민 또는 유민화, 기아 및 성적 학대 등으로 고통을 겪고 있다.[149]

국제사회는 1959년의 '아동권리선언'(Declaration of the Rights of the Child, UN. GA. Res.1386/XIV), '세계인권선언'(Universal Declaration of Human Rights), '시민적 및 정치적 권리에 관한 국제규약'(International Covenant on Civil and Political Rights), '경제적, 사회적 및 문화적 권리에 관한 국제규약'(International Covenant on Economic, Social and Cultural Rights), 1974년의 '긴급사태 및 무력분쟁시의 부녀자 및 아동의 보호에 관한 선언'(Declaration on the Protection of Women and Children in Situations of Emergency and Armed Conflict, UN, GA, Res.3318/XXIX) 및 1989년의 '아동권리협약'(Intrenational Convention on the Rights of the Child) 등을 통해 분쟁에의 직접적인 참여여부 및 분쟁의 성격여부에 관계없이 국제인권법적 측면에서 아동의 권리 및 보호를 발전, 규범화 시켜왔다. 하지만 이러한 선언 및 협약은 무력분쟁에서의 아동의 보호를 다루기에는 내용적으로나 상황적으로 적합하지 못했다.

국제인도법에 있어 무력분쟁시 아동보호문제는 ICRC의 적극적인 노력으로 1949년 제네바협약상의 적대행위에 가담하지 않은 민간인으로서의 아동에 대한 일반적 보호뿐만 아니라 특히 희생을 당하기 쉬운 약자로서의 아동에 대한 특별보호를 17개의 규정에서 다루어졌고,[150] 1977년 제1추가의정서도 제77조 및 제78조에서 아동의 보호 및 소개에 대해 자세히 규정하고 있다.

비국제적 무력분쟁과 관련 공통3조에서는 아동의 보호와 관련하여 직접적인 규정을 두고 있지 않다. 하지만 아동은 동조의 "적대행위에 적극적으로 참여하지 않은 모든 자"로서 보호를 받을 수 있을 것이다. 동조에 따라 아동은 적어도 무력분쟁에서 인도적으로 대우받을 권리를 가지며, 아동의 생명, 신체 및 존엄에 어떠한 폭력도 가해져서도 안된다. 제2추가의정서는 민간주민

---

**149)** Geraldine V. Bueren, "The International Legal Protection of Children in Armed Conflicts", 43 *International and Comparative Law* Quarterly, 1994, pp.812–817.

**150)** Maria T. Tutli, "Captured Child Combatants", 278 *IRRC*, 1990, p.422.

(인)은 공격의 대상이 되어서는 안된다는 원칙을 명규하고 있는 바, 아동들도 당연히 공격의 대상이 되어서는 안된다. 또한 동의정서는 제4조 3항의 '기본적 보장'에서 "아동은 그들이 필요로 하는 치료 및 원조를 받아야 한다"는 아동보호에 관한 일반원칙을 규정한 다음 일반원칙의 실질을 이루는 아동에 관한 특별조치로서 아동의 교육, 아동의 보호 가족관계의 유지, 15세 미만아동의 적대행위의 참가 금지, 체포, 억류 및 구금된 아동의 보호, 안전지역으로의 아동의 이주를 규정하고 있고, 제6조 4항에서는 18세 미만의 자에 대한 사형선고 금지를 두고 있다.

이러한 인도적 법규에 의한 아동의 일반 및 특별보호 외에도 ICRC는 항시 무력분쟁에서의 아동의 곤경에 민감하였으며 아동의 법적 보호를 증진함에 있어 적극적이었다. 인도적 기관으로서의 전통과 권한에 따라 ICRC는 법규정에만 의존하지 않고 인도적 발의를 통해 무력분쟁에서 아동의 법적 보호를 촉구하였으며 법규의 이행을 위하여 노력했다. 특히 제2차대전동안 법적 근거의 부족으로 인한 민간인 구호활동에서의 어려움속에서도 18세 이하의 청소년을 특별캠프에 수용하고 아동과 부모의 재결합을 용이하게 하기 위하여 라디오방송국을 설립하고 아동의 거주지 건설 등의 조치들을 취하기도 했다.[151]

하지만 이러한 인도적 법규상의 보호와 ICRC의 적극적인 노력이 있긴 하였지만 무력분쟁에서의 아동의 희생은 심각하다. 법적금지에도 불구하고 아동들은 여전히 적대행위에 동원되고 있고, 그 결과 무력분쟁의 주요 희생자가 되고 있다.[152] 따라서 무력분쟁에서의 아동보호를 위한 구체적 작업이 절실히 요구되고 있다.

무력분쟁에서의 이들의 보호를 강화하기 위해서는 무엇보다도 국제사회가 기존의 아동보호 규정을 지지하고 준수하는 것이 필수적이지만 현재의 보호규정 외에도 아동의 문화적 환경유지, 고아 및 이산아동의 보호 및 아동의 우선적 대우 보장 등이 인정되어야 할 것이다. 아동은 가족과 같이 있는 경우 가장 안정적일 수 있고, 자신이 자란 도덕적 가치, 종교, 문화 및 전통 등 그가 익숙한 문화적 환경속에 있을 때 계속적으로 진정한 안식을 누릴 수 있다. 따라서 아동의 보호에 있어 이러한 문제가 우선적으로 고려되어야 할 것이다. 다음으로 ICRC 등 인도적 단체들은 억류아동들을 방문하여 지원하고 가족과의 결합을 주선하는 등 다양한 보호활동들을 전개해야 할 것이며 이

---

**151)** D. Plattner, "Protection of Children in International Humanitarian Law", 240 *IRRC*, 1984, pp.150–152.

**152)** 1983년부터 1993년까지의 비국제적 무력분쟁에서 약 150만 명의 아동이 사망했으며 약 4백만 명이 불구가 되었고 약 5백만 명이 난민 또는 유민이 되었다. U.N., Doc.CRC/C/SR.38(1992. 10).

를 보장하기 위한 국제사회의 합의도출을 위한 별도의 노력이 병행되어야 할 것이다.

## (2) 女性

현대적 여성의 권리는 국제연합 헌장에서 국제적으로 승인(전문 및 제1조 참조)된 이래, 국제인권법상 국제적 수준으로는 세계인권선언 및 국제인권규약에 의해, 지역적 수준으로는 유럽인권협약(European Convention for the Protection of Human Rights and Fundamental Freedoms), 미주인권협약(Americans Convention on Human Rights) 및 아프리카인권헌장(African Charter on Human and People's Rights)에 의해 그리고 특정문제를 다루는 '인종차별철폐협약'(International Convention on the Elimination of All Forms of Racial Discrimination), 아동권리협약, '고문 기타 잔인하고 비인도적인 또는 저열한 대우 및 형벌에 관한 협약'(Convention against Torture and Other Cruel, Inhuman or Degrading Treatment or Punishment), 난민지위협약(Convention on relating to the Status of Refugees) 및 여성차별철폐협약(Convention on the Elimination of All Forms of Discrimination against Women) 등에서 어떠한 차별도 받지 않을 권리, 정치참여의 권리, 의견과 표현의 권리, 집회와 결사의 자유, 종교의 권리 및 사상의 자유, 생존권, 자유와 안전의 권리, 고문과 비인도적 대우를 받지 않을 권리, 결혼하여 가족을 구성할 권리, 사생활과 가정생활을 영위할 권리, 교육을 받을 권리, 건강권과 보건의료의 서비스를 받을 권리 및 과학적 진보의 이익을 향유할 권리 등이 인정되고 있으며, '여성차별철폐위원회'(Committee on the Elimination of Discrimination against Women), '인권위원회'(Human Rights Committee) 및 '경제적, 사회적 및 문화적 권리에 관한 위원회'(Committee on Economic, Social and Cultural Rights) 등의 인권기관들은 당사국들의 의무이행조치 및 추진상황을 보고받아 이를 검토, 심의하며 타국정부의 인권위반을 제소하는 개인적 탄원을 처리하기도 한다.[153]

하지만 현존 국제인권체계상 여성의 보호는 법규의 치밀함, 감시 및 이행수단, 국제사회 및 개별국가의 준수의지에 있어 크게 부족하다.[154] 더구나 오늘날 국제사회에서 여성들이 겪는 고통의 많은 부분은 대규모적으로 인권이 정지되고 개인들이 무력분쟁법에 의해 제공되는 보호에 의존

---

153) 서울대학교 의과대학 의료관리학교실(역), 여성의 건강과 인권: 국제인권법을 통한 여성건강의 보호와 증진, 한울, 1995, pp.47-85 참조.

154) C. Bunch, "Women's Rights as Human Rights: Towards a Re-Vision of Human Rights", 12 *Human Rights Quarterly*, 1990, p.486.

해야 하는 무력분쟁 상황에서 발생하고 있다.[155]

물론 여성들은 무력분쟁에 적용되는 국제인도법상 여성의 성과 생식능력을 유의한 규정들에 의해 특별한 인도적 보호를 받고 있다. 여성들은 적대행위에 직접 참여하지 않은 민간주민으로서의 일반적인 보호 및 존중 외에도 국제적 무력분쟁에서는 임산부용 식료품, 피복 및 영양제등의 자유통과(제4협약 제23조), 부녀자들의 명예, 특히 강간, 강제매음 또는 모든 형태의 외설행위로부터의 보호(제4협약 제27조, 제1추가의정서 제76조), 임산부의 생리적 필요에 따른 식량증배(제4협약 제89조), 여성포로의 특별보호(제3협약 제14조), 무력분쟁에 관련된 이유로 체포, 구금 또는 억류된 임산부의 우선적 심리, 임산부에 대한 사형언도 회피노력 및 사형집행금지(제1추가의정서 제76조) 등의 특정보호를 받는다.[156]

하지만 여성들은 무력분쟁에서 엄청난 희생을 강요받고 있다. 무력분쟁에서 주요행위자는 대부분이 남성들인 전투원들이며, 일반적으로 여성들은 무력분쟁에의 참여비율이 상당히 낮음에도 불구하고 적대행위의 주요희생자가 된다. 무력분쟁시 여성들에 대한 성폭력은 중세 이래 비록 이론적으로는 금지되었지만 무력분쟁의 전리품으로 간주되었고 전투행위를 지속시키는데 있어 주요한 동기부여 수단으로 인식되어 왔다.[157]

또한 여성들은 무력분쟁시 전투원으로 전선에 투입된 남성들을 대신해 가족의 부양을 위해 지뢰밭, 폭격 등의 위험에도 불구하고 식량, 식수, 연료 기타 생존수단을 조달하는 과정에서 많은 희생을 겪기도 한다. 그리고 무력분쟁이 종료된 후에도 戰死傷으로 가족의 부양능력을 상실한 남성들을 대신해 병자, 아동, 노인 및 유민 등 가족과 사회의 부양책임까지도 떠맡게 된다. 게다가 여성들의 생식능력은 식량, 의약품 등의 부족에 특히 민감하게 영향을 받기 때문에 다음세대에까지 영향을 미친다. 이처럼 여성들은 무력분쟁의 발발 및 수행과정에 관한 정책결정과 직접적인 적대행위에는 참여하지 않았음에도 불구하고 분쟁의 결과와 더불어 살아가야만 하는 것이다.[158]

155) Y. Dinstein, "Human Rights in Armed Conflict: International Humanitarian Law", T. Meron(ed.), *Human Rights in International Law: Legal and Policy Issues*, Oxford University Press, 1984, p.345.

156) 임신 또는 유아의 모라는 관계에서 여성에게 제공되는 보호는 현재 34개(이중 19개는 아동의 보호가 우선이다)에 이르고 있지만(J. Gardam, "Women and the Law of Armed Conflict: Why the Silence?", 46 *International and Comparative Law Quarterly*, Part 1, 1997, p.57.), 현실적으로 발생되고 있는 여성의 피해를 보호하기에는 너무 피상적인 것들이다.

157) T. Meron, *Henry's Wars and Shakespeare's Law: Perspective on the Law of War in the later Middle Ages*, Oxford University Press, 1993, pp.111-112.

158) UNHCR, "Refugee Women", 100 Refugees, 1995, pp.3-15.

더군다나 여성은 비국제적 무력분쟁에서는 민간주민으로서의 일반적 보호 외에 단지 제2추 가의정서 제4조 2항에 의해 '개인의 존엄에 대한 침해 특히 모욕적인 비하행위, 강간, 강제매춘 및 모든 형태의 비열한 폭행'으로부터 보호될 뿐이다. 이처럼 비국제적 무력분쟁에서 여성은 현국제 인도법이 민간인보다는 전투원의 권리의무에 중점을 두고 있으며, 민간인의 경우도 '여성'의 특 성이 인정되는 경우가 많지 않고, '비국제적'이라는 분쟁의 특성상 더욱 제한적인 보호만을 받는 등 이중삼중의 고통을 당하고 있는 것이다. 하지만 최근의 무력분쟁들에서 여성들이 겪는 고통을 목도한 국제사회는 무력분쟁시의 여성보호에 관한 인도적 법규의 변화를 점차 강하게 인정하고 있다.

무력분쟁, 특히 비국제적 무력분쟁에서의 여성보호를 강화하기 위해서는 국제적 무력분쟁에 서 여성에게 인정되는 인도적 권리들이 비국제적 무력분쟁에서도 그대로 타당할 수 있게 보완되 어야 할 뿐만 아니라 현대 분쟁들에서 여성들이 겪고 있는 희생을 감소, 제거시키기 위해 요구되 는 새로운 규정들을 추가하여야 할 것이다.[159]

무력분쟁시 여성의 보호에 있어 최근의 경험에서 볼 때 가장 관심을 기울여야 할 문제가 여성 에 대한 성폭력, 즉 강간이다. 무력분쟁시의 강간문제는 모든 문화권에서 일반화된 지 오래이지 만 공식적으로 보고되거나 기록으로 남겨져 전해지는 경우가 드물어 정확한 파악이 되고 있지 않 으나, 이로 인해 여성들이 겪는 고통은 이루 헤아릴 수 없을 없을 정도이다.[160] 구유고분쟁에서의 여성에 대한 강간은 특정세력의 민간주민을 고의로 표적으로 하고 문화적 및 도덕적 파괴를 목적 으로 하는 전투방법의 하나로 이용되기도 하였으며,[161] 르완다, 부룬디 및 소말리아 등의 분쟁들에 서의 여성 난민 및 유민들에 대한 성폭력은 심각한 문제의 하나로 대두하고 있다.[162]

국제인도법에 있어서 강간문제는 1949년 외교회의에서 여성은 명예와 품위를 존중받는 절대

---

[159] J. Gardam은 현 국제사회에는 무력분쟁시 여성보호 강화에 대한 합의가 성립되어 있다면서 여성보호에 관한 새로운 의 정서의 채택을 주장하고 있다. 여성이 무력분쟁법에서 주요행위자인 전투원과 구별되어 취급되는 지금이 '무력분쟁시 여성보호를 위한 제네바협약 의정서'(Protocol to the Geneva Conventions to Protect Women in Times of Armed Conflict) 채택 의 적기라는 것이다. J. Gardam, *op. cit.*, pp.77-80.

[160] C. Chinkin, "Rape and Sexual Abuse of Women in International Law", 5 *European Journal of International Law*, 1994, pp.327-328.

[161] 구유고분쟁과 관련한 성폭력 문제의 심각성에 대해서는 T. Meron, "Rape as a Crime under IHL", 87 *AJIL*, 1993, p.42; C. Chinkin, *op. cit.*, 60, p.326; Final Report of the Commission of Experts established pursuant to the Secretary Council Resolution 780, U.N., Doc.S/1994/674(1994), Paras.102-109, 232-253.

[162] Human Rights Watch, *Global Report on Women's Human Rights*, 1995, p.1.

적인 권리를 갖는 것이 확인되어 제네바 제4협약 제27조에서 금지하고 있지만 '중대한 위반행위'를 규정한 제147조에서는 명규되지 못했다. 해석상 강간은 제147조에서 말하는 '비인도적 대우' 또는 '신체 혹은 건강에 대해 고의로 중대한 고통을 주고 또는 상해를 가하는 것'으로 판단할 수 있는 여지가 많지만, '기타의 위반행위'로만 취급되고 있다. 제1추가의정서도 강간을 금지하고 있으나(제76조 1항), 중대한 위반행위라고 명시하고 있는 것은 아니다(제85조). 또한 공통3조는 강간에 대해 아무런 언급도 하지 않고 있고, 제2추가의정서도 강간금지규정을 두고는 있지만(제4조 2항(e)) 보편적인 재판관할을 인정하는 '중대한 위반행위'의 규정은 볼 수 없다.

하지만 비국제적 무력분쟁에서의 강간은 공통3조에서 절대적으로 금지되고 있는 행위의 한 유형인 '잔인한 대우와 인간의 존엄에 대한 폭행'으로 볼 수 있어,[163] 현국제인도법의 해석에 의해서도 강간의 규제 및 처벌이 가능할 수도 있겠지만 이에 대한 명확한 규정의 확립이 요구된다.

이처럼 국제인도법상 강간은 명시적으로는 '중대한 위반행위'로 인정되지 않지만 '중대한 위반행위'의 유형인 '신체 또는 건강에 고의적으로 극심한 고통 또는 심각한 상해 야기하는 행위', '고문 또는 비인도적 대우'에 해당한다고 볼 수도 있고, 강간을 '중대한 위반행위'로 인정하고 있는 제국의 관행과 무력분쟁에서의 여성의 성적 보호를 강화하려는 현국제인도법의 발전추세에 비추어 볼 때 무력분쟁에서의 강간은 '중대한 위반행위'로 인정되어야 한다.[164]

다음으로 임산부 또는 유아의 모의 사형집행문제가 재고되어야 할 것이다. 임산부 및 유아의 모에 대한 사형집행금지는 태아나 유아를 보호하기 위한 것이지 임산부나 유아의 모를 특별히 보호하기 위한 것은 아니지만 아이를 출산한 후 오래지 않아 유아의 모를 사형집행 할 가능성을 열어두고 있다. 이는 유아의 모 뿐만 아니라 유아에게도 비인도적이다. 유아의 모를 일정조건하에 사면하는 것이 요구되며, 인도주의적 관점에서 18세 이하 아동에 대해 사형선고를 금지하는 것과 마찬가지로 임산부나 유아의 모에 대한 사형선고도 금지되어야 할 것이다.

또한 여성보호에 관한 규정들의 위반은 그 체계자체에서 심각한 것으로 다루어 지지 않으며

**163)** Americas Watch and Women's Rights Project의 페루에서의 여성에 대한 폭력에 관한 보고서(Untold Terror: Violence against Women in Peru's armed conflict, 1992)는 강간이 공통3조에서 절대적 금지행위로 열거되지 않았음에도 불구하고 동조의 위반을 구성한다고 명시적으로 인정하였다. 강간은 공통3조에서 명시적으로 금지되는 잔인한 대우와 인간의 위엄에 대한 폭행을 구성한다는 것이다.

**164)** O. Gross, "The grave breaches system and the Armed Conflict in the former Yugoslavia", 16 *Michigan Journal of International Law*, 1995, pp.821-823.

여성보호에 관한 규정 어느 것에서도 그 위반행위를 '중대한 위반행위'로 인정, 처벌해야 할 의무를 부과하지 않고 있다. 무력분쟁에서 여성들이 겪는 희생의 심각성을 고려, 이를 위반한 행위는 '중대한 위반행위'로 규정, 엄중 처벌하여야 할 것이다.

이제까지 무력분쟁에서의 여성의 보호문제는 민간인 보호문제라는 일반론 속에 함몰된 채 다루어 졌으며, 특별한 의미를 갖는 논의의 대상으로 인식되지는 못했다. 여성보호의 증대요구에 대한 이러한 일반론적 인식은 민간인의 보호가 강화되고 더욱 효과적인 인도적 법규의 강제체계가 확립되면 자연히 여성의 보호도 강화될 것이라는 면에서도 일응 타당하기는 하다. 그러나 무력분쟁에서의 여성의 보호가 강화되어야 한다는 주장에 대한 이러한 일반적인 반응은 무력분쟁에서 여성이 겪는 희생이 남성의 그것과는 기본적으로 다르고 현재의 인도적 법규들이 전투원, 즉 남성의 희생을 주요대상으로 하고 있다는 것을 간과한 태도이다.[165] 따라서 비국제적 무력분쟁에서 여성보호를 위한 인도적 법규의 보완, 발전에 있어 '여성'의 특성을 유의하여 이를 충분히 반영하여야 할 것이다.

### 라. 難民 및 流民

최근 세계도처에서 발생하는 수많은 분쟁은 광범위하고 장기화된 인간고통의 원인이 되고 있다. 이러한 분쟁들에서 국제인도법 및 국제인권법의 원칙 또는 규칙의 위반으로 무고한 희생자가 양산되고 있고 그러한 희생자중에서 오늘날 가장 심각한 문제의 하나는 대량난민 및 유민의 발생이다. 이들은 처절하고 비인간적인 인권유린 또는 생존자체를 불가능하게 하는 기아를 피하여 자국내 또는 제3국에 피난처를 구하고 있다.

물론 국제난민법상 난민들은 일정한 국제적 보호를 받는다. 난민들은 국적국으로부터 보호를 받을 수 없다는 점에서 매우 열악한 지위에 놓이게 되지만 그들의 생명이나 자유가 위협받을 우려가 있는 지역으로 추방 또는 송환이 금지되는 등 인권보호의 견지에서 일반외국인과 별반 다르게 취급되지 않으며 국제연합 난민고등판무관(UNHCR)의 보호를 받는다(UNHCR규정 제8조 참조).

또한 난민들은 국제인도법상의 일정한 보호를 향유하기도 한다. 국제인도법은 난민의 일반적인 보호를 규정하고 있지는 않지만 일부 개별 규정들에서 난민보호를 다루고 있다. 1949년 제네바

---

165) J. Gardam, *op. cit,* pp.58-59.

제4협약 제44조는 "억류국은 사실상 어떠한 정부의 보호도 받지 못하는 난민을 단지 법률상 적성국의 국적을 가졌다는 이유만으로 적성외국인으로 대하여서는 안된다"고 하였으며, 제70조 2항은 점령지내에 있는 점령국 국민인 난민의 보호를 규정하고 있다.

또한 1977년 제1추가의정서 제73조는 "적대행위의 개시전에 관계당사국에 의하여 채택된 관련 국제조약에 의하거나 또는 피난국이나 재류국의 국내법에 의하여 무국적자 또는 난민으로서 인정된 자들은 모든 상황에 있어서 그리고 어떠한 불리한 차별도 받지 않고 1949년 제네바 제4협약 제1편 및 제3편의 피보호자가 된다"고 하여 제4협약에 의하여 민간인으로서 일반적인 보호를 받지 못하는 난민에까지 그 보호범위를 확대하고 있다.[166]

이러한 구체적인 보호규정 외에도 난민은 정치적 견해나 종교적 신념을 이유로 박해받을 우려가 있는 국가로 송환금지(제4협약 제45조 4항), 추방 및 제3국으로 개별적 내지 강제이주의 금지(제4협약 제49조 1항), 가족간 소식전달(제4협약 제25조), 이산가족 상호간의 연락 및 재결합을 위한 분쟁당사국의 의무 및 인도적 단체의 활동에 대한 협조의무(제4협약 제26조, 제140조 및 제143조, 제1추가의정서 제33조 및 제74조) 및 제2추가의정서 제14조(민간주민의 생존에 불가결한 물자의 보호)와 제18조(구호단체 및 구호활동) 등의 규정에 의해 간접적으로 보호받을 수 있다.

하지만 오늘날의 난민문제는 국제난민법 및 국제인도법상의 난민보호제도로는 그들의 인도적 원조와 인권적 해결이 불가능하다는데 문제의 심각성이 있다. 오늘날의 난민문제는 과거와는 달리 대규모적이다. 1997년 1월 1일 현재 박해를 피해 타국에 머물고 있는 고전적 의미에서의 난민(Refugees), 귀환자(Returnees), 국내유민(Internally displaced)[167] 및 공식적으로는 난민으로 인정되지 않았지만 난민과 유사한 상황에 처해있어 외부의 구호를 절실히 필요로 하는 기타 관심대상자(Others of Concern)를 포함하여 UNHCR이 공식집계하고 있는 난민 수는 22,729,200명이다.[168]

---

166) F. Maurice and J. Courten, "ICRC Activities for Refugees and Displaced Civilians", 280 *IRRC*, 1991, pp.10-13 참조.

167) 국제연합은 소말리아, 르완다, 부룬디, 보스니아 및 알제리분쟁 등에서 나타난 것처럼 분쟁의 결과 국가 내에서 발생하는 대규모 집단이주, 즉 국내유민(Internally displaced)도 심각한 지역적 문제를 일으키고 있다는 차원에서 이들을 난민으로 분류한다.

168) 약 3백 2십만 명의 Palestine인들은 UNRWA(United Nations Relief and Works Agency for Palestine Refugees in the Near East)에 의해 소관으로 되어있기 때문에 그들은 이 통계에는 포함되어 있지 않다. 하지만 이라크, 리비아 등 UNRWA의 활동지역 외에 있는 Palestine인들은 UNHCR의 구호대상에 포함되어 있다. 연도별 난민의 총규모, 발생유형(국제전, 민족해방전쟁, 인종분쟁 및 독재 또는 혁명정권)에 따른 증가양상, 국별 난민발생 수 등에 대한 자세한 설명은 M. Weiner, "Bad

이러한 대량난민문제가 국제적 관심사로 등장하게 된 것은 제1차 세계대전 이후부터이지만 1980년대 말 냉전의 붕괴이후 종교, 인종, 민족적 갈등으로 일부지역이 아닌 전세계에서 동시다발적으로 발생되고 있다. 특히 보스니아, 르완다, 부룬디 및 자이레 등의 분쟁으로 인한 난민집단 거주지역에는 예외없이 각종 전염성 질병이 창궐하고 약탈 등 범죄가 만연하며 기아에 고통받고 있고, 특히 여성난민들은 성폭력의 대상이 되기도 한다.[169] 그리고 난민촌을 습격, 방화·학살하고 강제이주시키는 등 난민의 보호의무를 규정하고 있는 국제규범은 그 기능이 정지된 상태이다.

이들은 분쟁당사자의 관련법규의 무시 내지 준수의지 결여로 인간으로서 누려야 할 최소한의 기본적 권리마저 침해당하고 있다. 난민 및 유민들을 원조하기 위한 재원도 너무나도 부족한 실정이며 더군다나 이를 해결하고자 하는 국제사회 및 개별국가들의 의지도 빈약한 상태이다. ICRC 및 UNHCR 등의 인도적 제기구들이 이들에 대한 보호 및 구호활동을 수행하고 있지만 역부족이고 냉전이후 비국제적 무력분쟁들에서 보는 바와 같이 오늘날 난민 및 유민문제는 분쟁당사국, 분쟁인접국 및 난민유입국의 처리에만 맡겨둘 수 없는 국제평화와 안전을 위협하는 심각한 국제문제가 되고 있다.

그렇다면 오늘날 개별국가만의 문제가 아닌 국제사회의 문제로 확대되고 있는 비국제적 무력분쟁에서 발생하는 이러한 대량난민 및 유민들을 어떻게 보호하여야 할 것인가? 한편으로 국제사회는 분쟁당사자가 적대행위에 있어서 국제인도법, 관련 국제조약 및 관례를 준수하도록 촉구 및 감시하며 인도적 법규들을 정비하고 위반행위에 대해서는 강제적인 제재조치를 가하고 정부간 및 비정부간 경로를 통해 이들에 대한 적절한 보호수단 및 인도적 원조를 제공하여야 하며, 자발적 귀환과 귀환후의 정착을 위한 국제협력이 강조되어야 할 것이며, 다른 한편으로 분쟁당사자는 적대행위에 있어서 난민보호를 위하여 중립지대 및 비무장지대내에 거주하는 적대행위에 가담하지 않은 모든 난민에 대한 보호조치를 준수하고, 의료시설 및 의약품, 종교의식에 필요한 물자, 민간주민의 생존에 불가결한 물자의 송부 및 구호활동종사자에 대한 보호 및 협조의무를 이행하며, 공격에 앞서 사전예방조치를 취하고, 난민 밀집지역내에 있는 군사목표물에 대한 공격은 삼가하

---

Neighbors, Bad Neighborhoods: An Inquiry into the Causes of Refugee Flows", 21 *International Security*, No.1, 1996, pp.12–14, 16–17, 34.

**169)** UNHCR, *The State of the World's Refugees*, 1995, pp.60–61; UNHCR, "Refugee Women", 100 *Refugees*, 1995, pp.3–9.

여야 한다.[170]

그리고 난민발생 및 송환에 대한 국가책임 및 난민발생국내 안전지대 설치문제에 대하여 진지한 검토가 있어야 할 것이며,[171] 난민보호제도를 인권제도와 결합시켜 공동으로 난민발생의 원인이 되는 억압적인 조치를 막고 경제원조 및 기타 정치경제적 조치를 취할 필요가 있으며, 난민보호에 대한 인도적 원칙에 입각한 국제적 합의의 도출에 따라 장기적으로 지속적인 정착프로그램을 추진하고 인도적 제기구들의 노력들을 통합하는 것이 중요하며 그리고 무엇보다도 이들의 인권을 최소한이라도 보호하려는 제국의 정치적 의지가 우선되어야 한다.[172]

### 마. 捕虜

#### (1) 意義

포로는 전쟁에 의하여 교전당사자의 권력하에 들어와 자유를 박탈당했으나 국제법이나 특별협정에 의해 일정한 대우가 보장된 적국민이다. 포로는 전쟁범죄인이 아니므로 처벌되지 않지만, 포로로서 전쟁법규를 위반하면 포로의 대우를 받지 못하고 전쟁범죄인으로서 처벌된다. 포로는 군사상의 이유로 적의 권력하에 들어온 자이므로, 자발적으로 소속부대를 이탈하여 적의 권력내에 들어간 귀순자는 포로의 범주에 들어가지 않는다.

#### (2) 關聯 法規의 發達

고대·중세에 있어서 포로는 살해되거나 노예로 사용되었으며 복구의 대상이 되기도 하였으나 근대국가의 성립과 함께 포로를 범죄인으로 처벌할 것이 아니라 또다시 적군에 돌아가 무기를 들지 못하도록 자국에 억류하는 것이 좋다는 관념이 생겨나게 되었다. 1785년 프러시아–미국우호조약 제24조에서 최초로 포로에 대한 상당한 처우가 인정된 이래 19·20세기에 걸쳐 포로에게는

---

170) 임태구, "무력충돌에 있어서 난민의 보호", 국제법학회논총, 제40권 제2호, 1995, pp.165-169 참조.

171) 1989년 2월 13일부터 2월 18일까지 Kenya의 Nairobi에서 개최된 아시아–아프리카 법률자문위원회(Asia-Africa Legal Consultative Committee) 총회는 난민문제에 대해 (1)난민발생책임, 난민귀환책임 및 난민의 배상청구권 인정여부, (2)난민발생국내 안전지대 설치문제가 논의되기도 했으나 구체적 성과는 없었다. 이들 사안에 대한 문제점과 참가국 및 UNHCR의 의견에 대해서는 백충현, "국제적 난민보호의 새로운 방향 모색: 제28차 아시아–아프리카 법률자문회의 참가보고", 인도법논총, 제9호, 1989, pp.172-175 참조.

172) D. Plattner, "The Protection of Displaced Persons in Non-International Armed Conflicts", 291 *IRRC*, 1992, pp.579-580; K. Newland, "Ethnic Conflict and Refugees", 35 *Survival*, No.1, 1993, pp.96-99.

필요한 구속 이외에는 자국병사와 동등하게 대우되어야 한다는 원칙이 일반적으로 성립되었다.

포로에 관한 일반법규는 1907년 헤이그 육전규칙에서 포로에 관한 포괄적 규정을 마련한 것에서 비롯된다. 제1차세계대전후 육전규칙이 갖는 불완전성을 보충하기 위하여 '포로의 대우(상태개선)에 관한 제네바협약'(1929)이 채택되었으며, 제2차 세계대전후 1929년 협약을 보완하는 '포로의 대우에 관한 제네바협약'(1949, 제네바 제3협약)이 채택되었으며 한국전쟁, 인도차이나분쟁 및 중동전쟁 등의 새로운 전쟁양상을 반영한 1977년 제네바협약 추가의정서가 채택되었다.

### (3) 捕虜의 範圍

1949년 제3제네바협약에 따라 군사적인 이유로 적의 권력내에 들어가 포로가 될 수 있는 자는 다음과 같이 분류할 수 있다.

#### (가) 交戰者

교전당사국의 교전자는 정규군·비정규군, 전투원·비전투원의 구별없이 포로가 된다. 의용병, 민병 및 군민병은 물론 조직적 저항운동단체의 구성원, 즉 점령자에 대항하는 유격대원, 국가의 명령에 호응하여 무기를 든 민중, 민족해방운동단체의 구성원도 교전자격을 구비하는 한 포로자격이 인정되지만 의무·군종임무에 종사하는 자는 포로가 아닌 특별한 보호를 받는다.

게릴라는 전투행위에서 자신을 노출시키는 표지의 사용을 꺼리기 때문에 포로자격에 관해 의문이 있을 수 있으나 매 회의 군사적 전개기간중에(during each military deployment) 무기를 공공연히 휴대한 경우에는 전투원으로 인정되고 포로자격이 부여된다.

#### (나) 抑留國이 承認하지 않은 政府·當局의 正規軍 構成員

억류국이 승인하고 있지 않은 정부 또는 당국에 충성을 서약한 정규군구성원에게도 포로자격이 인정된다. 따라서 승인 전의 국가 또는 정부에 속하는 정규군 구성원도 포로가 된다. 그러나 용병의 경우에는 포로자격이 부인된다.

#### (다) 從軍者

군용기 민간승무원, 종군기자, 용달상인 및 군노무자 등 군대 구성원이 아닌 종군자도 포로자격이 인정된다. 이 경우 종군자는 소속군의 허가를 받아야 하며, 소속군이 발급한 증명서를 휴대하여야 한다.

### (라) 商船·民間航空機의 乘務員

교전당사국에 속하는 상선의 선장, 도선사 및 견습생을 포함한 승무원 및 민간항공기의 승무원도 포로가 된다.

### (마) 被占領國 軍隊構成員

피점령국 군대의 구성원 또는 이에 속하였던 자로서 전투에 종사하고 있는 소속부대에 복귀하려다 실패한 경우 또는 억류를 목적으로 행한 소환에 응하지 않는 경우 포로로 대우된다.

### (바) 제3국 抑留者

전술한 포로자격을 갖는 자로서 중립국 또는 비교전당사국이 자국의 영역내에 수용하고 있으며 또한 국제법상 그 국가가 억류를 필요로 하는 자도 포로로 간주한다.

### (사) 國家元首, 長官 및 外交使節

국가원수, 장관 및 외교사절과 같이 정치상 국가의 현직에 있는 자는 적에게 억류될 때 포로의 대우를 받는다. 이들은 포로로 억류되어 있는 동안 국제법상 대외적 국가기관으로서의 권한을 행사할 수 없다.

## (4) 捕虜의 待遇
### (가) 一般的 保護

포로는 이를 체포한 개인이나 부대의 관할하에 있는 것이 아니라 포획한 국가의 권력하에 놓인다. 따라서 포로의 대우에 관한 궁극적인 책임은 이를 포획한 교전당사자에게 있다. 그러나 개인의 포로를 부당하게 확대하여 전쟁 범죄를 행한 경우 개별적 책임이 발생하는 것은 별개의 문제이다.

포로는 항상 인도적으로 대우되어야 하며 복구의 대상으로 할 수 없다. 포로를 죽게 하거나 건강을 위태롭게 하는 포로 억류국의 작위·부작위는 중대한 협약위반행위로서 금지된다. 포로는 신체·명예의 존중을 받으며, 사법상 신분은 완전히 유지된다. 성, 계급, 건강 및 특기에 근거한 예외 이외에는 모든 포로는 평등하게 대우되며 인종, 국적, 종교 및 정치적 견해 등에 의한 불리한 차별대우를 받지 않는다. 포로로부터 정보를 얻기 위해 고문을 할 수 없다.

### (나) 抑留

포로는 위생·건강상의 모든 안전을 보장하는 지상건물에 억류되며, 교도소·독방에 수용되지 않는다. 포로는 국적·언어·관습에 따라 구분수용 할 수 있다. 그러나 이 경우 소속군대의 다른 포로와 분리수용 되어서는 안 된다.

포로수용소는 전투지역으로부터 격리되어 있어야 하며, 특정지역을 군사작전지역으로부터 제외시키기 위하여 사용될 수 없다. 또한 포로수용소는 전쟁위험 및 공중폭격을 피하기 위한 시설을 갖추어야 허며, 타방교전당사자에게 그 위치가 통보되고 공중에서 식별 가능한 표지를 부착해야 한다.

### (다) 補給

포로에게 부여되는 식량·피복·침실의 양과 질은 억류국의 보충부대에 보급되는 것과 동일하여야 한다. 충분한 음료수의 공급 및 흡연이 허가되어야 한다. 포로를 위한 식품 및 일용품을 판매하는 매점이 설치되어야 하며, 그 수익금은 포로를 위해 사용하여야 한다.

### (라) 勞役

억류국은 포로를 노역에 사용할 수 있다. 장교는 본인이 원하지 않는 한 노역을 강제할 수 없다. 하사관은 본인이 원하지 않는 한 감독, 노동 이외의 노역을 과할 수 없다. 노동은 계급·기능·체력에 적당한 것이어야 하며 그 범위는 열거적으로 제한된다. 포로에게는 자원하지 않는 한 모욕적이고 건강에 해롭거나 위험한 노역을 부과할 수 없으며, 적절한 작업 환경에서 일할 수 있도록 해야 한다. 노동시간은 그 지방에 있어서의 동일한 노동에 종사하는 억류국 국민의 노동시간을 초과할 수 없고, 1일에 1시간, 1주일에 1일 및 1년에 8일의 휴식이 부여된다. 노역에 대해서는 공정한 보수가 주어지며 이는 교전당사자간의 합의에 따라 정해진다.

### (마) 通信

포로는 서신·소포·전보를 발송·접수할 수 있으며, 억류국은 모든 편의를 제공해야 한다. 이에 필요한 비용은 발신국, 통과국 및 수신국에 있어 모두 면제된다. 통신물에 대한 검열제도는 인정되지만 배달지연의 사유가 될 수 없다.

### (바) 紀律

포로는 억류군대에 적용되는 법률·규칙·명령에 복종할 의무가 있는바, 이를 위반하면 일정한 제재가 부과된다. 기율위반에 대한 제재는 가능한 한 사법조치보다는 징계조치를 채택하여야 하며, 전자의 경우 군사재판에 의해 부과되어야 한다. 포로에 대한 제재는 동일사항에 관하여 억류국 군인에 대한 것과 다른 것이어서는 안되며 고문, 체형, 특수감방 수용 및 연대벌은 금지된다. 도주를 기도하다 체포된 포로는 처벌되지만, 성공한 포로는 후에 다시 포획되어도 도주행위에 대한 처벌은 면제된다.

## (5) 捕虜情報局·捕虜救濟團體

### (가) 捕虜情報局

포로정보국은 포로에 관한 모든 정보를 수집하고, 모든 의문에 답하는 기관으로 전쟁개시 직후에 교전당사자에 의해 설치된다. 중립국이 교전당사자의 병력을 자국영토에 수용한 때에도 설치하여야 한다. 포로정보국의 임무는 포로의 수용·이동·석방·송환·도주·입원·사망 등 포로에 관한 모든 정보를 수집하여 이에 관한 공사적 문의에 답하며, 사망한 포로가 남긴 유류품을 각 관계국에 송부하는 것이다.

### (나) 捕虜救濟團體

포로구제단체는 포로를 위한 인도적 역무를 중개하는 사적 단체이다. 이 단체는 본국 법령에 의하여 정식으로 조직된 경우 교전당사자로부터 군사적 필요에 따른 제한내에서 모든 편의를 제공받으며, 포로수용소, 송환 도중의 휴식소에서 구제품을 분배할 수 있다. 포로구제단체의 인도적 역무의 제공에 있어서 국제적십자위원회의 특별한 지위는 항상 존중되어야 한다.

### ⑹ 捕虜身分의 終了

#### ㈎ 送還

포로 억류국은 중병자 또는 중상자인 포로가 수송할 수 있는 상태로 회복되면 계급·수에 관계없이 본국에 송환해야 하며, 송환된 포로는 포로의 신분이 종료되며 다시 현역으로 군무에 복무하게 할 수 없다.

#### ㈏ 逃走

포로가 도주에 성공하면 포로신분이 종료된다. 도주의 성공이라 함은 포로가 소속국 및 동맹국에 도착한 경우, 포로가 억류국 및 동맹국의 지배하에 있는 지역을 벗어난 경우 및 포로가 억류국 영해내의 소속국 및 동맹국의 선박에 도착한 경우를 말한다. 단, 그 선박은 억류국의 지배하에 있지 않음을 요한다.

#### ㈐ 釋放

억류국이 전쟁중 포로를 석방하게 되면 포로신분이 종료하는 바, 이에는 단순석방과 선서석방이 있다. 단순석방은 무조건으로 일방적으로 석방하는 것이며, 선서석방은 억류국과 보호국간의 합의에 따라 다시 적대행위에 참가하지 않는다는 선서를 받고 석방하는 것으로 이를 위반하여 재차 포획되면 전쟁범죄인으로 처벌된다. 그러나 포로는 선서석방의 수락을 강제 당하지 않는다.

#### ㈑ 交換

포로는 전쟁 중에도 교전당사자간의 합의에 따라 교환되는 경우가 있으며, 이 경우 포로신분이 종료된다.

#### ㈒ 戰爭의 終了

전쟁이 종료되면 포로신분은 소멸된다. 교전당사자는 실제의 적대행위가 종료한 후 지체없이 포로를 석방 및 송환하여야 한다. 여기서 적대행위의 종료라 함은 무조건항복과 같이 실제로 적대행위가 재개될 수 없는 경우를 말하며, 휴전과 같이 적대행위가 재개될 가능성이 있는 경우는 이에 포함되지 않는다.

## 바. 死亡者 및 行方不明者

### (1) 死亡者

교전당사국은 그 세력하에 들어 온 사망자의 식별에 사용될 세부사항을 가능한 한 조속히 기록하여야 한다. 그 기록에는 소속국, 군의 명칭, 연대명칭, 군번, 성, 성명, 출생지, 신분증 및 인식표에 기재하는 기타 명세, 사망일시 및 장소, 사망원인 등이 포함되어야 한다. 교전당사자는 사망증명서 또는 사망자명부를 작성하여 포로정보국을 통해 교환한다.

또한 사정이 허용하는 한, 사자를 매장 또는 화장하기 전에 사체를 면밀히 검토해야 한다. 복식인식표인 경우에는 1편, 단식인식표인 경우에는 인식표를 시체에 남겨 두어야 한다. 사체는 위생상 절대로 필요한 경우 또는 사망자의 종교에 기한 경우를 제외하고는 화장해서는 안 된다. 화장을 하는 경우에는 사망증명서 또는 사망자명부에 화장의 사정·이유를 명시하여야 한다. 그리고 가능한 한 사망자의 종교의식에 따라 매장해야 한다.

교전당사국은 전투중 사망한 자의 유골을 존중하고 분묘의 유지·보호·표시를 할 의무가 있다. 또한 가능한 한 신속히 유족이 분묘를 찾아가는 것을 도와주어야 하며, 유골 및 개인소유품의 송치에 조력해야 한다. 그리고 전쟁종료 후에는 유족에게 분묘유지 및 사체발굴의 권리를 부여하여야 한다.

### (2) 行方不明者

교전당사국은 행방불명자에 관한 정보를 이익보호국 또는 국제적십자위원회를 통해 전달하여야 하며, 행방불명자를 탐색할 의무가 있으며, 필요한 경우 적군요원까지도 포함하는 탐색팀을 구성하여 전투지역에서 사망자를 탐색, 식별 및 수송할 수 있도록 허용하는 협정을 체결하기 위하여 노력하여야 한다.

<h1>제4절 戰爭犯罪</h1>

<h2>1. 戰爭犯罪의 意義 및 制裁</h2>

<h3>가. 戰爭犯罪와 그 制裁</h3>

전쟁범죄(war crimes)란 무력행사와 관련하여 행해진 국제법 위반의 가벌적 행위로 이에는 종래부터 인정되어 온 '통상의 전쟁범죄'와 제2차대전 이후 인정된 '새로운 전쟁범죄'로 '평화에 대한 죄'와 '인도에 대한 죄'가 있다.

통상의 전쟁범죄란 전쟁법 위반행위로써 일단 개시된 전쟁에서 교전법규 즉, 전쟁의 법규와 관례를 위반한 행위를 의미하며, 이에는 점령지내의 민간인의 살해·학대 또는 노예노동 및 기타 비인도적 행위, 해상에서의 포로 등의 살해 또는 비인도적 대우, 인질살해, 사유 및 공유재산의 약탈, 도시·촌락의 고의적 파괴, 군사상 필요원칙에 의해 합법화되지 않는 황폐화, 비교전자에 의한 불법적 무력행위, 간첩 및 전시반역, 약탈행위, 독물사용 등과 같은 위법적 무기·탄약의 사용, 포로살해, 휴전방법의 남용 등이 있다.

전쟁이 불법화되지 않은 전통국제법에서는 전쟁의 개시, 수행에 관하여 개인의 불법행위능력이 인정되지 않았기 때문에 종래 전쟁범죄는 '통상의 전쟁범죄'에 국한되었다. 하지만 제2차 세계대전 이후 침략전쟁이 불법화됨에 따라 새로운 전쟁범죄로 '평화에 대한 죄' 및 '인도에 대한 죄'가 인정되게 되었다. '평화에 대한 죄'는 침략전쟁 또는 국제조약·협정을 위반한 전쟁을 계획·준비·개시·실행하는 등의 행위 또는 이러한 행위를 달성하기 위한 공동의 계획이나 모의에 참가한 것이고, '인도에 대한 죄'는 전쟁중 또는 전쟁전에 일반주민에 대하여 행한 살해·절멸·노예적 혹사·추방·기타의 비인도적 행위 또는 범행지 국내법의 위반여부를 불문한 정치적, 인종적 및 종교적인 이유에 근거한 박해행위로써 '일반주민'(civilian population)이라는 개인이 아닌 일정의 집단에 대한 행위이며 또 자국민에 대한 것도 소추, 처벌의 대상으로 할 수 있다.[173]

---

173) Charter of International Military Tribunal, 1945, Art.6 및 Charter of International Military Tribunal for Far East, 1946, Art.5. 통상의 전쟁범죄와 이러한 새로운 전쟁범죄의 차이점은 규율대상에 있어서 전자는 전쟁의 수행에 관한 절차적 성격을 갖는 교전법규의 위반행위를 대상으로 하며, 후자는 전쟁의 개시, 수행에 관한 실체적 국제규범의 위반행위를 대상으로 한다는 것과 시간적 요소에 있어서도 전자는 이미 교전상태에 들어간 전시에만 적용하나 후자는 전시뿐만 아니라 평시의 행위에도 성립이 가능하다는 것이다.

이러한 전쟁범죄는 그 위반자, 즉 전쟁범죄자(war criminal)에게 형벌적 성질을 갖는 강제제재의 대상이 된다. 하지만 국제사회에는 아직까지 전범에게 제재를 가할 수 있는 일반적 국제기관을 갖지 못해 국제법 질서는 제재권한을 전쟁범죄 피해국 및 전범 소속국에게 위임하였으며(육전규칙 제41조, 제네바 제4협약 제146, 147조), 제2차대전이후의 뉘렌베르그 및 동경전범재판과 최근의 구유고 및 르완다국제형사법원 등과 같은 예외적인 경우에는 특별합의에 의해 설립된 임시적 국제법정에서 단죄되기도 했었다. 물론 이러한 전범에게도 공정한 재판을 받을 권리가 보장되며 즉결처분은 금지된다(제네바 제3협약 제102-107조 참조).

## 나. 國際人道法上의 重大한 違反行爲와 刑事制裁

무력분쟁에 의한 인도적 참상이 증대되고 있는 지금 국제인도법 위반행위에 대한 정부나 개인의 책임에 대한 관심이 점차 높아지고 있다. 정부의 책임문제는 위반행위에 대한 배상의 형태로 나타나는 반면 개인의 책임문제는 형사제재로 나타나는데, 국제인도법은 여타 국제법과는 달리 위반행위를 범한 국가기관의 개별형사책임을 규정하고 있다.[174]

국제인도법에 처음으로 형사제재를 도입한 것은 1949년 제네바협약이며, 이를 보완, 발전시킨 1977년 추가의정서도 형사제재 대상행위들을 열거하고 이러한 특정행위의 위반을 '중대한 위반행위'(grave breaches)[175]로 규정하고 있다. 뉘렌베르그 재판의 결과 제네바협약은 기본적인 강제체계로서 형사상의 소추를 포함하게 되었고 제1추가의정서도 이를 그대로 존속시킨 것이다. 이러한 '중대한 위반행위'를 실행하거나 실행을 명한 자에 대한 개별형사책임의 인정은 국제인도법의 주요한 발전이었다.

1949년 제네바제협약에 따르면, (1)4개협약에 공통되는 '중대한 위반행위'로는 고의적인 살인, 생물학적 실험 및 신체 또는 건강을 해치거나 고통을 주는 고문이나 학대, (2)제1, 2협약에 공통되는 '중대한 위반행위'로는 군사상의 필요로 정당화되지 않는 불법적이고 고의적인 재산의 광범한 파괴 또는 몰수, (3)제3협약의 '중대한 위반행위'로는 적규대에 복무하도록 포로를 강요하거나 공

---

174) José F. Flores, "Repression of Breaches of the Law of War committed by Individuals", 282 *IRRC*, 1991, pp.247-293 참조.

175) 제네바협약 채택을 위한 외교회의에서 소련대표는 동협약 위반행위를 '중대한 범죄'(serious crime) 또는 '전쟁범죄'(war crime)라는 용어로 표현하고자 하였으나 범죄(crime)라는 용어의 의미가 각국의 국내법에 따라 상이하기 때문에 적합하지 않다는 이유로 '중대한 위반행위'(grave breaches)라는 용어를 사용하였다. 대한적십자사 인도법연구소(역), 제네바협약해설 I, 1983, pp.463-464.

정한 정식재판을 받을 권리의 박탈, ⑷제4협약의 '중대한 위반행위'로는 불법적 추방, 이송 또는 구속, 적군에의 복무 강요, 공정한 정식재판권 박탈, 인질, 군사상의 필요에 의해 정당화되지 않는 불법이용 및 자의적이고 광범위한 재산의 파괴 및 징발이 있다(공통규정 제50조, 제2협약은 제51조, 제3협약은 130조, 제4협약은 제147조). 이러한 행위들은 제네바제협약이 보호하는 자 또는 재산에 대해 행해진 경우에만 '중대한 위반행위'를 구성하며 이를 위반한 자는 국적여하를 불문하고 동일한 절차에 따라 동일한 법원에서 재판되어야 한다.

이러한 '중대한 위반행위' 개념은 1977년 제1추가의정서에서도 유지되고 있다. 동의정서는 제44, 45 및 73조에 의해 보호되는 적당사자의 세력내에 있는 자(포로 및 이산가족), 의정서에 의해 보호되는 적상병자, 난선자 및 적당사자의 통제하에 있고 의정서에 의해 보호되는 의료요원이나 종교요원에 대한 제네바제협약의 위반행위 및 신체나 건강에 대한 고의적인 사상, 민간주민이나 민간인에 대한 공격, 민간주민이나 민간목표물에 대한 무차별공격 및 위험한 물리력을 함유한 공장이나 시설, 무방수도시, 비군사지역 및 전투무능력자에 대한 공격, 의정서에서 승인된 적십자 기타 보호표식의 배신적 사용(제85조 제3항)을 중대한 위반행위로 들고 있으며, 고의적으로 행해지고 제협약과 의정서를 위반한 점령세력 주민의 점령지역으로의 이주 혹은 점령지역 주민의 전부 또는 일부의 그 영역내외로의 추방 혹은 이주, 포로 및 민간인 송환의 부당한 지연, 인종차별행위 및 인종차별에 기초한 인간존엄의 모욕을 포함한 비인도적 경멸행위, 인간의 문화적, 정신적 유산을 이루는 명백히 승인된 역사적 기념물, 예술품이나 종교시설을 공격의 목표로 삼는 것 및 공정한 정규의 재판권 박탈을 '기타 위반행위'로 들고 있다(동조 제4항).[176]

제네바협약과 추가의정서에서 열거된 이러한 '중대한 위반행위'들은 1945년 8월 8일의 런던협정과 이의 기초가 되었던 이전의 법문서들에서 규제되고 있던 거의 모든 행위들을 포함하고 있다. 이처럼 현 국제인도법은 '중대한 위반행위'의 유형에 대해서는 매우 포괄적으로 규정하고 있다. 하지만 이러한 '중대한 위반행위'에 대한 형사소추 규정은 그 실효성이 극히 의문이다. 왜냐하면 '중대한 위반행위'를 한 자에게 형사상 제재는 개별국가들에게 위임되어 있기 때문이다.

---

176) 제1추가의정서에서의 '중대한 위반행위'와 '기타 위반행위'의 구별에 대해서는 찬성론(동독(CDDH/I/SR.43, p.10), 스페인(CDDH/I/SR.44, p.2), 호주(CDDH/I/SR.45, p.2), 핀란드(CDDH/I/SR.45, p.4))와 반대론(미국(CDDH/I/SR.43, p.7))이 대립되었으나 협약 또는 추가의정서를 위반한 모든 행위에 대해 동일한 방지조치를 부과할 수는 없다는 현실론적 입장에서 양자는 구별되었다. 이러한 중대한 위반행위로 열거된 각각의 구체적 내용에 대해서는 O. Gross, "The Grave Breaches System and The Armed Conflict in the Former Yugoslavia", 16 *Michigan Journal of International Law*, 1995, pp.797~820 참조.

물론 제국들은 국제적 형사책임의 체계가 실효적일 수 있도록 적절한 조치를 취해야 한다. 그들은 유효한 형사제재를 규정하는 국내법률을 제정하고(공통규정 제49조 1항, 제2협약 제50조 1항, 제3협약 제129조 1항, 제4협약 제146조 1항), 위반행위가 행해지는 즉시 이를 억제해야 할 의무(수사 및 기소의무)가 있으며(공통규정 제49조 2항, 제2협약 제50조 2항, 제3협약 제131조 2항, 제4협약 제146조 2항),[177] 중대한 위반행위에 대해 국가책임이 인정되고(공통규정 제51조, 제2협약 제52조, 제3협약 제131조, 제4협약 제148조), 위반행위 억제를 위한 지휘관의 책임이 인정되며(제1추가의정서 제87조), 게다가 제국들은 상호간에 중대한 위반행위의 소추를 위해 필요한 모든 정보 및 법적원조를 제공하고 범죄인인도의 요구에 호의적으로 응해야 하며(동의정서 제88조), 중대한 위반으로 주장되는 혐의사실 및 기타 심각한 위반의 조사를 위해 사실조사위원회의 설치[178]가 인정되고 있다(동의정서 제90조).

그러나 무력분쟁 상황에서 개별국가에 의한 이러한 형사소추가 실효적으로 행해지리라고는 기대하기 어렵다. 중앙집권적 국제질서가 정착되어 있지 않는 오늘날의 불완전한 국제사회가 개별국가로 하여금 비인도적 범죄들을 처벌하도록 실효적으로 강제할 수 있을지 의문이다.

그나마 국제인도법상의 '중대한 위반행위'의 형사제재에 관한 이상의 논의는 국제적 무력분쟁과 관련되는 것일 뿐 현 국제사회에서 발생하고 있는 무력분쟁의 대부분인 비국제적 무력분쟁에 적용되는 규정들은 위반자의 국제적 형사책임에 대해 어떠한 규정도 두고 있지 않다.[179] 전통적으로 비국제적 무력분쟁은 본질적으로 국내문제라고 인식되어 왔으며, 간섭을 정당화하려는 과거의 수많은 기도들에도 불구하고 국제법상 외부의 개입은 부적절한 것으로 간주되었다. 따라서 이러한 분쟁들에도 국제적 무력분쟁에 적용되는 법규가 적용되어야 한다거나, 이러한 분쟁에서 잔악행위를 한 자를 국제적 법규칙 또는 절차에 따라 재판에 회부해야 한다고 주장되기도 했

---

177) 국제인도법 위반행위 억제를 위한 개별국가의 조치에 대해서는 1997년 9월 23일부터 25일까지 제네바에서 개최된 전문가회의(Meeting of Experts) 보고서인 ICRC, National Repression of Violations of International Humanitarian Law, 1997 참조. 특히 독일, 벨기에, 스페인, 스위스의 국내법과 그 시행절차에 관해서는 ICRC, National Measures for Repression of Violations of International Humanitarian Law, 1997 참조.

178) 국제사실소사위원회는 강제적 재판제도의 확립없이는 전쟁법이나 인도법의 위반행위를 방지할 수 없다는 신념에서 나오게 된 것이나 의정서의 모든 당사자에게 의무적으로 강제되는 것이 아니라 위원회의 권능을 수락한 당사자에게만 인정되는 선택조항적 성격을 갖는다. Y. Sandoz, C. Swinarski and B. Zimmermann(ed.), Commentary on the Additional Protocols of 8 June 1977 to the Geneva Convention of 12 August 1949, Geneva, Martinus Nijhoff Publishers, 1987, p.1042.

179) 중요성에도 불구하고 공통3조 위반행위는 '중대한 위반행위'를 구성하지 않는다는 견해가 일반적이지만 '중대한 위반행위'를 구성한다는 반론도 있다. 이러한 반론에 대한 설명은 Jordan J. Paust, "Applicability of International Criminal Laws to Events in the Former Yugoslavia", 9 American University Journal of International and Policy, 1994, pp.409, 501-511.

지만 수용되지 못했다.[180] 특히 비국제적 무력분쟁에 대한 규제를 독립된 문서로 채택한 제2추가의정서에서도 이러한 형사소추가 제외된 것은 비국제적 무력분쟁을 국내문제로 보고 외부의 개입과 반란단체의 합법화를 우려해 제2추가의정서의 채택을 반대한 다수국들의 의지가 반영된 동 의정서의 한계이다.[181] 그러므로 만약 분쟁당사자간 특별협정이 체결하지 않는다면 중대한 위반행위를 행한 자를 체포, 형사상의 제재를 가할 수 없다.[182] 이 경우 그러한 위반행위자를 처벌할 수 있는 유일한 수단은 관련국가의 국내법 또는 승자에 의한 사후적 처벌법규의 채택뿐이다.

그러나 무력분쟁이 국제적인 것인가 아닌가에 따라 실질적으로는 동일한 범죄인에게 서로 다른 법적 의무를 지운다는 것은 모순이다. 또한 국가는 국제인권법의 심각한 위반을 처벌해야 할 의무가 있다. 이러한 제사정은 국제적이든 비국제적이든 모든 무력분쟁에서 '중대한 위반행위'를 행한 자는 반드시 처벌되어야 한다는 신념을 강화시켰으며, 이는 구유고 및 르완다분쟁에서의 비인도적 행위를 처벌하기 위한 임시적 성격을 갖는 국제형사법원의 설립으로 나타났다.

## 2. 戰爭犯罪의 刑事制裁에 관한 國際 先例

### 가. 國際 및 極東軍事法院

전쟁범죄에 대한 국제적 형사제재가 최초로 실현된 것은 제2차대전 이후의 일이지만 그것이 최초의 시도는 아니었다. 1474년 Burgundy의 Charles공작에 의하여 Breisach총독으로 임명되었던 Von Hagenbush는 점령기간중 주민에 대한 부당한 대우를 이유로 오스트리아인들에게 체포되어 '신과 인류에 반한 범죄'(Crimes against God and Man)로 국제법원에서 재판을 받았는데, 그는 상관명령에 따랐을 뿐이라고 항변했으나 법원은 이를 기각하고 유죄를 인정하여 처형하였다.[183]

또한 제1차대전이 끝난 후 연합국들은 독일지도자들을 처벌하고자 주요 5대연합국과 약소국

---

180) L. C. Green, "Enforcement of the Law in International and Non- International Conflicts: The Way Ahead", 24 *Denver Journal of International Law and Policy*, 1996, pp.315-316.

181) A. Cassese, "The Geneva Protocols of 1977 on the Humanitarian Law of Armed conflicts and Customary International Law", 3 *UCLA Pacific Basin Law Journal*, 1984, p.55.

182) L. Lopez, "Uncivil wars: The Challenge of applying International Humanitarian Law to Internal Armed conflicts", 39 *New York University Law Review*, 1994, pp.925-926.

183) J. Cavicchia, "The Prospects for an International Criminal Court in the 1990's", 10 *Dickinson Journal of International Law*, 1992, p.224.

5개국의 법률가로 구성된 위원회를 발족시켜 '전쟁발생책임과 처벌에 관한 관행'을 연구케 하였는데, 2달여간의 작업 끝에 동위원회는 세계대전을 일으키고 그 발발에 수반하는 행위 및 전쟁의 법과 관습 그리고 인류의 법을 위반한 자에 대한 국제재판을 제안했다. 선례부존을 이유로 미국이 한때 거부하기도 했지만 '국제정서와 조약의 존엄성에 대한 극도의 위반'을 재판하는 것에 합의하여 5명의 판사로 구성된 특별법원으로 하여금 전쟁법 위반으로 기소된 자들을 연합국내 또는 혼합군사법원에서 재판토록 하였다. 하지만 독일황제(Wilhelm II)가 망명해있던 네덜란드의 인도거부로 개별독일인에 대한 연합국의 재판은 불가능했으며, 그 결과 독일의 전범재판권리를 인정할 수밖에 없었고, 독일은 형식적인 판결을 거쳐 6명에게만 유죄를 인정하고 그나마도 가벼운 형벌을 선고했다.[184] 이렇게 하여 제1차세계대전후 전범의 형사제재는 불완전한 모습으로 끝나고 말았다.

제2차대전은 비인도적 행위에 의한 참상에 있어 과거의 경험과 상상을 초월했다. 이에 1942년 10월 7일 연합국들은 전쟁범죄를 조사하기 위하여 연합국전쟁범죄위원회(United Nations War Crimes Commission) 설치에 동의, 17개국 대표로 구성된 동위원회는 1년뒤 런던에서 처음 회합을 갖고 전쟁범죄에 대한 증거를 조사했으며, 이에 책임있는 자를 결정하고 법원의 형태, 적용법규, 절차규정 및 증거에 관한 기술적인 문제들에 대해 조언했다.[185]

1943년 11월 1일 미영소 3개국은 모스크바회의에서 전쟁범죄에 관한 주요협정인 'Hitler일당에 의한 만행의 책임에 관한 선언'을 발표하였는데, 동 선언은 지역에 관계없이 주요전범들은 연합국의 공동결정에 따라 처벌될 것이며, 나찌정부로부터 해방된 국가의 법에 의해 재판되고 처벌될 것이라는 것을 분명히 밝혔다.

그 후 1945년 8월 8일 런던에서 '유럽주축국의 주요 전쟁범죄인의 기소 및 처벌에 관한 협정' (Agreement for the Prosecution and Punishment of the Major War Criminals of the European Axis)을 체결하여 국제군사법원헌장(Charter of International Military Tribunal)을 채택하고 독일 뉴렌베르그에 법원을 설

---

**184)** 연합국은 연합국 군사법원에 소추할 896명의 전범명단을 독일측에 전달했지만 결국 독일의 제안에 따라 라이프니쯔 독일최고법원에서의 재판을 허용했다. 애초의 896명이 45명으로 줄어들었고, 그중 12명이 재판에 회부되어 6명만이 유죄가 인정되었다. 한편 프랑스와 벨기에는 독일의 전범재판권을 거부하고 수백의 독일인 피고인에 대해 군법재판을 진행하였으며 1925년 르카르노 조약을 통해 독일과의 관계를 정상화 시킨 후에야 이를 중지하였다. A. Sottile, *The Problem of the Creation of a Permanant International Criminal Court*, Kraus Reprint Ltd., 1966, pp.6–10.

**185)** United Nations War Crimes Commission, *History of the United Nations War Crimes Commission and the Development of the Laws of War*, 1948, pp.442–450.

치하였다. 제1차대전이후 독일전범들을 독일이 직접 재판하는 것을 허용함으로써 처벌이 유명무
실했던 것을 고려, 피고인들이 범죄지국에서 재판을 받도록 하되 주요 범죄인들은 국제재판을 받
도록 했던 것이다.

이 런던협정은 고려해야 할 범죄들과 법원이 따라야 할 절차들을 규정하고 있었는데, 처벌
대상이 되는 범죄로는 통상의 전쟁범죄외에 평화에 대한 죄와 인도에 대한 죄이며 절차규칙으
로는 제7조에서 피고인의 국가행위(act of state)에 대한 항변을 부정하였고, 제8조에서는 상관명령
(superior order)에 의한 항변을 인정하지 않았다. 런던협정을 뒤이어서 통제위원회(control council)는
법률 제10호를 선포하여 런던협정의 벌칙을 강화하고 어떠한 지위에 있었거나 그리고 상관명령
이 있었더라도 타당한 변론이 되지 못한다는 것을 재확인했으며 법원의 관할권도 보강하였다.[186]

국제군사법원(International Military Tribunal)은 미, 영, 불, 소에서 선출된 4명의 판사로 구성되었
으며 검사는 이들 연합국에서, 변호인은 독일인으로 선출되었다. 법원은 22명을 재판하여 사형 12
명, 종신형 3명, 20년형 2명, 15년형 1명, 10년형 1명 그리고 3명에게는 무죄를 선고했다. 한편 일
본의 전범재판을 위해 맥아더 장군은 국제군사법원헌장의 채택과정에서 많은 어려움을 제기했
던 국제적인 협상을 피하기 위해 1946년 1월 19일 극동지역연합군 최고사령관 일반명령에 의해 세
부사항에서만 차이가 있을 뿐 거의 동일내용을 가진 극동군사법원헌장(Charter of the International
military Tribunal for the Far East)을 채택하고 법정을 동경에 설치했다. 판사들과 검사들은 4대 연합국
외 중국, 네덜란드, 캐나다, 호주, 뉴질랜드, 인도 및 필리핀에서 선출되었으며 변호인은 일본과
미국에서 선출되었다. 극동군사법원은 2년 반에 걸쳐 28명을 재판하여 사형 7명, 종신형 16명, 나
머지는 1년에서 20년까지의 징역형을 선고했다.[187]

## 나. 舊유고 및 르완다 國際刑事法院

오늘날 무력분쟁에서의 비인도적 행위에 대한 형사제재는 구유고 및 르완다분쟁에서의 비극
적 인권유린 상황을 처벌하기 위해 특별히 설치된 림시적인 국제형사법원에 의해 시도되고 있는

---

186)  Matthew I. Kupferberg, "Balkan War Crimes Trials: Forum Selection", 17 *Boston College International and Comparative Law Review*, 1994, pp.380–388.

187)  국제군사법원 및 극동군사법원의 전범재판에 대해서는 Roger S. Clark, "Nuremberg and Tokyo in Contemporary Perspective", Timothy L. H. McCormack and Green J. Simpson(ed.), *The Law of War Crimes*, Kluwer Law International, 1997, pp.171–187 참조.

바, 이는 국제인도법의 준수, 이행촉구에 있어서 역사적 사건이다.

1991년 이후 구유고에서 연방해체와 구성국의 독립과정에서 발생된 뿌리깊은 민족분쟁에서 광범위하고 명백한 국제인도법 위반행위, 특히 대량살해, 대규모적이고 조직적인 부녀자 강간 및 억류가 야기되고, 르완다에서 부족간 분쟁으로 50만 명 이상이 살해되고 수십만 명의 난민이 발생하는[188] 등 양 분쟁에서의 인도적 위기가 국제사회를 충격으로 몰고가자 국제연합 안보리는 이들 사태를 국제평화에 대한 위협이라고 인정하여 각각 1993년 5월과 1994년 11월 헌장 제7장에 근거하여 구유고국제형사법원과 르완다국제형사법원을 설립하였다.

이들 법원들은 국제인도법의 이행확보에 있어 인도적 규정의 중대한 위반행위자의 소추, 처벌이 국내법과 국내법원의 개입에 의해서만 실현될 수 있도록 규정한 국제인도법과는 달리 이들의 개입 없이 직접 국제법원이 개인을 소추, 처벌할 수 있게 함으로써 '중대한 위반행위'를 '국제범죄'로 처벌하는 것을 가능케 한 것으로,[189] 전승국이 패전국을 일방적으로 단죄한 뉴렌베르그 및 동경 군사법원과는 구별되는 국제형사법의 발전에 있어서 전환점이 된 획기적인 사건이었다.

구유고분쟁에서 비인도적 행위가 계속되자 안보리는 결의764(1992)에서 명시적으로 국제인도법에 의하여 부과된 의무를 상기시키고 "모든 당사자들은 국제인도법, 특히 1949년 제네바협약하의 의무를 준수해야 할 의무가 있다"는 것과 "협약의 중대한 위반행위를 행하거나 명한 자는 그에 대해 개인적으로 책임있다"는 것을 확인한 후 보스니아-헤르체고비나(이하 보스니아)에서의 국제인도법 적용문제를 광범위하게 그리고 반복적으로 다루었다.

그로부터 한 달 후 안보리는 결의771(1992)에서 구유고분쟁에 제네바협약이 적용된다는 것과 협약의 위반에 개인책임을 부과하다는 결의764의 내용을 반복한 후 '인종청소'의 실행에 관련된 자의 국제인도법 위반을 비판하고 "모든 당사자 및 기타 구유고분쟁 관련자들은 국제인도법의 모든 위반을 즉각 중지할 것"을 요구하였다.[190] 동 결의는 또한 국제인도적 단체, 특히 ICRC는 구유고에 있는 수용소, 교도소 및 억류지역에 방해받지 않고 접근할 수 있어야 한다고 요구하였으며 인도적 단체 및 제국들에게 안보리에 제출하기 위해 제네바협약의 중대한 위반을 포함하는 국제

---

**188)** 르완다에서의 비극적 잔악행위에 대해서는 Dorinda L. Peacock, "It happened and It can happen Again: The Int'l Response to Genocide in Rwanda", 22 *North Carolina Journal of International Law and Commercial Regulation*, 1997, pp.911-921 참조.

**189)** 山本草二, 國際法, 有斐閣, 1994, p.549.

**190)** UN SC. Res.771, UN SCOR. 47th Sess., pp.25-26, UN Doc.S/INF/48 (1993).

인도법 위반에 관한 정보를 수집할 것을 요구하였다.

또한 안보리는 결의780(1992)에서 모든 분쟁당사자에게 국제인도법 위반을 중지할 것을 요구한 결의771의 요구를 재확인하였으며, 구유고 영역에서 행해진 제네바협약의 중대한 위반과 국제인도법의 여타 위반의 증거를 사무총장에게 제공할 목적으로 결의771에 따라 제출된 정보를 검토하고 분석하기 위한 공정한 전문가위원회의 설립을 요구했으며, 결의787(1992)에서 대규모적이고 체계적인 인권위반과 국제인도법의 중대한 위반이 보스니아에서 계속되고 있다는 것을 강조하고 '인종청소'의 실행과 민간주민에게 공급되는 식량과 의약품의 수송에 대한 고의적인 방해를 포함하는 국제인도법의 모든 위반을 비난하였다.

그리고 결의798(1992)에서 안보리는 "보스니아에서 대규모적, 조직적이고 체계적인 억류, 특히 회교도 여성에 대한 강간에 경악을 금치 못한다"고 했으며, 결의808(1993)에서는 그러한 상황이 국제평화와 안전에 위협을 구성한다는 것과 그러한 범죄를 종식시키고 그에 책임있는 자를 사법처리할 것을 결정하고 구유고 상황에서 국제법원의 설치는 이러한 목적을 달성하게 할 것이라는 것과 평화의 회복과 유지에 기여할 것을 확신한다면서 1991년 이래 구유고에서 자행된 국제인도법의 심각한 위반에 책임있는 자를 소추하기 위해 국제법원을 설치할 것을 결정했다.

마침내 안보리는 결의827(1993)에서 구유고에서의 심각한 국제인도법 위반행위에 책임있는 자의 소추를 위해 국제법원을 설치했다. 헌장 제7장에 기초하여 설치된[191] 동 법원의 정식명칭은 '1991년 이후 구유고영역에서 행해진 국제인도법의 중대한 위반에 책임있는 자의 소추를 위한 국제법원'(International Tribunal for the Prosecution of Persons Responsible for serious Violations of International Humanitarian Law committed in the Territory of the Former Yugoslavia since 1991)이며, 사무총장이 작성한 형사법원규정과 조문해설(Commentary)을 포함한 보고서[192]를 기초로 헤이그에 설치되었다.

---

**191)** 구유고분쟁에서 행해진 비인도적 행위 재판방식으로는 구유고 구성국의 국내법원, 특별국제법원, 국제형사법원 등 3가지가 제의되었지만 국제연합은 특별국제법원방식을 채택했다. Matthew I. Kupferberg, op. cit., pp.394-900. 특히 안보리 비상임이사국이었던 중국과 브라질은 모든 회원국을 구속하는 헌장 제7장에 기초한 설립보다 협상 및 국제조약을 통한 설립을 선호했다. UN, Doc., S/M.3217(1993. 5. 25), pp.32, 36.

**192)** Report of the Secretary-General pursuant to paragraph 2 of Security Council Resolution 808, UN Doc. S/25704(May 3, 1993).

## 3. 普遍的 刑事制裁體系의 確立

### 가. 國際刑事法院 設立

제2차 세계대전 후 뉘른베르그와 동경의 국제 및 극동군사법원이 지나치게 승자의 논리속에 진행되었다는 비판[193]에도 불구하고 전쟁범죄와 국제인도법 위반행위는 처벌받아야 한다는 당위적 요구에 따라 국제사회에서 국제형사법원의 설립문제에 대한 논의가 본격화되었다.

1947년 국제연합 총회는 국제법위원회(International Law Commission: ILC)에 뉘렌베르그 재판규범과 동 재판에서 인정된 국제법원칙을 규범화하고 '인류의 안전과 평화에 반하는 범죄법전초안'(범죄법전초안)을 작성할 것을 요청하였다(UN GA Res. 177(Ⅱ)). 이에 따라 1949년 ILC는 제1회기에서 뉘렌베르그 원칙의 형성과 '범죄법전초안' 준비에 관한 작업을 시작하였으며, 특별보고자(Jean Spiropulos)의 보고에 기초하여 1950년 제2회기에서 뉘렌베르그 재판규범과 동 재판에서 인정된 국제법원칙에 관한 규정을 채택하여 국제연합 총회에 제출하였다.

1951년 국제연합 총회는 특별위원회를 설치, 국제형사법원규정초안을 작성하였는데(1953년 8월 개정), 일정한 조건하에 국가가 법원의 관할권 수락을 철회할 수 있는 기회를 부여하는 것을 포함하여, 국가의 참여를 보다 탄력적으로 할 수 있도록 함으로써 국제형사법원의 강제관할권을 완화하는 내용을 주요골자로 하는 동 초안은 1954년 국제연합 총회에 제출되었다(U.N. Doc.A/2645).

하지만 ILC는 국제형사법원 설치문제의 논의에 앞서 '범죄법전초안'을 먼저 검토하는 것이 논리적임을 확인하고, 동 초안이 완성될 때까지 국제형사법원 설치문제를 보류키로 결정하였다. 한편 ILC는 1954년 '범죄법전초안'을 작성하여 그 해설서와 함께 국제연합 총회에 제출하였다. 총회는 동 초안을 검토한 뒤 침략(Aggression)의 개념정의와 관련된 문제점을 제기하고 특별위원회로 하여금 침략의 개념초안을 작성할 것을 요청하였고, 동위원회의 보고서가 제출될 때까지 법전에 대한 심의를 연기하기로 결정했다(U.N., G.A. Res.897(Ⅸ)).

1974년 국제연합 총회에서 침략에 대한 정의가 채택(U.N., G.A. Res.3314(XXIV))되었으나 기타 국제범죄의 정의를 위한 어떠한 구체적 작업도 진전이 없었다. 1981년에 이르러 비로소 ILC로 하여

---

193) 국제 및 극동군사법원의 평가에 대해서는 Bert V. A. Roeling, "The Nuremberg and Tokyo Trials in Retrospect", M. C. Bassiouni and Ved. P. Nanda(ed.), *A Treaties on International Criminal Law*, Vol.1, Charles C. Thomas Publisher, 1973, pp.590-608.

금 법전의 구체화 작업을 재개할 것과 그 구체화 작업에 우선순위를 부여할 것을 요청하였다(UN GA Res.36/106). 이에 따라 1982년 ILC 제34회기에서 Doudou Thiam이 특별보고자로 임명되었으며, 그는 1983년 제35회기부터 1991년 제43회기까지 9차례에 걸쳐 보고하였고, ILC는 이를 기초로 1991년 제43회기에서 범죄법전초안(Draft Code of Crimes against the Peace and Security of Mankind)을 잠정 채택하였다.[194]

한편 국제연합 총회는 1990년 11월 28일 범죄법전초안이 완성되는 대로 국제형사법원 설치문제를 검토 분석할 것을 ILC에 요청하였다(UN GA Res.45/41). 1991년 동 초안이 잠정채택되자 ILC는 국제형사법원 설치문제의 논의에 착수하였다. 국제형사법원 규정 작성작업은 1992년 제44회기에서 구성된 작업반이 주도하였으며 1993년 제45회기에서 특별보고자(Thiam)가 초안을 보고하였고, ILC는 국제연합 총회의 의견을 듣기 위해 이를 총회에 제출하였다. 이에 대해 총회는 ILC에게 국제형사법원규정의 최종초안 작성에 우선순위를 둘 것과 1994년 2월 15일까지 각국의 의견서를 사무총장에게 제출하도록 요청하였다.[195]

1994년 제49차 국제연합 총회는 ILC가 작성한 국제형사법원 규정초안[196]을 채택하였다. 총회 제6위원회(Sixth Committee), 특별위원회(Ad hoc Committee) 및 국제형사법원 설립준비위원회 (PreparatoryCommittee on the Establishment of an International Criminal Court)의 2년여 간의 검토[197] 끝에 1996년 12월 국제연합 총회는 "국제형사법원의 설립에 관한 협약을 최종적으로 채택하기 위하여" 1998년에 외교회의를 개최하기로 결정했으며,[198] 1998년 7월 17일 로마에서 개최된 외교회의 (United Nations Diplomatic Conference of Plenipotentiaries on the Establishment of an International Criminal Court,

---

**194)** ILC Yearbook, Vol.2, 1991, p.93.

**195)** R. Rosenstock, "Current Development: The Forty-Sixth Session of the International Law Commission", 89 *AJIL*, 1995, p.391.

**196)** UN GAOR, 49th Sess. Supp.No.10, UN Doc.A/49/10(1994). 국제형사법원규정초안은 총60개 조항, 8개부로 구성되어 있는데 제1부는 법원의 설치, 제2부는 법원의 구성과 관리, 제3부는 법원의 관할, 제4부는 수사와 소추, 제5부는 재판, 제6부는 항소와 재심, 제7부는 국제협력과 사법공조, 제8부는 집행에 관해 규정하고 있다. ILC는 동 규정을 초안함에 있어 어느 특정의 형사법률 체계를 고집하지는 않았지만 예상목표를 위한 가장 적절한 요소들을 일관성있게 통합하려고 노력하였고 현존하는 제협약, 국제법원, 상설국제형사법원 설치에 관한 제안들 및 서로 다른 전통을 갖는 각국 형사사법체계의 관련 규정들을 고려하였다. 윤정석, "유엔국제법위원회의 활동과 전망', 법조, 통권 제493호, 1997. 10, pp.236~237. 초안의 주요규정에 대해서는 J. Crawfold, "The ICL's Draft Statute for an International Criminal Court", 88 *AJIL*, 1994, pp.140~152.

**197)** Report of the Ad Hoc Committee on the Establishment of an International Criminal Court, U.N. G.A.O.R., 50th Sess., Supp. No.22, U.N. Doc.A/50/52; Report of the Preparatory Committee on the Establishment of an International Criminal Court, U.N. G.A.O.R., 51th Sess., Supp. No.22, U.N. Doc.A/51/52(1996) 참조.

**198)** U.N. G.A. Res.51/207

1988.6.15~1988.7.17, Rome)에서 전문과 13개 부(Part), 128개 조항(Article)으로 구성된 최종안(Rome Statute of the International Criminal Court)이 채택되었다.

## 나. 創設 意義 및 課題

오늘날 제국들은 무력분쟁에서의 적대행위에 대한 사법적 판단에 매우 소극적이다. 과거 위반행위에 대한 처벌은 패배한 측에게만 적용되고 승리한 측에게는 어떠한 제재조치가 취해지지 않았던 것도 제국들의 사법적 판단에 대한 소극성을 강화시켰다.[199]

하지만 무력분쟁 등에서 행해진 범죄의 잔혹성과 규모는 인도에 반하는 죄 등 국제평화 및 안전을 위협하는 범죄를 처벌하기 위한 상설적인 국제형사법원의 설치가 필요하다는 국제사회의 여론을 환기시켜 이러한 잔악행위에 대한 '국제사회의 사법적 간섭'(International Judicial Intervention)을 강화시켜야 할 필요성을 인식시켰는바,[200] 이러한 일반적인 인식을 바탕으로 국제형사법원의 설립이 본격적으로 추진되어 비로소 국제형사법원 창설협약이 채택되었다.

인도적 법규를 위반한 개인에 대한 형사책임은 비록 인도적 제법규의 이상적인 보장수단은 아닐지라도 분쟁종료후 강화조약을 통해 패전국에 일방적으로 강요되는 금전적 책임보다는 더욱 실효적인 강제수단이라고 보여진다. 특히 예방목적을 위하여 분별있게 사용되면 형사제재는 효과적인 제재임이 틀림없다.

국제인도법에 대한 존중은 그 위반행위에 대해 국제적 형사제재가 인정될 때 더욱 강화될 것이고 인도적 법규의 위반행위에 대한 형사제재는 공정하게 집행될 때 설득력을 가질 뿐만 아니라 국제인도법에 대한 존중을 고양시키기 위한 여타의 조치들을 자극해 국제인도법에 대한 존중과

---

**199)** 특히 걸프전은 국제인도법의 '중대한 위반행위'에 대한 형사제재의 발전에 있어 안타까운 선례를 이룬다. 걸프전에서 안보리는 제결의(결의 660, 661, 666, 670, 674, 678 등)를 채택하였다. 안보리는 동 결의들을 통해 이라크의 쿠웨이트로부터의 철수요구 및 이라크에 대한 일련의 강제조치를 부과하면서 이라크에 의한 심각한 인권위반행위를 비난하고 만약 그러한 위반행위가 지속된다면 중대한 결과를 가져올 것이라면서 각국들에게 향후 있을지도 모를 재판에서 이용하기 위해 이라크와 동국의 개인에 의해 저질러진 제네바협약의 위반행위에 대한 정보를 수집할 것을 요청했었다. 실제로 분쟁과정에서 포로학대, 민간주민의 고문 및 즉결처형, 인질 등 수많은 위반행위들이 실제했었고 증거도 상당부분 확보되어 있었다. 하지만 분쟁이 끝난 후 아무런 조치도 없이 종전협정이 체결되어 국제인도법상의 '중대한 위반행위'에 대한 처벌은 이루어 지지 않았다. 그 과정과 이유에 대한 자세한 설명은 David A. Martin, "Reluctance to Prosecute War Crimes: Causes and Cures", 34 *Virginia Journal of International Law*, 1994, pp.255~262 참조.

**200)** David J. Scheffer, "International Judicial Intervention", 102 *Foreign policy*, 1996, pp.34~51.

준수에 있어 상승효과를 가져올 것이다.[201]

그러나 국제형사법원 창설협약의 채택은 무력분쟁에서 비인도적 행위규제 및 희생자의 인도적 보호강화라는 인류의 염원에 역사적 의미를 부여하고는 있지만, 아직도 많은 심각한 문제들이 산재해 있으며 이러한 장애는 외교회의에서의 협상을 지연시켜 국제형사법원의 조기설립을 방해할 수도 있고, 다자조약에 의한 법원설립방식의 채택으로 오직 제한된 소수의 국가들만에 의해 지지를 받을 가능성도 있다. 이것은 아직도 불완전하게 조직되어 있는 국제사회의 현실에서 초래되는 한계를 반영한 결과이다.

이러한 제한적인 국제인도법 위반행위에 대한 형사제재가 실효적인 개인책임을 지우고 제네바협약의 기타의 위반행위가 국제형사법원에서 소추·처벌될 가능성을 확실히 하기 위해서는 장차 (1)형사제재 대상이 되는 위반행위의 종류 (2)피의자의 신병확보 (3)소추절차 (4)법원의 구성과 형의 집행 및 (5)인도적 법규들을 이행하기 위한 개별국가 조치들과의 협력 등 제반문제에 대한 구체적 합의가 있어야 할 것이며, 그렇게 함으로써 국내법과 국제법은 상호 영향을 미쳐 무력분쟁에서의 국제인도법 존중보장 체계를 개선하고 인도적 규칙의 유효성을 증가시키게 될 것이다.[202]

# 제5절  非國際的 武力紛爭의 法的 規制

## 1. 序言

인류사회에 있어서 비국제적 무력분쟁은 역사적, 통계적 기록에 비추어 볼 때 국제적 무력분쟁보다 오히려 더 빈번했었고 더 야만적이었으며, 전투에 직접 참여한 자나 그렇지 않은 자를 막론하고 사상, 질병, 고문 및 학대, 실종, 자유박탈, 이산, 난민 및 류민, 생필품의 부족뿐만 아니라

---

201) D. Plattner, "The Penal repression of Violations of International Humanitarian Law applicable in Non-International Armed Conflict", 278 IRRC, 1990, pp.414-415; A. D'Amato, "Peace vs Accountability in Bosnia", 88 *AJIL*, 1994, pp.502-503.

202) 국제적 성격의 형사법원에 의한 비인도적 위반행위에 대한 형사소추의 긍정적 의의에 대해서는 A. Cassese, "On the Current Trends towards Criminal Prosecution and Punishment of Breaches of International Humanitarian Law", 9 *European Journal of International Law*, 1998, pp.9-10 참조.

분쟁희생자와 그 가족의 심리적 불안과 인간존엄의 파괴 등 희생자에 대한 수많은 인도적 문제를 야기했다.

따라서 이들 분쟁을 규제해야 할 필요성이 시급하였지만 이에 대한 국제법적 규제는 19세기 말부터 시작된 전쟁법의 법전화 및 발전과정에서도 무시되었다. 그것은 순수한 국내문제(당시에는 지배적 견해였음)에 국제법(전쟁법)의 적용을 확대하려는 어떠한 의도에도 반대하는 국가주권을 반영한 당연한 결과였다. 그 결과 전통국제법 하에서의 비국제적 무력분쟁의 법적 규제는 임의적 교전단체 승인제도의 대상이 될 수밖에 없었고, 반도들에 의한 국제적 무력분쟁에 버금가는 실제상의 전투행위는 만약 정부가 반도들을 교전단체로 승인하지 않으면 국내형법의 지배하에 있을 수밖에 없었다.

그러나 제2차 세계대전 후 그 엄청난 충격의 영향으로 제네바협약의 개정 움직임이 다시 일게 되었고, 그 결과 수년에 걸친 각고의 노력 끝에 1949년 '국제적 성질을 갖지 않는 무력분쟁'을 규제하는 유일한 규정인 제네바협약 공통3조가 결실을 보게 되었다. 국제적 무력분쟁의 희생자 보호를 중심으로 논의되었던 1949년 제네바협약의 성립과정에서 비국제적 무력분쟁에 대한 이와 같은 접근은 스페인내전의 경험과 2차대전 기간중 행해진 소수민족에 대한 대규모적인 잔악행위 그리고 국제연합의 국제적 인권보호운동에 크게 영향을 받은 것이었다.

비록 공통3조가 희생자 보호를 위한 기본적인 인도적 원칙들을 규정하고 있긴 하였지만 그것만으로는 긴급한 인도적 요구에 충분히 대응하지 못했다. 공통3조의 내용상의 불충분, 불명확과 적용상의 소극적, 회피적 경험은 비국제적 무력분쟁에 적용될 새로운 법을 요구하였으며, 증가되는 분쟁희생자의 인도적 보호를 위해서는 동조를 발전, 보완시키는 것이 필수적이었다. 이에 ICRC는 수년간의 노력 끝에 1974년 제2추가의정서 초안을 작성하였으며, 드디어 1977년 6월 10일 '비국제적 무력분쟁의 희생자에 관한 1949년 8월 12일의 제네바협약의 추가의정서'(제2추가의정서)를 채택하였다. 하지만 제2추가의정서의 장래를 낙관한 일부의 전망에도 불구하고 동의정서가 실제 분쟁에 미친 효과에는 심각한 문제가 존재하였던 바, 분쟁의 비인도성을 종식시키거나 실질적으로 감소시키지도 못했다.

## 2. 規制法規의 發展

### 가. 傳統國際法的 規制와 새로운 法規의 形成 努力

1949년 제네바협약이 채택될 때까지 비국제적 무력분쟁은 국제법규의 규제대상이 아니라 발생영역국의 국내적 관할권 하에서 국내법에 의해 배타적으로 규제된다는 것이 일반적인 견해였으며, 제3국과 반도와의 통교는 국내분쟁에 대한 간섭행위로 간주되었다.[203]

그러나 비국제적 무력분쟁의 희생자에 대한 인도적 보호가 1949년 제네바협약 공통3조에 의해 처음으로 규율된 것은 아니다. 비국제적 무력분쟁은 공통3조의 성립이전에도 전통국제법에 의해 다루어졌는바, 교전단체 승인이론이 바로 그것이다. 내란상태가 장기화해서 실전규모에 이르고 국권실태에도 큰 이변이 있어 본국이나 제3국과의 이해관계가 예민해지는 일정시점부터 일정요건을 갖춘 반도에게 국제법(전쟁법) 적용을 가능케 하는 매체인 교전단체 승인제도를 두어온 것이 현 국제법 체계의 원형인 것이다.[204]

그러나 남북전쟁을 계기로 형성된 교전단체 승인이론은 그 후 구체적 관행으로 정착되지 못했고, 비국제적 무력분쟁에 대한 전쟁법 적용문제는 이론적으로나 실행적으로 그다지 발전하지 못했다. 그것은 교전단체 승인은 순전히 임의적 행위여서 매우 드물게 행해졌으며, 그것이 행해진 몇몇 사례들조차도 무력분쟁의 상황이 상당히 진전되었을 때, 즉 반도가 국가영역의 일부에 대해 통제를 확보하고 당사자들이 공해에서의 교전단체의 권리를 주장하는 등 분쟁양상이 국가간 무력분쟁과 유사하게 되었을 때 행해졌기 때문이다.

이러한 와중에서도 새로운 방향이 맹아적이기는 하지만 시사되었다. 그것은 교전단체 승인과는 구별하여 분쟁당사자, 특히 반도의 법적지위를 무시한 채 전쟁법의 일정규칙과 원칙의 적용을 꾀하는 타협적 해결책이었다. 즉, 비국제적 무력분쟁에서의 희생을 최소화하기 위하여 교전단체 승인이 행해지지 않는다 해도 국제법을 적용할 수 없겠는가 하는 것이 대두되기에 이르렀던 것이다.

이러한 노력과 시도에 큰 기여를 한 것은 국제적십자였다. ICRC의 일련의 노력과 그에 힙입어

---

**203)**  G. Abi-Saab, "Non-International Armed Conflicts", in UNESCO(ed.), *International Dimentions of Humanitarian Law*, Martinus Nijhoff Publishers, 1988, p.217.

**204)**  김정균, "전쟁법, 인도법과 내란", 인도법논총, 제13호, 1993, p.7.

국제적십자회의에서 채택된 결의들 및 상부실레지아분쟁과 스페인내전에서의 경험과 성과는 비국제적 무력분쟁에 관한 규정을 1949년 제네바협약에 삽입토록 하는데 중요한 기여를 하였다.

### 나. 1949년 제네바協約 공통3조의 採擇

#### (1) 채택과정

제2차 세계대전 이후 ICRC는 제네바협약의 근본적인 개정을 준비하면서 내전에 각별한 관심을 두고 있었다. 1948년 제17차 국제적십자회의(스톡홀름)에서 ICRC는 1946년의 '1929년 제네바협약'의 개정과 신협약의 작성준비를 위해 소집된 각국적십자사 예비회의 및 1947년 15개국이 참석한 제네바협약 개정문제에 관한 정부전문가회의에서 제시된 안과 토론을 기초로 4개 협약안 공통 2조 4항(스톡홀름안)을 제안했다.

1949년 외교회의에서 스톡홀름안은 먼저 합동위원회(Joint Committee)에 제출되었다. 동위원회에서 각 대표들의 견해는 스톡홀름안을 지지하는 견해와 동안을 삭제하여 '비국제적 무력분쟁'에 협약의 적용을 거부하자는 견해로 나누어졌다.[205]

이러한 심각한 견해 차이에 직면하자 대표들의 견해를 조정하여 새로운 안을 작성하기 위해서 미국, 프랑스, 호주, 노르웨이, 스위스대표로 구성되는 실무반이 설치되었으며, 이 실무반에 의해 일정한 요건[206]을 갖춘 분쟁의 경우 협약규정 전부가 각 분쟁당사자들에게 적용된다는 것을 인정하는 초안(제1안)이 작성되었다. 그러나 동안에 대해 구조의 복잡성, 용어의 부정확 또는 그 자의적 해석의 위험성을 지적하는 많은 비판이 제기되었다.[207]

그 결과 보다 제한적 성질의 새로운 안을 작성할 것이 실무반에 요구되었다. 이 요구에 따라 실무반은 민간인보호협약에서는 '국제적 성질을 갖지 않는 무력분쟁'에 협약전부가 아니라 그 기초를 이루는 인도적 원칙들만을 적용한다는 적용규정을 제한하는 방식을 택하고, 다른 3개협약에서는 협약전부가 적용될 분쟁을 제한하는 방식을 택하여 상병자, 해상상병자 및 포로협약에 적용

---

205) 스톡홀름안에 대한 지지국과 비판국 및 그들의 견해의 주된 내용에 대한 자세한 설명은 Actes de la Conférence diplomatique de Genève de 1949, Tome Ⅱ, Section B, pp.11-15; 대한적십자사, 제네바협약해설 Ⅰ, 1987, pp.47-48 참조.

206) (1)중앙정부가 반도를 교전자로 승인할 것, (2)반도가 국가영역의 일부주민에 대하여 사실상 정부 권한을 행사하는 조직적인 당국, 그 당국의 지휘를 받는 조직적인 군대 및 본 협약과 기타 전쟁법규 및 관례를 실시할 수단을 가질 것, (3)반도도 본협약 및 기타의 전쟁법규와 관례에 따를 의무를 승인할 것.

207) Actes de la Conférence diplomatique de Genève de 1949, Tome Ⅱ, Section B, pp.42-47.

될 복잡한 형식과 민간인협약에 포함될 간단한 형식의 2개의 새로운 안(제2안)을 제출하였다.[208]

제2안도 제1안과 마찬가지로 많은 비판을 받았다. 그것들은 주로 3개협약에 포함될 안에 집중되었는데, 비판의 핵심은 문제가 된 분쟁이 '국제적 성질을 갖지 않는 무력분쟁'이 갖추어야하는 조건들에 합치되는지 여부를 결정하지 않으면 안 되고, 이 결정을 둘러싸고 끝없는 논쟁이 벌어져 협약전부 또는 인도적 원칙들의 자동적 또는 신속한 적용이 방해받게 될 것이라는 것이었다.[209]

이처럼 제1안과 제2안에 대해 각국이 심각하게 대립하게 되자 신협약의 비국제적 무력분쟁에의 적용문제는 어려운 난관에 봉착하여 그 진전이 지지부진하였다. 이 어려운 상황을 타개한 것이 프랑스수정안이었다. 프랑스는 '국제적 성질을 갖지 않는 무력분쟁'의 정의는 부여하지 않고, 이들에 4개협약의 인도적 원칙들만을 적용하자는 수정안을 제출했다. 동수정안을 검토한 제2실무반은 제2안과 프랑스수정안을 기초로 하여 적용분쟁을 제한하지 않는 대신 이들 분쟁에 적용될 인도적 규정을 제한하는 제3안을 작성했다.[210]

특별위원회는 제출된 모든 안들을 표결에 회부하였는데, 투표 결과 모두 부결되었다. 이렇게 되자 특별위원회는 이 제안들을 합동위원회에 대한 보고서에 첨부하여 제출했다. 합동위원회에서도 각 안들이 순차적으로 표결에 부쳐졌는데, 표결 결과 제3안이 찬성 12, 반대6, 기권14로 채택되어 전체회의에 넘겨졌으며, 전체회의에서 찬성 34, 반대12, 기권1로 채택, 공통3조로 성립되었다.[211]

이로써 전통국제법이 전쟁법에 있어서의 내전의 위치를 소극적으로 풀이했던 것과는 달리 새로운 인도법 체계로 마련된 제네바협약에서는 '국제적 성질을 갖지 않는 무력분쟁'인 내전의 위치를 적극적으로 논의한 끝에 마침내 명문차원의 것으로까지 발전시키게 되었다.[212] 이것은 확실히 국가 또는 교전단체승인을 받은 반도만을 법주체로 하는 기존 법구조의 틀을 초월하는 것이며 여기에 공통3조의 혁신점이 있다.[213]

208) *Ibid.*, pp.73-74.
209) *Ibid.*, pp.75-76.
210) *Ibid.*, p.79.
211) *Ibid.*, p.96.
212) 김정균, op. cit., p.8.
213) J. Siotis, *Le Droit de la Guerre et les Conflits Armes d'un Caractere Non-International*, Librairie Generale de Droit et de

그러나 공통3조는 피할 수 없는 결점도 가지고 있다. 그것은 '국제적 성질을 갖는 무력분쟁'의 희생자와 '국제적 성질을 갖지 않는 무력분쟁'의 희생자간의 불평등한 인도적 보호가 법에 의해 확고해졌다는 것이다. 국가주권의 저항을 넘지 못한 당연한 결과였다.[214] 전통국제법의 보수적 틀을 벗어나지 못한 대국들의 입김으로 해서 협약전체의 무조건 적용을 말한 모처럼의 ICRC초안을 후퇴시켜 한정된 기본적 인도규칙의 적용으로 바꾸어 놓은 타협의 산물[215]이어서 민간인 보호규정의 미약, 체포된 적전투원의 보호불비, 희생자 구호활동 및 전투수단과 방법의 규제 미흡, 이행규정의 약화 등 많은 면에서 문제점을 갖지 않을 수 없었다.

### (2) 내용

#### (가) 인적 적용범위

공통3조 1항은 피보호자를 '적대행위에 직접 참여하지 않은 자(무기를 버린 군대의 구성원 및 질병, 부상, 억류 기타 사유에 의해 전투 외에 놓인 자 포함)'로 규정하고 있다. 즉 공통3조의 피보호자는 합법정부나 반도 측의 군구성원 중 자의에 의해 또는 부상 등의 불가피한 사유(force majeure)에 의해 전투 외에 놓인(hors de combat)자와 직접 전투에 참가하지 않은 군의 구성원 및 민간인이다.

동 조를 엄격하게 해석하면 내란 상태에 흔한 사례인 적극적 전의가 없거나 항복의사가 있어도 기회를 얻지 못해 아직 무기를 버리지 못하고 있을 뿐인 어중간한 군의 구성원이나 내란의 목적이나 실상에는 어두우면서도 인민봉기 같은 군중행위로 해서 적대행위에 가담한 문민까지는 가려내지 못해 이들은 공통3조의 보호대상에서 제외된다. 어느 의미에서 실제로는 이들이야 말로 가장 보호를 필요로 하는 피보호자들이다.[216]

#### (나) 인도적 대우

공통3조는 불리한 차별 없는 인도적 대우의 기본적 보장으로서 어떤 경우 어떠한 장소에서도 금지되는 행위로 (1)생명 및 신체에 대한 폭행, 특히 모든 종류의 살인·상해·학대 및 고문, (2)인

---

Jurisprudence, 1958, p.218.

**214)** S. Junod, "Additional Protocol II:History and Scope", *The American University Law Review*, Vol.33, 1983, p.29.

**215)** 김정균, *op. cit.*, p.9.

**216)** *Ibid.*, p.10.

질, ⑶인간의 존엄에 대한 침해, 특히 모욕적이고 치욕적인 대우, ⑷정규재판에 의하지 않은 판결과 형의 집행 등의 4가지를 열거하고 있다. 이것들은 본질적으로 인도적 요구에 기초한 것으로 국제적 무력분쟁, 비국제적 무력분쟁을 불문하고 언제 어디서든 준수되어야 한다.

이상에서 열거된 4가지 금지행위는 그것이 반드시 비국제적 분쟁의 성질이나 특징의 검토를 통해 이루어진 것이 아니고 제2차 세계대전의 경험에 비추어 제기된 것이기는 하나, 내전진압이라는 이름으로 자행되기 쉬운 수단방법을 가리지 않는 절대적 진압작전이 상례인 비국제적 무력분쟁 상태를 생각하면 상당히 소망스러운 요항들이었다.[217] 하지만 동 조가 규정하고 있는 인도적 대우는 4개의 금지사항에 한정되지 않는다. 왜냐하면 그것은 예시규정으로 분쟁에서 적용되지 않으면 안 되는 최소한의 것이기 때문이다.

이상의 인도적 대우를 받는 자는 어떤 종류의 차별도 받지 않아야 한다. 공통3조는 차별금지기준으로서 인종, 피부색, 종교 또는 신앙, 성별, 문벌이나 빈부 기타 유사한 기준을 열거하고 있다. 이러한 특정한 기준에 의한 차별금지는 국제적십자 창설 당시부터 확립되어 왔다. 1864년 협약은 '부상자와 병자인 군인은 국적을 불문하고 이를 수용하여 간호하여야 한다'고 했으며(제6조), 1906년 및 1929년 협약은 '국적의 차별 없이'라는 표현을 사용함으로써(제1조), 공통3조 이전의 제네바협약에서는 유일한 금지기준으로서 '국적'을 강조하고 있다. 이들 협약의 기초자들이 생각했던 것은 국제전을 유의한 2개국 간 또는 다수국간의 전쟁에서 가장 심각한 문제가 될 수 있는 국적에 의한 차별의 가능성으로 당시로서는 당연한 것이었다고 할 수 있다.

그러나 제2차 세계대전에서 행해진 여러 행적과 제국간의 전쟁과 관련하여 맹위를 떨쳤던 인종 및 이데올로기적 전쟁의 경험은 1949년 협약의 기초자들에게 차별금지기준을 다양화할 필요성을 자각케 했다. 비국제적 무력분쟁은 일국내에서 발생한다는 점에서 국적보다는 오히려 종교, 정치적 이념, 인종 따위가 교전자의 구분 및 차별의 기준으로 작용할 가능성이 훨씬 농후할 수 있다.

그리고 열거된 차별금지 기준이외의 인도적 대우에 영향을 주는 것은 기타의 유사한 기준에 포함된다고 볼 수 있어 당연히 그러한 기준에 근거한 불리한 차별은 금지된다고 보아야 할 것이다.

---

217) *Ibid.*

### (다) 상병자의 보호

공통3조는 상병자에 대해 '부상자 및 병자는 수용하여 간호하여야 한다'고 간략하게 언급하고 있는 바, 이 규정은 1864년 제1회 적십자조약의 원칙을 개괄적인 표현으로 재확인한 것이다. 부상자 및 병자를 수용하고 간호하는 의무는 절대적이고 무조건적인 것이므로 이 의무와 합치되지 아니하는 행위는 일절 금지될 뿐만 아니라 이 의무는 '인도적 대우'의 규정에 의거한 일반의무 및 그것으로부터 발생되는 금지에 의하여 보완, 강화되고 있다. 따라서 실제상 본조의 규정은 1929년 협약이래 채택되어 온 그러나 동조에서는 언급되지 않은 제12조의 의미에서의 '존중 및 보호'를 부상자 및 병자에게도 부여한다는 것은 명확한 것이다.[218]

### (라) 인도적 발의권 인정

비국제적 무력분쟁에서 희생자의 보호 및 존중을 위한 제규정의 실시를 도모하고 그들에게 원조를 제공하기 위해 국제적십자위원회와 같은 공정한 인도적 기관들은 분쟁당사자에게 역무를 제공할 수 있다. 그러나 비국제적 무력분쟁에서의 인도적 단체의 활동은 분쟁당사자, 특히 중앙정부로부터 국내문제에 대한 개입, 간섭 및 주권침해라는 비난을 동반하기 때문에 국제적 무력분쟁의 경우보다 오히려 더 어려움을 겪기도 하였다. 하지만 ICRC는 초창기부터 국제적 무력분쟁의 경우에서와 마찬가지로 많은 비국제적 무력분쟁에서도 적대행위의 결과로 고통을 겪고 있는 희생자를 보호하기 위하여 인도적 목적의 역무를 제공해 상당한 성과를 거두었다.

그런데 중요한 것은 외부로부터의 원조는 기본적으로 보충적인 것이라는 점이다. 공통3조의 규정을 적용하고 그 준수를 확보할 일차적 책임은 분쟁당사국에 있다. 또한 분쟁당사국 적십자사는 인도상의 요구에 대응한 활동을 해야 할 것이다. 그러나 분쟁당사국과 그 적십자사가 그러한 요구를 다 수용할 수 없는 경우가 있을 수 있고 또 분쟁국 적십자사가 여러 곳에서 필요한 효과적인 활동을 할 수 없는 경우도 있을 수 있다. 그런 경우에는 추가적인 원조가 필요한 바, 이러한 경우 외부의 인도적 역무제공이 필요하며, 그 거부는 분쟁당사자에게 중대한 도덕적 책임을 지우게

218) 대한적십자사, op. cit., pp.63-64. 제네바협약 해설서는 제3조에서 '존중 및 보호'라는 표현이 생략된 이유로 동조가 채택되기 위해서는 가능한 한 간명한 것이었어야 했으며 반란자를 취급할 경우 모든 사람들이 수락할 수 있다고 인정되는 최소한의 원칙을 표명하는데 그치지 않으면 안 되었고 아무리 경미한 것이라 하더라도 반란자를 진압하는 국가의 권리 및 정당한 국가의 형벌권을 제한하는 것으로 의심을 받을 염려가 있는 표현을 사용하지 않을 필요가 있었다는 것을 들고 있다. Ibid., p.63.

될 것이다.[219]

역무의 제공이 합법적이고 수락할 수 있는 것이 되기 위해서는 그것이 인도적이고 공정한 기관에 의한 것이어야 하고, 제공되는 역무도 역시 인도적이고 공정한 것이 아니면 안 된다. 또 ICRC 등의 분쟁당사자에 대한 역무제공 신청이 비우호적 행위를 구성하는 것도 분쟁당사자가 그 신청을 수락할 의무를 지는 것도 아니기 때문에 반도가 역무의 제공을 받아들일 의무는 없다.[220] 그러나 공통3조가 성립된 이후 발생한 비국제적 분쟁들에서 ICRC는 동조의 규정에 구애되지 않고 활동하였으며 많은 경우 국제인도법의 특별한 규칙들, 특히 전투원과 전쟁포로에 관한 규칙들을 존중하고 적용할 것을 분쟁당사자에게 설득시키는데 성공을 거두었다.

### (마) 특별협정을 통한 인도적 규정의 적용확대

분쟁당사자는 법률상으로는 오직 공통3조의 규정만을 준수할 의무가 있으며 여타의 규정은 무시할 수 있다. 그렇지만 제3조의 존중만으로 충분하지 못한 상황이 있을 수도 있고, 비국제적 무력분쟁이 국제적 무력분쟁으로 발전할 가능성을 차단하고 조기에 분쟁을 해결하기위해 제3조 외의 규정에 의존해야 할 필요성이 있을 수 있다. 이러한 경우 분쟁당사자는 제3조 이외의 전부 또는 일부를 특별협정을 통해 적용할 수 있다.

본 항의 규정은 특별협정의 체결이 교전자의 지위를 묵시적으로 승인하는 결과가 될 수도 있어 반란자의 힘을 증강시켜주는 결과를 초래할 수도 있다는 우려 때문에 실제 실현에는 어려움이 많다. 중앙정부는 협정의 체결에 노력해야 할 것이지만 최종적 결정은 전적으로 중앙정부의 자유이며, 협정의 체결이 반도의 지위를 승인하는 것이 아니라는 취지의 규정을 명시할 수도 있고, '전기 규정의 적용은 분쟁당사자의 법적 지위에 영향을 미치지 않는다'라는 규정도 있기 때문에 분쟁당사자가 부정할 수 없는 비인도적 상황이 현실적으로 존재하고 적용규정의 확대를 통해 그러한 상황을 개선할 가능성이 있을 경우에는 특별협정을 체결하여 분쟁희생자의 보호를 한층 강화시킬 수 있기 때문에 본 조항은 매우 유용할 것이다.

이러한 특별협정의 체결을 촉진시키기 위해서는 분쟁의 희생자가 받아야 할 대우, 그들에게

---

219) *Ibid.*, p.65.

220) *Ibid.* 하지만 ICRC의 역무제의를 의무적으로 수락해야 한다는 입장도 주장되고 있다. 이에 대해서는 R. Pinto, "Les regles du droit international concernant la guerre civile", Recueil des Cours I, 1965, p.543 참조.

부여되어야 하는 구호의 구체적 내용과 기타의 사항을 정해 놓는 것이 바람직하며, 그렇게 하는 것이 분쟁희생자 및 분쟁당사자를 위해서도 바람직하다. 협정체결의 확실하고도 실제적인 방법은 함부로 구체적인 특별협정을 협상하는 것이 아니라 협약 자체 또는 그것이 불가능한 경우 협약의 일부규정을 참조하는 것이다.[221]

### (바) 분쟁당사자의 법적 지위에 미치는 효과의 부존재

공통3조의 마지막 항은 1947년 정부전문가회의에서 처음으로 제안된 것으로 상호주의 조항과 함께 본 협약의 적용이 반도를 합법적으로 진압하는 것을 간섭하거나 반도들에게 교전자로서의 지위를 부여하고 따라서 그들의 전력을 증강시켜 주지 않을까 하는 우려를 불식시키기 위해 필요했었다. 제3조의 승인은 반도의 승인을 의미하거나 특별한 보호나 면제를 부여하는 것이 아니며, 합법정부가 자국의 법률에 의거하여 모든 수단을 사용하여 반도를 진압할 권리를 제한하는 것도 아닐 뿐만 아니라 정부가 자국의 법률에 의거하여 범죄자를 기소하고 형을 언도할 권리에 하등의 영향을 미치지 않는다. 왜냐하면 이 규정은 본 협약의 목적이 순전히 인도주의적인 것으로서 결코 국내문제에 간섭하는 것이 아니라 모든 문명국들이 어떤 곳에서든지 또 어떤 상황하에서든지 전쟁을 초월하여 유효하다고 인정하는 최소한의 인도적인 중요한 원칙을 존중하는 것을 확보하는데 그 목적이 있기 때문이다.[222] 따라서 인도의 요구에 기초한 공통3조의 인도적 제규정은 분쟁이 국제적 성질을 갖든 비국제적 성질을 갖든 불문하고 언제, 어디서든 적용된다고 볼 수 있다.

## 다. 1977년 第2追加議定書의 採擇

### (1) 채택과정

제2차 세계대전이래 발생한 무력분쟁들중의 대다수가 비국제적 성격의 것으로 이러한 분쟁들은 극심한 고난을 야기하였고, 그 결과 수많은 희생자를 냈다. 비록 1949년 제네바협약 공통3조가 희생자 보호를 위한 기본적인 최소한의 인도적 원칙들을 규정하고 있기 하였지만 그것만으로는 긴급한 인도적 필요에 충분히 대응할 수가 없었다. 또한 공통3조의 적용도 만족스럽지 못했다. 물론 일부 무력분쟁에서 분쟁당사자간의 적대행위가 일정한 정도에 달한 후 동조가 적용되는 경

---

221) 대한적십자사, *op. cit.*, p.66.

222) *Ibid.*, p.68.

우도 있었지만 발생분쟁의 비국제적 특징이 객관적으로 확인될 경우에는 자동적으로 적용되어야 함에도 불구하고, 적용여부는 분쟁당사자의 광범위한 자유재량에 맡겨져 있어 거부되기도 하였다.

이처럼 공통3조의 채택에도 불구하고 불충분, 불명확한 내용과 소극적, 회피적인 적용으로 비국제적 무력분쟁에서의 야만성은 사라지지 않았으며, 증가되는 분쟁희생자의 인도적 보호를 위해서는 동조가 더 발전되어야 한다는 요구를 낳았다.

이에 ICRC는 제19차(1957), 제20차(1965) 및 제21차(1969) 국제적십자회의와 2번에 걸친 정부전문가회의(1971~1972)에서의 논의에 기초하여 1949년 제네바협약의 추가의정서 초안(Draft Additional Protocols to the Geneva Conventions of August 12, 1949:Commentary)을 작성, 1973년 테헤란에서 개최된 제22차 국제적십자회의에 제출했다. 이 최종초안이 1974년부터 스위스 정부의 초청으로 개최된 외교회의의 기초안이 되었다.

47개 조문으로 구성된 이 초안은 전문가회의에서 주장된 견해들을 대체로 고려한 것이었지만, 이전의 초안과는 달리 적대행위와 전투의 수단과 방법에 관한 일부 제한규정들을 포함함으로써 공통3조를 발전시키고 보완하였으며, 분쟁당사자가 더 이상 분쟁의 부인을 구실로 그 적용을 거부할 수 없도록 객관적인 물적 기준을 제시함으로써 무력분쟁의 개념을 더욱 명확하게 규정하였다.[223]

ICRC가 성안한 추가의정서안을 검토하기 위하여 1949년 제네바협약 수탁국인 스위스의 초청으로 제네바에서 1974년부터 1977년까지 4차례에 걸쳐 총 136개국, 11개 민족해방단체, 52개 옵서버자격의 국제기구가 참여한 '무력분쟁에 적용되는 국제인도법의 재확인 및 발전에 관한 외교회의'(The Diplomatic Conference on the Reaffirmation and Development of International Humanitarian Law Applicable in Armed Conflict)가 개최되었다.

1974년 제1회기에서는 민족해방단체의 참가자격문제 및 위원수 배분문제 등 절차문제의 대립으로 정작 초안에 대한 심의는 진전되지 못했다. 다만 민족해방전쟁에 대한 논의는 실질적으로 이루어져 사회주의 국가들의 지지를 받은 제3세계 국가들의 노력으로 이제까지 비국제적 무력분쟁이라고 인정되어온 민족해방전쟁을 국제적 무력분쟁의 개념에 포함시킨 제1추가의정서 제1조

---

223) S. Junod, op. cit., pp.31-32.

가 제1위원회에서 찬성 70, 반대 21, 기권 13으로 채택되었다.[224]

1975년 제2회기에서는 제2추가의정서의 적용범위에 관한 다양한 의견들이 제시되었다. 중국, 인도네시아, 필리핀, 이란, 일부 라틴아메리카 및 아프리카 국가들은 매우 제한적인 적용요건 또는 내용축소를 제의하였다. 국내문제를 국제화하고 외국간섭의 근거로 의정서가 인정되어서는 안 된다는 많은 제3세계 국가들의 관심을 반영한 이러한 제한적인 접근은 사회주의국가 및 일부 서구제국, 특히 캐나다에 의해 지지되었다.[225] 반면에 스칸디나비아제국과 서구제국은 적용범위의 확대와 제1추가의정서와 유사한 상세한 규칙들을 주장하였으며, 여타 국가들은 용이하게 적용될 수 있는 규칙들만이 포함되어야 하며 전투행위에 관한 규칙들을 포함해서는 안 된다고 하였다. 특히 노르웨이는 무력분쟁으로 인한 고통은 동일하다는 것과 희생자들은 국제적이든 비국제적이든 모든 무력분쟁에서 동일한 보호를 받을 권리를 가지고 있다는 것을 주장하면서 단일의정서를 채택할 것을 주장했다.[226] 하지만 엄격한 적용요건을 선호한 국가들이 많았으며 따라서 ICRC에 의해 제안된 정의도 매우 제한적이며 간단하였다.[227]

1976년 제3회기에서는 이미 베트남전이 종결되고 포르투갈령 앙골라, 모잠비크가 독립을 달성하는 등 국제정세의 소강사태도 한 몫 하여 비교적 냉정한 분위기속에서 조문심의가 진행되었다. 그러나 앙골라에서의 외국인 용병문제가 표면화되어 아프리카제국이 용병의 포로자격을 부인하는 제안을 하는 등 실질적인 심의는 이루어지지 못한 채 상당수의 조문안이 미심의 또는 심의중인 채 남겨졌다.

1977년 제4회기에서 각위원회는 양의정서에 공통 또는 유사한 규정이 많아 제1추가의정서의 각편 또는 각장의 조문을 심의한 후, 그것에 대응하는 제2추가의정서의 각편 또는 각장을 검토하는 심의방식을 채택했다. 이렇게 하여 각위원회는 제1추가의정서를 모방한 꽤 상세한 제2추가의정서 규정(CDDH/402)들을 채택할 수 있었다. 하지만 최종회의 하루전 파키스탄 대표단장이었던

**224)** R. R. Baxter, "Humanitarian law or Humanitarian Politics? The 1974 Diplomatic Conference on Humanitarian Law", *Harvard International Law Journal*, Vol.16, 1975, pp.11~18.

**225)** G. Abi-Saab, "Non-International Armed Conflicts", UNESCO(ed.), *International Dimentions of Humanitarian Law*, Martinus Nijhoff Publishers, 1988, p.227.

**226)** S. Junod, *op. cit.*, pp.32~33.

**227)** 제2추가의정서 채택에 대한 제국의 립장차이에 대해서는 박재섭, "1949년의 제네바협약들에 대한 1977년의 제2부가의정서:내란에 적용될 전시법규의 새로운 발전", 법률행정논총, 제18집, 고려대학교 법률행정연구소, 1980, p.28; David P. Forsythe, "The 1974 Diplomatic conference on Humanitarian Law:Some Observtion", *AJIL*, Vol.69, 1975, pp.279~282.

Hussain은 위원회에 제출된 초안이 너무 상세하고 국제문서가 관여할 수 없는 영역까지 포함하고 있어 일부 대표들이 수락하지 않을 것이라고 판단, 각국대표들과 협의한 후 28개 조문으로 구성된 제2추가의정서 '간략화안', 즉 Hussain Draft(CDDH/427)를 작성, 캐나다대표 및 ICRC대표와 상의한 후 외교회의에 제출했다. 외교회의 본회의에서 이 안은 콘센서스에 의해 채택되어 제2추가의정서가 되었다.

4년 이상을 끈 외교회의에서 위원회안에 규정되었던 희생자의 인도적 보호에 관한 일부규정이 채택되긴 했지만 분쟁당사자의 많은 의무들이 약화, 삭제되었다. 그것은 비국제적 무력분쟁에 관한 각국의 일반적 이해관계가 달랐고, 동서냉전이라는 이데올로기 및 제3세계의 등장이라는 국제사회의 세력변화가 외교회의에서 대립되어 그 타협의 결과물로 동의정서가 채택되었기 때문이다. 이러한 불비와 미흡에도 불구하고 제2추가의정서는 비국제적 무력분쟁에서의 희생자 보호에 있어서 커다란 진보로 평가될 수 있을 것이다.[228]

비국제적 무력분쟁에 적용되던 인도법 규칙의 소체계인 공통3조를 확대한 의정서의 채택은 국제인도법 발전에 있어 획기적 진전일 뿐만 아니라 국제인도법의 새로운 역동적인 출발을 의미하는 것이며,[229] 분쟁희생자의 존중, 보호 및 인도적 대우를 기본목적으로 하는 적십자운동에 있어 중대한 전기였다.[230]

### (2) 내용

#### (가) 인적 적용범위

제2추가의정서의 피보호자는 '분쟁에 의해 영향을 받는 모든 자'(제2조1항)로써 군인 민간인 또는 전투원비전투원의 구별이나 국적여하를 불문하며 공통3조의 피보호자뿐만 아니라 동조에서 제외된 자도 포함한다.

---

**228)** F. Bory, *Origin and Development of International Humanitarian Law*, ICRC, 1982, p.38.

**229)** C. Sepúlveda, "Interrelationships in the implementation and Emplacement of International Humanitarian Law and Human Rights Law", *The American University Law Review*, Vol.33, 1983, pp.117-118.

**230)** J. Pictet, "New aspects of International Humanitarian Law", *International Review of the Red Cross*, Vol.199, 1977, p.401. 제2추가의정서에 대해서는 인종적, 종교적 동기로 인한 민간인 학살을 불법화했다는 등의 긍정적 평가가 있는가 하면, 참된 인도주의적 실질과 잠재적 성격을 결여한 좋은 내용을 가진 성명일 뿐이라는 비판이 맞서고 있다. M. Veuthey, "Implementation and Enforcement of Humanitarian Law and Human Rights Law in Non-International Armed Conflicts : The Role of the Red Cross" *The American University Law Review*, Vol.33, 1983, p.88.

분쟁에 의해 '영향을 받는 자'는 그 분쟁지역 내의 어디에 있든 또한 전투지역 외에서 체포되었든 본 의정서의 이익을 향유하며, '인종, 피부색, 성, 언어, 종교 또는 신앙, 정치적 의견 또는 기타의 견해, 국가적 또는 사회적 출신, 빈부, 가문 또는 기타의 지위, 또는 기타 모든 유사한 기준'에 의한 어떠한 불리한 차별을 받지 않는다. 그 밖에 제2추가의정서는 무력분쟁 종료 후에도 자유가 박탈된 모든 자 또는 그러한 분쟁에 관련된 이유 때문에 자유가 제한된 모든 자뿐만 아니라 분쟁 후에도 동일한 이유 때문에 자유가 박탈 또는 제한되고 있는 자들에게도 그러한 자유의 박탈 또는 제한이 종식될 때까지 제5조 및 제6조의 보호가 향유된다는 것을 인정하고 있다(제2조2항). 이것은 승자의 자의로부터 자유가 박탈된 자를 보호하기 위한 것이다.

### (나) 분쟁당사자의 권력 내에 있는 자의 인도적 대우

#### ① 기본적 보장

제2추가의정서는 제4조에서 기본적 보장을 더욱 확대하고 동시에 보다 명확하게 규정하고 있다. 제4조는 무력분쟁이 발생한 영역에 있는 모든 주민의 보호를 목적으로 분쟁당사자가 그들의 권력 내에 있는 자들에 대하여 준수해야 하는 일반적인 제한을 규정하고 있다. 일반적으로 수락된 보편원칙을 포함하고 있는 동조는 제네바협약 공통3조, 제네바 제4협약 제33조(테러행위 및 약탈의 금지) 및 '시민적 정치적 권리에 관한 국제규약' 제8조(노예제도 및 노예매매의 금지)에 기초를 두고 있다.[231]

'적대행위에 직접참가하지 않은 또는 참가를 중지한 모든 자'는 자유가 제한되었는지 여부를 불문하고 신체, 명예, 신조 및 종교적 관행을 존중받을 권리를 가진다. 그들은 모든 상황에 있어 어떠한 불리한 차별도 받지 않고 인도적으로 대우되며 전멸명령이 금지된다(제4조 1항). 또한 이들에 대해서는 ⓐ 인간의 생명, 건강 및 신체적 또는 정신적 안녕에 대한 폭력행위, 특히 살인 및 고문, 신체절단 또는 모든 형태의 체벌과 같은 잔인한 취급, ⓑ 집단적 처벌, ⓒ 인질, ⓓ 테러행위, ⓔ 인간의 존엄에 대한 침해, 특히 모욕적이고 치욕적인 취급, 강간, 강제매음 및 모든 형태의 저열한 행위, ⓕ 노예제도 및 모든 형태의 노예매매, ⓖ 약탈, ⓗ 전기의 행위 중 어느 것이라도 행하도록 하는 위협은 항시 그리고 장소를 불문하고 금지된다(제2항).

---

231) 제2추가의정서 제4조 1항 a, c, e호는 공통3조, b, d, g호는 1949년 제네바 제4협약(민간인보호협약) 제33조, f호는 '시민적 및 정치적 권리에 관한 국제규약' 제8조 1항에 기초하고 있다.

또한 아동에 대해서는 특별한 보호가 부여되고 있다. 아동은 그들이 필요로 하는 양호와 원조를 받으며, 특히 ⓐ 부모의 희망에 부합하는 교육 또는 부모가 없을 경우에는 그들의 양호책임이 있는 자의 희망에 부합되는 교육(종교적 및 윤리적 교육 포함)을 받고, ⓑ 일시적으로 분산된 가족의 재결합을 용이하게 하기 위하여 모든 적절한 조치가 취해져야 하며, ⓒ 15세 미만의 아동은 군대 또는 무장집단에 징모되지 아니하며 적대행위에 가담하는 것이 허용되어서는 안 되고, ⓓ 15세 미만의 아동에게 부여된 특별보호는 만일 그들이 ⓔ항의 규정에도 불구하고 적대행위에 직접 가담한 경우에도 계속 적용되며, ⓕ 필요할 경우 그리고 부모, 법률 또는 관습에 의하여 그들의 양호에 관하여 일차적 책임을 지는 자들의 동의를 얻어 가능할 경우 한시라도 아동들을 적대행위가 발생한 지역으로부터 국내의 보다 안전한 지역으로 이동하기 위한 그리고 그들의 안전과 복지에 관하여 책임을 지는 자들과의 동반을 보장하기 위한 조치가 취해져야 한다(제3항).

### ② 자유가 제한되고 있는 개인

제4조의 기본적 보장 외에 '자유가 제한된 자'에게는 공통3조에는 없는 일정한 보호가 주어지고 있다. 억류(intern) 및 구금(detain)된 자들의 대우에 대한 최소기준을 규정하고 있는 제5조가 그것이다. 제1항은 모든 상황에서 적용되어야 하는 최소한의 규칙들을, 제2항은 다소 약화된 형식, 즉 억류 및 구금에 책임 있는 자의 능력의 한도 내에서 존중해야 하는 추가적인 보장을 규정하고 있다.[232]

'무력분쟁에 관련되는 이유 때문에 자유가 박탈된 자'들은 억류되고 있든 또는 구금되고 있든 불문하고 최소한 ⓐ 부상자 및 병자는 제7조(부상자, 병자 및 난선자의 보호 및 가료)에 따라 대우되며, ⓑ 현지 민간주민과 동일한 정도로 식량과 음료수의 공급을 받고 건강과 위생에 관한 보호 그리고 기후의 혹렬함과 무력분쟁의 위험에 대한 보호를 부여받으며, ⓒ 개인적 또는 집단적 구호를 수령하는 것이 허용되며, ⓓ 종교의식을 행하는 것이 허용되고, 만일 요청이 있고 적절한 경우에는 군종과 같은 종교적 임무를 수행하는 자들로부터 정신적 원조를 받는 것이 허용되며, ⓔ 만일 노동을 하여야 할 경우에는 현지 민간주민이 향유하는 것과 동일한 노동조건 및 보호를 향유한다

---

232) 제2추가의정서도 적에게 체포된 전투원에게 포로지위를 인정하고 있지 않는데 비국제적 무력분쟁이라는 것을 고려하여 동조가 제네바 제3협약의 포로의 대우에 관한 규정들을 약화 및 단순화시켜 규정된 것으로 보는 견해도 있다. David. P. Forsythe, *op. cit.*, p.293.

(제5조 1항). 또한 제1항에서 말하는 자들의 억류 또는 구금에 대하여 책임을 지는 자들은 그들의 능력 한도 내에서 전기의 자들에게 일정한 보호를 존중해야 하며(제2항), 제1항의 적용을 받지 않지만 무력분쟁에 관련되는 이유로 방법의 여하를 불문하고 자유가 제한된 자들은 제4조 및 제5조 제1항 (a), (c), (d) 및 제2항 (b)에 따라 인도적으로 대우되고(제3항), 만일 자유가 박탈된 자들을 석방하는 경우, 그러한 결정을 행하는 자는 그들의 안전을 보호하기 위한 필요한 조치를 취하여야 한다(제4항).

### ③ 형사소추

제4조 및 제5조의 보장이나 대우를 받는 피보호자도 무력분쟁과 관련된 형사범죄의 처벌을 면하는 것은 아니다. 일반적으로 반도는 무력분쟁에 참가한 그 자체가 국내법에 위반되는 행위로 간주되어 국내법에 따라 처벌된다. 하지만 형사소추를 분쟁당사자의 국내법에만 위임한다는 것은 자의적인 법집행을 묵인하는 것과 다름없다. 따라서 형사소추 및 처벌에 국제인도법의 규제가 필요한바, 제6조가 그러한 역할을 하고 있다.

인도법체계에 있어 중요한 원칙들을 포함하고 있는 제6조는 무력분쟁에 관련된 범죄인의 형사소추 및 처벌에 적용된다(제6조 제1항). 독립성과 공정성이 보장되는 법원에 의하여 언도되는 유죄판결에 따르는 경우를 제외하고 어떠한 선고가 언도되어서도, 어떠한 처벌이 집행되어서도 아니 된다. 특히 ⓐ 피고인은 그의 혐의사실에 관하여 지체 없이 통지받고 재판전과 재판 중에 필요한 항변의 권리와 수단을 제공받으며, ⓑ 누구도 개인적인 형사책임에 근거한 것을 제외하고는 유죄판결을 받지 않고, ⓒ 누구도 범행 당시의 법에 의하여 범죄행위가 되지 않는 작위 또는 부작위를 이유로 유죄로 인정되어서는 안 되고, 행위 당시에 적용되는 것보다 더 중한 형벌이 과해져서는 안 되며, 만일 범행 후에 형벌이 경해졌을 때에는 개정 법률이 적용되며, ⓓ 피의자는 법에 의하여 유죄가 입증될 때까지 무죄로 추정되며, ⓔ 피의자는 출석재판을 받을 권리가 있으며, ⓕ 누구나 자신에게 불리한 증언을 하거나 또는 유죄를 자백토록 강요되어서는 아니 된다(동조 제2항). 이러한 2항의 각 호는 공정한 재판을 보장하기 위한 방법으로 이해될 수 있지만 일국 내에서 사회적 긴장과 정치적 갈등이 증대될 때 가장 일반적인 특징들의 하나는 민간인들도 (특별)군사법원에서 재판을 받게 되는데, 이 경우 이러한 법원들은 자의적인 정치적 통제를 위한 체계로 전락하는 경우가 많아 독립성과 공정성을 제공하지 못하는 것이 일반적이다. 또한 긴급사태 기간 중 제정된 법률은 매우 모호하고 일반적이어서 악의적인 해석이 가능하게 되는 경우가 많다. 따라서 제 6조가 행위 시 법률주의를 규정하고는 있지만 이것은 비상사태가 선언된 후 그러나 그 행위이전에 발표된 모호하고 비합리적인 법률에 의한 유죄선고로부터 개인을 보호하는 데에는 한계가 있다.[233]

이외에도 유죄판결을 받은 자는 언도 즉시 사법적 및 기타 구제책과 그 행사기한을 통지받으며(동조 제3항), 사형은 범행 당시 18세 미만의 자에게 언도되어서는 아니 되고 임산부 또는 유아의 모에게는 집행되어서는 안 된다(동조 제4항). 제4항은 아이를 출산한 후 오래지 않아 母를 사형집행할 가능성을 열어두고 있는바, 이것은 아이의 입장에서는 매우 비인도적인 것이다. 유아와 모의 감정적, 신체적 접촉은 아이의 미래를 위해서 대단히 중요하므로 비록 의정서상의 의무는 아니지만 유아의 모를 일정조건하에 사면하는 것은 다소나마 이러한 문제를 감소시킬 것이며, 인도주의적 관점에서 최선의 해결책은 18세 이하에 대해 사형선고를 금지하는 것과 마찬가지로 임산부나 유아의 모에 대한 사형선고를 금지하는 것이다.[234]

적대행위의 종료 시 권한 있는 당국은 무력분쟁에 가담하였던 자들 또는 무력분쟁에 관련된 이유 때문에 자유가 박탈된 자들에 대하여 그들이 억류되고 있든 구류되고 있든 불문하고 가능한 한 최대의 광범위한 사면을 부여하도록 노력하여야 한다(동조 제5항). 이 규정은 분쟁당사자(특히 승자)에게 그 권력 내에 있는 적개인의 적대행위 참가를 이유로 하는 처벌 시 참작하게 하고, 그 개인이 적대행위에 있어서 인도규칙을 준수하도록 촉구하는 것과 관계있는 것으로 적대행위 종료 후 통상상태로의 신속한 회복을 용이하게 하는 효과가 있다.[235]

---

233) A. Eide, "The New Humanitarian Law in Non-International Armed Conflict", A. *Cassese, The New Humanitarian Law of Armed Conflict*, Editoriale Scientifica, 1979, p.285.

234) *Ibid*., p.286.

235) 藤田久一, 國際人道法, 有信堂, 1993, p.232. ICRC 초안은 '오로지 적대행위에 참가한 것을 이유로 소추가 행해질 경우 법원은 형을 판결함에 있어서 피고인이 본의정서의 규정을 준수한 사실을 가능한 한 최대한으로 고려하지 않으면 안 된다'(제10조 5항), '무력분쟁에 관한 위반행위에 대해서 사형이 선고될 경우에도 적대행위가 종료할 때까지 집행되어서는 안 된다'(동조 제3항)라고 규정하고 있었다. ICRC, *Draft Additional Protocols to the Geneva Conventions of August 12, 1949: Commentary*, 1973, pp.146-148. 하지만 외교회의 위원회(제3회기 제1위원회)에서 후자는 삭제되고 전자는 동일한 취지의 다른 규정으로 채택되었으나 이것도 제2추가의정서 간소화 안에서 삭제되었다.

### (3) 부상자, 병자 및 난선자 등의 보호

부상자, 병자 및 난선자의 보호에 대해 공통3조는 '상병자 및 병자를 수용하여 간호하여야 한다'라고 간략하게 규정하고 있지만, 제2추가의정서는 보호내용을 명확히 하였을 뿐만 아니라 나아가 위생요원의 의료임무 등의 보호에 관한 내용에 있어 제1추가의정서의 상병자에 관한 규정과 상당히 유사한 새로운 규정을 두고 있다.

'모든 부상자, 병자 및 난선자'는 무력분쟁에의 가담 여부를 불문하고 존중보호되고, 모든 상황에서 인도적으로 대우되며 최대한 그리고 가능한 한 지체 없이 의학적 가료 및 간호를 받으며, 의학적 이유외의 어떠한 이유를 근거로 차별되어서는 안 된다(제7조). 상황이 허용하는 경우, 특히 교전 후에는 지체 없이 그들을 수색하여 수용하고, 약탈과 학대로부터 보호하고 충분한 가료를 보장하며, 나아가 사망자를 수색하고 그들에 대한 약탈을 방지하고 그들을 품위 있게 처리하기 위하여 모든 가능한 조치가 취해져야 한다(제8조).

또한 의무요원은 존중되고 보호되며 그들의 업무수행을 위하여 모든 가용한 협조가 부여되고 자신의 인도적 임무와 상용하지 아니하는 직무를 수행하도록 강요되어서는 안 되며(제9조 제1항), 의료윤리에 위배됨이 없이 의료활동을 수행하는 모든 자는 어떠한 상황에서도 처벌되어서는 안 되고(제10조 제1항), 의료활동 종사자들은 반윤리적인 강요를 받지 않으며(동조 제2항), 의료활동에서 입수되는 정보에 관련된 직업상 의무는 국내법에 따를 것을 조건으로 존중되며(동조 제3항), 그러한 정보의 제공을 거부 또는 불이행한다는 이유로 결코 유죄선고를 받아서는 안 된다(동조 제4항). 의무부대 및 수송기관은 항시 존중되고 보호되며 공격의 대상이 되어서는 안 되며, 그러한 보호는 일정한 경우를 제외하고는 정지되어서는 안 된다(제11조 제1, 2항). 권한 있는 당국의 지시 하에 적십자, 적신월 또는 적사자태양의 식별표장은 의무요원, 의무부대 및 수송기관에 의하여 착용 또는 부착된다. 그것은 모든 상황에 있어서 존중되며 부당하게 사용되어서는 안 된다(제12조).

### (4) 민간주민의 보호

민간주민의 보호에 관해 공통3조에서는 직접 언급하지 않았으나 제2추가의정서에서 처음으로 약간의 그러나 중요한 기본적 규정들을 포함하고 있다. 하지만 ICRC초안이 제의했던 규정들이

만족스러울 정도로 채택되지는 않았다.[236]

제2추가의정서에 민간주민의 보호에 관한 규정들을 도입하는 것에 대해 가장 명백하게 반대한 국가는 캐나다였다. 캐나다는 제2추가의정서는 오로지 '개략적이고 골격적인 규정'(summary and skeleton regulation)만을 가져야 하고, 필요한 경우 '민간인들에게도 영향을 미치는 전투수단의 사용'(use of means of combat which would effect civilians in discriminately)이 허용되어야 하며, 정부군은 반란군의 경무기 및 식량보급을 공격목표로 할 수 있다고 주장하여 전투수단과 방법의 규제를 통한 민간주민의 보호를 상당히 제한하고자 했다.[237]

하지만 제2추가의정서에는 국제인도법의 비국제적 무력분쟁에로의 발전에 있어 괄목할 만한 성과를 가져온 규정들이 상당수 포함되었다. 민간주민 및 민간인은 군사작전에 따른 위험으로부터 일반적 보호를 향유하며, 민간주민 사이에 테러를 만연시킴을 주목적으로 하는 폭력의 행사 또는 그 위협은 금지되며, 민간인은 공격의 대상이 되지 아니하고 적대행위에 직접 가담하지 않는 한 보호되며(제13조), 전투방법으로서 민간인의 기아는 금지되며, 식료품·농경지역·농작물·가축용 음료수 시설·관개사업장 같은 민간주민의 생존에 불가결한 물자를 공격, 파괴, 이동 또는 무용화하는 것은 금지되며(제14조), 위험한 물리력을 포함하는 사업장 또는 시설(댐·제방·핵발전소 등)은 군사목표물인 경우에도 그러한 공격이 위험한 물리력을 방출하여 민간주민에게 극심한 손상을 야기하는 때에는 공격의 대상이 되어서는 안 된다(제15조). 또한 국민의 문화적 또는 정신적 유산을 형성하는 역사적 기념물, 예술작품 또는 예배장소를 표적으로 하는 모든 적대행위와 군사적 지원을 위해 그것들을 이용하는 것은 금지된다(제16조). 그리고 민간인의 안전 또는 긴급한 군사적 이유가 없는 한, 민간주민의 이주는 분쟁에 관계되는 이유 때문에 명령되어서는 안 된다. 만일 그러한 이주가 불가피할 경우에는 민간주민이 대피장소, 위생, 보건, 안전 및 영양의 만족할 만한 조건하에서 수용되도록 가능한 모든 조치가 취하여져야 한다. 또한 민간인들은 분쟁에 관계되는 이

---

236) ICRC가 초안에서 제의했던 민간인 보호규정(제24~29조)중에서 채택되지 못한 것으로는 제24조(민간인과 전투원의 구별, 군사활동의 적군사력 약화에의 한정, 군사공격으로부터의 민간주민 및 민간물자의 보호)와 제26조 일부규정(민간인에 대한 무차별적 공격금지) 및 제28조 일부규정(근로자에 대한 공격금지)이 있으며, 제국들의 반대에도 불구하고 채택된 것에는 제27조(민간주민의 생존에 필수적인 물자의 보호), 제29조(민간인의 강제이주 금지), 제26조 일부규정(공격목표로부터의 민간인 제외) 및 제28조 일부규정(위험한 물리력을 포함한 시설물에 대한 공격금지)이 있다.

237) A. Eide, op. cit., p.291 참조. 전투수단과 방법의 규제문제와 민간인 보호문제에 관한 캐나다 대표의 주장에 대해서는 CDDH/Ⅲ/SR.4, p.32; CDDH/Ⅲ/SR.9, pp.70~71 참조.

유 때문에 자국영역으로부터 퇴거하도록 강요되어서는 안 된다(제17조).[238]

### (5) 민간주민에 대한 구호활동

ICRC초안은 제33조(구호활동), 제34조(기록과 정보) 및 제35조(각국적십자사와 기타 구호단체)에서 민간주민에 대한 구호를 규정했었다. 초안은 제33조 1항에서 "만약 민간주민이 특히 식료품, 의복, 의료 및 병원물품 및 피난처 등을 불충분하게 제공받으면 분쟁당사자들은 오로지 인도적이고 공정한 적아 구분 없이 행해지는 구호조치에 합의하고 이를 용이하게 해야 한다. 위의 조건을 구비한 구호조치는 분쟁에 대한 간섭으로 간주되어서는 안 된다"고 하였다.

이 규정의 인도적 구호활동에 대한 제3세계의 부정적인 반응으로 위원회는 "만약 분쟁당사자의 통제 하에 있는 영역에서 민간주민이 특히 식료품 및 의약품 같은 생존에 필수적인 물품의 부족으로 지나친 고통을 겪는다면 오로지 인도적이고 공정한 적아 구분 없이 행해지는 민간주민에 대한 구호조치는 당사국 또는 관련당사국의 동의에 따라 취해져야 한다. 위의 요건을 충족한 구호활동 또는 구호물자 제공은 무력분쟁에 대한 간섭으로 간주되어서는 안 된다"라는 안을 채택했다. Hussain초안은 위원회안 제13조 1항(국내구호단체의 구호활동에 관한 규정)은 유지하면서도 국제적 구호에 대해서는 아무런 언급을 하지 않았으나 핀란드의 수정안 제출로 최종회의에서는 영역 내의 구호단체나 일반주민의 자발적 활동의 신청과 당해체약국의 동의를 조건으로 일반주민에 대한 구제활동을 인정하는 다음과 같은 제18조 2항이 채택되었다.

> 만약 민간주민이 식료품 및 의약품과 같은 생존에 불가결한 물자의 부족으로 극심한 고난을 당하고 있는 경우 오로지 인도적이고 공정한 성질을 띠며 어떠한 불리한 차별 없이 행해지는 민간주민을 위한 구호활동이 당해체약국의 동의에 따를 것을 조건으로 취해져야 한다.

이처럼 동 조항과 관련하여 ICRC초안은 구호수락을 의무적인 것에 가깝게 규정하였으나 위

---

[238] 적으로부터의 공격을 방지하고자 고의적으로 민간인들을 일정장소에 집중시키는 경우도 있어 이 금지는 매우 바람직한 것이었다. 이주가 예외적으로 허용되는 경우로서 민간인의 안전 외에 분쟁당사자의 절대적 군사이유를 인정한 것은 민간인 보호에 있어서의 중요한 흠결일 뿐만 아니라 분쟁당사자의 군사요구의 관점이 어느 정도 작용할 수 있음을 나타내고 있다.

원회안 및 최종규정은 관련당사자의 동의에 따르도록 했다. 이것은 동의라는 조건부적 구호를 규정함으로써 동규정의 채택 자체가 불가능해져 버릴 가능성을 피하기 위해서였다. 이에 따라 만약 중앙정부가 구호활동에 반대한다면 설사 반란단체가 실효적 영역통제를 하고 있더라도 구호활동이 그들에게 행해질 수 없다. 이런 면에서 볼 때 제18조2항은 인도법에 있어서 퇴보했다고 볼 수 있다.[239] 그리고 ICRC초안과 위원회안에 규정되었던 '무력분쟁에 대한 간섭으로 간주되어서는 안된다'는 구절도 삭제되었다.

또한 적십자와 같은 체약국의 영역 내에 있는 구호단체들은 무력분쟁의 희생자에 관계되는 그들의 전통적인 권능을 발휘하여 역무를 제의할 수 있으며 민간주민은 자발적으로 부상자, 병자 및 난선자의 수용 및 가료를 제의할 수 있다(제1항).

동 조는 처음으로 영역 내의 적십자사를 구호단체로 명시적으로 인정하면서도 ICRC의 활동을 허용하는 명시적 규정은 두지 않고 있다. 그러나 제2추가의정서는 공통3조를 보완하고 발전시킨 것이므로 동조에 기초한 ICRC의 역무제의는 가능하다. 다만 국별 적십자사나 ICRC의 분쟁희생자를 위한 역무제공은 '당해체약국의 동의'를 전제로 하는 것은 변함없다. 그러나 일반주민의 생존에 불가결한 물자가 극도로 궁핍한 경우 등에서의 구호활동은 절대적 성질을 갖는 것으로 볼 수 있어 당해체약국의 동의는 자의적으로 거부되어서는 안 될 것이다.

## 3. 小結

국제사회는 1949년 공통3조에서 '국제적 성질을 갖지 않는 무력분쟁'의 희생자 보호를 위한 기본적인 인도적 원칙들을, 1977년에는 민간주민의 보호, 희생자의 인도적 대우 및 사법적 보장 등이 보완·발전된 제2추가의정서를 채택하여 비국제적 무력분쟁에서 존중되어야 할 인도적 규정들을 부족하게나마 형성, 강화시켰지만 현실분쟁에서의 그 실제적 적용은 불행히도 불충분한 내용마저도 부끄럽게 만들고 있다.

오늘날 비국제적 무력분쟁은 수적 증가, 장기간의 지속, 희생자 수의 급증, 전투방법과 수단의 잔혹화, 국제전으로의 비화 등으로 국제평화와 안전의 유지와의 관련이 증대되고 있다. 하지

---

239) D. Plattner, "Assistance to the Civilian Population: The development and present state of International Humanitarian Law", *IRRC*, Vol. 288, 1992, pp. 258-261.

만 이러한 분쟁은 일국의 영토 내에서 일어나기 때문에 분쟁희생자에 대한 국제인도법의 적용은 거부되기 쉽고, 외부세력의 개입으로 이러한 분쟁은 종종 확대·장기화될 뿐만 아니라 더 큰 희생을 초래하여 국제인도법의 적용을 더욱 어렵게 하기도 한다. 또한 국가주권에의 지나친 집착은 비국제적 무력분쟁의 희생자 보호규정의 지속적, 실질적 발전을 막고 있다. 이는 비극적인 현실이다.

이러한 문제점들을 해결하고 분쟁희생자의 보호를 강화하기 위해서는 개별국가(분쟁국가)들의 법준수 의지를 강화·강제시키기 위한 별도의 연구·검토가 필요하겠지만, 현법규의 미비점을 보완·발전시켜 희생자보호를 최대화·극대화할 수 있는 법적 토대를 재정비하는 것이 중요하고도 시급하다. 왜냐하면 분쟁희생자의 법적지위의 강화 없이는 국제사회, 제3국 및 피해당사자가 그 보호를 위한 명분이나 이용가능한 수단의 선택에 있어서 제약을 받을 수밖에 없고, 법규 위반자는 자신의 불법행위를 정당화시키기 위해 법적 흠결을 원용하고, 현존하는 규칙들마저 회피하려고 할 것이기 때문이다.

## 제6절 사이버전의 법적 규제: Tallinn Manual을 중심으로

### 1. 서론

세계 각국은 안보 위협요소가 다양해지고 위협 수단과 방법이 첨예화됨에 따라 안보환경 변화에 촉각을 세우고 있다. 특히, 물리적 공격수단인 지·해·공 전투체계에 의한 공격보다는 사이버 공간에서 사이버 무기체계를 이용한 사이버 공격(cyber attack)이 국가안보에 더 치명적일 수도 있다는 사실을 자각하고 사이버 공간(cyber space)에서 발생하는 불특정 안보위협에 대한 대응방안 마련에 고심하고 있다. 그래서 사이버 공간에서의 우세를 확보하기 위해서 국가 간 공방이 격렬해 지고, 국제회의에서는 자국의 이익과 주도권을 뺏기지 않기 위해서 다툼의 각축장이 되고 있다.[240]

240) 엄정호, "사이버 안보 위협 증가에 따른 우리의 대응 방안,"『안보현안분석』, 국방대학교 국가안전보장문제연구소,

현재 사이버 공격은 사이버전(cyber warfare), 사이버테러(cyber terror) 및 사이버범죄(cyber crimes) 등 여러 형태로 일어나고 있다. 이들 사이버 공격들은 해킹, 바이러스 유포, 대량정보 전송, 서비스 거부공격 등을 통한 컴퓨터 시스템 또는 네트워크에 대한 전자적 침해행위를 수단으로 하여 사이버 공간에서 이루어진다는 유사점을 갖고 있지만 주체, 목적 및 결과에 있어서는 차이를 보이고 있다. 사이버테러가 개인 · 국가 또는 테러집단 등이 개인적 · 정치적 · 사회적 · 종교적 · 민족적 · 군사적 · 국가적 의도를 목적으로 하여 국가안보 및 사회안전을 침해하거나 위협하는 것이라면, 사이버범죄는 개인 · 단체 · 국가가 대부분 개인적 이익을 위하여 개인에게 피해를 입히는 것이라고 정의할 수 있고, 사이버전은 국가 또는 그 요원이 국가적 이익을 위하여 타국을 공격하는 것이다.[241] 본 고는 이들 사이버 공격들 중 사이버전을 다룬다.[242]

사이버전은 인터넷을 비롯한 사이버 공간에서 일어나는 전쟁을 의미한다. 비물질적인 공간에서 총성 없이 수행되는 전쟁으로 적군의 정보통신체계 및 국가기간전산시스템을 공격해 기능을 발휘하지 못하게 하거나 그 가치를 떨어뜨림으로써 정보 우위와 특정 목적을 달성하는 동시에 아군의 정보통신체계를 보호하기 위해 수행하는 사이버상의 전쟁을 의미한다.[243]

사이버전은 새로운 형태의 전쟁 유형이다. 화력을 중심으로 한 기존의 재래식 전쟁과는 달리 현대전은 군대간의 전투가 아니라, 군대와 소수의 테러집단과 같은 비국가행위자에 의한 게릴라식 소규모 전투가 빈번히 일어나고 있다. 특히, 최근 문제가 되고 있는 사이버 공격은 기존의 게릴라전과 같이 비대칭 전력의 사용에 속하고, 이 경우 공격행위자는 위치를 은닉한 채 공격을 개시하는 것이 용이하다. 현대전에서는 전력의 운영 및 군수지원과 관련된 시스템은 컴퓨터네트워크로 연결되어 있다. 따라서 해킹이나 사전에 침투시킨 악성바이러스의 유포와 같은 사이버 공격은 적국의 전쟁수행능력을 와해시킬 수 있고, 이러한 공격의 비용마저 재래식 무기에 비하면 월등히

---

Vol.117, 2016. 3. 30, p.5.

**241)** 국방보안연구소, 『지휘관 및 참모를 위한 사이버보안』, 국군인쇄창, 2016, p.187.

**242)** 사이버 공격이 무력공격으로 간주되어 사이버전이 성립되기 위해서는 정치적 혹은 국가안보적 차원에서 (조직적으로) 감행되어 신체적, 재산적 손해를 발생시킴으로서 국가안보와 관련된 심각한 결과를 가져와야 한다. 따라서 단순한 사이버 공격을 무력공격으로 간주하고 공격의 주체와 목적, 결과를 고려함이 없이 사이버전으로 개념 규정하는 것은 자제되어야 한다. 단순한 사이버 공격을 기화로 무력사용의 정당성을 도출하여 전쟁을 조장할 수도 있기 때문이다. 오일석 · 김소정, "사이버 공격에 대한 전쟁법 적용의 한계와 효율적 대응방안," 『법학연구』(인하대학교), 제17집 제2호, 2014. 6, p.135.

**243)** 국방보안연구소, *op. cit.*, pp.186-187.

저렴하다는 점이 사이버공격이 가진 이점이라 할 수 있다.[244]

그러나 이러한 새로운 형태의 전쟁인 사이버전이 출현하였으나 사이버전에 대한 개념 정의도 명확하지 않았을 뿐만 아니라 이에 대해 기존의 무력분쟁법이나 국제인도법을 적용하는 문제에 대한 국제적 합의도 부족했었다. 또한 사이버전에 적용할 수 있는 새로운 국제규범을 창설하기도 쉽지 않았다. 침략의 개념에 대한 각국의 정의도 달랐거니와 사이버전 능력의 구비 정도에 따라 이를 규제할 새로운 규범 채택에 입장을 달리하였기 때문이다.

또한 사이버 공간의 특성도 규제 법규의 정립을 저해하는 원인이기 되기도 하였다. 사이버공간에서는 피아 구별이 어렵고 대치 전선도 모호하다. 끝없이 나타나는 정체를 알 수 없는 사이버 전사들로 인해 전쟁을 시작하기는 쉽지만 끝내기는 더욱 어려워진다. 보이지 않은 공격자들은 정규군과는 달리 지지 않는 것을 이기는 것으로 여긴다. 공격자가 가장 손쉽게 획득할 수 있는 무기는 악성코드이며 이들에겐 상대국의 정치적 교착상태가 곧 승리가 된다.[245] 이러한 특성을 갖는 사이버전을 기존의 무력분쟁과 동일하게 볼 수 있는지에 대한 입장이 달랐고, 따라서 당연히 그에 적용되는 법규의 확정도 그 가능성이 아주 낮았던 것이다.

하지만 국제사회는 점증하고 있는 사이버 공격을 법적 규제 밖에 방치함으로써 무시할 수도 없었을 뿐만 아니라 그로 인한 피해의 규모와 심각성이 날로 증대되고 있는 현실을 고려하여 사이버전에 대한 법적 규제를 위한 제도와 규범 마련에 노력한 결과 2013년 Tallinn Manual on the International Applicable to Cyber Warfare(이하 Tallinn Manual)를 채택하였다.

이하에서는 Tallinn Manual의 채택, 내용 및 법적 의의 등에 대하여 간략하게 살펴보고자 한다. 다만, 사이버전에 적용되는 국제법(무력분쟁법)의 적용 근거 및 구체적 내용에 대한 법적 검토는 별도의 연구 과제로 남겨둔다. 또한 2017년 2월 나토 사이버방어센터는 '사이버 활동(Cyber Operation)에 적용되는 국재법에 관한 Tallinn Manual2.0'을 발표하였는 바, 본 고는 이 또한 분석대상에서 제외하였다. 왜냐하면 본 연구가 주목하는 것은 전반적인 사이버 활동이 아니라 사이버전이고, 전쟁에 미치지 못하는 사태를 다루고 있는 Tallinn Manual2.0도 2013 Tallinn Manual을 그 기초로 하고 있기 때문이다.[246]

---

244) 오현철, "무력충돌시 비국가행위자의 사이버공격에 대한 국제인도법의 적용," 『국제법평론』, 제44호, 2016, p.72.

245) 손영동 · 이민재, "사이버전 위협과 국가 대응태세," 『군사논단』, 제89호, 2017, p.29.

246) 'Tallinn Manual2.0'은 19명의 국제법 전문가이 작성한 문서로 2013 Tallinn Manual 채택을 이끌었던 Michael Schmitt 교수

## 2. Tallinn Manual의 채택

### 가. 채택 배경

2007년 에스토니아에 대한 사이버 공격으로 전체 인터넷이 2주간 마비되는 초유의 사건이 발생했다. 러시아를 기반으로 한 분산 서비스거부 공격(Distributed Denial of Srevice attack : DDos) 때문이었다. 이어 2008년 러시아와 그루지아 간에 충돌에 수반하여 이루어진 사이버 공격 이래 '사이버 공격' 및 '사이버전'이란 말이 국제사회에서 회자되기 시작했으며, 결정적인 시점은 2010년 이란의 핵시설에 대한 스턱스넷(Stuxnet) 공격이었다.[247]

이러한 사건들은 이 분야에서 활동하는 전문가들과 논평가들에게 구체적인 사례로 인용되고 있으며, 국가의 정책 입안자들 역시 관심을 갖게 된 계기가 되었다. 각국들과 국제기구들은 사이버 보안과 관련된 위협과 도전 그리고 이러한 이슈들을 시급하게 다루어야 할 필요성을 인지하기 시작했다. 또한 미국이나 영국 등은 국가보안전략에서 사이버 보안과 관련된 사안을 국가정책의 중심에 두기 시작했다. 마찬가지로 이들 국가들은 최근 들어 사이버 위협에 대처하기 위해 군 당국이나 정보기관 내에 사이버 사령부를 설치하기도 하였다.[248]

사이버 공간과 관련되는 법적 문제 중에서 개인이 저지르는 사이버 범죄는 2001년 Council of Europe에 의해 부다페스트에서 채택된 사이버범죄협약(Convention of Cyber Crime, 2001년 11월 23일 채택, 2004년 7월 1일 발효)에서 보듯이 국가간 형사재판관할권 협력문제를 중심으로 국제사회에서 본격적으로 다루어졌다.[249]

---

가 책임을 맡았다. 동 매뉴얼은 국가가 일상적으로 직면하고 있는 보다 일반적인 사이버 사고의 법적인 분석을 포함하고 있다. Tallinn Manual2.0에 대한 자세한 설명은 W. Banks, "State Responsibility and Attribution of Cyber Intrusions After Tallinn2.0," *Texas Law Review*, Vol.95, 2017, pp.1487-1513; Christian Schaller, "Beyond Self-Defense and Countermeasures: A Critical Assessment of the Tallinn Manual's Conception of Necessity," *Ibid.*, pp.1619-1638; Michael N. Schmitt and L. Vihul, "Respect for Sovereignty in Cyberspace," *Ibid.*, pp.1639-1670 참조.

247) 이장희, "사이버전과 국제인도법 적용상의 문제," 『인도법논총』, 제35호, 2015, p.106.

248) Heather H. Dinniss, *Cyber Warfare and the Laws of War*, Cambridge University Press, 2012, p.2.

249) 사이버 공간에서의 범죄와 관련한 최초의 국제회의는 2001년 11월 23일 헝가리 수도인 부다페스트에서 개최되었다. 이 자리에서 전 세계 30여 개국이 서명한 최초의 사이버 관련 국제조약인 '부다페스트조약'(사이버범죄 조약)이 발효되었다. 동 조약은 컴퓨터시스템이나 데이터에 대한 불법접속, 지적재산권 침해, 컴퓨터 바이러스 개발 및 유포, 아동 포르노그래피 배포 등을 범죄행위로 규정하고, 조약 참가국들이 국내법으로 금지하도록 의무화했다. 아울러 컴퓨터 네트워크를 통한 사기, 돈세탁, 테러모의를 사이버 범죄로 규정하고 있다. 김인중, 『사이버 공간과 사이버 안보』, 글과 생각, 2013, p.194. 반면에 사이버전과 관련한 최초의 법적인 국제문서는 Tallinn Manual이다.

하지만 사이버전과 관련하여서는 각국들의 제도 및 조직의 정비에도 불구하고 이에 적용되는 법적 문제는 물리적 무력사용을 전제로 하는 전통적 무력분쟁에 적용되는 교전법규를 가상의 사이버 공간에서 벌어지는 사이버 공격에도 적용가능한가? 가능하다면 그 적용 범위와 적용 규범의 내용은 어떠한가? 등을 두고 입장차이가 매우 커 단일의 합의안을 도출하기에는 어려움이 많았다.

이는 사이버공격의 다음과 같은 특성 때문이었다. 사이버공격은 첫째, 공격개시 시점과 공격의 효과발생 시점에 차이가 없다. 사이버 공격은 광섬유 케이블을 통해 대상을 향해 광속으로 이루어지지 때문에 피해가 즉각 발생하게 된다. 둘째, 사이버 공격은 전 세계가 모두 전장이 될 수 있다. DDos 공격의 사례에서 보듯이 좀비 컴퓨터와 서버는 각기 다른 나라에 소재할 수도 있기 때문에 교전국과 중립국의 구별이 더 이상 의미가 없다. 셋째, 사이버 공격은 전시와 평시의 구분이 없다. 공격자는 이미 적대국뿐만 아니라 제3국의 개인 네트워크와 전산망에 평시에 침입하여 트로이 목마와 논리폭탄(logic bomb) 등을 설치해 놓고 공격을 준비할 수 있다. 넷째, 사이버 공격에서 주된 공격대상은 국가 핵심기반시설의 네트워크이지만, 민간인이 일상생활을 영위하는데 필수적인 사회기반시설도 그 대상이 될 수 있다.[250]

이러한 한계와 어려움에도 불구하고 계속해서 발생되는 사이버 공격으로 인해 피해가 급격하게 확대되고 그 피해 규모가 물리적 군사력 사용으로 인한 것보다 적지 않다는 인식하에 사이버 공격을 규제해야 한다는 국제여론이 비등하였다. 이에 국제사회는 사이버전을 규율할 수 있는 법적 기초를 마련하기 위해 노력하였는데, 국제사회에서 사이버전에 대한 논의를 폭발적으로 야기하게 된 계기는 2007년 에스토니아에 대한 DDos 공격이었다. 이 사건의 영향으로 2008년 에스토니아의 수도 탈린(Tallinn)에 국제 군사기구인 NATO 사이버방어센터(NATO CCD COE : NATO Cooperative Cyber Defence Centre of Excellence)가 설립되었다.

동 센터는 사이버 충돌과 관련된 국제규범의 부재와 그로 인한 국제사회와 국가들의 혼란을 개선하기 위하여 2009년부터 Michael Schmitt 교수를 책임자로 하는 국제전문가그룹을 구성하여 사이버전에 관한 매뉴얼의 작성에 착수하였다.[251]

250) 오현철, op. cit., p.86.
251) 박기갑 · 신소현, "2013년 사이버 전쟁에 적용 가능한 국제법에 관한 Tallinn 지침서," 『국제법평론』, 제37호, 2013, p.186.

### 나. 채택 과정

2009년 9월 사이버전을 규율할 수 있는 규범을 명확히 하기 위해 작업을 하는 것이 가능한지를 사전검토하기 의해 소그룹회의가 Tallinn에서 개최되었다. 이러한 작업이 가치있다고 결정한 동 소그룹은 작업 범위와 매뉴얼의 목차를 작성하였다. 이를 기초로 초안 작성을 위해 NATO 사이버방어센터는 '국제전문가그룹'(International Group of Experts)[252]을 구성, 소집하였다.

국제전문가그룹 모두에게 특정 주제에 대한 제안된 규칙과 동 규칙에 대한 주석을 연구하고 작성하는 임무가 주어졌으며, 이러한 작업의 결과 제1차 초안이 빛을 보게 되었다. 이 초안은 3개의 전문가 그룹에 나뉘어져 맡겨졌으며, 각 그룹은 이를 다듬었다.

그 후의 국제전문가그룹 회합에서 이들은 수정된 규칙과 부수된 주석을 제출하였다. 동 회합은 규칙의 정확한 문언에 대한 컨센서스와 주석이 그 의미나 범위, 적용에 관해 모든 합리적 견해를 반영한 것이라는 합의점에 도달하도록 하기 위해 만들어진 것이었다. 때로는 검토된 문언을 담당 팀으로 돌려보내 다시 검토하게 하였다. Tallinn에서 2010년부터 2012년 사이에 3일간의 전체회의가 총 8차에 걸쳐 진행되었다.[253]

전체회의를 마친 뒤 주석의 정확성, 철저함 및 명료성을 확보하기 위하여 전문가그룹 중에서 선발된 편집위원회가 활동하였다. 동 위원회는 Tallinn과 Berlin에서 12회에 걸쳐 회합하였다. 이러한 과정을 거친 초안은 논평을 듣기 위하여 매뉴얼에 다루어진 해당 주제별로 해박한 전문성을 갖춘 동료 검토자들에게 분배되었다. 편집위원회는 그 논평들을 검토하여 매뉴얼을 적절하게 개정하였다. 2012년 7월, 국제전문가그룹은 최종초안의 검토와 최종 변경 그리고 규칙과 주석을 승인하기 위하여 Tallinn에서 최종회의를 개최하였으며,[254] 마침내 2013년 3월 Tallinn Manual이 채택되었다.[255]

---

252) 국제전문가그룹의 구성원들은 법률실무가, 학자 및 기술전문가를 포함할 수 있도록 신중하게 선정되었다. 특히 법률실무가들은 그들의 전문적 지위에서 사이버 문제를 다루었거나 다루어 왔으며, 선정된 학자들은 *jus ad bellum* 및 *jus in bello*에 관하여 세계적인 전문가들이었다. 이는 최종 매뉴얼의 신뢰성 확보에 결정적이었다. 매뉴얼이 실제로 발생하거나 발생할 수 있는 사이버 작전에서 야기되는 핵심 문제들을 다룰 수 있도록 채택과정에서 정보를 제공할 수 있는 기술전문가를 포함시킨 것도 그러한 이유에서였다. Michael N. Schmitt(ed.), *Tallinn Manual on the International Law applicable to Cyber Warfare*, Cambridge University Press, 2013, p.9.

253) *Ibid.*, p.10. 미국사이버사령부, 국제적십자위원회 및 나토는 옵저버로 참여하였으나 매뉴얼의 내용에 대한 입장은 표명하지 않았다.

254) *Ibid.*

255) 매뉴얼에 있어서 국제전문가그룹의 총의나 의견 대립이 있는 경우를 포함하여, 많은 경우에 구체적인 설명이나 논증없

## 3. Tallinn Manual의 체계 및 내용

### 가. 매뉴얼의 체계

Tallinn Manual은 2부(part), 총 95개 규칙(rule)으로 구성되어 있다. 제1부 국제사이버안보법 (International cyber security law)과 제2부 사이버 무력분쟁법(The law of cyber armed conflict)으로 대별한 후, 각 부에서 관련된 소주제를 중심으로 제1부는 2개의 장으로 그리고 제2부는 5개의 장으로 구분하고 각 장은 또다시 몇 개의 절(section)로 나누어 전통적인 무력분쟁법의 사이버전에의 적용을 설명하면서도 사이버전이라는 새로운 전투방법과 수단에 적용 가능한 규칙들을 추가하고 있다.

매뉴얼을 내용적으로 살펴보면 크게 3부분으로 나눌 수 있다. 제1장은 사이버 공간에서 국가 주권 및 관할권 그리고 국제적 위법행위에 대한 국가의 책임에 관한 것이다. 제2장은 무력사용의 허용 여부, 즉 전쟁의 정당성에 관한 규범(jus ad bellum)에 관한 것으로 사이버 공격이 무력공격으로 간주되어 자위권 행사 등의 대상이 될 수 있는지에 대하여 다루고 있다. 제3장에서 제7장에 걸쳐 무력사용에서 허용되는 규범(jus in bello)의 여러 규칙들을 다루고 있는데, 일단 사이버 전쟁이 개시된 경우 실제 작전들 중에 벌어질 수 있는 상황, 구체적으로 적대행위 및 대응이 사이버 공간 상에서 어떻게 규정될 수 있는지를 기존의 국제법을 바탕으로 논의하고 있다.[256]

Tallinn Manual의 체계는 다음과 같다.

**[표 13-1] Tallinn 매뉴얼의 체계**

| 部/章 | 節 | 規則 | 주요 내용 |
|---|---|---|---|
| 1부 1장. 국가와 사이버공간 | 1절. 주권, 관할권 및 통제권 | 규칙1~규칙5 | 주권, 관할권 및 통제권 행사, 사이버 기반시설 통제 |
| | 2절. 국가책임 | 규칙6~규칙9 | 국제의무 위반 사이버 작전 책임, 피해국의 대응조치 |
| 2장. 무력 사용 | 1절. 무력사용의 금지 | 규칙10~규칙12 | 무력의 사용 및 위협의 일반적 금지 |
| | 2절 자위 | 규칙13~규칙17 | 무력공격에 대한 자위권 행사의 요건 및 제한 |
| | 3절. 정부간 국제기구의 행위 | 규칙18~규칙19 | 국제연합 및 지역적 기구에 의한 강제조치 내용 |

이 주장이나 결론이 제시된 것은 이들의 결론이나 주장을 이해하는 데는 물론 앞으로의 보다 생산적인 연구에 걸림돌이 될 것이다. 박노형 · 정명현, "사이버전의 국제법적 분석을 위한 기본개념 연구: Tallinn Manual의 논의를 중심으로," 국제법학회논총, 제59권 제2호, 2014. 6, p.69.

256) 배영자, "사이버안보 국제규범에 관한 연구," 『21세기정치학회보』, 제27집 1호, 2017. 3, pp.112-113.

| | | | |
|---|---|---|---|
| 2부 3장.<br>무력분쟁법<br>일반 | | 규칙20~규칙24 | 사이버작전에 대한 무력분쟁법 적용, 국제적/비국제<br>적 무력분쟁의 특성 겸비, 지휘관(상급자) 형사책임 |
| 4장.<br>적대행위 | 1절. 무력충돌에의 참가 | 규칙25~규칙29 | 군대의 구성원, 의용군, 용병의 개념 및 지위 |
| | 2절. 공격 일반 | 규칙30~규칙31 | 식별의 원칙 적용 |
| | 3절. 대인공격 | 규칙32~규칙36 | 민간인에 대한 공격 금지, 군사목표 구별, 민간인에<br>대한 테러 금지 |
| | 4절. 목표에 대한 공격 | 규칙37~규칙40 | 민간물자 공격 금지, 물자의 지위가 의심스러운 경우<br>신중한 평가 후 결정 |
| | 5절. 전투 수단과 방법 | 규칙41~규칙48 | 과도한 상해 및 불필요한 고통 금지, 무차별적 수단<br>및 방법 제한, 민간인의 기아 금지, 특정인에 대한 전<br>시 보복 금지, 주민생존에 불가결한 물자 및 위험한<br>물리력 포함 시설 공격 금지 |
| | 6절 공격 행위 | 규칙49~규칙51 | 무차별공격 금지, 군사목표 구별 및 비례성 원칙 준수 |
| | 7절 사전주의 | 규칙52~규칙59 | 민간주민 및 물자 보호 주의의무, 전투수단과 방법의<br>선택 제한, 비례성원칙, 공격의 취소 및 중지 |
| | 8절 배신행위, 부적절한 사용<br>및 간첩행위 | 규칙60~규칙66 | 배신행위 금지, 기계 및 간첩행위 허용, 보호표지/국제<br>연합 표장/적군 표지/중립표지의 부적절한 사용금지 |
| | 9절. 봉쇄와 구역 | 규칙67~규칙69 | 사이버전 수단과 방법을 통한 봉쇄 유지 및 집행, 중<br>립활동에 대한 봉쇄 금지, 설정구역에서의 권리 행사 |
| 5장. 특정한<br>사람, 물자<br>및 활동 | 1절. 의무/종교요원, 의무<br>부대, 수송수단/자재 | 규칙70~규칙73 | 피보호자 및 보호물자의 존중/보호 및 공격목표 제<br>외, 식별 가능한 조치 필요 |
| | 2절. 국제연합 요원, 시설,<br>자재, 부대 및 차량 | 규칙74 | 국제연합 요원, 시설, 자재, 부대 및 차량의 보호 및<br>존중 |
| | 3절. 피구금인 | 규칙75~규칙77 | 피구금인의 보호, 및 서신 왕래 방해 금지, 자국 대상<br>군사활동 참여 강요 금지 |
| | 4절. 아동 | 규칙78 | 아동의 징집, 모병 및 적대행위 참여 허용 금지 |
| | 5절. 언론인 | 규칙79 | 적대행위 미참가 언론인의 보호 및 민간인으로 존중 |
| | 6절. 위험한 물리력을<br>포함하는 시설물 | 규칙80 | 댐, 제방 및 원자력발전소에 대한 공격 및 주의 의무 |
| | 7절. 민간주민의 생존에<br>불가결한 물자 | 규칙81 | 생존에 불가결한 물자의 보호 |
| | 8절. 문화재 | 규칙82 | 문화재의 존중 및 보호 |
| | 9절. 자연환경 | 규칙83 | 자연환경의 보호 |
| | 10절. 외교문서 및 통신 | 규칙84 | 외교문서 및 통신의 보호 |
| | 11절. 집단적 처벌 | 규칙85 | 사이버 수단에 의한 집단적 처벌 금지 |
| | 12절. 인도적 지원 | 규칙86 | 사이버 작전을 통한 인도적 지원 노력 과도한 방해<br>금지 |
| 6장. 점령 | | 규칙87~규칙90 | 점령지역 피보호자 존중, 점령지역 질서 및 안전,<br>재산의 몰수 및 징발 |
| 7장. 중립 | | 규칙91~규칙95 | 중립적 사이버 기반시설 보호, 중립영역내의 사이버<br>작전, 중립의무, 위반에 대한 분쟁당사국의 대응 |

## 나. 주요 내용

### (1) 제1부

제1부(규칙1~규칙19)는 국제사이버안보법[257]으로 제1장은 국가와 사이버 공간(규칙1~규칙9), 제2장은 무력사용(규칙10~규칙 19)으로 구성되어 있다. 보다 구체적으로는 제1장은 주권, 관할권 및 통제권과 국가책임 문제를, 제2장은 무력사용 금지, 자위권 및 정부간 국제기구에 의한 행위에 대해 설명하고 있다.

### (가) 제1장(규칙1~규칙9)

제1장의 목적은 주권, 사이버 기반 시설 및 사이버 작전 간의 관계를 상술하는 것이다. 제1절은 국가 주권과 관할권 및 사이버 기반 시설에 대한 통제권에 관한 문제를 다룬다. 제2절은 사이버 작전에 대한 국가책임의 전통적 국제공법상 규칙의 적용을 다룬다. 국가는 자국의 주권 영역 내의 사이버 기반 시설 및 사이버 활동에 대하여 통제권을 행사할 수 있다(규칙1). 이 규칙은 국가가 사이버 공간 자체에 대한 주권을 주장할 수 없다 할지라도 국가는 자국 영토 내에 있는 사이버 기반 시설뿐만 아니라 그 사이버 기반 시설과 관련된 활동에 대한 주권적 특권(sovereign prerogatives)을 행사할 수 있다는 사실을 강조한다.

이의 당연한 결과로 국가는 적용 가능한 국제적 의무를 침해하지 않으면서 자국의 영토 내에서 사이버 활동을 수행하는 자, 자국의 영토 내에 소재하는 사이버 기반 시설에 대해 관할권을 행사할 수 있으며 그리고 이외에도 국제법에 따른 역외 관할권을 행사할 수 있으며(규칙2), 국제공역·공해 또는 우주공간에 있는 항공기, 선박 또는 기타 구조물상의 사이버 기반시설은 기국 또는 등록국의 관할권에 종속되고(규칙3), 위치와 관계없이 주권면제를 향유하는 구조물 상의 사이버 기반 시설에 대한 타국의 개입은 주권 침해에 해당된다(규칙4). 또한 일국은 자국의 영토 내에 소재하거나 자국 정부의 배타적 통제하에 있는 사이버 기반 시설이 타국에 적대적이며 위법적 영

---

[257] 국제사이버안보법은 전문적인 법률용어가 아니다. Tallinn Manual에서 국제사이법안보법이라는 용어를 사용하는 이유와 목적은 사이버 공간의 적대적 사용에 관련된 국제공법적 측면을 나타내기 위한 것이지, 공식적으로 전쟁과정에서의 행위의 합법성에 관한 법(jus in bello)적 측면을 언급하기 위한 것이 아니다. 따라서 동 용어는 단지 記述的인 것에 불과하다. 본 매뉴얼에서 국제사이법안보법이란 주로 전쟁 그 자체의 정당성에 관한 법(jus ad bellum)을 언급하는 것이다. 다만, 이 용어는 jus in bello와 jus ad bellum의 운용에 관계되는 범위에서 주권, 관할권 및 국가책임과 같은 법적 개념도 포함하고 있다. Michael N. Schmitt(ed.), op. cit., p.13.

향을 주는 행위에 사용되는 사실을 알면서 이를 허용하여서는 안된다(규칙5).

　문제의 행위가 국제법상 국가에 귀속되고, 그 행위가 해당 국가에 적용되는(조약인지 국제관습법인지는 불문) 국제법상 법적 의무의 위반을 구성하는 경우에는 해당 국가가 그 행위에 관한 책임을 진다는 것은 국제법의 핵심원칙이다.[258] 따라서 일국은 자국에 귀속되며 국제의무를 위반하는 사이버 작전에 대하여 국제적인 법적 책임을 진다(규칙6). 사이버 공간에서 국가에 귀속되는 국제연합 헌장의 위반(예, 사이버 수단을 통한 무력사용) 또는 무력분쟁법상의 의무의 위반(예, 민간시설에 대한 사이버 공격)은 국제적 불법행위(internationally wrongful act)를 구성할 수 있다. 무력분쟁과 관계없는 평시 규칙의 위반(예, 해양법 또는 불간섭 원칙의 위반)도 국제적 불법행위에 해당된다. 예를 들어, 일국의 군함은 무해통항시 연안국의 이익에 반하는 사이버 작전을 수행하는 것이 금지된다.[259]

　그리고 사이버 작전이 정부의 사이버 기반 시설에서 착수하였거나 기원하였다는 사실이 당해 작전을 그 국가에 귀속시키기 위한 충분한 증거가 될 수는 없지만 국가가 그 작전에 관련되어 있다는 지표는 될 수 있다(규칙7). 본 규칙은 사이버 작전이 정부의 사이버 기반 시설에서 착수되었다는 사실이 국가의 관련성 지표임을 표현할 것일 뿐이며, 관련된 국가에 대해 조치를 취하거나 해당 행위에 대한 책임을 지우는 법적 근거가 되지 않음을 강조한 것이다.

　또한 사이버 작전이 어떤 국가에 소재하는 사이버 기반 시설을 경유하여 이루어졌다는 사실도 당해 작전을 그 국가에 귀속시키기 위한 충분한 증거가 되지 않는다(규칙8). 일국의 사이버 기반 시설에서 착수되어 타국에 소재하는 정부 또는 비정부 사이버 기반 시설을 경유하는 사이버 작전에서 경유국은 사이버 작전과 관계가 있다고 추정될 수 없다는 것이다. 이는 사이버 공간의 특성상 한 국가에 소재하는 기반 시설을 통한 데이터의 단순한 처리가 관련 사이버 작전에서 해당 국가의 개입으로 추정되지 않기 때문이다.[260]

### (나) 제2장(규칙10~규칙19)

　제2장은 사이버 작전이 무력사용에 해당되는지, 해당되기 위해서는 어떠한 요건을 갖추어야 하는지 그리고 무력공격으로 인정된다면 어떠한 대응조치를 취할 수 있는지 등에 대해 규정하고

---

**258)** *Ibid.*, p.29. rule 6, para.2.

**259)** *Ibid.*, pp.29~30. rule 6, para.3.

**260)** *Ibid.*, p.36. rule 8, para.1.

있다. 본 장의 내용들은 전문가그룹이 매뉴얼을 채택한 당시에 존재하는 jus ad bellum에 포함된 규범을 검토한 것이다.

국제연합 헌장 제2조 4항은 "모든 회원국은 그 국제관계에 있어 한 국가의 영토적 보전 또는 정치적 독립에 대한 또는 국제연합의 목적과 양립하지 않는 방식의 무력에 의한 위협 또는 무력사용을 삼가야 한다"고 규정하고 있다. 헌장상의 용어에 따르면 동 조항은 국제연합 회원국에 대해서만 적용되지만, 무력사용 금지원칙은 국제관습법상의 규범으로서 비회원국에 대해서도 적용된다.

이는 사이버 작전에도 마찬가지로 적용된다. 즉, 타국의 영토적 보전 또는 정치적 독립에 대하여 무력에 의한 위협 및 무력사용을 하거나 국제연합의 목적과 양립하지 않는 여하한 방식의 사이버 작전은 불법이다(규칙10). 사이버 작전은 그 규모와 효과가 비사이버 작전에 의한 무력사용의 수준에 준할 때 무력사용이 되며(규칙11), 사이버 작전 또는 사이버 작전에 의한 위협은 그 위협행위의 실행이 불법적인 무력사용을 구성하는 경우 불법적 무력에 의한 위협으로 간주된다(규칙12).[261]

타국의 불법적 무력사용에 대해 모든 국가는 자위권을 발동할 수 있다. 국제연합 헌장 제51조는 "이 헌장의 어떤 규정도 국제연합 회원국에 대하여 무력 공격이 발생한 경우에는 안전보장이사회가 국제평화와 안전을 유지하는 데 필요한 조치를 취할 동안 개별적 또는 집단적 자위의 고유한 권리를 저해하는 것은 아니다"라고 규정하고 있다. 이는 사이버 공격에도 마찬가지로 적용되는 바, 무력공격의 수준에 이르는 사이버 공격의 목표가 된 국가는 자위의 고유한 권리를 행사할 수 있다. 사이버 작전이 무력공격을 형성하는지 여부는 그 규모와 효과에 따라 결정된다(규칙13). 단, 자위권의 행사에 있어 일국이 취한 사이버 작전을 포함하는 무력사용은 필요하고 비례적이어야 한다(규칙14).[262]

### (2) 제2부

제2부는 총 5개의 장(제3장~제7장)으로 구성되어 있다. 구체적으로는 제3장 무력분쟁법 일반,

---

261) Pål Wrange, "Intervention in national and private cyber space and international law," The Fourth Biennial Conference of the Asian Society of International law, Delhi, 14~16 November, 2013, p.4 참조.

262) 필요성은 무력사용에 이르는 사이버 작전을 포함한 무력사용이 급박한 무력공격을 성공적으로 막아내거나 진행중인 무력공격을 패퇴시키기 위해 불가피할 것을 요구하며, 비례성은 무력이 필요하다고 판단되는 경우 사이버 무력사용을 비롯하여 어느 정도의 무력을 허용할 것인가를 다루는 것이다. 비례성 기준은 자위권 행사를 정당화하는 상황을 종료시키기 위해 취한 방어적 대응의 규모, 기간 및 강도에 제한을 가하게 된다.

제4장 적대행위(전투수단과 방법의 규제), 제5장 특정한 사람, 물자 및 활동(무력분쟁 희생으로부터 보호), 제6장 점령지역에서의 사이버 작전 및 제7장 중립법규의 사이버 작전에의 적용 문제 등이다. 이하에서는 이들 각 장의 주요내용을 간략하게 살펴보고자 한다.

### (가) 제3장(규칙20~규칙24)

제3장은 사이버 작전에의 무력분쟁법 적용 여부 및 사이버 작전의 국제적 및 비국제적 무력분쟁으로서의 성격 결정 및 사이버 작전에 대한 지휘관과 상급자의 형사책임 문제 등을 다루고 있다.

무력분쟁 상황에서 수행된 사이버 작전은 무력분쟁법을 따른다(규칙20). 무력분쟁법은 무력분쟁 시 수행된 여타 작전에 적용된 것처럼 사이버 작전에도 적용된다.[263] 사이버 작전의 신규성과 무력분쟁법 내에서 사이버 작전을 명시적으로 규정된 특정 규칙의 부재에도 불구하고, 국제전문가그룹은 국제적 및 비국제적 무력분쟁 시 해당 활동에 대하여 무력분쟁법이 적용된다는 데에 의견이 일치하였다.[264] 그리고 지휘관과 기타 상급자는 전쟁범죄를 구성하는 사이버 작전을 지시한 데 대한 형사책임을 진다(규칙24)

### (나) 제4장(규칙25~규칙69)

제4장은 적대행위에 관한 규정으로서 제1절은 무력분쟁에 참가한 개인의 신분에 따른 법적 결과를 다루고 있고, 제2절부터 제9절까지는 전무수단과 방법의 제한을 다루고 있다.

국제적 무력분쟁에서 사이버 작전에 참가한 군대의 구성원이 전투원으로서의 요건을 준수하지 않을 경우나 용병은 면책 및 전쟁포로의 지위를 향유하지 못하지만(규칙26, 28), 의용군의 일부로서 사이버 작전에 참가한 비점령지역 주민은 그러한 지위를 향유한다(규칙27).

무력분쟁법은 사용된 전투수단 또는 방법과 관계없이 무력분쟁 중에 사람 또는 물자를 목표

---

**263)** David P. Fidler, "Cybersecurity and International Law," 『국제법평론』, 제42호, 2015, pp.11-12 참조.

**264)** Michael N. Schmitt(ed.), *op. cit.*, p.75. rule 20, para.1. 2007년 에스토니아는 지속적으로 사이버 작전의 목표가 되었다. 그러나 해당 사이버 작전의 상황이 무력분쟁의 수준에 이르지 않았다는 이유로 무력분쟁법이 적용되지 않았다. 반대로 2008년 조지아와 러시아간의 무력분쟁 중에 발생한 사이버 작전에 대해서는 해당 분쟁을 확대하기 위해 사용되었다는 이유로 무력분쟁법이 적용되었다. 진행중인 적대행위가 무력분쟁에 해당될 경우 국제적 또는 비국제적 무력분쟁법이 해당 적대행위와 관련된 사이버 작전을 규율하게 된다. 적용되는 무력분쟁법의 정확한 측면은 그 분쟁의 성격이 국제적인지 또는 비국제적인지에 따라 다르다. *Ibid.*, pp.75-76, para.3.

로 한 것에 대하여 적용되는 바, 구별 및 불필요한 고통 금지와 같은 무력분쟁법 기본원칙은 사이버 작전에도 적용된다. 따라서 적재행위에 참가하지 않은 민간인 및 군사목표물이 아닌 민간물자에 대한 공격은 금지되며(규칙32, 37), 군대의 구성원·조직적 무장집단의 구성원·적대행위에 직접 참가한 민간인 그리고 국제적 무력분쟁에서 의용군에 참가한 자는 합법적인 공격대상이 된다(규칙34). 또한 민간주민 간에 공포 확산을 주된 목적으로 하는 사이버 공격 또는 그러한 공격의 위협은 금지된다(규칙36).[265]

사이버 전투수단과 관련하여 그것들이 과도한 상해 또는 불필요한 고통을 초래하는 것(규칙42), 군사목표물과 민간인 및 민간물자를 구별하지 못하고 무차별적 효과를 갖는 것(규칙 43) 및 부비트랩은 금지된다. 사이버 전투방법과 관련하여서는 민간인의 기아, 문화재 및 예배장소, 민간주민의 생존에 불가결한 물자, 자연환경과과 댐·제방 및 원자력 발전소에 대한 공격(규칙47), 적법한 군사목표물과 민간인 및 민간물자를 구별하지 않는 무차별 공격(규칙49)은 금지된다. 다만, 적법한 군사목표물에 대한 사이버 공격 중에 민간인 또는 민간물자가 피해를 입는다고 해서 그러한 공격 자체가 반드시 불법이 되는 것은 아니다. 이러한 부수적 피해가 발생하는 경우 예상되는 피해와 공격의 결과 예상되는 군사적 이익 간 비교하여 전자가 과도할 경우에만 금지된다(규칙51).[266]

또한 사이버 작전을 비롯한 적대행위 시 민간인, 민간주민 및 민간물자를 보호하기 위해 사전 주의를 기울여야 하고(규칙52~규칙59), 배신행위는 금지(규칙60)되나 기계는 허용되며(규칙61), 보호표지·국제연합 표장·적군 표지·중립표지의 부적절한 사용은 금지된다(규칙62~규칙 65).

### (다) 제5장(규칙70~규칙86)

무력분쟁법은 민간인 및 민간물자에 제공되는 보호 외에도 특정한 사람, 물자 및 활동의 보호에 관해 특별한 조항을 두고 있는데, 이러한 규정들은 사이버전에도 동일하게 적용된다. 그리고

265) 사이버전에서이 표적선정과 괸련한 Tallinn Manual의 규칙 및 기존의 국제인도법 규칙에 대해서는 Michael N. Schmitt, "The Law of Cyber Targeting," Naval War college Review, Vol.68, No.2, Spring 2015, pp.11-27 참조.
266) 사이버 전투수단 및 방법의 합법성 평가는 평가가 실시되는 시점의 통상적으로 예상되는 사용에 따라 결정되어야 하며, 그에 대한 법적 평가는 통상적 또는 의도된 사용에서 과도한 부상 또는 불필요한 고통을 초래하는 본질을 갖고 있는지 여부, 본질상 무차별적인지 여부, 환경에 관한 무력분쟁법 규칙을 위반할 것으로 예상되는지 여부 및 직접적으로 이 문제를 규정하고 있는 조약 또는 국제관습법의 특별 조항이 있는지 여부 등을 종합적으로 고려하여 결정되어야 할 것이다. Michael N. Schmitt(ed.), op. cit., p.155. rule 48, para.10.

분쟁당사자는 보호를 강화하기 위해 특별협정을 체결할 수 있다.

구체적으로 의무요원 및 종교요원, 의무부대 수송수단(규칙70), 의무부대 등의 운영 및 관리에 불가결한 의무용 컴퓨터, 컴퓨터 네트워크 및 데이터(규칙71), 국제연합의 요원, 시설, 자재, 부대 및 차량(규칙 74)은 존중되고 보호되어야 하며 공격의 대상이 되어서는 안된다.

또한 전쟁포로, 억류된 피보호자 및 기타 구금된 자는 사이버 적전의 해로운 결과로부터 보호되어야 하고, 서신왕래가 보장되어야 하며, 자신의 국가를 상대로 행해지는 사이버 작전에 참가하거나 지원하도록 강요받아서도 안된다(규칙75~규칙77).

이 외에도 아동의 사이버 적대행위의 참가 금지(규칙78), 적대행위에 참가하지 않는 언론인 보호(규칙79), 댐·제방 및 원자력 발전소에 대한 공격시 특별한 주의를 기울여야 할 의무(규칙80), 민간주민의 생존에 불가결한 물자에 대한 공격, 파괴, 제거 또는 무용화 금지(규칙 81), 사이버 적전에 의하여 영향을 받거나 사이버 공간에 위치한 문화재의 존중 및 보호, 디지털 문화재의 군사적 목적으로의 사용 금지(규칙82), 자연환경의 보호(규칙83), 외교문서 및 통신의 보호(규칙84) 등이 적용된다.

### (라) 제6장(규칙87~규칙90)

제6장은 점령에 관한 규정으로 어떤 지역이 사실상 적국의 권한하에 놓이는 경우 그 지역은 점령된 것이라고 할 수 있다. 점령지역에서 보호받는 자는 존중되어야 하고 사이버 작전의 해로운 결과로부터 보호되어야 하며(규칙87), 점령군은 절대적으로 금지되지 않는 한 사이버 활동에 적용되는 법을 비롯하여 점령지역에서 시행중인 법률을 존중하면서, 공공질서 및 안전을 회복하고 보장하기 위해 그 권한 내에서 가능한 모든 조치를 취해야 한다(규칙88). 또한 점령군은 자신의 사이버 시스템의 통합성 및 신뢰성을 비롯하여 일반적인 안보를 보호하기 위하여 필요한 조치를 취할 수 있으며(규칙89), 점령에 관한 법이 재산의 몰수 또는 징발을 허용하는 한도 내에서 사이버 기반 시설 또는 시스템의 통제도 몰수 또는 징발된다(규칙90).

### (마) 제7장(규칙91~규칙95)

제7장은 중립에 관한 것으로 전시중립법은 사이버 작전에도 적용된다. 전시중립법의 주요 목적은 무력분쟁의 해로운 결과로부터 중립국 및 그 국민을 보호하고, 공해 상에서의 무역활동과

같은 중립국의 권리를 보호하며, 적에게 이익이 되는 중립국의 작위 또는 부작위로 부터분쟁당사국을 보호하는 것이다. 사이버 자산과 활동의 국제적 분포를 비롯하여 사이버 기반시설에 대한 국제적 의존은 분쟁당사국의 사이버 작전이 손쉽게 사적 또는 공적인 중립적 사이버 기반시설에 영향을 미칠 수 있음을 의미한다. 그러므로 중립은 현대 무력분쟁에 있어 특히 의의가 크다.[267]

구체적으로는 중립국 사이버 기반 시설을 목표로 하는 사이버 수단에 의한 교전권의 행사는 금지되며(규칙91), 중립영역 내에서 사이버 수단에 의한 교전권 행사도 금지된다(규칙92). 또한 중립국은 자국 영토 내에 위치하거나 그 배타적 통제하에 있는 사이버 기반 시설에서 분쟁당사국에 의한 교전권 행사를 알면서 허용해서는 안되며(규칙93), 중립국이 그 영토 내의 교전권 행사를 종료시키지 못한 경우 피해를 입은 분쟁당사국은 해당 행위에 대응하기 위해 사이버 작전을 비롯하여 필요한 조치를 취할 수 있다(규칙94). 그리고 어떤 국가도 국제연합 헌장 제7장에 따라 안전보장이사회가 결정한 예방적 또는 강제적 조치와 양립할 수 없는 사이버 작전을 포함한 행위를 정당화하기 위해 전시중립법을 원용해서는 안된다(규칙95).

## 4. Tallinn Manual의 법적 의의 및 한계

### 가. 매뉴얼의 법적 의의

나토 사이버 방어센터는 사이버 전쟁에 적용되는 매뉴얼 작성에 있어서 국제인도법연구소가 작성한 '해상무력분쟁에 적용되는 국제법에 관한 산레모 매뉴얼(San Remo Manual on International Law Applicable to Armed Conflicts at Sea(1994), 이하 San Remo Manual)'과 하버드 인도적 정책과 분쟁 연구에 관한 프로그램이 작성한 '공전 및 미사일전에 적용되는 국제법에 관한 매뉴얼(HPCR(Humanitarian Policy and Conflict Research) Manual on International Law Applicable to Air and Missile Warfare(2009), 이하 AMW Manual)'에 구현된 것과 같은 선행 노력의 발자취를 따랐다.[268]

사이버 방어센터는 기존의 법규범이 사이버전에 어떻게 적용되는가를 검토하기 위한 노력의

---

267) *Ibid.*, pp.248-249, para.3.

268) Kim Young-do, Kim Jin-sung and Lee Kyung-ho, "Major Issues of the National Cyber Security System in South Korea and Its Future Direction," *The Korea Journal of Defense Analysis*, Vol.25, No.4, December 2013, p.439.

일환으로 앞서 채택된 2개의 매뉴얼 검토와 작성과정과 마찬가지로 저명한 국제법 실무가와 학자를 초청하였는데, 이처럼 이전의 매뉴얼들과 마찬가지로 Tallinn Manual은 기존의 법을 사이버전에 적용하는 문서를 채택하기 위해 고안된 전문가 주도의 절차를 통해 나타난 결과물이다.[269] 그 결과 기존의 매뉴얼들과 마찬가지로 다음과 같은 법적 특징들을 갖고 있다.

### (1) 현존 국제법규의 재확인

사이버전을 직접적으로 다루는 조약규정은 어디에도 없으며, 국가간 사이버상의 관행과 법적 확신(opinio juris)도 명확하게 확립되어 있지 않기 때문에 사이버전에 특정된 국제법 규범이 존재한다고 확정적으로 결론을 내리기가 쉽지 않다. 따라서 Tallinn Manual의 내용들이 확정된 국제법 내용이라는 주장은 과장된 것이다.[270]

그렇지만 이러한 불확실성을 이유로 현존하는 사이버 작전과 관련된 규범들이 무효라고 할 수는 없다. 국제전문가그룹의 임무는 현존하는 국제규범들이 어떻게 적용되는지 결정하고, 그로 인한 사이버 특유의 법적 측면을 규명하는 것이었다. 따라서 그러한 노력의 결과로 채택된 Tallinn Manual에 규정된 규칙은 존재하는 법(lex lata), 즉 현재 사이버전을 규율하는 법에 관한 전문가들의 컨센서스를 반영하고 있다. 본 매뉴얼은 존재해야 할 법(lex ferenda), 최선의 관행 그리고 우선적인 정책을 설정하고 있는 것은 아니다.[271]

### (2) 제네바법과 헤이그법의 수렴

국제인도법은 크게 분쟁희생자나 재산의 보호에 관한 제네바법 계열과 전투수단과 방법의 규제와 같은 헤이그법 계열로 크게 나눌 수 있다. 헤이그법 계열이 공격 측에 관한 규제라고 한다면, 제네바법 계열은 피공격 측을 대상으로 하는 규범이다. 무엇보다도 양자는 무관한 것이 아니라 전투수단의 법적 규제는 동시에 분쟁희생자나 재산의 보호를 대상으로 하고 있다는 것은 말할 필

---

269) Michael N. Schmitt(ed.), *op. cit.*, p.1. 하지만 동 매뉴얼은 기존의 국제법이 사이버 전쟁에 적용된다는 결론에 어떻게 이른 지에 대해서는 설명하고 있지 않다. 기존 국제법의 적용에 대한 정당화에 대한 이론적 탐구는 M. Sang, *Legal Regulation of Cyber warfare: Reviewing the Contribution of the Tallinn Manual to the Advancement of International Law*, University of Cape Town, 2015. 2, pp.23~35 참조.

270) Michael N. Schmitt(ed.), *op. cit.*, , p.5.

271) *Ibid.*

요도 없다.[272]

무력분쟁법이나 국제인도법에서 헤이그법과 제네바법의 수렴은 분쟁희생자의 인도적 보호를 위해서는 양자가 불가분의 일체적 관계에 있다는 인식을 반영한 것으로 순수한 의미에 있어서의 국제인도법으로 볼 수 있는 제네바법의 확충이라는 점에서 중요한 의의가 있다.[273] Tallinn Manual은 헤이그법과 제네바법을 수렴하고 있는데, 전투수단과 방법을 규율하는 제4장이 헤이그법 계열이라면, 특정인 및 특정물자의 보호에 관한 제5장이 제네바법 계열로 볼 수 있다. 매뉴얼의 이러한 특성은 군사목표물에 한정되지 않는 사이버 수단과 방법의 기술적 발달과 새로운 형태의 사이버 공격으로부터 희생자를 보호하기 위해서는 전투수단과 방법에 관한 새로운 규정이 필요하다는 것을 고려한 결과이다.[274]

### (3) jus ad bellum과 jus in bello 포괄

현재까지 조약으로 채택된 또는 조약화되었지만 요구되는 일정 수준의 비준을 받지 못해 발효되지 못한 여러 무력분쟁법들은 주로 jus in bello와 관련된 규정들을 담고 있다. 이는 jus ad bellum과 관련된 규정들은 1907년 제2차 국제평화회의에서 채택된 계약상의 채무회수를 위한 병력사용의 제한에 관한 조약, 1919년 국제연맹 규약, 1928년 부전조약 및 1945년 국제연합 헌장 등에서 확립된 무력사용금지원칙과 예외적인 합법적 무력사용, 즉 자위권 행사와 국제연합 안전보장이사회의 승인을 받은 제재목적의 무력사용이 합법화되면서 개별 무력분쟁법에서 기존의 무력사용의 정당성을 논할 필요성이 없었기 때문이었다.

하지만 새로운 형태의 무력분쟁인 사이버전에 기존 무력분쟁에 적용되던 jus ad bellum 관련 규정이 그대로 적용될 수 있는가 하는 문제가 대두될 수밖에 없었고, 이러한 어려운 문제에 대해 Tallinn Manual은 그 적용을 지지하고 있다.[275] 국제전문가그룹도 jus ad bellum과 jus in bello 양자

272) 이민효·김유성(역), 『국제인도법』, 연경문화사, 2010, p.141.

273) 김종수, "1949년 제네비제협약의 추가의정서에 대한 약간의 분석," 『인노법논총』, 제3호, 1980, p.8.

274) G.I.A.D. Draper, "The Development of International Humanitarian Law," UNESCO(ed.), *International Dimension of Humanitarian Law*, Henry Dunant Institute/UNESCO/Martinus Nijhoff Publishers, 1988, p.82 참조.

275) 사이버 공격이 기존의 무력공격 개념에 해당되어 자위권 행사 대상이 되는지에 대해서는 성재호, "컴퓨터네트워크 공격과 국제법상 대응조치: UN 헌장 해석을 중심으로," 『미국헌법연구』, 제26권 제2호, 2015.8, pp.201~222; Michael Gervais, "Cyber Attacks and the Law of War," *Berkeley Journal of International Law*, Vol.30, No.2, 2012, pp.525~579; Ken M. Jones, *Cyber war: the next frontier for NATO*, Naval Postgraduate School, 2015. 3, pp.19~25 참조. 사이버 공격과 예방적 자위권

공히 사이버 작전에 적용된다는 평가에 의견을 일치했다. Tallinn Manual 제2장은 jus ad bellum에 관한 것이고, 제3장부터 제7장까지는 jus in bello에 관한 규칙들이다.

이는 "Tallinn Manual은 국가정책 수단으로서 국가가 무력에 호소하는 것을 규율하는 국제법인 jus ad bellum과 무력분쟁 시의 행위를 규율하는 국제법인 jus in bello 양자 모두를 다룬다. 국가책임법 및 해양법과 같은 국제법의 관련 내용도 이 주제와의 관련 하에서 다루게 된다."는 매뉴얼의 범위에 관한 전문가그룹의 해설에서도 잘 나타나 있다.[276]

### (4) 국제적 및 비국제적 무력분쟁에의 적용

Tallinn Manual은 국제적 무력분쟁과 비국제적 무력분쟁 양자를 모두 다룬다. 해설서는 특정 규칙이 2가지 무력분쟁 모두에 적용 가능한지, 국제적 무력분쟁에 국한되는지 아니면 비국제적 무력분쟁에 어느 정도 적용되는지를 설명하고 있다. 국제적 무력분쟁에 적용되는 규칙을 법적 분석의 출발점으로 하고, 이어서 특정 규칙이 비국제적 무력분쟁에 적용되는지 여부에 대한 평가가 뒤따르고 있다.[277]

Tallinn Manual은 규칙22에서 국제적 무력분쟁이 사이버 작전을 포함하거나 사이버 작전에 국한된 적대행위가 둘 이상의 국가 간에 발생하는 경우 국제적 무력분쟁으로서의 사이버 전쟁을 정의하고 있다. 하지만 사이버 작전이 국제적 무력분쟁을 개시하게 하였는지를 명확하게 결정하기 위해서는 중대한 법적, 실제적 문제가 남아 있다. 지금까지 사이버 공간에서만 촉발된 공격이 국제적 무력분쟁으로 규정된 경우는 없었다. 그럼에도 불구하고 국제전문가그룹은 사이버 작전만으로 국제적 무력분쟁의 기준을 넘을 수 있는 여지가 있다고 만장일치로 결정하였다.[278] 또한 규칙23에서는 비국제적 무력분쟁이 사이버 작전을 포함하거나 사이버 작전에 국한된 장기적인 무력적 폭력이 정부군과 하나 이상의 무장집단 간 또는 그러한 무장집단 간에 발생하는 경우가 비국

---

의 행사 문제에 대해서는 이종현, "사이버공격에 대한 예방적 자위권의 허용 가능성." 『경희법학』, 제51권 제1호, 2016, pp.102~112 참조.

276) Michael N. Schmitt(ed.), *op. cit.*, p.4. 대표적으로 제6장 점령은 비국제적 무력분쟁에는 적용되지 않는다. 왜냐하면 점령은 다른 국가의 영토에 대한 국가의 권한 행사이므로 국가 대 국가 간의 분쟁이 아닌 일국내의 권력투쟁인 비국제적 무력분쟁에는 논리적으로 적용될 여지가 없다.

277) *Ibid.*, p.5 참조.

278) *Ibid.*, p.84, rule 22, para.15.

제적 사이버전이라면서, 이러한 대립은 분쟁의 강도가 최소 수준에 도달해야 하고 분쟁에 관여한 당사자들은 최소 수준의 조직을 갖추어야 함을 명확히 규정하고 있다.

### (5) 지휘관과 상급자의 형사책임 명문화

Tallinn Manual은 규칙24에서 지휘관과 상급자의 형사책임을 규정하고 있다. 이는 동 매뉴얼이 선례로 참조하였던 이전의 San Remo Manual이나 AMW Manual에서는 볼 수 없었던 특별한 점이다.

(a)지휘관과 기타 상급자는 전쟁범죄를 구성하는 사이버 작전을 지시한데 대한 형사책임을 지며, (b)지휘관은 또한 그 부하가 전쟁범죄를 행하고 있거나 행하려고 하였거나, 행하였음을 알거나 또는 당시의 정황에 비추어 알았어야 했던 경우와 그 부하의 범죄를 방지하기 위한 모든 합리적이고 가용한 조치를 취하지 않았거나 관련자들을 처벌하지 않은 경우에도 형사책임을 진다.

이 규칙은 지휘관과 기타 상급자가 전쟁범죄를 구성하는 행위를 직접 하지 않았다는 사실만으로 형사책임을 면할 수 없음을 강조한다. 이는 조약과 판례에서 확인되었으며, 국제적 또는 비국제적 무력분쟁 모두에 적용되고, 국제관습법을 반영한 것으로 사이버 작전에 이 규칙을 적용하는 것을 배제할 근거는 없다.[279]

### 나. 매뉴얼의 한계

### (1) 매뉴얼의 비구속적 성격

Tallinn Manual은 결코 구속력있는 문서가 아니다. 매뉴얼 기초자들은 각국의 능력과 정책의 차이로 사이버전에 대한 다양한 입장이 존재하고 있고, 아직 이를 통일적으로 조정하거나 합의를 이끌어 내지 못하는 국제사회의 현실에 비추어 볼 때 이를 조약 초안으로 보는 것은 시기상조라고 보았다. 이는 동 매뉴얼의 해설서에서도 다음과 같이 설명하고 있는 바, 이는 매뉴얼의 법적 성

---

279) *Ibid.*, p.91, rule 24, para.1. 전쟁범죄를 구성하는 작전이 수행되었거나, 수행중이거나, 수행될 것임을 알았거나 알아야 했던 지휘관에 대한 형사책임의 확대는 사이버전 상황에서 특히 중요하다. 부하의 행위에 대한 형사책임을 피하기 위하여 지휘관과 기타 상급자는 자신의 부대가 수행하는 작전을 알 수 있도록 적절한 조치를 취하고, 그 작전과 결과를 이해하고, 자신의 부대에 대한 통제권을 행사해야 한다. 사이버 작전의 기술적 복잡성으로 인해 지휘계통에 있는 지휘관 또는 기타 상급자가 사이버 작전에 대한 깊은 지식을 가졌을 것이라고 기대하기 어려운 경우도 있고 어느 정도까지는 부하의 지식과 이해에 의존할 수도 있을 것이다. 그럼에도 불구하고 사이버 작전이 기술적으로 복잡할 수 있다는 사실만으로 지휘관 또는 기타 상급자가 부하에 대한 통제권을 행사할 책임이 면제되지는 않는다. *Ibid.*, pp.93~94, para.8.

격을 잘 설명해 주고 있다고 보여진다.

"Tallinn Manual은 공식적 문서가 아니라 단순히 개인 자격으로 참여한 독립적인 국제전문가 그룹의 작업 결과로 이해되어야 한다. 본 매뉴얼은 NATO CCD COE, 그 후원 국가 또는 NATO의 견해를 대변하는 것이 아니다. 특히, NATO의 독트린을 반영하려는 것이 아니다. 또한 어떤 기구 나 옵저버로 대표되는 국가의 입장을 반영하는 것도 아니다. 마지막으로 본국에서 공적 지위를 가진 개인이 국제전문가그룹에 참가하였다 해서 본 매뉴얼이 그 국가의 견해를 대변하는 것으로 해석되어서는 안된다. Tallinn Manual은 개인 자격으로 참여한 국제전문가그룹 구성원들의 의견 표명일 뿐임을 이해해야 한다."[280]

### (2) 매뉴얼의 효력에 대한 강대국의 상반된 입장

Tallinn Manual의 사이버전에의 적용 및 향후 논의과정에 대해 강대국들은 큰 입장 차이를 보이고 있다. Tallinn Manual을 두고 러시아나 중국은 나토가 중심이 되어 채택되었으며, 그 과정에서 자신들은 배제된 채 미국 등 서구 국가들의 입장이 상당 부분 반영되어 있을 뿐만 아니라 사이버 공간의 특성을 제대로 담고 있지 못하다고 비판한다.[281]

이는 사이버 공격이 현실의 물리적 공간에서 상대국에게 인명이나 시설에 심각한 피해를 가하는 것이 아니기 때문에 사이버 공격을 기존의 군사력을 동원한 무력사용으로 인정할 수 있는지에 대한 기준에 대한 논란이 지속되어 왔기 때문이기도 하지만, Tallinn Manual이 각 규칙의 준거로 서구 국가들의 군사교범을 참조한 것에서도 예견된 것이었다.

국제전문가그룹은 탈린매뉴얼 채택과정에서 4개국 – 캐나다, 독일, 영국 및 미국– 의 군사교범을 정기적으로 참조하였다고 밝히고 있다. 이러한 교범들을 사용한 것이 다른 국가들의 교범들

---

280) *Ibid.*, p.11

281) Kristen E. Eichensehr, "Cyberwar and International Law Step Zero," *Texas International Law Journal*, Vol.50, No.2, 2015, pp.364-365; K. Giles, *Prospects for the rule of law in Cyberspace*, The Letort Papers, Strategic Studies Institute U.S. Army War College, 2017; 유준구, "사이버안보 문제와 국제법의 적용," 국제법학회논총, 제60권 제3호, 2015, pp.151-154 참조. 이러한 입장 차이는 두 가지 이슈 –사이버 공간에서 국가주권 인정 여부와 사이버 공격을 규율하는 별도의 법체계 필요성 유무– 둘러싼 미국을 위시한 서방측과 러시아 및 중국 측의 대립 때문이다. 미국과 유럽 국가들은 사이버 공간에서의 다양한 위협이나 국가 간 갈등에 전쟁법 등 기존의 법을 적용할 것을 주장하고 사이버 공간에서의 자유로운 의사표현과 활동을 보장하는 '인터넷자유'를 보편적인 규범으로 강조하고 있는 반면, 러시아와 중국 측은 사이버 공간의 특성을 반영하여 국가 간 갈등을 규율하는 별도의 새로운 법체계가 필요하며 '사이버공간의 국가주권'이 인정되어야 한다고 맞서고 있다. 배영자, "사이버안보 국제규범에 관한 연구," *op. cit.*, p.106.

의 우수성에 대해 이의를 제기하는 것으로 받아들여져서는 안된다면서도, 이 4국의 교범이 분쟁 문제에 관하여 법적으로 연구하고 분석할 때 특히 유용하다는 것을 인정하여야 한다는 것이다. 더구나 국제전문가그룹에는 4개국의 교범 각각을 작성하는데 참여한 구성원이 포함되어 있었다.[282]

### (3) 국제인도법 주요원칙 적용상의 어려움

Jus ad bellum과 Jus in bello을 포괄하고 있는 Tallinn Manual은 jus in bello에 해당하는 제2부 제4장(적대행위) 및 제5장(특정한 사람, 물자 및 활동)에서 규정하고 있는 대부분을 국제인도법에 기초하고 있다. 그 중의 일부는 전투수단과 방법을 다른 일부는 분쟁희생자 보호를 위한 인도적 규칙을 다루고 있는데, 그 내용은 기존의 무력분쟁에서의 그것들과 거의 차이가 없다. 이는 지금까지 형성, 발전 및 보완되어 온 국제인도법의 주요원칙들이 별다른 수정없이 사이버전에도 적용된다는 것을 의미한다.

그러나 국제인도법 주요원칙인 공격목표 구별원칙, 무차별적 수단과 방법의 제한 원칙, 과도한 상해 및 불필요한 고통 금지원칙, 비례성원칙 및 공격시 예방원칙 등을 실제의 사이버전에 적용하는 것은 Tallinn Manual에서 규정하고 있는 것처럼 그렇게 간단한 문제가 아니다.[283]

이러한 원칙들 중 비례성 원칙 및 공격시 예방원칙과 관련하여 간단히 살펴보면 다음과 같은 어려움이 있다. 사이버 공격이 '민간인 생명의 손실 혹은 상해, 민간물자의 손상 또는 그 복합적 결과'를 초래할 가능성이 높을 때 사전에 각 범주별로 비례성원칙에 따라 그 피해를 산정하는 것이 간단하지 않는데, 그것은 대부분의 사이버 공격은 비록 심각한 정황이어도 대개 인명의 살상

---

**282)** Michael N. Schmitt(ed.), *op. cit.*, p.8. 군사교범 중 '미국 지휘관 편람'(US's Commander's Handbook)은 또 다른 목적에 기여한 바 있다. 캐나다, 독일 및 영국과는 달리 미국은 프로젝트 기간 동안 참조한 2개의 핵심 출처인 1949년 제네바협약에 대한 1977년 추가의정서들의 당사국이 아니다. 국제전문가그룹은 '미국 지휘관 편람'에 추가의정서의 규범이 들어 있는 것은 관습적 본질을 시사(그 이상은 아님)한 것이라는 입장을 취하였다. 물론 그렇게 함에 있어 그들은 동 편람이 법률 논문이 아니라 군사교범이고, 작전적 및 정책적 고려도 반영하는 것이라는 사실로 인해 매우 신중하였다. 동시에 전문가들은 어떤 국가가 추가의정서의 당사국이라는 사실이 자국의 군사교범 규정에 조약법만 반영된 것을 뜻하는 것은 아니라고 하였다. *Ibid.*

**283)** 기존의 국제법(*Jus ad bellum* 및 *Jus in bello*)을 사이버전에 적용함에 있어 생길 수 있는 어려움은 사이버전의 법적 규제에 있는 핵심적인 사항이다. 따라서 이에 대한 연구(이론적 검토 및 대안제시)는 방대하기도 하거니와 매뉴얼의 채택 배경과 과정, 매뉴얼의 법적 의의 및 한계를 다루고 있는 본 소고의 방향과도 맞지 않아 여기에서는 간단히 언급하는 수준에서 그친다. 다만, 이러한 문제에 대한 보다 자세한 설명은 이장희, *op. cit.*, pp.112-118; Michael Gervais, *op. cit.*, pp.562-578; Heather H. Dinniss, *op. cit.*, pp.179-219 참조.

은 따르지 않고 그 효과 또한 한정된 시간에 나타나기 때문이다. 또한 사이버 공간은 예상 목표가 이중용도 혹은 복합적으로 사용될 수 있고, 군사용 통신은 대부분은 중간단계에서 민간 네트워크를 사용하고 있으며, 사이버 공간이 사실상 군대와 민간인들에게 동시에 사용되기 때문에 그 구별도 쉽지 않다.[284]

또한 비례성원칙의 적용이 간단치 않은 것은 사이버 공격이 비대칭적이기 때문이다. 상대가 나를 공격해도 나는 상대에게 똑같이 공격하기가 힘들다. 상대의 정체와 위치를 모르기 때문이다. 따라서 비례성원칙의 준수가 현실적으로 어려워 보인다. 그래서 공격을 대비하기 위한 방어책이 중요하다.[285] 비례성원칙의 적용상의 또 다른 어려움은 표적선정 과정에서 지휘관이 부수적 피해를 평가할 정보와 능력을 간추기가 쉽지 않기 때문이다. 지휘관은 일반적으로 관련 무기시스템과 그것의 효과에 대한 지식에 기초해서 신뢰할만한 부수적 피해를 예상할 수 있다. 그러나 컴퓨터 네트워크 공격에서는 매우 전문적인 지식이 필요하기 때문에 적절한 시간에 이용 가능한 정보를 활용하여 통상적인 지휘관이 부수적 피해를 예상하고 공격을 결정하기란 현실적으로 어려운 일이다.

이의 연정선상에서 공격시 예방조치를 취하기도 지난한 문제이다. 1977년 제네바협약 제1추가의정서 제57조에 따라 분쟁당사자는 군사적전과 공격을 수행함에 있어 예방조치를 취해야 한다. 하지만 사이버전은 공격시 예방조치를 강구토록 하는 필수조건에 있어 몇 가지 문제점을 제기한다. 공격시 예방조치가 가능하기 위해서는 군사목표물을 확인하고 선택하여야 하는데, 사이버전 공격자가 허의 정보를 유포하여 고의로 공격의 출처를 상대에게 속일 경우 그 공격의 귀속은 더 어려워지고 이로 인해 민간인과 민간물자가 군사목표물이라는 잘못된 확신을 갖게 하고 이에 대해 공격하도록 지시할 수 있다.

이처럼 Tallinn manual이나 미국 등의 입장은 국제인도법상의 주요원칙들을 사이버전에 적용함에 있어 별다른 문제가 없으며, 기존 법규의 수정없이 가능하다는 입장을 견지하고 있으나 현실의 사이버전에서 그러한 원칙들을 적용하는 것은 만만찮은 문제들을 극복하지 않으면 국제인도법 주요원칙의 유효성에 대한 심각한 법적 논란이 제기되거나 나아가 국제인도법 전반에 대한 사이버전에서의 무용성이 확산될 수도 있을 것이다. 따라서 이에 대한 시급한 대책이 요구된다.

284) 장신, "사이버 공격과 Jus in Bello," 『국제법학회논총』, 제60권 4호, 2015, pp.218-219 참조.
285) 이장희, op. cit., p.118.

### (4) 이행 및 강제체계의 부족

Jus ad Bellum 및 Jus in Bello를 포괄한 제반 규칙들을 두고 있는 Tallinn Manual은 각국들에게 사이버 영역에 국제법이 적용된다는 강한 믿음을 제공하였으며, 실제적인 무력분쟁에 폭넓게 적용되는 규범들이 사이버 공간에도 적용되는 골격을 제시하고 있다.[286]

하지만 동 매뉴얼은 규칙24에서 부하의 전쟁범죄에 대한 지휘관 및 기타 상급자의 형사책임을 규정하고 있는 것 외에 별다른 규칙의 성실한 이행 및 이를 위반한 경우 제재를 가할 수 있는 강제적 체계를 두고 있지 않다. 이는 대부분의 국제법규에서 흔히 볼 수 있는 현상으로 국제협력도 중요하지만 개별국가 입장에서는 자국의 주권과 이해관계를 더 중요시 하지 않을 수 없다는 현실적 실리가 반영된 탓이다.

그리고 실제로 각국들은 무력분쟁에서의 적대행위에 대한 사법적 판단에 매우 소극적이었다. 과거 위반행위에 대한 처벌은 패배한 측에게만 적용되고, 승리한 측에게는 어떠한 제재조치도 취해지지 않았던 경험도 이러한 사법적 판단에 대한 소극성을 강화시켰다고 보여진다. 하지만 무력분쟁에서 위법행위에 대한 '국제사회의 사법적 간섭'(International Judicial Intervention)을 강화할 필요가 있다.

## 5. 결언 및 향후 과제

Tallinn Manual은 현재 절박한 문제로 대두되고 있는 사이버전에 국제법(특히 무력분쟁법 및 국제인도법)을 적용하기 위해 채택된 것으로 사이버전에 국제법이 어떻게 그리고 어느 정도까지 적용되는지를 확인하는데 유용한 기초가 되고 있다.

사이버전은 실제 상황에서 벌어지는 기존의 무력분쟁과는 내용과 성격 등에서 큰 차이가 있기 때문에 현존하는 무력분쟁법으로 규제하기는 어렵다는 견해도 있었지만, 예상치 못한 사이버전이 현실적으로 발생한 경우 이제까지 확립된 국제규범이 없는 탓에 자칫 실무자들이 마주하게 될지도 모르는 실질적인 혼란을 해결하는데 도움을 주고자 매뉴얼이 채택되었고, 이는 일단 사이

---

286) W. Banks, op. cit, p.1594.

버전이 개시될 경우 실제 작전 중에 벌어질 수 있는 상황들에 대하여 기존의 국제법, 특히 국제인도법을 바탕으로 그 해답을 제시하고 있다.[287]

하지만 Tallinn Manual은 이러한 법적 의의에도 불구하고 문제점도 갖고 있는 바, 가장 치명적인 것은 San Remo Manual 및 AMW Manual과 마찬가지로 법적 구속력이 없는 soft law로서의 성격을 갖는다는 점이다. 각국의 능력과 정책의 차이를 통일적으로 조정하거나 합의를 이끌어 내기에는 아직 시기 상조였던 것이다. 그렇다고 동 매뉴얼이 가까운 시일 내에 사이버전에서 강제적 역할을 하리라고 기대하기에도 시기상조이다.

따라서 당분간은 매뉴얼의 조약화 작업을 추진하면서 다른 한편으로는 개별국가들이 이를 잘 준수하도록 여러 조치들을 취해나가야 할 것이다. 먼저 향후 통일된 사이버전에 적용될 국제규범을 조약화 할 경우 Tallinn Manual이 안고 있는 제반 문제점들을 면밀하게 분석하여 보완, 개선함으로써 보다 충실하게 준수되게 하고 동시에 법적 구속력이 보장되는 실효적인 법규가 되도록 하여야 할 것이다.

특히 인도적 법규를 위반한 개인에 대한 형사책임이 강화되어야 할 것이다. 국제법규를 위반한 개인에 대한 형사책임은 비록 법규의 이상적인 보장수단은 아닐지라도 분쟁종료 후 평화조약을 통해 패전국에게 일방적으로 강요되는 금전적 책임보다는 더욱 실효적인 강제수단이다.[288] 법의 존중은 그 위반행위에 대해 국제적 형사제재가 인정될 때 더욱 강화될 것이고 법규의 위반행위에 대한 형사제재는 공정하게 집행될 때 설득력을 가질 뿐만 아니라 법에 대한 존중을 고양시키기 위한 여타의 조치들을 자극해 그에 대한 존중과 준수에 있어 상승효과를 가져올 것이다.[289]

다음으로 매뉴얼의 조약화 이전에도 매뉴얼이 담고 있는 여러 규칙들이 사이버전에 적용될 수 있도록 이들 규칙들이 각국의 군사교범에 포함될 수 있도록 노력할 필요가 있다. 개별 국가의 군사교범은 비록 국내법이긴 하지만 그 적용대상인 자국 군인들로 하여금 담고 있는 규정들의 준

287) 박기갑·신소현, op. cit., pp.186-187.

288) 국제적 성격의 형사법원에 의한 비인도적 위반행위에 대한 형사소추의 긍정적 의의에 대해서는 A. Cassese, "On the Current Trends towards Criminal Prosecution and Punishment of Breaches of International Humanitarian Law," European Journal of International Law, Vol.9, 1998, pp.9-10 참조.

289) D. Plattner, "The Penal repression of Violations of International Humanitarian Law applicable in Non-International Armed Conflicts," International Review of the Red Cross, Vol.278, 1990, pp.414-415. 위반행위에 대한 형사제재가 실효적이기 위해서는 형사제재 대상이 되는 위반행위의 종류, 피의자의 신병 확보, 소추절차, 법원의 구성과 형의 집행, 관련 법규를 이행하기 위한 개별국가들과의 협력 등 제반 문제에 대한 구체적 합의가 있어야 할 것이며, 그렇게 함으로써 국내법과 국제법은 상호영향을 미쳐 무력분쟁시 국제법의 존중 및 보장체계를 개선시키고 규칙의 유효성을 증가시키게 될 것이다.

수를 강제하고, 이를 위반 시 국내법에 따라 처벌하기 때문에 매뉴얼의 이행에 있어 중요한 수단이 된다.

또한 매뉴얼의 내용들을 널리 보급시키고 이해할 수 있도록 국내외적인 교육과 보급을 강화해야 할 것이다. 이를 통해 국제사회에서 매뉴얼의 제반 규칙들이 준수되어야 한다는 법적 확신이 확산되고, 실제로 이해 및 준수가 국제관행으로 자리 매김하게 된다면 구속력있는 국제규범으로 발전될 것이다.

마지막으로 앞에서 살펴본바와 같이 매뉴얼은 국제인도법상의 주요원칙들을 사이버전에도 적용가능 하다는 입장이지만 그것은 실제 분쟁에서는 매우 어려운 문제이다. 이처럼 사이버전에의 국제인도법 주요원칙 적용의 어려움은 사이버전이 갖는 기존 무력분쟁과는 다른 특성, 즉 공격의 간접성(indirectness), 목표 및 무기의 무형성(intangibility), 목표물과 공격개시의 위치(locus) 및 다양한 형태로 발생되는 피해 결과(result) 등이 가장 큰 이유일 것이다.[290] 이외에도 공격개시에 대한 책임 귀속 확정의 어려움도 그러한 어려움을 더하고 있다. 이러한 문제를 해결하기 위해서는 현 국제인도법 규범체계를 넘어서는 새로운 체계를 합의하든 아니면 현 체계안에서 사이버전의 특성을 고려한 개선 및 보완책을 마련하든 국제사회의 노력과 협력이 절실하고도 긴급하게 요구된다.

장차 매뉴얼이 어떻게 될 것인지, 즉 강제력을 갖는 조약으로 발전될 것인지 아니면 지금과 마찬가지로 soft law의 지위에 머물러 있을 것인지는 지금으로서는 예단하기 어렵다. 미 · EU와 중 · 러를 중심으로 한 강대국들은 기존 관련 국제법규를 적용할 것인지 아니면 새로운 규범을 채택해야 할 것인지에 대해 입장을 달리하고 있다. 하지만 대다수 국가들은 사이버전에 적용될 국제법의 필요성을 공감하고 있고, 사이버전에 적용될 국제법을 채택하기 위해 지금도 논의가 계속되고 있으며, 사이버 위협이 실질적으로 증가하고 있는 상황에서 이의 규제를 위한 협력과 규범 발전을 위한 노력은 지속되어야 한다. 이를 위한 국제사회의 지혜와 결단이 어느 때보다 절실히 요구된다.

---

290) 사이버전의 이러한 특성에 대해서는 Heather H. Dinniss, *op. cit.*, pp.65~74 참조.

# 참고문헌

강영훈, "경제수역에서의 군함의 법적 지위", 전환기의 국제관계법(東石 김찬규 박사 화갑기념논문집), 법문사, 1992.

강영훈, "군함의 비호권 문제", 한국국제법의 제문제, 박영사, 1987, p.190 참조; "국제법상 군함의 지위", 해양연구논총, 제6집, 1991.

강이수·구자윤, 국제통상론, 삼영사, 1999.

김대순, 국제법론, 삼영사, 2009.

김병렬, "SOFA 협정의 형사관할권에 관한 소고", 국방연구, 제36권 1호, 1993.

김석현, "인권보장의 보편적 제도", 국제법평론, 통권 제6호, 1996.

김석현, "인권보호를 위한 안보리의 개입", 국제법학회논총, 제40권 제1호, 1995.

김선표, "WTO 협정 체제하 양자간 무역관련 합의서의 법적 성격에 관한 소고", 국제법학회논총, 제54권 제1호, 2009.

김순규, 신국제기구론, 박영사, 1992.

김영구, "국제사법재판소의 위상변화에 대한 고찰", 국제법학회논총, 제46권 제2호, 2001.

김정균, "국제인도법 질서의 건설", 인도법논총, 제9호, 1989.

김정균, "전쟁법, 인도법과 내란", 인도법논총, 제13호, 1973.

김정균·성재호, 국제법, 박영사, 2006.

김종수(역), 평화의 해부, 법문사, 1975.

김철효(역), 인권: 이론과 실천, 아르케, 2006.

김현수, "대한민국 방공식별구역에 관한 소고", 해양전략 제117호, 2002.

김현수, "유엔해양법협약상의 추적권", 해양전략 제91호, 1996.

김현수, 국제해양법, 연경문화사, 2007.

김현수·이민효, 현대국제법, 연경문화사, 2005.

나인균, 국제법, 법문사, 2004.

노명준, "국제환경법의 주요내용", 국제법평론, 제4호, 1995.

노석태(역), 현대국제법의 지표, 부산대학교 출판부, 2002.

노석태(역), 현대국제법의 지표, 부산대학교 출판부, 2002.

대한적십자사 인도법연구소, 제네바협약 해설 I, 1987.

대한적십자사 인도법연구소, 제네바협약 해설 III, 1985.

도충구 외, 국제경제기구의 이해, 학현사, 2001.

박관숙·최은범 공저, 국제법, 문원사, 1998.

박균성·함태성, 환경법, 박영사, 2008.

박동윤, "국제기구와 세계평화의 보장", 사회과학논총, 제6집, 1991.

박배근(역), 국제법, 국제해양법학회, 1999.

박정원(역), 인권과 국제정치: 국제인권의 현실과 가능성 및 한계, 오름, 2002.

박춘호·유병화, 해양법, 민음사, 1986.

박치영, 유엔정치론, 법문사, 1995.

박헌목(역), 항공법입문, 경성대학교 출판부, 1998.

배재식, "강박으로 체결된 조약의 성질 및 효력", 법학, 제10권 제2호, 1968.

백진현, "폐기물 해양투기 규제에 관한 국제법의 동향과 전망", 서울국제법연구, 제6권 2호, 1999.

백진현, "UN의 인권보호 체계", 국제인권법, 제2호, 1998.

법과 사회연구회, 한·미 행정협정, 도서출판 힘, 1988.

서헌제, 국제경제법, 율곡출판사, 1996.

성재호, 국제경제법, 박영사, 2006.

신성수, "인도적 목적을 위한 유엔안보리의 제재조치에 관한 연구", 국제법학회논총, 제42권 제2호, 1997.

신정현, "현대세계와 평화연구", 평화연구, 제1권 제1호, 1981.

심경섭 외, 국제금융론, 법문사, 2006.

오윤경 외, 21세기 현대 국제법질서, 박영사, 2001.

유엔환경계획 한국위원회, 기후변화협약, 유넵프레스, 2002.

이병조·이중범, 국제법신강, 일조각, 2008.

이봉철, 현대인권사상, 아카넷, 2001.

이상돈, "국제협약을 통한 환경보호", 국제법평론, 제4호, 1995.

이석용, 국제법: 이론제 실제, 세창출판사, 2003.

이석우, 한·미 행정협정연구, 도서출판 민, 1995.

이성택·김태우·김민석, "동해를 죽이는 러시아의 핵폐기물 투기", 국방논총, 제3집 6권, 1994.

이승헌, "국제기구와 평화유지기능", 국제법학회논총, 제5권 제1호, 1960.

이영준, "국제연합에 의한 보호인권과 그 이행확보조치", 인도법논총, 제13호, 1993.

이용호, 전쟁과 평화의 법, 영남대학교 출판부, 2001.

이은섭, 국제거래법, 부산대학교 출판부, 2006.

이장희(편), 환경보호와 국제법 질서, 아시아사회과학연구원, 1997.

이장희, "한미주둔군지위에 관한 협정상의 형사재판관할권 행사의 문제점과 개정방향", 국제법학회논총, 제40권 제2호, 1995.

이한기, 국제법강의, 박영사, 2006.

임덕규, "私人의 행위에 의한 국가책임", 육사논문집, 제26집, 1984.

장기붕, "불간섭의 의무", 국제법학회논총, 제11권 제1호, 대한국제법학회, 1966.

장효상, 현대국제법, 박영사, 1987.

정운장, 국제인도법, 영남대학교 출판부, 1994.

정종욱(역), 현대국제정치이론: 새로운 국제정치에서의 도덕률과 사회정의, 민음사, 1982.

정회성, 전환기의 환경과 문명, 도서출판 지모, 2008.

제성호, "국제법상 인도적 간섭의 합법성에 관한 일고찰", 국제법학회논총, 제32권 제2호, 1986.

조병환, "유엔환경개발회의의 결과와 우리나라의 대응방향", 국책연구, 제27호, 1992.

조용득, 국제경제기구와 세계경제질서, 형설출판사, 2003.

채형복, 국제법, 법영사, 2009.

최재훈 외, 국제법신강, 신영사, 2004.

최철영, "국제법체계에서 INGOs의 역할과 법적 지위에 관한 실증적 고찰", 대한국제법학회, 국제법
    규범의 발전적 변화를 위한 새로운 과제(제3회 한국국제법학자대회 논문집), 2003. 10. 18.

한형건, "한일병합조약의 무효와 독도의 법적 지위", 국제법학회논총, 제27권 제2호, 1982.

홍욱희(역), 20세기 환경의 역사, 에코리브르, 2008.

廣瀨善男, 國家責任論の再構成, 有信堂, 1978.

山本草二, "一方的國內措置の國際法形成機能", 上智法學論集, 제33권 2/3합병호, 1991.

藤田久一, 國際人道法, 有信堂, 1993.

小野里サンドラ光江, "現代國際法における不干涉原則", 法學政治學論究, 제25호, 慶應義塾
    大學大學院 法學政治學論究刊行會, 1995.

田岡良一, 國際法III, 有斐閣, 1973.

村瀬信也·娛脇直也·古川照美·田中 忠, 現代國際法の指標, 有斐閣, 1994.

Ashley J. and Smith R. W., United States Response to Excessive Maritime Claims, Martinus
    Nijhoff Publishers, 1996.

Barberis J. A., "El Comite International de la Cruz Roja como sujeto del derecho de gentes",
    Christopher Swinarski(ed.), Studies and Essays on International humanitarian Law and
    Red Cross Principles in honor of Jean Pictet, ICRC/Martinus Nijhoff publisher, 1984.

Bassiouni M. C., Crimes against Humanity in International Criminal Law, Martinus Nijhoff
    Publisher, 1992.

Bazyler M. J., "Reexamining the Doctrine of Humanitarian Intervention in the Right of the
    Atrocities in Kampuchea and Ethiopia", 22 Stanford Journal of International Law, 1986.

Beitz C. R., Political theory and International Relations, Princeton University Press, 1979.

Berdal M. R., Whither UN Peace-Keeping, Adelphi Paper 281, The International Institute for
    Strategy Studies, 1993.

Best G., War and Law Since 1945, Clarendon Press, 1996.

Bory F., Origin and Development of International Humanitarian Law, ICRC, 1982.

Bothe M., Partsch K. and Solf W., New Rules for Victims of Armed Conflicts : Comentary on
    the Two 1977 Protocols Additional to the Geneva Conventions of 1949, Martinus Nijhoff

Publishers, 1982,

Boutros-Ghali B., An Agenda for Peace: Preventive Diplomacy, Peace-Making, Peace-Keeping, United Nations, 1992.

Bowett D. W., "The Interrelation of Theories of Intervention and Self-Defence", John N. Moore(ed.), Law and Civil War in the Modern World, The Johns Hopkins University Press, 1974.

Briery J. L., The Law of Nations: An Introduction to the International Law of Peace(6th ed.), 1963.

Briggs H. W., Law of Nations: Case, Documents and Note(2nd. ed.), 1952.

Brownlie I.(ed.), Basic Documents in International Law, Oxford University Press, 1983.

Brownlie I., International Law and the Use of Force by States, Clarendon Press/Oxford University Press, 1963.

Brownlie I., Principles of Public International Law(3rd ed.), Clarendon Press, 1979.

Delupis I., International Law and Independent States, Russak and Company, 1974.

Eagleton C., The Responsibility of States in International Law, New York U. P., 1928.

Eide A., "The Sub-Commission on Prevention of Discrimination and Protection of Minorities", Ph. Alston(ed.), The United Nations and Human Rights, Clarendon Press, 1992.

Fredrick H. Hartman(ed.), Crisis in the World, Macmillan Publishing Co., Inc., 1973.

Friedmann W., Legal Theory(3rd. ed.), Stevens and Sons, 1953.

Garcia-Amador, Recent Codification of the Law of State Responsibility for Injuries to Aliens, Oceana Publication, 1979.

Gerhard von Glahn, Law Among Nations: An Introduction to Public International Law(5th ed.), Macmillan Company, 1986.

Hackworth G. H., Digest of International Law, Vol. II, US Government Printing Office, 1941.

Harris D. J., Case and Materials on International Law, Sweet and Maxwell, 1983.

Harroff-Tavel M., "Action taken by the International Committee of the Red Cross in situations of internal violence", 294 International Review of the Red Cross, 1993.

Hollaway K., Modern Trends in Treaty Law, Stevens, 1967.

Hollick A. L., "The Origins of 200 Mile Offshore Zones", 71 American Journal of International Law, 1977.

Holsti K. J., International Politics: A Framework for Analysis, Prentico-Hall Inc., 1967.

ICRC, Basic Rules of the Geneva Conventions and their Additional Protocols, 1983.

ICRC, International Red Cross Handbook(12th ed.), 1984.

ICRC, Respect for International Humanitarian Law : ICRC review of fiveyears of activity(1987–1991), 1991.

Jennings R. and Watts A.(ed.), Oppenheim's International Law, vol.1, Longman, 1992.

Kelsen H., Principles of International Law, Rinehart and Company, 1952.

Kewley G., Humanitarian Law in Armed Conflicts, VCTA Pub., 1984.

Lauterpacht H., "The International Protection of Human Rights", 52 Recueil des Cours de l'Academie de droit Internationale de la Haye, 1947–I.

Lissitzyn O. J., "The Treatment of Areal Intruders in Recent Practice and International Law", 47 American Journal of International Law, 1953.

Malanczuk P., Akehurst's Modern Introduction to International Law(6th ed.), 1998.

Malawer S., Imposed Treaties and International Law, Williams Co., 1977.

Maryan Green N. A., International Law: Law of Peace, Macdonald and Evans, 1982.

McCoubrey H. and White N. D., International Organization and Civil War, Dartmouth, 1995.

McCoubrey H., International Humanitarian Law, Dartmouth, 1996.

McNair A. D., The Law of Treaties, Clarendon Press, 1961.

Meron T.(ed.), Human rights in International Law:Legal and Policy Issues,Oxford University Press, 1984.

Meron T., Human Rights and Humanitarian Norms as Customary Law, Oxford U. P., 1991

Norman D. Palmer and Howard C. Parkins, International Relations: The World Company in Transition, Houghton Mifflin Company, 1957.

O'Conell D. P., International Law(2nd ed.), Vol.2, Stevens and Sons, 1970.

O'Connell D. P., The International Law of the Sea, Vol.1, Clarendon Press, 1982.

Orford A., "Locating the Int'l: Military and Monetary Interventions after the Cold War", 38 Harvard International Law Journal, 1997.

Pak C. Y., The Korea Straits, Nijhoff, 1988.

Pictet J., Development and Principles Of International Humanitarian Law,Martinus Nijhoff Publishers, 1985.

Pictet J., Humanitarian Law and the Protection of War Victims, Sijthof, 1975.

Plant G., "Navigation Regime in the Turkish Straits for Merchant Ships in Peacetime", Marine Policy, Vol.20, No.1, 1996.

Posner M., "Human Rights and Non–Governmental Organizations on the eve of the next century", 66 Fordam Law Review, 1997.

Poulantzas N. M., The Right of Hot Pursuit in International Law, Leyden, 1969.

R. K. Ramazani, The Persian Gulf and the Strait of Hormuz, Sijhoff & Noordhoff, 1979.

Richard A. Falk, "The Haiti Interdiction: A dangerous World Order Precedent for the United Nations", 36 Harvard International Law Journal, 1995.

Rosas A., The Legal Status of Prisoners of War:A Study in International Humanitarian Law applicable in Armed Conflict, Tiedeakatemia, 1976.

Sandoz Y., Swinarski C. and Zimmermann B., Commentary on the Protocols of 8 June 1977 to the Geneva Conventions of 12 August 1949, MartinusNijhoff Publishers, 1987.

Schachter O., "United Nations Law in the Gulf Conflict", 85 American Journal of International Law, 1991.

Schachter O., International Law in Theory and Practice, Martinus Nijhoff Publishers, 1991.

Sohn L. B. & Gustafson K., The Law of the Sea, West Publishing Co., 1984.

Stephen J. O'hanlon, "Humanitarian Intervention:When is Force justified?", 20 The Washington Querterly, No.4, 1997.

Stern G., The Structure of International Society: An Introduction to the Study of International Relations, Printer Publishers, 1995.

Stopford M., "Humanitarian Assistance in the Wake of the Persian Gulf War", 33 Virginia Journal of International Law, 1993.

Tanca A., Foreign Armed Intervention in Internal Conflict, Martinus NijhoffPublishers, 1993.

Thomas A. R. and Duncan J. C.(eds), International Law Studies, Volume 73, Newport : US Naval War College, 1999.

Ti-Chang Chen, The International Law of Recognition, Frederick A. Praeger, Inc., 1951.

Van Dyke J. M.(ed), Consensus and Confrontation: The United States and the Law of the Sea, The Law of the Sea Institute, The University of Hawaii, 1985.

Van Dyke J. M., "Military Exclusion and Warning Zones on the High Sea", 15 Marine Policy, 1991.

Verdross A., Volkrecht(5 Aufl), Springer Verlag, 1964.

Vicuna F. O., The Exclusive Economic Zone: Regime and Legal Nature under International Law, Cambridge University Press, 1989.

Weise T. G., "New Challenge for UN Military Operations: Complementing on Agenda for Peace", 16 The Washington Quarterly, 1993.

Wiebe V., "The Prevention on Civil War through the Use of the Human Rights System," 27 New York University Journal of International Law and Politics, 1994.

Willemin G. and Heacock R., The International Committee of the Red Cross, Martinus Nijhoff Publishers, 1984.

Woodward S. L., Balkan Tragedy : Chaos and Dissolution after ColdWar, The Brookings Institution/R. R. Donnelley and Sons Co., 1995.

# 附 錄

# 국제연합헌장

우리, 연합국 국민들은,

우리 일생 중에 두 번이나 말할 수 없는 슬픔을 인류에 가져온 전쟁의 불행에서 다음 세대를 구하고, 기본적 인권, 인간의 존엄 및 가지, 남녀 및 대소 각국의 평등권에 대한신념을 재확인하며, 정의와 조약 및 기타 국제법의 연원으로부터 발생하는 의무에 대한 존중이 계속 유지될 수 있는 조건을 확립하며, 더 많은 자유 속에서 사회적 진보와 생활수준의 향상을 촉진할 것을 결의하였다.

그리고 이러한 목적을 위하여 관용을 실천하고 선량한 이웃으로서 상호간 평화롭게 같이 생활하며, 국제평화와 안전을 유지하기 위하여 우리들의 힘을 합하며, 공동이익을 위한 경우 이외에는 무력을 사용하지 아니한다는 것을, 원칙의 수락과 방법의 설정에 의하여, 보장하고, 모든 국민의 경제적 및 사회적 발전을 촉진하기 위하여 국제기관을 이용한다는 것을 결의하면서, 이러한 목적을 달성하기 위하여 우리의 노력을 결집할 것을 결정하였다.

따라서, 우리 각자의 정부는, 샌프란시스코에 모인, 유효하고 타당한 것으로 인정된 전권위임장을 제시한 대표들을 통하여, 이 국제연합헌장에 동의하고, 국제연합이라는 국제기구를 이에 설립한다.

# 제 1 장  목적과 원칙

## 제1조

국제연합의 목적은 다음과 같다.

1. 국제평화와 안전을 유지하고, 이를 위하여 평화에 대한 위협의 방지, 제거 그리고 침략행위 또는 기타 평화의 파괴로 이를 우려가 있는 국제적 분쟁이나 사태의 조정, 해결의 평화적 수단에

의하여 또한 정의와 국제법의 원칙에 따라 실현한다.

2. 사람들의 평등권 및 자결의 원칙의 존중에 기초하여 국가간의 우호관계를 발전시키며, 세계평화를 강화하기 위한 기타 적절한 조치를 취한다.

3. 경제적·사회적·문화적 또는 인도적 성격의 국제문제를 해결하고 또한 인종·성별·언어 또는 종교에 따른 차별 없이 모든 사람의 인권 및 기본적 자유에 대한 존중을 촉진하고 장려함에 있어 국제적 협력을 달성한다.

4. 이러한 공동의 목적을 달성함에 있어서 각국의 활동을 조화시키는 중심이 된다.

## 제 2 조

이 기구 및 그 회원국은 제1조에 명시한 목적을 추구함에 있어서 다음의 원칙에 따라 행동한다.

1. 기구는 모든 회원국의 주권평등 원칙에 기초한다.

2. 모든 회원국은 회원국의 지위에서 발생하는 권리와 이익을 그들 모두에 보장하기 위하여, 이 헌장에 따라 부과되는 의무를 성실히 이행한다.

3. 모든 회원국은 그들의 국제분쟁을 국제평화와 안전 그리고 정의를 위태롭게 하지 아니하는 방식으로 평화적 수단에 의하여 해결한다.

4. 모든 회원국은 그 국제관계에 있어서 다른 국가의 영토보전이나 정치적 독립에 대하여 또는 국제연합의 목적과 양립하지 아니하는 어떠한 기타 방식으로도 무력의 위협이나 무력행사를 삼간다.

5. 모든 회원국은 국제연합이 이 헌장에 따라 취하는 어떠한 조치에 있어서도 모든 원조를 다하며, 국제연합이 방지조치 또는 강제조치를 취하는 대상이 되는 어떠한 국가에 대하여도 원조를 삼간다.

6. 기구는 국제연합의 회원국이 아닌 국가가, 국제평화와 안전을 유지하는데 필요한 限, 이러한 원칙에 따라 행동하도록 확보한다.

7. 이 헌장의 어떠한 규정도 본질상 어떤 국가의 국내 관할권 안에 있는 사항에 간섭할 권한을 국제연합에 부여하지 아니하며, 또는 그러한 사항을 이 헌장에 의한 해결에 맡기도록 회원국에 요구하지 아니한다. 다만, 이 원칙은 제7장에 의한 강제조치의 적용을 해하지 아니한다.

## 제 2 장  회원국의 지위

### 제 3 조

국제연합의 원회원국은, 샌프란시스코에서 국제기구에 관한 연합국 회의에 참가한 국가 또는 1942년 1월1일의 연합국 선언에 서명한 국가로서, 이 헌장에 서명하고 제110조에 따라 이를 비준한 국가이다.

### 제 4 조

1. 국제연합의 회원국 지위는 이 헌장에 규정된 임무를 수락하고, 이러한 의무를 이행할 능력과 의사가 있다고 기구가 판단하는 그 밖의 평화애호국 모두에 개방된다.
2. 그러한 국가의 국제연합회원국으로의 승인은 안전보장이사회의 권고에 따라 총회의 결정에 의하여 이루어진다.

### 제 5 조

안전보장이사회에 의하여 취하여지는 방지조치 또는 강제조치의 대상이 되는 국제연합회원국에 대하여는 총회가 안전보장이사회의 권고에 따라 회원국으로서의 권리와 특권의 행사를 정지시킬 수 있다. 이러한 권리와 특권의 행사는 안전보장이사회에 의하여 회복될 수 있다.

### 제 6 조

이 헌장에 규정된 원칙을 끈질기게 위반하는 국제연합회원국은 총회가 안전보장이사회의 권고에 따라 기구로부터 제명할 수 있다.

## 제 3 장  기 관

### 제 7 조

1. 국제연합의 주요기관으로서 총회 · 안전보장이사회 · 경제사회이사회 · 신탁통치이사회 · 국제사법법원 및 사무국을 설치한다.

2. 필요하다고 인정되는 보조기관은 이 헌장에 따라 설치할 수 있다.

## 제 8 조

국제연합은 남녀가 어떠한 능력으로서든 그리고 평등의 조건으로 그 주요기관 및 보조기관에 참가할 자격이 있음에 대하여 어떠한 제한도 두어서는 아니 된다.

## 제 4 장 총칙

### 제 9 조

1. 총회는 모든 국제연합회원국으로 구성된다.
2. 각 회원국은 총회에 5인 이하의 대표를 가진다.

### 제 10 조

총회는 이 헌장의 범위 안에 있거나 또는 이 헌장에 규정된 어떠한 기관의 권한 및 임무에 관한 어떠한 문제 또는 어떠한 사항도 토의할 수 있으며, 그리고 제12조에 규정된 경우를 제외하고는, 그러한 문제 또는 사항에 관하여 국제연합회원국 또는 안전보장이사회 또는 이 양자에 대하여 권고할 수 있다.

### 제 11 조

1. 총회는 국제평화와 안전의 유지에 있어서의 협력의 일반원칙을, 군비축소 및 군비규제를 규율하는 원칙을 포함하여 심의하고, 그러한 원칙과 관련하여 회원국이나 안전보장이사회 또는 이 양자에 대하여 권고할 수 있다.
2. 총회는 국제연합회원국이나 안전보장이사회 또는 제35조 제2항에 따라 국제연합 회원국이 아닌 국가에 의하여 총회에 회부된 국제평화와 안전의 유지에 관한 어떠한 문제도 토의할 수 있으며, 제12조에 규정된 경우를 제외하고는 그러한 문제와 관련하여 1또는 그 이상의 관계국이나 안전보장이사회 또는 이 양자에 대하여 권고할 수 있다. 그러한 문제로서 조치를 필요로 하는 것은 토의의 전 또는 후에 총회에 의하여 안전보장이사회에 회부된다.

3. 총회는 국제평화와 안전을 위태롭게 할 우려가 있는 사태에 대하여 안전보장이사회의 주의를 환기할 수 있다.

4. 이 조에 규정된 총회의 권한은 제10조의 일반적 범위를 제한하지 아니한다.

## 제 12 조

1. 안전보장이사회가 어떠한 분쟁 또는 사태에 관련하여 이 헌장에서 부여된 임무를 수행하고 있는 동안에는 총회는 이 분쟁 또는 사태에 관하여 안전보장이사회가 요청하지 아니하는 한 어떠한 권고도 하지 아니한다.

2. 사무총장은 안전보장이사회가 다루고 있는 국제평화와 안전의 유지에 관한 어떠한 사항도 안전보장이사회가 그러한 사항을 다루는 것을 중지한 경우, 즉시 총회 또는 총회가 회기 중이 아닐 경우에는 국제연합회원국에 마찬가지로 통고한다.

## 제 13 조

1. 총회는 다음의 목적을 위하여 연구를 발의하고 권고한다.

가. 정치적 분야에 있어서 국제협력을 촉진하고, 국제법의 점진적 발달 및 그 법전화를 장려하는 것

나. 경제·사회·문화·교육 및 보건분야에 있어서 국제협력을 촉진하며 그리고 인종·성별·언어 또는 종교에 관한 차별 없이 모든 사람을 위하여 인권 및 기본적 자유를 실현하는데 있어 원조하는 것

2. 전기 제1항 나호에 규정된 사항에 관한 총회의 추가적 책임·임무 및 권한은 제9장과 제10장에 규정된다.

## 제 14 조

제12조 규정에 따를 것을 조건으로 총회는 그 원인에 관계없이 일반적 복지 또는 국가간의 우호관계를 해할 우려가 있다고 인정되는 어떠한 사실도 이의 평화적 조정을 위한 조치를 권고할 수 있다. 이 사태는 국제연합의 목적 및 원칙을 정한 이 헌장규정의 위반으로부터 발생하는 사태를 포함한다.

## 제 15 조

1. 총회는 안전보장이사회로부터 연례보고와 특별보고를 받아 심의한다. 이 보고는 안전보장이사회가 국제평화와 안전을 유지하기 위하여 결정하거나 또는 취한 조치의 설명을 포함한다.
2. 총회는 국제연합의 다른 기관으로부터 보고를 받아 심의한다.

## 제 16 조

총회는 제12장과 제13장에 의하여 부과된 국제신탁통치제도에 관한 임무를 수행한다. 이 임무는 전략지역으로 지정되지 아니한 지역에 관한 신탁통치 협정의 승인을 포함한다.

## 제 17 조

1. 총회는 기구의 예산을 심의하고 승인한다.
2. 기구의 경비는 총회에서 배정한 바에 따라 회원국이 부담한다.
3. 총회는 제57조에 규정된 전문기구와의 어떠한 재정약정 및 예산약정도 심의하고 승인하며, 당해 전문기구에 권고할 목적으로 그러한 전문기구의 행정적 예산을 검사한다.

## 제 18 조

1. 총회의 각 구성국은 1개의 투표권을 가진다.
2. 중요문제에 관한 총회의 결정은 출석하여 투표하는 구성국의 3분의 2의 다수로 한다. 이러한 문제는 국제평화와 안전의 유지에 관한 권고, 안전보장이사회의 비상임이사국의 선출, 경제사회이사회의 이사국의 선출, 제86조 제1항에 다 호에 의한 신탁통치이사회의 이사국의 선출, 신회원국의 국제연합 가입의 승인, 회원국의 제명, 신탁통치제도의 운영에 관한 문제 및 예산문제를 포함한다.
3. 기타 문제에 관한 결정은 3분의 2의 다수로 결정될 문제의 추가적 부문의 결정을 포함하여 출석하여 투표하는 구성국의 과반수로 한다.

## 제 19 조

기구에 대한 재정적 분담금의 지불을 연체한 국제연합회원국은 그 연체금액이 그때까지의 만2년간 그 나라가 지불하였어야 할 분담금의 금액과 같거나 또는 초과하는 경우 총회에서 투표권을 가지지 못한다. 그럼에도 총회는 지불의 불이행이 그 회원국이 제어할 수 없는 사정에 의한 것임이 인정되는 경우 그 회원국의 투표를 허용할 수 있다.

## 제 20 조

총회는 연례정기회기 및 필요한 경우에는 특별회기로서 모인다. 특별회기는 안전보장이사회의 요청 또는 국제연합회원국의 과반수의 요청에 따라 사무총장이 소집한다.

## 제 21 조

총회는 그 자체의 의사규칙을 채택한다. 총회는 매회기마다 의장을 선출한다.

## 제 22 조

총회는 그 임무의 수행에 필요하다고 인정되는 보조기관을 설치할 수 있다.

# 제 5 장 안전보장이사회

## 제 23 조

1. 안전보장이사회는 15개 국제연합회원국으로 구성된다. 중화민국·불란서·소비에트 사회주의 공화국연방·영국 및 미합중국은 안전보장이사회의 상임이사국이다. 총회는 먼저 국제평화와 안정의 유지 및 기구의 기타 목적에 대한 국제연합 회원국의 공헌과 또한 공평한 지리적 배분을 특별히 고려하여 그외 10개의 국제연합회원국을 안전보장이사회의 비상임이사국으로 선출한다.
2. 아전보장이사회의 비상임이사국은 2년의 임기로 선출된다. 안전보장이사회의 이사국이 11개국에서 15개국으로 증가된 후 최초의 비상임이사국 선출에는, 추가된 4개 이사국 중 2개 이사국은 1년의 임기로 선출된다. 퇴임이사국은 연이어 재선될 자격을 가지지 아니한다.
3. 안전보장이사회의 각 이사국은 1인의 대표를 가진다.

## 제 24 조

1. 국제연합의 신속하고 효과적인 조치를 확보하기 위하여, 국제연합회원국은 국제평화와 안정의 유지를 위한 일차적 책임을 안전보장이사회에 부여하며, 또한 안전보장이사회가 그 책임 하에 의무를 이행함에 있어 회원국을 대신하여 활동하는 것에 동의한다.

2. 이러한 임무를 이행함에 있어 안전보장이사회는 국제연합의 목적과 원칙에 따라 활동한다. 이러한 임무를 이행하기 위하여 안전보장이사회에 부여된 특정한 권한은 제6장, 제7장, 제8장 및 제12장에 규정된다.

3. 안전보장이사회는 연례보고 및 필요한 경우 특별보고를 총회에 심의하도록 제출한다.

## 제 25 조

국제연합회원국은 안전보장이사회의 결정을 이 헌장에 따라 수락하고 이행할 것을 동의한다.

## 제 26 조

세계의 인적 및 경제적 자원을 군비를 위하여 최소한으로 전용함으로써 국제평화와 안전의 확립 및 유지를 촉진하기 위하여, 안전보장이사회는 군비규제 체제의 확립을 위하여 국제연합회원국에 제출되는 계획을 제47조에 규정된 군사 참모위원회의 원조를 받아 작성할 책임을 진다.

## 제 27 조

1. 안전보장이사회의 각 이사국은 1개의 투표권을 가진다.

2. 절차사항에 관한 안전보장이사회의 결정은 9개 이사국의 찬성투표로써 한다.

3. 그외 모든 사항에 관한 안전보장이사회의 결정은 상임이사국의 동의투표를 포함한 9개 이사국의 찬성투표로써 한다. 다만, 제6장 및 제52조 제3항에 의한 결정에 있어서는 분쟁당사국은 투표를 기권한다.

## 제 28 조

1. 안전보장이사회는 계속적으로 임무를 수행할 수 있도록 조직한다. 이를 위하여 안전보장이사회의 각 이사국은 기구의 소재지에 항상 대표를 둔다.

2. 안전보장이사회는 정기회의를 개최한다. 이 회의에 각 이사국은 희망하는 경우 각료 또는 특별히 지명된 다른 대표에 의하여 대표될 수 있다.

3. 안전보장이사회는 그 사업을 가장 쉽게 할 수 있다고 판단되는 기구의 소재지 이외의 장소에서 회의를 개최할 수 있다.

## 제 29 조

안전보장이사회는 그 임무의 수행에 필요하다고 인정되는 보조기관을 설치할 수 있다.

## 제 30 조

안전보장이사회는 의장선출방식을 포함한 그 자체의 의사규칙을 채택한다.

## 제 31 조

안전보장이사회는 이사국이 아닌 어떠한 국제연합회원국도 안전보장이사회가 그 회원국의 이해에 특히 영향이 있다고 인정하는 때에는 언제든지 안전보장이사회에 회부된 어떠한 문제의 토의에도 투표권 없이 참가할 수 있다.

## 제 32 조

안전보장이사회의 이사국이 아닌 국제연합회원국 또는 국제연합회원국이 아닌 어떠한 국가도 안전보장이사회에서 심의 중인 분쟁의 당사자인 경우에는 이 분쟁에 관한 토의에 투표권 없이 참가하도록 초청된다. 안전보장이사회는 국제연합회원국이 아닌 국가의 참가에 공정하다고 인정되는 조건을 정한다.

# 제 6 장  분쟁의 평화적 해결

## 제 33 조

1. 어떠한 분쟁도 그의 계속이 국제평화와 안전의 유지를 위태롭게 할 우려가 있는 것일 경우, 그 분쟁의 당사자는 우선 교섭·심사·중개·조정·중재재판·사법적 해결·지역적 기관 또는 지역

적 약점의 이용 또는 당사자가 선택하는 다른 평화적 수단에 의한 해결을 구한다.

2. 안전보장이사회는 필요하다고 인정하는 경우 당사자에 대하여 그 분쟁을 그러한 수단에 의하여 해결하도록 요청한다.

## 제 34 조

안전보장이사회는 어떠한 분쟁에 관하여도, 또는 국제적 마찰이 되거나 분쟁을 발생하게 할 우려가 있는 어떠한 사태에 관하여도, 그 분쟁 또는 사태의 계속이 국제평화와 안전의 유지를 위태롭게 할 우려가 있는지 여부를 결정하기 위하여 조사할 수 있다.

## 제 35 조

1. 국제연합회원국은 어떠한 분쟁에 관하여도, 또는 제34조에 규정된 성격의 어떠한 사태에 관하여도, 안전보장이사회 또는 총회의 주의를 환기할 수 있다.

2. 국제연합회원국이 아닌 국가는 자국이 당사자인 어떠한 분쟁에 관하여도, 이 헌장에 규정된 평화적 해결의 의무를 그 분쟁에 관하여 미리 수락하는 경우에 안전보장이사회 또는 총회의 주의를 환기할 수 있다.

3. 이 조에 의하여 주의가 환기된 사항에 관한 총회의 절차는 제11조 및 제12조의 규정에 따른다.

## 제 36 조

1. 안전보장이사회는 제33조에 규정된 성격의 분쟁 또는 유사한 성격의 사태의 어떠한 단계에 있어서도 적절한 조정절차 또는 조정방법을 권고할 수 있다.

2. 안전보장이사회는 당사자가 이미 채택한 분쟁해결절차를 고려하여야 한다.

3. 안전보장이사회는, 이 조에 의하여 권고를 함에 있어서, 일반적으로 법률적 분쟁이 국제사법재판소규정에 따라 당사자에 의하여 동 재판소에 회부되어야 한다는 점도 또한 고려하여야 한다.

## 제 37 조

1. 제33조에 규정된 성격의 분쟁당사자는, 동조에 규정된 수단에 의하여 분쟁을 해결하지 못하는 경우, 이를 안전보장이사회에 회부한다.

2. 안전보장이사회는 분쟁의 계속이 국제평화와 안전의 유지를 위태롭게 할 우려가 실제로 있다
고 인정하는 경우 제36조에 의하여 조치를 취할 것인지 또한 적절하다고 인정되는 해결조건을
권고할 것인지를 결정한다.

## 제 38 조

제33조 내지 제37에 규정을 해하지 아니하고, 안전보장이사회는 어떠한 분쟁에 관하여도 분쟁의
모든 당사자가 요청하는 경우 그 분쟁의 평화적 해결을 위하여 그 당사자가 권고할 수 있다.

## 제 7 장 평화에 대한 위협, 평화의 파괴 및 침략행위에 관한 조치

## 제 39 조

안전보장이사회는 평화에 대한 위협, 평화의 파괴 또는 침략행위의 존재를 결정하고, 국제평화와
안전을 유지하거나 이를 회복하기 위하여 권고하거나, 또는 제41조 및 제42조에 따라 어떠한 조치
를 취할 것인지를 결정한다.

## 제 40 조

사태의 악화를 방지하기 위하여 안전보장이사회는 제39조에 규정된 권고를 하거나 조치를 결정
하기 전에 필요하거나 바람직하다고 인정되는 잠정조치에 따르도록 관계당사자에게 요청할 수
있다. 이 잠정조치는 관계 당사자의 권리, 청구권 또는 지위를 해하지 아니한다. 안전보장이사회
는 그러한 잠정조치의 불이행을 적절히 고려한다.

## 제 41 조

안전보장이사회는 그의 결정을 집행하기 위하여 병력의 사용을 수반하지 아니하는 어떠한 조치
를 취하여야 할 것인지를 결정할 수 있으며, 또한 국제연합회원국에 대하여 그러한 조치를 적용
하도록 요청할 수 있다. 이 조치는 경제관계 및 철도·항해·항공·전신·무선통신 및 다른 교통 통
신수단의 전부 또는 일부의 중단과 외교관계의 단절을 포함할 수 있다.

## 제 42 조

안전보장이사회는 제41조에 규정된 조치가 불충분할 것으로 인정하거나 또는 불충분한 것으로 판명되었다고 인정하는 경우에는, 국제평화와 안전의 유지 또는 회복에 필요한 공군·해군 또는 육군에 의한 조치를 취할 수 있다. 그러한 조치는 국제연합회원국의 공군·해군 또는 육군에 의한 시위·봉쇄 및 다른 작전을 포함할 수 있다.

## 제 43 조

1. 국제평화와 안전의 유지에 공헌하기 위하여 모든 국제연합회원국은 안전보장이사회의 요청에 의하여 그리고 1 또는 그 이상의 특별협정에 따라, 국제평화와 안전의 유지 목적상 필요한 병력 원조 및 통과권을 포함한 편의를 안전보장이사회에 이용하게 할 것을 약속한다.
2. 그러한 협정은 병력의 수 및 종류, 그 준비정도 및 일반적 배치와 제공될 편의 및 원조의 성격을 규율한다.
3. 그 협정은 안전보장이사회의 발의에 의하여 가능한 한 신속히 교섭되어야 한다. 이 협정은 안전보장이사회와 회원국간에 또는 안전보장이사회와 회원국간에 체결되며, 서명국 각자의 헌법상의 절차에 따라 동서명국에 의하여 비준되어야 한다.

## 제 44 조

안전보장이사회는 무력을 사용하기로 결정한 경우 이사회에서 대표되지 아니하는 회원국에게 제 43조에 따라 부과된 의무의 이행으로서 병력의 제공을 요청하기 전에 그 회원국이 희망한다면 그 회원국 병력 중 파견부대의 사용에 관한 안전보장이사회의 결정에 참여하도록 그 회원국을 초청한다.

## 제 45 조

국제연합이 긴급한 군사조치를 취할 수 있도록 하기 위하여, 회원국은 합동의 국제적 강제조치를 위하여 자국의 공군파견부대를 즉시 이용할 수 있도록 유지한다. 이러한 파견부대의 전력과 준비정도 및 합동조치를 위한 계획은 제43에 규정된 1 또는 그 이상의 특별협정에 규정된 범위 안에서 군사참모위원회의 도움을 얻어 안전보장이사회가 결정한다.

## 제 46 조

병력사용계획은 군사참모위원회의 도움을 얻어 안정보장이사회가 작성한다.

## 제 47 조

1. 국제평화와 안전의 유지를 위한 안전보장이사회의 군사적 필요, 안전보장이사회의 재량에 맡기어진 병력의 사용 및 지휘, 군비규제와 가능한 군비 축소에 관한 모든 문제에 관하여 안전보장이사회에 조언하고 도움을 주기 위하여 군사참모위원회를 설치한다.

2. 군사참모위원회는 안전보장이사회 상임이사국의 참모총장 또는 그의 대표로 구성된다. 이 위원회에 상임위원으로서 대표되지 아니하는 국제연합회원국은 위원회의 책임의 효과적인 수행을 위하여 위원회의 사업에 동 회원국의 참여가 필요한 경우에는 위원회에 의하여 그와 제휴하도록 초청한다.

3. 군사참모위원회는 안전보장이사회 밑에서 안전보장이사회의 재량에 맡기어진 병력의 전략적 지도에 대하여 책임을 진다. 그러한 병력의 지휘에 관한 문제는 추후에 해결한다.

4. 군사참모위원회는 안전보장이사회의 허가를 얻어 그리고 적적한 지역기구와 협력한 후 지역소위원회를 설치할 수 있다.

## 제 48 조

1. 국제평화와 안전의 유지를 위한 안전보장이사회의 결정을 이행하는 데 필요한 조치는 안전보장이사회가 정하는 바에 따라 국제연합회원국의 전부 또는 일부에 의하여 취하여 진다.

2. 그러한 결정은 국제연합회원국에 위하여 직접적으로 또는 국제연합회원국이 그 구성국인 적절한 국제기관에 있어서의 이들 회원국의 조치를 통하여 이행된다.

## 제 49 조

국제연합회원국은 안전보장이사회가 결정한 조치를 이행함에 있어 상호 원조를 제공하는 데에 참여한다.

## 제 50 조

안전보장이사회는 어느 국가에 대하여 방지조치 또는 강제조치를 취하는 경우, 국제연합회원국인지 아닌지를 불문하고 어떠한 다른 국가도 자국이 이 조치의 이행으로부터 발생하는 특별한 경제문제에 직면한 것으로 인정하는 경우, 동 문제의 해결에 관하여 안전보장이사회와 협의할 권리를 가진다

## 제 51 조

이 헌장의 어떠한 규정도 국제연합회원국에 대하여 무력공격이 발생한 경우, 안전보장이사회가 국제평화와 안전을 유지하기 위하여 필요한 조치를 취할 때까지 개별적 또는 집단적 자위의 고유한 권리를 침해하지 아니한다. 자위권을 행사함에 있어 회원국이 취한 조치는 즉시 안전보장이사회에 보고된다. 또한, 이 조치는, 안전보장이사회가 국제평화와 안전의 유지 또는 회복을 위하여 필요하다고 인정하는 조치를 언제든지 취한다는, 이 헌장에 의한 안전보장이사회의 권한과 책임에 어떠한 영향도 미치지 아니한다.

# 제 8 장  지역적 협정

## 제 52 조

1. 이 헌장에 어떠한 규정도, 국제평화와 안전의 유지에 관한 사항으로서 지역적 조치에 적합한 사항을 처리하기 위하여 지역적 협정 또는 지역적 기관이 존재하는 것을 배제하지 아니한다. 다만, 이 약정 또는 기관 및 그 활동이 국제연합의 목적과 원칙에 일치하는 것을 조건으로 한다.
2. 그러한 협정을 체결하거나 그러한 기관을 구성하는 국제연합회원국은 지역적 분쟁을 안전보장이사회에 회부하기 전에 이 지역적 협정 또는 지역적 기관에 의하여 그 분쟁의 평화적 해결을 성취하기 위하여 모든 노력을 다한다.
3. 안전보장이사회는 관계국의 발의에 의하거나 안전보장이사회의 회부에 의하여 그러한 지역적 협정 또는 지역적 기관에 의한 지역적 분쟁의 평화적 해결의 발달을 장려한다.
4. 이 조는 제34조 및 제35조의 적용을 결코 해하지 아니한다.

## 제 53 조

1. 안전보장이사회는 그 권위 하에 취하여지는 강제조치를 위하여 적절한 경우에는 그러한 지역
   적 협정 또는 지역적 기관을 이용한다. 다만, 안전보장이사회의 허가 없이는 어떠한 강제조치
   도 지역적 협정 또는 지역적 기관에 의하여 취하여져서는 아니 된다. 그러나 이 조 제2항에 규
   정된 어떠한 적국에 대한 조치이든지 제107조에 따라 규정된 것 또는 적국에 의한 침략정책의
   재현에 대비한 지역적 협정에 규정된 것은, 관계정부의 요청에 따라 기구가 그 적국에 의한 새
   로운 침략을 방지할 책임을 질 때까지는 예외로 한다.
2. 이 조는 제1항에서 사용된 적국이라는 용어는 제2차 세계대전 중에 이 헌장 서명국의 적국이었
   던 어떠한 국가에도 적용된다.

## 제 54 조

안전보장이사회는 국제평화와 안전의 유지를 위하여 지역적 협정 또는 지역적 기관에 의하여 착
수되었거나 또는 계획되고 있는 활동에 대하여 항상 충분히 통보받는다.

## 제 9 장  경제적 및 사회적 국제협력

## 제 55 조

사람의 평등권 및 자결원칙의 존중에 기초한 국가간의 평화롭고 우호적인 관계에 필요한 안정과
복지의 조거늘 창조하기 위하여, 국제연합은 다음을 촉진한다.

가. 보다 높은 생활수준, 완전고용 그리고 경제적 및 사회적 진보와 발전의 조건

나. 경제·사회·보건 및 관련국제문제의 해결 그리고 문화 및 교육상의 국제협력

다. 인종·성별·언어 또는 종교에 관한 차별이 없는 모든 사람을 위한 인권 및 기본적 자유의 보편
    적 존중과 준수

## 제 56 조

모든 회원국은 제55조에 규정된 목적의 달성을 위하여 기구와 협력하여 공동의 조치 및 개별적 조

치를 취할 것을 약속한다.

## 제 57 조

1. 정부간 협정에 의하여 설치되고, 경제·사회·문화·교육·보건분야 및 관련 분야에 있어서 기본적 문서에 정한대로 광범위한 국제적 책임을 지는 각종 전문기구는 제63조에 규정에 따라 국제연합과 제휴관계를 설정한다.
2. 이와 같이 국제연합과 제휴관계를 설정한 기구는 이한 전문기구라 한다.

## 제 58 조

기구는 전문기구의 정책과 활동을 조정하기 위하여 권고한다.

## 제 59 조

기구는 적절한 경우 제55조에 규정된 목적의 달성에 필요한 새로운 전문기구를 창설하기 위하여 관계국간의 교섭을 발의한다.

## 제 60 조

이 장에서 규정된 기구의 임무를 수행할 책임은 총회와 총회의 권위 하에 경제사회이사회에 부과된다. 경제사회이사회는 이 목적을 위하여 제10장에 규정된 권한을 가진다.

# 제 10 장 경제사회이사회

## 제 61 조

1. 경제사회이사회는 총회에 의하여 선출된 54개 국제연합회원국으로 구성된다.
2. 제3항의 규정에 따를 것을 조건으로, 경제사회이사회의 18개 이사국은 3년의 임기로 매년 선출된다. 퇴임이사국은 연이어 재선될 자격이 있다.
3. 경제사회이사회는 이사국이 27개국에서 54개국으로 증가된 후 최초의 선거에서 그 해 말에 임기가 종료되는 9개 이사국을 대신하여 선출되는 이사국에 더하여, 27개 이사국이 추가로 선출

된다. 총회가 정한 약정에 따라, 이러한 추가의 27개 이사국 중 그렇게 선출된 9개 이사국의 임
기는 1년의 말에 종료되고, 다른 9개 이사국의 임기는 2년의 말에 종료된다.

4. 경제사회이사회의 각 이사국은 1인의 대표를 가진다.

## 제62조

1. 경제사회이사회는 경제·사회·문화·교육·보건 및 관련 국제사항에 관한 연구 및 보고를 하거
   나 또는 발의할 수 있으며, 아울러 그러한 사항에 관하여 총회, 국제연합회원국 및 관계 전문기
   구에 권고할 수 있다.

2. 이사회는 모든 사람을 위한 인권 및 기본적 자유의 존중과 준수를 촉진하기 위하여 권고할 수
   있다.

3. 이사회는 그 권한에 속하는 사항에 관하여 총회에 제출하기 위한 협약안을 작성할 수 있다.

4. 이사회는 국제연합이 정한 규칙에 따라 그 권한에 속하는 사항에 관하여 국제회의를 소집할 수
   있다.

## 제63조

1. 경제사회이사회는 제57조에 규정된 어떠한 기구와도, 동 기구가 국제연합과 제휴관계를 설정
   하는 조건을 규정하는 협정을 체결할 수 있다. 그러한 협정은 총회의 승인을 받아야 한다.

2. 이사회는 전문기구와의 협력, 전문기구에 대한 권고 및 총회와 국제연합회원국에 대한 권고를
   통하여 전문기구의 활동을 조정할 수 있다.

## 제64조

1. 경제사회이사회는 전문기구로부터 정기보고를 받기 위한 적절한 조치를 취할 수 있다. 이사회
   는, 이사회의 권고와 이사회의 권한에 속하는 사항에 관한 총회의 권고를 실시하기 위하여 취
   하여진 조치에 관하여 보고를 받기 위하여, 국제연합회원국 및 전문기구와 약정을 체결할 수
   있다.

2. 이사회는 이러한 보고에 관한 의견을 총회에 통보할 수 있다.

## 제 65 조

경제사회이사회는 안전보장이사회에 정보를 제공할 수 있으며, 안전보장이사회의 요청이 있을
때에는 이를 원조한다.

## 제 66 조

1. 경제사회이사회는 총회의 권고의 이행과 관련하여 그 권한에 속하는 임무를 수행한다.
2. 이사회는 국제연합회원국이 요청이 있을 때와 전문기구의 요청이 있을 때에는 총회의 승인을
   얻어 용역을 제공할 수 있다.
3. 이사회는 이 헌장의 다른 곳에 규정되거나 총회에 의하여 이사회에 부과된 다른 임무를 수행한다.

## 제 67 조

1. 경제사회이사회의 각 이사국은 1개의 투표권을 가진다.
2. 경제사회이사회의 결정은 출석하여 투표하는 이사국의 과반수에 의한다.

## 제 68 조

경제사회이사회는 경제적 및 사회적 분야의 위원회, 인권의 신장을 위한 위원회 및 이사회의 임
무수행에 필요한 다른 위원회를 설치한다.

## 제 69 조

경제사회이사회는 어떠한 국제연합회원국에 대하여도, 그 회원국과 특히 관계가 있는 사항에 관
한 심의에 투표권 없이 참가하도록 초청한다.

## 제 70 조

경제사회이사회는 전문기구의 대표가 이사회의 심의 및 이사회가 설치한 위원회의 심의에 투표
권 없이 참가하기 위한 협정과 이사회의 대표가 전문기구의 심의에 참가하기 위한 협정을 체결할
수 있다.

## 제 71 조

경제사회이사회는 그 권한 내에 있는 사항과 관련이 있는 비정부간 기구와의 협의를 위하여 적절한 협정을 체결할 수 있다. 그러한 협정은 국제기구와 체결할 수 있으며, 적절한 경우에는 관련 국제연합회원국과의 협의 후에 국내기구와도 체결할 수 있다.

## 제 72 조

1. 경제사회이사회는 의장의 선정방법을 포함한 그 자체의 의사규칙을 채택한다.
2. 경제사회이사회는 그 규칙에 따라 필요한 때에 회합하며, 동 규칙은 이사국 과반수의 요청에 의한 회의소집의 규정을 포함한다.

# 제 11 장  비자치지역에 관한 선언

## 제 73 조

주민이 아직 완전한 자치를 행할 수 있는 상태에 이르지 못한 지역의 시정의 책임을 지거나 또는 그 책임을 맡는 국제연합회원국은, 그 지역 주민의 이익이 가장 중요하다는 원칙을 승인하고, 그 지역주민의 복지를 이 헌장에 의하여 확립된 국제평화와 안전의 제도안에서 최고도로 증진시킬 의무와 이를 위하여 다음을 행할 의무를 신성한 신탁으로서 수락한다.

가. 관계주민의 문화를 적절히 존중함과 아울러 그들의 정치적·경제적·사회적 및 교육적 발전, 공정한 대우, 그리고 확대로부터의 보호를 확보한다.

나. 각 지역 및 그 주민의 특수사정과 그들의 서로 다른 발전단계에 따라 자치를 발달시켜주고, 주미의 정치적 소망을 적절히 고려하며, 또한 주민의 자유로운 정치제도의 점진적 발달을 위하여 지원한다.

다. 국제평화와 안전을 증진한다.

라. 이 조에 규정된 사회적·경제적 및 과학적 목적을 실제적으로 달성하기 위하여 건설적인 발전조치를 촉진하고 연구를 장려하며 상호간 및 적절한 경우에는 전문적 국제단체와 협력한다.

마. 제12장과 제13장 적용되는 지역 외의 위의 회원국이 각각 책임을 지는 지역에서의 경제적·사회적 및 교육적 조건에 관한 기술적 성격의 통계 및 다른 정보를, 안전보장과 헌법상의 고려에

따라 필요한 제한을 조건으로 하여, 정보용으로 사무총장에게 정기적으로 송부한다.


## 제 74 조

국제연합회원국은 이 장이 적용하는 지역에 관한 정책이, 그 본국 지역에 관한 정책과 마찬가지고 세계의 다른 지역의 이익과 복지가 적절히 고려되는 가운데에, 사회적·경제적 및 상업적 사항에 관하여 선린주의의 일반원칙에 기초하여야 한다는 점에 또한 동의한다.


# 제 12 장  국제신탁 통치제도


## 제 75 조

국제연합은 금후의 개별적 협정에 의하여 이 제도 하에 두게 될 수 있는 지역의 시정 및 감독을 위하여 그 권위 하에 국제신탁통치 제도를 확립한다. 이 지역은 이하 신탁통치지역이라 한다.


## 제 76 조

신탁통치제도의 기본적 목적은 이 헌장 제1조에 규정된 국제연합의목적에 따라 다음과 같다.

가. 국제평화와 안전을 증진하는 것.

나. 신탁통치지역 주민의 정치적·경제적·사회적 및 교육적 발전을 촉진하고, 각 지역 및 그 주민의 특수사정과 관계주민이 자유롭게 표명한 소망에 적합하도록, 그리고 각 신탁통치협정의 조항이 규정하는바에 따라 자치 또는 독립을 향한 주민의 점진적 발달을 촉진하는 것.

다. 인종·성별·언어 또는 종교에 관한 차별 없이 모든 사람을 위한 인권과 기본적 자유에 대한 존중을 장려하고, 전세계 사람들의 상호의존의 인식을 장려하는 것.

라. 위의 목적의 달성에 영향을 미치지 아니하고 제80조의 규정에 따를 것을 조건으로, 모든 국제연합회원국 및 그 국민을 위하여 사회적·경제적 및 상업적 사항에 대한 평등한 대우 그리고 또한 그 국민을 위한 사법사의 평등한 대우를 확보하는 것.


## 제 77 조

1. 신탁통치제도는 신탁통치협정에 의하여 이 제도 하에 두게 될 수 있는 다음과 같은 범주의 지역

에 적용된다.

가. 현재 위임통치 하에 있는 지역.

나. 제2차 세계대전의 결과로서 적국으로부터 분리될 수 있는 지역.

다. 시정에 책임을 지는 국가가 자발적으로 그 제도 하에 두는 지역.

2. 위의 범주 안의 어떠한 조건으로 신탁통치제도 하에 두게될 것인가에 관하여는 금후의 협정에
　서 정한다.


## 제 78 조

국제연합회원국간의 관계는 주권평등 존중에 기초하므로, 신탁통치제도는 국제연합회원국의 된
지역에 대하여는 적용하지 아니한다.


## 제 79 조

신탁통치제도 하에 두게 되는 각 지역에 관한 신탁통치의 조항은, 어떤 변경 또는 개정을 포함하
여 직접 관계국에 의하여 합의되며, 제83조 및 제85조에 규정된 바에 따라 승인된다. 이 직접 관계
국은 국제연합회원국의 위임통치 하에 있는 지역의 경우, 受任國을 포함한다.


## 제 80 조

1. 제77조, 제79조 및 제81조에 의하여 체결되고, 각 지역을 신탁통치제도하에 두는 개별적인 신탁
　통치협정에서 합의되는 경우를 제외하고 그리고 그러한 협정이 체결될 때까지, 이 헌장의 어떠
　한 규정도 어느 국가 또는 국민의 어떠한 권리, 또는 국제연합회원국이 각기 당사국으로 되는
　기존의 국제 문서의 조항도 어떠한 방법으로도 변경하는 것으로 직접 또는 간접으로 해석되지
　아니한다.

2. 이 조 제1항은 제77조에 규정한 바에 따라 위임통치지역 및 기타지역을 신탁통치제도 하에 두
　기 위한 협정의 교섭 및 체결의 지체 또는 연기를 위한 근거를 부여하는 것으로 해석되지 아니
　한다.

## 제81조

신탁통치협정은 각 경우에 있어 신탁통치지역을 시정하는 조건을 포함하며, 신탁통치지역의 施政을 행할 당국을 지정한다. 그러한 당국은 이하 시정권리라 하며 1 또는 그 이상의 국가, 또는 기구 자체일 수 있다.

## 제82조

어떠한 신탁통치협정에 있어서도 제43조에 의하여 처결되는 특별협정을 해하지 아니하고 협정이 적용되는 신탁통치지역의 일부 또는 전부를 포함하는 1 또는 그 이상의 전략지역을 지정할 수 있다.

## 제83조

1. 전략지역에 관한 국제연합의 모든 임무는 신탁통치협정의 조항과 그 변경 또는 개정의 승인을 포함하여 안전보장이사회가 행한다.
2. 제76조에 규정된 기본목적은 각 전략지역의 주민에 적용된다.
3. 안전보장이사회는, 신탁통치협정의 규정에 따를 것을 조건으로 또한 안전보장에 대한 고려에 영향을 미치지 아니하고, 전략지역에서의 정치적·경제적·사회적 및 교육적 사항에 관한 신탁통치제도 하의 국제연합의 임무를 수행하기 위하여 신탁통치이사회의 원조를 이용한다.

## 제84조

신탁통치지역이 국제평화와 안전유지에 있어 구 역할을 하는 것을 보장하는 것이 시정권자의 의무이다. 이 목적을 위하여, 시정권자는 이 점에 관하여 안전보장이사회에 대하여 부담하는 의무를 이행함에 있어서 또한 지역적 방위 및 신탁통치지역 안에서의 법과 질서의 유지를 위하여 신탁통치지역의 의용군, 편의 및 원조를 이용할 수 있다.

## 제85조

1. 전략지역으로 지정되지 아니한 모근 지역에 대한 신탁통치협정과 관련하여 국제연합의 임무는, 신탁통치협정의 조항과 그 변경 또는 개정의 승인을 포함하여, 총회가 수행한다.
2. 총회의 권위 하에 운영되는 신탁통치이사회는 이러한 임무의 수행에 있어 총회를 원조한다.

## 제 13 장  신탁통치이사회

### 제 86 조

1. 신탁통치이사회는 다음의 국제연합회원국으로 구성한다.

가. 신탁통치지역을 시정하는 회원국.

나. 신탁통치지역을 시정하지 아니하나 제23조에 국명이 언급된 회원국.

다. 총회에 의하여 3년의 임기로 선출된 다른 회원국. 그 수는 신탁통치 이사회의 이사국의 총수를 신탁통치지역을 시정하는 국제연합회원국과 시정하지 아니하는 회원국간에 균분하도록 확보하는 데 필요한 수로 한다.

2. 신탁통치이사회의 각 이사국은 이사회에서 자국을 대표하도록 특별한 자격을 가지는 1인을 지명한다.

### 제 87 조

총회와, 그 권위 하의 신탁통치이사회는 그 임무를 수행함에 있어 다음을 할 수 있다.

가. 시정권자가 제출하는 보고서를 심의하는 것.

나. 청원의 수리 및 시정권자와 협의하여 이를 심의하는 것.

다. 시정권자와 합의한 때에 각 신탁통치지역을 정기적으로 방문하는 것.

라. 신탁통치협정의 조항에 따라 이러한 조치 및 다른 조직을 취하는 것.

### 제 88 조

신탁통치이사회는 각 신탁통치지역 주민의 정치적·경제적·사회적 및 교육적 발전에 관한 질문서를 작성하며, 또한 총회의 권능 안에 있는 각 신탁통치지역의 시정권자는 그러한 질문서에 기초하여 총회에 연례보고를 행한다.

### 제 89 조

1. 신탁통치이사회의 각 이사국은 1개의 투표권을 가진다.

2. 신탁통치이사회의 결정은 출석하여 투표하는 이사국의 과반수로 한다.

## 제90조

1. 신탁통치이사회는 의장 선출방식을 포함한 그 자체의 의사규칙을 채택한다.
2. 신탁통치이사회는 규칙에 따라 필요한 경우 회합하며, 그 규칙은 이사국 과반수의 요청에 의한 회의의 소집에 관한 규정을 포함한다.

## 제91조

신탁통치이사회는 적절한 경우 경제사회이사회 그리고 전문기구가 각각 관련된 사항에 관하여 전문기구의 원조를 이용한다.

# 제14장 국제사법법원

## 제92조

국제사법법원은 국제연합의 주요한 사법기관이다. 법원은 부속된 규정에 따라 임무를 수행한다. 이 규정은 상설국제사법법원 규정에 기초하며, 이 헌장의 불가분의 일부를 이룬다.

## 제93조

1. 모든 국제연합 회원국은 국제사법법원 규정의 당연 당사국이다.
2. 국제연합회원국이 아닌 국가는 안전보장이사회의 권고에 의하여 총회가 각 경우에 결정하는 조건으로 국제사법법원 규정의 당사국이 될 수 있다.

## 제94조

1. 국제연합의 각 회원국은 자국이 당사자가 되는 어떤 사건에 있어서도 국제사법법원의 결정에 따를 것을 약속한다.
2. 사건의 당사자가 법원이 내린 판결에 따라 자국이 부담하는 의무를 이행하지 아니하는 경우에는 타방의 당사자는 안전보장이사회에 제소할 수 있다. 안전보장이사회는 필요하다고 인정하는 경우 판결을 집행하기 위하여 권고하거나 취하여 할 조치를 결정할 수 있다.

## 제 95 조

이 헌장의 어떠한 규정도 국제연합 회원국이 그들간의 분쟁의 해결을 이미 존재하거나 장래에 체결될 협정에 의하여 다른 법원에 의뢰하는 것을 방해하지 아니한다.

## 제 96 조

1. 총회 또는 안전보장이사회는 어떠한 법적 문제에 관하여도 권고적 의견을 줄 것을 국제사법법원에 요청할 수 있다.
2. 총회에 의하여 그러한 권한이 부여될 수 있는 국제연합의 다른 기관 및 전문기구도 언제든지 그 활동범위 안에서 발생하는 법적 문제에 관하여 법원의 권고적 의견을 또한 요청할 수 있다.

# 제 15 장  사무국

## 제 97 조

사무국은 1인의 사무총장과 기구가 필요로 하는 직원으로 구성한다. 사무총장은 안전보장이사회의 권고로 총회가 임명한다. 사무총장은 기구의 수석 행정직원이다.

## 제 98 조

사무총장은 총회·안전보장이사회·경제사회이사회 및 신탁통치이사회의 모든 회의에 사무총장의 자격으로 활동하며, 이러한 기관에 의하여 그에게 위임된 다른 임무를 수행한다. 사무총장은 기구의 사업에 관하여 총회에 연례보고를 한다.

## 제 99 조

사무총장은 국제평화와 안전의 유지를 위협한다고 그 자신이 인정하는 어떠한 사항에도 안전보장이사회의 주의를 환기할 수 있다.

## 제 100 조

1. 사무총장과 직원은 그들의 임무수행에 있어서 어떠한 정부 또는 기구 외의 어떠한 다른 당국으

로부터도 지시를 구하거나 받지 아니한다. 사무총장과 직원은 기구에 대하여만 책임을 지는 국제공무원으로서의 지위를 손상할 우려가 있는 어떠한 행동도 삼간다.

2. 각 국제연합회원국은 사무총장 및 직원의 책임의 전적으로 국제적인 성격을 존중할 것과 그들의 책임수행에 있어서 그들에게 영향력을 행사하려 하지 아니할 것을 약속한다.

## 제 101 조

1. 직원은 총회가 정한 규칙에 따라 사무총장에 의하여 임명된다.

2. 경제사회이사회·신탁통치이사회 그리고 필요한 경우에는 국제연합의 다른 기관에 적절한 직원이 상임으로 배속된다.

3. 직원의 고용과 근무조건의 결정에 있어서 가장 중요한 고려사항은 최고 수준의 능률, 능력 및 성실성을 확보할 필요성이다. 가능한 한 광범위한 지리적 기초에 근거하여 직원을 채용하는 것의 중요성에 관하여 적절히 고려한다.

## 제 16 장  雜 則

## 제 102 조

1. 이 헌장이 발표한 후 국제연합회원국이 체결하는 모든 조약과 모든 국제 협정은 가능한 한 신속히 사무국에 등록되고 사무국에 의하여 공표된다.

2. 이 조 제1항의 규정에 따라 등록되지 아니한 조약 또는 국제협정의 당사국은 국제연합의 어떠한 기관에 대하여도 그 조약 또는 국제협정의 당사국은 국제연합의 어떠한 기관에 대하여도 그 조약 또는 협정을 원용할 수 없다.

## 제 103 조

국제연합회원국의 헌장상의 의무와 다른 국제협정상의 의무가 상충되는 경우에는 이 헌장상의 의무가 우선한다.

## 제104조

기구는 그 임무의 수행과 그 목적의 달성을 위하여 필요한 법적 능력을 각 회원국의 영역 안에서 향유한다.

## 제105조

1. 기구는 그 목적의 달성에 필요한 특권 및 면제를 각 회원국의 영역 안에서 향유한다.

2. 국제연합회원국의 대표 및 기구의 직원은 기구와 관련된 그들의 임무를 독립적으로 수행하기 위하여 필요한 특권과 면제를 마찬가지로 향유한다.

3. 총회는 이 조 제1항 및 제2항의 적용세칙을 결정하기 위하여 권고하거나 이 목적을 위하여 국제 연합회원국에게 협약을 제안할 수 있다.

# 제17장 과도적 안전보장조치

## 제106조

안전보장이사회가 제42조상의 책임의 수행을 개시할 수 있다고 인정하는 제43조에 규정된 특별 협정이 발효할 때까지, 1943년 10월 30일에 모스크바에서 서명된 4개국 선언의 당사국 및 불란서 는 그 선언 제5항의 규정에 따라 국제평화와 안전의 유지를 위하여 필요한 공동조치를 기구를 대 신하여 취하기 위하여 상호간 및 필요한 경우 다른 국제연합회원국과 협의한다.

## 제107조

이 헌장의 어떠한 규정도 제2차 세계대전 중 이 헌장 서명국의 적이었던 국가에 관한 조치로서, 그러한 조치에 대하여 책임을 지는 정부가 그 전쟁의 결과로서 취하였거나 허가한 것을 무효로 하거나 배제하지 아니한다.

## 제 18 장 개 정

### 제 108 조

이 헌장의 개정은 총회 구성국의 3분의 2의 투표에 의하여 채택되고, 안전보장이사회의 모든 상임이사국을 포함한 국제연합회원국의 3분의 2에 의하여 각자의 헌법상 절차에 따라 비준되었을 때, 모든 국제연합회원국에 대하여 발효한다.

### 제 109 조

1. 이 헌장을 재심의하기 위한 국제연합회원국 전체회의는 총회 구성국의 3분의 2의 투표와 안전보장이사회의 9개 이사국의 투표에 의하여 결정되는 일자 및 장소에서 개최될 수 있다. 각 국제연합회원국은 이 회의에서 1개의 투표권을 가진다.
2. 이 회의의 3분의 2의 투표에 의하여 권고된 이 헌장의 어떠한 변경도, 안전보장이사회의 모든 상임이사국을 포함한 국제연합회원국의 3분의 2에 의하여 그들 각자의 헌법상 절차에 따라 비준되었을 때 발효한다.
3. 그러한 회의가 이 헌장의 발효 후 총회의 제10차 연례회까지 개최되지 아니하는 경우에는 그러한 회의를 소집하는 제안이 총회의 동 회기의 의제에 포함되어야 하며, 이 회의는 총회 구성국의 과반수의 투표와 안전보장이사회의 7개 이사국의 투표에 의하여 결정되는 경우에 개최된다.

## 제 19 장 비준 및 서명

### 제 110 조

1. 이 헌장은 서명국에 의하여 그들 각자의 헌법상 절차에 따라 비준된다.
2. 비준서는 미합중국 정부에 기탁되며, 동 정부는 모든 서명국과 기구의 사무총장이 임명된 경우에는 사무총장에게 각 기탁을 통고한다.
3. 이 헌장은 중화민국·불란서·소비에트사회주의공화국연방·영국과 미합중국 및 다른 서명국의 과반수가 비준서를 기탁한 때에 발효한다. 비준서 기탁 의정서는 발효기 미합중국 정부가 작성

하여 그 등본을 모든 서명국에 송부한다.

4. 이 헌장이 발효한 후에 이를 비준하는 이 헌장이 서명국은 각자의 비준서 기탁일에 국제연합의 원회원국이 된다.

## 제 111 조

중국어·불어·러시아어·영어 및 스페인어 본이 동등하게 정본인 이 헌장은 미합중국 정부의 문서 보관소에 기탁된다. 이 헌장의 인증등본은 동 정부가 다른 서명국 정부에 송부한다.

이상의 증거로서, 연합국 정부의 대표들은 이 헌장에 서명하였다.

일천구백사십오년 유월 이십육일 샌프란시스코 시에서 작성하였다.

# 유엔해양법협약

(1982. 4. 30 채택, 1994. 11. 16 발효)

본 협약의 당사국은,

상호 이해와 협약의 정신으로 해양법에 관한 모든 문제를 타결하기 위하여 그리고 세계 모든 인민을 위한 평화, 정의 및 진보의 중요한 공인으로서 본 협약의 역사적 중요성을 인식하며,

1958년 및 1960년에 제네바에서 개최된 국제연합 해양법회의로부터 이루어진 발전이 일반적으로 승인될 수 있는 새로운 해양법협약의 필요성을 고무하였음에 유의하고,

해양의 문제는 밀접하게 상호 연합되어 있고, 또한 전체로서 고려되어야 할 필요가 있음을 인지하고,

본 협약을 통하여 그리고 모든 국가의 주권에 대한 정당한 고려를 하여, 국제통상을 촉진하고 해양의 평화적 이용, 해양자원의 공평하고 효율적인 이용, 해양환경의 연구, 보호 및 보전과 해양 생물자원의 보존을 증진하는 해양에 대한 법적 질서를 확립하려는 희망을 인성하고,

상기 목표의 성취는 인류 전체의 이익과 필요성 및 특히 연안국 또는 내륙국임에 관계없이 개발도상국가의 특별이익 및 필요성을 고려한 정당하고 공평한 세계경제질서의 실현에 기인할 것임을 명심하고,

국제연합총회가 국가관할권 이원에 있는 해저, 해상과 그 하층토 및 그 자원은 인류의 공동재산이며, 그에 대한 심사 및 개발은 국가의 지리적 위치에 관계없이 인류 전체의 이익을 위하여 대행되어야 한다고 특별히 엄숙하게 선언한 1970년 12월 17일 2749결의에 의하여 발전시킬 것을 희망하고,

본 협약에 성취된 해양법의 법전화 및 점진적 발전은 정의 및 권리 평등의 원칙에 따라 모든 국가 간에 평화, 안전, 협약 및 친선관계의 강약에 기인할 것이며, 국제연합헌장에 규정된 국제연합의 목적 및 원칙에 따라 세계 모든 인민의 경제적, 사회적 진보를 증진할 것임을 믿고,

본 협약에 의하여 규정되지 않는 사항은 일반국제법의 규칙 및 원칙에 의하여 계속 규율될 것

으로 확신하며, 다음과 같이 합의하였다.

## 제1장 총칙

### 제1조 (용어의 정의 및 적용범위)

① 본 협약의 적용상 :

가. "심해저"는 국제관할권 이원의 해저, 해상 및 그 하층토를 뜻한다.

나. "심해저기구"는 국제심해저기구를 뜻한다.

다. "심해저 활동"은 심해저의 자원을 탐사 및 개발하는 모든 활동을 뜻한다.

라. "해양환경의 오염"은 생물자원 및 해양생태에 대하여 유해하며 인간의 건강에 대하여 위험하고 어업 및 해양의 합법적 사용을 포함한 해양활동을 방해하며, 해수이용을 위한 수질의 악화 및 쾌적도의 손상 등 유해한 영향을 초래하거나 초래할 수 있는 물질 또는 '에너지'를 인간이 직접 또는 간접적으로 해양환경(하구포)에로 반입하는 것을 뜻한다.

마. (1) "투기"는 하기사항을 뜻한다.

  (가) 선박, 항공기, 승강장 또는 기타 해양인공구조물로부터 폐물 또는 기타 물질의 고의적인 방기.

  (나) 선박, 항공기, 승강장 또는 기타 해양인공구조물의 고의적 방기.

마. (2) "투기"는 하기사항을 포함하지 아니한다.

  (가) 선박, 항공기, 승강장 또는 기타 해양인공물조물 및 그 장비의 통상적인 운용에 부수되거나 파생되는 폐물 또는 기타 물질의 방기, 단, 그러한 방기를 목적으로 하여 운용되는 선박, 항공기, 승강장 또는 기타 해양인공구조물에 의하거나 그것으로 수송되는 폐물, 기타 물질 또는 그러한 선박, 항공기, 승강장 또는 기타 해양인공구조물상에서 그러한 폐물, 기타 물질의 처리로부터 파생되는 폐물, 기타 물질은 이를 제외한다.

  (나) 단순히 폐물 이외의 것을 목적으로 하는 물질의 배치 단, 그러한 배치는 본 협약의 목적에 위배되지 아니하여야 한다.

② 가. "당사국"은 본 협약에 기속받기로 동의하고 이에 대하여 본 협약이 효력을 발생중인 국가를 의미한다.

② 나. 본 협약은 제 305조 제①항 가호, 나호, 다호, 라호, 마호, 및 바호에 규정된 주체로서 각기 관련되는 조약에 따라 본 협약에 당사국이 된 주체에 준용되며, 그 범위 내에서 "당사국"은 이러한 주체를 포함한다.

## 제2장 영해 및 접속수역

### 제1절 총칙
#### 제2조 (영해, 영해의 상공, 해저 및 하층토의 법적 지위)
① 연안국의 주권은 그 국가의 영토 및 내수를 넘어 군도국가인 경우에는 군도수역을 넘어 영해라고 부르는 인접해대에까지 미친다.
② 이러한 주권은 영해의 상공과 해저 및 하층토에까지 미친다.
③ 영해에서의 주권은 본 협약 및 기타 국제법에 따라 행사된다.

### 제2절 영해의 한계
#### 제3조 (영해의 폭)
모든 국가는 본 협약에 따라 결정된 기선으로부터 12해리를 초과하지 아니하는 범위까지 영해의 폭을 설정할 권리를 갖는다.

#### 제4조 (영해의 외측한계)
영해의 외측한계는 기선상의 최근점으로부터의 거리가 영해의 폭과 같은 모든 점을 연속한 선이다.

#### 제5조 (통상기선)
본 협약에 달리 규정된 경우를 제외하고는 영해의 폭을 규정하는 통상기선은 연안국에 의하여 공인된 대축척해도에 표시된 연안의 저조선으로 한다.

#### 제6조 (암초)
환초상의 도서 또는 초를 가진 도서의 경우에 영해의 폭을 측정하는 기선은 연안국에 의하여 공인된 해도에 적당한 기호로 나타난 암초의 해양 측 저조선으로 한다.

### 제7조 (직선기선)

① 해안선이 깊게 굴곡하고 돌입한 지역 또는 바로 인근의 해안에 연하여 일련의 도서가 산재한 경우에는 적당한 지점을 연결하는 직선기선의 방법을 영해의 폭을 측정하는 기선을 획정하는 데 사용할 수 있다.

② 삼각주와 기타 자연조건으로 인하여 해안선이 극히 불안정한 경우, 저조선의 해양측 최장범위를 따라 적당한 지점이 선택될 수 있으며, 그 후 저조선이 후퇴되더라도 그러한 기선은 본 협약에 따라 적당한 지점이 선택될 수 있으며, 그 후 저조선이 후퇴되더라도 그러한 기선은 본 협약에 따라 연안국이 변경할 때까지는 유효하다.

③ 직선기선의 획선은 해안의 일반적 방향으로부터 현저히 일탈하여서는 아니 되며, 직선기선 내수역은 내수제도에 종속되도록 육지본토에 충분히 인접되지 않으면 아니 된다.

④ 직선기선은 간출지로부터 획선할 수 없다. 단. 등대 또는 유사시설이 해상에 항구적으로 설치되어 있거나, 또는 간출지로부터의 기선획선이 일반적으로 국제적 승인을 받는 경우에는 가능하다.

⑤ 상기 ①항에 따라 직선기선 방법이 적용되는 경우, 특정기선을 결정함에 있어서 관계지역에 특수한 경제적 이익으로서 그 사실과 중요성이 장기관행에 의하여 명백히 증명된 것은 이를 참작할 수 있다.

⑥ 직선기선제도는 어느 국가가 타국의 영해를 공해 또는 배타적 경제수역으로부터 격리시키는 방법으로 적용되지 아니한다.

### 제8조 (내수)

① 제4장에 규정된 경우를 제외하고는 영해의 기선상의 육지 측 수역은 그 국가의 내수의 일부를 구성한다.

② 제 7조에 따른 직선기선의 설정으로 종전 인정되지 아니하였던 수역을 내수로서 포함하는 효과를 가져오는 경우, 본 협약에 규정된 무해통항권이 그 수역에 그대로 인정된다.

## 제9조 (하구)

하천이 직접 바다로 유입하는 경우 하천의 양제방의 저조선상 지점간의 하구를 가로질러 연결하는 직선을 기선으로 한다.

## 제10조 (만)

① 본 조는 그 해안이 단일국가에 정하는 만에 한하여 적용된다.

② 본 협약의 적용상 만이라 함은 뚜렷한 굴곡으로서 그 입구의 넓이에 비하여 내륙해를 포함할 정도로 굴곡하고 해양의 단순한 굴곡이상인 것을 말한다. 그러나 굴입면적이 그 굴입의 입구를 연결한 선을 직경으로 한 반원에 미달하는 경우에는 만으로 보지 아니한다.

③ 굴입면적은 굴입해안에 연한 저조선과 양 자연적 입구지점의 저조선상의 지점을 연결하는 선 사이에 입직한 수역으로 측정한다. 도서의 존재로 인하여 굴입이 1개 이상의 입구를 가지는 경우에 반원은 상이한 입구를 연결하는 선의 길이를 합한 길이의 선상에 그어야 한다. 굴입 내의 도서는 그 굴입수역의 일부로서 포함된다.

④ 만의 양 자연적 입구의 저조선상의 지점간의 거리가 24해리를 초과하지 아니하는 경우에는 양 저조선상의 지점 간에 폐쇄선을 획선하고 이에 포함된 수역은 이를 내수로 본다.

⑤ 만의 양 자연적 입구의 지점간의 거리가 24해리를 초과하는 경우에는 24해리의 직선기선을 그 선으로서 가능한 한 최대의 수역을 포함할 수 있는 방법으로 만내에 획선하여야 한다.

⑥ 상기 제항의 규정은 소위 "역사적" 만 또는 제7조에 규정된 직선기선제도가 적용되는 경우에는 적용되지 아니한다.

## 제11조 (항)

영해의 경계를 획정함에 있어서 항만제도의 불가분의 일부를 구성하는 최외측의 항구적 항만시설은 해안의 구성부분으로 본다. 근해시설 또는 인공도서는 항구적인 항만시설로 보지 아니한다.

## 제12조 (정박지)

선박의 적하, 양하 및 투묘를 위하여 통상적으로 사용되고, 전부 또는 일부가 영해의 외측한계 밖에 존재하는 정박지는 이를 영해에 포함한다.

### 제13조 (간출지)

① 간출지는 수면으로 둘러싸이고 간조 시에 수면 위에 출현하나, 만조 시에는 수면 하에 있는 자연적으로 형성된 육지의 지역을 말한다. 간출지의 전부 또는 일부가 본토 또는 도서로부터 영해의 폭을 초과하지 아니하는 거리에 위치하는 경우에는 그 간출지상의 저조선이 영해의 폭을 측정하기 위한 기선으로 사용될 수 있다.

② 간출지의 전부가 본토 또는 도서로부터의 영해의 폭을 초과하는 거리에 위치하는 경우에는 그 자체의 영해를 갖지 아니한다.

### 제14조 (기선획정방식의 혼합)

연안국은 기선을 획정함에 있어서 상이한 여러 조건에 적합하도록 상기 제 조항에 규정된 여러 가지 방법을 혼합사용할 수 있다.

### 제15조 (대향, 인접국 간의 영해의 경계획정)

2개국의 해안이 상호 대향 또는 인접하고 있는 경우에는 양국 중 어느 국가도 양국 간의 별개의 합의가 없는 한 양국의 각 영해의 폭을 측정하는 기선상의 최근점에서 같은 거리에 있는 모든 점의 연결인 중간선을 넘어서 영해를 확장하지 못한다. 단, 본 조의 규정은 역사적 근원 또는 기타 특수사정으로 인하여 본 규정과 상이한 방법으로 양국의 영해를 확정할 필요가 있는 경우에는 적용되지 아니한다.

### 제16조 (해도 및 지리적 좌표목록)

① 제7조, 제9조 및 제10조의 규정 또는 그로부터 연유된 제한에 따라 확정된 영해의 폭을 측정하기 위한 기선이나 제12조와 제15조의 규정에 따라 획정된 경계선은 이들을 확인하기에 적당한 단수 또는 복수의 축척해도에 표시하여야 한다. 단, 측정자료를 명기한 지리적 좌표점의 목록으로 대표될 수 있다.

② 연안국은 상기 해도나 지리적 좌표점의 목록을 적절히 공표하여야 하며, 그러한 해도나 목록의 사본을 유엔사무총장에게 기탁하여야 한다.

## 제3절 영해에서의 무해통항

### 제1관 모든 선박에 적용되는 규칙

#### 제17조 (무해통항권)

본 협약에 따를 것을 조건으로, 연안국 또는 내륙국을 막론하고 모든 국가의 선박은 영해에서 무해통항권을 향유한다.

#### 제18조 (통항의 의미)

① 통항은 다음의 목적을 위하여 영해를 항해함을 뜻한다.

　　가. 내수에 들어가지 아니하고 영해를 횡단하거나 내수 밖의 묘박지 또는 항구시설을 방문할 목적, 또는

　　나. 내수를 향한 또는 내수로부터의 항진이나 상기 묘박지 또는 항구시설을 방문할 목적

② 통항은 부단, 신속하여야 한다. 단, 통상적인 항해에 부수적이거나 불가항력 또는 조난이나 위험 또는 조난사태에 있는 사람, 선박 또는 항공기를 구조하기 위한 목적인 경우의 정선 및 투묘는 통항에 포함된다.

#### 제19조 (무해통항의 의미)

① 통항은 연안국의 평화, 공공질서 또는 안전보장을 위해하지 아니하는 한 무해이다. 이러한 통항은 본 협약 및 기타 국제법의 규칙에 따라 행하여야 한다.

② 외국 선박의 통항은 영해에서의 다음 활동 중 어느 것에 해당하는 경우, 그 통항은 연안국의 평화, 공공질서 또는 안전보장을 해하는 것으로 본다.

　　가. 연안국의 주권, 영토보전 또는 정치적 독립에 대한, 또는 유엔헌장에 구현된 국제법원칙을 위반하는 기타 방법에 의한, 무력의 위협 또는 행사

　　나. 어떠한 종류이던 무기를 사용하여 행하는 훈련 또는 연습

　　다. 연안국의 국방 또는 안전보장에 유해한 정보수집을 목적으로 하는 행위

　　라. 연안국의 국방 또는 안전보장에 영향을 미치는 것을 목적으로 하는 선전행위

　　마. 항공기의 이륙, 착륙 또는 탑재

　바. 군사장치의 선상발진, 착륙 또는 탑재

　사. 연안국의 관세, 재정, 출입국관리 또는 위생법규에 위반한 물품, 통화의 양하, 적하 또는 사
　　　람의 승선, 하선

　아. 본 협약에 위배되는 고의적이고 중대한 위반행위

　자. 일체의 어로활동

　차. 조사 또는 측량활동의 수행

　카. 연안국의 통신체제 또는 기타설비, 시설의 방해를 목적으로 하는 행위

　타. 통항과 직접관련이 없는 기타 행위

## 제20조 (잠수함 및 기타 잠수정)

영해에서의 잠수함 및 기타 잠수정은 해면위에 부상하고 그 기를 게양하여 항해하여야 한다.

## 제21조 (무해통항에 관한 연안국의 법령)

① 연안국은 다음의 전부 또는 일부에 관하여 본 협약 및 기타 국제법의 규칙에 따라 영해에서의
　무해통항에 관한 관련법령을 제정할 수 있다.

　가. 항해의 안전과 해상교통 규제

　나. 항해의 보조수단, 설비 기타의 설비 또는 시설 등의 보호

　다. 해저전선 및 도관의 보호

　라. 해양생물자원의 보존

　마. 연안국 어업법규에 대한 위반의 방지

　바. 연안국의 환경보존과 그 오염의 방지, 경감 및 억제

　사. 해양의 과학적 조사와 수로측량

　아. 연안국의 관세, 재정, 출입국관리 또는 위생법규에 대한 위반의 방지

② 상기의 법령은 일반적으로 승인된 국제법이나 기준을 실시하는 것이 아닌 한 외국 선박의 설
　계, 구조, 승조원 배치 또는 장비에는 적용되지 아니한다.

③ 연안국은 상기 법령을 적절히 공표하여야 한다.

④ 영해에서의 무해통항권을 행사하는 외국 선박은 상기 법령 및 해상충돌방지에 관한 일반적으

로 승인된 국제법규를 준수하여야 한다.

## 제22조 (영해 내의 항로대와 통항분리제도)

① 연안국은 항해의 안전을 고려하여 필요한 경우에 영해에서의 무해통항권을 행사하는 외국 선박에 대하여 선박의 통항을 규제하기 위하여 지정하거나 제정된 항로대와 통항분리제도를 이용하도록 요구할 수 있다.

② 특히 유조선, 핵추진선박 및 핵물질 또는 기타 본래적으로 위험하거나 유독한 물질을 운반하는 선박은 상기 항로대만을 통항하도록 요구할 수 있다.

③ 연안국이 본 항에 따라 항로대를 지정하고 통항분리제도를 제정함에 있어서 다음 사항을 고려하여야 한다.

　　가. 권한 있는 국제조직의 권고

　　나. 실제적으로 국제항해에 이용되는 수로

　　다. 특정선박과 수로의 특수사정; 그리고

　　라. 교통량의 척도

④ 연안국은 상기 항로대와 통항분리제도를 해도에 명시하고 이를 정당히 공표하여야 한다.

## 제23조 (외국의 핵추진선박 및 핵물질 또는 기타 본래 위험하거나 유독한 물질을 운반하는 선박)

외국이 핵추진선박 및 핵물질 또는 기타 본래 위험하거나 유독한 물질을 운반하는 선박은 영해에서의 무해통항권을 행사하는 경우에 서류를 휴대하고, 국제협정에 의하여 그러한 선박에 대하여 독립된 특별예방조치를 준수하여야 한다.

## 제24조 (연안국의 의무)

① 연안국은 본 협약에 따르는 경우를 제외하고는 외국 선박의 영해에서의 무해통항을 방해하여서는 아니 된다. 특히 본 협약 또는 본 협약에 따라 제정된 법령의 적용에 있어서 특히 다음 사항을 시행하여서는 아니 된다.

　　가. 외국 선박에 대하여 실질적으로 무해통항권을 부정하거나 침해하는 결과를 초래할 요건의 부과; 또는

나. 어느 국가의 선박, 어느 국가로 향하여 또는 어느 국가로부터 화물을 운반하는 선박이나 어느 국가를 위하여 화물을 운반하는 선박에 대한 형식적 또는 실질적인 차별

② 연안국은 자국이 알고 있는 영해 내의 항해에 대한 위험을 적절히 공표하여야 한다.

### 제25조 (연안국의 보호권)

① 연안국은 무해하지 아니한 통항을 방지하기 위하여 영해에서의 필요한 조치를 취할 수 있다.

② 연안국은 또한 선박이 내수로 향하여 항행하거나 내수 외측의 항구시설을 방문하는 경우, 그 선박의 내수와 항구시설에의 입항을 허용하는 조건의 위반을 방지하기 위하여 필요한 조치를 할 권리를 갖는다.

③ 연안국은 무력행사를 포함하여 자국의 안전보장을 위하여 무해통항을 정지시키는 것이 불가피한 경우에는 외국 선박 간에 차별을 두지 않고, 영해의 특정수역에 있어서 외국 선박의 무해통항을 일시적으로 정지 시킬 수 있다. 이러한 정지는 정당히 공표한 후에만 효력을 발생한다.

### 제26조 (외국 선박에 부과할 수 있는 수수료)

① 외국 선박에 대하여 단순히 영해를 통과한다는 이유만으로 어떠한 수수료도 부과되지 아니한다.

② 영해를 통항하는 외국 선박에 제공된 특별역무에 대한 합의로서만 그 선박에 대해 수수료가 부과될 수 있다. 이 수수료는 차별이 없어야 한다.

### 제2관 상선 및 상업용 정부선박에 적용되는 규칙

### 제27조 (외국 선박에 관한 형사재판관할권)

① 연안국의 형사재판관할권은 아래 경우를 제외하고는 영해를 통항하는 외국 선박에서 발생한 어떠한 범죄와 관련하여서도 사람의 체포나 수사를 행하기 위하여 그 선박 내에서 행사할 수 없다.

가. 범죄의 효과가 연안국에 미치는 경우

나. 범죄가 연안국의 평화 또는 영해의 공공질서를 교란하는 종류인 경우

다. 그 선박의 선장 또는 영사가 연안국의 현지당국에 대하여 그 협조를 요청하는 경우; 또는

라. 마약 또는 향정신성물질의 불법거래를 억제하기 위하여 필요한 경우

② 제①항의 규정은 연안국이 내수를 떠난 후 영해를 통항하는 외국 선박 내에서 체포 또는 수사를 하기 위하여 자국의 법령이 정하는 조치를 취할 수 있는 권리에 영향을 미치지 아니한다.

③ 제①항 및 제②항에 규정된 경우에 있어서 연안국은 선장이 요청하는 경우에 어떠한 조치라도 이를 취하기 전에 기국의 외교관이나 영사에게 통고하여야 한다. 다만 긴급한 경우에는 조치를 취함과 동시에 통고를 할 수 있다.

④ 현지당국은 체포의 여부 또는 그 방법을 고려함에 있어서 항해의 이익을 정당히 고려하여야 한다.

⑤ 제12장 또는 제5장에 따라 제정된 법령의 위반에 관한 경우를 제외하고 연안국은 외국 선박이 외국의 항구를 떠나 연안에 들어가지 않고 단순히 영해를 통과하는 경우, 동 선박이 영해에 들어가기 이전에 발생한 어떠한 범죄와 관련하여서도 사람의 체포 또는 수사를 하기 위하여 그 선박 내에서 어떠한 조치도 취할 수 없다.

### 제28조 (외국 선박에 관한 민사재판관할권)

① 연안국은 영해를 통항하는 외국 선박 내에 있는 사람에 관한 민사재판관할권을 행사하기 위하여 그 선박을 정지시키거나 항로를 변경시킬 수 없다.

② 연안국은 연안국의 수역을 통항하는 과정에 있거나 또는 통항할 목적인 선박자체가 부담하거나 인수한 책임에 관한 경우를 제외하고는 민사소송절차를 위하여 그 선박에 대하여 강제집행 또는 억류를 행할 수 없다.

③ 제②항 규정은 연안국이 영해에 있거나 내수를 떠난 후 영해를 통항중인 외국 선박에 대하여 자국의 법령에 따라 민사소송절차를 위하여 강제집행이나 압류를 행하는 권리를 해하는 것이 아니다.

### 제3관 군함 및 기타 비상업용 정부선박에 적용되는 법규

### 제29조 (군함의 정의)

본 협약의 적용상 군함이라 함은 일국가의 군에 소속하여 그 국가의 국적을 가지고 있음을 나타내는 외부표식을 가지며, 그 국가의 정부에 의하여 정당히 임명되고 또한 그 성격이 그 국가의 적절한 군적 또는 이와 동등한 명부에 명시되어 있는 장교의 지휘하에 있으며 정규군율에 따르는 승무원이 배치된 선박을 말한다.

### 제30조 (군함에 의한 연안국의 법령위반)

군함이 영해통항에 관한 연안국의 법령을 준수하지 아니하고 연안국의 준수요청을 무시하는 경우에 연안국은 군함에 대하여 영해에서 즉시 퇴거할 것을 요구할 수 있다.

### 제31조 (군함 또는 기타 비상업용 정부선박에 의한 손해에 대한 기국의 책임)

군함 또는 비상업용 정부선박이 영해통항에 관한 연안국의 법령, 본 협약 및 기타 국제법의 규칙을 준수하지 아니함으로써 일어나는 손실 또는 손해에 대하여 그 선박의 기국이 국제책임을 진다.

### 제32조 (군함 및 기타 비상업용 정부선박의 면책특권)

제1관 제30조 및 제31조의 규정에 포함된 경우를 제외하고 본 협약의 어떠한 규정도 군함 및 비상업용 정부선박이 가지는 면책특권에 영향을 미치지 아니한다.

### 제4절 접속수역
### 제33조 (접속수역)

① 연안국은 접속수역이라고 일컫는 영해에 접속한 일정 수역에서 아래 사항에 필요한 통제를 행사할 수 있다.

　가. 연안국의 영해 내에서의 관세, 재정, 출입국관리 또는 위생법규의 위반방지.

　나. 연안국의 영토 또는 영해 내에서 발생한 전호에 규정된 법규의 위반에 대한 처벌.

② 접속수역은 영해의 폭을 측정하는 기선으로부터 24해리를 넘어서 확장할 수 없다.

## 제3장 국제항행에 이용되는 해협

### 제1절 총칙
### 제34조 (국제항행에 이용되는 해협을 형성하는 수역의 법적 지위)

① 본 장에서 확립된 국제항행에 이용되는 해협의 통항제도는 다른 면에 있어서 국제항행에 이용

되는 해협을 형성하는 수역의 지위나 해협연안국이 동 수역, 그 상공, 해저 및 하층토에 대하여 행사하는 주권 또는 관할권에 영향을 미치지 아니한다.

② 해협연안국의 주권 또는 관할권은 본장 및 기타 국제법의 규정에 따라 행사한다.

## 제35조 (본 장의 적용범위)

본 장에서 어떠한 규정도 하기사항에 대하여는 영향을 미치지 아니한다.

가. 제7장에 규정된 방법에 따른 직선기선의 설정으로 인하여 종래에는 그러하지 아니하였던 수역을 내수화 하게 되는 경우를 제외한 해협내의 내수의 전 수역;

나. 배타적 경제수역 또는 공해로서 해협연안국의 영해이원 수역의 법적 지위;

다. 일정 해협에만 특히 유효하게 장기간 지켜온 국제협약에 의하여 통항의 전부 또는 일부가 규제되는 해협의 법적 제도

## 제36조 (국제항행에 이용되는 해협을 통과하는 공해항로 또는 배타적 경제수역을 통과하는 항로)

본 장은 항해 또는 수로상의 특성에 있어서 유사한 편의를 가진 공해를 통과하는 항로 또는 배타적 경제수역을 통과하는 항로가 국제항행에 이용되는 해협을 지나서 존재하는 경우, 그 국제항로에 이용되는 해협에는 적용되지 아니한다. 이러한 항로에 있어서는 통항 및 상공비행의 자유에 관한 규정을 포함한 본 협약의 다른 장이 적용된다.

## 제2절 통과통항

### 제37조 (본 절의 적용범위)

본 절은 공해 또는 배타적 경제수역의 일수역과 공해 또는 배타적 경제수역의 타수역간의 국제항행에 이용되는 해협에 적용된다.

### 제38조 (통과통항권)

① 제37조에 규정된 해협 내에서 모든 선박과 항공기는 방해받지 않는 통과통항권을 소유한다. 단, 해협이 해협연안국의 도서와 본토에 의해 형성되어 있는 경우 항해 및 수로상의 특성에 있어서 유사한 편의를 가진 공해를 통과하는 항로 또는 배타적 경제수역을 통과하는 항로가 동

도서의 해양 측으로 존재한다면 통과통항권은 허용되지 아니한다.

② 통과통항이라 함은 공해 또는 배타적 경제수역의 일수역과 공해 또는 배타적 경제수역의 타수역간의 해협을 부단 신속하게 통과하기만을 위한 항해와 비행의 자유를 본장의 규정에 따라 행사함을 말한다. 그러나 부단 신속한 통과의 요구는 해협연안국의 입항조건에 따라서 해협연안국에 출입항하거나 회항할 목적으로 그 해협을 통항함을 배제하지 아니한다.

③ 해협을 통항하는 통과통항권 이외의 활동은 본 협약의 다른 규정에 따라야 한다.

### 제39조 (통과통항중인 선박과 항공기의 의무)

① 통과통항권을 행사하는 선박과 항공기는 다음 사항을 준수하여야 한다.

　가. 해협과 그 상공의 지체 없는 항행

　나. 해협연안국의 주권, 영토보존 또는 정치적 독립에 대한 또는 유엔헌장에 구현된 국제법 원칙을 위반한 기타방법으로서의 무력에 의한 위협, 행사로부터의 회피

　다. 불가항력 또는 조난으로 인하여 필요한 경우가 아닌 한 부단 신속한 통과의 통상적인 방법에 부수되지 아니하는 기타 활동으로부터의 회피

　라. 본장의 기타 관계규정의 준수

② 통과통항중인 선박은 다음 사항을 준수하여야 한다.

　가. 국제해상충돌예방규칙을 포함한 일반적으로 승인된 국제해상안전규정, 절차 및 관행;

　나. 선박으로부터의 오염방지, 경감 및 억제를 위한 일반적으로 승인된 국제규정, 절차 및 관행;

③ 통과통항중인 항공기는

　가. 민간항공기에 적용되는 국제민간항공기구가 제정한 항공규칙을 준수하여야 한다. 정부항공기도 통상 이러한 안전조치를 준수하면서 항상 비행의 안전을 위한 정당한 고려를 하면서 비행하여야 한다.

　나. 권한 있는 지정된 항공교통관제기구가 배정한 무선주파수 또는 적절한 국제조난무선주파수를 항상 청취하여야 한다.

### 제40조 (조사 및 측량활동)

통과통항중인 해양조사선 및 해양측량선을 포함한 외국 선박은 해협연안국의 사전허가가 없이는

어떠한 조사 또는 측량활동도 수행할 수 없다.

## 제41조 (국제항행에 이용되는 해협의 항로대 및 통항분리제도)

① 해협연안국은 본 장에 따라 선박의 안전통항을 증진하기 위하여 필요한 경우 해협 내 항행을 위한 항로대를 지정하고 통항분리제도를 제정할 수 있다.

② 해협연안국은 필요한 경우 정당한 공시를 한 후에 이미 지정하거나 제정한 항로대 또는 통항분리제도를 타 항로대 또는 통항분리제도로 대체할 수 있다.

③ 이러한 항로대와 통항분리제도는 일반적으로 승인된 국제법규를 따라야 한다.

④ 해협연안국은 항로대의 지정, 대체 또는 통항분리제도의 지정, 대체를 하기 전에 그 선택을 위하여 권한 있는 국제조직에 이에 관한 제안을 회부해야 한다. 국제조직은 해협연안국이 동의하는 항로대 및 통항분리제도만을 선택할 수 있으며, 그 후에 해협연안국은 이를 지정, 제정 또는 대체할 수 있다.

⑤ 2국 이상의 해협연안국의 수역을 통과하는 항로대 또는 통항분리제도가 제안된 해협의 경우에 관계국은 권한 있는 국제조직과 협의하여 제안 작성에 상호협력하여야 한다.

⑥ 해협연안국은 자국이 지정하거나 제정한 항로대 및 통항분리제도를 정당히 공시된 해도상에 명시하여야 한다.

⑦ 통과통항중인 선박은 본 조에 따라 설정된 적용 가능한 항로대 및 통항분리제도를 존중하여야 한다.

## 제42조 (통과통항에 관한 해협연안국의 법령)

① 본 절의 규정에 따라서 해협연안국은 다음 사항의 일부 또는 전부에 관하여 해협의 통과통항에 관한 법령을 제정 할 수 있다.

가. 제41조에 규정되어 있는 항해의 안전과 해상교통의 규제;

나. 해협에 유류, 폐유 및 기타 유독성물질의 배출에 관한 적용 가능한 국제규칙을 시행함으로써 오염의 방지, 경감 및 억제;

다. 선박에 관하여서는 어구의 적재를 포함한 어로의 금지;

라. 해협연안국의 관세, 재정, 출입국관리 또는 위생법규에 위반되는 물품이나 통화의 양하, 적

하 또는 사람의 승선, 하선

② 상기 법령은 형식적 또는 실질적으로 외국 선박 간에 차별을 두어서는 아니 되며, 또는 그 적용 상 본 절에 정의된 통과통항권을 부정하거나 방해 또는 침해하는 실질적인 효과를 미쳐서도 안 된다.

③ 해협연안국은 상기 모든 법령을 정당히 공시하여야 한다.

④ 통과통항권을 행사하는 외국 선박은 상기 법령을 준수하여야 한다.

⑤ 주권상의 면책특권을 가지는 선박 또는 항공기가 상기 법령 또는 본 장의 기타 규정에 위반되는 행위로 해협연안국에 손실 또는 손해를 끼친 경우에는 그 기국이 국제책임을 진다.

### 제43조 (항해안전구조물 및 기타 개선책과 오염의 방지, 경감, 통제)

해협연안국과 해협이용국은 합의에 의하여 다음 사항에 관해 상호 협력하여야 한다.

가. 국제항해에 도움되는 필요한 항해안전구조물 또는 기타 개선책을 해협에 설치 유지하는 것; 그리고

나. 선박으로부터의 오염을 방지, 경감 및 통제하는 것.

### 제44조 (해협연안국의 의무)

해협연안국은 통과통항을 방해할 수 없고 자국이 알고 있는 해협 내 또는 그 이원해역에 있어서의 항해 또는 비행에 대한 어떠한 위험도 이를 적절히 공시하여야한다. 통과통항의 정지는 있을 수 없다.

## 제3절 무해통항

### 제45조 (무해통항)

① 제2장 제3절의 규정에 따라 무해통항제도는 하기 국제항행에 이용되는 해협에 적용된다.

가. 제38조 제①항에 의거한 통과통항제도가 적용되지 아니하는 국제항행에 이용되는 해협; 또는

나. 공해 또는 배타적 경제수역의 어느 한 수역과 외국의 영해간의 국제항행에 이용되는 해협

② 상기 해협을 통과하는 무해통항은 정지되지 않는다.

# 제4장 군도국가

## 제46조 (용어의 정의)

본 협약의 적용상,

가. "군도국가"는 전체적으로 하나 또는 그 이상의 군도에 의하여 구성된 국가를 말하며, 기타 도서를 포함할 수 있다.

나. "군도"는 상호 밀접히 관련되어 있어서 고유의 지리적, 경제적 및 정치적 실체를 형성하거나 또는 역사적으로 그러한 실체로 간주되어 온 제 도서의 부분, 이들을 상호 연결하는 수역과 기타 자연적 특성을 포함하는 도서군을 뜻한다.

## 제47조 (군도기선)

① 군도국가는 군도의 최외곽 도서 및 건암초의 최외곽점을 연결한 직선군도기선을 획선할 수 있다. 단, 그 직선군도기선은 본도와 수역의 면적과 환초를 포함한 육지지역의 면적의 비율이 1대 1에서 9대 1인 수역을 포함한다.

② 상기 직선군도기선의 길이는 100해리를 초과할 수 없다. 단, 어떠한 군도를 획선하는 직선기선의 전체수의 3%까지는 최장 125해리까지로 할 수 있다.

③ 상기 직선군도기선의 사용은 군도의 전반적 형태로부터 현저히 일탈해서는 아니 된다.

④ 직선군도기선은 간출지와 연결하여 그을 수 없다. 단, 등대 또는 해면상에 영구적으로 있는 유사한 시설이 간출지에 건설되어 있거나 간출지가 전체적 또는 부분적으로 최근 도서로부터 영해폭을 초과하지 아니하는 거리에 있는 경우에는 그러하지 아니한다.

⑤ 군도국가는 타국의 영해를 공해 또는 배타적 경제수역으로부터 분리시키는 방법으로 상기 직선군도기선제도를 적용할 수 없다.

⑥ 만약 군도국가의 군도수역의 일 정부분이 바로 인접한 국가의 두 부분 사이에 있는 경우에는 그 인접국가가 그 수역에서 전통적으로 행사하여 온 기존의 권리와 기타 모든 합법적 이익 및 관계국간의 합의에 따라 정하여진 모든 권리는 계속되고 존중되어야 한다.

⑦ 제①항에 규정된 수역과 육지의 비율을 계산함에 있어서 육지면적은 그 해양고원의 주변에 있는 일련의 석회암 도서와 건암초에 의하여 둘러싸였거나 거의 둘러싸인 급경사 해양고원의 수

역을 포함하여 도서의 건초 및 환초 내에 있는 수역을 포함할 수 있다.

⑧ 본 항에 따라 획선된 직선기선은 그 위치를 확인하기에 적절한 단수 또는 복수 축적의 해도에 표시되어야 한다. 단, 측지자료를 명기한 지리적 좌표목록에 의하여 대체될 수 있다.

⑨ 군도국가는 상기 해도 또는 지리적 좌표목록을 정당히 公示하여야 하며, 상기 해도 또는 목록 사본을 유엔 사무총장에게 기탁하여야 한다.

### 제48조 (영해, 접속수역, 배타적 경제수역 및 대륙붕의 폭측정)

영해, 접속수역, 배타적 경제수역 및 대륙붕의 폭은 제47조에 따라 획선한 군도기선으로부터 측정한다.

### 제49조 (군도수역, 그 상공, 해저 및 하층토의 법적 지위)

① 군도국가의 주권은 군도수역의 깊이나 해안으로부터의 거리의 관계없이 군도수역이라고 부르는 제47조에 따라 획선된 군도기선에 의하여 둘러싸인 수역에 미친다.

② 이 주권은 군도수역의 상공, 해저 및 하층토와 그 속에 포함된 자원에 미친다.

③ 이 주권은 본 항에 따라서 행사된다.

④ 본 항에 따라 제정되는 군도항로대제도는 다른 점에 있어서 항로대를 포함한 군도수역의 지위 또는 군도수역, 그 상공, 해저 및 하층토와 그 속에 포함된 자원에 대한 군도국가의 주권행사에 영향을 미치지 아니한다.

### 제50조 (내수의 경계획정)

군도수역 내에서 군도국가는 제9조, 제10조 및 제11조에 따라서 내수의 경계획정을 위한 폐쇄선을 획선할 수 있다.

### 제51조 (기존 협정, 전통적 어업권 및 기존 해저전선)

① 제49조를 침해함이 없이 군도국가는 타국과의 기존 협정을 존중하고, 군도수역 내의 특정수역에 있어서의 바로 인접한 국가의 전통적 어업권 및 기타 합법적 활동을 존중하여야 한다. 그 성격, 규모 및 적용수역을 포함한 이러한 권리행사 및 활동의 조건은 관계국의 요청에 의하여 그

들 상호간의 쌍무협정으로 규율된다. 그러한 권리는 제3국이나 그 국민에게 이전되거나 나누어 가질 수 없다.

② 군도국가는 타 국가에 의하여 부설되고 육지에 근접하지 아니하고 군도국가의 수역을 통과하는 기존의 해저전선을 존중하여야 한다. 군도국가는 상기 전선의 위치 및 그 수리 또는 대체 의도를 정당히 통지받는 경우에는 그러한 전선의 보선 및 대체를 허용하여야 한다.

## 제52조 (무해통항권)

① 제53조에 따르고 제50조를 침해하지 않는 한 모든 국가의 선박은 제2장 제3절에 따라 군도수역의 무해통항권을 향유한다.

② 군도국가는 자국의 안전보장을 위하여 통항을 정지시키는 것이 불가피한 경우에 외국 선박 간에 형식적 또는 실질적 차별을 두지 아니하고 군도수역의 특정한 수역에 있어서 외국 선박의 무해통항을 일시적으로 정지시킬 수 있다. 이러한 정지는 정당히 공시를 한 후에만 효력을 발생한다.

## 제53조 (군도항로대 통항권)

① 군도국가는 자국의 군도수역이나 인접한 영해 또는 그 상공을 통과하는 외국 선박이나 항공기의 부단, 신속한 통항에 적합한 항로대나 항공로를 지정할 수 있다.

② 모든 선박과 항공기는 이러한 항로대와 항공로에서 군도항로대 통항권을 향유한다.

③ 군도항로대 통항은 본 협정에 따라 공해나 배타적 경제수역의 일부분과 공해나 배타적 경제수역의 타 부분 간을 부단, 신속하며, 방해받지 아니하는 통과만을 목적으로 하는 통상적인 항행권과 비행권의 행사를 뜻한다.

④ 상기 항로대와 항공로는 군도수역과 인접한 영해를 가로지르고 군도수역을 통과하는 국제항행 또는 비행의 통로로 이용되는 모든 통상적인 통항을 포함하여야 하며, 그러한 통항로 내에서 선박에 관한 한, 동일한 진입지점과 출입지점 사이에 유사한 편의를 가진 통로의 중복은 필요 없이 모든 통상적인 수로를 포함한다.

⑤ 상기 항로대 및 항공대는 통항로의 진입지점으로부터 출입지점까지를 잇는 일련의 연속축선에 의하여 획정된다. 군도항로대에 있는 선박 및 항공기는 그 항로대와 인접한 도서의 최근점

간의 거리의 10%이상 해안에 근접하여 항행하지 아니함을 조건으로 하여 통과중 그러한 축선의 어느 쪽으로든 25해리 이상 벗어나서는 아니 된다.

⑥ 본 항에 따라 항로대를 지정하는 군도국가는 그러한 항로대내 협수로를 통과하는 선박의 안전통항을 위하여 또한 통항분리제도를 설정할 수 있다.

⑦ 군도국가는 필요한 상황이 발생한 경우 그에 관한 정당한 공시를 한 후에 이미 지정하거나 설정한 항로대 또는 통항분리제도를 다른 항로대나 통항분리제도로 대체할 수 있다.

⑧ 이러한 항로대와 통항분리제도는 일반적으로 승인된 국제규정을 따라야 한다.

⑨ 항로대를 지정 또는 대체하거나 통항분리제도를 제정 또는 대체함에 있어서 군도국가는 그 채택을 위하여 관할 국제조직에 그 제안을 회부하여야 한다. 그 국제조직은 군도국가의 동의를 얻은 후에야만 항로대 및 통항분리제도를 채택할 수 있으며, 그 후에 군도국가는 이를 지정, 제정 또는 대체할 수 있다.

⑩ 군도국가는 자국이 지정하거나 제정한 항로대 및 통항분리제도의 축을 정당히 공시된 해도에 명확히 표시하여야 한다.

⑪ 군도항로대를 통과중인 선박은 본 조에 따라 확립된 적용 가능한 항로대 및 통항분리제도를 존중하여야 한다.

⑫ 군도국가가 항로대 또는 항공로를 지정하지 아니하는 경우에 군도항로대통항권은 국제항행에 통상적으로 이용되는 통로를 통하여 이를 행사할 수 있다.

### 제54조 (통항, 조사 및 측량활동중인 선박 및 항공기의 의무, 군도국가의 의무 및 군도항로대통항에 관한 군도국가의 법령)

제39조, 제40조, 제42조 및 제44조의 규정은 군도항로대통항에 이를 준용한다.

## 제5장 배타적 경제수역

### 제55조 (배타적 경제수역의 특정법적제도)

배타적 경제수역은 본 항에 확립된 특정법적제도에 따르는 영해이원 및 영해와 인접한 수역이다. 그 특정법적제도 하에서 연안국의 권리와 관할권 및 타국의 권리와 자유가 본 협정의 관계규정에 의하여 규율된다.

## 제56조 (배타적 경제수역에서의 연안국의 권리, 관할권 및 의무)

① 배타적 경제수역에서 연안국은 하기 권리를 향유한다.

  가. 해저, 하층토 및 상부수역의 생물 또는 비생물에 관계없이 천연자원의 탐사, 개발, 보존 및
  관리를 목적으로 하는 주권적 권리와 해수, 해류 및 해풍을 이용한 "에너지" 생산 등에 관
  한 동수역의 경제적 개발 및 탐사를 목적으로 한 기타활동에 관한 주권적 권리

  나. 하기사항에 관하여 본 협정의 관계규정에서 규정한 관할권

    (1) 인공도서 건설 및 구조물의 설치와 사용

    (2) 해양의 과학적 조사

    (3) 해양 환경의 보호 및 보존

  다. 본 협약에 규정된 기타 권리와 의무

② 배타적 경제수역에서 본 협약에 따라 권리를 행사하고 의무를 이행함에 있어서 연안국은 타국
  가의 권리 및 의무를 정당히 고려하여야 하며, 본 협약 규정에 모순되지 아니하게 활동하여야
  한다.

③ 해저 및 하층토에 관하여 본 조에 규정된 권리는 제6장에 따라 행사되어야 한다.

## 제57조 (배타적 경제수역의 폭)

배타적 경제수역은 영해의 폭을 측정하는 기선으로부터 200해리를 초과할 수 없다.

## 제58조 (배타적 경제수역에서의 타국의 권리와 의무)

① 배타적 경제수역에서 연안국이나 내륙국에 관계없이 모든 국가는 본 협약의 규정에 따라 제87
  조에 규성된 항해, 비행 및 해저 전선과 도관부설의 자유와 선박, 항공기 및 해저 전선과 도관
  의 운행에 관계되거나 또한 본 협약의 기타 규정에 모순되지 아니하는 상기 자유와 관계되는
  기타 합법적인 국제적 해양이용의 자유를 향유한다.

② 제88조 내지 제115조 및 기타 국제법의 적절한 규정은 본 장과 모순되지 아니하는 한 배타적 경
  제수역에 적용된다.

③ 배타적 경제수역에서 본 협정에 따라 권리를 행사하고 의무를 이행함에 있어서 각 국가는 연안국의 권리와 의무를 정당히 고려하여야 하며, 본 협약의 제 규정 및 본장의 규정과 모순되지 않는 한 기타 국제법규정에 따라 연안국이 채택한 법령을 준수하여야 한다.

### 제59조 (배타적 경제수역에서의 권리와 관할권의 귀속에 관한 분쟁해결의 기초)

본 협약이 배타적 경제수역 내에 있어서의 권리나 관할권을 연안국 또는 타 국가에 귀속함을 정하지 아니하고, 그 연안국과 타 국가 간에 이해관계를 둘러싼 분쟁이 발생하는 경우 그 분쟁은 국제사회 전체로써 뿐만 아니라 당사국에 관계된 각 이해관계의 중요성을 고려하여 형평의 원칙에 입각하고 또한 모든 관계 상황에 비추어서 해결되어야 한다.

### 제60조 (배타적 경제수역에서의 인공도서, 시설 및 구조물)

① 배타적 경제수역에서 연안국은 하기사항을 건설하는 배타적 권리 및 동 사항의 건설, 운용, 이용을 허가하고 규제하는 배타적 권리를 가진다.

　가. 인공도서

　나. 제56조에 정한 목적과 기타 경제적 목적을 위한 시설 및 구조물

　다. 배타적 경제수역에서의 연안국의 권리행사에 방해가 될 수 있는 건설 및 구조물

② 연안국은 관세, 재정, 위생, 안전, 출입국관리법령에 관한 관할권을 포함하여 상기 인공도서, 시설 및 구조물에 대하여 배타적 관할권을 가진다.

③ 상기 인공도서, 시설 또는 구조물의 건설은 정당히 공시되어야 하며, 그 존재에 대한 경고를 위한 항구적 수단을 유지하여야 한다. 방기하거나 사용되지 아니하는 시설 또는 구조물은 완전히 철거하여야 한다.

④ 연안국은 필요한 경우 항해와 인공도서, 시설 및 구조물의 안전을 보장하기 위하여 적절한 조치를 취할 수 있는 합당한 안전수역을 상기 인공도서, 시설 및 구조물의 주위에 위치할 수 있다.

⑤ 연안국은 적용할 수 있는 국제적 기준을 고려하여 안전수역의 폭을 결정하여야 한다. 이러한 안전수역은 인공도서, 시설 또는 구조물의 성격 및 기능과 합리적인 연관이 보장되도록 고안되어야 하며, 일반적으로 승인된 국제기준 또는 관련 국제조직에 의한 권고에 의하여 인정된

경우를 제외하고는 인공도서, 시설 또는 구조물의 외연의 각점으로부터 측정하여 500미터를 초과하여서는 아니 된다. 안전수역은 정당히 공시되어야 한다.

⑥ 모든 선박은 상기 안전수역을 존중하여야 하며, 인공도서, 시설, 구조물 및 안전수역주변에서의 항해에 관한 일반적으로 승인된 국제기준을 준수하여야 한다.

⑦ 인공도서, 시설, 구조물 및 그 주위의 안전수역은 국제항행에 긴요하다고 인정된 항로대의 이용에 방해될 만한 장소에 설치되어서는 아니 된다.

⑧ 인공도서, 시설 및 구조물은 도서의 지위를 갖지 아니하며, 그 자체의 영해를 갖지 아니한다. 그리고 그 존재는 영해, 배타적 경제수역 또는 대륙붕의 경계획정에 영향을 미치지 아니한다.

## 제61조 (생물자원의 보존)

① 연안국은 자국의 배타적 경제수역에서의 생물자원의 허용어획량을 결정하여야 한다.

② 연안국은 입수 가능한 최선의 과학적 증거를 고려하여, 過産개발로 인하여 배타적 경제수역에서의 생물자원의 유지가 위태롭게 되지 아니하도록 적당한 보존 및 관리조치를 통하여 이를 보장하여야 한다. 적당하다고 인정되는 경우 연안국과 소지역적, 지역적, 전 세계적임에 관계없이 권한 있는 국제조직은 이를 위하여 상호협력하여야 한다.

③ 상기 조치는 또한 연안어업사회의 경제적 필요성과 개발도상국의 특별한 요구를 포함한 관련 환경적, 경제적 요인에 의하여 확정되고, 또한 어로형태, 어족간의 상호의존성 및 소지역적, 지역적, 전 세계적임에 관계없이 일반적으로 권고된 국제최소기준을 고려하여 최대지속가능 생산량을 생산할 수 있는 수준으로 어획된 어족의 자원량이 유지 또는 회복되도록 계획되어야 한다.

④ 상기 조치를 취함에 있어서 연안국은 그 재생산에 현저한 위협을 줄 수 있는 수준 이상으로 관련 또는 의존 어족의 자원량을 유지, 회복시키기 위하여 어획어족과의 관련 또는 의존어족에 미치는 영향을 고려하여야 한다.

⑤ 입수가능한 과학적 정보, 어획 및 어업활동계획, 수산자원의 보존과 관계된 기타 자료는 적절한 경우 소지역적, 지역적, 또는 전 세계적인 권한 있는 국제조직을 통하여 또한 소속국민이 배타적 경제수역에서 입어가 허용된 국가를 포함하는 모든 관계국가의 참여하에 정기적으로 제공되고 교환되어야 한다.

## 제62조 (생물자원의 이용)

① 연안국은 제61조의 규정을 해하지 아니하고 배타적 경제수역에서의 생물자원의 최적이용목적을 촉진시켜야 한다.

② 연안국은 배타적 경제수역에서의 생물자원에 대한 자국의 어획능력을 결정하여야 한다. 연안국이 전체 허용어획량을 어획할 능력이 없는 경우에는 제69조 및 제70조의 규정, 특히 그 규정에 언급된 개발도상국가에 관한 특별고려를 하고 합의 또는 기타 약정 그리고 제4항에 규정된 조건, 법령에 따라 허용어획량의 잉여분에 대한 타국의 입어를 인정하여야 한다.

③ 본 조에 따라 배타적 경제수역에 타국의 입어를 인정하는 경우 연안국은 모든 관계요소를 고려하여야 한다. 특히 동 수역 생물자원의 관계연안국의 경제 및 기타 국제적 이익에 대한 중요성, 제69조와 제70조의 규정, 잉여분 어획에 대한 소지역 또는 지역 내의 개발도상국의 요구, 소속국민이 동 수역에서 관습적으로 어로행위를 행하여 왔거나, 어족의 조사 및 식별에 실질적 노력을 행한 국가에 있어서의 경제적 혼란을 극소화할 필요성을 고려하여야 한다.

④ 배타적 경제수역에서 어로행위를 하는 타국의 국민은 연안국의 법령에 의하여 확립된 보존조치 및 조건을 지켜야 한다. 상기 법령은 본 협약에 따라야 하고, 특히 하기사항과 관련하여야 한다.

가. 입어자 어선 및 장비의 허가, 개발도상연안국의 경우에는 수산업에 관한 재정, 장비 및 기술 분야에 있어서 적절한 보상이 되는 입어료 및 기타 형태의 요금의 지불에 대한 허가를 포함한다.

나. 어획가능한 어종의 결정, 그리고 특정어족, 어군 또는 일정기간동안의 어선당 어획량에 관하여나 특정기간동안 어느 국가의 국민에 의한 어획량에 관하여거나 간에 어획량 "쿼타"의 결정

다. 어로기와 어로수역, 어구의 형태, 규모, 양 및 이용 가능한 어선의 형태, 규모, 수의 규제

라. 어획가능한 생선 및 기타 어종의 연령, 크기의 결정

마. 어획량과 어업활동통계 및 어선의 위치보고를 포함한 어선에 대하여 요구되는 정보의 명시

바. 연안국의 허가와 통제에 따른 특정어업조사계획의 실험요구 및 어획물의 견본작성, 견본의 처리 및 관련 과학자료의 보고를 포함한 상기 조사의 실시에 대한 규제

사. 연안국에 의한 감시원 또는 훈련원의 승선배치

아. 연안국 항구에서의 상기 선박에 의한 어획량의 전부 또는 일부의 양륙

자. 합작투자 또는 기타 상호협력 약정에 관한 조건

차. 어로조사의 수행을 위한 연안국의 능력강화를 포함한 요원의 훈련 및 어로기술의 이전에 대한 요구

카. 시행절차

⑤ 연안국은 보존 및 관리관계법령을 정당히 공시하여야 한다.

## 제63조 (2개국 이상 연안국의 배타적 경제수역에 걸쳐 출현하거나 배타적 경제수역과 그 바깥의 인접수역에 출현하는 어족)

① 2개국 이상 연안국의 배타적 경제수역에 동일어족 또는 관련어종의 어족이 서식하는 경우, 관련연안국은 본 조의 다른 규정을 침해하지 아니하고 상기 어족의 보존 및 개발을 상호 조정하고 확보하는데 필요한 조치를 직접 또는 적절한 소지역 또는 지역조직을 통하여 합의하도록 노력하여야 한다.

② 배타적 경제수역 내와 동 수역 이원 및 인접한 수역의 양쪽에 걸쳐 동일어족 또는 관련어종의 어족이 서식하는 경우, 연안국 및 그 인접수역에서의 상기 어족의 어로국가는 그 인접수역 내에 있는 상기 어족의 보존에 필요한 조치를 직접 또는 적절한 소지역 또는 지역조직을 통하여 합의하도록 노력하여야 한다.

## 제64조 (고도회유성 어종)

① 연안국 및 소속국민이 제1부속서에 기재된 고도회유성어종이 있는 수역에서 이를 어획하는 타 국가는 배타적 경제수역 내와 그 이원의 수역에 걸쳐 동 어종의 보존을 확보하고 최적이용 목표를 촉진시키기 위하여 직접 또는 적절한 국제조직을 통하여 상호협력하여야 한다. 적절한 국제조직이 없는 수역에서는 연안국과 그 수역에서 소속국민이 동 어종을 어획하는 타 국가는 상기 조직의 설립을 위하여 상호협력하고 또한 그 어업에 참여하여야 한다.

② 제①항의 규정은 본장의 다른 규정에 추가하여 적용된다.

### 제65조 (해양포유동물)

본 협약의 어떠한 규정도 본장에 규정된 것 보다 더 엄격하게 해양포유동물의 포획을 금지, 제한 및 규제하는 연안국의 권리 또는 적절한 경우, 국제조직의 관할을 제한하지 아니한다. 각 국가는 해양포유동물의 보존을 위하여 상호협력하여야 하며, 고래의 경우에는 그 보존, 관리 및 연구를 위하여 적절한 국제조직을 통한 특별사업에 상호협력하여야 한다.

### 제66조 (소하성 어족)

① 소하성 어족이 발생하는 모천국은 이들 어족에 대한 일차적 이익과 책임을 진다.

② 소하성 어족의 모천국은 그 배타적 경제수역의 외측한계의 육지 측 수역에서의 어로와 제③항 제나호에 규정한 어로에 대하여 적절한 규제조치를 확립함으로써 그 보존을 확립하여야 한다. 모천국은 제③항과 제④항에 규정된 기타 이들 어족 어로국과 협력한 후 모천에서 발생하는 어족의 전체 허용어획량을 확립할 수 있다.

③ 가. 소하성 어족의 어획은 배타적 경제수역의 외측한계의 육지 측 수역에서만 행하여진다. 단, 본 규정이 모천국 이외의 국가에 경제적 혼란을 초래하는 경우에는 그러하지 아니하다. 배타적 경제수역 외측한계 이원의 어획에 관하여서는 관계국은 보존요구 및 어족에 관한 모천국의 필요성을 정당히 고려하여 어획활동의 조건에 대한 합의에 도달하기 위하여 계속 협의 하여야 한다.

나. 모천국은 소하성 어족의 기타 어획국가의 통상 어획량과 조업형태 및 어획이 행하여지는 모든 지역을 고려하여, 이들 국가의 경제적 혼란을 극소화시키는데 상호협력하여야 한다.

다. 나항에 규정한 국가 중 모천국과의 합의에 의하여, 특히 그 경비를 분담하는 등 소하성 어족을 재생시키는 조치에 참여한 국가는 모천국의 모천에서 발생한 동 어족의 어획에 있어서 모천국에 의하여 특별히 배려를 받는다.

라. 배타적 경제수역 이원의 소하성 어족에 관한 규칙의 시행은 모천국과 기타 관계국간의 합의에 의한다.

④ 소하성 어족이 모천국 이외 국가의 배타적 경제수역의 외측한계의 육지 측 수역을 회유하는 경우, 그 국가는 동 어족의 보존 및 관리에 관하여 모천국과 상호협력하여야 한다.

⑤ 소하성 어족의 모천국과 그 어족의 타 어획국은 본 조의 규정을 실시하기 위하여 필요한 경우,

지역조직을 통하여 약정을 체결시켜야 한다.

## 제67조 (강해성 어족)

① 강해성 어족이 그 생활환의 대부분을 보내는 수역의 연안국은 그 어종의 관리에 대한 책임을 지며, 그 회유어의 출입을 보증하여야 한다.

② 강해성 어종의 어획은 배타적 경제수역의 외측한계의 육지 측 수역에서만 행하여진다. 배타적 경제수역에서 어획이 행하여지는 경우 그 수역내의 어획에 관한 본 조의 규정 및 본 협약의 기타 규정에 따라야 한다.

③ 강해성 어종이 다른 국가의 배타적 경제수역을 회유하는 경우 그 어종이 유어이든 성어이든 간에 어획을 포함한 동 어종의 관리는 제1항에서 규정한 국가와 관계국간의 협정에 의하여 규제된다. 상기 협정은 그 어종의 합리적 관리를 보장하여야 한다, 동 어종을 유지하기 위한 제1항에 규정된 국가의 책임을 고려하여야 한다.

## 제68조 (정착성 어종)

본 장의 규정은 제77조 4항에서 정의한 정착성 어종에는 적용되지 아니한다.

## 제69조 (내륙국의 권리)

① 내륙국은 모든 관계국의 관련 경제적, 지리적 환경을 고려하고 본 조 및 제 61조와 제62조의 규정에 따라 형평의 원칙 위에서 동일 소지역 또는 지역연안국의 배타적 경제수역의 생물자원 잉여분의 적절한 배분의 개발에 참여할 권리를 갖는다.

② 상기 참여의 조건 및 양식은 특히 하기 요인을 고려하여 쌍무 소지역 또는 지역협정을 통하여 관계국에 의하여 확립된다.

가. 연안국의 어업지역사회 또는 수산업에 유해한 영향의 회유 필요성;

나. 본 조의 규정에 따라 내륙국이 기존 쌍무 소지역 또는 지역협정에 의하여 다른 연안국의 배타적 경제수역 생물자원의 개발에 참여하거나 할 권리가 주어져 있는 범위;

다. 타 내륙국 및 지역적 불리국이 연안국의 배타적 경제수역 생물자원의 개발에 참여하는 범위 및 어느 단일 연안국 또는 그 연안국 일부에 대한 특별한 부담을 회피할 결과적 필요성;

라. 각국 인구의 영양상 필요

③ 연안국의 어획능력이 배타적 경제수역에 있는 생물자원의 총허용 어획량을 어획할 수 있는 경우에, 연안국 및 타 국가는 쌍무, 소지역 또는 지역적 기초에 입각하여 환경에 적절하고 모든 당사국이 만족하는 조건 위에서 동일한 소지역 또는 지역개발도상 내륙국이 동일 소지역 또는 지역연안국이 배타적 경제수역 생물자원의 개발에 참여하는 것을 허용하는 약정을 체결하도록 상호협력 하여야 한다. 본 규정의 시행에 있어서 제 2항에 규정된 제 요인이 또한 고려되어야 한다.

④ 선진내륙국은 연안국이 그 배타적 경제수역 생물자원에 타국의 입어를 허용함에 있어서 어업 지역사회에 대한 유해한 영향 및 그 소속국민이 관습적으로 그 배타적 경제수역에서 어획활동을 하여 온 국가의 경제적 혼란을 극소화할 필요성을 고려하는 정도를 참작하여, 본 조의 규정에 의하여 동일 소지역 또는 지역 선진연안국의 배타적 경제수역에 한하여 생물자원 개발에 참여할 권리가 있다.

⑤ 상기 규정은 연안국이 배타적 경제수역 생물자원의 개발에 대한 동등한 또는 우선적인 권리를 동일 소지역 또는 지역 내륙국에게 부여하는 소지역 또는 지역에서 합의된 약정을 침해하지 아니한다.

### 제70조 (지리적 불리국의 권리)

① 지리적 불리국은 모든 관계국의 관련 경제적 및 지리적 환경을 고려하고 본 조 제61조 및 제62조의 규정에 따라서 형평의 원칙 위에서 동일 소지역 또는 지역연안국 배타적 경제수역 생물자원 잉여분의 적절한 부분에 대한 개발에 참여할 권리를 갖는다.

② 본 협약의 적용상 "지리적 불리국"은 그 지리적 상황이 국가 인구 또는 일부 인구의 영양섭취 목적에 적합한 어류공급을 소지역 또는 지역적 타국가의 배타적 경제수역 생물자원의 개발에 의존하는 폐쇄해 또는 반폐쇄해 국가를 포함한 연안국 및 그 자체의 배타적 경제수역을 주장할 수 없는 연안국을 포함한다.

③ 상기 참가의 조건 및 양식은 특히 하기요인을 고려하여 쌍무, 소지역 또는 지역협정을 통하여 관계국에 의하여 확립된다.

가. 연안국의 어업사회 또는 수산업에 유해한 영향의 회피 필요성

나. 본 조의 규정에 따라 지리적 불리국이 기존, 쌍무, 소지역 또는 지역협정에 의하여 다른 연안국의 배타적 경제수역 생물자원의 개발에 참여하거나 참여할 권리가 주어져 있는 범위

다. 타 지리적 불리국 및 내륙국이 연안국의 배타적 경제수역 생물자원의 개발에 참여하는 범위 및 어느 단일 연안국 또는 그 연안국의 일부에 대한 특별한 부담을 회피할 결과적 필요성

④ 연안국의 어획능력이 배타적 경제수역에 있는 생물자원의 총허용 어획량을 어획할 수 있는 경우에, 연안국 및 타 국가는 쌍무, 소지역 또는 지역적 기초에 입각하여 환경에 적절하고 모든 당사국이 만족하는 조건 위에서 동일 소지역 또는 지역에 있는 개발도상 지리적 불리국이 동일 소지역 또는 지역 연안국의 배타적 경제수역 생물자원의 개발에 참여하는 것을 허용하는 공평한 약점을 해결하도록 상호협력하여야 한다. 본 규정의 시행에 있어 제③항에 규정된 제 요인이 또한 고려되어야 한다.

⑤ 선진 지리적 불리국이 연안국의 그 배타적 경제수역 생물자원에 타국가의 입어를 허용함에 있어서 어업지역사회에 대한 유해한 영향 및 그 소속국민이 관습적으로 그 배타적 경제수역에서 어획활동을 하여 국가의 경제적 혼란을 극소화할 필요성을 고려하는 정도를 참작하여, 본 조의 규정에 의하여 동일 소지역 또는 지역선진연안국의 배타적 경제수역에 한하여 생물자원개발에 참여할 권리가 있다.

⑥ 상기 규정은 연안국이 배타적 경제수역 생물자원의 개발에 대한 동등한 또는 우선적인 권리를 동일 소지역 또는 지역내륙국에 부여하는 소지역 또는 지역에서 합의된 약점을 침해하지 아니한다.

## 제71조( 제69조 및 제70조의 부적용)

제69조 및 제70조의 규정은 그 경제가 배타적 경제수역 생물자원의 개발에 압도적으로 의존하고 있는 연안국의 경우에는 적용하지 아니한다.

## 제72조 (권리이전의 제한)

① 생물자원의 개발에 관하여 제69조 및 제70조에 의하여 규정된 권리는 관계국에 의한 다른 합의가 없는 한 임대차 또는 면허, 합작 투자의 설립 또는 이전의 효과를 가져오는 기타 방법으로 제 3국이나 그 국민에게 직접 또는 간접으로 이를 이전할 수 없다.

② 제 1항의 규정은 관계국이 제69조 및 제70조에 따르는 권리의 행사를 촉진시키기 위하여 제3국 또는 국제조직으로부터 기술적 또는 재정적 원조를 받는 것을 배제하지 아니한다. 또, 제①항에 규정된 효과를 초래하여서는 아니 된다.

### 제73조 (연안국의 법령시행)

① 연안국은 배타적 경제수역 생물자원을 탐사, 개발 보존 및 관리하는 주권적 권리를 행사함에 있어서 본 협약에 따라 채택된 법령의 준수를 확보하기 위하여 필요한 승선, 감시, 나포 및 사법절차를 포함한 조치를 취할 수 있다.

② 나포된 선박 및 승무원은 상당한 보석금, 기타 보증금을 예치한 후 즉시 석방하여야 한다.

③ 배타적 경제수역에서의 어업법규의 위반에 대한 연안국의 처벌도 관계국간에 반대의 합의가 없는 한 금고 또는 기타의 체형을 포함하지 아니 한다.

④ 외국 선박을 나포 또는 억류한 경우, 연안국은 적절한 경로를 통하여 그 기국에 취한 조치 및 그에 부과된 형에 대하여 즉시 통고하여야 한다.

### 제74조 (인접 또는 대향국 간의 배타적 경제수역의 경계획정)

① 인접 또는 대향국 간의 배타적 경제수역의 경계획정은 공평한 해결에 도달하기 위하여 국제사법재판소 규정 제38조에 규정된 대로 국제법을 기초로 하여 합의에 의하여 성립되어야 한다.

② 상당한 기간 내에 합의에 도달할 수 없는 경우에 관계국은 제15장에 규정된 절차에 의존하여야 한다.

③ 제 1항에 규정된 합의에 이르는 동안 관계국은 이해 및 상호협력의 정신으로 그 과도기 동안 최종 합의에 도달함을 위협하거나 해하지 아니하고 실제적인 잠정약정을 체결하기 위하여 모든 노력을 하여야 한다. 상기 약정은 최종경계획정을 침해하지 아니한다.

④ 관계국간에 유효한 협정이 존재하는 경우에 배타적 경제수역의 경계획정에 관한 문제는 그 협정의 규정에 따라 결정한다.

### 제75조 (해도 및 지리적 좌표점의 목록)

① 본 장에 따라 배타적 경제수역의 외측한계선 및 제74조의 규정에 따라 획선된 경계획정선은

그 위치를 확인하기에 적당한 단수 또는 복수의 축척해도에 표시되어야 한다. 단 적절한 경우 측지자료를 명기한 지리적 좌표점의 목록으로 대체할 수 있다

② 연안국은 상기 해도나 지리적 좌표점의 목록을 정당히 공시 하여야 하며, 동 해도 또는 목록의 사본을 유엔사무총장에게 기탁하여야 한다.

## 제6장 대륙붕

### 제76조(대륙붕의 정의)

① 연안국의 대륙붕은 영해 밖으로 육지영토의 자연적 연장을 통하여 대륙변계의 외선까지 또는 대륙변계의 외선이 200해리까지 미치지 아니하는 경우에는 영해의 폭을 측정하는 기선으로부터 200해리까지의 거리에 있는 해저 및 하층토로 이루어진다.

② 연안국의 대륙붕은 제4항 내지 제6항에 규정된 한계이원으로 확장되어서는 아니 된다.

③ 대륙변계는 연안국 본토의 해저연안으로 이루어지며, 대륙붕의 해저 및 하층토, 대륙사면 및 대륙융기로 구성된다. 대륙변계는 심해상과 그에 부속한 해양산맥 또는 하층토는 포함되지 아니 한다.

④ 가. 본 협약의 적용상 연안국은 그 변계가 영해의 폭을 측정하는 기선으로부터 200해리 이원까지 미치는 경우에는 언제나 대륙변계의 외선을 하기 선중 하나로 확정하여야 한다.

 (1) 퇴적암의 두께가 각 최외각 확정지점으로부터 대륙사면의 최저부까지의 최단거리의 최소한 1%인 최외곽 확정지점을 제7항에 따라 연결한 선; 또는

 (2) 대륙사면의 최저부로부터 60해리 이하인 확정지점을 제7항에 따라 연결한 선.

 나. 반대의 증거나 없는 한 대륙사면의 최저부는 그 기저에서 경사도의 최대변경지점으로 결정된다.

⑤ 제4항 가(1) 및 (2)에 따라 획선된 해저에 있는 대륙붕의 외측한계선을 이루는 확정지점은 영해의 폭을 측정하는 기선으로부터 350해리를 초과하지 아니하거나 2,500미터 수심을 연결하는 선인 2,500미터 등심선으로부터 100해리 초과하지 아니하여야 한다.

⑥ 제5항의 규정에도 불구하고, 해저산맥의 경우에 대륙붕의 외측한계는 영해의 폭을 측정하는 기선으로부터 350해리를 초과하지 아니하여야 한다. 본 항은 해양고원, 융기, 캡, 뱅크 및 스퍼

와 같은 대륙변계의 자연적 구성요소인 해저고지에는 적용되지 아니한다.

⑦ 연안국은 대륙붕이 영해의 폭을 측정하는 기선으로부터 200해리 이원에 까지 미치는 경우에는 경위도 좌표로 표시된 확정지점을 연결하여 그 길이가 60해리를 넘지 아니하는 직선에 의하여 대륙붕의 외측한계를 그어야 한다.

⑧ 영해의 폭을 측정하는 기선으로부터 200해리를 초과하는 대륙붕의 한계에 관한 정보는 연안국에 의한 공평한 지리적 대표원칙에 입각하여 제2부속서에 따라 설립된 대륙붕한계위원회에 제출되어야 한다. 동 위원회는 대륙붕의 외측한계 확정에 관한 사항에 대하여 연안국에 권고를 행하여야 한다. 이러한 권고를 기초로 하여 연안국에 의해 확정된 대륙붕의 경계는 최종적이며 구속력을 갖는다.

⑨ 연안국은 측지자료를 포함하여 항구적으로 대륙붕의 외측한계를 표시하는 해도 및 관련정보를 유엔 사무총장에게 기탁하여야 하며, 유엔 사무총장은 이를 정당히 공시하여야 한다.

⑩ 본 조의 규정은 인접 또는 대향국간의 대륙붕의 경계획정문제를 침해하지 아니한다.

### 제77조(대륙붕에 대한 연안국의 권리)

① 연안국은 대륙붕에 대하여 대륙붕을 탐사하고 그 천연자원을 개발하기 위한 주권적 권리를 행사한다.

② 제1항에 규정된 권리는 연안국이 대륙붕을 탐사하지 아니하거나 또는 그 천연자원을 개발하지 아니하더라도 다른 국가는 연안국의 명백한 동의 없이는 이러한 활동을 행할 수 없다는 의미에서 배타적이다.

③ 대륙붕에 대한 연안국의 권리는 실효적이나 관념적인 점유 또는 명시적 선언에 의존하는 것이 아니다.

④ 본 장에 규정된 천연자원이라 함은 정착성 어종에 속하는 생물, 즉 수확가능 단계에서 해저의 표면 또는 그 아래에서 움직이지 아니하거나 해저 또는 그 하층토에 항상 밀착하지 아니하고는 움직일 수 없는 생물과 해저 및 하층토의 광물과 기타 비생물자원으로 구성된다.

### 제78조 (대륙붕의 상부수역 및 상공의 법적 지위와 타국의 권리 및 자유)

① 대륙붕에 대한 연안국의 권리는 그 상부수역 또는 상공의 법적지위에 영향을 미치지 아니한다.

② 대륙붕에 대한 연안국의 권리 행사는 항행 및 본 협약에 규정된 타국의 기타 권리 및 자유를 침해 하거나 부당한 간섭을 초래하여서는 아니 된다.

### 제79조(대륙붕에서의 해저전선 및 관선)

① 모든 국가는 본 조의 규정에 따라 대륙붕에서 해저전선과 관선을 부설할 권리를 갖는다.

② 대륙붕의 탐사, 그 천연자원의 개발 및 도관으로부터의 오염의 방지, 경감 및 억제를 위하여 합당한 조치를 취하는 권리에 따라 연안국의 상기 전선 또는 관선의 부설이나 유지를 방해할 수는 없다.

③ 대륙붕에서의 상기 관선의 부설을 위한 "코스"의 획정은 연안국의 동의를 받아야 한다.

④ 본 장의 어느 규정도 자국의 영토나 영해에 부설되는 전선 또는 도관에 대한 조건을 설정하는 연안국의 권리 또는 대륙붕의 탐사나 그 자원의 개발 또는 자국의 관할하에 있는 인공도서, 시설, 구조물의 운영과 관련하여 부설되거나 사용되는 전선과 관선에 대한 연안국의 관할권에 영향을 미치지 아니한다.

⑤ 해저 전선 및 도관을 부설하는 경우에 각 국가는 이미 설치되어 있는 전선이나 도관에 대하여 정당한 고려를 하여야 한다. 특히 기존 전선이나 관선을 수리할 수도 있는 가능성은 침해 받을 수 없다.

### 제80조 (대륙붕상의 인공도서, 시설 및 구조물)

제60조의 규정은 대륙붕에서의 인공도서, 시설 및 구조물에 이를 준용한다.

### 제81조 (대륙붕 시추)

연안국은 모든 목적을 위하여 대륙붕에서 시추하는 것을 허가 및 규제를 하는 배타적 권리를 갖는다.

### 제82조 (200해리 이원 대륙붕개발에 관한 불입금 및 현물공여)

① 연안국은 영해의 폭을 측정하는 기선으로부터 200해리 이원 대륙붕의 비생물자원의 개발에 관한 불입금을 납부하거나 현물공여를 행하여야 한다.

② 투입금 및 현물공여는 생산개시 5년 이후부터 생산지점에서의 모든 생산물에 관하여 매년 납부되어야 한다. 제6년째의 투입금 또는 현물공여의 비율은 생산지점의 생산총액 또는 생산량의 1%로 하며, 그 비율은 12년째까지 매년 1%씩 증가하고, 그 이후는 7%로 한다. 생산에는 개발과 관련하여 사용된 자원을 포함하지 아니한다.

③ 자국의 대륙붕에서 생산되는 광물자원의 순수입국인 개발도상국은 동 광물자원에 관한 불입금 또는 현물공여로부터 면제된다.

④ 투입금 및 현물공여는 심해저기구를 통하여 납부되어야 하며, 심해저기구는 이를 개발도상국, 특히 최저개발도상국 및 내륙국의 이익과 필요성을 고려하여 공평분배기준에 입각하여 본 협약의 당사국에게 분배하여야 한다.

### 제83조 (인접 또는 대향국간의 대륙붕 경계획정)

① 인접 또는 대향국 간의 대륙붕의 경계획정은 공평한 해결에 도달하기 위하여 국제사법재판소규정 제38조에 규정된 대로 국제법을 기초로 하여 합의에 의하여 성립되어야 한다.

② 상당한 기간 내에 합의에 도달할 수 없는 경우에 관계국은 제15장에 규정된 절차에 의거하여야 한다.

③ 제1항에 규정된 합의에 이르는 동안 관계국은 이해 및 상호협력 정신으로 그 과도기 동안 최종합의에 도달하는 것을 위협하거나 방해하지 아니하고 실무적 성격의 잠정약정을 성립하기 위하여 모든 노력을 다하여야 한다. 상기 약정은 최종경계획정을 침해하지 아니한다.

④ 관계국 간에 시행중인 협정이 있는 경우에 대륙붕의 경계획정에 관한 문제는 그 협정의 규정에 따라 결정된다.

### 제84조 (해도 및 지리적 좌표목록)

① 본 장에 따라 대륙붕의 외측 한계선과 제83조에 따라 그어진 경계획정선은 그 위치를 확인하기에 적당한 단수 또는 복수축적의 해도에 표시되어야 한다. 적절한 경우 측지 자료를 명기한 지리적 좌표목록으로 상기 외측 한계선을 대신할 수 있다.

② 연안국은 상기 해도 또는 지리적 좌표목록을 적당히 공표하여야하며 또한 상기 해도 또는 목록의 사본을 유엔 사무총장에게 기탁하고 대륙붕의 외측 한계선을 표시하는 해도 또는 목록의

경우에 이를 심해저기구 사무총장에게 기탁하여야 한다.


## 제85조 (터널)

본 장의 규정은 하층토 상부의 수심에 관계없이 터널에 의하여 하층토를 개발하는 연안국의 권리를 침해하지 않는다.


# 제7장 공해


## 제1절 총칙

### 제86조 (본 장 규정의 적용)

본 장의 규정은 어느 국가의 배타적 경제수역, 영해, 내수 또는 군도국가의 군도수역에 포함되지 아니하는 모든 해역에 적용된다. 본 조의 규정은 제58조 규정에 따라 배타적 경제수역 내에서 모든 국가가 향유하는 자유의 축소를 수반하지 아니한다.


### 제87조 (공해의 자유)

① 공해는 연안국이나 내륙국을 막론하고 모든 국가에 개방된다. 공해의 자유는 본 협약과 국제법의 기타 규칙에 정하여진 조건에 의거하여 행사된다. 공해의 자유는 연안국과 내륙국에 대해 특히 다음과 같은 것을 포함한다.

　가. 항해의 자유

　나. 비행의 자유

　다. 제6장의 규정에 따른 해저 전선 및 도관 건설의 자유

　라. 제6징의 규정에 따라 국제법이 허용하는 인공도서 및 기타 시설의 설치자유

　마. 본 장 제2절에 정하여진 조건에 따른 어로의 자유

　바. 제6장 및 제8장의 규정에 따른 과학적 조사의 자유

② 모든 국가는 공해의 자유를 행사함에 있어서 타 국가의 이익과 심해저 활동에 관하여 본 협약에 규정한 권리에 대하여 정당한 고려를 하면서 상기의 자유를 행사하여야 한다.

### 제88조 (평화적 목적을 위한 공해의 자유)

공해는 평화적 목적을 위하여 유보되어야 한다.

### 제89조 (공해에 대한 주권주장의 무효)

어떠한 국가도 공해의 어느 부분을 유효하게 그의 주권에 복속 시킬 수 없다.

### 제90조 (항해의 권리)

모든 국가는 연안국 또는 내륙국을 막론하고 공해상에 자국의 국기를 게양한 선박을 항해하게 할 권리를 갖는다.

### 제91조 (선박의 국적)

① 모든 국가는 선박에 대한 자국의 국적, 허용, 자국영해 내에 있어서의 선박의 등록 및 자국의 국기를 게양할 권리에 관한 조건을 정하여야 한다. 선박은 그 국기를 게양할 권리를 가진 국가의 국적을 가진다. 국가와 선박 간에는 진정한 관련이 존재하여야 한다.

② 모든 국가는 자국의 국기를 게양할 권리를 허용한 선박에 대하여 그 증명을 발급하여야 한다.

### 제92조 (선박의 지위)

① 선박은 일 개국만의 국기를 게양하고 항해 하여야 하며 또한 국제조약 또는 본 협약에 명백히 규정된 예외적 규정의 경우를 제외하고는 공해상에서 그 국가의 배타적 관할하에 있는 것으로 한다. 선박은 소유권의 진정한 양도 또는 등록 변경의 경우를 제외 하고는 항해 중 또는 기항 중에 그 국기를 변경할 수 없다.

② 2개국 이상의 국기를 편의에 따라 게양하고 항해하는 선박은 다른 국가와의 관계에서 그 어느 국적도 주장할 수 없으며, 또한 무국적 선박과 동일시 될 수 있다.

### 제93조 (유엔, 유엔전문기구 및 국제원자력 기구의 기를 게양한 선박)

제92조의 규정은 유엔, 유엔전문기구, 또는 국제원자력기구의 공무에 사용되고 그 기구의 기를 게양하는 선박에 대하여 적용되지 아니한다.

## 제94조 (기국의 의무)

① 모든 국가는 행정적, 기술적 및 사회적 사항에 관하여 자국의 국기를 게양하는 선박에 대하여 자국의 관할권과 통제권을 효과적으로 행사할 수 있다.

② 특히 모든 국가는 다음 사항을 실시하여야 한다.

　가. 크기가 작기 때문에 일반적으로 승인된 국제법규에서 제외되는 선박을 제외하고는 자국 국기를 게양하는 선박의 선명과 세부사항을 포함하는 선박등록부의 유지;

　나. 자국 국기를 게양한 선박, 그 선박의 선장, 사관 및 승무원에 대하여 동 선박에 관한 행정적, 기술적 및 사회적 사항에 대한 국내법에 의거한 관할

③ 모든 국가는 국기를 게양하는 선박에 대하여 해상에서의 안전을 확보하기 위하여 특히 다음 사항에 관하여 필요한 조치를 취하여야 한다.

　가. 선박의 건조, 장비 및 내항성

　나. 적용할 수 있는 국제통례를 고려한 선박의 선원 배치, 승무원의 근로 조건 및 훈련

　다. 신호의 사용, 통신의 유지 및 충돌의 방지

④ 상기 조치는 다음 사항을 확보하기 위하여 필요한 사항을 포함하여야 한다.

　가. 각 선박은 등기전과 등기 후 적당한 간격으로 자격 있는 선박 검사원에 의하여 검사받아야 하고 선박의 안전 항행에 적당한 해도, 항해서적, 항해 장비 및 기구를 선박에 보유하여야 한다.

　나. 각 선박은 적당한 자격 특히 조함술, 항해, 통신, 해양 엔지니어링에 관한자격을 가지고 있는 선장과 사관의 책임하게 있어야 하고 승무원은 그 선박의 형태, 크기, 기기, 및 장비에 적당한 자격과 인원이어야 한다.

　다. 선장, 사관, 및 적당한 범위의 승무원은 해상에서의 생명안전, 충돌의 방지, 해양오염의 방지, 경감, 억제 및 무선에 의한 통신유지에 관하여 적용할 수 있는 국제법규에 완전히 정통하여야 하고, 또한 준수할 것이 요구된다.

⑤ 제3항 및 제4항의 규정에서 요구되는 조치를 취함에 있어서 각 국가는 일반적으로 승인된 국제법규, 절차 및 관습을 따라야 하고 그 준수를 보장하게 위하여 필요한 수단을 취하여야 한다.

⑥ 선박에 관하여 적절한 관할 및 통제가 행사되지 아니하였다고 확신되는 명백한 근거를 가지고 있는 국가는 기국에 그 사실을 통보할 수 있다. 이러한 통보를 접수한 기국은 그 사실을 조사하

여야 하고 적절한 경우 그에 대한 시정을 위하여 필요한 조치를 취하여야 한다.

⑦ 각국은 자국의 국기를 게양한 선박에 연계되고 타국의 국민에 대한 인명손실이나 중대한 상
해, 타국의 선박, 시설 또는 해양 환경에 대한 중대한 손해를 끼친 공해상의 항해에 관한 모든
사고나 재난에 관하여 단수 또는 복수의 유자격자에 의하여 또는 그의 참가하에 조사를 행하
여야 한다. 기국 및 기타 국가는 그러한 타국가가 상기 해상사고나 재난에 관한 조사를 실시함
에 있어서 상호 협력하여야 한다.

### 제95조 (공해상 군함의 면책특권)

공해상의 군함은 기국이 아닌 다른 어떠한 국가의 관할권으로부터도 완전한 면책특권을 가진다.

### 제96조 (비상업용 정부선박의 면책특권)

어느 국가가 소유하거나 운영하고 오직 비상업용 정부역무에 사용되는 선박은 공해상에서 기국
이 아닌 어떠한 국가의 관할로부터도 완전한 면책특권을 가진다.

### 제97조 (충돌 또는 기타 항해사고에 관한 형사관할권)

① 공해상에서 선박에 관한 충돌 또는 기타 항해사고가 발생하고 그 선박에 근무하는 선장 또는
기타자의 형사 또는 징계책임을 포함하는 경우에, 그들에 대한 형사 또는 징계소송절차는 그
선박의 기국 또는 그들의 국적국가의 사법당국이나 행정국가만이 제기할 수 있다.

② 징계문제에 대하여는 선장의 증명서, 자격증 또는 면허증을 발급한 국가만이 정당한 법적절차
를 거친 후에 이러한 제증명서의 철회를 선언할 권리를 가진다. 이 경우에 있어서 그 증명서의
소지자는 반드시 증명서를 발급한 국가의 국민임을 요구하지 아니한다.

③ 선박의 나포 또는 억류는 비록 수사상의 수단으로서 행하여지는 경우라도 선박 기국의 당국
이외의 누구도 이를 명령할 수 없다.

### 제98조 (원조제공의무)

① 모든 국가는 자국의 국기를 게양하고 항해하는 선박의 선장에 대하여 선박, 승무원, 선객에 대
한 중대한 위험이 없는 한 다음 각호의 사항을 이행하도록 요구하여야 한다.

가. 해상에서 발견된 자로서 실족이 될 위험에 처한 자에 대하여 원조를 제공할 것.

나. 원조를 필요로 한다는 통보를 받은 경우에는 그 조치가 선장에게 합당하게 기대될 수 있는 것이라면 가능한 한 전속력으로 조난자의 구조에 착수할 것.

다. 충돌이 있은 후에는 타방의 선박, 승무원 및 선객에 대하여 원조를 제공하고 가능한 경우에는 타방의 선박에 대하여 자기 선박의 선명, 선적항 및 최근 거리에 있는 기항 예정지를 통보할 것.

② 모든 연안국은 해상에 있어서의 안전에 관하여 적절하고 실효성 있는 수색 및 구조 기관의 설치, 운영 및 유지를 촉진 시키고 또한 필요한 경우에는 상호 지역협정의 방법으로 이 목적을 위하여 인접제국과 상호협력하여야 한다.

## 제99조 (노예수송금지)

모든 국가는 자국의 국기를 게양함이 허가된 선박에 의한 노예의 수송을 방지하고 처벌하기 위하여 또는 노예의 수송을 위한 자국 국기의 불법 사용을 방지하기 위하여 실효성 있는 조치를 취하여야 한다. 국기의 여하를 막론하고 어떤 선박에 피난하는 노예는 그 사실에 의하여 자유의 몸이 된다.

## 제100조 (해적행위 진압을 위한 협력의무)

모든 국가는 가능한 최대한도로 공해 또는 어느 국가의 관할권에도 속하지 않는 기타 장소에서 해적행위를 진압하는데 상호 협력하여야 한다.

## 제101조 (해적행위의 정의)

해적행위라 함은 다음 행위를 말한다.

가. 사유의 선박 또는 항공기의 승무원 노는 승객이 사적목적을 위하여 범행하는 불법적 폭력행위, 억류 또는 약탈행위로서 다음의 것에 대하여 행하여지는 것이다.

　(1) 공해에 있어서의 타 선박, 항공기 또는 그 선박, 항공기내의 인원이나 재산

　(2) 어느 국가의 관할권에도 속하지 아니하는 장소에 있는 선박, 항공기, 인원 또는 재산

나. 당해 선박 또는 항공기가 해적 항공기라는 사실을 알고 그 선박 또는 항공기의 활동에 자발적

으로 참가하는 행위

다. 가호 및 나호에 규정된 행위를 선동 또는 고의적으로 조작하는 모든 행위.

### 제102조 (승무원이 반란을 일으킨 군함, 정부선박 또는 정부항공기에 의한 해적행위)

군함, 정부선박 또는 정부항공기의 승무원이 반란을 일으켜서 그 군함, 선박 또는 항공기를 지배하는 경우에 그 군함, 선박 또는 항공기가 행하는 제 101조에 정의된 해적행위는 사유의 선박 또는 항공기에 의한 행위와 동일시된다.

### 제103조 (해적선 · 해적항공기의 정의)

선박 또는 항공기를 지배적으로 관리하고 있는 자가 제101조에 규정된 행위를 범하기 위하여 사용할 것을 기도하는 경우에 그 선박 또는 항공기는 해적선 또는 해적 항공기로 간주된다. 선박 또는 항공기가 전기의 어떤 행위를 범하기 위하여 사용된 경우에 그 선박 또는 항공기가 그대로 행위를 한자의 지배하에 있는 한 그 선박 또는 항공기도 해적선 또는 해적 항공기로 간주된다.

### 제104조 (해적선 · 해적항공기의 국적보유 또는 상실)

선박 또는 항공기가 해적선 또는 해적항공기로 된 경우에도 그의 국적을 보유할 수 있다. 국적의 보유 또는 상실은 그 국적의 본래 유래한 국가의 법률에 의하여 결정된다.

### 제105조 (해적선 · 해적항공기의 나포)

공해상 또는 어느 국가의 관할권에도 속하지 아니하는 기타 장소에서 모든 국가는 해적선, 해적 항공기 또는 해적행위에 의하여 탈취되고 또한 해적의 지배하에 있는 선박 또는 항공기를 나포하고 선박 또는 항공기내에 있는 사람을 체포하고 재산을 압수할 수 있다. 나포를 행한 국가의 법원은 부과할 형벌을 결정하며, 또한 그 선박, 항공기 또는 재산에 대하여 취할 조취를 결정할 수 있다. 단 선의의 제 3자의 권리는 보호된다.

### 제106조 (충분한 근거 없는 나포에 대한 책임)

해적행위의 혐의로 인한 선박 또는 항공기의 나포가 충분한 근거 없이 행하여 진 경우에는 나포국이 그 선박 또는 항공기의 국적국에 대하여 그 나포로 인하여 발생한 손실 또는 손해에 대하여 책임진다.

### 제107조 (해적을 이유로 한 나포의 권한 있는 선박 및 항공기)

해적행위를 이유로 한 나포는 군함, 군용항공기 또는 기타 정부역무에 종사하는 것이 명백히 표시되고 식별되며, 이에 대한 권한이 부여된 선박이나 항공기에 의하여서만 행사될 수 있다.

### 제108조 (마약 또는 향정신성 약물의 불법거래)

① 모든 국가는 국제협약에 위배하여 공해상에서의 선박에 의한 마약 및 향정신성 물질의 불법거래의 금지를 위하여 협조하여야 한다.

② 자국의 국기를 게양한 선박이 마약 또는 향정신성 물질의 불법거래에 종사하고 있다고 확신되는 합리적인 증거를 가지고 있는 국가는 타 국가에 대하 여 이러한 거래를 금지하도록 협조를 요청할 수 있다.

### 제109조 (공해로부터의 무허가방송)

① 모든 국가는 공해로부터의 무허가방송을 금지함에 있어서 상호협력하여야 한다.

② 본 조약의 적용상 "무허가방송"은 국제법규에 반하여 일반 대중에 의한 수신을 목적으로 하여 공해상의 선박 또는 시설로부터의 음성, 무선방송 또는 TV방송의 송신을 뜻한다. 단, 조난신호의 방송은 제외한다.

③ 무허가방송에 종사하는 인원은 하기 국가의 법원에 기소될 수 있다.

　　가. 선박의 기국

　　나. 시설등록국

　　다. 그 인원의 국적국

　　라. 송신이 수신될 수 있는 모든 국가, 또는

　　마. 허가된 무선통신이 방해받고 있는 국가

④ 공해상에서 제③항에 따라 관할권을 가지는 국가는 제110조에 따라 무허가 방송에 종사하는 인원이나 선박을 체포하거나 나포할 수 있고, 방송기기를 압수할 수 있다.

## 제110조 (임검권)

① 간섭행위가 조약에 의하여 부여된 권한에 의거하는 경우를 제외하고는 제 95조 및 제96조에 따라 완전한 면책특권을 가진 선박을 제외한 외국 선박을 공해상에서 조우한 군함은 다음 사항에 해당하는 어떤 혐의에 대한 합리적 근거가 없는 한 그 선박을 임검하는 것은 정당화되지 아니한다.

　　가. 그 선박이 해적행위에 종사하고 있을 것

　　나. 그 선박이 노예거래에 종사하고 있을 것

　　다. 그 선박이 무허가방송에 종사하고 있고 그 군함의 기국은 제109조에 따라 관할권을 가지고 있을 것

　　라. 그 선박이 국적이 없을 것, 또는

　　마. 그 선박이 외국의 국기를 게양하고 있거나 또는 그 선박의 국기를 제시함을 거절하였으나 실질적으로는 그 선박이 군함과 동일한 국적을 가지고 있을 것

② 제①항에 규정된 경우에 있어서 군함은 해당 선박이 그 국기를 게양할 권리를 가지는가를 확인할 수 있다. 이러한 목적을 위해서 군함은 혐의가 있는 선박에 대하여 장교에 지시 하에 보트 를 파견할 수 있다. 서류를 검색한 후에도 여전히 혐의가 있는 경우에 군함은 그 선박 내에서 재차 조사를 행할 수 있는데 그 검사는 가능한 한 신중히 행하여야 한다.

③ 혐의가 근거 없는 것으로 판명되고 또한 임검을 받고 있는 선박이 혐의를 정당화하는 어떠한 행위도 범하지 않았을 경우에는 그 선박은 지속가능성이 있는 손실 또는 손해에 대하여 보상을 받는다.

④ 제①항 내지 제③항의 규정은 군용항공기에 준용된다.

⑤ 제①항 내지 ③항의 정부역무에 종사하는 것이 명백히 표시되고 식별되는 정당한 권한이 부여된 기타 모든 선박 또는 항공기에도 적용된다.

## 제111조 (추적권)

① 외국 선박의 추적은 연안국의 권한 있는 당국이 자국의 법령을 그 외국 선박이 위반한 것으로 믿을 만한 충분한 이유가 있을 때 이를 행사할 수 있다. 이러한 추적은 그 외국 선박 또는 그 선박에 소속하는 보트 가 추적국의 내수, 군도수역, 영해 또는 접속수역 내에 있을 때 개시되어

야 하며, 또한 추적이 중단되지 아니하는 경우에 한하여 영해 또는 접속수역의 밖에서 이를 계속할 수 있다. 영해 또는 접속수역 내에 있는 외국 선박이 정선명령을 받았을 때 정선명령을 발하는 선박이 동시에 영해 또는 접속수역 내에 존재할 필요는 없다. 외국 선박이 제32조에 규정된 접속수역 내에 있을 경우에, 추적은 그 수역의 설정에 의하여 보호하는 법익의 침해가 있는 경우에 한하여 행할 수 있다.

② 추적권은 배타적 경제수역 또는 대륙붕 시설주위의 안전수역을 포함한 대륙붕 상부에서 본 협약에 따라 배타적 경제수역 또는 상기 안전수역을 포함한 대륙붕의 적용 가능한 연안국의 법령을 위반한 경우에 준용된다.

③ 추적권은 추적선박이 자국 또는 제3국의 영해에 들어감과 동시에 종료된다.

④ 추적은 추적선이 취할 수 있는 실질적인 방법에 의하여 추적선박이나 그 보트 중의 하나 또는 하나의 선단을 형성하여 활동하고 또한 그 추적선박을 모선으로 사용하는 기타의 소형선박이 영해의 한계 내 또는 경우에 따라서는 접속수역, 배타적 경제수역 또는 대륙붕 상부에 있다는 사실을 확인하지 아니하는 한 이를 개시한 것으로 인정되지 아니한다. 추적은 시각 또는 청각에 의한 추적신호가 외국 선박이 이를 견문할 수 있는 거리에서 발신된 후에 비로소 이를 개시할 수 있다.

⑤ 추적은 군함, 군용항공기 또는 기타 정부역무에 종사하는 것이 명백히 표시되고 식별되며 이에 대한 권한이 부여된 선박이나 항공기에 한해서만 행사될 수 있다.

⑥ 추적이 항공기에 의하여 행하여지는 경우에는

　가. 제①항 내지 제④항의 내용은 이를 규정한다.

　나. 정선명령을 발한 항공기는 선박을 직접으로 나포할 수 있는 경우를 제외하고는 그 항공기가 요청한 연안국의 선박 또는 항공기가 도착하여 추적을 인수할 때까지 그 선박을 직접 적극적으로 추적하여야 한다. 선박이 당해 항공기 또는 중단하지 아니하고 계속하여 추적을 행하는 타의 항공기 또는 선박에 대하여 정선명령을 받아 추적딩하는 것이 아닌 한 그 선박이 범법 또는 범법혐의가 있다고 그 항공기에 의하여 단순히 발견된 것만으로 공해 밖에서의 나포는 충분히 정당한 것으로 인정되지 아니한다.

⑦ 어느 국가의 관할권내에서 나포되고 또한 권한 있는 당국의 조사를 받기위하여 그 국가의 항구에 호송된 선박은 그 항해 도중에 사정에 의하여 필요한 경우 배타적 경제수역 또는 공해의

일부분을 지나 호송되었다는 이유만으로써 그 석방을 주장할 수 없다.

⑧ 추적권의 행사가 정당화되지 않는 선박이 영해 밖에서 정지 또는 나포되는 경우에 그 선박은 그로 인하여 입은 지속가능성 있는 손실 또는 손해에 대하여 보상을 받는다.

## 제112조 (해저전선·관선의 부설권)

① 모든 국가는 대륙붕 이원의 공해해저에서 해저전선과 관선의 부설권을 가진다.

② 제79조 ⑤항은 상기 전선과 도관에 적용된다.

## 제113조 (해저전선 또는 관선의 파괴나 훼손)

모든 국가는 자국의 국기를 게양하는 선박 또는 자국의 관할권에 종사하는 사람이 전신 또는 전화통신을 중단하거나 방해할 우려가 있는 방법으로 공해 밑에 있는 해저전선을 고의 또는 과실로 파괴 또는 훼손하는 것과 또한 이와 똑같이 해저관선 또는 고압전선을 파괴 또는 훼손하는 것은 가벌범죄를 구성한다는 것을 규정하기 위하여 필요한 법령을 채택할 수 있다. 본 조는 또한 기도된 행위 또는 상기 파괴 또는 훼손을 초래할 수 있는 행위에도 적용된다. 그러나 본 조는 그 파괴 또는 훼손을 회피하기 위하여 필요한 모든 예방조치를 취한 후에 자기의 생명이나 선박을 구조하는 합법적인 목적만을 가지고 행동한 사람들에 의하여 야기된 파괴 또는 훼손에 대하여는 적용되지 아니한다.

## 제114조 (해저전선 또는 관선의 소유자에 의한 타 해저전선이나 관선의 파괴 또는 훼손)

모든 국가는 그 관할권에 복종하며, 공해 밑에 있는 해저전선이나 관선의 소유자인 사람이 그 전선 또는 관선의 매설 또는 수리를 함에 있어서 다른 전선 또는 관선을 파괴 또는 훼손한 경우에는 수리비용을 부담한다는 것을 규정하기 위하여 필요한 법령을 채택하여야 한다.

## 제115조 (해저전선 또는 도관의 훼손을 회피하기 위한 손실의 보상)

모든 국가는 선박의 소유자가 해저전선 또는 관선의 훼손을 회피하기 위하여 닻, 어망 또는 기타의 어구를 희생시켰음을 증명할 수 있을 때에는 그 선박소유자가 사전에 모든 합리적인 예방조치를 취했음을 조건으로 그 전선 또는 관선의 소유자로부터 보상을 받을 것을 보장하기 위하여 필요한 법령을 채택하여야 한다.

## 제2절 공해생물자원의 관리 및 보존

### 제116조 (공해어업권)

모든 국가는 다음 각호에 규정한 사항에 따를 것을 조건으로 그 국민이 공해에서 어업에 종사할 권리를 가진다.

가. 협약상의 의무;

나. 특히 제63조 제②항, 제64조 내지 제67조에 규정된 연안국의 권리의무 및 이익;

다. 본 절의 규정

### 제117조 (공해생물자원의 보존을 위한 조치를 자국민에게 적용해야 할 각국의 의무)

모든 국가는 자국민에 대하여 공해생물자원의 보존에 필요한 조치를 취하거나 취함에 있어서 다른 국가와 상호협력해야 할 의무가 있다.

### 제118조 (생물자원의 보존 및 관리에 있어서 국가 간 협력)

모든 국가는 공해의 수역에서 생물자원의 관리 및 보존을 함에 있어서 상호협력하여야 한다. 자국민이 동일 수역에서 동일 생물자원 또는 다른 생물자원을 개발하는 모든 국가는 관련 생물자원의 보존에 필요한 조치를 취하기 위한 교섭을 할 수 있다. 이를 위하여 적절한 경우 상기 국가는 소지역적 또는 지역적 어업조직을 설치하는 데 상호협력하여야 한다.

### 제119조 (공해생물자원의 보존)

① 공해에 있는 생물자원의 허용어획량을 규정하고 기타 보존조치를 설정함에 있어 다음 사항을 행하여야 한다.

　가. 관계국이 입수가능한 최선의 과학적 증거를 기초로 하여, 개발도상국의 특별한 요구를 포함한 관련 환경적, 경제적 요인에 의하여 확정되고, 또한 어로형태, 어족간의 상호의존성 및 소지역적, 지역적, 전 세계적임에 관계없이 일반적으로 권고된 국제최저기준을 고려하여 최대지속가능 생산량을 생산할 수 있는 수준으로 어획된 어종의 자원량이 유지 또는 회

복되도록 계획된 조치를 취하여야 한다.

　나. 어획어종의 관련 또는 의존어종의 자원량을 그 재생산이 심각하게 위협 받을 수 있는 수준
　　이상으로 유지 또는 회복시키기 위하여 그 관련 또는 의존 어종에 대한 경향을 고려하여야
　　한다.

②입수가능한 과학적 정보, 어획 및 어업활동통계, 수산자원의 보존에 관련된 기타 자료는 적절
　한 경우 소지역적, 지역적 또는 세계적인 관련 국제조직을 통하여 또한 모든 관계국의 참여하
　에 정기적으로 제공되고 교환되어야 한다.

③관계 국가는 보존조치와 그 시행에 있어서 어떠한 국가의 어부에 대하여도 형식적 또는 실질
　적 차별이 없도록 보장하여야 한다.

### 제120조 (해양포유동물)

제65조 규정은 또한 공해에 있는 해양포유동물의 보존과 관리에 적용된다.

## 제8장 도서제도

### 제121조 (도서제도)

①도서는 만조시에 수면상에 있고, 물로 둘러싸인 자연적으로 형성된 육지지역이다.

②제③항에 규정된 경우를 제외화고 도서의 영해, 접속수역, 배타적 경제수역 및 대륙붕은 기타
　육지영토에 적용 가능한 본 협약의 규정에 따라 결정된다.

③사람이 거주를 지속할 수 없거나 또는 그 자체의 경제생활을 영위할 수 없는 암석은 배타적 경
　제수역 또는 대륙붕을 가질 수 없다.

## 제9장 폐쇄해 또는 반폐쇄해

### 제122조 (정의)

본 협약의 적용상 "폐쇄해 또는 반폐쇄해"라 함은 2개국 이상으로 둘러싸이고 협소한 출구에 의
하여 타 해양에 연결되거나 또는 전부나 주된 부분이 2개 이상 연안국의 영해 및 배타적 경제수역

으로 구성되어 있는 만, 내만 또는 해를 말한다.

### 제123조 (폐쇄해 및 반폐쇄해 연안국 간 협약)

폐쇄해 또는 반폐쇄해의 연안국은 본 협약에 따라 그들의 권리를 행사하고 의무를 이행함에 있어서 상호협력하여야 한다. 이러한 목적을 위하여 그들은 직접적으로 또는 적절한 지역조직을 통하여 다음 사항을 위하여 협력하여야 한다.

가. 동 해역 생물자원의 관리, 보존, 탐사 및 개발의 상호조정

나. 해양환경의 보호 및 보존에 관한 각국의 권리행사 및 의무이행의 상호조정

다. 각국의 과학적 조사정책의 상호조정 및 적절한 경우 동 해역에 있어서의 공동과학조사계획의 실시

라. 적절한 경우 본 장의 규정을 정함에 있어 그 상호협력을 위한 기타 이해관계국 및 국제조직의 초청

## 제10장 내륙국의 해양출입권과 통과의 자유

### 제124조 (용어의 정의)

1. 본 조약의 목적상

가. "내륙국"은 해안이 없는 국가를 의미한다.

나. "통과국"은 해안이 있든 없든, 내륙국과 해양사이에 위치하여 통과교통이 그 영토를 통과하는 국가를 의미한다.

다. "통과교통"은 환적, 입고, 적하손상 또는 수송방식 변화의 유무에 관계없이, 통과국 영토의 통과가 내륙국 영토 내에서 시작하거나 끝나는 완전한 여정의 일부인 경우, 1개 이상 통과국의 영토를 지나는 사람, 화물, 상품 및 수송수단의 통과를 의미한다.

라. "수송수단"은 다음을 의미한다.

　(1) 철도차량, 해상, 호상, 하천용 선박 및 육로차량

　(2) 지방사정이 필요로 할 경우 운반인부 또는 짐 싣는 동물

2. 내륙국과 통과국은 상호합의에 의하여 관선, 가스관 및 제1항에 규정된 것 이외의 다른 수송수

단을 수송수단에 포함시킬 수 있다.

### 제125조 (해양출입권과 통과의 자유)

1. 내륙국은 공해의 자유 및 인류공동유산에 관한 권리를 포함한, 본 협약에 규정된 권리를 행사하기 위하여 해양출입권을 갖는다. 이를 위하여 내륙국은 모든 수송수단으로서 통과국의 영토를 통한 통과의 자유를 향유한다.

2. 통과의 자유를 행사하기 위한 조건 및 양식은 내륙국과 관계통과국 간에 양자적, 소지역국 또는 지역적 협정을 통하여 합의되어야 한다.

3. 통과국은 자국 영토에 대한 완전한 주권을 행사함에 있어서, 내륙국을 위하여 본장에 규정된 권리 및 편의가 결코 통과국의 적법한 이익을 침해하지 않도록 보장하기 위하여 모든 필요한 조치를 취할 권리를 갖는다.

### 제126조 (최혜국대우조항의 적용제외)

본 협약의 규정 및 내륙국의 특수한 지리적 위치를 이유로 권리 및 편의를 설정한 해양출입권의 행사에 관한 특별협정은 최혜국대우조항의 적용으로부터 제외된다.

### 제127조 (관세·조세와 그 밖의 부과금)

1. 통과교통은 이러한 교통과 관련하여 제공된 특별의무에 대하여 부과되는 비용 외에는 어떠한 관세, 세금 또는 기타 비용도 부과되지 않는다.

2. 내륙국에 의해 제공되고 사용되는 통과수송수단 및 기타 시설은 통과국의 수송수단의 사용에 부과되는 것보다 높은 세금이나 비용이 부과되어서는 안 된다.

### 제128조 (자유지역과 그 밖의 세관시설)

통과교통의 편의를 위하여, 자유지역 또는 기타 세관시설이 통과국과 내륙국간의 협정에 의하여 통과국 내의 출입항에 세워질 수 있다.

## 제129조 (수송수단의 건조·개선을 위한 협력)

통과국에 통과의 자유를 시행할 수 있는 수송수단이 없거나 항구시설 및 장비를 포함하여 기존수단이 어떤 면에서 부적합한 경우, 통과국과 관계내륙국은 이들을 건조하고 개선하는 데 상호 협력할 수 있다.

## 제130조 (통과교통에 있어서의 지연 또는 기타 기술적 성격의 어려움을 피하거나 제거하기 위한 조치)

1. 통과국은 통과교통에 있어서 지연 또는 기타 기술적 성격의 어려움을 피하기 위하여 모든 적절한 조치를 취하여야 한다.
2. 이러한 지연이나 어려움이 발생한 경우, 통과국과 내륙국의 권한 있는 당국은 이를 신속히 제거하기 위하여 상호 협력하여야 한다.

## 제131조 (海港에 있어서 동등대우)

내륙국의 국기를 게양한 선박은 해항에서 다른 외국 선박에 부여된 것과 동등한 대우를 향유한다.

## 제132조 (통과편의 확대허용)

본 협약은 어떠한 방법으로든 본 협약에 규정된 것보다 크고, 본 협약상 당사국간에 합의되거나, 일방당사국에 의하여 허용된 통과편의의 허용을 배제하지 않는다.

‖저자‖ 김현수
· 해군사관학교 졸업(이학사)
· 서울대학교 법과대학 졸업(법학사)
· 서울대학교 대학원 법학과 졸업(법학석사)
· University of Wales(Ph.D.)
· 현) 인하대학교 법학전문대학원 국제법 교수

‖저자‖ 이민효
· 해군사관학교 졸업(문학사)
· 서울대학교 법과대학 졸업(법학사)
· 성균관 대학교 대학원 법학과 졸업(법학석사)
· 성균관 대학교 대학원 법학과 졸업(법학박사)
· 현) 해군사관학교 교수

# 國際法

**초판 1쇄 발행** | 2010년 2월 10일
**4판 1쇄 발행** | 2019년 1월 31일
**저 자** | 김현수 · 이민효
**발행인** | 이정수
**발행처** | 연경문화사
**출판등록** | 1–995호
**주 소** | 서울시 강서구 양천로 551–24 한화비즈메트로 2차 807호
**전 화** | (02)332–3923
**팩 스** | (02)332–3928
**이메일** | ykmedia@naver.com
**정 가** | 35,000원
**ISBN** | 978–89–8298–191–3 (93360)
\* 본서의 무단복제를 금하며 잘못 만들어진 책은 바꾸어 드립니다.

이 도서의 국립중앙도서관 출판예정도서목록(CIP)은 서지정보유통지원시스템
홈페이지(http://seoji.nl.go.kr)와 국가자료종합목록시스템(http://www.nl.go.kr/
kolisnet)에서 이용하실 수 있습니다. (CIP제어번호 : CIP2019002135)